2021

中国住房公积金年鉴

Yearbook of China
Housing Provident Fund

年鉴

住房和城乡建设部住房公积金监管司　主编

中国城市出版社

图书在版编目（CIP）数据

2021 中国住房公积金年鉴 ＝ Yearbook of China
Housing Provident Fund / 住房和城乡建设部住房公积
金监管司主编. — 北京：中国城市出版社，2023.3
ISBN 978-7-5074-3574-0

Ⅰ．①2… Ⅱ．①住… Ⅲ．①住房基金-公积金制度
-中国-2021-年鉴 Ⅳ．①F299.233.1-54

中国国家版本馆 CIP 数据核字（2023）第 036640 号

责任编辑：万　李
责任校对：张辰双

2021 中国住房公积金年鉴
Yearbook of China Housing Provident Fund
住房和城乡建设部住房公积金监管司　主编

*

中国城市出版社出版、发行（北京海淀三里河路 9 号）
各地新华书店、建筑书店经销
北京鸿文瀚海文化传媒有限公司制版
北京中科印刷有限公司印刷

*

开本：880 毫米×1230 毫米　1/16　印张：29¼　插页：1　字数：923 千字
2023 年 8 月第一版　2023 年 8 月第一次印刷
定价：**180.00** 元
ISBN 978-7-5074-3574-0
（904595）

《2021 中国住房公积金年鉴》编写委员会

主 任

董建国 住房和城乡建设部
党组成员、副部长

副主任

杨佳燕 住房和城乡建设部住房公积金
监管司司长

王旭东 住房和城乡建设部住房公积金
监管司副司长

唐在富 财政部政策研究室副主任

彭立峰 中国人民银行金融市场司副司长

张 锋 中国建筑出版传媒有限公司
（中国城市出版社有限公司）
党委书记、董事长

编 委

蔺雪峰 天津市住房和城乡建设委员会
党委书记、主任

马 韧 上海市住房和城乡建设管理
委员会副主任

张其悦 重庆市住房和城乡建设委员会
党组成员

吴 铁 河北省住房和城乡建设厅
党组成员、总规划师

卫再学 山西省住房和城乡建设厅
党组成员、副厅长

张 鹤 内蒙古自治区住房和城乡建设厅
党组成员、副厅长

曹桂喆 辽宁省住房和城乡建设厅
党组成员、副厅长

刘 萍 吉林省住房和城乡建设厅

党组成员、副厅长

徐东锋 黑龙江省住房和城乡建设厅
党组成员、副厅长

张 钧 江苏省住房和城乡建设厅
党组成员、副厅长

张清云 浙江省住房和城乡建设厅
党组成员、副厅长

方廷勇 安徽省住房和城乡建设厅
党组成员、总工程师

王 海 福建省住房和城乡建设厅
党组成员、副厅长

王海涛 江西省住房和城乡建设厅
党组成员、副厅长

周善东 山东省住房和城乡建设厅
党组成员、副厅长

张 达 河南省住房和城乡建设厅
党组成员、副厅长、一级巡视员

刘 震 湖北省住房和城乡建设厅
党组成员、副厅长

易继红 湖南省住房和城乡建设厅
党组成员、总工程师

郭壮狮 广东省住房和城乡建设厅
党组成员、副厅长

汪夏明 广西壮族自治区住房和城乡建设厅
党组副书记、副厅长、一级巡视员

倪吉信 海南省住房和城乡建设厅
党组成员、副厅长

樊 晟 四川省住房和城乡建设厅
党组成员、副厅长

陈　勇　贵州省住房和城乡建设厅
　　　　党组成员、副厅长

黄　媛　云南省住房和城乡建设厅
　　　　党组成员、副厅长

于　洋　西藏自治区住房和城乡建设厅
　　　　党组成员、副厅长

任　勇　陕西省住房和城乡建设厅
　　　　副厅长

梁文钊　甘肃省住房和城乡建设厅
　　　　党组成员、副厅长

马成贵　青海省住房和城乡建设厅
　　　　党组成员、副厅长

李　梅　宁夏回族自治区住房和城乡
　　　　建设厅党组成员、副厅长

周　江　新疆维吾尔自治区住房和城乡
　　　　建设厅党组成员、副厅长

杨　旭　新疆生产建设兵团住房和城乡
　　　　建设局党组成员、副局长

刘旭泽　中央国家机关住房资金管理中心
　　　　主任

《2021中国住房公积金年鉴》编写执行委员会

杨　林　住房和城乡建设部住房公积金监管司
综合处处长

崔　勇　住房和城乡建设部住房公积金监管司
政策协调处处长

蒋俊锋　住房和城乡建设部住房公积金监管司
督察管理处处长

葛　峰　住房和城乡建设部住房公积金监管司
信息化推进处处长

陈彩林　住房和城乡建设部住房公积金监管司
服务指导处处长

于江涛　财政部综合司住房土地处处长

郑玉玲　中国人民银行金融市场司
房地产与消费金融处处长

魏　庆　上海市住房和城乡建设管理委员会
审计处（公积金处）处长

曹学潮　河北省住房和城乡建设厅住房公积金
监管处处长

袁惠芬　山西省住房和城乡建设厅住房公积金
监管处处长

王丹阳　内蒙古自治区住房和城乡建设厅住房
保障与公积金监管处处长

杨　勇　辽宁省住房和城乡建设厅住房公积金
监管处处长

赵　伟　吉林省住房和城乡建设厅房地产市场
监管处（住房公积金管理办公室）
副处长

王　亮　黑龙江省住房和城乡建设厅住房保障和
房地产处处长

葛仁军　江苏省住房和城乡建设厅住房公积金
监管处处长

叶　登　浙江省住房和城乡建设厅住房改革与
公积金监管处处长

刘家祥　安徽省住房和城乡建设厅住房公积金
监管处处长

陈德仓　福建省住房和城乡建设厅住房公积金
监管处处长

林　伟　江西省住房和城乡建设厅住房公积金
监管处处长

张道远　山东省住房和城乡建设厅住房公积金
监管处处长、一级调研员

赵树德　河南省住房和城乡建设厅住房公积金
监管处处长、一级调研员

杨　东　湖北省住房和城乡建设厅住房公积金
监管处处长

黄　俊　湖南省住房和城乡建设厅住房公积金
监管处处长

黄祖璜　广东省住房和城乡建设厅住房公积金
监管处处长

傅　文　广西壮族自治区住房和城乡建设厅
住房公积金监管处处长

王建宝　海南省住房和城乡建设厅住房公积金
监管处处长

谭维斌　四川省住房和城乡建设厅住房公积金
监管处处长

许家强　贵州省住房和城乡建设厅住房公积金
监管处处长

5

赵智捷	云南省住房和城乡建设厅住房改革和公积金监管处处长	刘　强	浙江省杭州住房公积金管理中心党组书记、主任
冯建国	西藏自治区住房和城乡建设厅规划财务处（住房公积金监督管理处）处长	占　珺	浙江省衢州市住房公积金中心党组书记、主任
王宏宇	陕西省住房和城乡建设厅住房公积金监管处处长	姚　伟	福建省福州住房公积金中心党组书记
贺瑞雪	甘肃省住房和城乡建设厅住房公积金监管处处长	赵劲松	福建省厦门市住房公积金中心主任
刘海英	青海省住房和城乡建设厅住房改革与保障处（住房公积金监管处）处长	寇　宁	山东省济宁市住房公积金管理中心党组书记、主任
张小霞	宁夏回族自治区住房和城乡建设厅住房公积金监管处处长	张　灼	湖北省武汉住房公积金管理中心党组书记、主任
万　强	新疆维吾尔自治区住房和城乡建设厅住房公积金监管处处长	朱光洪	湖北省孝感住房公积金中心党组书记、主任
芦　伟	新疆生产建设兵团住房和城乡建设局住房保障处处长	冯　卫	广东省广州住房公积金管理中心党组书记、主任
浦建华	上海市公积金管理中心党委副书记、主任	杨　勇	四川省南充市住房公积金管理中心党总支书记、主任
张其悦	重庆市住房公积金管理中心党组书记、主任	艾　力	贵州省黔南州住房公积金管理中心党组书记、主任
张成中	江苏省盐城市住房公积金管理中心党组书记、主任	李健西	陕西省铜川市住房公积金管理中心党组书记、主任
		冯红军	新疆维吾尔自治区阿勒泰地区住房公积金管理中心主任

《2021中国住房公积金年鉴》主要撰稿人名单（以姓氏笔画为序）

万 勇	王 茜	王 琳	王彦杰	王晓阳	乌欣佳
尹 健	吕网中	朱书权	任祎科	庄 乔	刘 阳
刘 涛	刘志彬	孙 康	苏传才	杜凌波	李 莹
李旻茜	李洋宇	李晓娟	李晓霞	李慧群	杨 帆
杨烨亮	吴 昊	吴小龙	余筱雅	汪治国	汪雄峰
张 峰	陈 静	陈 燕	陈明生	范保峰	孟 萍
娄宇扬	夏 诚	夏 震	夏剑君	夏楠楠	徐 进
谈 琳	盛 华	隆亚杞	蒋丹猛	粟 曼	童 爽
翟 鹰					

前　　言

住房公积金制度是我国城镇住房制度改革的一项重要内容。2021年，住房公积金制度已经走过了30年的发展历程。30年来，住房公积金制度始终服从服务于住房工作大局，在助力缴存人改善居住条件、构建住房保障体系、促进房地产市场平稳健康发展等方面发挥了积极的作用。

为保障缴存人的知情权、监督权，主动接受社会监督，2015年，住房和城乡建设部、财政部、中国人民银行建立了住房公积金信息披露制度，向社会各界和缴存人全面公开住房公积金管理运行情况。同步编印出版《住房公积金年度报告汇编》，供住房公积金从业人员和社会各界参考借鉴。为进一步提高《住房公积金年度报告汇编》的实用性、可读性、指导性，我们将《住房公积金年度报告汇编》改版为《中国住房公积金年鉴》。主要作了以下改进：一是在内容上分全国年度报告、省市年度报告、有关经验做法3个部分进行展示。其中，省级年度报告中增加了辖区内城市住房公积金主要业务明细数据，便于社会各界研究参考，增强实用性。二是每个省（自治区）择优推荐1个城市的年度报告全文编入，并提供所有省市年度报告的二维码，方便查找和检索，增强可读性。三是设置住房公积金管理运行有关经验做法专题，聚焦住房公积金年度重点工作，经省级监管部门推荐，将有关经验做法编入本专题，供各地区学习借鉴，增强指导性。

目　　录

第一部分　全国住房公积金年度报告

第二部分　各地住房公积金年度报告

第三部分　住房公积金管理运行有关经验做法

第一部分

全国住房公积金年度报告

全国住房公积金 2021 年年度报告[1]

2021 年，住房公积金系统坚持以习近平新时代中国特色社会主义思想为指导，深入贯彻党的十九大和十九届历次全会精神，坚决贯彻落实党中央、国务院决策部署，牢固树立以人民为中心的发展思想，坚持稳中求进工作总基调，坚持房子是用来住的、不是用来炒的定位，租购并举保障缴存职工基本住房需求，推动制度惠及更多单位和职工，进一步提升管理和服务水平，住房公积金制度运行安全平稳。根据《住房公积金管理条例》和《住房和城乡建设部 财政部 中国人民银行关于健全住房公积金信息披露制度的通知》（建金〔2015〕26 号）有关规定，现将全国住房公积金 2021 年年度报告公布如下。

一、机构概况

（一）根据《住房公积金管理条例》规定，住房和城乡建设部会同财政部、中国人民银行负责拟定住房公积金政策，并监督执行。住房和城乡建设部设立住房公积金监管司，各省、自治区住房和城乡建设厅设立住房公积金监管处（办），分别负责全国、省（自治区）住房公积金日常监管工作。

（二）直辖市和省、自治区人民政府所在地的市，其他设区的市（地、州、盟）以及新疆生产建设兵团设立住房公积金管理委员会，作为住房公积金管理决策机构，负责在《住房公积金管理条例》框架内审议住房公积金决策事项，制定和调整住房公积金具体管理措施并监督实施。截至 2021 年末，全国共设有住房公积金管理委员会 341 个。

（三）直辖市和省、自治区人民政府所在地的市，其他设区的市（地、州、盟）以及新疆生产建设兵团设立住房公积金管理中心，负责住房公积金的管理运作。截至 2021 年末，全国共设有住房公积金管理中心 341 个；未纳入设区城市统一管理的分支机构 115 个，其中，省直分支机构 24 个，石油、电力、煤炭等企业分支机构 64 个，区县分支机构 27 个。全国住房公积金服务网点 3416 个。全国住房公积金从业人员 4.51 万人，其中，在编 2.71 万人，非在编 1.80 万人。

（四）按照中国人民银行的规定，住房公积金贷款、结算等金融业务委托住房公积金管理委员会指定的商业银行办理。受委托商业银行主要为工商银行、农业银行、中国银行、建设银行、交通银行等。

二、业务运行情况

2021 年，住房公积金缴存额 29156.87 亿元，提取额 20316.13 亿元，发放个人住房贷款 13964.22 亿元，未购买国债。截至 2021 年末，缴存余额 81882.14 亿元，个人住房贷款余额 68931.12 亿元，保障性住房建设试点项目贷款余额 3.25 亿元，国债余额 5.29 亿元，住房公积金结余资金[2] 12942.48 亿元。

（一）缴存。 2021 年，住房公积金实缴单位 416.09 万个，实缴职工 16436.09 万人，分别比上年增长 13.88% 和 7.23%。新开户单位 79.46 万个，新开户职工 2220.51 万人。

2021 年，住房公积金缴存额 29156.87 亿元，比上年增长 11.24%。

截至 2021 年末，住房公积金累计缴存总额 224991.31 亿元，缴存余额 81882.14 亿元，分别比上年末增长 14.89%、12.10%，结余资金 12942.48 亿元（表1、表2、图1）。

2021 年分地区住房公积金缴存情况　　　　　　　　　　　　表 1

地区	实缴单位 (万个)	实缴职工 (万人)	缴存额 (亿元)	累计缴存总额 (亿元)	缴存余额 (亿元)
全国	**416.09**	**16436.09**	**29156.87**	**224991.31**	**81882.14**
北京	41.58	944.05	2,749.22	20530.61	6181.49
天津	8.61	295.00	608.98	5666.60	1782.67
河北	7.80	551.28	751.93	6560.45	2772.28
山西	5.19	354.91	500.85	4107.33	1662.22
内蒙古	4.78	267.11	487.23	4005.12	1694.51
辽宁	10.55	509.69	897.53	8931.45	3022.40
吉林	4.53	253.51	395.25	3620.56	1455.27
黑龙江	4.35	293.89	493.50	4648.88	1807.90
上海	49.84	925.05	1943.10	14718.10	6068.64
江苏	46.59	1542.41	2603.33	18717.14	6224.12
浙江	36.11	1023.35	2067.02	14861.11	4424.95
安徽	8.12	488.06	850.50	7091.03	2211.68
福建	15.74	467.85	826.92	6357.28	2126.42
江西	5.58	310.81	556.84	3862.75	1722.94
山东	23.14	1083.22	1590.82	12390.70	4724.59
河南	10.40	695.79	982.89	7225.50	3237.92
湖北	9.55	538.42	1040.17	7617.56	3405.65
湖南	8.20	518.48	821.71	6052.24	2786.50
广东	53.19	2144.15	3276.16	24033.25	7674.83
广西	6.59	340.48	597.71	4529.46	1545.75
海南	4.16	121.36	162.11	1264.26	546.28
重庆	4.83	298.57	526.67	3914.99	1396.86
四川	15.62	790.14	1337.39	10043.60	4020.75
贵州	5.93	289.95	503.73	3428.20	1440.42
云南	6.07	301.09	627.39	5211.31	1793.60
西藏	0.60	40.16	126.44	835.79	393.79
陕西	7.99	453.56	666.28	5047.13	2095.41
甘肃	3.67	204.80	352.91	2929.33	1264.39
青海	1.16	57.70	138.21	1146.03	379.16
宁夏	1.12	72.19	126.78	1135.50	384.43
新疆	3.94	231.18	493.38	4109.58	1469.45
新疆兵团	0.57	27.88	53.93	398.47	164.87

2021 年分类型单位住房公积金缴存情况　　　　　　　　　表 2

单位性质	缴存单位 (万个)	占比 (%)	实缴职工 (万人)	占比 (%)	新开户职工 (万人)	占比 (%)
国家机关和事业单位	72.09	17.33	4654.61	28.33	297.44	13.39
国有企业	23.06	5.54	2969.08	18.06	216.55	9.75

续表

单位性质	缴存单位（万个）	占比（%）	实缴职工（万人）	占比（%）	新开户职工（万人）	占比（%）
城镇集体企业	4.78	1.15	241.87	1.47	28.82	1.30
外商投资企业	11.12	2.67	1203.93	7.32	176.94	7.97
城镇私营企业及其他城镇企业	245.16	58.92	6083.31	37.01	1251.51	56.36
民办非企业单位和社会团体	9.99	2.40	297.03	1.81	61.24	2.76
其他类型单位	49.89	11.99	986.27	6.00	188.02	8.47
合计	416.09	100.00	16436.09	100.00	2220.51	100.00

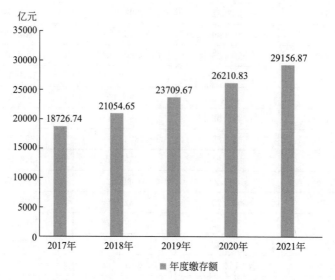

图 1　2017—2021 年住房公积金缴存额

（二）提取。2021 年，住房公积金提取人数 6611.21 万人，占实缴职工人数的 40.22%；提取额 20316.13 亿元，比上年增长 9.51%；提取率[3] 69.68%，比上年降低 1.10 个百分点。

截至 2021 年末，住房公积金累计提取总额 143109.17 亿元，占累计缴存总额的 63.61%（表 3、图 2）。

2021 年分地区住房公积金提取情况　　　　表 3

地区	提取额（亿元）	提取率（%）	住房消费类提取额（亿元）	非住房消费类提取额（亿元）	累计提取总额（亿元）
全国	20316.13	69.68	16703.25	3612.88	143109.17
北京	2058.80	74.89	1813.01	245.80	14349.12
天津	454.86	74.69	358.06	96.80	3883.93
河北	470.09	62.52	331.35	138.74	3788.17
山西	301.28	60.15	233.93	67.35	2445.11
内蒙古	337.25	69.22	243.49	93.76	2310.62
辽宁	681.84	75.97	536.63	145.21	5909.06
吉林	272.40	68.92	191.12	81.28	2165.29
黑龙江	345.27	69.96	232.23	113.05	2840.98
上海	1236.24	63.62	1034.69	201.54	8649.45

续表

地区	提取额 (亿元)	提取率 (%)	住房消费类提取额 (亿元)	非住房消费类提取额 (亿元)	累计提取总额 (亿元)
江苏	1858.19	71.38	1572.61	285.58	12493.02
浙江	1569.76	75.94	1358.90	210.86	10436.15
安徽	630.85	74.17	529.62	101.23	4879.36
福建	614.16	74.27	508.03	106.13	4230.86
江西	348.98	62.67	274.38	74.60	2139.81
山东	1116.87	70.21	913.34	203.54	7666.11
河南	587.34	59.76	424.53	162.81	3987.58
湖北	656.69	63.13	504.99	151.70	4211.91
湖南	480.95	58.53	362.14	118.80	3265.74
广东	2341.37	71.47	2059.44	281.92	16358.42
广西	409.38	68.49	333.38	76.00	2983.70
海南	99.64	61.47	77.76	21.88	717.97
重庆	341.09	64.76	295.20	45.89	2518.14
四川	910.60	68.09	751.43	159.17	6022.85
贵州	347.60	69.01	285.57	62.03	1987.78
云南	491.04	78.27	402.95	88.09	3417.70
西藏	75.83	59.97	62.44	13.38	441.99
陕西	399.82	60.01	321.09	78.72	2951.72
甘肃	234.00	66.31	184.11	49.89	1664.93
青海	104.44	75.56	78.66	25.78	766.86
宁夏	96.28	75.95	77.49	18.79	751.07
新疆	401.89	81.46	321.24	80.65	2640.14
新疆兵团	41.33	76.62	29.41	11.92	233.61

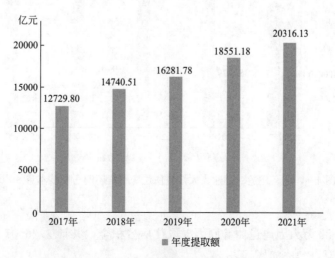

图2　2017—2021年住房公积金提取额

1. 提取用于租赁住房和老旧小区改造

2021 年，支持 1353.93 万人提取住房公积金 1258.67 亿元用于租赁住房，分别占当年提取人数、提取金额的 20.48%、6.20%（图 3）。

支持 1.00 万人提取住房公积金 4.23 亿元用于老旧小区改造，分别占当年提取人数、提取金额的 0.02%、0.02%。

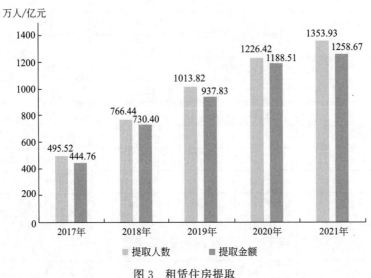

图 3　租赁住房提取

2. 提取用于购买、建造、翻建、大修自住住房和偿还购房贷款本息

2021 年，支持 4353.44 万人提取住房公积金用于购买、建造、翻建、大修自住住房和偿还购房贷款本息，共计 15327.17 亿元，分别占当年提取人数、提取金额的 65.85%、75.45%（图 4）。

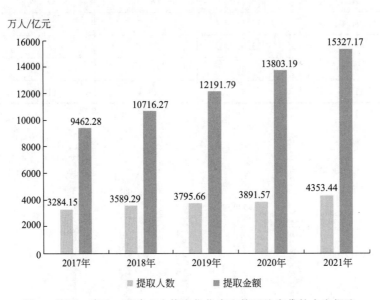

图 4　购买、建造、翻建、大修自住住房和偿还购房贷款本息提取

3. 离退休等提取

2021 年，支持 902.82 万人因离退休等原因提取住房公积金，共计 3726.07 亿元，分别占当年提取人数、提取金额的 13.67%、18.34%（表 4）。

2021 年分类型住房公积金提取情况 表 4

提取原因		提取人数（万人）	占比（%）	提取金额（亿元）	占比（%）
住房消费类	购买、建造、翻建、大修自住住房	695.23	10.52	5192.62	25.56
	偿还购房贷款本息	3658.21	55.33	10134.54	49.88
	租赁住房	1353.93	20.48	1258.67	6.20
	老旧小区改造	1.00	0.02	4.23	0.02
	其他	73.85	1.12	113.20	0.56
非住房消费类	离退休	241.52	3.65	2379.42	11.71
	丧失劳动能力,与单位终止劳动关系	228.55	3.46	351.46	1.73
	出境定居或户口迁移	72.47	1.10	80.29	0.40
	死亡或宣告死亡	13.64	0.21	86.20	0.42
	其他	272.79	4.13	715.50	3.52
合计		6611.21	100.00	20316.13	100.00

（三）贷款

1. 个人住房贷款

2021 年,发放住房公积金个人住房贷款 310.33 万笔,比上年增长 2.50%;发放金额 13964.22 亿元,比上年增长 4.52%。

截至 2021 年末,累计发放住房公积金个人住房贷款 4234.71 万笔、125302.81 亿元,分别比上年末增长 7.91%和 12.54%;个人住房贷款余额 68931.12 亿元,比上年末增长 10.62%;个人住房贷款率[4] 84.18%,比上年末减少 1.13 个百分点(表 5、表 6、图 5)。

2021 年分地区住房公积金个人住房贷款情况 表 5

地区	放贷笔数（万笔）	贷款发放额（亿元）	累计放贷笔数（万笔）	累计贷款总额（亿元）	贷款余额（亿元）	个人住房贷款率（%）
全国	310.33	13964.22	4234.71	125302.81	68931.12	84.18
北京	9.42	723.99	135.71	8268.02	4897.27	79.22
天津	5.39	249.71	112.95	3690.42	1541.92	86.50
河北	9.65	430.94	126.45	3490.09	2074.76	74.84
山西	8.07	346.77	75.50	2102.43	1351.68	81.32
内蒙古	6.29	239.03	123.74	2683.54	1247.85	73.64
辽宁	10.33	364.40	202.50	4917.80	2393.24	79.18
吉林	4.10	160.23	83.88	2091.50	1140.41	78.36
黑龙江	4.58	164.28	102.54	2421.26	1128.17	62.40
上海	16.50	1151.65	299.82	10908.78	5580.86	91.96
江苏	26.76	1184.31	386.39	11516.91	5815.48	93.43
浙江	19.03	888.83	230.63	8075.23	4185.73	94.59
安徽	12.43	436.86	160.85	4002.66	2067.20	93.47
福建	6.89	347.69	117.28	3626.56	1923.85	90.47
江西	7.19	292.07	93.02	2493.59	1414.59	82.10
山东	25.02	920.15	267.78	7283.67	4094.58	86.67

续表

地区	放贷笔数 （万笔）	贷款发放额 （亿元）	累计放贷笔数 （万笔）	累计贷款总额 （亿元）	贷款余额 （亿元）	个人住房贷款率 （%）
河南	14.19	589.29	159.09	4235.99	2590.40	80.00
湖北	12.87	604.23	164.22	4814.19	2798.33	82.17
湖南	10.69	420.84	158.53	3880.36	2302.09	82.62
广东	25.40	1331.06	250.37	9820.16	6155.81	80.21
广西	6.79	252.79	86.91	2182.74	1379.73	89.26
海南	1.93	122.98	21.53	742.98	497.91	91.14
重庆	7.30	287.02	73.02	2163.70	1353.01	96.86
四川	18.20	747.06	197.90	5529.72	3302.00	82.12
贵州	7.05	278.46	89.29	2336.30	1414.57	98.21
云南	6.01	230.92	138.07	3057.92	1378.88	76.88
西藏	1.01	67.37	11.30	489.11	280.34	71.19
陕西	8.41	386.19	95.84	2660.03	1707.75	81.50
甘肃	5.03	199.25	88.68	1875.63	941.52	74.46
青海	1.73	80.66	30.86	694.77	311.25	82.09
宁夏	1.35	60.31	31.32	715.24	294.21	76.53
新疆	9.33	348.11	110.23	2317.16	1219.71	83.00
新疆兵团	1.37	56.78	8.51	214.39	146.02	88.57

2021 年分类型住房公积金个人住房贷款情况　　　　表 6

类别		发放笔数 （万笔）	占比 （%）	金额 （亿元）	占比 （%）
房屋 类型	新房	220.36	71.01	9610.15	68.82
	存量商品住房	86.56	27.89	4192.99	30.03
	建造、翻建、大修自住住房	0.24	0.08	9.11	0.07
	其他	3.17	1.02	151.97	1.09
房屋 建筑面积	90 平方米（含）以下	73.87	23.80	3622.47	25.94
	90 至 144 平方米（含）	209.76	67.59	9059.80	64.88
	144 平方米以上	26.70	8.60	1281.95	9.18
支持购 房套数	首套	266.13	85.76	11914.25	85.32
	二套及以上	44.20	14.24	2049.98	14.68
贷款 职工	单缴存职工	154.56	49.81	6270.26	44.90
	双缴存职工	155.11	49.98	7649.85	54.78
	三人及以上缴存职工	0.66	0.21	44.11	0.32
贷款职 工年龄	30 岁（含）以下	99.52	32.07	4314.18	30.89
	30 岁～40 岁（含）	135.97	43.81	6515.49	46.66
	40 岁～50 岁（含）	58.61	18.89	2521.15	18.05
	50 岁以上	16.24	5.23	613.40	4.39
贷款职工 收入水平	低于上年当地社会平均工资 3 倍	297.08	95.73	13233.37	94.77
	高于上年当地社会平均工资 3 倍（含）	13.25	4.27	730.85	5.23

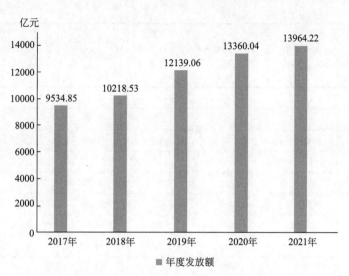

图 5　2017—2021 年个人住房贷款发放额

2. 支持保障性住房建设试点项目贷款

近年来，支持保障性住房建设试点项目贷款工作以贷款回收为主。2021 年，未发放试点项目贷款，回收试点项目贷款 2.36 亿元。

截至 2021 年末，累计向 373 个试点项目发放贷款 872.15 亿元，累计回收试点项目贷款 868.90 亿元，试点项目贷款余额 3.25 亿元。369 个试点项目结清贷款本息，82 个试点城市全部收回贷款本息。

（四）国债。2021 年，未购买国债，兑付、转让、收回国债 5.96 亿元；截至 2021 年末，国债余额 5.29 亿元。

三、业务收支及增值收益情况

（一）业务收入。2021 年，住房公积金业务收入 2588.27 亿元，比上年增长 11.72%。其中，存款利息 436.21 亿元，委托贷款利息 2142.13 亿元，国债利息 0.25 亿元，其他 9.67 亿元。

（二）业务支出。2021 年，住房公积金业务支出 1326.25 亿元，比上年增长 10.18%。其中，支付缴存职工利息 1186.74 亿元，支付受委托银行归集手续费 28.74 亿元、委托贷款手续费 69.07 亿元，其他 41.70 亿元。

（三）增值收益。2021 年，住房公积金增值收益 1262.02 亿元，比上年增长 13.37%；增值收益率[5] 1.63%。

（四）增值收益分配。2021 年，提取住房公积金贷款风险准备金[6] 307.47 亿元，提取管理费用 121.49 亿元，提取公租房（廉租房）建设补充资金 835.83 亿元（表 7）。

截至 2021 年末，累计提取住房公积金贷款风险准备金 2789.71 亿元，累计提取公租房（廉租房）建设补充资金 5533.09 亿元。

2021 年分地区住房公积金增值收益及分配情况　　　　　　　　　　　表 7

地区	业务收入（亿元）	业务支出（亿元）	增值收益（亿元）	增值收益率（%）	提取贷款风险准备金（亿元）	提取管理费用（亿元）	提取公租房（廉租房）建设补充资金（亿元）
全国	**2588.27**	**1326.25**	**1262.02**	**1.63**	**307.47**	**121.49**	**835.83**
北京	193.57	93.12	100.45	1.72	1.96	4.89	93.61
天津	52.62	29.41	23.21	1.36	2.50	3.60	17.20

续表

地区	业务收入（亿元）	业务支出（亿元）	增值收益（亿元）	增值收益率（％）	提取贷款风险准备金（亿元）	提取管理费用（亿元）	提取公租房（廉租房）建设补充资金（亿元）
河北	86.04	42.82	43.21	1.64	3.04	7.64	32.52
山西	54.98	27.41	27.57	1.77	5.32	3.27	18.97
内蒙古	51.98	25.94	26.04	1.62	10.54	3.65	11.85
辽宁	95.90	48.55	47.34	1.62	15.21	4.76	27.57
吉林	45.92	26.82	19.10	1.37	6.33	3.34	9.45
黑龙江	54.99	27.89	27.10	1.57	0.90	3.05	23.15
上海	205.54	94.92	110.63	1.93	86.97	1.66	22.00
江苏	196.75	110.24	86.51	1.48	34.67	7.53	44.38
浙江	141.34	75.96	65.38	1.57	37.15	4.60	23.63
安徽	69.45	36.46	32.99	1.57	3.73	3.57	25.23
福建	66.21	40.10	26.12	1.30	5.33	1.53	19.26
江西	54.70	26.60	28.10	1.74	2.87	2.76	22.47
山东	149.57	76.20	73.37	1.63	0.00	5.93	67.44
河南	99.35	50.58	48.77	1.61	−0.81	4.84	44.40
湖北	111.17	55.62	55.55	1.72	8.30	7.35	42.74
湖南	87.40	40.96	46.44	1.77	3.97	6.49	36.33
广东	246.34	125.62	120.73	1.67	40.61	7.41	72.71
广西	48.45	24.90	23.55	1.62	3.94	3.00	16.61
海南	18.68	8.45	10.23	1.98	6.16	0.75	3.36
重庆	42.58	24.30	18.28	1.39	1.58	3.06	13.64
四川	129.03	62.60	66.42	1.74	12.82	6.61	46.98
贵州	44.28	24.45	19.82	1.45	1.20	2.39	16.24
云南	55.03	28.39	26.64	1.54	0.31	5.34	20.99
西藏	7.89	5.83	2.05	0.56	1.23	0.08	0.74
陕西	63.66	34.06	29.60	1.51	4.09	4.51	20.97
甘肃	38.32	21.05	17.27	1.43	1.01	3.83	12.44
青海	12.39	4.96	7.43	2.06	3.41	0.62	3.40
宁夏	11.50	6.34	5.16	1.39	0.10	0.76	4.30
新疆	47.00	23.17	23.83	1.67	1.71	2.42	19.71
新疆兵团	5.65	2.53	3.12	1.97	1.34	0.26	1.53

（五）**管理费用支出。** 2021 年，实际支出管理费用 114.11 亿元，比上年增加 2.83％。其中，人员经费[7] 59.61 亿元，公用经费[8] 11.40 亿元，专项经费[9] 43.11 亿元。

四、资产风险情况

（一）**个人住房贷款。** 截至 2021 年末，住房公积金个人住房贷款逾期额 17.34 亿元，逾期率[10] 0.03％；住房公积金个人住房贷款风险准备金余额 2769.02 亿元。

2021 年，使用住房公积金个人住房贷款风险准备金核销呆坏账 40.07 万元。

（二）支持保障性住房建设试点项目贷款。2021 年，试点项目贷款未发生逾期。截至 2021 年末，无试点项目贷款逾期。试点项目贷款风险准备金余额 8.48 亿元。

五、社会经济效益

（一）缴存群体进一步扩大

2021 年，全国净增住房公积金实缴单位 50.72 万个，净增住房公积金实缴职工 1108.40 万人，住房公积金缴存规模持续增长（图 6）。

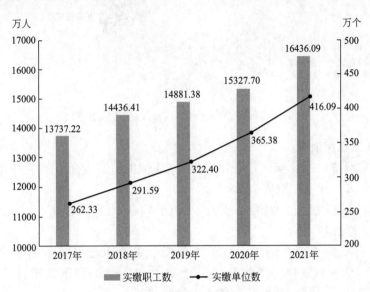

图 6　2017—2021 年实缴单位数和实缴职工人数

缴存职工中，城镇私营企业及其他城镇企业、外商投资企业、民办非企业单位和其他类型单位占 52.14％，比上年增加 2.10 个百分点，非公有制缴存单位职工占比进一步增加（图 7）。

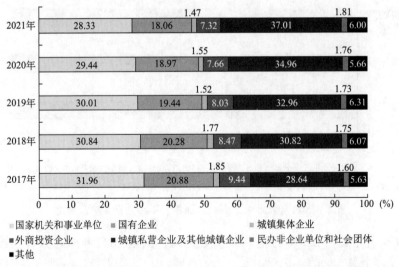

图 7　2017—2021 年按单位性质分缴存职工人数占比变化

新开户职工中，城镇私营企业及其他城镇企业、外商投资企业、民办非企业单位和其他类型单位的职工占比达 76.85％；非本市职工 1333.10 万人，占全部新开户职工的 60.04％（图 8）。在 6 个开展灵活就业人员参加住房公积金制度试点的城市，共有 7.29 万名灵活就业人员缴存住房公积金 2.92 亿元。

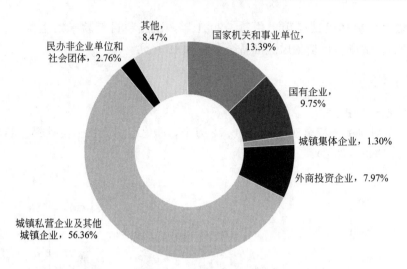

图8 2021年按单位性质分新开户职工人数占比

（二）支持缴存职工住房消费

有效支持租赁住房消费。2021年，租赁住房提取金额1258.67亿元，比上年增长5.90%；租赁住房提取人数1353.93万人，比上年增长10.40%。

大力支持城镇老旧小区改造。2021年，支持1.00万人提取住房公积金4.23亿元用于加装电梯等自住住房改造，改善职工居住环境。

个人住房贷款重点支持首套普通住房。2021年发放的个人住房贷款笔数中，首套住房贷款占85.76%，144平方米（含）以下住房贷款占91.40%，40岁（含）以下职工贷款占75.88%（图9）。2021年末，住房公积金个人住房贷款市场占有率[11] 15.27%。

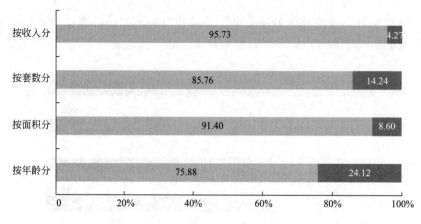

图9 2021年按收入、套数、面积、年龄分贷款笔数占比

2021年，发放异地贷款[12] 22.16万笔、892.18亿元；截至2021年末，累计发放异地贷款127.34万笔、4477.40亿元，余额3223.81亿元。

（三）支持保障性住房建设

持续支持保障性住房建设。2021年，提取公租房（廉租房）建设补充资金占当年分配增值收益的66.08%（图10）。2021年末，累计为公租房（廉租房）建设提供补充资金5533.09亿元。

（四）节约职工住房贷款利息支出

住房公积金个人住房贷款利率比同期贷款市场报价利率（LPR）低1.05～1.4个百分点，2021年发

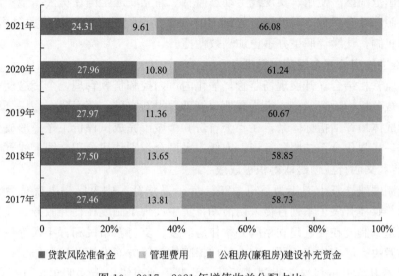

图 10　2017—2021 年增值收益分配占比

放的住房公积金个人住房贷款，偿还期内可为贷款职工节约利息[13]支出约 3075.40 亿元，平均每笔贷款可节约利息支出约 9.91 万元。

六、其他重要事项

落实国家"十四五"规划关于"改革完善住房公积金制度，健全缴存、使用、管理和运行机制"要求，以租购并举保障缴存职工基本住房需求，促进实现住有所居为工作目标，推动相关工作。

（一）稳妥推进灵活就业人员参加住房公积金制度试点工作

重庆、成都、广州、深圳、苏州、常州 6 个试点城市稳步推进试点工作，探索适应灵活就业人员特点的缴存使用机制和精准高效的服务方式，多措并举帮助灵活就业人员在城市稳业安居。截至 2021 年末，试点城市共有 7.29 万名灵活就业人员缴存住房公积金。

（二）持续推动高频服务事项"跨省通办"

2021 年，将住房公积金高频服务事项"跨省通办"列为党史学习教育"我为群众办实事"实践活动重要内容，实现了"办理异地购房提取住房公积金""开具住房公积金个人住房贷款全部还清证明""住房公积金单位登记开户""住房公积金单位及个人缴存信息变更""提前还清住房公积金贷款"5 个事项"跨省通办"。各地扎实开展"三个一百"（创建百个"跨省通办"示范窗口，讲述百个"跨省通办"小故事，开展"百名城市中心主任零距离真体验"）活动。2021 年，全国设区城市（含地、州、盟）以及新疆生产建设兵团住房公积金管理中心已全部完成"跨省通办"工作任务，共为"跨省通办"业务设立 6460 个线下专窗和 1364 个线上专区，办理"跨省通办"业务 2338 万笔。

（三）不断提高住房公积金服务效能

住房公积金小程序上线运行，全国统一入口、统一受理、统一标准的线上服务渠道建设加快推进。缴存职工可通过小程序办理住房公积金账户信息查询、账户资金跨城市转移接续，全国 341 个住房公积金管理中心已全部接入。截至 2021 年底，累计 5073.08 万人通过小程序查询个人住房公积金信息，办理跨城市住房公积金转移接续 55.23 万笔、转移资金累计 57.19 亿元。所有设区城市（含地、州、盟）以及新疆生产建设兵团均已建成住房公积金综合服务平台，缴存单位和职工业务办理渠道更加多样化，其中，2021 年 12329 热线服务 4059.97 万次、短消息服务 10.21 亿条。通过国家政务服务平台和国务院客户端向缴存职工提供住房公积金信息查询 3.07 亿次。

（四）建成全国住房公积金监管服务平台

落实"互联网＋监管"的要求，利用大数据、区块链等技术，丰富和完善全国住房公积金监管服务平台功能,并在全国范围推广使用,实现线上动态监管。建立联通全国住房公积金的服务协同机制,推动与公安、人力资源和社会保障、人民银行等部门的数据共享,推动跨区域住房公积金信息协查共享、业务协同联办工作机制,让缴存职工办事更加高效便捷。

（五）进一步推进住房公积金规范化管理

推行线上线下监管相结合,开展现场监管,强化内审内控和贷款管理,个贷逾期率在较低水平的基础上进一步下降。规范机构设置,分支机构属地化管理取得新突破。探索建立住房公积金管理中心体检评估机制,初步形成体检评估指标体系,在 4 个省份 6 个城市完成试评价工作。形成全国统一的住房公积金服务标识,进一步强化全系统服务意识,方便广大群众识别住房公积金线上线下服务渠道。

（六）工作宣传和文明行业创建取得积极成效

以住房公积金制度建立三十周年为契机,2021 年,新华社、中央广播电视总台、人民网、中国建设报、建筑杂志社等媒体开展了系列宣传采访活动,集中展现了制度在提升服务、加快信息化建设等方面的成效,宣传报道了制度在促进建立租购并举住房制度、支持新市民和青年人等住房困难群体解决基本住房问题、助力解决大城市住房问题、完善住房保障体系等方面发挥的积极作用。

2021 年,全系统扎实开展精神文明创建活动,共获得地市级以上文明单位（行业、窗口）243 个,青年文明号 110 个,工人先锋号 36 个,五一劳动奖章（劳动模范）23 个,三八红旗手（巾帼文明岗）46 个,先进集体和个人 975 个,其他荣誉称号 723 个。

注释：

［1］本报告数据取自各省（区、市）和新疆生产建设兵团披露的住房公积金年度报告、全国住房公积金统计信息系统及各地报送的数据,对各省（区、市）和新疆生产建设兵团年度报告中的部分数据进行了修正。部分数据因小数取舍,存在与分项合计不等的情况,不作机械调整。指标口径按《住房和城乡建设部 财政部 中国人民银行关于健全住房公积金信息披露制度的通知》（建金〔2015〕26 号）等文件规定注释。

［2］结余资金指年度末缴存余额扣除个人住房贷款余额、保障性住房建设试点项目贷款余额和国债余额后的金额。

［3］提取率指当年提取额占当年缴存额的比率。

［4］个人住房贷款率指年度末个人住房贷款余额占年度末住房公积金缴存余额的比率。

［5］增值收益率指增值收益与月均缴存余额的比率。

［6］提取住房公积金贷款风险准备金,如冲减往年提取的住房公积金贷款风险准备金,则按负数统计。

［7］人员经费包括住房公积金管理中心工作人员的基本工资、补助工资、职工福利费、社会保障费、住房公积金、助学金等。

［8］公用经费包括住房公积金管理中心的公务费、业务费、设备购置费、修缮费和其他费用。

［9］专项经费指经财政部门批准的用于指定项目和用途,并要求单独核算的资金。

［10］个人住房贷款逾期率指个人住房贷款逾期额占个人住房贷款余额的比率。

［11］个人住房贷款市场占有率指当年住房公积金个人住房贷款余额占全国商业性和住房公积金个人住房贷款余额总和的比率。

［12］异地贷款指缴存和购房行为不在同一城市的住房公积金个人住房贷款,包括用本市资金为在本市购房的外地缴存职工发放的贷款以及用本市资金为在外地购房的本市缴存职工发放的贷款。

［13］可为贷款职工节约利息指当年获得住房公积金个人住房贷款的职工合同期内所需支付贷款利息总额与申请商业性住房贷款利息总额的差额。商业性住房贷款利率按贷款市场报价利率（LPR）测算。

全国住房公积金 2021 年年度报告解读

一、住房公积金制度覆盖面进一步扩大

（一）惠及更多单位和职工

1. 缴存单位与职工规模持续增长。2021 年，全国新开户单位 79.46 万个，新开户职工 2220.51 万人。全年住房公积金实缴单位 416.09 万个，实缴职工 16436.09 万人，分别比上年增长 13.88％和 7.23％。

2. 城镇私营企业职工占比稳步提高。新开户职工中，城镇私营企业及其他城镇企业、外商投资企业、民办非企业单位和其他类型单位缴存职工占比达 76.85％。缴存职工中，城镇私营企业等单位缴存职工占比 52.14％。

（二）引导灵活就业人员参加住房公积金制度。 指导重庆、成都、广州、深圳、苏州、常州 6 个城市开展试点，探索适应灵活就业人员特点的缴存使用机制和精准高效的服务方式，多措并举帮助灵活就业人员在城市稳业安居，促进提升公共服务和权益保障，助力解决大城市新市民的住房问题。试点以来，取得了阶段性成效。截至 2021 年底，已有 7.29 万名灵活就业人员缴存住房公积金，其中多数是新市民、青年人。

二、租购并举保障缴存职工基本住房需求

（一）优先支持缴存职工购买首套普通住房。 2021 年发放个人住房贷款 310.33 万笔、13964.22 亿元，分别比上年增长 2.50％、4.52％。其中，首套住房贷款笔数占 85.76％，144 平方米（含）以下住房贷款占 91.40％，40 岁（含）以下职工贷款笔数占 75.88％。住房公积金个人住房贷款利率比同期贷款市场报价利率（LPR）低 1.05～1.4 个百分点。2021 年发放的贷款，偿还期内可为贷款职工节约利息支出约 3075.40 亿元，平均每笔贷款可节约利息支出约 9.91 万元。

（二）持续加大对职工租赁住房的支持力度。 2021 年全年支持 6611.21 万人提取住房公积金，占实缴职工人数的 40.22％，提取额 20316.13 亿元。其中，支持 1353.93 万人提取 1258.67 亿元用于租赁住房，分别比上年增长 10.40％、5.90％。

年度	住房租赁提取人数（万人）	住房租赁提取金额（亿元）
2017 年	495.52	444.76
2018 年	766.44	730.40
2019 年	1013.82	937.83
2020 年	1226.42	1188.51
2021 年	1353.93	1258.67

（三）助力缴存职工改善居住环境。 为进一步发挥住房公积金改善缴存职工居住品质的作用，2021 年共支持 1.00 万人提取住房公积金 4.23 亿元，用于加装电梯等自住住房改造，助推老旧小区改造，促进城市品质提升。

三、多措并举提升住房公积金服务能力

（一）启用全国统一的住房公积金服务标识。 2021 年 7 月 1 日，住房和城乡建设部公告发布了住房

公积金服务标识，进一步强化系统内服务意识，方便广大群众识别住房公积金线上线下服务渠道，扩大住房公积金的辨识度，进一步提高广大缴存职工的归属感、认同感。

（二）**推动全国住房公积金小程序应用，向缴存人提供贴身"大管家"服务。**完成第一个全国住房公积金小程序开发和上线运营，统一全国线上服务渠道，缴存职工可随时随地通过手机一键查询住房公积金账户信息查询，办理资金跨城市转移接续，初步实现全国住房公积金业务查询及办理"无感漫游"。

（三）**推动5项高频服务事项"跨省通办"。**2021年，将"跨省通办"列为党史学习教育"我为群众办实事"实践活动的重要内容，开展百个"跨省通办"示范窗口、讲述百个"跨省通办"小故事、组织百名城市中心主任零距离真体验活动（"三个一百"活动）。新增实现了"办理异地购房提取住房公积金""开具住房公积金个人住房贷款全部还清证明"等5个事项"跨省通办"。全国设区城市（地、州、盟）中心已全部完成"跨省通办"工作任务，各地共为"跨省通办"业务设立6460个线下专窗和1364个线上专区，办理"跨省通办"业务2338万笔。

（四）**畅通业务办理渠道。**随着全国住房公积金小程序上线和所有设区城市综合服务平台的建成，缴存单位和职工业务办理渠道更加多样化。截至2021年底，缴存人使用全国住房公积金小程序查询个人住房公积金信息累计5073.08万人；办理跨城市住房公积金转移接续55.23万笔，划转资金累计57.19亿元；12329服务热线服务4059.97万次、短消息服务10.21亿条。

四、推进住房公积金规范化管理

（一）**明确未来5年发展思路和重点任务。**落实"十四五"规划中"改革完善住房公积金制度，健全缴存、使用、管理和运行机制"要求，组织研究住房公积金发展目标和重点任务相关内容，体现在相关国家级、住房和城乡建设领域专项规划中。

（二）**建成并全面推广使用全国住房公积金监管服务平台。**落实"互联网＋监管"的要求，开发完成全国住房公积金监管服务平台，推动信息共享，接入相关部门数据，畅通异地住房公积金管理中心之间共享协同的通道，完善跨区域信息协查共享、业务协同联办工作机制，让缴存职工异地办事更加高效便捷。

（三）**推动住房公积金管理中心进一步提高管理运行水平。**推行线上线下监管相结合，开展现场监管，指导地方强化内审内控和贷款管理，个贷逾期率在较低水平的基础上进一步下降。指导地方规范机构设置，分支机构属地化管理取得突破。探索建立住房公积金管理中心体检评估机制，初步形成体检评估指标体系，在4个省份6个城市完成试评价工作。

（四）**文明行业创建取得丰硕成果。**住房公积金管理中心获得地市级以上文明单位（行业、窗口）243个、青年文明号110个、工人先锋号36个。

第二部分

各地住房公积金年度报告

北京市

北京住房公积金 2021 年年度报告

根据国务院《住房公积金管理条例》和住房和城乡建设部、财政部、中国人民银行《关于健全住房公积金信息披露制度的通知》（建金〔2015〕26 号）的规定，经北京住房公积金管理委员会审议通过，现将北京住房公积金 2021 年年度报告公布如下：

一、机构概况

（一）住房公积金管理委员会

北京住房公积金管理委员会有 30 名成员，2021 年召开 1 次会议，审议通过的事项主要包括：关于 2020 年北京住房公积金归集使用计划执行情况和 2021 年计划安排的报告、关于北京住房公积金增值收益 2020 年收支情况和 2021 年收支计划的报告、北京住房公积金 2020 年年度报告、关于《关于深化北京住房公积金制度改革的实施意见（代拟稿）》的报告、关于住房公积金缴存比例执行及审批单位降低缴存比例和缓缴申请情况的报告、关于制定《北京住房公积金事业发展"十四五"规划》的请示、关于拟定 2021 住房公积金年度住房公积金月缴存基数上限及缴存比例的请示及关于进一步优化住房公积金提取业务的请示等 12 个事项。

（二）住房公积金管理中心

北京住房公积金管理中心（以下简称管理中心）为北京市政府直属的不以营利为目的的全额拨款事业单位。管理中心有 3 个分中心：中共中央直属机关分中心（以下简称中直分中心）、中央国家机关分中心（以下简称国管分中心）、北京铁路分中心（以下简称铁路分中心）；内设 14 个处室、机关党委（党建工作处）、机关纪委和工会；垂直管理 19 个分支机构（18 个管理部和住房公积金贷款中心）；下设 1 个直属事业单位：北京市住房贷款担保中心。从业人员 853 人，其中，在编 752 人，非在编 101 人。

二、业务运行情况

（一）**缴存**。2021 年，北京地区新开户单位 53613 个，实缴单位 415770 个，净增单位（实缴）66512 个，同比增长 19.0%；新开户职工 103.61 万人，实缴职工 944.05 万人，净增职工（实缴）61.07 万人，同比增长 6.9%；缴存额 2749.22 亿元，同比增长 11.2%。2021 年末，缴存总额 20530.61 亿元，同比增长 15.5%；缴存余额 6181.49 亿元，同比增长 12.6%。受管理中心委托办理住房公积金缴存业务的银行 11 家。

（二）**提取**。2021 年，479.30 万名缴存人提取住房公积金 2058.80 亿元，同比增长 12.8%。占当年缴存额的 74.89%，同比增长 1.0 个百分点。2021 年末，提取总额 14349.12 亿元，同比增长 16.8%。

（三）**委托贷款**

1. 住房公积金个人住房贷款

个人住房贷款最高额度 120 万元，其中，单缴存职工和双缴存职工的最高额度均为 120 万元。

2021 年，北京地区发放个人住房贷款 94154 笔、723.99 亿元，同比分别增长 13.5%、15.3%。其中，北京地方发放 72218 笔、515.61 亿元，中直分中心发放 192 笔、1.49 亿元，国管分中心发放 19456 笔、189.65 亿元，铁路分中心发放 2288 笔、17.24 亿元。

2021 年，北京地区回收个人住房贷款 398.01 亿元。其中，北京地方回收 322.11 亿元，中直分中心回收 2.11 亿元，国管分中心回收 64.82 亿元，铁路分中心回收 8.97 亿元。

2021 年末，北京地区累计发放个人住房贷款 135.71 万笔、8268.02 亿元，贷款余额 4897.27 亿元，同比分别增长 7.5％、9.6％、7.1％。个人住房贷款余额占缴存余额的 79.22％，比上年同期下降 4.0 个百分点。受委托办理住房公积金个人住房贷款业务的银行 12 家。

2. 异地贷款

2021 年，发放异地购房贷款 815 笔、64306 万元。2021 年末，发放异地购房贷款总额 210016.5 万元，异地贷款余额 188342.51 万元。

3. 公转商贴息贷款

2021 年，未发放公转商贴息贷款，当年贴息额 1187.1 万元。2021 年末，累计发放公转商贴息贷款 13527 笔、496253.8 万元，累计贴息 19100.18 万元。

4. 住房公积金支持保障性住房建设项目贷款

2021 年，回收项目贷款 1.4 亿元。2021 年末，累计发放项目贷款 236.09 亿元，项目贷款余额 36 亿元。

（四）购买国债。2021 年，未发生新购买、兑付、转让、回收国债情况。2021 年末，国债抵债资产 2.27 亿元。

（五）资金存储。2021 年末，管理中心住房公积金存款 1340.2 亿元。其中，活期 2.14 亿元，1 年以内定期（含）246.76 亿元，1 年以上定期 730.27 亿元，其他（协定、通知存款）360.99 亿元。

（六）资金运用率。2021 年末，住房公积金个人住房贷款余额、项目贷款余额和购买国债余额的总和占缴存余额的 79.8％，比上年同期下降 4.1 个百分点。

三、主要财务数据

（一）业务收入。2021 年，住房公积金业务收入共计 1935696.65 万元，同比增长 14.2％。其中，北京地方 1495786.43 万元，中直分中心 23177.34 万元，国管分中心 363994.46 万元，铁路分中心 52738.43 万元；存款（含增值收益存款）利息收入 362739.54 万元，委托贷款利息收入 1562067.85 万元，无国债利息收入，其他收入 10889.26 万元。

（二）业务支出。2021 年，住房公积金业务支出共计 931176.41 万元，同比增长 12.6％。其中，北京地方 720449.97 万元，中直分中心 16783.96 万元，国管分中心 164740.75 万元，铁路分中心 29201.73 万元；住房公积金利息支出 874717.27 万元，归集手续费用支出 4843.57 万元，委托贷款手续费支出 39770.73 万元，其他支出 11844.85 万元。

（三）增值收益。2021 年，住房公积金增值收益 1004520.24 万元，同比增长 15.6％。其中，北京地方 775336.46 万元，中直分中心 6393.38 万元，国管分中心 199253.70 万元，铁路分中心 23536.70 万元。增值收益率（增值收益与月均缴存余额的比率）1.72％，与上年相比无变化。

（四）增值收益分配。2021 年，提取贷款风险准备金 19585.80 万元，提取管理费用 48873.19 万元，提取城市廉租住房（公共租赁住房）建设补充资金 936061.24 万元。

2021 年，上交财政管理费用 56917.71 万元。上缴财政城市廉租住房（公共租赁住房）建设补充资金 364473.20 万元，其中北京地方 354600.70 万元，铁路分中心 9872.50 万元。

2021 年末，贷款风险准备金余额 1105890.85 万元。累计提取城市廉租住房（公共租赁住房）建设补充资金 5516006.95 万元。其中，北京地方提取 4600690.24 万元，中直分中心提取 35209.30 万元，国管分中心提取 707461.89 万元，铁路分中心提取 172645.52 万元。

（五）管理费用支出。2021 年，管理费用支出 53451.86 万元，同比下降 6.2％。其中，人员经费 25428.19 万元，公用经费 2248.27 万元，专项经费 25775.40 万元。

北京地方管理费用支出 40731.83 万元，其中，人员、公用、专项经费分别为 20025.23 万元、

1650.30 万元、19056.30 万元；中直分中心管理费用支出 971.77 万元，其中，人员、公用、专项经费分别为 453.77 万元、65.95 万元、452.05 万元；国管分中心管理费用支出 6607.45 万元，其中，人员、公用、专项经费分别为 2213.79 万元、384.04 万元、4009.62 万元；铁路分中心管理费用支出 5140.82 万元，其中，人员、公用、专项经费分别为 2735.40 万元、147.99 万元、2257.43 万元。

四、资产风险状况

（一）住房公积金个人住房贷款。2021 年末，逾期住房公积金个人贷款 1703.69 万元，住房公积金个人贷款逾期率 0.03‰。其中，国管分中心逾期率 0.18‰，铁路分中心逾期率 0.15‰。住房公积金个人贷款风险准备金余额为 1092570.85 万元。当年无使用住房公积金个人贷款风险准备金核销金额。

（二）支持保障性住房建设试点项目贷款。2021 年末，无逾期项目贷款。项目贷款风险准备金余额为 13320.00 万元。当年无使用项目贷款风险准备金核销金额。

五、社会经济效益

（一）缴存业务

缴存职工中，国家机关和事业单位职工占 13.6%，国有企业职工占 15.2%，城镇集体企业职工占 0.4%，外商投资企业职工占 7.4%，城镇私营企业及其他城镇企业职工占 31.5%，民办非企业单位和社会团体职工占 0.7%，其他职工占 31.3%；中、低收入群体占 89.9%，高收入群体占 10.1%。

新开户职工中，国家机关和事业单位占 6.4%，国有企业占 12.0%，城镇集体企业占 0.2%，外商投资企业占 5.5%，城镇私营企业及其他城镇企业占 32.8%，民办非企业单位和社会团体占 0.9%，其他占 42.1%；中、低收入群体占 97.4%，高收入群体占 2.6%。

（二）提取业务

提取金额中，购买、建造、翻建、大修自住住房占 60.0%，偿还购房贷款本息占 19.4%，租赁住房占 8.9%，离休和退休提取占 7.6%，完全丧失劳动能力并与单位终止劳动关系提取占 0.03%，户口迁出本市或出境定居占 0.004%，其他占 4.1%。

提取职工中，中、低收入群体占 86.7%，高收入群体占 13.3%。

（三）贷款业务

1. 住房公积金个人住房贷款

2021 年，支持职工购房 809.66 万平方米。年末住房公积金个人住房贷款市场占有率（指 2021 年末住房公积金个人住房贷款余额占当地商业性和住房公积金个人住房贷款余额总和的比率）为 29.4%，与上年相比无变化。通过申请住房公积金个人住房贷款，购房职工减少利息支出约 1496829.38 万元。

职工贷款笔数中，购房建筑面积 90（含）平方米以下占 70.9%，90～144（含）平方米占 26.6%，144 平方米以上占 2.5%；购买新房占 39.8%（购买保障性住房占 13.5%），购买二手房占 60.2%。

职工贷款笔数中，单缴存职工申请贷款占 46.9%，双缴存职工申请贷款占 53.1%。

贷款职工中，30 岁（含）以下占 24.8%，30 岁～40 岁（含）占 58.8%，40 岁～50 岁（含）占 12.8%，50 岁以上占 3.6%；购买首套住房申请贷款占 73.4%，购买二套及以上申请贷款占 26.6%；中、低收入群体占 80.2%，高收入群体占 19.8%。

2. 支持保障性住房建设试点项目贷款

2021 年末，累计发放项目贷款 37 个，贷款额度 236.09 亿元，建筑面积约 943 万平方米，可解决约 9 万户中低收入职工家庭的住房问题。35 个项目贷款资金已发放并还清贷款本息。

（四）住房贡献率

2021 年，住房公积金个人住房贷款发放额、公转商贴息贷款发放额、项目贷款发放额、住房消费提取额的总和与当年缴存额的比率为 92.4%，比上年减少 0.5 个百分点。

六、其他重要事项

（一）守牢疫情防控防线，纾困惠企政策成效显著

坚决贯彻国家和北京市新冠肺炎疫情防控工作部署，压实"四方责任"，完善防疫工作机制，每日研判调度，加强重点场所和重点人员管控，持续巩固全系统"无病例""零感染"防疫成果。助力"六稳""六保"，疫情期间积极落实惠企政策，继续执行 5％～12％ 缴存比例自主选择政策，加强政策宣传引导。

（二）全面优化服务环境，服务效能大幅提升

制定《公积金优化服务环境 1.0 版》，18 项措施任务全部完成。服务事项由 52 个精简整合为 42 个，办事时限由 43 天减至 23 天，办事材料由 47 份减至 33 份，跑动次数由 0.35 减到 0.19，全程网办事项由 28 个增加到 34 个。81％ 的服务事项实现全程网办，15 个事项"掌上办"；9 项高频业务"跨省通办"；19 个业务大厅全面实施首问负责、一次告知、"办不成事"反映窗口等措施，106 个窗口推行综合服务，42 个事项可无差别办理。

（三）积极推动改革创新，制度保障作用不断强化

北京市委全面深化改革委员会第二十次会议审议通过了《关于深化北京住房公积金制度改革的实施意见》。要以加强住房保障、改善群众居住条件为落脚点，用好用活住房公积金相关政策，通过小切口解决好民生问题。从供给和需求两侧发挥作用，支持租赁住房和保障性住房建设，支持老旧小区改造。推动京津冀住房公积金一体化，促进区域职住协同，统筹资金安全与监管服务，建立健全风险防控机制。

（四）加强行政执法体系建设，执法效能持续增强

加快建设"一套标准、一个系统、一批制度、一支队伍"执法体系。制定《重大行政执法决定审核办法》《行政执法全过程记录制度》等 7 项制度；开展"双随机、一公开"执法检查，加强事中事后执法检查监管；执法人员增至 132 人，严格实行"双证"上岗。全年受理执法案件约 2 万件，结案 1.1 万件，为 1.2 万名职工追缴住房公积金 2.4 亿元，有力维护了职工合法权益。

（五）推进"智慧公积金"建设，信息化支撑能力全面提升

编制实施管理中心"十四五"信息化发展规划，充分运用大数据、区块链等技术，扩大信息共享和业务联动范围，提升信息化、智能化服务水平。完成具备智能识别、智能推动、人机交互功能的自助系统建设，开展"自助终端机＋服务指导员"业务模式试点；完成"全程留痕、可查可控、主动提醒"的执法业务系统建设，实现投诉案件闭环管理。29 个事项 79 个场景应用人脸识别，151 类单据 304 个场景应用电子签章，6 类电子证照开展应用；微信公众号可智能推送 6 类服务信息；政务网站开通智能问答。综合服务平台建设、全国住房公积金微信小程序接入工作被住房和城乡建设部评为优秀，提升智慧城市建设工作三项指标全市排名第一，政务数据汇聚工作获全市通报表扬。

北京住房公积金 2021 年年度报告二维码

名称	二维码
北京住房公积金 2021 年年度报告	

天津市

天津市住房公积金 2021 年年度报告

根据国务院《住房公积金管理条例》和住房和城乡建设部、财政部、人民银行《关于健全住房公积金信息披露制度的通知》（建金〔2015〕26 号）以及住房和城乡建设部公积金监管司《关于做好 2021 年住房公积金年度报告披露工作的通知》（建司局函金〔2022〕3 号）的规定，经住房公积金管理委员会审议通过，现将天津市住房公积金 2021 年年度报告公布如下：

一、机构概况

（一）住房公积金管理委员会

住房公积金管理委员会有 27 名委员，2021 年通过召开全体会议和函审方式审议公积金相关事项 5 次，审议通过的事项主要包括：

1. 天津市 2020 年住房公积金归集使用情况及 2021 年住房公积金归集使用计划。

2. 关于租房提取住房公积金有关政策的通知。

3. 关于停办个人住房公积金贷款担保费补贴业务的公告。

4. 关于调整 2021 年住房公积金缴存额的通知。

5. 关于修订《天津市住房公积金行政执法管理办法》的通知。

6. 关于调整个人住房公积金贷款有关政策的通知。

7. 关于印发《天津市住房公积金管理中心管理费用预算标准》的通知。

8. 关于大港油田公租房移交有关问题的批复。

（二）住房公积金管理中心

住房公积金管理中心为直属于天津市政府、不以营利为目的的自收自支事业单位，内设机构 17 个、下设机构 4 个、办事机构（管理部）20 个。从业人员 671 人，全部为在编人员。

二、业务运行情况

（一）**缴存**。2021 年，新开户单位 24369 家，净增单位 17802 家；新开户职工 33.4 万人，净增职工 16.5 万人；实缴单位 86101 家，实缴职工 295.0 万人，缴存额 609.0 亿元，分别同比增长 13.5％、4.7％、7.0％。2021 年末，缴存总额 5666.6 亿元，比上年末增加 12.0％；缴存余额 1782.7 亿元，同比增长 9.5％。

受委托办理住房公积金缴存业务的银行 1 家。

（二）**提取**。2021 年，127.1 万名缴存职工提取住房公积金；提取额 454.9 亿元，同比增长 9.7％；提取额占当年缴存额的 74.7％，比上年增加 1.9 个百分点。2021 年末，提取总额 3883.9 亿元，比上年末增加 13.3％。

（三）**贷款**

1. 个人住房贷款。个人住房贷款最高额度 60 万元。

2021 年，发放个人住房贷款 5.4 万笔、249.7 亿元，同比分别增长 3.8％、3.2％。

2021 年，回收个人住房贷款 173.2 亿元。

2021 年末，累计发放个人住房贷款 112.9 万笔、3690.4 亿元，贷款余额 1541.9 亿元，分别比上年末增加 4.9%、7.3%、5.2%。个人住房贷款余额占缴存余额的 86.5%，比上年末减少 3.5 个百分点。

受委托办理住房公积金个人住房贷款业务的银行 21 家。

2. 异地贷款。2021 年，发放异地贷款 1 笔、40 万元。2021 年末，发放异地贷款总额 408.2 万元，异地贷款余额 341.5 万元。

（四）资金存储。 2021 年末，住房公积金存款 259.03 亿元。其中，活期 0.05 亿元，1 年（含）以下定期 52.74 亿元，1 年以上定期 187.86 亿元，其他（协定、通知存款等）18.38 亿元。

（五）资金运用率。 2021 年末，住房公积金个人住房贷款余额、项目贷款余额和购买国债余额的总和占缴存余额的 86.5%，比上年末减少 3.5 个百分点。

三、主要财务数据

（一）业务收入。 2021 年，业务收入 526164 万元，同比增长 7.6%。存款利息 37653 万元，委托贷款利息 488511 万元，国债利息 0 万元，其他 0 万元。

（二）业务支出。 2021 年，业务支出 293824 万元，同比增长 8.6%。支付职工住房公积金利息 258533 万元，归集手续费 12177 万元，委托贷款手续费 23892 万元，其他 -778 万元。

（三）增值收益。 2021 年，增值收益 232071 万元，同比增长 6.2%。增值收益率 1.4%，较上年持平。

（四）增值收益分配。 2021 年，提取贷款风险准备金 24971 万元，提取管理费用 36000 万元，提取城市廉租住房（公共租赁住房）建设补充资金 171100 万元。

2021 年，上交财政管理费用 36000 万元。上缴财政城市廉租住房（公共租赁住房）建设补充资金 171961 万元，其中 2021 年增值收益 171100 万元，历年待分配增值收益 861 万元。

2021 年末，贷款风险准备金余额 369850 万元。累计提取城市廉租住房（公共租赁住房）建设补充资金 1514561 万元。

（五）管理费用支出。 2021 年，管理费用支出 36000 万元，同比增长 7.8%。其中，正常经费 25596 万元，专项经费 10404 万元。增加费用主要用于市发展改革委批复、市网信办论证评审的业务模式优化及核心系统改造项目等专项经费支出。

四、资产风险状况

个人住房贷款。2021 年末，个人住房贷款逾期额 65 万元，逾期率 0.004‰。个人贷款风险准备金余额 358242 万元。2021 年，使用个人贷款风险准备金核销呆坏账 0 万元。

五、社会经济效益

（一）缴存业务。 缴存职工中，国家机关和事业单位占 17.3%，国有企业占 11.1%，城镇集体企业占 0.8%，外商投资企业占 2.5%，城镇私营企业及其他城镇企业占 63.9%，民办非企业单位和社会团体占 2.9%，灵活就业人员占 0%，其他占 1.5%；中、低收入占 98.5%，高收入占 1.5%。

新开户职工中，国家机关和事业单位占 6.5%，国有企业占 3.9%，城镇集体企业占 0.5%，外商投资企业占 1.9%，城镇私营企业及其他城镇企业占 81.8%，民办非企业单位和社会团体占 3.9%，灵活就业人员占 0%，其他占 1.5%；中、低收入占 99.1%，高收入占 0.9%。

（二）提取业务。 提取金额中，购买、建造、翻建、大修自住住房占 12.7%，偿还购房贷款本息占 65.6%，租赁住房占 0.4%，支持老旧小区改造占 0.001%，离休和退休提取占 12.1%，完全丧失劳动能力并与单位终止劳动关系提取占 0%，出境定居占 0.003%，其他占 9.1%。提取职工中，中、低收入占 97.0%，高收入占 3.0%。

（三）贷款业务。 个人住房贷款。2021 年，支持职工购建房 510.3 万平方米（含公转商贴息贷款），年末个人住房贷款市场占有率（含公转商贴息贷款）为 17.5%，比上年末减少 0.2 个百分点。通过申请住房公积金个人住房贷款，可节约职工购房利息支出 74.6 亿元。

职工贷款笔数中，购房建筑面积 90（含）平方米以下占 45.0%，90～144（含）平方米占 52.3%，144 平方米以上占 2.7%。购买新房占 53.5%（其中购买保障性住房占 3.0%），购买二手房占 46.5%，建造、翻建、大修自住住房占 0%（其中支持老旧小区改造占 0%），其他占 0%。

职工贷款笔数中，单缴存职工申请贷款占 94.0%，双缴存职工申请贷款占 6.0%，三人及以上缴存职工共同申请贷款占 0%。

贷款职工中，30 岁（含）以下占 37.5%，30 岁～40 岁（含）占 48.7%，40 岁～50 岁（含）占 11.6%，50 岁以上占 2.2%；购买首套住房申请贷款占 81.8%，购买二套及以上申请贷款占 18.2%；中、低收入占 99.7%，高收入占 0.3%。

（四）住房贡献率。2021 年，个人住房贷款发放额、公转商贴息贷款发放额、项目贷款发放额、住房消费提取额的总和与当年缴存额的比率为 99.8%，比上年增加 0.8 个百分点。

六、其他重要事项

（一）当年住房公积金政策调整及执行情况

2021 年，中心认真贯彻落实国家政策，在住房公积金存贷款利率执行标准方面，出台了 2 套房住房公积金贷款利率按同期首套房贷款利率的 1.1 倍执行的政策，并做好新旧政策衔接，确保平稳过渡。在支持老旧小区改造政策落实方面，中心积极助力我市老旧小区改造，支持城市更新，推出了既有住宅加装电梯提取住房公积金政策，全年共办理加装电梯提取住房公积金业务 12 人次，提取资金 64 万元。

（二）住房公积金业务服务改进情况

2021 年，中心出台多项惠民便民举措，让职工群众共享发展成果。一是租房提取住房公积金政策实现新突破，放宽提取条件、简化提取手续、提高提取限额，为新市民、低收入职工租房提供政策支持，全年 2.5 万人租房提取住房公积金 1.8 亿元，同比分别增长 127.3% 和 50%。二是推出异地转入资金自动补缴入账功能，简化办理手续，缩短办理时间，免除职工往返奔波，全年共办理该类业务 5686 笔，涉及资金 1.37 亿元。三是贷款审批与房屋抵押业务联动，实现放款审批自动化，贷款办理时限缩短 2 个工作日。中心积极发展电子业务，实现公积金缴存、提取、贷款回收等多个种类业务的网上办理，进一步提高公积金政务服务标准化、规范化、便利化水平，产生良好的社会效应，全年网缴业务替代率 99.6%，单位业务离柜率 95.4%，个人电子业务综合替代率 96.1%，客户满意率 99.7%。

（三）住房公积金信息化建设情况

2021 年，中心聚焦行业领先的数字化公积金目标要求，全力推进新一代智慧服务平台共 31 个系统的建设工作，包括业务办理平台、单位网厅、个人网厅、运营支持、短信平台等。对 4.7 万项数据进行清理，数据上报质量居全国前列。实现了余额还贷一站式、约定提取、不足额扣款等创新服务举措，为业务服务和管理能力的提升打下了基础。

（四）当年对违反《住房公积金管理条例》和相关法规行为进行行政处罚和申请人民法院强制执行情况

中心坚持依法行政、依法履责，维护职工合法权益，协助单位化解风险隐患。2021 年，中心共作出行政处罚 2 件，申请人民法院强制执行案件 386 件，因行政执法发生行政复议 4 件、行政诉讼 18 件，行政诉讼案件均胜诉，行政复议案件均得到维持。2021 年，中心加强住房公积金制度扩面工作，对于 50 人以上正常缴存社保未建立住房公积金制度的单位开展重点促建，带动全市新建职工 33.4 万人，突破历史最高水平，制度扩面工作取得良好效果。

天津市住房公积金 2021 年年度报告二维码

名称	二维码
天津市住房公积金 2021 年年度报告	

河北省

河北省住房公积金 2021 年年度报告

根据国务院《住房公积金管理条例》和住房和城乡建设部、财政部、人民银行《关于健全住房公积金信息披露制度的通知》（建金〔2015〕26 号）规定，现将河北省住房公积金 2021 年年度报告汇总公布如下：

一、机构概况

（一）住房公积金管理机构

全省共设 11 个设区城市住房公积金管理中心，1 个雄安新区住房管理中心，10 个独立设置的分中心（其中，定州市和辛集市管理中心分别隶属当地城市人民政府，省直住房资金中心隶属河北省机关事务管理局，冀东油田中心、东方物探中心、华北油田中心、管道局中心隶属中石油股份有限公司，邢矿分中心、峰峰分中心隶属冀中能源股份有限公司，开滦分中心隶属开滦（集团）有限责任公司）。从业人员 2385 人，其中，在编 1539 人，非在编 846 人。

（二）住房公积金监管机构

省住房城乡建设厅、省财政厅和人民银行石家庄中心支行负责对本省住房公积金管理运行情况进行监督。省住房城乡建设厅设立住房公积金监管处，负责辖区住房公积金日常监管工作。

二、业务运行情况

（一）缴存。

2021 年，新开户单位 10580 家，净增单位 8250 家；新开户职工 59.64 万人，净增职工 30.3 万人；实缴单位 77983 家，实缴职工 551.28 万人，缴存额 751.93 亿元，同比分别增长 11.83%、5.81%、6.5%。2021 年末，缴存总额 6560.45 亿元，比上年末增加 12.95%；缴存余额 2772.28 亿元，同比增长 11.32%（表 1）。

					表 1
地区	实缴单位（万个）	实缴职工（万人）	缴存额（亿元）	累计缴存总额（亿元）	缴存余额（亿元）
河北省	**7.80**	**551.28**	**751.93**	**6560.45**	**2772.28**
石家庄	1.75	105.24	173.12	1419.28	621.44
承德	0.44	23.84	36.43	330.66	140.72
张家口	0.53	30.04	43.08	405.79	183.16
秦皇岛	0.36	29.93	39.35	416.71	142.56
唐山	0.79	87.21	113.95	1014.19	449.02
廊坊	0.62	41.38	57.13	486.91	174.75
保定	0.90	69.34	80.81	654.12	284.1
沧州	0.68	51.27	76.33	721.01	252.28
衡水	0.42	23.44	25.81	204.96	103.54
邢台	0.49	36.09	39.59	349.07	146.16

2021 年分城市住房公积金缴存情况

续表

地区	实缴单位 （万个）	实缴职工 （万人）	缴存额 （亿元）	累计缴存总额 （亿元）	缴存余额 （亿元）
邯郸	0.75	48.89	61.93	523.34	251.12
雄安新区	0.08	4.59	4.42	34.43	23.45

（二）提取。2021 年，146.68 万名缴存职工提取住房公积金；提取额 489.97 亿元，同比增长 11.55％；提取额占当年缴存额的 65.16％，比上年增加 2.95 个百分点。2021 年末，提取总额 3788.17 亿元，比上年末增加 14.17％（表 2）。

2021 年分城市住房公积金提取情况　　　　　　表 2

地区	提取额 （亿元）	提取率 （％）	住房消费类提取额 （亿元）	非住房消费类提取额 （亿元）	累计提取总额 （亿元）
河北省	**489.97**	**65.16**	**345.03**	**144.93**	**3788.17**
石家庄	113.43	65.52	82.03	31.40	797.84
承德	22.26	61.10	16.03	6.23	189.94
张家口	23.40	54.32	15.40	8.00	222.63
秦皇岛	26.99	68.59	19.80	7.19	274.16
唐山	69.41	60.91	49.93	19.48	565.17
廊坊	40.13	70.24	31.60	8.53	312.15
保定	67.84	83.95	34.96	32.88	370.03
沧州	53.51	70.11	42.76	10.75	468.73
衡水	14.86	57.57	10.96	3.90	101.42
邢台	24.66	62.29	18.38	6.28	202.91
邯郸	32.62	52.68	22.69	9.93	272.22
雄安新区	0.85	19.39	0.49	0.36	10.98

（三）贷款

1. 个人住房贷款。2021 年，发放个人住房贷款 9.65 万笔、430.94 亿元，同比分别增长 10.29％、12.58％。回收个人住房贷款 201.68 亿元。

2021 年末，累计发放个人住房贷款 126.45 万笔、3490.09 亿元，贷款余额 2074.76 亿元，分别比上年末增加 8.26％、14.09％、12.55％。个人住房贷款余额占缴存余额的 74.84％，比上年末增加 0.82 个百分点（表 3）。

2021 年，支持职工购建房 1086.96 万平方米。年末个人住房贷款市场占有率（含公转商贴息贷款）为 11.42％，比上年末增加 0.22 个百分点。通过申请住房公积金个人住房贷款，可节约职工购房利息支出 847504.51 万元。

2021 年分城市住房公积金个人住房贷款情况　　　　　　表 3

地区	放贷笔数 （万笔）	贷款发放额 （亿元）	累计放贷笔数 （万笔）	累计贷款总额 （亿元）	贷款余额 （亿元）	个人住房贷款率 （％）
河北省	**9.65**	**430.94**	**126.45**	**3490.09**	**2074.76**	**74.84**
石家庄	1.51	75.79	20.48	645.76	390.75	62.88
承德	0.46	18.26	6.55	167.49	93.35	66.34
张家口	0.59	22.55	10.09	222.78	115.42	63.02

续表

地区	放贷笔数 （万笔）	贷款发放额 （亿元）	累计放贷笔数 （万笔）	累计贷款总额 （亿元）	贷款余额 （亿元）	个人住房贷款率 （％）
秦皇岛	0.41	15.81	8.13	221.36	122.54	85.96
唐山	1.12	48.17	23.73	633.36	355.20	79.11
廊坊	0.67	34.89	5.99	211.46	135.72	77.67
保定	1.33	60.72	12.40	349.14	232.33	81.78
沧州	1.24	51.39	12.56	342.02	199.90	79.24
衡水	0.60	22.50	6.47	148.30	77.87	75.21
邢台	0.64	26.48	8.27	206.04	126.54	86.58
邯郸	1.10	54.37	11.44	336.61	223.17	88.87
雄安新区	0.00	0.00	0.35	5.74	1.97	8.40

2. 异地贷款。2021 年，发放异地贷款 11764 笔、538016.2 万元。2021 年末，发放异地贷款总额 2185619.08 万元，异地贷款余额 1355721.9 万元。

3. 公转商贴息贷款。2021 年，发放公转商贴息贷款 0 笔、0 万元，支持职工购建房面积 0 万平方米。当年贴息额 21.98 万元。2021 年末，累计发放公转商贴息贷款 1445 笔、55868.88 万元，累计贴息 275.46 万元。

（四）购买国债。2021 年，购买国债 0 亿元，兑付国债 0.75 亿元。2021 年末，国债余额 0 亿元，比上年末减少 0.75 亿元。

（五）融资。2021 年，融资 7.51 亿元，归还 9.4 亿元。2021 年末，融资总额 53.6 亿元，融资余额 3.7 亿元。

（六）资金存储。2021 年末，住房公积金存款 736.87 亿元。其中，活期 11.9 亿元，1 年（含）以下定期 215 亿元，1 年以上定期 432.5 亿元，其他（协定、通知存款等）77.46 亿元。

（七）资金运用率。2021 年末，住房公积金个人住房贷款余额、项目贷款余额和购买国债余额的总和占缴存余额的 74.84％，比上年末增加 0.79 个百分点。

三、主要财务数据

（一）业务收入。2021 年，业务收入 860370.9 万元，同比增长 10.66％。其中，存款利息 225389.1 万元，委托贷款利息 634649.97 万元，国债利息 245.25 万元，其他 86.58 万元。

（二）业务支出。2021 年，业务支出 428240.98 万元，同比增长 12.32％。其中，支付职工住房公积金利息 400221.66 万元，归集手续费 2540.09 万元，委托贷款手续费 20294.32 万元，其他 5184.92 万元。

（三）增值收益。2021 年，增值收益 432129.91 万元，同比增长 9.05％；增值收益率 1.64％，比上年减少 0.03 个百分点。

（四）增值收益分配。2021 年，提取贷款风险准备金 30448.1 万元，提取管理费用 76440.45 万元，提取城市廉租住房（公共租赁住房）建设补充资金 325241.36 万元（表 4）。

2021 年，上交财政管理费用 66256.95 万元，上缴财政城市廉租住房（公共租赁住房）建设补充资金 317688.14 万元。

2021 年末，贷款风险准备金余额 324592.94 万元，累计提取城市廉租住房（公共租赁住房）建设补充资金 2292213.67 万元。

2021 年分城市住房公积金增值收益及分配情况　　　　　　　　　　　表 4

地区	业务收入（亿元）	业务支出（亿元）	增值收益（亿元）	增值收益率（%）	提取贷款风险准备金（亿元）	提取管理费用（亿元）	提取公租房（廉租房）建设补充资金(亿元)
河北省	**86.04**	**42.82**	**43.21**	**1.64**	**3.04**	**7.64**	**32.52**
石家庄	18.87	9.49	9.38	1.58	0.41	0.84	8.13
承德	4.51	2.13	2.38	1.78	0.09	0.40	1.89
张家口	5.81	2.70	3.11	1.80	0.10	0.56	2.45
秦皇岛	4.33	2.36	1.96	1.44	0.05	0.20	1.72
唐山	14.07	6.95	7.12	1.66	0.10	0.67	6.35
廊坊	5.63	2.64	2.99	1.80	0.33	0.29	2.37
保定	8.96	4.45	4.51	1.62	0.57	2.15	1.79
沧州	7.96	3.83	4.13	1.71	0.83	0.97	2.33
衡水	3.00	1.57	1.44	1.48	0.10	0.38	0.95
邢台	4.56	2.32	2.24	1.59	0.12	0.33	1.79
邯郸	8.12	4.21	3.91	1.65	0.35	0.85	2.71
雄安新区	0.21	0.16	0.05	0.23	0.00	0.00	0.05

（五）**管理费用支出。**2021 年，管理费用支出 61660.02 万元，同比增长 9.19%。其中，人员经费 26785.96 万元，公用经费 3986.08 万元，专项经费 30887.98 万元。

四、资产风险状况

个人住房贷款。2021 年末，个人住房贷款逾期额 2067.83 万元，逾期率 0.1‰，个人贷款风险准备金余额 318684.94 万元。2021 年，使用个人贷款风险准备金核销呆坏账 0 万元。

五、社会经济效益

（一）**缴存业务。**缴存职工中，国家机关和事业单位占 41.2%，国有企业占 21.95%，城镇集体企业占 2.7%，外商投资企业占 2.35%，城镇私营企业及其他城镇企业占 25.5%，民办非企业单位和社会团体占 1.55%，灵活就业人员占 0.7%，其他占 4.05%。中、低收入占 98.47%，高收入占 1.53%。

新开户职工中，国家机关和事业单位占 20.14%，国有企业占 9.08%，城镇集体企业占 2.3%，外商投资企业占 3.65%，城镇私营企业及其他城镇企业占 49.07%，民办非企业单位和社会团体占 3.45%，灵活就业人员占 3.05%，其他占 9.26%。中、低收入占 96.65%，高收入占 3.35%。

（二）**提取业务。**提取金额中，购买、建造、翻建、大修自住住房占 22.95%，偿还购房贷款本息占 43.28%，租赁住房占 4.06%，支持老旧小区改造提取占 0.2%；离休和退休提取占 16.9%，完全丧失劳动能力并与单位终止劳动关系提取占 2.02%，出境定居占 0.12%，其他占 10.47%。提取职工中，中、低收入占 96.34%，高收入占 3.66%。

（三）**贷款业务。**个人住房贷款：职工贷款笔数中，购房建筑面积 90（含）平方米以下占 18.68%，90～144（含）平方米占 75.92%，144 平方米以上占 5.4%。购买新房占 77.2%（其中购买保障性住房占 0.75%），购买二手房占 22.8%。

职工贷款笔数中，单缴存职工申请贷款占 38.14%，双缴存职工申请贷款占 61.08%，三人及以上缴存职工共同申请贷款占 0.78%。

贷款职工中，30 岁（含）以下占 0.09%，30 岁～40 岁（含）占 72.16%，40 岁～50 岁（含）占 22.74%，50 岁以上占 5.01%；购买首套住房申请贷款占 86.74%，购买二套及以上申请贷款占

13.26%；中、低收入占 93.46%，高收入占 6.54%。

（四）住房贡献率。 2021 年，个人住房贷款发放额、公转商贴息贷款发放额、项目贷款发放额、住房消费提取额的总和与当年缴存额的比率为 103.24%，比上年增加 4.94 个百分点。

六、其他重要事项

（一）当年住房公积金政策调整情况

当年未调整住房公积金政策。

（二）当年开展监督检查情况

利用电子稽查工具对各地进行现场实地抽检，并将稽核工作延伸至县（市、区），印发整改通知要求对存在问题进行整改。运用监管平台对各中心超比例缴存、超年龄缴存、一人多缴、一人多贷和异地转入 6 个月内提取等 5 项风险隐患进行排查和督办。

（三）当年服务改进情况

全力推进住房公积金"跨省通办"，将实现住房公积金服务"跨省通办"纳入省住房城乡建设厅党史学习教育"我为群众办实事"实践活动的民生实事，列入"2021 年厅重大政治任务"。省级印发《关于做好住房公积金服务"跨省通办"工作的通知》，指导各地制定工作推进方案，明确责任分工、时间表、路线图，及时对"跨省通办"服务事项推进情况进行调研，定期进行调查摸底，召开全省"跨省通办"工作座谈会及集中调研现场观摩会，协调解决推进过程中存在的困难和问题。5 项住房公积金"跨省通办"事项已全部如期实现。

（四）当年信息化建设情况

一是全国住房公积金小程序如期上线。各级各部门认真贯彻落实住房和城乡建设部工作部署，克服任务重、时间紧等困难，组织技术人员开发相应接口，截至 5 月底，我省 13 个城市中心和省直中心全国住房公积金小程序如期上线运行。二是住房公积金企业开户登记实现"全程网办"。多次与省市场监管局座谈对接，召开全省功能需求会议，研究实现企业开办住房公积金缴存登记信息填报表格、信息共享内容、技术实现路径等问题，印发《企业开办住房公积金缴存登记"一日办"数据规范的通知》，明确数据交互方式，开发数据接口，实现与市场监管部门企业开办相关信息的自动推送和共享。印发《关于规范住房公积金企业开户登记流程的通知》，梳理完善企业开户登记流程，实现与省政务服务网无缝衔接，及时接收反馈办理结果。三是住房公积金数据信息共享取得阶段性成果。先后制定发布了 13 个数据交互规范，实现与民政、人力资源社会保障、市场监管、自然资源、卫生健康、税务、法院、人民银行、商业银行等部门之间的信息查询共享，为住房公积金业务全程网办提供有力支撑。

（五）当年住房公积金机构及从业人员所获荣誉情况

2021 年，全省住房公积金系统创建文明单位（行业、窗口）10 个（其中，省部级 2 个、地市级 8 个）、青年文明号 4 个（其中，国家级 1 个、地市级 3 个）、三八红旗手 2 个（地市级）、先进集体和个人 70 个（其中，国家级 1 个、省部级 10 个、地市级 59 个）、其他荣誉称号 22 个（其中，国家级 1 个、省部级 5 个、地市级 16 个）。

（六）当年对住房公积金管理人员违规行为的纠正和处理情况等

当年无此情况。

（七）其他需要披露的情况

当年无此情况。

河北省邯郸市住房公积金 2021 年年度报告

根据国务院《住房公积金管理条例》和住房和城乡建设部、财政部、人民银行《关于健全住房公积金信息披露制度的通知》（建金〔2015〕26 号）的规定，经住房公积金管理委员会审议通过，现将邯郸市住房公积金 2021 年年度报告公布如下：

一、机构概况

（一）住房公积金管理委员会。 住房公积金管理委员会有 21 名委员，2021 年召开 3 次会议，审议通过的事项主要包括：2020 年度市住房公积金管理工作报告和年度财务报告（含增值收益分配方案）；取消诚信置业担保公司担保业务，贷款风险管理实行委托模式的议题；修订《邯郸市住房公积金归集管理办法》《邯郸市住房公积金提取管理办法》《邯郸市住房公积金贷款管理办法》的议题。

（二）住房公积金管理中心。 住房公积金管理中心为直属市政府管理不以营利为目的的自收自支事业单位，设 10 个处（室），20 个管理部，1 个分中心。从业人员 189 人（含峰峰集团分中心 6 人），其中，在编 129 人（含峰峰集团分中心 6 人），非在编 60 人。

二、业务运行情况

（一）缴存。 2021 年，新开户单位 854 家，净增单位 763 家；新开户职工 5.27 万人，净增职工 3.16 万人；实缴单位 7520 家，实缴职工 48.89 万人，缴存额 61.93 亿元，分别同比增长 8.64％、0.62％、6.63％。2021 年末，缴存总额 523.34 亿元，比上年末增加 13.42％；缴存余额 251.12 亿元，同比增长 13.21％。

市中心受委托办理住房公积金缴存业务的银行 13 家，峰峰集团分中心受委托办理住房公积金缴存业务的银行 7 家。

（二）提取。 2021 年，11.37 万名缴存职工提取住房公积金；提取额 32.62 亿元，同比增长 11.33％；提取额占当年缴存额的 52.68％，比上年增加 2.22 个百分点。2021 年末，提取总额 272.22 亿元，比上年末增加 13.62％。

（三）贷款

1. 个人住房贷款。个人住房贷款最高额度 80 万元（缴存比例未达到双 12％的，最高贷款额度 60 万；缴存比例为双 12％的，最高贷款额度提高到 80 万元）。

2021 年，发放个人住房贷款 1.10 万笔、54.37 亿元，同比分别增长 8.93％、11.95％。其中，市中心发放个人住房贷款 1.07 万笔、53.04 亿元，峰峰集团分中心发放个人住房贷款 0.03 万笔、1.33 亿元。

2021 年，回收个人住房贷款 18.31 亿元。其中，市中心 17.66 亿元，峰峰集团分中心 0.65 亿元。

2021 年末，累计发放个人住房贷款 11.44 万笔、336.61 亿元，贷款余额 223.17 亿元，分别比上年末增加 10.65％、19.27％、19.28％。个人住房贷款余额占缴存余额的 88.87％，比上年末增加 4.52 个百分点。市中心受委托办理住房公积金个人住房贷款业务的银行 8 家，峰峰集团分中心受委托办理住房公积金个人住房贷款业务的银行 2 家。

2. 异地贷款。2021 年，发放异地贷款 531 笔、27994 万元。2021 年末，发放异地贷款总额

145608.3 万元，异地贷款余额 94019.03 万元。

3. 公转商贴息贷款：2021 年未开展公转商贴息贷款业务。

（四）购买国债。市中心与峰峰集团分中心均未购买国债。

（五）资金存储。2021 年末，住房公积金存款 36.69 亿元。其中，活期 0.001 亿元，1 年（含）以下定期 6.56 亿元，1 年以上定期 26.67 亿元，协定存款 3.46 亿元。

（六）资金运用率。2021 年末，住房公积金个人住房贷款余额、项目贷款余额和购买国债余额的总和占缴存余额的 88.87%，比上年末增加 4.52 个百分点。

三、主要财务数据

（一）业务收入。2021 年，业务收入 81164.75 万元，同比增长 11.73%。其中，市中心 75814.12 万元，峰峰集团分中心 5350.63 万元；存款利息 14968.42 万元，委托贷款利息 66196.33 万元，国债利息 0 万元，其他 0.003 万元。

（二）业务支出。2021 年，业务支出 42079.39 万元，同比增长 18.08%。其中，市中心 39820.09 万元，峰峰集团分中心 2259.30 万元；支付职工住房公积金利息 35834.65 万元，归集手续费 0 万元，委托贷款手续费 2315.98 万元，其他 3928.77 万元。

（三）增值收益。2021 年，增值收益 39085.36 万元，同比增长 5.60%。其中，市中心 35994.03 万元，峰峰集团分中心 3091.33 万元；增值收益率 1.65%，比上年减少 0.11 个百分点。

（四）增值收益分配。2021 年，提取贷款风险准备金 3530 万元，提取管理费用 8477.19 万元，提取城市廉租住房（公共租赁住房）建设补充资金 27078.17 万元。

2021 年，上交财政管理费用 6696.86 万元。上缴财政城市廉租住房（公共租赁住房）建设补充资金 24071.14 万元，其中，市中心上缴 24071.14 万元，峰峰集团分中心上缴 0 万元。

2021 年末，贷款风险准备金余额 24048.10 万元。累计提取城市廉租住房（公共租赁住房）建设补充资金 199238.16 万元。其中，市中心提取 177385.74 万元，峰峰集团分中心提取 21852.42 万元。

（五）管理费用支出。2021 年，管理费用支出 5238.52 万元，同比下降 8.85%。其中，人员经费 1455.78 万元，公用经费 179.08 万元，专项经费 3603.66 万元。

市中心管理费用支出 5034.30 万元，其中，人员、公用、专项经费分别为 1356.76 万元、118.42 万元、3559.12 万元；峰峰集团分中心管理费用支出 204.22 万元，其中，人员、公用、专项经费分别为 99.02 万元、60.66 万元、44.54 万元。

四、资产风险状况

2021 年末，个人住房贷款逾期额 24.03 万元，逾期率 0.01‰，其中，市中心 0.01‰，峰峰集团分中心 0.37‰。个人贷款风险准备金余额 23368.10 万元。2021 年，使用个人贷款风险准备金核销呆坏账 0 万元。

五、社会经济效益

（一）缴存业务

缴存职工中，国家机关和事业单位占 45.92%，国有企业占 21.13%，城镇集体企业占 3.64%，外商投资企业占 1.52%，城镇私营企业及其他城镇企业占 17.18%，民办非企业单位和社会团体占 1.47%，灵活就业人员占 0.75%，其他占 8.39%；中、低收入占 98.69%，高收入占 1.31%。

新开户职工中，国家机关和事业单位占 23.90%，国有企业占 8.34%，城镇集体企业占 0.91%，外商投资企业占 3.31%，城镇私营企业及其他城镇企业占 44.57%，民办非企业单位和社会团体占 4.16%，灵活就业人员占 4.32%，其他占 10.49%；中、低收入占 100%，高收入占 0%。

（二）提取业务

提取金额中，购买、建造、翻建、大修自住住房占 9.83%，偿还购房贷款本息占 56.03%，租赁住房占 3.69%，支持老旧小区改造占 0%，离休和退休提取占 23.39%，完全丧失劳动能力并与单位终止劳动关系提取占 3.98%，出境定居占 0.77%，其他 2.31%。提取职工中，中、低收入占 100%，高收入占 0%。

（三）贷款业务

2021 年，支持职工购建房 126.37 万平方米，年末个人住房贷款市场占有率为 15.87%，比上年末减少 0.69 个百分点。通过申请住房公积金个人住房贷款，可节约职工购房利息支出 104493.05 万元。

职工贷款笔数中，购房建筑面积 90（含）平方米以下占 10.69%，90～144（含）平方米占 83.64%，144 平方米以上占 5.67%。购买新房占 88.33%（其中购买保障性住房占 0%），购买二手房占 11.67%，建造、翻建、大修自住住房占 0%（其中支持老旧小区改造占 0%），其他占 0%。

职工贷款笔数中，单缴存职工申请贷款占 8.70%，双缴存职工申请贷款占 84.47%，三人及以上缴存职工共同申请贷款占 6.83%。

贷款职工中，30 岁（含）以下占 16.08%，30 岁～40 岁（含）占 49.21%，40 岁～50 岁（含）占 28.92%，50 岁以上占 5.79%；购买首套住房申请贷款占 86.04%，购买二套及以上申请贷款占 13.96%；中、低收入占 98.56%，高收入占 1.44%。

（四）住房贡献率

2021 年，个人住房贷款发放额、公转商贴息贷款发放额、项目贷款发放额、住房消费提取额的总和与当年缴存额的比率为 124.44%，比上年增加 7.97 个百分点。

六、其他重要事项

（一）当年机构及职能、受托办理缴存贷款业务金融机构调整情况

2021 年度，机构及职能、受托办理存贷款业务金融机构没有变更。

（二）当年住房公积金政策调整及执行情况

1. 职工住房公积金缴存基数最低不得低于上一年度劳动部门规定的职工月最低工资标准。最高不得超过市统计部门公布的上一年度全市职工月平均工资的三倍。

2021 年度，我市人力资源和社会保障部门未对最低工资标准进行调整，邯郸市丛台区、邯山区、复兴区、经济开发区、冀南新区、峰峰矿区、武安市及磁县最低缴存基数仍为 1790 元；永年区、肥乡区、临漳县、成安县、曲周县、鸡泽县、邱县、涉县最低缴存基数为 1680 元；魏县、大名县、广平县、馆陶县最低缴存基数为 1580 元。2021 年度我市住房公积金缴存基数最高为 17139 元。

单位和职工住房公积金缴存比例，均不得低于 5%，最高不得超过 12%。缴存单位可以在 5% 至 12% 区间内，自主确定住房公积金缴存比例。

2. 我中心个人住房公积金最高贷款额度为 60 万元。单位和个人缴存比例均为 12% 的，最高贷款额度可以提高到 80 万元。

3. 职工死亡或被宣告死亡的，如提取申请人为死亡职工配偶、子女、父母的，不需要提供财产分割公证书的住房公积金存储余额由低于 5000 调整到低于 10000 元（含 10000 元）。死亡职工的配偶、子女、父母，提供职工死亡证明、居民户口簿、结婚证、出生证明等能够证明亲属关系的材料可提取住房公积金。

4. 申请住房公积金贷款的借款人、共同借款人的月工资收入调整为参照本人当前住房公积金缴存基数确定。

5. 我中心公积金贷款利率按照国家有关规定执行。住房公积金贷款期限在五年及以下的，贷款利率为 2.75%，贷款期限五年以上的，贷款利率为 3.25%。职工首套住房公积金贷款结清后，申请第二套住房公积金贷款的，利率为基准利率的 1.1 倍。

6. 根据《河北省电梯安全管理办法》（省政府令〔2017〕1号）和《河北省住房公积金归集提取管理办法》（冀建法〔2018〕29号），我市支持老旧住宅小区因加装电梯的房屋所有权人及其配偶提取住房公积金。

（四）当年服务改进情况

1. 贷款业务"网上办""一次不用跑"。通过信息比对和认证手段，推动内部贷款业务专网向互联网跨越，突破必须柜面受理的限制，将贷款影像资料采集环节前移，贷款受理分布到全市所有楼盘，只需"一次登录、一次认证、一次签约"，就可"一次性办结、一次不用跑"，实行购房贷款"即买即申请"，开创了公积金贷款全部流程只通过一个平台一次性办结的成功先例。

2. 全媒体客服正式上线。以文字、语音、视频三种方式多渠道服务的全媒体客服正式开通，为办事职工提供全新的、全流程交互式服务体验，形成服务群众无间隙的良好工作局面。

3. 优化服务网点布局。2021年6月17日丛台区管理部搬迁至独立营业网点，摆脱办公场地带来的限制，不断提高公积金服务的能力和水平。

4. 推进公积金高频服务事项"跨省通办"。今年以来，全市管理部及各县管理部共办理住房公积金单位及个人信息变更255305笔；提前还清公积金贷款945笔；正常退休提取公积金网办2957笔、22137.97万元；出具缴存使用证明17647笔、贷款还清证明1639笔，"跨省通办"异地购房提取39笔，异地缴存使用证明27笔，切实增强群众的认同感和获得感，提高群众满意度。

（五）当年信息化建设情况

1. 依托人脸识别、人证核验、房管、不动产、婚姻数据共享以及电子签章服务，实现了贷款不见面办理。

2. 新增了住房公积金死亡、失业、偿还商贷提取等功能，实现了提取业务全部网上办。

3. 以省一日办平台为基础，实现了单位开户网上办。

4. 以国家人口库共享数据为基础，对全市70多万缴存职工进行身份核验，在入口环节进行个人信息校验，实现基础数据准确校验。

5. 数据机房顺利通过国家三级等保认证，为数据共享、网上办理提供了可靠的安全保障。

6. 完成全媒体客服系统建设，实现了视频"面对面"，解答"一对一"，服务"人对人"，客服精准服务水平再次提升。

7. 完成外围渠道架构改造，采用H5语言架构、CSS、JavaScript等技术对中心微信公众号、手机App进行了改造，实现了一次注册、全渠道登录；实现与住房和城乡建设部异地转移小程序的对接，方便群众网上办理异地转移业务。

（六）当年住房公积金管理中心及职工所获荣誉情况

2021年度，中心被市直工委授予"市直文明单位"称号；被河北日报报业集团和河北新闻网评为"我为群众办实事"先进单位和典型案例。

（七）当年对违反《住房公积金管理条例》和相关法规行为进行行政处罚和申请人民法院强制执行情况

2021年共查处骗提公积金案件50起，追回骗提资金182.77万元。

河北省及省内各城市住房公积金
2021 年年度报告二维码

名称	二维码
河北省住房公积金 2021 年年度报告	
石家庄住房公积金 2021 年年度报告	
承德市住房公积金 2021 年年度报告	
张家口市住房公积金 2021 年年度报告	
秦皇岛市住房公积金 2021 年年度报告	
唐山市住房公积金 2021 年年度报告	
廊坊市住房公积金 2021 年年度报告	

名称	二维码
保定市住房公积金 2021 年年度报告	
沧州市住房公积金 2021 年年度报告	
衡水市住房公积金 2021 年年度报告	
邢台市住房公积金 2021 年年度报告	
邯郸市住房公积金 2021 年年度报告	
雄安新区住房公积金 2021 年年度报告	

山西省

山西省住房公积金 2021 年年度报告

根据国务院《住房公积金管理条例》和住房和城乡建设部、财政部、人民银行《关于健全住房公积金信息披露制度的通知》（建金〔2015〕26 号）规定，现将山西省住房公积金 2021 年年度报告公布如下：

一、机构概况

（一）住房公积金管理机构。 全省共设 11 个设区城市住房公积金管理中心，2 个独立设置的分中心（其中，省直分中心、焦煤分中心隶属太原市住房公积金管理中心）。从业人员 2107 人，其中，在编 1313 人，非在编 794 人。

（二）住房公积金监管机构。 山西省住房和城乡建设厅、财政厅和人民银行太原中心支行负责对本省住房公积金管理运行情况进行监督。省住房城乡建设厅设立住房公积金监管处，负责辖区住房公积金日常监管工作。

二、业务运行情况

（一）缴存。 2021 年，新开户单位 8596 家，净增单位 2506 家；新开户职工 33.94 万人，净增职工 11.73 万人；实缴单位 51941 家，实缴职工 354.91 万人，缴存额 500.85 亿元，分别同比增长 5.07%、3.42%、12.35%。2021 年末，缴存总额 4107.33 亿元，同比增长 13.89%；缴存余额 1662.22 亿元，同比增长 13.64%（表 1）。

2021 年分城市住房公积金缴存情况 表 1

地区	实缴单位（万个）	实缴职工（万人）	缴存额（亿元）	累计缴存总额（亿元）	缴存余额（亿元）
全省	5.19	354.91	500.85	4107.33	1662.22
太原	1.50	118.63	195.27	1622.68	621.76
大同	0.36	33.29	42.76	392.40	134.70
朔州	0.20	12.20	21.75	176.60	67.31
忻州	0.43	18.09	22.29	186.23	74.25
吕梁	0.39	21.60	31.83	215.10	103.27
晋中	0.38	22.26	25.75	206.20	97.55
阳泉	0.17	16.56	19.40	187.47	68.48
长治	0.47	29.59	37.74	300.11	123.57
晋城	0.30	27.28	38.44	296.22	123.46
临汾	0.53	26.43	33.86	277.97	131.54
运城	0.46	28.98	31.77	246.37	116.35

（二）提取。 2021 年，117.21 万名缴存职工提取住房公积金；提取额 301.28 亿元，同比增长 19.64%；提取额占当年缴存额的 60.15%，比上年增加 3.66 个百分点。2021 年末，提取总额 2445.11 亿元，同比增长 14.05%（表 2）。

2021 年分城市住房公积金提取情况　　　　　　　　　　　　表 2

地区	提取额 （亿元）	提取率 （%）	住房消费类提取额 （亿元）	非住房消费类提取额 （亿元）	累计提取总额 （亿元）
全省	**301.28**	**60.15**	**233.93**	**67.35**	**2445.11**
太原	124.85	63.94	99.12	25.73	1000.92
大同	21.45	50.17	15.70	5.75	257.70
朔州	11.96	55.01	9.34	2.63	109.29
忻州	13.08	58.67	10.15	2.93	111.99
吕梁	18.63	58.53	14.97	3.67	111.82
晋中	13.41	52.10	9.15	4.26	108.65
阳泉	11.05	56.94	8.21	2.84	118.98
长治	21.48	56.92	17.06	4.42	176.55
晋城	24.49	63.72	20.28	4.22	172.76
临汾	21.67	64.01	16.01	5.66	146.43
运城	19.20	60.43	13.96	5.24	130.02

（三）贷款

1. 个人住房贷款

2021 年，发放个人住房贷款 8.07 万笔、346.77 亿元，同比增长 19.56％、17.14％。回收个人住房贷款 133.99 亿元。

2021 年末，累计发放个人住房贷款 75.50 万笔、2102.43 亿元，贷款余额 1351.68 亿元，分别同比增长 11.98％、19.75％、18.68％。个人住房贷款余额占缴存余额的 81.32％，比上年末增加 3.46 个百分点（表 3）。

2021 年，支持职工购建房 1016.81 万平方米。年末个人住房贷款市场占有率为 26.20％，比上年末增加 0.52 个百分点。通过申请住房公积金个人住房贷款，可节约职工购房利息支出 1529205.10 万元。

2021 年分城市住房公积金个人住房贷款情况　　　　　　　表 3

地区	放贷笔数 （万笔）	贷款发放额 （亿元）	累计放贷笔数 （万笔）	累计贷款总额 （亿元）	贷款余额 （亿元）	个人住房贷款率 （%）
全省	**8.07**	**346.77**	**75.50**	**2102.43**	**1351.68**	**81.32**
太原	2.65	126.90	22.35	847.66	581.46	93.52
大同	0.67	27.12	5.32	172.82	127.50	94.65
朔州	0.23	7.10	3.39	68.70	35.94	53.40
忻州	0.33	13.79	4.28	101.92	56.70	76.37
吕梁	0.29	11.88	2.47	59.99	33.22	32.16
晋中	0.38	15.91	4.84	134.95	89.42	91.67
阳泉	0.24	10.27	2.80	58.21	30.02	43.83
长治	0.78	31.48	5.42	146.03	96.57	78.15
晋城	0.99	42.64	5.56	151.98	100.21	81.17
临汾	0.61	25.01	7.85	180.96	106.35	80.85
运城	0.91	34.68	11.22	179.21	94.29	81.04

2. 异地贷款

2021 年，发放异地贷款 16615 笔、727014.70 万元。2021 年末，发放异地贷款总额 2392382.75 万

元，异地贷款余额 2026896.29 万元。

（四）购买国债。 2021 年，兑付国债 1930.72 万元，国债余额 0。

（五）融资。 2021 年，融资 48.87 亿元，归还 38.67 亿元。2021 年末，融资总额 107.07 亿元，融资余额 43.4 亿元。

（六）资金存储。 2021 年末，住房公积金存款 374.04 亿元。其中，活期 0.20 亿元，1 年（含）以下定期 43.72 亿元，1 年以上定期 288.98 亿元，其他（协定、通知存款等）41.14 亿元。

（七）资金运用率。 2021 年末，住房公积金个人住房贷款余额和购买国债余额的总和占缴存余额的 81.32%，比上年末增加 3.44 个百分点。

三、主要财务数据

（一）业务收入。 2021 年，业务收入 549778.70 万元，同比增长 12.16%。其中，存款利息 145341.54 万元，委托贷款利息 404096.74 万元，其他 340.42 万元。

（二）业务支出。 2021 年，业务支出 274115.87 万元，同比增长 16.72%。其中，支付职工住房公积金利息 237825.90 万元，委托贷款手续费 15159.22 万元，其他 21130.75 万元（含融资利息支出 21037.68 万元）。

（三）增值收益。 2021 年，增值收益 275662.83 万元，同比增长 7.96%；增值收益率 1.77%，比上年减少 0.1 个百分点。

（四）增值收益分配。 2021 年，提取贷款风险准备金 53166.53 万元，提取管理费用 32747.35 万元，提取城市廉租房（公共租赁住房）建设补充资金 189748.95 万元（表 4）。

2021 年，上交财政管理费用 27670.13 万元，上缴财政城市廉租住房（公共租赁住房）建设补充资金 225508.54 万元。

2021 年末，贷款风险准备金余额 446257.60 万元，累计提取城市廉租住房（公共租赁住房）建设补充资金 1297644.97 万元。

2021 年分城市住房公积金增值收益及分配情况   表 4

地区	业务收入（亿元）	业务支出（亿元）	增值收益（亿元）	增值收益率（%）	提取贷款风险准备金（亿元）	提取管理费用（亿元）	提取公租房（廉租房）建设补充资金（亿元）
全省	**54.98**	**27.41**	**27.57**	**1.77**	**5.32**	**3.27**	**18.97**
太原	21.70	11.62	10.09	4.98	0.70	1.14	8.25
大同	3.99	2.03	1.95	1.59	0.17	0.00	1.79
朔州	1.86	1.00	0.87	1.41	0.36	0.13	0.38
忻州	2.48	1.07	1.41	2.04	0.57	0.12	0.72
吕梁	3.73	1.51	2.22	2.3	0.00	0.35	1.87
晋中	3.27	1.52	1.75	1.91	0.45	0.21	1.09
阳泉	2.15	1.02	1.13	1.79	0.00	0.35	0.78
长治	3.96	1.88	2.08	1.78	0.22	0.00	1.86
晋城	3.35	1.87	1.48	1.28	0.33	0.26	0.88
临汾	4.33	2.02	2.31	1.85	1.39	0.35	0.58
运城	4.16	1.87	2.29	2.07	1.13	0.37	0.78

（五）管理费用支出。 2021 年，管理费用支出 29087.51 万元，同比下降 6.73%。其中，人员经费 18721.66 万元，公用经费 2582.56 万元，专项经费 7783.29 万元。

四、资产风险状况

（一）**个人住房贷款。**2021 年末，个人住房贷款逾期额 9356.14 万元，逾期率 0.07％，个人贷款风险准备金余额 445897.40 万元。

（二）**住房公积金支持保障性住房建设项目贷款。**项目贷款风险准备金余额 360.20 万元。

五、社会经济效益

（一）**缴存业务。**缴存职工中，国家机关和事业单位占 36.42％，国有企业占 41.23％，城镇集体企业占 1.94％，外商投资企业占 2.73％，城镇私营企业及其他城镇企业占 12.68％，民办非企业单位和社会团体占 1.13％，灵活就业人员占 1.23％，其他占 2.64％；中、低收入占 98.96％，高收入占 1.04％。

新开户职工中，国家机关和事业单位占 23.37％，国有企业占 22.87％，城镇集体企业占 1.63％，外商投资企业占 4.76％，城镇私营企业及其他城镇企业占 34.99％，民办非企业单位和社会团体占 3.42％，灵活就业人员占 4.24％，其他占 4.72％；中、低收入占 99.69％，高收入占 0.31％。

（二）**提取业务。**提取金额中，购买、建造、翻建、大修自住住房占 26.74％，偿还购房贷款本息占 32.54％，租赁住房占 18.26％，支持老旧小区改造提取占 0.10％；离休和退休提取占 18.31％，完全丧失劳动能力并与单位终止劳动关系提取占 2.22％，其他占 1.83％。提取职工中，中、低收入占 99.15％，高收入占 0.85％。

（三）**贷款业务。**职工贷款笔数中，购房建筑面积 90（含）平方米以下占 9.82％，90～144（含）平方米占 79.25％，144 平方米以上占 10.93％。购买新房占 90.11％（其中购买保障性住房占 0.29％），购买二手房占 9.44％，建造、翻建、大修自住住房占 0.18％，其他占 0.27％。

职工贷款笔数中，单缴存职工申请贷款占 45.44％，双缴存职工申请贷款占 54.44％，三人及以上缴存职工共同申请贷款占 0.12％。

贷款职工中，30 岁（含）以下占 23.09％，30 岁～40 岁（含）占 47.84％，40 岁～50 岁（含）占 21.99％，50 岁以上占 7.08％；购买首套住房申请贷款占 80.88％，购买二套及以上申请贷款占 19.12％；中、低收入占 98.22％，高收入占 1.78％。

（四）**住房贡献率。**2021 年，个人住房贷款发放额、住房消费提取额的总和与当年缴存额的比率为 115.94％，比上年增加 8.34 个百分点。

六、其他重要事项

（一）当年住房公积金政策调整情况

2021 年 7 月印发《关于进一步促进全省房地产业平稳健康发展的通知》，各市公积金中心不再向房地产开发企业收取公积金贷款保证金，对与公积金中心合作的开发项目，房地产开发企业可申请在预售资金监管协议中增加"代偿公积金逾期贷款"内容，房地产开发企业不得以任何形式收取购房人公积金贷款保证金等。12 月印发《关于加快清退房地产开发企业住房公积金贷款保证金工作的通知》，对各市公积金中心收取的开发企业公积金贷款存量保证金分类进行了清退。通过以上措施，进一步优化房地产营商环境，推动房地产业平稳健康发展。

为贯彻落实《退役军人事务部等 20 部门关于加强军人军属、退役军人和其他优抚对象优待工作的意见》，联合山西省退役军人事务厅等 26 部门印发了《关于加强军人军属、退役军人和其他优抚对象优待工作的实施意见》，结合我省实际提出："现役军人配偶在地方申请住房公积金贷款的，按双缴存职工计算最高贷款额度""军人退出现役后，在省内建立住房公积金账户，并连续足额缴存住房公积金 6 个月（含）以上，可申请住房公积金个人住房贷款，服役期间认定为住房公积金缴存时间，与在地方缴存时间合并计算""退役军人可以按本人意愿补缴退役时领取的住房公积金，补缴后按本人公积金缴存余额计算公积金贷款额"等优待措施。

（二）当年开展监督检查情况

按照住房和城乡建设部《关于加强对逾期住房公积金个人住房贷款监管的函》的要求，开展了全省住房公积金个人住房贷款逾期清收专项行动，制定工作方案，提出工作目标和具体工作措施。对个人住房贷款逾期开展摸底调查，在晋中市组织召开了全省逾期贷款清收推进现场会议，指导督促各市认真开展自查，对个贷逾期率较高的5个市加大督导力度，要求逐笔核实逾期贷款审批和担保情况，采取务实管用的措施，切实降低逾期率。自7月份开始，逐月对逾期个贷清收情况进行通报，并针对性提出整改要求和意见。10月份进行了现场督导。各市积极治理，取得了明显成效。住房公积金个贷逾期率从2020年底的0.12%降至2021年底的0.07%，降幅41.67%。

（三）当年服务改进情况

结合党史教育，根据住房和城乡建设部部署要求，在我省公积金行业深入开展"我为群众办实事"实践活动，以切实解决业务中的堵点难点为抓手，把住房公积金5项高频服务事项列入"跨省通办"，并列入了全省的"我为群众办实事"工作清单。督促各市公积金中心建立完善"代收代办"和"两地联办"工作机制，明确业务规则、流程和要件，设立了233个"跨省通办"服务窗口、确定专人负责，在全国住房公积金监管服务平台公布了负责人和联络人的联系电话和通信地址，设立了监督电话，督促各市公积金中心对辖区内的管理部开展集中培训。赴太原、晋中、阳泉等市开展调研督导，就"跨省通办"落实情况进行实地查看，详细了解"跨省通办"业务开通、服务事项及办理流程等。积极参与全国住房公积金系统"三个一百"活动，推动党史学习教育走深走实，全心全意为缴存职工办实事、解难题。截至12月底，"跨省通办"服务事项已全部落地，全省通过"全程网办"办理住房公积金单位登记开户2137笔，住房公积金单位及个人缴存信息变更446975笔，提前还清住房公积金贷款7675笔，通过"两地联办"办理异地购房提取住房公积金888笔、7141.39万元，通过"代收代办"开具住房公积金个人住房贷款全部还清证明25512笔。

（四）当年信息化建设情况

首批试点以全省住房公积金互联共享平台接入全国住房公积金小程序，率先实现缴存职工通过手机App直接办理异地转移接续等业务。持续推进数据共享，完成了省住房公积金数据互联共享平台与省社保信息共享、与全国住房公积金数据信息共享。在省政务服务信息共享平台发布了"住房公积金缴存、贷款"方面的目录清单，可满足相关部门通过接口方式共享住房公积金相关信息。以《数据安全法》《个人信息保护法》等相关规定为依据，加强个人信息安全防护，在数据共享方面引入了区块链技术，并推行个人在线授权使用，用技术手段固化了信息共享的合规性和规范性，对个人信息安全和业务人员正确履职形成有效保护。

（五）公积金制度改革创新情况

我省积极探索住房公积金支持老旧小区改造，拓宽住房公积金使用渠道，出台老旧小区加装电梯提取住房公积金细则。继续推进灵活就业人员缴存住房公积金，2021年，4.36万灵活就业人员缴存住房公积金2.78亿元，为灵活就业人员发放住房公积金贷款1502笔，4.59亿元。探索区域合作，统筹使用住房公积金，吕梁市住房公积金管理中心延伸异地服务窗口，为在太原和晋中市购房的吕梁市缴存职工受理和发放公积金贷款163笔、1.09亿元，阳泉市住房公积金管理中心与晋中市开发企业合作，跨区域发放住房公积金贷款733笔、3.81亿元，部分解决了太原、晋中公积金中心阶段性流动紧张而吕梁、阳泉公积金中心资金相对宽松的问题。

（六）当年住房公积金机构及从业人员所获荣誉情况

2021年，全省住房公积金行业积极开展精神文明创建工作，共获得文明单位（行业、窗口）8个、五一劳动奖章1个、三八红旗手1名、先进集体10个、先进个人10名。晋城市住房公积金管理中心政务服务中心网点、晋中市住房公积金管理中心市直分理处、临汾市住房公积金管理中心市直分理处被住房和城乡建设部列为全国住房公积金"跨省通办"表现突出服务窗口。

山西省晋中市住房公积金 2021 年年度报告

根据国务院《住房公积金管理条例》和住房和城乡建设部、财政部、人民银行《关于健全住房公积金信息披露制度的通知》（建金〔2015〕26 号）的规定，经住房公积金管理委员会审议通过，现将晋中市住房公积金 2021 年年度报告公布如下：

一、机构概况

（一）住房公积金管理委员会。 2021 年晋中市住房公积金管理委员会有 17 名委员。全年共审议如下三项事宜，一是审议通过晋中市住房公积金管理中心 2020 年年度报告；二是审议通过晋中市住房公积金管理中心 2020 年度缴存使用情况及 2021 年度缴存使用计划；三是审议通过晋中市住房公积金管理中心 2020 年度住房公积金增值收益分配方案。

（二）住房公积金管理中心。 晋中市住房公积金管理中心为直属晋中市人民政府、不以营利为目的的全额事业单位，内设 5 个部门，下设 12 个分理处。从业人员 179 人，其中，在编 124 人，非在编 55 人。

二、业务运行情况

（一）缴存。 2021 年，新开户单位 309 家，单位净增加 4 家；新开户职工 2.03 万人，职工净增加 0.61 万人；实缴单位 3840 家，实缴职工 22.26 万人，缴存额 25.75 亿元，分别同比增加 0.10%、2.82%、10.80%。截至 2021 年末，缴存总额 206.20 亿元，同比增长 14.27%；缴存余额 97.55 亿元，同比增长 14.48%。

受委托办理住房公积金缴存业务的银行 5 家。

（二）提取。 2021 年，18.17 万人提取住房公积金，提取额为 13.41 亿元，分别同比增加 66.54%、21.14%，提取额占当年缴存额的 52.10%，比上年增加 9.36 个百分点。截至 2021 年末，提取总额 108.65 亿元，同比增加 14.08%。

（三）贷款

1. 个人住房贷款。单缴存职工个人住房贷款最高额度 40 万元，双缴存职工个人住房贷款最高额度 64 万元。

2021 年，发放个人住房贷款 0.38 万笔、15.91 亿元，同比分别下降 20.24%、26.44%。

2021 年，回收个人住房贷款 9.78 亿元。

2021 年末，累计发放个人住房贷款 4.84 万笔、134.95 亿元，贷款余额 89.42 亿元，同比分别增长 8.42%、13.37%、7.36%。个人住房贷款余额占缴存余额的 91.67%，比上年末减少 6.08 个百分点。受委托办理住房公积金个人住房贷款业务的银行 9 家，比上年增加 1 家。

2. 异地贷款。2021 年，发放异地贷款 899 笔、42591.50 万元。2021 年末，发放异地贷款总额 265593.10 万元，异地贷款余额 228540.47 万元。

（四）资金存储。 2021 年末，住房公积金存款 12.30 亿元，其中：活期 0.01 亿元，1 年以上定期 9.30 亿元，其他（协定、通知存款等）2.99 亿元。

（五）资金运用率。 2021 年末，住房公积金个人住房贷款余额占缴存余额的 91.67%，比上年末减少 6.08 个百分点。

三、主要财务数据

（一）**业务收入。** 2021 年，业务收入 32677.95 万元，同比增长 17.50%。其中：存款利息收入 3960.45 万元，委托贷款利息收入 28551.84 万元，其他收入 165.66 万元。

（二）**业务支出。** 2021 年，业务支出 15203.01 万元，同比增长 14.83%。其中：支付职工住房公积金利息支出 13906.09 万元，委托贷款手续费支出 1277.65 万元，其他支出 19.27 万元。

（三）**增值收益。** 2021 年，增值收益 17474.94 万元，同比增长 19.92%。增值收益率 1.91%，比上年增加 0.08 个百分点。

（四）**增值收益分配。** 2021 年，提取贷款风险准备金 4471.10 万元，提取管理费用 2100.00 万元，提取城市廉租住房（公共租赁住房）建设补充资金 10903.84 万元。

2021 年，上交财政管理费用 2200.00 万元。上缴财政城市廉租住房（公共租赁住房）建设补充资金 11000 万元。

2021 年末，贷款风险准备金余额 47667.39 万元。累计提取城市廉租住房（公共租赁住房）建设补充资金 41692.32 万元。

（五）**管理费用支出。** 2021 年，管理费用支出 2136.05 万元，同比下降 6.65%。其中：人员经费 1428.23 万元，公用经费 298.92 万元，专项经费 408.90 万元。

四、资产风险状况

（一）**个人住房贷款。** 2021 年末，个人住房贷款逾期额 0 万元，逾期率 0‰。个人贷款风险准备金余额 47345.39 万元。2021 年，使用个人贷款风险准备金核销呆坏账 0 万元。

（二）**支持保障性住房建设试点项目贷款。** 2021 年末，项目贷款风险准备金余额 322.00 万元。

五、社会经济效益

（一）**缴存业务**

缴存职工中，国家机关和事业单位占 49.08%，国有企业占 23.63%，城镇集体企业占 6.26%，外商投资企业占 2.78%，城镇私营企业及其他城镇企业占 9.96%，民办非企业单位和社会团体占 1.25%，灵活就业人员占 0%，其他占 7.04%；中、低收入占 99.08%，高收入占 0.92%。

新开户职工中，国家机关和事业单位占 32.03%，国有企业占 17.99%，城镇集体企业占 10.07%，外商投资企业占 3.24%，城镇私营企业及其他城镇企业占 27.36%，民办非企业单位和社会团体占 3.42%，灵活就业人员占 0%，其他占 5.89%；中、低收入占 99.73%，高收入占 0.27%。

（二）**提取业务**

提取金额中，购买、建造、翻建、大修自住住房占 15.17%，偿还购房贷款本息占 47.93%，租赁住房占 5.12%，离休和退休提取占 24.08%，完全丧失劳动能力并与单位终止劳动关系提取占 4.42%，户口迁出本市或出国定居占 0.64%，其他非住房消费占 2.64%。提取职工中，中、低收入占 94.93%，高收入占 5.07%。

（三）**贷款业务**

2021 年，支持职工购建房 44.10 万平方米，年末个人住房贷款市场占有率为 20.23%，比上年末减少 1.52%。通过申请住房公积金个人住房贷款，可节约职工购房利息支出 49541.73 万元。

职工贷款笔数中，购房建筑面积 90（含）平方米以下占 12.68%，90～144（含）平方米占 77.87%，144 平方米以上占 9.45%；购买新房占 85.67%（其中购买保障性住房占 0%），购买二手房占 14.33%，建造、翻建、大修自住住房占 0%，其他占 0%。

职工贷款笔数中，单缴存职工申请贷款占 25.09%，双缴存职工申请贷款占 74.91%，三人及以上缴存职工共同申请贷款占 0%。

贷款职工中，30 岁（含）以下占 25.51%，30 岁~40 岁（含）占 43.01%，40 岁~50 岁（含）占 23.73%，50 岁以上占 7.75%；首次申请贷款占 91.24%，二次申请贷款占 8.76%；中、低收入占 97.6%，高收入占 2.40%。

（四）住房贡献率

2021 年，个人住房贷款发放额、住房消费提取额的总和与当年缴存额的比率为 97.34%，比上年减少 27%。

六、其他重要事项

（一）2021 年机构及职能调整情况、受委托办理贷款业务金融机构变更情况

1. 2021 年晋中市住房公积金管理中心机构调整

根据中共晋中市委办公室、晋中市人民政府办公室关于印发《晋中市住房公积金管理中心职能配置、内设机构和人员编制规定》的通知（市办字〔2020〕43 号），经市委机构编制委员会办公室同意，晋中市住房公积金管理中心为全市住房公积金的管理服务机构，属市政府直属公益一类正处级事业单位。核定财政拨款事业编制 101 名，设主任 1 名，副主任 4 名；内设机构 5 个，经办机构 12 个。

2. 2021 年受委托办理贷款业务金融机构变更情况

受委托办理住房公积金个人住房贷款业务的银行 9 家，比上年增加 1 家，为榆次区农村商业银行。

（二）2021 年晋中市住房公积金政策调整及执行情况

1. 缴存政策及缴存基数调整情况

（1）2021 年 7 月中心印发了《关于 2021 年度晋中市住房公积金缴存基数、比例调整》的通知（市房金管发〔2021〕26 号），做出如下规定：

自 2021 年 7 月 1 日起，本市职工住房公积金的缴存基数统一调整为：月缴存工资上限为 18189 元，月缴存工资下限为 1400 元。

（2）2021 年 9 月晋中市财政局、晋中市住房公积金管理中心联合转发《山西省财政厅、山西省住房和城乡建设厅关于进一步明确机关事业单位人员住房公积金缴存基数有关事项》的通知（晋财综〔2021〕50 号），将以下项目统一纳入住房公积金缴存基数：

一是公务员住房公积金缴存基数包括：基本工资、地区性津贴补贴、国家统一规定的津贴补贴、改革性补贴、奖励性津贴和奖金、其他；二是事业单位工作人员住房公积金缴存基数包括：基本工资、绩效工资和艰苦边远地区津贴、国家统一规定的津贴补贴、改革性补贴、奖励性津贴和奖金、其他。

2. 贷款政策调整情况

2021 年 7 月中心印发了《关于调整住房公积金个人贷款业务政策》的通知（市房金管发〔2021〕31 号），做出如下规定（自 2021 年 9 月起执行）：

（1）降低住房公积金个人贷款额度。单人缴存贷款金额最高 40 万元，双人缴存贷款金额最高 64 万元。

（2）职工购买家庭第二套房申请住房公积金贷款，首付比例上调为不低于购房总价的 40%。

（3）不再向房地产开发企业收取公积金贷款保证金。

（三）2021 年晋中市住房公积金服务改进情况

1. 积极落实"跨省通办"服务事项

开设"跨省通办"服务专窗，个人住房公积金缴存、贷款等信息查询、贷款职工住房公积金缴存使用证明出具等 8 项"跨省通办"服务事项全部开通，住房公积金全程网办、代收代办、两地联办，切实解决了企业和群众异地办事"多地跑""折返跑"等问题。2021 年"跨省通办"业务惠及 18000 余户职工，全省"跨省通办"现场推进会在晋中召开。

2. 积极推动"全国住房公积金小程序"上线使用

缴存职工可通过小程序实时查询个人住房公积金缴存、提取、贷款等信息,掌握住房公积金变化情况,一键办理住房公积金账户、资金跨城市转移等业务,享受更便捷的住房公积金服务,初步实现全国各城市住房公积金管理中心线上服务渠道的互联互通、"无感漫游"。

3. 创新推出"跨区域合作"新模式

2021年,在省住房城乡建设厅住房公积金监管处的大力支持下,与焦煤、阳泉、吕梁三个中心开启跨区域战略合作,惠及约1057户家庭,有效化解因住房公积金需求旺盛、贷款需求激增带来的住房公积金使用率、存贷比持续走高及存量资金锐减等问题,化解了资金瓶颈,蹚出一条可推介、可复制互补共赢的创新合作新模式。

4. 全面推进"组合贷"业务

针对"部分缴存职工因贷款额度不足无法购房"这一难题,晋中市住房公积金中心综合运用住房公积金和商业银行资金规模,与11家商业银行签订贷款合作协议,积极推进"组合贷"业务。2021年共办理住房公积金组合贷款230笔、9820万元,进一步满足缴存职工日益增长的贷款额度需求。

5. 多措并举提升服务效能

围绕优化营商环境,以服务需求为牵引,坚持以"缴存职工的需求在哪里,便民服务就跟进到哪里",公开服务事项,优化服务流程,开展"服务标准化"行动,打造"普惠型""智慧型""服务型""品牌型"住房公积金。开展"进机关、进企业、进楼盘、进社区、进乡镇"活动,实现便民服务"零距离"。针对行动不便的老人、病人和孕产妇等特殊群体,采取预约服务、延时服务和上门服务等方式,用"自己跑"代替"群众跑",真正惠及广大缴存职工。

（四）全省首家突破性实现逾期贷款清零

中心高度重视住房公积金逾期贷款清收工作,建立"四清单一责任"工作机制,按照"保持压力、提前介入、持续关注、动态监管"的工作方针,不断完善防范机制,强化贷前、贷中、贷后管理,有效防控贷款风险。在贷款总量增加的情况下,2021年底,晋中市住房公积金个人贷款逾期额为零,逾期率0.0‰,突破性实现清零目标,保证了资金使用安全,实现了资金良性运转。

（五）住房公积金管理中心所获荣誉情况

2021年,晋中市住房公积金管理中心被山西省住房和城乡建设厅评为优秀单位;市直分理处被住房和城乡建设部评为全国住房公积金"跨省通办"表现突出服务窗口,被山西省人力资源和社会保障厅、山西省妇女联合会授予山西省三八红旗集体称号;寿阳分理处、介休分理处被晋中市精神文明建设指导委员会评为文明单位标兵;榆次分理处被晋中市精神文明建设指导委员会评为文明单位。

山西省及省内各城市住房公积金
2021 年年度报告二维码

名称	二维码
山西省住房公积金 2021 年年度报告	
太原住房公积金 2021 年年度报告	
阳泉市住房公积金 2021 年年度报告	
朔州市住房公积金 2021 年年度报告	
吕梁市住房公积金 2021 年年度报告	
长治市住房公积金 2021 年年度报告	
忻州市住房公积金 2021 年年度报告	

续表

名称	二维码
大同市住房公积金 2021 年年度报告	
晋中市住房公积金 2021 年年度报告	
晋城市住房公积金 2021 年年度报告	
临汾市住房公积金 2021 年年度报告	
运城市住房公积金 2021 年年度报告	

内蒙古自治区

内蒙古自治区住房公积金 2021 年年度报告

根据国务院《住房公积金管理条例》和住房和城乡建设部、财政部、中国人民银行《关于健全住房公积金信息披露制度的通知》(建金〔2015〕26号)的规定，经自治区住房城乡建设厅、财政厅、中国人民银行呼和浩特中心支行审核，现将内蒙古自治区住房公积金 2021 年度报告予以发布。

一、机构概况

(一)住房公积金管理机构

全区共设 13 个设区城市住房公积金中心，8 个独立设置的分中心。其中：内蒙古自治区住房资金中心 1 隶属呼和浩特市；内蒙古电力(集团)有限公司住房资金管理中心 2 隶属呼和浩特市；国网内蒙古东部电力有限公司住房公积金管理部 3 隶属呼和浩特市；北方联合电力有限责任公司住房公积金管理部 4 隶属呼和浩特市；内蒙古集通铁路(集团)有限责任公司住房公积金管理部 5 隶属呼和浩特市；包钢住房公积金管理分中心 6 隶属包头市；神华准格尔能源有限责任公司住房公积金管理分中心 7 隶属鄂尔多斯市；二连浩特市住房公积金中心 8 隶属锡林郭勒盟。

从业人员 1820 人，其中，在编 1051 人，非在编 769 人。

(二)住房公积金监管机构

内蒙古自治区住房和城乡建设厅、财政厅和中国人民银行呼和浩特中心支行负责对本区住房公积金管理运行情况进行监督。自治区住房城乡建设厅设立住房保障与公积金监管处，负责辖区住房公积金日常监管工作。

二、业务运行情况

(一)缴存。2021 年，新开户单位 6332 家，净增单位 3523 家；新开户职工 30.45 万人，净增职工 14.77 万人；实缴单位 47836 家，实缴职工 267.11 万人，缴存额 487.23 亿元，分别同比增长 7.95%、5.85%、10.05%。2021 年末，缴存总额 4005.12 亿元，比上年末增加 13.85%；缴存余额 1694.51 亿元，同比增长 9.71%(表 1)。

2021 年分城市住房公积金缴存情况　　　　　　　　　　　　　　　　表 1

地区	实缴单位 (万个)	实缴职工 (万人)	缴存额 (亿元)	累计缴存总额 (亿元)	缴存余额 (亿元)
内蒙古自治区	**4.78**	**267.11**	**487.23**	**4005.12**	**1694.51**
呼和浩特市	0.91	59.07	130.23	1123.98	419.25
包头市	0.44	31.77	50.58	472.33	199.35
呼伦贝尔市	0.53	21.13	41.93	370.38	142.82
兴安盟	0.22	10.46	19.73	158.72	59.20
通辽市	0.37	21.02	34.22	286.48	144.08
赤峰市	0.48	31.48	51.64	427.26	185.86
锡林郭勒盟	0.33	12.16	22.81	180.20	75.21

续表

地区	实缴单位 （万个）	实缴职工 （万人）	缴存额 （亿元）	累计缴存总额 （亿元）	缴存余额 （亿元）
乌兰察布市	0.26	13.57	18.09	148.93	76.14
鄂尔多斯市	0.64	34.98	67.70	378.51	197.87
巴彦淖尔市	0.25	15.37	21.71	203.11	92.88
乌海市	0.11	8.38	14.21	105.60	48.72
阿拉善盟	0.15	4.88	8.44	92.27	32.86
满洲里市	0.09	2.84	5.93	57.36	20.27

（二）提取。2021 年，111.06 万名缴存职工提取住房公积金；提取额 337.25 亿元，同比增长 10.82%；提取额占当年缴存额的 69.22%，比上年增加 0.48 个百分点。2021 年末，提取总额 2310.62 亿元，比上年末增加 17.09%（表 2）。

2021 年分城市住房公积金提取情况　　　　　　表 2

地区	提取额 （亿元）	提取率 （%）	住房消费类提取额 （亿元）	非住房消费类提取额 （亿元）	累计提取总额 （亿元）
内蒙古自治区	**337.25**	**69.22**	**243.49**	**93.76**	**2310.62**
呼和浩特市	97.67	75.00	70.66	27.01	704.73
包头市	38.36	75.84	28.51	9.85	272.98
呼伦贝尔市	26.79	63.89	19.42	7.37	227.56
兴安盟	14.67	74.33	11.58	3.09	99.52
通辽市	23.42	68.44	15.77	7.65	142.40
赤峰市	38.01	73.60	28.47	9.54	241.40
锡林郭勒盟	14.67	64.32	10.62	4.06	104.99
乌兰察布市	11.85	65.53	8.04	3.82	72.79
鄂尔多斯市	37.72	55.71	25.85	11.87	180.64
巴彦淖尔市	13.47	62.03	9.24	4.23	110.23
乌海市	12.05	84.80	9.19	2.86	56.88
阿拉善盟	4.81	56.98	3.27	1.54	59.41
满洲里市	3.76	63.43	2.89	0.87	37.09

（三）贷款

1. 个人住房贷款

2021 年，发放个人住房贷款 6.29 万笔、239.03 亿元，同比下降 3.82%、4.33%。回收个人住房贷款 175.16 亿元。

2021 年末，累计发放个人住房贷款 123.74 万笔、2683.54 亿元，贷款余额 1247.85 亿元，分别比上年末增加 5.36%、9.78%、5.4%。个人住房贷款余额占缴存余额的 73.64%，比上年末减少 3.02 个百分点（表 3）。

2021 年，支持职工购建房 754.27 万平方米。年末个人住房贷款市场占有率（含公转商贴息贷款）为 26.54%，比上年末减少 0.98 个百分点。通过申请住房公积金个人住房贷款，可节约职工购房利息支出 523213.79 万元。

2021 年分城市住房公积金个人住房贷款情况　　表 3

地区	放贷笔数 （万笔）	贷款发放额 （亿元）	累计放贷笔数 （万笔）	累计贷款总额 （亿元）	贷款余额 （亿元）	个人住房贷款率 （％）
内蒙古自治区	6.29	239.03	123.74	2683.54	1247.85	73.64
呼和浩特市	1.06	50.14	20.49	521.07	285.02	67.98
包头市	0.55	19.94	10.65	309.33	173.08	86.82
呼伦贝尔市	0.63	21.63	13.25	244.94	108.83	76.20
兴安盟	0.51	18.16	8.04	147.03	57.69	97.46
通辽市	0.37	10.82	15.03	237.02	81.46	56.54
赤峰市	0.84	29.20	15.47	389.70	160.95	86.60
锡林郭勒盟	0.30	9.24	6.47	130.53	60.85	80.90
乌兰察布市	0.30	11.16	6.31	125.10	54.89	72.09
鄂尔多斯市	1.01	43.56	11.25	265.16	144.14	72.85
巴彦淖尔市	0.25	8.34	8.48	156.77	64.65	69.61
乌海市	0.31	11.36	2.61	58.05	27.39	56.21
阿拉善盟	0.10	3.50	3.51	64.70	17.48	53.21
满洲里市	0.07	1.98	2.17	34.14	11.41	56.30

2. 异地贷款

2021 年，发放异地贷款 3876 笔、150828 万元。2021 年末，发放异地贷款总额 991754.19 万元，异地贷款余额 757085.82 万元。

3. 公转商贴息贷款

2021 年，发放公转商贴息贷款 17 笔、623 万元，支持职工购建房面积 0.18 万平方米。当年贴息额 527.90 万元。2021 年末，累计发放公转商贴息贷款 779 笔、35601.55 万元，累计贴息 1037.60 万元。

4. 住房公积金支持保障性住房建设项目贷款

2021 年，发放支持保障性住房建设项目贷款 0 亿元，回收项目贷款 0 亿元。2021 年末，累计发放项目贷款 13.22 亿元，项目贷款余额 0 亿元。

（四）购买国债。2021 年，购买（记账式、凭证式）国债 0 亿元，（兑付、转让、收回）国债 0 亿元。2021 年末，国债余额 0 亿元，比上年末减少 0 亿元。

（五）融资。2021 年，融资 0 亿元，归还 0 亿元。2021 年末，融资总额 4.5 亿元，融资余额 0 亿元。

（六）资金存储。2021 年末，住房公积金存款 477.95 亿元。其中，活期 27.67 亿元，1 年（含）以下定期 219.04 亿元，1 年以上定期 162.30 亿元，其他（协定、通知存款等）68.94 亿元。

（七）资金运用率。2021 年末，住房公积金个人住房贷款余额、项目贷款余额和购买国债余额的总和占缴存余额的 73.64％，比上年末减少 3.02 个百分点。

三、主要财务数据

（一）业务收入。2021 年，业务收入 519799.79 万元，同比增长 12.90％。其中，存款利息 125264.98 万元，委托贷款利息 394269.06 万元，国债利息 0 万元，其他 265.74 万元。

（二）业务支出。2021 年，业务支出 259428.64 万元，同比增长 13.09％。其中，支付职工住房公积金利息 254194 万元，归集手续费 61.62 万元，委托贷款手续费 3245.64 万元，其他 1927.38 万元。

（三）增值收益。2021 年，增值收益 260371.15 万元，同比增长 12.72％；增值收益率 1.62％，比上年增加 0.06 个百分点。

（四）增值收益分配。 2021 年，提取贷款风险准备金 105443.79 万元，提取管理费用 36453.46 万元，提取城市廉租住房（公共租赁住房）建设补充资金 118473.89 万元（表 4）。

2021 年，上交财政管理费用 28601.22 万元，上缴财政城市廉租住房（公共租赁住房）建设补充资金 103460.05 万元。

2021 年末，贷款风险准备金余额 791834.39 万元，累计提取城市廉租住房（公共租赁住房）建设补充资金 736072.38 万元。

2021 年分城市住房公积金增值收益及分配情况　　　　　　　　　　表 4

地区	业务收入（亿元）	业务支出（亿元）	增值收益（亿元）	增值收益率（%）	提取贷款风险准备金（亿元）	提取管理费用（亿元）	提取公租房（廉租房）建设补充资金（亿元）
内蒙古自治区	51.98	25.94	26.04	1.62	10.54	3.65	11.85
呼和浩特市	13.65	6.07	7.58	1.90	2.52	0.77	4.29
包头市	6.38	3.10	3.29	1.70	1.97	0.44	0.88
呼伦贝尔市	4.26	2.08	2.17	1.63	1.30	0.55	0.32
兴安盟	1.85	0.86	0.99	1.76	0.27	0.22	0.50
通辽市	3.81	2.10	1.71	1.23	0	0.22	1.49
赤峰市	5.98	2.78	3.20	1.81	0.50	0.38	2.32
锡林郭勒盟	2.09	1.15	0.94	1.35	0.28	0.31	0.35
乌兰察布市	2.25	1.10	1.15	1.59	0.69	0.25	0.21
鄂尔多斯市	6.45	3.87	2.58	1.40	1.63	0.18	0.77
巴彦淖尔市	2.61	1.35	1.26	1.41	0.75	0.12	0.38
乌海市	1.25	0.74	0.52	1.09	0.31	0.07	0.14
阿拉善盟	0.85	0.44	0.40	1.32	0.30	0.08	0.02
满洲里市	0.55	0.31	0.24	1.28	0.004	0.06	0.18

（五）管理费用支出。 2021 年，管理费用支出 32741.68 万元，同比增长 0.99%。其中，人员经费 12812.58 万元，公用经费 5267.62 万元，专项经费 14661.48 万元。

四、资产风险状况

（一）个人住房贷款

2021 年末，个人住房贷款逾期额 8883.85 万元，逾期率 0.7‰，个人贷款风险准备金余额 791334.39 万元。2021 年，使用个人贷款风险准备金核销呆坏账 4.65 万元。

（二）住房公积金支持保障性住房建设项目贷款

2021 年末，逾期项目贷款 0 万元，逾期率为 0，项目贷款风险准备金余额 500 万元。2021 年，使用项目贷款风险准备金核销呆坏账 0 万元。

五、社会经济效益

（一）缴存业务。 缴存职工中，国家机关和事业单位占 46.06%，国有企业占 27.51%，城镇集体企业占 1.58%，外商投资企业占 0.94%，城镇私营企业及其他城镇企业占 19.29%，民办非企业单位和社会团体占 0.67%，灵活就业人员占 0.93%，其他 3.02%；中、低收入占 97.74%，高收入占 2.26%。

新开户职工中，国家机关和事业单位占 29.73%，国有企业占 19.85%，城镇集体企业占 1.15%，外商投资企业占 1.45%，城镇私营企业及其他城镇企业占 40.01%，民办非企业单位和社会团体占

1.39%，灵活就业人员占 0.80%，其他占 5.62%；中、低收入占 98.06%，高收入占 1.94%。

（二）提取业务。提取金额中，购买、建造、翻建、大修自住住房占 33.15%，偿还购房贷款本息占 35.81%，租赁住房占 3.20%，支持老旧小区改造提取占 0%；离休和退休提取占 18.79%，完全丧失劳动能力并与单位终止劳动关系提取占 2.48%，出境定居占 0.36%，其他占 6.21%。提取职工中，中、低收入占 93.62%，高收入占 6.38%。

（三）贷款业务

个人住房贷款。职工贷款笔数中，购房建筑面积 90（含）平方米以下占 14%，90～144（含）平方米占 66.48%，144 平方米以上占 19.52%。购买新房占 69.18%（其中购买保障性住房占 0%），购买二手房占 26.54%，建造、翻建、大修自住住房占 0.06%（其中支持老旧小区改造占 0%），其他占 4.22%。

职工贷款笔数中，单缴存职工申请贷款占 43.12%，双缴存职工申请贷款占 56.76%，三人及以上缴存职工共同申请贷款占 0.12%。

贷款职工中，30 岁（含）以下占 26.79%，30 岁～40 岁（含）占 43.47%，40 岁～50 岁（含）占 20.84%，50 岁以上占 8.90%；购买首套住房申请贷款占 81.65%，购买二套及以上申请贷款占 18.35%；中、低收入占 98.02%，高收入占 1.98%。

（四）住房贡献率。2021 年，个人住房贷款发放额、公转商贴息贷款发放额、项目贷款发放额、住房消费提取额的总和与当年缴存额的比率为 99.05%，比上年减少 7.77 个百分点。

六、其他重要事项

（一）当年服务改进和信息化建设情况

一是贯彻落实国家、自治区深化"放管服"改革部署，大力推进"跨省通办""一网通办"。全区住房公积金中心按时完成 8 项住房公积金高频服务事项"跨省通办"。通过自治区住房城乡建设厅统建住房公积金对接平台，15 家城市中心与自治区市场监督管理局"一网通"平台完成对接，进一步完善了住房公积金企业缴存登记"一网通办"，实现"一表填报""一网办理"。二是 15 家城市中心与自治区政务服务平台对接，完成"蒙速办·掌上办"移动端公积金高频应用的接入工作，提高了群众办事便捷度、满意度。自治区住房资金中心完成"蒙速办·一网办" 4 项特色应用 PC 端接入。三是持续推动呼包鄂乌四市住房公积金一体化协同发展，指导呼包鄂乌四市签定合作备忘录，完成四市跨区域住房公积金贷款购房信息协查、异地公积金贷款证明信息互认、12329 服务热线知识库共享政策等工作。四是完善各盟市住房公积金服务热线 12329 与政务服务热线 12345"双号并行，设专家座席"的优化归并工作，进一步畅通全区住房公积金与群众和企业互动渠道，全面提升政务服务水平。

（二）当年住房公积金机构及从业人员所获荣誉情况，包括：文明单位（行业、窗口）、青年文明号、工人先锋号、五一劳动奖章（劳动模范）、三八红旗手（巾帼文明岗）、先进集体和个人等

2021 年赤峰市住房公积金中心元宝山业务部被中共赤峰市委员会赤峰市人民政府授予"文明单位标兵"称号；呼伦贝尔市住房公积金中心党支部，被呼伦贝尔市直属机关工作委员会授予"先进基层党组织"荣誉称号；通辽市住房公积金中心于 2007 年 9 月被自治区党委、政府评为"自治区文明单位"，根据内蒙古自治区文明办《关于复查确认继续保留荣誉称号的内蒙古自治区文明城市、文明村镇、文明单位和文明家庭的通知》（内文明办字〔2020〕3 号）文件精神，中心继续保留自治区文明单位荣誉称号；乌海市住房公积金中心 3 名工作人员分别获得市行政审批政务服务局授予的"党员先锋岗"和"岗位建功先锋岗"荣誉称号；中共兴安盟住房公积金中心第二支部委员会获得了兴安盟直属机关先进基层党组织荣誉称号；1 名职工获得了兴安盟直属机关优秀党务工作者荣誉称号。

内蒙古自治区呼伦贝尔市住房公积金 2021 年年度报告

根据国务院《住房公积金管理条例》和住房和城乡建设部、财政部、人民银行《关于健全住房公积金信息披露制度的通知》（建金〔2015〕26号）的规定，经住房公积金管理委员会审议通过，现将呼伦贝尔市住房公积金 2021 年年度报告公布如下：

一、机构概况

（一）住房公积金管理委员会。 呼伦贝尔市住房公积金管理委员会有 19 名委员，2021 年召开 1 次主任委员办公会议，审议通过的事项主要包括：关于市住房公积金增值收益分配方案、市住房公积金 2020 年度报告披露、调整市住房公积金提取政策、业务系统等保三级建设及软硬件设备采购资金等有关事宜；2021 年召开 1 次全体委员会议，审议通过的事项主要包括：研究审议 2021 年管理经费预算、调整我市住房公积金相关政策、开展个体工商户和自由职业者自主缴存住房公积金业务、为扎兰屯市业务部购买业务用房、增设海拉尔业务部自助业务网点、维修部分业务用房、购置办公家具、电教室建设及相关设备采购等有关事项。

（二）住房公积金中心。 呼伦贝尔市住房公积金中心为呼伦贝尔市住房和城乡建设局所属的公益一类事业单位，机构规格相当于副处级，设 6 个科，12 个业务部。从业人员 147 人，其中，在编 64 人，非在编 83 人。

二、业务运行情况

（一）缴存。 2021 年，新开户单位 305 家，净增单位-6 家；新开户职工 1.66 万人，净增职工 0.50 万人；实缴单位 5294 家，实缴职工 21.13 万人，缴存额 41.93 亿元，分别同比增长-0.11%、2.43%、5.07%。2021 年末，缴存总额 370.38 亿元，比上年末增加 12.77%；缴存余额 142.82 亿元，同比增长 11.86%。受委托办理住房公积金缴存业务的银行四家。

（二）提取。 2021 年，7.42 万名缴存职工提取住房公积金；提取额 26.79 亿元，同比增长 8.87%；提取额占当年缴存额的 63.89%，比上年增加 2.23 个百分点。2021 年末，提取总额 227.56 亿元，比上年末增加 13.34%。

（三）贷款

1. 个人住房贷款。个人住房贷款最高额度 60 万元。

2021 年，发放个人住房贷款 6257 笔、21.63 亿元，同比分别增长 0.63%、7.98%。

2021 年，回收个人住房贷款 16.08 亿元。

2021 年末，累计发放个人住房贷款 13.25 万笔、244.94 亿元，贷款余额 108.83 亿元，分别比上年末增加 4.96%、9.69%、5.37%。个人住房贷款余额占缴存余额的 76.20%，比上年末减少 4.69 个百分点。受委托办理住房公积金个人住房贷款业务的银行四家。

2. 异地贷款。2021 年，发放异地贷款 217 笔、7433.00 万元。发放异地贷款总额 66617.60 万元，异地贷款余额 44895.27 万元。

3. 无公转商贴息贷款。

4. 以前年度住房公积金支持保障性住房建设项目贷款已全部还清。

（四）未购买国债

（五）资金存储。 2021 年末，住房公积金存款 37.26 亿元。其中，活期 0.02 亿元，1 年（含）以下定期 34.91 亿元，其他（协定、通知存款等）2.33 亿元。

（六）资金运用率。 2021 年末，住房公积金个人住房贷款余额、项目贷款余额和购买国债余额的总和占缴存余额的 76.20%，比上年末减少 4.69 个百分点。

三、主要财务数据

（一）业务收入。 2021 年，业务收入 42567.38 万元，同比增长 10.12%。存款利息 8084.35 万元，委托贷款利息 34483.03 万元。

（二）业务支出。 2021 年，业务支出 20844.03 万元，同比增长 10.99%。支付职工住房公积金利息 20279.00 万元，委托贷款手续费 564.80 万元，其他 0.23 万元。

（三）增值收益。 2021 年，增值收益 21723.35 万元，同比增长 9.30%。增值收益率 1.63%，比上年减少 0.03 个百分点。

（四）增值收益分配。 2021 年，提取贷款风险准备金 13034.02 万元，提取管理费用 5518.44 万元，提取城市廉租住房建设补充资金 3170.89 万元。

2021 年，上交财政管理费用 3262.00 万元。上缴财政城市廉租住房建设补充资金 4688.22 万元。

2021 年末，贷款风险准备金余额 89506.32 万元。累计提取城市廉租住房建设补充资金 16422.09 万元。

（五）管理费用支出。 2021 年，管理费用支出 2656.15 万元，同比下降 1.25%。其中，人员经费 1455.62 万元，公用经费 707.73 万元，专项经费 492.80 万元。

四、资产风险状况

（一）个人住房贷款。 2021 年末，个人住房贷款逾期额 302.13 万元，逾期率 0.278‰。个人贷款风险准备金余额 89006.32 万元。2021 年，使用个人贷款风险准备金核销呆坏账为零。

（二）支持保障性住房建设试点项目贷款（本段仅项目贷款余额不为 0 的城市填写）。 2021 年末，逾期项目贷款 0 万元，逾期率 0‰；项目贷款风险准备金余额 500.00 万元。2021 年，使用项目贷款风险准备金核销呆坏账 0 万元。

五、社会经济效益

（一）缴存业务

缴存职工中，国家机关和事业单位占 67.30%，国有企业占 19.06%，城镇集体企业占 0.53%，外商投资企业占 1.06%，城镇私营企业及其他城镇企业占 11.08%，民办非企业单位和社会团体占 0.17%，灵活就业人员占 0%，其他占 0.80%；中、低收入占 94.64%，高收入占 5.36%。

新开户职工中，国家机关和事业单位占 58.50%，国有企业占 18.11%，城镇集体企业占 0.20%，外商投资企业占 0.60%，城镇私营企业及其他城镇企业占 22.03%，民办非企业单位和社会团体占 0.43%，灵活就业人员占 0%，其他占 0.13%；中、低收入占 95.84%，高收入占 4.16%。

（二）提取业务

提取金额中，购买、建造、翻建、大修自住住房占 28.43%，偿还购房贷款本息占 40.35%，租赁住房占 3.71%，支持老旧小区改造占 0%，离休和退休提取占 21.76%，完全丧失劳动能力并与单位终止劳动关系提取占 0%，出境定居占 0%，其他占 5.75%。提取职工中，中、低收入占 88.62%，高收入占 11.38%。

（三）贷款业务

1. 个人住房贷款。2021 年，支持职工购建房 77.88 万平方米，年末个人住房贷款市场占有率为

51.77%，比上年末减少 2.09 个百分点。通过申请住房公积金个人住房贷款，可节约职工购房利息支出 30000.35 万元。

职工贷款笔数中，购房建筑面积 90（含）平方米以下占 17.31%，90～144（含）平方米占 56.88%，144 平方米以上占 25.81%。购买新房占 61.15%（其中购买保障性住房占 0%），购买二手房占 38.84%，建造、翻建、大修自住住房占 0.01%（其中支持老旧小区改造占 0%），其他占 0%。

职工贷款笔数中，单缴存职工申请贷款占 35.82%，双缴存职工申请贷款占 64.18%，三人及以上缴存职工共同申请贷款占 0%。

贷款职工中，30 岁（含）以下占 26.23%，30 岁～40 岁（含）占 37.54%，40 岁～50 岁（含）占 23.17%，50 岁以上占 13.06%；首次申请贷款占 76.49%，二次及以上申请贷款占 23.51%；中、低收入占 91.10%，高收入占 8.90%。

2. 以前年度住房公积金支持保障性住房建设项目贷款已全部还清。

（四）住房贡献率

2021 年，个人住房贷款发放额、公转商贴息贷款发放额、项目贷款发放额、住房消费提取额的总和与当年缴存额的比率为 97.90%，比上年增加 3.73 个百分点。

六、其他重要事项

（一）当年机构及职能调整情况、受委托办理缴存贷款业务金融机构变更情况

2021 年 2 月，根据中央、自治区关于深化事业单位改革试点工作精神，经中共呼伦贝尔市委员会机构编制委员会批准，原"呼伦贝尔市住房公积金管理中心"正式更名为"呼伦贝尔市住房公积金中心"。中心内设机构由 7 个变为 6 个，均为正科级（办公室、归集提取科、信贷科、财务核算科、技术保障科、稽核审计科）。

受委托办理住房公积金缴存贷款业务的银行四家，与上年一致无变更。

（二）当年住房公积金政策调整及执行情况

1. 当年缴存基数限额及确定方法、缴存比例等缴存政策调整情况：2021 年度我市住房公积金缴存基数的上限 19032.00 元，按不高于职工工作地设区城市 2020 年职工月平均工资的 3 倍确定；缴存基数下限 1660.00 元，按照不应低于职工工作地设区城市公布的最低工资标准确定。

2021 年单位和职工个人住房公积金缴存比例，不高于 12% 且不低于 5%。

2. 当年缴存政策调整情况：为进一步完善住房公积金管理，扩大住房公积金制度覆盖面，鼓励个体工商户、自由职业者自主缴存，我中心出台《呼伦贝尔市个体工商户、自由职业者住房公积金缴存办法（试行）》。

3. 当年提取政策调整情况：增加职工提取住房公积金用于老旧小区自住住房改造加装电梯提取政策。

4. 当年个人住房贷款最高贷款额度、贷款条件等贷款政策调整情况：2021 年 8 月 28 日起，对职工购买二手交易住房申请住房公积金贷款的，对所购住房价款认定方式进行调整。已进行网签备案的，按网签备案价款和房屋评估价的低值作为计算基数确定住房贷款额度。未进行网签备案价款的，所购住房价款按《增值税普通发票》金额和房屋评估价的低值作为计算基数确定住房贷款额度。

5. 当年住房公积金存贷款利率执行标准情况：2021 年存贷款利率无调整，我中心严格按照人民银行文件规定的利率执行。

6. 支持老旧小区改造政策落实情况：为落实老旧小区改造政策，我中心出台了职工提取住房公积金用于老旧小区自住住房改造加装电梯提取政策。截至 2021 年 12 月末，无职工办理此项提取业务。

（三）当年服务改进情况

1. 推进住房公积金服务"跨省通办"工作情况：根据《住房和城乡建设部办公厅关于做好住房公积金服务"跨省通办"工作的通知》文件要求，我中心为保障"跨省通办"工作按时、规范、精准完成，成立专项工作领导小组，并在各业务部设立"跨省通办"窗口，以及在网上业务大厅、微信公众号、手机 App 中开设了"跨省通办"线上服务专区。目前我中心已完成个人住房公积金缴存贷款等信息查询；出具贷款职工住房公积金缴存使用证明；正常退休提取住房公积金；住房公积金单位登记开户；住房公积金单位及个人缴存信息变更；购房提取住房公积金；开具住房公积金个人住房贷款全部还清证明；提前还清住房公积金贷款等八项服务事项。

2. 改进服务网点、服务设施、服务手段方面：一是为更好地服务于办事职工，改善办公服务环境，投入资金对海拉尔、陈旗、莫旗业务部服务大厅进行装修改造。二是实现二手房线上估值并自动生成评估报告，借款申请人不再需要自行提供评估报告，既简化了贷款流程，提高了贷款审批效率，也为借款申请人减轻了经济负担。三是实现与不动产部门抵押登记业务的联网办理，借款人无需再到不动产部门办理抵押登记业务，便可在住房公积金窗口完成贷款全流程事项，结合已实现的与委托银行之间借款合同网上传递，真正做到了住房公积金贷款"只跑一次""一窗口办结"。四是开展银行互联业务，完成核心业务系统与中国工商银行和中国建设银行系统对接，将采用电子签章及贷款职工的电子手写签名和指纹确认的电子合同文档，通过专线互传，实现与全部委托银行网上借款合同传递。五是完成 12329 服务热线外包业务，由专业运营单位和人员为我市缴存职工提供更专业、稳定、高效的热线服务。

3. 综合服务平台建设：自 2017 年呼伦贝尔市住房公积金综合服务平台上线运行以来，通过网上业务大厅、手机 App、网站、微信、12329 短信、12329 热线、自助终端、支付宝城市服务八种服务渠道，为缴存单位、缴存职工、贷款职工、开发企业等服务对象提供"互联网＋政务"服务，广大住房公积金缴存职工反映良好，实现了从人工到智能、从线下到线上的转变。

2021 年 4 月 23 日，住房和城乡建设部验收专家组对我中心综合服务平台进行了验收，我中心住房公积金综合服务平台建设以"优秀"等级顺利通过验收。

2021 年，全年网站共发布工作动态 74 条，回复网站问题 66 条，微信关注用户 1.6 万人，累计关注用户 9.35 万人，信息查询及业务办理 167.48 万笔；网厅信息查询及业务办理 114.27 万笔；App 客户端注册量新增 1.46 万人，累计 5.2 万人，App 客户端信息查询及业务办理 81.97 万笔；短信系统共发送短信 199 万条。

4. 其他网络载体建设服务情况：一是成功对接全国住房公积金微信小程序，上线了异地公积金转移接续功能。二是将住房公积金账户查询、住房公积金提取、住房公积金偿还贷款、住房公积金网点查询、住房公积金办事预约五项高频应用接入蒙速办 App。三是接入内蒙古政务服务网，登录内蒙古政务服务网，可办理部分住房公积金业务。四是接入"一网通办"平台，企业在市场监督管理局注册成功后，系统实时将企业注册信息、企业法人信息等相关资料推送给住房公积金中心，实现住房公积金企业开户登记业务"不见面办理"。

（四）当年信息化建设情况

1. 完成等保三级的信息系统年度测评：2021 年，核心业务系统、资金结算系统、综合服务平台系统顺利通过网络安全等级保护三级（2.0 版）测评。

2. 引入数据共享平台：为了与各个外联单位的联网，实现统一管理和控制，引入数据共享与服务管理平台，实现统一规划、统一接口、统一标准、统一监管，于 9 月末上线运行。

3. 建立部门间的数据互联共享通道：为满足我市住房公积金缴存职工多样化需求，充分发挥住房公积金制度作用，中心打通了和不动产登记等部门的数据互联共享通道，实现了交易住房等关键信息的在线核验查询。

4. 以信息化建设为依托，着力提升服务效能：完成 12329 服务热线外包业务；引入二手交易住房在线评估功能；实现与全部委托银行网上借款合同传递。

（五）当年住房公积金中心及职工所获荣誉情况

呼伦贝尔市住房公积金中心党支部，被呼伦贝尔市直属机关工作委员会授予"先进基层党组织"荣誉称号。

内蒙古自治区及自治区内各城市住房公积金
2021 年年度报告二维码

名称	二维码
内蒙古自治区住房公积金 2021 年年度报告	
呼和浩特市住房公积金 2021 年年度报告	
乌兰察布市住房公积金 2021 年年度报告	
巴彦淖尔市住房公积金 2021 年年度报告	
阿拉善盟住房公积金 2021 年年度报告	
赤峰市住房公积金 2021 年年度报告	
呼伦贝尔市住房公积金 2021 年年度报告	

名称	二维码
包头市住房公积金 2021 年年度报告	
锡林郭勒盟住房公积金 2021 年年度报告	
兴安盟住房公积金 2021 年年度报告	
通辽市住房公积金 2021 年年度报告	
满洲里市住房公积金 2021 年年度报告	
乌海市住房公积金 2021 年年度报告	
鄂尔多斯市住房公积金 2021 年年度报告	

辽宁省

辽宁省住房公积金 2021 年年度报告

根据国务院《住房公积金管理条例》和住房和城乡建设部、财政部、人民银行《关于健全住房公积金信息披露制度的通知》（建金〔2015〕26 号）规定，现将辽宁省住房公积金 2021 年年度报告汇总公布如下：

一、机构概况

（一）住房公积金管理机构

全省共设 14 个设区城市住房公积金管理中心，1 个省直住房资金管理中心，6 个独立设置的分中心、管理部。从业人员 2080 人，其中，在编 1140 人，非在编 940 人。

（二）住房公积金监管机构

辽宁省住房和城乡建设厅、辽宁省财政厅和人民银行沈阳分行负责对本省住房公积金管理运行情况进行监督。辽宁省住房和城乡建设厅设立住房公积金监管处，负责辖区住房公积金日常监管工作。

二、业务运行情况

（一）**缴存。**2021 年，新开户单位 15568 家，较上年增加 1761 家；新开户职工 41.39 万人，较上年增加 6.36 万人；实缴单位 105502 家，实缴职工 509.69 万人，缴存额 897.53 亿元，分别同比增长 7.14%、1.08%、6.17%。2021 年末，缴存总额 8931.45 亿元，比上年末增加 11.17%；缴存余额 3022.40 亿元，同比增长 7.68%（表1）。

2021 年分城市住房公积金缴存情况　　　　表 1

地区	实缴单位（万个）	实缴职工（万人）	缴存额（亿元）	累计缴存总额（亿元）	缴存余额（亿元）
辽宁省	**10.55**	**509.69**	**897.53**	**8931.45**	**3022.40**
沈阳	3.18	164.49	325.33	3048.46	1019.67
大连	4.54	135.82	247.84	2602.89	731.51
鞍山	0.34	28.52	44.33	545.03	169.51
抚顺	0.20	17.41	30.41	333.16	108.17
本溪	0.20	16.76	23.44	253.53	92.53
丹东	0.29	15.12	22.39	203.92	80.75
锦州	0.29	18.49	24.92	247.57	109.23
营口	0.27	16.73	25.52	218.50	103.00
阜新	0.18	12.09	15.64	135.79	56.10
辽阳	0.16	11.93	21.09	228.86	92.21
铁岭	0.25	15.70	22.25	228.63	100.60
朝阳	0.31	16.53	26.47	208.87	101.33
盘锦	0.19	24.25	45.61	461.49	154.17
葫芦岛	0.15	15.86	22.28	214.74	103.62

（二）提取。2021 年，209 万名缴存职工提取住房公积金；提取额 681.84 亿元，同比增长 4.34%；提取额占当年缴存额的 75.97%，比上年减少 1.33 个百分点。2021 年末，提取总额 5909.06 亿元，比上年末增加 13.04%（表 2）。

2021 年分城市住房公积金提取情况　　　　　　　　　　　　　　表 2

地区	提取额 （亿元）	提取率 （%）	住房消费类提取额 （亿元）	非住房消费类提取额 （亿元）	累计提取总额 （亿元）
辽宁省	**681.84**	**75.97**	**536.63**	**145.21**	**5909.06**
沈阳	253.10	77.80	202.31	50.80	2028.80
大连	207.38	83.67	178.02	29.36	1871.38
鞍山	31.60	71.28	21.17	10.43	375.52
抚顺	23.58	77.54	15.34	8.24	224.98
本溪	15.05	64.21	8.75	6.3	161.00
丹东	16.84	75.22	13.18	3.66	123.17
锦州	17.96	72.07	13.90	4.06	138.34
营口	15.56	60.97	11.87	3.69	115.50
阜新	9.30	59.46	6.91	2.39	79.69
辽阳	14.74	69.92	10.08	4.66	136.64
铁岭	13.80	62.02	8.18	5.01	128.02
朝阳	16.71	63.13	12.37	4.34	107.54
盘锦	31.43	68.91	24.00	7.43	307.33
葫芦岛	15.41	69.17	10.81	4.6	111.12

（三）贷款

1. 个人住房贷款

2021 年，发放个人住房贷款 10.33 万笔、364.40 亿元，同比下降 7.93%、4.91%。回收个人住房贷款 288.63 亿元。

2021 年末，累计发放个人住房贷款 202.50 万笔、4917.80 亿元，贷款余额 2393.24 亿元，分别比上年末增加 5.38%、8.00%、3.27%。个人住房贷款余额占缴存余额的 79.18%，比上年末减少 3.39 个百分点（表 3）。

2021 年，支持职工购建房 1097.31 万平方米。年末个人住房贷款市场占有率（含公转商贴息贷款）为 20.61%，比上年末减少 0.43 个百分点。通过申请住房公积金个人住房贷款，可节约职工购房利息支出 687623.74 万元。

2021 年分城市住房公积金个人住房贷款情况　　　　　　　　　　　表 3

地区	放贷笔数 （万笔）	贷款发放额 （亿元）	累计放贷笔数 （万笔）	累计贷款总额 （亿元）	贷款余额 （亿元）	个人住房贷款率 （%）
辽宁省	**10.33**	**364.40**	**202.50**	**4917.80**	**2393.24**	**79.18**
沈阳	2.92	102.35	66.98	1687.77	790.80	77.55
大连	2.73	96.40	55.31	1504.45	707.14	96.67
鞍山	0.45	16.32	9.01	213.92	121.01	71.39
抚顺	0.36	11.86	7.64	182.00	82.56	76.32
本溪	0.27	10.27	5.10	108.19	59.05	63.81

续表

地区	放贷笔数 （万笔）	贷款发放额 （亿元）	累计放贷笔数 （万笔）	累计贷款总额 （亿元）	贷款余额 （亿元）	个人住房贷款率 （%）
丹东	0.47	17.38	6.04	152.00	77.03	95.39
锦州	0.39	15.78	6.72	159.34	90.97	83.28
营口	0.42	13.66	7.48	164.12	90.99	88.34
阜新	0.28	7.52	5.48	84.62	38.48	68.59
辽阳	0.24	9.15	4.29	94.93	42.60	46.20
铁岭	0.21	6.23	6.38	91.86	43.21	42.95
朝阳	0.66	23.45	8.03	165.89	88.85	87.68
盘锦	0.48	16.95	6.41	136.85	66.77	43.31
葫芦岛	0.46	17.07	7.77	171.85	93.75	90.47

2. 异地贷款

2021 年，发放异地贷款 8878 笔、326241.08 万元。截至 2021 年末，累计发放异地贷款 1959546.11 万元，余额 1208795.33 万元。

3. 公转商贴息贷款

2021 年，发放公转商贴息贷款 0 笔、0 万元，支持职工购建房面积 0 万平方米。当年贴息额 4897.44 万元。截至 2021 年末，累计发放公转商贴息贷款 22092 笔、834429.10 万元，累计贴息 29408.50 万元。

（四）购买国债。 2021 年，购买国债 0 亿元，兑付、转让、收回国债 0 亿元。2021 年末，国债余额 0 亿元，比上年末增加 0 亿元。

（五）融资。 2021 年，融资 0 亿元，归还 16.69 亿元。2021 年末，融资总额 194.47 亿元，融资余额 0 亿元。

（六）资金存储。 2021 年末，住房公积金存款 633.71 亿元。其中，活期 7.62 亿元，1 年（含）以下定期 265.74 亿元，1 年以上定期 266.25 亿元，其他（协定、通知存款等）94.10 亿元。

（七）资金运用率。 2021 年末，住房公积金个人住房贷款余额、项目贷款余额和购买国债余额的总和占缴存余额的 79.18%，比上年末减少 3.39 个百分点。

三、主要财务数据

（一）业务收入。 2021 年，业务收入 958975.25 万元，同比增长 6.49%。其中，存款利息 187049.83 万元，委托贷款利息 764335.74 万元，国债利息 0 万元，其他 7589.68 万元。

（二）业务支出。 2021 年，业务支出 485540.67 万元，同比增长 5.55%。其中，支付职工住房公积金利息 440938.66 万元，归集手续费 9015.24 万元，委托贷款手续费 24890.66 万元，其他 10696.11 万元。

（三）增值收益。 2021 年，增值收益 473434.58 万元，同比增长 7.48%；增值收益率 1.62%，比上年增加 0.01 个百分点。

（四）增值收益分配。 2021 年，提取贷款风险准备金 152055.14 万元，提取管理费用 47606.04 万元，提取城市廉租住房（公共租赁住房）建设补充资金 275742.58 万元（表 4）。

2021 年，上交财政管理费用 42214.79 万元，上缴财政城市廉租住房（公共租赁住房）建设补充资金 279888.62 万元。

2021 年末，贷款风险准备金余额 1472060.22 万元，累计提取城市廉租住房（公共租赁住房）建设补充资金 2226626.64 万元。

2021 年分城市住房公积金增值收益及分配情况　　　　　　　　　　　　表 4

地区	业务收入（亿元）	业务支出（亿元）	增值收益（亿元）	增值收益率（%）	提取贷款风险准备金（亿元）	提取管理费用（亿元）	提取公租房（廉租房）建设补充资金（亿元）
辽宁省	**95.90**	**48.55**	**47.34**	**1.62**	**15.21**	**4.76**	**27.57**
沈阳	32.89	17.16	15.73	1.59	9.44	1.28	5.01
大连	23.72	11.74	11.98	1.68	1.80	1.01	9.17
鞍山	4.87	2.44	2.43	1.48	0.04	0.39	2.00
抚顺	3.42	1.69	1.73	1.66	0.015	0.17	4.33
本溪	2.47	1.41	1.06	1.52	0.51	0.16	0.26
丹东	2.72	1.33	1.39	1.79	0.06	0.19	1.14
锦州	3.42	1.71	1.71	1.54	1.03	0.13	0.55
营口	3.11	1.53	1.58	1.62	0.04	0.15	1.4
阜新	1.92	0.83	1.09	2.05	0.12	0.22	0.75
辽阳	2.76	1.42	1.34	1.51	0.43	0.16	0.76
铁岭	3.40	1.53	1.87	1.93	1.08	0.15	0.83
朝阳	3.11	1.48	1.63	1.69	0.12	0.27	1.24
盘锦	4.78	2.65	2.13	1.47	0.24	0.33	1.56
葫芦岛	3.28	1.61	1.67	1.55	0.17	0.15	1.35

（五）**管理费用支出**。2021 年，管理费用支出 43761.48 万元，同比下降 3.44%。其中，人员经费 26808.75 万元，公用经费 4285.20 万元，专项经费 12667.53 万元。

四、资产风险状况

2021 年末，个人住房贷款逾期额 19838.26 万元，逾期率 0.83‰，个人贷款风险准备金余额 1463576.22 万元。2021 年，使用个人贷款风险准备金核销呆坏账 0 万元。

五、社会经济效益

（一）**缴存业务**。缴存职工中，国家机关和事业单位占 27.20%，国有企业占 23.29%，城镇集体企业占 1.27%，外商投资企业占 7.42%，城镇私营企业及其他城镇企业占 33.71%，民办非企业单位和社会团体占 1.64%，灵活就业人员占 0.03%，其他占 5.44%；中、低收入占 98.45%，高收入占 1.55%。

新开户职工中，国家机关和事业单位占 14.38%，国有企业占 9.65%，城镇集体企业占 1.19%，外商投资企业占 7.00%，城镇私营企业及其他城镇企业占 54.83%，民办非企业单位和社会团体占 2.42%，灵活就业人员占 0.09%，其他占 10.44%；中、低收入占 98.78%，高收入占 1.22%。

（二）**提取业务**。提取金额中，购买、建造、翻建、大修自住住房占 14.278%，偿还购房贷款本息占 60.66%，租赁住房占 3.55%，支持老旧小区改造提取占 0.002%；离休和退休提取占 16.33%，完全丧失劳动能力并与单位终止劳动关系提取占 1.01%，出境定居占 0.17%，其他占 4.00%。

提取职工中，中、低收入占 97.67%，高收入占 2.33%。

（三）**贷款业务**

个人住房贷款。职工贷款笔数中，购房建筑面积 90（含）平方米以下占 34.64%，90～144（含）平方米占 60.30%，144 平方米以上占 5.06%。购买新房占 66.06%（其中购买保障性住房占 0.24%），购买二手房占 33.66%，建造、翻建、大修自住住房占 0%（其中支持老旧小区改造占 0%），其他占 0.28%。

职工贷款笔数中，单缴存职工申请贷款占 51.18%，双缴存职工申请贷款占 48.62%，三人及以上缴存职工共同申请贷款占 0.20%。

贷款职工中，30 岁（含）以下占 34.85%，30 岁～40 岁（含）占 38.66%，40 岁～50 岁（含）占 19.08%，50 岁以上占 7.41%；购买首套住房申请贷款占 87.28%，购买二套及以上申请贷款占 12.72%；中、低收入占 99.03%，高收入占 0.97%。

（四）住房贡献率。 2021 年，个人住房贷款发放额、公转商贴息贷款发放额、项目贷款发放额、住房消费提取额的总和与当年缴存额的比率为 100.34%，比上年减少 3.72 个百分点。

六、其他重要事项

（一）强化风险防控，保障资金安全

一是全面排查整治行业风险。印发了《全省住房公积金行业专项督导工作方案》，要求各单位对审计整改、风险防控和服务情况 3 个大方面 54 项具体检查内容进行对照自查和整改，组织对全省 8 个城市开展督查，将发现的 6 类 39 项具体问题进行通报，并跟踪督办整改。二是加强个贷逾期风险防控。开展了专项整治，发出督办通知 7 份、风险警示 7 份，约谈重点城市 3 个，实地督导重点城市 2 次，全省个贷逾期率同比降幅达 21%。三是加强网络安全风险防控。对全省各中心信息系统安全等级保护情况进行调研摸底，形成问题台账。通报风险案例，规范业务操作，加强平台操作人员安全管理，确保住房公积金业务数据安全。

（二）住房公积金服务水平不断提升

一是推进公积金高频服务事项"跨省通办"。把住房公积金"跨省通办"工作作为"我为群众办实事"重要事项扎实推进。建立月报制度，组织收集"跨省通办"服务小故事和先进工作经验，落实落细"三个一百"活动。截至 2021 年末，8 项住房公积金高频服务事项全部实现"跨省通办"。全省共开设"跨省通办"窗口 303 个，实现了主要办事服务大厅全覆盖；共出台"跨省通办"专门管理规定或工作指南 55 份；组织"跨省通办"培训 123 次、239 学时、2529 人次；各地公积金中心主任走基层真体验 258 次；沈阳和鞍山中心先后被中央媒体报道 5 次，沈阳、大连、丹东、朝阳等中心被省、市媒体报道 13 次，各市相关宣传专栏点击人数达 13.9 万次。二是积极推进业务标准化和网上办理。以"跨省通办"为契机，举一反三，推进"全省通办"。编制了全省住房公积金政务服务事项清单，梳理出 35 个政务服务事项，其中 20 项已通过全程网办方式实现"全省通办"。三是积极推进全国住房公积金小程序上线运行。目前，全省各中心均已完成全国住房公积金小程序跳转和异地转移接续业务上线工作，累计通过小程序办结异地转移接续业务 25001 笔。四是提升 12329 住房公积金热线服务质量。完成了 12329 热线与 12345 热线双号并行工作，建立了 12329 热线暗访和交叉互访工作机制，先后 2 次就 12329 热线呼入不畅、职工问题得不到及时解答、服务人员业务不熟悉等问题进行了全省通报。五是积极推进数据互联共享。对行业外数据共享情况进行摸底调研、建立台账，督促各地加强与公安、社保、民政等部门实现数据共享，指导各地与住房和城乡建设部数据平台进行对接。

（三）当年住房公积金机构及从业人员所获荣誉情况

沈阳住房公积金中心获得国家级"青年文明号"荣誉 1 项，获得地市级"创建文明单位（行业、窗口）"荣誉 2 项，获得地市级"先进集体和个人"6 项，获得其他地市级荣誉 18 项；大连市住房公积金管理中心获得省部级"先进集体和个人"荣誉 2 项，获得地市级"先进集体和个人"4 项，获得其他地市级荣誉 17 项；抚顺市住房公积金管理中心获得省部级"青年文明号"荣誉 3 项；阜新市住房公积金管理中心获得地市级"青年文明号"荣誉 1 项；葫芦岛住房公积金管理中心获得地市级"三八红旗手"荣誉 1 项。

辽宁省沈阳市住房公积金 2021 年年度报告

根据国务院《住房公积金管理条例》和住房和城乡建设部、财政部、人民银行《关于健全住房公积金信息披露制度的通知》（建金〔2015〕26 号）的规定，经住房公积金管理委员会审议通过，现将沈阳市住房公积金 2021 年年度报告（含沈阳中心、省直中心、电力分中心、东电管理部）公布如下：

一、机构概况

（一）住房公积金管理委员会

沈阳住房公积金管理委员会有 25 名委员，2021 年召开 4 次会议，审议通过的事项主要包括：

1. 沈阳住房公积金管理中心 2020 年工作总结及 2021 年工作安排的报告；
2. 沈阳住房公积金管理中心 2020 年计划执行情况及 2021 年计划安排情况的报告；
3. 关于调整职工购买新建自住住房提取住房公积金政策的意见；
4. 关于调整沈阳住房公积金管理委员会主任委员及副主任委员的意见；
5. 关于调整沈阳市高层次人才住房公积金支持政策的意见；
6. 关于阶段性办理贴息贷款赎回业务的意见；
7. 关于进一步优化住房公积金贷款政策措施的意见；
8. 关于优化单位与职工终止劳动关系提取住房公积金条件的意见；
9. 关于简化提取死亡职工住房公积金业务要件的意见；
10. 审议沈阳住房公积金"十四五"发展规划；
11. 调整委员会部分副主任委员及委员。

（二）住房公积金管理中心

1. 沈阳住房公积金管理中心（简称"沈阳中心"）。沈阳中心为直属沈阳市政府不以营利为目的的财政全额拨款事业单位，设 13 个部室，13 个管理部，1 个铁路分中心。从业人员 378 人，其中，在编 211 人，非在编 167 人。

2. 辽宁省省直住房资金管理中心（简称"省直中心"）。省直中心为隶属于辽宁省财政厅不以营利为目的的自收自支事业单位，内设 7 个部。从业人员 40 人，其中，在编 21 人，非在编 19 人。

3. 电力分中心。电力分中心由沈阳中心授权经营，不以营利为目的非独立法人分支机构。主要负责国家电网公司系统、中国能源建设集团、部分发电企业驻辽单位住房公积金的归集、管理、使用和会计核算。内设住房公积金管理处和财务管理处。从业人员 13 人，其中，在编 7 人，非在编 6 人。

4. 东电管理部。电力分中心东电管理部为国家电网公司东北分部住房制度改革办公室的一个部门，主要负责国家电网公司东北分部直属单位住房公积金的归集、管理、使用和会计核算。从业人员 5 人，其中，在编 2 人。

二、业务运行情况

（一）缴存

2021 年，新开户单位 5651 家，净增实缴单位 2751 家；新开户职工 16.34 万人，净增实缴职工 4.54 万人；实缴单位 31809 家，实缴职工 164.49 万人，缴存额 325.33 亿元，分别同比增长 9.47%、

2.84%、7.03%。2021 年末，缴存总额 3048.46 亿元，比上年末增加 11.95%；缴存余额 1019.67 亿元，同比增长 7.62%。受委托办理住房公积金缴存业务的银行 6 家。

沈阳中心：2021 年，新开户单位 5623 家，净增实缴单位 2776 家；新开户职工 15.45 万人，净增实缴职工 4.75 万人；实缴单位 30637 家，实缴职工 145.37 万人，缴存额 266.46 亿元，分别同比增长 9.96%、3.38%、7.92%。2021 年末，缴存总额 2423.25 亿元，比上年末增加 12.35%；缴存余额 826.48 亿元，同比增长 7.24%。受委托办理住房公积金缴存业务的银行 6 家。

省直中心：2021 年，新开户单位 21 家，净减实缴单位 28 家；新开户职工 0.78 万人，净增实缴职工 0.05 万人；实缴单位 1052 家，实缴职工 12.49 万人，缴存额 37.24 亿元，分别同比下降 2.59%、增长 0.4%、2.23%。2021 年末，缴存总额 342.93 亿元，比上年末增加 12.18%；缴存余额 110.21 亿元，同比增长 8.67%。受委托办理住房公积金缴存业务的银行 3 家。

电力分中心：2021 年，新开户单位 7 家，净增实缴单位 4 家；新开户职工 0.11 万人，净减实缴职工 0.23 万人；实缴单位 106 家，实缴职工 6.43 万人，缴存额 20.59 亿元，分别同比增长 3.92%、下降 3.45%、增长 5%。2021 年末，缴存总额 269.90 亿元，比上年末增加 8.26%；缴存余额 78.87 亿元，同比增长 10.71%。受委托办理住房公积金缴存业务的银行 2 家。

东电管理部：2021 年，新开户单位 0 家；净减实缴单位 1 家；新开户职工 69 人，净减实缴职工 257 人；实缴单位 14 家，实缴职工 2029 人，缴存额 1.04 亿元，分别同比下降 7.14%、12.67%、增长 0.98%。2021 年末，缴存总额 12.38 亿元，比上年末增加 8.32%；缴存余额 4.11 亿元，同比增长 0.97%。受委托办理住房公积金缴存业务的银行 1 家。

（二）提取

2021 年，75.45 万名缴存职工提取住房公积金，提取额 253.1 亿元，同比增长 8.07%；提取额占当年缴存额的 77.8%，比上年增加 0.75 个百分点。2021 年末，提取总额 2028.8 亿元，比上年末增加 14.25%。

沈阳中心：2021 年，67.29 万名缴存职工提取住房公积金，提取额 210.70 亿元，同比增长 8.95%；提取额占当年缴存额的 79.07%，比上年增加 0.74 个百分点。2021 年末，提取总额 1596.78 亿元，比上年末增加 15.2%。

省直中心：2021 年，5.78 万名缴存职工提取住房公积金，提取额 28.45 亿元，同比增长 1.7%；提取额占当年缴存额的 76.4%，比上年减少 0.4 个百分点。2021 年末，提取总额 232.72 亿元，比上年末增加 13.93%。

电力分中心：2021 年，2.29 万名缴存职工提取住房公积金，提取额 12.96 亿元，同比增长 5.71%；提取额占当年缴存额的 62.94%，比上年增加 0.42 个百分点。2021 年末，提取总额 191.03 亿元，比上年末增加 7.28%。

东电管理部：2021 年，0.0888 万名缴存职工提取住房公积金，提取额 0.99 亿元，同比增长 70.69%；提取额占当年缴存额的 96%，比上年增加 39 个百分点。2021 年末，提取总额 8.27 亿元，比上年末增加 14%。

（三）贷款

1. 个人住房贷款。沈阳中心单缴存职工最高额度 40 万元，双缴存职工最高额度 60 万元，家庭成员三人及以上共同申请贷款的最高额度 80 万元；省直中心单缴存职工个人住房贷款最高额度 40 万元，双缴存职工个人住房贷款最高额度 60 万元，三缴存职工 80 万元；电力分中心个人住房贷款最高额度 60 万元；东电管理部单缴存职工最高额度 60 万元，双缴存职工最高额度 80 万元。

2021 年，发放个人住房贷款 2.92 万笔、102.35 亿元，同比分别下降 11.78%、6.95%。其中，沈阳中心发放个人住房贷款 2.63 万笔、89.7 亿元，同比分别下降 8.55%、2.51%；省直中心发放个人住房贷款 0.16 万笔、6.42 亿元，同比分别下降 37.5%、34.14%；电力分中心发放个人住房贷款 0.13 万笔、6.06 亿元，同比分别下降 21.76%、21.2%；东电管理部发放个人住房贷款 25 笔、0.167 亿元，同比分别下降 69.51％、69.07％。

2021 年，回收个人住房贷款 92.56 亿元。其中，沈阳中心 77.54 亿元，省直中心 9.32 亿元，电力分中心 5.47 亿元，东电管理部 0.23 亿元。

2021 年末，累计发放个人住房贷款 66.98 万笔、1687.77 亿元，贷款余额 790.8 亿元，分别比上年末增加 4.56％、6.46％、1.25％。个人住房贷款余额占缴存余额的 77.55％，比上年末减少 4.88 个百分点。

沈阳中心：2021 年末，累计发放个人住房贷款 58.7 万笔、1438.43 亿元，贷款余额 667.76 亿元，分别比上年末增加 4.69％、6.65％、1.85％。个人住房贷款余额占缴存余额的 80.8％，比上年末减少 4.26 个百分点。受委托办理住房公积金个人住房贷款业务的银行 6 家。

省直中心：2021 年末，累计发放个人住房贷款 5.69 万笔、165.71 亿元，贷款余额 81.06 亿元，分别比上年末增加 2.89％、4.03％、减少 3.46％。个人住房贷款余额占缴存余额的 73.56％，比上年末减少 9.24 个百分点。受委托办理住房公积金个人住房贷款业务的银行 1 家。

电力分中心：2021 年末，累计发放个人住房贷款 2.54 万笔、80.96 亿元，贷款余额 40.20 亿元，分别比上年末增加 5.24％、8.09％、1.52％。个人住房贷款余额占缴存余额的 50.96％，比上年末减少 4.63 个百分点。受委托办理住房公积金个人住房贷款业务的银行 2 家。

东电管理部：2021 年末，累计发放个人住房贷款 503 笔、2.67 亿元，贷款余额 1.78 亿元，分别比上年末增加 5.23％、6.8％、减少 3.26％。个人住房贷款余额占缴存余额的 43％，比上年末减少 2 个百分点。受委托办理住房公积金个人住房贷款业务的银行 1 家。

2. 异地贷款。2021 年，发放异地贷款 3245 笔、126777.47 万元。其中：沈阳中心 3242 笔、126649.47 万元；省直中心 3 笔、128 万元。2021 年末，发放异地贷款总额 753003.12 万元，异地贷款余额 412466.57 万元。其中，沈阳中心发放异地贷款总额 750816.12 万元，异地贷款余额 411287.87 万元。

3. 公转商贴息贷款。2021 年，发放公转商贴息贷款 0 笔、0 万元，当年贴息额 4247.17 万元。2021 年末，累计发放公转商贴息贷款 19211 笔、732703.60 万元，累计贴息 26291.99 万元。

（四）购买国债

无。

（五）资金存储

2021 年末，住房公积金存款 242.55 亿元。其中，活期 254.5 万元，1 年（含）以下定期 145.95 亿元，1 年以上定期 70.86 亿元，其他（协定、通知存款等）25.71 亿元。

（六）资金运用率

2021 年末，住房公积金个人住房贷款余额、项目贷款余额和购买国债余额的总和占缴存余额的 77.55％，比上年末减少 4.88 个百分点。其中：沈阳中心 80.8％，比上年末减少 4.26 个百分点；省直中心 73.56％，比上年末减少 9.24 个百分点；电力分中心 50.97％，比上年末减少 4.62 个百分点；东电管理部 43.27％，比上年末减少 1.97 个百分点。

三、主要财务数据

（一）业务收入

2021 年，业务收入 328930.95 万元，同比增长 5.34％。其中：沈阳中心 265327.08 万元，同比增长 4.57％；省直中心 37346.43 万元，同比增长 9.51％；电力分中心 24880.88 万元，同比增长 7.5％；东电管理部 1376.56 万元，同比增长 8.1％。存款利息 73127.1 万元，委托贷款利息 253808.3 万元，其他 1995.55 万元。

（二）业务支出

2021 年，业务支出 171649.89 万元，同比增长 4.08％。其中：沈阳中心 141047.68 万元，同比增长 3.2%；省直中心 17875.98 万元，同比增长 7.65%；电力分中心 12090.54 万元，同比增长 9.81%；东电管理部 635.69 万元，同比增加 1.6%。支付职工住房公积金利息 147499.57 万元，归集手续费 7422.46 万元，贷款手续费 12274.71 万元，贴息贷款利息 4247.17 万元，其他 205.99 万元。

（三）增值收益

2021 年，增值收益 157281.06 万元，同比增长 6.74%，增值收益率 1.59%，与上年保持一致。其中，沈阳中心 124279.4 万元，同比增长 6.16%，增值收益率 1.55%，与上年持平；省直中心 19470.45 万元，同比增长 11.29%，增值收益率 1.82%，比上年增加 0.04 个百分点；电力分中心 12790.34 万元，同比增长 5.4%，增值收益率 1.69%，比上年减少 0.08 个百分点；东电管理部 740.87 万元，同比增长 14.38%，增值收益率 1.73%，比上年减少 0.27 个百分点。

（四）增值收益分配

2021 年，提取贷款风险准备金 94368.64 万元，提取管理费用 12778.08 万元，提取城市廉租住房建设补充资金 50134.34 万元。

2021 年，上交财政管理费用 11665.28 万元。上缴财政城市廉租住房建设补充资金 36293.17 万元。其中，沈阳中心上缴 30837.28 万元；省直中心上缴 5455.89 万元。

2021 年末，贷款风险准备金余额 792536.99 万元。累计提取城市廉租住房建设补充资金 462756.38 万元。其中，沈阳中心贷款风险准备金余额 608372.88 万元。累计提取城市廉租住房建设补充资金 365521.46 万元；省直中心贷款风险准备金余额 114884.37 万元，累计提取城市廉租住房建设补充资金 54527.89 万元；电力分中心贷款风险准备金余额 65747.12 万元，累计提取城市廉租住房建设补充资金 41409.55 万元；东电管理部贷款风险准备金余额 3532.62 万元，累计提取城市廉租住房建设补充资金 1297.48 万元。

（五）管理费用支出

2021 年，管理费用支出 12201.13 万元，同比增长 1.17%。其中，人员经费 7317.54 万元，公用经费 867.47 万元，专项经费 4016.12 万元。

四、资产风险状况

个人住房贷款：2021 年末，个人住房贷款逾期额 857.06 万元，逾期率 0.108‰。个人贷款风险准备金余额 792536.99 万元。2021 年，使用个人贷款风险准备金核销呆坏账 0 万元。

沈阳中心：2021 年末，个人住房贷款逾期额 554.77 万元，逾期率 0.0831‰。个人贷款风险准备金余额 608372.88 万元。2021 年，使用个人贷款风险准备金核销呆坏账 0 万元。

省直中心：2021 年末，个人住房贷款逾期额 222.52 万元，逾期率 0.27‰。个人贷款风险准备金余额 114884.37 万元。2021 年，使用个人贷款风险准备金核销呆坏账 0 万元。

电力分中心：2021 年末，个人住房贷款逾期额 79.77 万元，逾期率 0.2‰。个人贷款风险准备金余额 65747.12 万元。2021 年，使用个人贷款风险准备金核销呆坏账 0 万元。

东电管理部：2021 年末，个人住房贷款逾期额 0 万元，逾期率 0‰。个人贷款风险准备金余额 3532.62 万元。2021 年，使用个人贷款风险准备金核销呆坏账 0 万元。

五、社会经济效益

（一）缴存业务

缴存职工中，国家机关和事业单位占 19.8%，国有企业占 22.12%，城镇集体企业占 1.05%，外商投资企业占 6.87%，城镇私营企业及其他城镇企业占 44.34%，民办非企业单位和社会团体占 0.99%，灵活就业人员占 0.06%，其他占 4.77%；中、低收入占 98.21%，高收入占 1.79%。

新开户职工中，国家机关和事业单位占 9.54%，国有企业占 8.89%，城镇集体企业占 0.88%，外商投资企业占 5.64%，城镇私营企业及其他城镇企业占 66.57%，民办非企业单位和社会团体占

1.29%，灵活就业人员占0.19%，其他占7%；中、低收入占99.54%，高收入占0.46%。

沈阳中心：缴存职工中，国家机关和事业单位占18.08%，国有企业占17.91%，城镇集体企业占1.1%，外商投资企业占7.75%，城镇私营企业及其他城镇企业占48.83%，民办非企业单位和社会团体占1.06%，灵活就业人员占0.06%，其他占5.21%；中、低收入占98.78%，高收入占1.22%。

新开户职工中，国家机关和事业单位占8.09%，国有企业占7.54%，城镇集体企业占0.92%，外商投资企业占5.95%，城镇私营企业及其他城镇企业占68.77%，民办非企业单位和社会团体占1.29%，灵活就业人员占0.20%，其他占7.24%；中、低收入占99.70%，高收入占0.30%。

省直中心：缴存职工中，国家机关和事业单位占50.21%，国有企业占30.32%，城镇集体企业占0.74%，外商投资企业占0.25%，城镇私营企业及其他城镇企业占15.64%，民办非企业单位和社会团体占0.69%，其他占2.15%；中、低收入占93.07%，高收入占6.93%。

新开户职工中，国家机关和事业单位占39.8%，国有企业占21.82%，城镇集体企业占0.14%，外商投资企业占0.27%，城镇私营企业及其他城镇企业占33.26%，民办非企业单位和社会团体占1.51%，其他占3.2%；中、低收入占96.85%，高收入占3.15%。

电力分中心：缴存职工中，国有企业占99.17%，其他占0.83%；中、低收入占95.47%，高收入占4.53%。

新开户职工中，国有企业占99.73%；中、低收入占98.32%，高收入占1.68%。

东电管理部：缴存职工中，国有企业占100%；中、低收入占79%，高收入占21%。

新开户职工中，国有企业占100%；中、低收入占68%，高收入占32%。

（二）提取业务

提取金额中，购买、建造、翻建、大修自住住房占12.193%，偿还购房贷款本息占63.17%，租赁住房占4.56%，支持老旧小区改造占0.007%，离休和退休提取占14.02%，完全丧失劳动能力并与单位终止劳动关系提取占0.21%，出境定居占0.01%，其他占5.83%。提取职工中，中、低收入占94.46%，高收入占5.54%。

沈阳中心：提取金额中，购买、建造、翻建、大修自住住房占11.81%，偿还购房贷款本息占63.63%，租赁住房占5.3%，支持老旧小区改造占0.01%，离休和退休提取占13.06%，完全丧失劳动能力并与单位终止劳动关系提取占0.01%，出境定居占0.01%，其他占6.17%。提取职工中，中、低收入占96.07%，高收入占3.93%。

省直中心：提取金额中，购买、建造、翻建、大修自住住房占11.62%，偿还购房贷款本息占66.67%，租赁住房占1.02%，支持老旧小区改造占0.01%，离休和退休提取占15.16%，完全丧失劳动能力并与单位终止劳动关系提取占1.78%，出境定居占0.01%，其他占3.73%。提取职工中，中、低收入占83.43%，高收入占16.57%。

电力分中心：提取金额中，购买、建造、翻建、大修自住住房占19.33%，偿还购房贷款本息占50.65%，租赁住房占0.8%，离休和退休提取占26.61%，完全丧失劳动能力并与单位终止劳动关系提取占0%，出境定居占0.02%，其他占2.61%。提取职工中，中、低收入占93.74%，高收入占6.26%。

东电管理部：提取金额中，购买、建造、翻建、大修自住住房占8%，偿还购房贷款本息占59%，租赁住房占0%，离休和退休提取占10%，完全丧失劳动能力并与单位终止劳动关系提取占0%，出境定居占0%，其他占23%。提取职工中，中、低收入占84%，高收入占16%。

（三）贷款业务

2021年，支持职工购建房327.2万平方米，年末个人住房贷款市场占有率（含公转商贴息贷款）为15.96%，比上年末减少3.32个百分点。通过申请住房公积金个人住房贷款，可节约职工购房利息支出255289.45万元。

职工贷款笔数中，购房建筑面积90（含）平方米以下占40.35%，90～144（含）平方米占

56.47%，144 平方米以上占 3.18%。购买新房占 79.42%（其中购买保障性住房占 0%），购买二手房占 20.58%，建造、翻建、大修自住住房占 0%，其他占 0%。

职工贷款笔数中，单缴存职工申请贷款占 58.58%，双缴存职工申请贷款占 41.05%，三人及以上缴存职工共同申请贷款占 0.37%。

贷款职工中，30 岁（含）以下占 52.28%，30 岁～40 岁（含）占 30.28%，40 岁～50 岁（含）占 13.43%，50 岁以上占 4.01%；首次申请贷款占 87.67%，二次及以上申请贷款占 12.33%；中、低收入占 99.41%，高收入占 0.59%。

沈阳中心：2021 年，支持职工购建房 257.20 万平方米，年末个人住房贷款市场占有率（含公转商贴息贷款）为 13.91%，比上年末增加 0.26 个百分点。通过申请住房公积金个人住房贷款，可节约职工购房利息支出 220996.49 万元。

职工贷款笔数中，购房建筑面积 90（含）平方米以下占 42.16%，90～144（含）平方米占 55.4%，144 平方米以上占 2.44%。购买新房占 79.64%（其中购买保障性住房占 0%），购买二手房占 20.36%，建造、翻建、大修自住住房占 0%，其他占 0%。

职工贷款笔数中，单缴存职工申请贷款占 59.67%，双缴存职工申请贷款占 39.96%，三人及以上缴存职工共同申请贷款占 0.37%。

贷款职工中，30 岁（含）以下占 54.17%，30 岁～40 岁（含）占 30.04%，40 岁～50 岁（含）占 12.34%，50 岁以上占 3.45%；首次申请贷款占 88.08%，二次及以上申请贷款占 11.92%；中、低收入占 99.68%，高收入占 0.32%。

省直中心：2021 年，支持职工购建房 16.91 万平方米（含公转商贴息贷款），年末个人住房贷款市场占有率（含公转商贴息贷款）为 1.82%，比上年末减少 0.21 个百分点。通过申请住房公积金个人住房贷款，可节约职工购房利息支出 16905.49 万元。

职工贷款笔数中，购房建筑面积 90（含）平方米以下占 32.17%，90～144（含）平方米占 60.88%，144 平方米以上占 6.95%。购买新房占 71.78%（其中购买保障性住房占 0%），购买二手房占 28.22%。

职工贷款笔数中，单缴存职工申请贷款占 50.31%，双缴存职工申请贷款占 49.25%，三人及以上缴存职工共同申请贷款占 0.44%。

贷款职工中，30 岁（含）以下占 31.29%，30 岁～40 岁（含）占 38.92%，40 岁～50 岁（含）占 22.09%，50 岁以上占 7.7%；首次申请贷款占 79.97%，二次及以上申请贷款占 20.03%；中、低收入占 95.56%，高收入占 4.44%。

电力分中心：2021 年，支持职工购建房 52.8 万平方米，年末个人住房贷款市场占有率（含公转商贴息贷款）为 0.78%，比上年末增加 0.04 个百分点。通过申请住房公积金个人住房贷款，可节约职工购房利息支出 17209.03 万元。

职工贷款笔数中，购房建筑面积 90（含）平方米以下占 13.39%，90～144（含）平方米占 72.74%，144 平方米以上占 13.87%。购买新房占 84.31%（其中购买保障性住房占 0%），购买二手房占 15.69%，建造、翻建、大修自住住房占 0%，其他占 0%。

职工贷款笔数中，单缴存职工申请贷款占 46.43%，双缴存职工申请贷款占 53.57%，三人及以上缴存职工共同申请贷款占 0%。

贷款职工中，30 岁（含）以下占 39.86%，30 岁～40 岁（含）占 24.17%，40 岁～50 岁（含）占 24.96%，50 岁以上占 11.01%；首次申请贷款占 89.06%，二次及以上申请贷款 10.94%；中、低收入占 98.81%，高收入占 1.19%。

东电管理部：2021 年，支持职工购建房 0.29 万平方米，通过申请住房公积金个人住房贷款，可节约职工购房利息支出 178.44 万元。

职工贷款笔数中，购房建筑面积 90（含）平方米以下占 16%，90～144（含）平方米占 80%，144

平方米以上占 4％。购买新房占 80％（其中购买保障性住房占 0％），购买二手房占 20％，建造、翻建、大修自住住房占 0％，其他占 0％。

职工贷款笔数中，单缴存职工申请贷款占 52％，双缴存职工申请贷款占 48％，三人及以上缴存职工共同申请贷款占 0％。

贷款职工中，30 岁（含）以下占 28％，30 岁～40 岁（含）占 36％，40 岁～50 岁（含）占 32％，50 岁以上占 4％；首次申请贷款占 76％，二次及以上申请贷款占 14％；中、低收入占 92％，高收入占 8％。

（四）住房贡献率

2021 年，个人住房贷款发放额、公转商贴息贷款发放额、项目贷款发放额、住房消费提取额的总和与当年缴存额的比率为 93.71％，比上年减少 0.7 个百分点。其中：沈阳中心 97.55％，比上年增加 1.59 个百分点；省直中心 77.83％，比上年减少 10.25 个百分点；电力分中心 74.07％，比上年减少 7.41 个百分点；东电管理部 113％，比上年增加 3 个百分点。

六、其他重要事项

（一）当年机构及职能调整情况、受委托办理缴存贷款业务金融机构变更情况

2021 年，沈阳市各中心机构及职能无调整，受委托办理住房公积金缴存、贷款业务的金融机构未变更。沈阳中心 13 个管理部分别进驻所属区、县（市）政务服务中心企业开办专区专门办理住房公积金单位及个人开户业务；受委托办理住房公积金贷款业务的银行增加 3 家公积金贷款业务延伸网点，2021 年末，办理住房公积金贷款业务的银行延伸网点 18 家。

（二）当年住房公积金政策调整及执行情况

1. 当年缴存基数限额及确定方法。沈阳市职工住房公积金缴存基数严格按照国务院《住房公积金管理条例》和《沈阳市住房公积金管理条例》等政策规定执行。从 2021 年 7 月 1 日起，职工月缴存基数上限调整为 23976 元（即全市城镇非私营单位在岗职工 2020 年平均工资的 3 倍）；缴存基数下限为本地区社会最低工资标准，全市四个县区缴存基数下限为 1540 元，其他地区为 1810 元。

2. 缴存比例等缴存政策调整情况。缴存比例继续执行 5％～12％的灵活缴存比例区间。

3. 住房公积金提取政策调整及执行情况。一是新购住房一律持购房合同等要件申请提取，取消必须提供不动产权证书的限制。政策下发之前购房的，已下发不动产权证书的按原政策执行，未下发不动产权证书的，无论备案合同年限，均自通知执行之日起两年内申请提取，两年内全部解决久未下发房证职工提取的历史问题。二是商贷首次提取可追溯提取额度。三是商贷当年大额还款的额度可提取。四是取消公证，死亡职工第一顺位继承人申请提取住房公积金，免提供继承公证文件可直接提取。五是放宽集中封存提取条件，与单位终止劳动关系并转入中心指定账户集中封存满半年的职工，可销户提取住房公积金。

4. 个人住房公积金贷款政策调整及执行情况。一是增加职工贷款额度。根据资金运用率情况，将资金流动性系数由 0.9 调整到 1，全年增加贷款总量 7.76 亿元；将个贷还款系数由 0.3 调整到 0.4，户均提高贷款额度 4 万元。二是提高贷款放款效率。协调承办银行、担保公司对贷款审批、发放全过程实施流程再造，实现贷款受理和担保抵押同步并行，公积金贷款 3 个工作日内、组合贷款 5 个工作日内放款到账，贷款放款效率实现新突破。三是降低住房公积金贷款使用门槛。推出"取消提取后准贷时限、延长二手房最高贷款期限、延长贷款偿还期限、允许首套商贷未结清人员公积金贷款购买二套住房"4 项措施，支持保障刚性住房需求。四是支持高端人才政策落地。对高端人才实施顶额缴存和 1.5～4 倍贷款政策，已有 4 名高端人才享受优惠政策，发放贷款 240 万元，支持政策逐步发挥效用。

5. 支持老旧小区改造政策落实情况。当年支持老旧小区改造加装电梯提取 40 笔、166.49 万元。

（三）当年服务改进情况

一是"一网通办"成效显著。在全市首批上线 10 项提取和 6 项贷款"一件事"，开展 16 项业务刷脸认证，实现"掌上办、零要件、秒审批"；60 项业务基本实现"全程网办"，线下业务办理量减少 50％以上；实现全国公积金系统数据共享，为业务网办提供强有力数据支撑。二是综合窗口服务全面推行。14 个管理部全部实行综合窗口服务模式，窗口数量由原来 208 个压减到 138 个，覆盖率达到 100％，实现业务"无差别受理、同标准办理"，大幅提升服务效能。三是"跨省通办"业务全面开展。14 个管理部全部开设"跨省通办"窗口，办理"缴存贷款信息查询、账户异地转移接续"等 9 项业务，全年信息查询 1126.64 万次，办理退休、购房提取、单位开户等业务 6.82 万笔，得到住房和城乡建设部高度肯定，经验做法在全国公积金系统推广。四是热线服务集中统一。将 12329 热线由管理部分散式接听整合为一个客服集中接听、标准答复、规范办理模式，全年受理各类诉求 45.57 万人次，回复率、反馈率、及时率均为 100％。五是多渠道加强政策宣传。先后召开 4 次市政府新闻发布会，及时向社会发布最新惠企利民政策措施。管理部积极采取线上线下多种形式配合宣传，收到较好效果。中央及省市媒体宣传报道转发 166 篇；制作"公积金政策包"，推广微信公众号，注册用户达到 117.5 万人。

（四）当年信息化建设情况

一是全力推进移动柜台系统开发建设。构建"实体柜台＋移动柜台"互为补充、综合一体的住房公积金管理服务体系。开发建设移动柜台 PC 端、Pad 端公积金移动办公业务系统，推进公积金进网点、进社区、进楼盘、进企业工作进程，着力解决特殊群体进住户服务。二是全力推进提取还商贷按月代扣系统新功能开发。为进一步方便缴存职工办理提取还商贷业务，实现该项业务按月代扣的自动化处理，高效完成系统前台、个人网厅、手机 App 代扣签约交易，商贷数据查询接口、还款计划查询交易，批量代扣处理等交易。三是全力推进"盛事通"App 系统对接开发。按照市信息中心下发的《沈阳市构建行权治理体系推进数字政府建设实施方案（2020—2022 年）》《关于全面实施电子政务工程建设项目"六统一"工作的通知》相关工作要求，中心高质量完成 App 接入"盛事通"App 的系统对接开发，为中心贯彻落实市政府"六统一"决策部署提供系统保障。四是全力推进人民银行征信系统对接开发。按照人民银行关于个人征信报送工作相关要求，依据《人民银行征信系统标准（二代试行）》，开发完成征信报文报送前置系统，开展征信报送业务的验收测试工作。五是全力推进贴息贷款赎回业务系统开发。根据中心当前资金运营实际情况，开发完成了贴息贷款赎回系统，于 11 月底顺利上线运行。六是全力推进"跨省通办"事项系统开发。落实住房和城乡建设部工作部署，完成了具有电子签章功能的"出具贷款职工住房公积金缴存使用证明"、"开具住房公积金个人住房贷款全部还清证明"两项事项的开发工作，以及"提前还清住房公积金贷款"业务事项在手机 App 系统中的开发工作。七是全力推进住房和城乡建设部小程序接口系统对接开发。根据住房和城乡建设部关于做好全国住房公积金小程序上线运行工作相关要求，完成了全国住房公积金小程序异地转移接续申请受理服务事项相关技术分析、接口开发、联调测试等全部工作任务，以及小程序跳转至中心微信公众号链接配置等工作并于 5 月底正式上线运行。八是全力推进"退休一件事"开发建设。按照市营商局关于"一件事一次办"工作要求，进行"退休一件事"的业务对接及系统开发，确定联网模式及系统工作流程，整体工作年底前全部完成。九是全力推进网厅四期建设开发。完成个人网厅及手机 App 系统业务功能优化工作，具体包括死亡销户提取申请、出境定居销户提取申请、提取还组贷、建造翻建大修提取申请、抵押人变更申请、抵押物解除申请及个人缴存证明、个贷结清证明的申请，线上业务不断丰富。十是全力推进数据信息互联共享建设开发。完成与邮储、兴业、华夏、平安、广发、浦发 6 家银行进行商贷数据接口开发工作，为中心提供提取还商贷数据共享服务。与建行、工行、农行、中行、盛京、交行、光大、中信、招商 9 家银行签订了消费贷合作协议，完成系统对接开发并上线运行。完成全国住房公积金数据平台共享数据接口开发，实现中心与省直中心及全国各公积金中心的数据共享。完成与房产局、不动产中心、公安局、人社局、市残联的数据共享工作，极大推进大数据信息共享向纵深发展。

（五）当年住房公积金管理中心及职工所获荣誉情况

2021 年，沈阳中心荣获国家及省市荣誉 22 项，突出的有：荣获中共沈阳市委、沈阳市人民政府授予"沈阳市精神文明创建工作暨创建第六届全国文明城市工作先进单位"；沈河管理部荣获共青团中央、住房和城乡建设部授予"第 20 届全国青年文明号";大东管理部荣获中央和国家机关工委旗帜杂志社授予《党建引领"1＋2＋3"服务创新"线上＋线下"助营商环境优化》案例,"党建创新成果展示交流活动"十佳案例铜奖;审计稽核部荣获省知识竞赛二等奖;和平管理部、铁西管理部获沈阳市直机关工委授予"先进基层党组织";铁西管理部获沈阳市精神文明建设指导委员会办公室授予"沈阳市优质文明诚信服务窗口";大东管理部获沈阳市人力资源和社会保障局授予沈阳市事业单位"营商环境优秀窗口"。

2021 年,沈阳中心有多名职工获得个人荣誉,突出的有:朱国彪同志获沈阳市委、沈阳市人民政府授予"沈阳市精神文明创建工作暨创建第六届全国文明城市工作先进个人";卢瑞平同志获中共沈阳市委授予"沈阳市优秀共产党员";贾喆、杨希文同志分别获得沈阳市直机关工委授予"优秀共产党员""优秀党务工作者";柯佳同志荣获国家档案征文二等奖;张慧瑾等 3 名同志荣获沈阳市首届"学习强国"学习平台知识竞赛决赛团体优秀奖。

(六) 当年对违反《住房公积金管理条例》和相关法规行为进行行政处罚和申请人民法院强制执行情况

2021 年,沈阳中心通过法院执行个人逾期贷款 9 人次,回收欠款 51.8 万元。通过行政执法手段为职工补缴公积金 4 笔,10.05 万元。

(七) 当年对住房公积金管理人员违规行为的纠正和处理情况等

无。

(八) 其他需要披露的情况

无。

辽宁省及省内各城市住房公积金
2021 年年度报告二维码

名称	二维码
辽宁省住房公积金 2021 年年度报告	
沈阳市住房公积金 2021 年年度报告	
大连市住房公积金 2021 年年度报告	
鞍山市住房公积金 2021 年年度报告	
抚顺市住房公积金 2021 年年度报告	
本溪市住房公积金 2021 年年度报告	
丹东市住房公积金 2021 年年度报告	

续表

名称	二维码
锦州市住房公积金 2021 年年度报告	
营口市住房公积金 2021 年年度报告	
阜新市住房公积金 2021 年年度报告	
辽阳市住房公积金 2021 年年度报告	
铁岭市住房公积金 2021 年年度报告	
朝阳市住房公积金 2021 年年度报告	
盘锦市住房公积金 2021 年年度报告	
葫芦岛市住房公积金 2021 年年度报告	

吉林省

吉林省住房公积金 2021 年年度报告

根据国务院《住房公积金管理条例》和住房和城乡建设部、财政部、人民银行《关于健全住房公积金信息披露制度的通知》（建金〔2015〕26 号）规定，现将吉林省住房公积金 2021 年年度报告汇总公布如下：

一、机构概况

（一）住房公积金管理机构

全省共设 9 个设区城市住房公积金管理中心，3 个独立设置的分中心（其中，长春省直住房公积金管理分中心隶属吉林省机关事务管理局，长春市住房公积金管理中心电力分中心隶属国网吉林省电力有限公司，松原市住房公积金管理中心油田分中心隶属中国石油吉林油田分公司）。从业人员 1281 人，其中，在编 714 人，非在编 567 人。

（二）住房公积金监管机构

吉林省住房和城乡建设厅、吉林省财政厅和中国人民银行长春中心支行负责对本省住房公积金管理运行情况进行监督。吉林省住房和城乡建设厅负责辖区住房公积金日常监管工作。

二、业务运行情况

（一）缴存。2021 年，新开户单位 5714 家，净增实缴单位 1795 家；新开户职工 24.85 万人，净增实缴职工 8.34 万人；实缴单位 45258 家，实缴职工 253.51 万人，缴存额 395.25 亿元，分别同比增长 4.13%、3.40%、6.74%。2021 年末，缴存总额 3620.56 亿元，比上年末增加 12.25%；缴存余额 1455.27 亿元，同比增长 9.22%（表 1）。

2021 年分城市住房公积金缴存情况　　　　表 1

地区	实缴单位（万个）	实缴职工（万人）	缴存额（亿元）	累计缴存总额（亿元）	缴存余额（亿元）
吉林省	4.53	253.51	395.25	3620.56	1455.27
长春	2.10	129.46	216.26	1941.05	743.88
吉林	0.57	35.12	55.18	558.75	198.09
四平	0.23	11.67	18.35	145.43	67.33
辽源	0.13	6.52	9.18	74.61	38.18
通化	0.32	14.85	15.09	142.36	74.72
白山	0.20	9.34	10.56	110.70	45.07
松原	0.29	16.06	26.53	277.29	119.73
白城	0.25	11.08	12.65	91.96	46.00
延边	0.44	19.41	31.46	278.41	122.27

（二）提取。2021 年，85.42 万名缴存职工提取住房公积金；提取额 272.40 亿元，同比增长 0.41%；提取额占当年缴存额的 68.92%，比上年减少 4.35 个百分点。2021 年末，提取总额 2165.29

亿元，比上年末增加 14.39％（表 2）。

2021 年分城市住房公积金提取情况　　　　　　　　表 2

地区	提取额（亿元）	提取率（%）	住房消费类提取额（亿元）	非住房消费类提取额（亿元）	累计提取总额（亿元）
吉林省	**272.40**	**68.92**	**191.12**	**81.28**	**2165.29**
长春	152.01	70.29	112.19	39.82	1197.17
吉林	41.15	74.57	27.49	13.66	360.66
四平	9.77	53.24	6.35	3.42	78.11
辽源	5.46	59.48	3.66	1.80	36.43
通化	9.13	60.50	5.17	3.96	67.64
白山	7.03	66.57	4.28	2.75	65.62
松原	18.53	69.85	12.12	6.41	157.56
白城	6.08	48.06	3.88	2.20	45.96
延边	23.25	73.90	15.98	7.27	156.15

（三）贷款

1. 个人住房贷款

2021 年，发放个人住房贷款 4.10 万笔、160.23 亿元，同比下降 14.96％、16.52％。回收个人住房贷款 126.90 亿元。

2021 年末，累计发放个人住房贷款 83.88 万笔、2091.50 亿元，贷款余额 1140.41 亿元，分别比上年末增加 5.14％、8.30％、3.01％。个人住房贷款余额占缴存余额的 78.36％，比上年末减少 4.72 个百分点（表 3）。

2021 年，支持职工购建房 437.27 万平方米。年末个人住房贷款市场占有率（含公转商贴息贷款）为 21.32％，比上年末减少 1.09 个百分点。通过申请住房公积金个人住房贷款，可节约职工购房利息支出 320035.90 万元。

2021 年分城市住房公积金个人住房贷款情况　　　　　　　　表 3

地区	放贷笔数（万笔）	贷款发放额（亿元）	累计放贷笔数（万笔）	累计贷款总额（亿元）	贷款余额（亿元）	个人住房贷款率（%）
吉林省	**4.10**	**160.23**	**83.88**	**2091.50**	**1140.41**	**78.36**
长春	1.94	92.25	33.78	1109.00	651.40	87.57
吉林	0.62	20.79	14.24	313.45	163.88	82.73
四平	0.26	8.08	6.50	122.53	53.22	79.04
辽源	0.16	5.81	2.34	52.49	31.69	82.99
通化	0.21	5.86	5.97	113.77	55.04	73.66
白山	0.09	1.94	2.37	28.69	9.97	22.12
松原	0.34	10.37	5.90	116.29	59.16	49.41
白城	0.13	3.68	4.18	64.16	28.31	61.54
延边	0.36	11.45	8.60	171.09	87.75	71.77

2. 异地贷款

2021 年，发放异地贷款 1042 笔、33837.00 万元。2021 年末，发放异地贷款总额 1175288.92 万元，异地贷款余额 664058.62 万元。

3．公转商贴息贷款

2021年，未发放公转商贴息贷款。当年贴息额2310.43万元。2021年末，累计发放公转商贴息贷款4309笔、157109.80万元，累计贴息6950.57万元。

（四）资金存储。 2021年末，住房公积金存款326.13亿元。其中，活期26.10亿元，1年（含）以下定期80.65亿元，1年以上定期161.57亿元，其他（协定、通知存款等）57.81亿元。

（五）资金运用率。 2021年末，住房公积金个人住房贷款余额占缴存余额的78.36%，比上年末减少4.72个百分点。

三、主要财务数据

（一）业务收入。 2021年，业务收入459161.38万元，同比增长11.09%。其中，存款利息92738.45万元，委托贷款利息366108.05万元，其他314.88万元。

（二）业务支出。 2021年，业务支出268201.90万元，同比增长29.59%。其中，支付职工住房公积金利息250396.38万元，归集手续费596.24万元，委托贷款手续费14812.91万元，其他2396.37万元。

（三）增值收益。 2021年，增值收益190959.48万元，同比下降7.46%；增值收益率1.37%，比上年减少0.24个百分点。

（四）增值收益分配。 2021年，提取贷款风险准备金63337.14万元，提取管理费用33419.79万元，提取城市廉租住房（公共租赁住房）建设补充资金94505.78万元（表4）。

2021年，上交财政管理费用33890.15万元（含油田分中心上缴中国石油吉林油田分公司923.73万元），上缴财政城市廉租住房（公共租赁住房）建设补充资金115283.37万元（含油田分中心上缴吉林油田矿区管理部1636.73万元）。

2021年末，贷款风险准备金余额656676.23万元，累计提取城市廉租住房（公共租赁住房）建设补充资金746429.13万元。

2021年分城市住房公积金增值收益及分配情况 表4

地区	业务收入（亿元）	业务支出（亿元）	增值收益（亿元）	增值收益率（%）	提取贷款风险准备金（亿元）	提取管理费用（亿元）	提取公租房（廉租房）建设补充资金（亿元）
吉林省	**45.92**	**26.82**	**19.10**	**1.37**	**6.33**	**3.34**	**9.45**
长春	23.31	15.76	7.55	1.06	2.22	1.46	3.87
吉林	6.37	3.32	3.04	1.59	0.00	0.45	2.60
四平	2.16	0.98	1.18	1.86	0.71	0.13	0.34
辽源	1.23	0.52	0.71	1.95	0.49	0.09	0.12
通化	2.38	1.19	1.19	1.66	0.05	0.17	0.96
白山	1.39	0.67	0.73	1.69	0.44	0.11	0.18
松原	3.51	1.81	1.69	1.46	1.01	0.48	0.20
白城	1.38	0.69	0.69	1.62	0.00	0.16	0.53
延边	4.20	1.88	2.32	1.97	1.41	0.29	0.65

（五）管理费用支出。 2021年，管理费用支出24262.56万元，同比下降3.56%。其中，人员经费13127.93万元，公用经费3623.28万元，专项经费7511.35万元。

四、资产风险状况

个人住房贷款：2021年末，个人住房贷款逾期额7255.53万元，逾期率0.64‰，个人贷款风险准备金余额 653896.23 万元。2021 年，未使用个人贷款风险准备金核销呆坏账。

五、社会经济效益

（一）缴存业务。缴存职工中，国家机关和事业单位占 37.62％，国有企业占 26.32％，城镇集体企业占 2.05％，外商投资企业占 2.52％，城镇私营企业及其他城镇企业占 26.18％，民办非企业单位和社会团体占 2.20％，灵活就业人员占 0.32％，其他占 2.79％；中、低收入占 98.39％，高收入占 1.61％。

新开户职工中，国家机关和事业单位占 24.88％，国有企业占 10.00％，城镇集体企业占 1.84％，外商投资企业占 2.46％，城镇私营企业及其他城镇企业占 58.42％，民办非企业单位和社会团体占 5.00％，灵活就业人员占 0.24％，其他占 7.16％；中、低收入占 99.59％，高收入占 0.41％。

（二）提取业务。提取金额中，购买、建造、翻建、大修自住住房占 14.96％，偿还购房贷款本息占 52.03％，租赁住房占 3.16％；离休和退休提取占 22.39％，完全丧失劳动能力并与单位终止劳动关系提取占 4.46％，出境定居占 0.06％，其他占 2.94％。提取职工中，中、低收入占 97.99％，高收入占 2.01％。

（三）贷款业务

个人住房贷款：职工贷款笔数中，购房建筑面积 90（含）平方米以下占 29.01％，90～144（含）平方米占 65.28％，144 平方米以上占 5.71％。购买新房占 83.83％（其中购买保障性住房占 0％），购买二手房占 16.17％。

职工贷款笔数中，单缴存职工申请贷款占 37.99％，双缴存职工申请贷款占 61.97％，三人及以上缴存职工共同申请贷款占 0.04％。

贷款职工中，30 岁（含）以下占 29.29％，30 岁～40 岁（含）占 37.84％，40 岁～50 岁（含）占 25.14％，50 岁以上占 7.73％；购买首套住房申请贷款占 88.13％，购买二套及以上申请贷款占 11.87％；中、低收入占 95.26％，高收入占 4.74％。

（四）住房贡献率。2021 年，个人住房贷款发放额、公转商贴息贷款发放额、住房消费提取额的总和与当年缴存额的比率为 88.89％，比上年减少 11.77 个百分点。

六、其他重要事项

（一）当年开展监督检查情况

1. 规范政策执行和业务管理

印发了《关于做好住房公积金政策合规性自查的通知》（吉建金管〔2021〕8 号）、《关于进一步做好住房公积金政策合规性梳理工作的通知》（吉建函〔2021〕1445 号）要求中心梳理、查找与国家住房公积金管理法规、政策规定不一致的条款，按照规定进行调整。

2. 督促逾期贷款催收

通过专题座谈调研、印发催收逾期贷款督办函、细化逾期贷款台账、统计上报 6 期及以上逾期贷款原因分类情况统计报表等方式督促中心开展逾期贷款催收工作。对逾期率较高的城市中心、城市住房公积金管理委员会多次印发逾期贷款催收督办通知，全省逾期额、逾期率总体上得到了有效的控制。

3. 继续开展信息系统安全评测

印发《住房公积金信息系统检查评测要点》，对白城、松原、四平、辽源市中心信息系统进行了评测，发现 25 个问题隐患，提出了具体整改建议。

4. 采取"三审制"的方式审核各中心住房公积金业务运行数据

通过对各中心的《季度业务运行分析报告》和《年度信息披露报告》采取"三审制"的方式进行审核，一是制定数据汇总表，各中心自审核实数据；二是汇总审核数据，及时反馈疑点数据；三是审核校正数据，确保数据真实、准确。通过"三审制"方式，提高了各中心的工作效率，确保了全省所有报表数据的连续性、真实性和准确性。

（二）当年服务改进情况

1. 做好"跨省通办"服务事项落实工作

按照《住房和城乡建设部办公厅关于做好住房公积金"跨省通办"服务工作的通知》要求，5 个"跨省通办"服务事项已全部落实。"住房公积金单位登记开户""住房公积金单位及个人缴存信息变更""提前还清住房公积金贷款"实现全程网办，"开具住房公积金个人住房贷款全部还清证明"实现代收代办，"购房提取住房公积金"实现两地联办。

2. 全面开展"我为群众办实事"实践活动

积极组织各中心开展全国住房公积金系统"三个一百"活动，全省共设置"跨省通办"专窗 67 个，设置"跨省通办"业务线上专区 17 个，培训 1071 人次。

（三）信息化建设情况

积极落实住房和城乡建设部关于住房公积金行业"跨省通办"重要任务，依托网上办理渠道，推进"全国住房公积金监管服务平台"应用。推广住房公积金手机小程序。按照国家要求，截至 5 月 20 日，我省各市州住房公积金管理中心及长春省直住房公积金管理分中心已全部上线手机小程序。

（四）当年住房公积金机构及从业人员所获荣誉情况

1. 文明单位（行业、窗口）：省部级 1 个，地市级 4 个。

2. 青年文明号：地市级 1 个。

3. 工人先锋号：省部级 1 个。

4. 三八红旗手：省部级 2 个。

5. 先进集体和个人：省部级 3 个，地市级 76 个。

6. 其他类：省部级 1 个，地市级 54 个。

（五）其他需要披露的情况

为扩大住房公积金政策群众知晓度，让更多职工享受住房公积金制度的优惠政策，全省开展了住房公积金政策宣传月活动。2021 年共收到各中心报送宣传信息 215 条，向《中国建设报》推荐信息 59 条，其中 5 条信息被《中国建设报》刊载。

吉林省长春市住房公积金 2021 年年度报告

根据国务院《住房公积金管理条例》和住房和城乡建设部、财政部、人民银行《关于健全住房公积金信息披露制度的通知》（建金〔2015〕26 号）的规定，经长春市住房公积金管理委员会审议通过，现将长春市住房公积金 2021 年年度报告公布如下：

一、机构概况

（一）住房公积金管理委员会。长春市住房公积金管理委员会有 30 名委员，2021 年召开 1 次会议，审议通过的事项主要包括：《长春市 2020 年住房公积金计划执行情况和 2021 年计划编制草案情况报告》《关于调整住房公积金贷款政策的说明》《住房公积金提取管理办法修订说明》。

（二）住房公积金管理中心。长春市住房公积金管理中心为直属于长春市人民政府的不以营利为目的的公益二类事业单位，设 8 个处，8 个分中心，11 个分理处。从业人员 375 人，其中，在编 197 人，非在编 178 人。

长春省直住房公积金管理分中心为吉林省机关事务管理局下属不以营利为目的的参照公务员管理事业单位，设 6 个科。从业人员 60 人，其中，在编 17 人，非在编 43 人。

长春市住房公积金管理中心电力分中心为国网吉林省电力有限公司下属不以营利为目的的国有性质单位，设 2 个科。从业人员 14 人，全部为在编人员。

二、业务运行情况

（一）缴存

2021 年，新开户单位 3667 家，净增实缴单位 2441 家；新开户职工 14.50 万人，净增实缴职工 8.28 万人；实缴单位 20969 家，实缴职工 129.46 万人，缴存额 216.26 亿元，分别同比增长 13.17%、6.83%、11.18%。其中，长春中心实缴单位 19176 家，实缴职工 107.85 万人，缴存额 172.98 亿元；省直分中心实缴单位 1719 家，实缴职工 18.62 万人，缴存额 33.26 亿元；电力分中心实缴单位 74 家，实缴职工 2.99 万人，缴存额 10.02 亿元。2021 年末，缴存总额 1941.05 亿元，比上年末增加 12.54%；缴存余额 743.89 亿元，同比增长 9.45%。受委托办理住房公积金缴存业务的银行 4 家，与上年相同（长春中心为中国工商银行、中国建设银行、中国农业银行，省直分中心为中国建设银行，电力分中心为中国农业银行、交通银行）。

（二）提取

2021 年，46.01 万名缴存职工提取住房公积金；提取额 152.00 亿元，同比增长 8.56%；提取额占当年缴存额的 70.29%，比上年减少 1.70 个百分点。其中，长春中心提取 122.14 亿元，省直分中心提取 22.59 亿元，电力分中心提取 7.27 亿元。2021 年末，提取总额 1197.16 亿元，比上年末增加 14.54%。

（三）贷款

1. 个人住房贷款。单缴存职工个人住房贷款最高额度 50 万元（电力分中心单缴存职工最高额度 70 万元），双缴存职工个人住房贷款最高额度 70 万元。

2021 年，发放个人住房公积金贷款 1.94 万笔、92.24 亿元，同比分别下降 3.56%、11.05%。其中，长春中心发放个人住房贷款 1.72 万笔、81.27 亿元，省直分中心发放个人住房贷款 0.17 万笔、8.83 亿元，电力分中心发放个人住房贷款 0.05 万笔、2.14 亿元。

2021 年，回收个人住房公积金贷款 63.98 亿元。其中，长春中心 54.24 亿元，省直分中心 7.97 亿元，电力分中心 1.77 亿元。

2021 年末，累计发放个人住房公积金贷款 33.78 万笔、1109.01 亿元，贷款余额 651.39 亿元，分别比上年末增加 6.08%、9.07%、4.54%。个人住房公积金贷款余额占缴存余额的 87.57%，比上年末减少 4.12 个百分点。受委托办理住房公积金个人住房贷款业务的银行 18 家，与上年持平。

2. 异地贷款。2021 年，发放异地贷款 5 笔、210.00 万元。2021 年末，发放异地贷款总额 730869.90 万元，异地贷款余额 447772.58 万元。

（四）资金存储

2021 年末，住房公积金存款 98.59 亿元。其中，活期 2.71 亿元，1 年（含）以下定期 39.25 亿元，1 年以上定期 28.90 亿元，其他（协定、通知存款等）27.73 亿元。

（五）资金运用率

2021 年末，住房公积金个人住房贷款余额、项目贷款余额和购买国债余额的总和占缴存余额的 87.57%，比上年末减少 4.12 个百分点。

三、主要财务数据

（一）业务收入

2021 年，业务收入 233071.01 万元，同比增长 14.03%。其中，长春中心 185720.97 万元，省直分中心 31414.39 万元，电力分中心 15935.65 万元；存款利息 24953.98 万元，委托贷款利息 208076.19 万元，其他 40.84 万元。

（二）业务支出

2021 年，业务支出 157576.88 万元，同比增长 52.60%。其中，长春中心 134049.61 万元，省直分中心 17284.26 万元，电力分中心 6243.01 万元；支付职工住房公积金利息 147193.64 万元，委托贷款手续费 10356.07 万元，其他 27.17 万元。

（三）增值收益

2021 年，增值收益 75494.13 万元，同比下降 25.36%。其中，长春中心 51671.36 万元，省直分中心 14130.13 万元，电力分中心 9692.64 万元；增值收益率 1.06%，比上年减少 0.52 个百分点。

（四）增值收益分配

2021 年，提取贷款风险准备金 22194.19 万元，提取管理费用 14588.76 万元，提取城市廉租住房（公共租赁住房）建设补充资金 38711.18 万元。

2021 年，上交财政管理费用 14432.24 万元。上缴财政城市廉租住房（公共租赁住房）建设补充资金 66017.35 万元，其中，长春中心上缴 60509.14 万元，省直分中心上缴（吉林省财政厅）4650.35 万元，电力分中心上缴（吉林省财政厅）857.86 万元。

2021 年末，贷款风险准备金余额 230947.88 万元。累计提取城市廉租住房（公共租赁住房）建设补充资金 489659.74 万元。其中，长春中心提取 437097.06 万元，省直分中心提取 39226.51 万元，电力分中心提取 13336.17 万元。

（五）管理费用支出

2021 年，管理费用支出 11602.92 万元，同比下降 5.16%。其中，人员经费 5309.40 万元，公用经费 2044.88 万元，专项经费 4248.64 万元。

四、资产风险状况

个人住房贷款。2021 年末，个人住房贷款逾期额 1862.88 万元，逾期率 0.29‰。其中，长春中心

0.29‰，省直分中心 0.21‰，电力分中心 0.37‰。个人贷款风险准备金余额 230947.88 万元。2021 年，未使用个人贷款风险准备金核销呆坏账。

五、社会经济效益

（一）缴存业务

缴存职工中，国家机关和事业单位占 25.41%，国有企业占 25.48%，城镇集体企业占 2.82%，外商投资企业占 3.84%，城镇私营企业及其他城镇企业占 34.53%，民办非企业单位和社会团体占 3.19%，灵活就业人员占 0.06%，其他占 4.67%；中、低收入占 97.79%，高收入占 2.21%。

新开户职工中，国家机关和事业单位占 10.41%，国有企业占 9.98%，城镇集体企业占 2.48%，外商投资企业占 2.60%，城镇私营企业及其他城镇企业占 58.08%，民办非企业单位和社会团体占 5.95%，灵活就业人员占 0.21%，其他占 10.29%；中、低收入占 99.53%，高收入占 0.47%。

（二）提取业务

提取金额中，购买、建造、翻建、大修自住住房占 12.68%，偿还购房贷款本息占 56.97%，租赁住房占 4.15%，支持老旧小区改造占 0.01%，离休和退休提取占 18.90%，完全丧失劳动能力并与单位终止劳动关系提取占 4.37%，出境定居占 0.01%，其他占 2.91%。提取职工中，中、低收入占 96.90%，高收入占 3.10%。

（三）贷款业务

个人住房贷款。2021 年，支持职工购建房 200.93 万平方米，年末个人住房贷款市场占有率为 17.98%，比上年末减少 0.49 个百分点。通过申请住房公积金个人住房贷款，可节约职工购房利息支出 169417.15 万元。

职工贷款笔数中，购房建筑面积 90（含）平方米以下占 34.30%，90～144（含）平方米占 61.72%，144 平方米以上占 3.98%。购买新房占 85.11%，购买二手房占 14.89%。

职工贷款笔数中，单缴存职工申请贷款占 31.60%，双缴存职工申请贷款占 68.40%。

贷款职工中，30 岁（含）以下占 29.60%，30 岁～40 岁（含）占 37.90%，40 岁～50 岁（含）占 24.99%，50 岁以上占 7.51%；购买首套住房申请贷款占 94.67%，购买二套及以上申请贷款占 5.33%；中、低收入占 97.21%，高收入占 2.79%。

（四）住房贡献率

2021 年，个人住房贷款发放额、公转商贴息贷款发放额、项目贷款发放额、住房消费提取额的总和与当年缴存额的比率为 94.53%，比上年减少 11.34 个百分点。

六、其他重要事项（长春、省直、电力）

长春市住房公积金管理中心：

（一）当年受委托办理缴存贷款业务金融机构变更情况

2021 年，经长春市住房公积金管理委员会审议通过，新签约合作金融机构 1 家，与中国邮政储蓄银行股份有限公司建立住房公积金业务委托合作伙伴关系，下一年度开展相关业务。

（二）当年住房公积金政策调整及执行情况

1. 缴存政策调整情况

根据吉林省统计局发布的《吉林省 2020 年城镇非私营单位就业人员平均工资信息》及《吉林省人民政府关于发布全省最低工资标准的通知》（吉政函〔2021〕69 号），长春市（含双阳区、九台区、榆树市、德惠市、农安县、公主岭市）2021 年度住房公积金缴存基数上限调整为 22593 元，下限调整为 1880 元（双阳区、九台区、榆树市、德惠市、农安县、公主岭市调整为 1540 元）。铁路分中心及其下设分理处缴存职工的住房公积金缴存基数标准按照沈阳铁路局统一标准执行。

2. 提取政策调整情况

根据《住房公积金管理条例》及 2019 年住房和城乡建设部《住房公积金提取业务标准》（GB/T 51353—2019）对提取业务的规范性规定，经管委会审议通过，长春中心对《住房公积金提取管理办法》及《实施细则》做出相应调整，主要包括：职工因与单位终止、解除劳动关系，在 2021 年 5 月 1 日前已办理个人住房公积金账户封存手续的，中心现存的住房公积金自愿缴存者，可延续执行"未在异地继续缴存的，账户封存满半年以上可办理公积金提取业务"的政策规定；职工因与单位终止、解除劳动关系，在 2021 年 5 月 1 日（含当日）后办理个人住房公积金账户封存手续的，需同时满足"完全丧失劳动能力"条件，方可办理离职销户提取；未申请长春市住房公积金个人住房贷款的职工，2021 年 5 月 1 日（含当日）后以购买、建造、翻建、大修自住住房、或偿还购房贷款（含商业银行个人住房贷款、非长春市住房公积金个人住房贷款）本息、或支付既有住宅加装电梯费用情形申请提取的，职工和配偶可各自选择一套住房分别提取。职工两次提取的时间间隔应不少于 12 个月。

对在住房公积金缴存地的有针对既有住宅加装电梯申请提取需要的职工，本人及其配偶、父母、子女可在所加装电梯的特种设备使用登记证下发之日起 24 个月内申请一次性提取，不受两次提取时间间隔 12 个月的限制，不影响职工其他提取申请（例如冲还贷、商业银行个人住房贷款提取等），且以其父母或子女名下的既有住宅加装电梯情形申请提取的，提取套数不受限制。同时，同一加装电梯项目中有职工提取过的，其他职工可不再提供同一项目中的共性材料。

3. 贷款政策调整情况

（1）调整贷款额度

新建商品房贷款单笔最高额度：

长春市区、双阳区奢岭镇：有共同借款人的为 70 万元，无共同借款人的为 50 万元；

公主岭市、长春市双阳区、吉林市：有共同借款人的为 65 万元，无共同借款人的为 50 万元；

通化市：有共同借款人的为 55 万元，无共同借款人的为 40 万元；

九台区、德惠市、榆树市、农安县、四平市、白城市、图们市：有共同借款人的为 45 万元，无共同借款人的为 30 万元。

存量房贷款单笔最高额度：

长春市区：有共同借款人的为 60 万元，无共同借款人的为 40 万元；

公主岭市、吉林市、通化市：有共同借款人的为 50 万元，无共同借款人的为 35 万元；

四平市、白城市、图们市：有共同借款人的为 40 万元，无共同借款人的为 30 万元；

以上政策适用于在长春中心各贷款经办部门申请贷款的职工，不涉及吉林、通化、白城、图们、四平五市当地住房公积金管理中心的有关贷款政策。

（2）取消开发商保证金

为优化长春地区营商环境，帮助房地产开发企业缓解流动性资金不足问题，促进房地产市场平稳健康发展，自 2021 年 8 月 30 日起，房地产开发企业在长春城区开发的楼盘项目，不再缴存为借款人承担阶段性担保的贷款保证金。双阳区、九台区、榆树市、德惠市、农安县、公主岭市及长春中心铁路分中心覆盖地区不施行取消保证金政策。

（3）开办"公积金＋商业贷款"组合贷款

为解决中低收入家庭职工购房资金短缺的实际困难，经长春市住房公积金管理委员会审议通过，从 2021 年 8 月 25 日起至 2022 年 6 月 30 日，在长春城区（含公主岭市）范围内开展住房公积金商业银行组合贷款（试点）和住房公积金家庭组合贷款。双阳区、九台区、榆树市、德惠市、农安县及铁路分中心覆盖地区不施行组合贷款政策。

4. 住房公积金存贷款利率执行标准

五年期以下（含五年）个人住房公积金贷款年利率为 2.75%，五年期以上个人住房公积金贷款年利率为 3.25%。

（三）当年服务改进情况

1. 立足实际，多措并举服务为民

一是突出以人为本，持续优化政策实施。长春中心不断科学规范公积金提取申请范围：首先，将职工申请提取住房公积金从原来的以"家庭为单位"放宽到以"个人为单位"；其次，开展"公积金＋商贷"组合贷款业务，推出允许"父母、子女、配偶"参贷的家庭组合贷款业务。在实质提高职工家庭提取套数基础上，通过开放"公积金＋商贷"组合贷款模式使得住房消费金融贷款最高贷款额度合计达到150万左右，进一步缓解了职工购房压力，释放消费能力，为区域发展与民生改善提供助力。全年发放"公积金＋商贷"组合贷款99笔，其中住房公积金放款额5058万元，商业银行放款额3203万元；发放家庭组合贷款11笔共702万元。此外，在11月底，长春中心将既有住宅加装电梯可提取公积金范围扩大至加装电梯人的父母或子女，扩大惠民政策的受益面，并不断加强社会宣传力度，预计将在长春市老旧小区改造升级项目中发挥更大作用。

二是聚焦简政放权，不断深化服务改革。进一步精简提取业务办理要件，取消借款合同、商品房买卖合同或不动产证的重复性业务使用。通过加强数据共享，完善数据对接，对已实现共享联动的金融机构所办理的住房公积金贷款业务，由职工授权网上核验，不再提供还款流水、记账凭证、还款计划、结清证明、征信报告等材料。同时，加强政府机构协调对接，让数据在行政部门间跑动起来，减少职工办事成本。朝阳、绿园、南关、高新、经开分中心以及榆树、农安、德惠、九台、双阳分理处租住商品房提取业务已无需职工提供无房证明，相关核验工作在可全程线上开展。

三是创新服务理念，畅通与民连接桥梁。长春中心立足沟通民意、改进服务、提高效能，多渠道收集汇总职工来访来办信息，各业务处室开展高频事项自查工作，打通疑难、复杂问题处理渠道，帮助来电、来访职工处理、解决实际困难。12329客户服务热线2021年度共接入电话40.93万个，其中自助语音服务电话15.6万个，转人工语音电话25.32万个，人工接通量23.92万个，人工接通率94.44%。手机App访问量613.72万次，微信公众号访问281.77万次，网站访问量71.08万次。新媒体客服系统共接入会话总量1.8万条，会话转人工率74.72%，人工受理率100%，满意度99.95%；回复网站留言共计1619条。各渠道累计受理疑难、投诉、建议2414条。开展"公积金服务在前沿"活动，深入20余家楼盘进行住房公积金政策讲解及线上业务推广宣传，印制、发放宣传单2.2万余份，现场互动参与群众累计达8千余人，接受媒体采访报道3次，政务媒体宣传推广2次，及时将公积金最新惠民政策送到开发企业和广大职工身边。全年共举办5期"公积金缴存单位经办人培训班"，共有544位缴存单位经办人参加了现场培训，线上实时观看人数达到7866人。

2. 精准实施，有效落实"跨省通办"

按照《国务院办公厅关于加快推进政务服务"跨省通办"的指导意见》文件要求，长春中心所有服务事项中的8个服务事项实现"跨省通办"（包括个人住房公积金缴存贷款等信息查询、出具贷款职工住房公积金缴存使用证明、正常退休提取住房公积金、住房公积金单位登记开户、住房公积金单位及个人缴存信息变更、购房提取住房公积金、开具住房公积金个人住房贷款全部还清证明、提前还清住房公积金贷款）。同时，通过全程网办、代收代办、两地联办三种模式实现所有一线服务大厅"跨省通办"业务全覆盖，全年合计受理归集提取类"跨省通办"业务345笔，贷款类"跨省通办"业务16笔，其中异地购房提取占比近70%。

为构建完备的制度体系，长春中心制定印发了《监管服务平台管理制度》和《长春市住房公积金管理中心跨省通办工作制度》，对监管平台系统操作及"跨省通办"业务运行进行规范化、标准化、清单化管理。起草了长春市与天津、哈尔滨、杭州等多个城市政务服务事项《跨省通办合作框架协议书》，对工作职责、通办模式、通办项目、通办流程、监管方式、工作要求等内容进行详细规范。

本着"应上尽上"原则，长春中心结合工作实际，最大程度满足职工住房公积金服务要求。根据一汽大众成都分公司职工异地办事需求多的实际情况，长春中心率先与成都市公积金建立"跨省通办"合作关系，获得了办事群众的高度认可。长春中心的成功实践，在降低职工办事成本的同时，也为长春市

"跨省通办"工作积累了宝贵经验。

（四）当年信息化建设情况

长春中心近年来不断提高信息化建设水平，截至2021年末，32项公积金归集业务中已有28项实现自有网厅线上办理，自有网上业务大厅使用率大幅提升，已开通公积金网厅的缴存单位达2.02万户，开通率95%，缴存单位使用网厅线上办理归集业务超过15万笔，占归集对公业务量总数的87.28%。同时，线上提取住房公积金业务使用比例大幅提升，手机App全年受理离退休提取845笔，同比增长26.11%；租住商品房提取21970笔，同比增长56.4%；终止劳动关系提取8003笔，同比增长299.55%。线上提取公积金已成为公积金提取业务主要办理渠道之一。

（五）当年住房公积金管理中心及职工所获荣誉情况

长春中心荣获"2021年度全市政府系统政务信息工作优秀单位""2021年度共建美丽吉林先进单位"。下设党支部被评为"2021年先进基层党组织""四星级党支部"。朝阳团支部被评为"市直机关先进团支部"。机关党委提供的案例荣获"2020年度长春市机关党建优秀创新案例评选三等奖"。

长春中心职工荣获"吉林省见义勇为先进个人""吉林省优秀志愿者""市直机关优秀党务工作者""长春市优秀党务工作者""万人助万企嘉奖""长春向上向善好青年""长春市优秀共青团员"等表彰。此外，2人被评为"市直机关优秀共产党员"，4人被长春市人社局评为"优秀（记功）"，3人荣获"2020年度长春市优秀调研成果优秀奖"，3人荣获"2020年度长春市机关党建优秀研究成果二等奖"，5人荣获"2020年度长春市机关党建优秀研究成果优秀奖"，2人被评为"市直机关优秀共青团干部"，7人被评为"市直机关优秀共青团员"。

长春省直住房公积金管理分中心：

（一）当年住房公积金政策调整及执行情况

1. 当年缴存基数限额及确定方法、缴存比例调整情况

2021年职工缴存基数为职工本人上一年度月平均工资总额，职工工资总额构成按照国家统计局《关于工资总额组成的规定》口径计算。2021年度，住房公积金缴存基数上限调整为22593元/月，下限为1780元/月，共有1364家单位142788人次进行基数调整。

继续执行5%至12%的缴存比例政策，缴存单位可在5%至12%区间内，自主确定住房公积金缴存比例。

2. 当年政策调整情况

2021年8月1日起，按照《关于调整住房公积金个人住房贷款及提取相关政策通知》（吉省直公字〔2021〕5号）要求，调整商品房贷款最高申请额度，开展既有住宅加装电梯提取、购买保障性住房提取以及累计提取业务，简化离职提取和离、退休提取要件，对职工购买再交易住房申请提取时间进行限定。

2021年10月22日起，按照《关于开展住房公积金商业银行组合贷款及住房公积金家庭组合贷款业务的通知》（吉省直公字〔2021〕7号）要求，开展住房公积金商业银行组合贷款和住房公积金家庭组合贷款业务。

2021年12月1日起《关于调整既有住宅加装电梯提取住房公积金政策的通知》（吉省直公字〔2021〕8号）要求，调整既有住宅加装电梯提取住房公积金政策。

（二）当年服务改进情况

一是瞄准缴存职工异地办事"多地跑""折返跑"的痛点问题，大力推行"跨省通办"业务，全面实现住房公积金单位登记开户等8项高频服务事项"跨省通办"，提前完成住房和城乡建设部目标要求。延伸"跨省通办"业务受理范围，省内、省外缴存职工均可通过"跨省通办"平台办理业务，享受"家门口"服务。2021年，通过"跨省通办"平台受理业务33笔，提取金额136.49万元。二是推进"放管服"改革，进一步精简材料、减少环节，着力提升服务质效。简化贷款购房提取要件，再次以同一套住房申请提取，无需提供借款合同和商品房买卖合同；优化"线上"办理离职提取和离退休提取业务流

程，减少人工复核和影像上传环节，通过系统自动校验，实现资金实时到账，提升办事体验。三是拓展平台服务功能，完成微信平台"全国住房公积金小程序"接入工作，职工可通过小程序办理异地转移接续业务；扩宽办事渠道，完成建行综合柜员机公积金离退休提取功能开通以及"吉事办"平台单位开户功能开发建设。

（三）当年信息化建设情况

一是委托国家计算机网络与信息安全管理中心开展 10 期网络安全监测检测，提升网络信息安全保障能力和防护水平。二是定期对机房、网络、软件系统、硬件设备开展巡检维护，高标准完成机房软（硬）件升级和消防设施更新替换，确保信息系统平稳运行。三是对现有业务系统升级改造，开发建设服务渠道"好差评"系统，完成与长春中心数据共享接口开发工作。

（四）当年住房公积金管理中心及职工所获荣誉情况

荣获吉林省人民政府政务大厅"优秀进驻单位"称号，11 名工作人员被评为"先进工作者"。

长春市住房公积金管理中心电力分中心：

（一）当年住房公积金政策调整及执行情况

归集政策方面：自 2021 年 5 月 1 日，设立最低住房公积金缴存基数标准。2021 年住房公积金最低缴存基数暂按《吉林省人民政府关于发布全省最低工资标准的通知》（吉政函〔2017〕97 号）文件标准执行，其中：长春市最低缴存基数为 1780 元；吉林、松原市最低缴存基数为 1680 元；四平、辽源、通化、白山和延边地区最低缴存基数为 1580 元；白城市最低缴存基数为 1480 元。

贷款政策方面：自 2021 年 5 月 1 日起，新增申请住房公积金个人住房贷款的，长春地区新建商品房贷款单笔最高额度调整为：已婚（视同有共同借款人）的 70 万元，未婚（视同无共同借款人）的 50 万元。

提取政策方面：一是除完全丧失劳动能力，并与单位终止劳动关系的可申请销户提取外，取消终止（或解除劳动关系）销户提取。二是有不同类型购房贷款的，应优先提取电力分中心个人住房贷款，且贷款偿还期间不得申请其他情形提取。三是租赁商品房提取额长春地区提高至职工家庭每年不超过 1.5 万元，其他地区提高至职工家庭每年不超过 1.2 万元。

（二）当年服务改进情况

按照住房和城乡建设部"跨省通办"工作要求和时间节点，截至 6 月 30 日，电力分中心已完成住房公积金单位及个人缴存信息变更、提前结清住房公积金贷款等 5 项 2021 年"跨省通办"工作任务。

（三）其他需要披露的情况

电力分中心现有缴存单位 74 家，因缴存单位涉及全省 9 个地区，为方便缴存职工办理提取、贷款业务，由缴存单位经办人员在本单位收集提取、贷款后统一上报至中心审批，故中心从业人员除中心在编 14 人外，还有不在编的兼职人员 130 人。

吉林省及省内各城市住房公积金
2021 年年度报告二维码

名称	二维码
吉林省住房公积金 2021 年年度报告	
长春市住房公积金 2021 年年度报告	
吉林市住房公积金 2021 年年度报告	
四平市住房公积金 2021 年年度报告	
辽源市住房公积金 2021 年年度报告	
通化市住房公积金 2021 年年度报告	
白山市住房公积金 2021 年年度报告	

续表

名称	二维码
白城市住房公积金 2021 年年度报告	
松原市住房公积金 2021 年年度报告	
延边朝鲜族自治州住房公积金 2021 年年度报告	

黑龙江省

黑龙江省住房公积金 2021 年年度报告

根据国务院《住房公积金管理条例》和住房和城乡建设部、财政部、人民银行《关于健全住房公积金信息披露制度的通知》（建金〔2015〕26 号）规定，现将黑龙江省住房公积金 2021 年年度报告汇总公布如下：

一、机构概况

（一）住房公积金管理机构

全省共设 13 个设区城市住房公积金管理中心，1 个县级市公积金中心（绥芬河市住房公积金管理中心），1 个行业公积金中心（黑龙江省森工林区住房公积金管理中心，隶属于中国龙江森林工业集团有限公司），3 个独立设置的分中心（其中，哈尔滨住房公积金管理中心省直分中心，隶属于黑龙江省机关事务管理局；哈尔滨住房公积金管理中心农垦分中心，隶属于北大荒农垦集团有限公司；哈尔滨住房公积金管理中心电力分中心，隶属于国网黑龙江省电力有限公司）。从业人员 1564 人，其中，在编 967 人，非在编 597 人。

（二）住房公积金监管机构

黑龙江省住房和城乡建设厅、财政厅和人民银行哈尔滨中心支行负责对本省住房公积金管理运行情况进行监督。省住房城乡建设厅设立住房保障和公积金处，负责辖区住房公积金日常监管工作。

二、业务运行情况

（一）**缴存**。2021 年，新开户单位 4419 家，净增单位 1499 家；新开户职工 21.63 万人，净增职工 4.45 万人；实缴单位 43530 家，实缴职工 293.89 万人，缴存额 493.50 亿元，分别同比增长 3.57%、1.54%、6.36%。2021 年末，缴存总额 4648.88 亿元，比上年末增加 11.88%；缴存余额 1807.90 亿元，同比增长 8.93%（表 1）。

2021 年分城市住房公积金缴存情况　　　　　　　　　　　　　　　　表 1

地区	实缴单位 （万个）	实缴职工 （万人）	缴存额 （亿元）	累计缴存总额 （亿元）	缴存余额 （亿元）
黑龙江省	**4.35**	**293.89**	**493.50**	**4648.88**	**1807.90**
哈尔滨	1.62	123.57	228.65	2149.45	727.26
齐齐哈尔	0.39	22.09	35.65	297.04	134.81
牡丹江	0.39	13.42	19.82	181.52	80.24
佳木斯	0.28	13.15	19.06	170.60	75.16
大庆	0.38	43.27	86.17	1018.21	327.98
鸡西	0.14	11.81	15.15	119.59	66.44
双鸭山	0.14	9.80	14.20	114.89	66.99
鹤岗	0.09	5.66	8.42	82.53	48.02

续表

地区	实缴单位 （万个）	实缴职工 （万人）	缴存额 （亿元）	累计缴存总额 （亿元）	缴存余额 （亿元）
七台河	0.09	7.82	9.04	75.95	42.52
伊春	0.15	9.82	11.97	84.25	44.07
黑河	0.20	10.18	16.49	130.69	71.37
绥化	0.31	16.93	19.43	154.28	84.94
大兴安岭	0.13	5.52	8.18	57.58	30.87
绥芬河	0.03	0.84	1.26	12.29	7.22

（二）**提取**。2021 年，118.56 万名缴存职工提取住房公积金；提取额 345.27 亿元，同比增长 6.68%；提取额占当年缴存额的 69.96%，比上年增加 0.21 个百分点。2021 年末，提取总额 2840.98 亿元，比上年末增加 13.83%（表 2）。

2021 年分城市住房公积金提取情况　　　　　　　　　　　　表 2

地区	提取额 （亿元）	提取率 （%）	住房消费类提取额 （亿元）	非住房消费类提取额 （亿元）	累计提取总额 （亿元）
黑龙江省	**345.27**	**69.96**	**232.23**	**113.05**	**2840.98**
哈尔滨	167.63	73.31	121.12	46.51	1422.19
齐齐哈尔	25.54	54.62	17.05	8.49	162.23
牡丹江	13.52	68.21	8.60	4.92	101.28
佳木斯	13.87	72.77	8.82	5.05	95.44
大庆	64.75	67.79	45.07	19.68	690.23
鸡西	8.78	57.95	4.12	4.66	53.15
双鸭山	8.32	58.59	3.92	4.40	47.90
鹤岗	5.65	67.10	2.43	3.22	34.51
七台河	4.80	53.10	2.16	2.64	33.42
伊春	6.49	54.22	3.96	2.53	40.18
黑河	9.87	59.85	5.71	4.16	59.32
绥化	11.21	44.94	6.58	4.63	69.34
大兴安岭	4.11	50.24	2.35	1.76	26.71
绥芬河	0.72	12.45	0.33	0.39	5.06

（三）贷款

1. 个人住房贷款

2021 年，发放个人住房贷款 4.58 万笔、164.28 亿元，同比下降 8.03%、7.14%。回收个人住房贷款 141.23 亿元。

2021 年末，累计发放个人住房贷款 102.54 万笔、2421.26 亿元，贷款余额 1128.17 亿元，分别比上年末增加 4.68%、7.28%、2.09%。个人住房贷款余额占缴存余额的 62.40%，比上年末减少 4.19 个百分点（表 3）。

2021 年分城市住房公积金个人住房贷款情况　表 3

地区	放贷笔数（万笔）	贷款发放额（亿元）	累计放贷笔数（万笔）	累计贷款总额（亿元）	贷款余额（亿元）	个人住房贷款率（%）
黑龙江省	**4.58**	**164.28**	**102.54**	**2421.26**	**1128.17**	**62.40**
哈尔滨	1.46	64.58	32.91	993.03	512.15	70.42
齐齐哈尔	0.58	23.01	8.23	210.92	117.64	71.01
牡丹江	0.27	7.74	5.43	125.49	69.94	87.16
佳木斯	0.38	13.41	5.72	123.60	65.24	86.80
大庆	1.00	31.01	24.45	607.39	237.77	59.65
鸡西	0.12	3.39	4.10	59.90	19.72	29.68
双鸭山	0.072	0.99	2.63	29.94	7.33	6.97
鹤岗	0.0363	0.5995	3.68	42.35	5.15	10.72
七台河	0.03	0.78	0.87	11.31	4.54	10.68
伊春	0.15	4.06	3.04	42.79	17.26	39.16
黑河	0.24	7.61	6.25	91.82	34.81	48.77
绥化	0.21	6.23	4.41	70.26	32.38	38.12
大兴安岭	0.04	0.75	0.58	7.94	3.05	9.88
绥芬河	0.0057	0.10	0.24	4.50	1.21	16.76

2. 异地贷款

2021 年，发放异地贷款 4991 笔、203990.70 万元。2021 年末，发放异地贷款总额 1345486.23 万元，异地贷款余额 882723.63 万元。

（四）购买国债。 2021 年，国债余额 0.10 亿元。

（五）资金存储。 2021 年末，住房公积金存款 690.30 亿元。其中，活期 8.67 亿元，1 年（含）以下定期 253.60 亿元，1 年以上定期 387.11 亿元，其他（协定、通知存款等）40.92 亿元。

（六）资金运用率。 2021 年末，住房公积金个人住房贷款余额、项目贷款余额和购买国债余额的总和占缴存余额的 62.41%，比上年末减少 4.21 个百分点。

三、主要财务数据

（一）业务收入。 2021 年，业务收入 549890.30 万元，同比增长 13.32%。其中，存款利息 184225.60 万元，委托贷款利息 364669.87 万元，国债利息 177.70 万元，其他 817.13 万元。

（二）业务支出。 2021 年，业务支出 278894.98 万元，同比增长 9.49%。其中，支付职工住房公积金利息 263226.62 万元，归集手续费 3019.39 万元，委托贷款手续费 12484.53 万元，其他 164.44 万元。

（三）增值收益。 2021 年，增值收益 270995.32 万元，同比增长 17.56%；增值收益率 1.57%，比上年增加 0.11 个百分点。

（四）增值收益分配。 2021 年，提取贷款风险准备金 8972.34 万元，提取管理费用 30507.06 万元，提取城市廉租住房（公共租赁住房）建设补充资金 231515.92 万元（表 4）。

2021 年分城市住房公积金增值收益及分配情况　表 4

地区	业务收入（亿元）	业务支出（亿元）	增值收益（亿元）	增值收益率（%）	提取贷款风险准备金（亿元）	提取管理费用（亿元）	提取公租房（廉租房）建设补充资金（亿元）
黑龙江省	**54.99**	**27.89**	**27.10**	**1.57**	**0.90**	**3.05**	**23.15**

续表

地区	业务收入 (亿元)	业务支出 (亿元)	增值收益 (亿元)	增值收益率 (%)	提取贷款风 险准备金 (亿元)	提取管理费用 (亿元)	提取公租房(廉租房) 建设补充资金(亿元)
哈尔滨	22.71	11.95	10.76	1.55	0.00	1.17	9.59
齐齐哈尔	4.19	2.00	2.19	1.68	0.08	0.12	1.99
牡丹江	2.54	1.21	1.33	1.72	0.00	0.22	1.11
佳木斯	2.41	1.12	1.29	1.78	0.09	0.15	1.05
大庆市	9.84	4.96	4.88	1.53	0.00	0.55	4.33
鸡西	2.28	0.96	1.32	2.08	0.00	0.17	1.15
双鸭山	1.82	0.97	0.85	1.33	0.00	0.08	0.77
鹤岗	1.22	0.71	0.51	1.10	0.31	0.07	0.13
七台河	1.23	0.61	0.62	1.54	0.37	0.14	0.11
伊春	1.47	0.59	0.88	2.15	0.01	0.09	0.78
黑河	1.95	1.06	0.89	1.32	0.02	0.10	0.77
绥化	1.99	1.20	0.79	0.98	0.02	0.11	0.66
大兴安岭	1.06	0.43	0.63	2.21	0.00	0.04	0.59
绥芬河	0.25	0.10	0.15	2.22	0.00	0.04	0.11

（五）管理费用支出。2021 年，管理费用支出 31810 万元，同比增长 27.05%。其中，人员经费 15457.25 万元，公用经费 2876.21 万元，专项经费 13476.54 万元。

四、资产风险状况

个人住房贷款。2021 年末，个人住房贷款逾期额 13080.35 万元，逾期率 1.16‰，个人贷款风险准备金余额 348420.36 万元。2021 年，未使用个人贷款风险准备金核销呆坏账。

五、社会经济效益

（一）缴存业务。缴存职工中，国家机关和事业单位占 40.77%，国有企业占 29.94%，城镇集体企业占 1.05%，外商投资企业占 1.72%，城镇私营企业及其他城镇企业占 19.42%，民办非企业单位和社会团体占 3.09%，灵活就业人员占 1.42%，其他占 2.59%；中、低收入占 98.50%，高收入占 1.50%。

新开户职工中，国家机关和事业单位 38.26%，国有企业占 15.78%，城镇集体企业占 1.17%，外商投资企业占 1.98%，城镇私营企业及其他城镇企业占 32.04%，民办非企业单位和社会团体占 3.15%，灵活就业人员占 3.07%，其他占 4.55%；中、低收入占 98.80%，高收入占 1.20%。

（二）提取业务。提取金额中，购买、建造、翻建、大修自住住房占 20.21%，偿还购房贷款本息占 43.81%，租赁住房占 3.20%；离休和退休提取占 26.12%，完全丧失劳动能力并与单位终止劳动关系提取占 2.89%，出境定居占 0.51%，其他占 3.26%。提取职工中，中、低收入占 97.29%，高收入占 2.71%。

（三）贷款业务

个人住房贷款。职工贷款笔数中，购房建筑面积 90（含）平方米以下占 29.95%，90～144（含）平方米占 63.47%，144 平方米以上占 6.58%。购买新房占 52.13%，购买二手房占 45.16%，其他占 2.71%。

职工贷款笔数中，单缴存职工申请贷款占 66.51%，双缴存职工申请贷款占 33.48%，三人及以上缴存职工共同申请贷款占 0.01%。

贷款职工中，30 岁（含）以下占 28.96%，30 岁～40 岁（含）占 44.80%，40 岁～50 岁（含）占 19.91%，50 岁以上占 6.33%；首次申请贷款占 86.48%，二次及以上申请贷款占 13.52%；中、低收入占 96.29%，高收入占 3.71%。

（四）住房贡献率。2021 年，个人住房贷款发放额、公转商贴息贷款发放额、项目贷款发放额、住房消费提取额的总和与当年缴存额的比率为 80.35%，比上年减少 4.50 个百分点。

六、其他重要事项

（一）制度扩面情况

为进一步扩大住房公积金制度覆盖面，年初省住房城乡建设厅印发了《关于进一步加强住房公积金归集扩面工作的通知》（黑建住〔2021〕1 号），地市公积金中心从加大归集政策落实、政策扩面推进、非公企业制度覆盖、归集行为规范、归集业务全程网办、依法促缴、归集政策宣传七方面工作着手，参照社保缴费数据推进非公企业扩面工作，并将"新市民"、自由职业者、灵活就业人员等群体纳入住房公积金制度覆盖范围。

（二）开展监督检查情况

1. 开展问题专项治理工作。2021 年 3 月，省住房城乡建设厅印发了《黑龙江省住房和城乡建设厅关于开展住房公积金管理存在问题专项排查整治工作方案》，对住房公积金国家、省政策和管委会决议执行情况；住房公积金缴存情况；贷款情况等九方面开展排查，发现问题，建立台账，迅速整改。通过开展专项排查整治工作，促进全省住房公积金管理制度建设更加健全，管理工作更加规范，资金运作更加安全高效，工作作风更加扎实牢靠，服务效能得到进一步提升。

2. 开展个贷逾期清收工作。为化解住房公积金贷款逾期风险，压实工作职责，省住房城乡建设厅先后印发《黑龙江省住房和城乡建设厅关于进一步加强住房公积金逾期贷款管理工作的通知》《黑龙江省住房和城乡建设厅关于建立健全住房公积金逾期贷款异地划扣协同机制的通知》等文件。地市公积金中心通过加大逾期清收力度，完善贷款管理制度，严格贷前调查，规范贷中审核，强化贷后管理，有效降低了贷款逾期风险。

（三）服务改进情况

1. 开展管理服务评价工作。省住房城乡建设厅制定印发了《全省住房公积金管理服务考核评价办法（试行）》，重点评价住房公积金业务运行、政策执行及住房公积金管理委员会决议执行、公积金中心管理制度建设及监督管理、风险防控情况、信息化建设、加强改进服务、年度重点工作完成情况。评价工作每年开展一次，采取自查自评、集中评价、综合评定方式进行，通过开展评价工作有效促进全省住房公积金规范管理，提高管理服务工作水平。

2. 提升线上业务办理率。为深化住房公积金"办事不求人"成果，各地通过完善住房公积金综合服务平台功能、拓宽服务渠道、加大政策宣传等方式推进住房公积金业务线上办。2021 年，全省公积金业务线上办理率达到 59.13%，较上年提高 16.04%。通过实现住房公积金线上办理业务，公积金中心服务流程得到优化再造，化简了职工办理公积金业务程序，缩短了群众办事等候时间，切实解决了群众"多跑路"问题，降低了办事成本，政务服务便捷度和群众获得感得到大幅提升。

3. 实现住房公积金"跨省通办"。按照住房和城乡建设部住房公积金"跨省通办"工作部署，全省 18 个公积金中心通过采取全程网办、代收代办、两地联办方式，全部实现了五项住房公积金"跨省通办"服务，设立"跨省通办"服务窗口百余个，为企业和群众提供高效便捷的办事体验，满足了不同办事群体个性化、多元化服务需求。

（四）信息化建设情况

按照省住房城乡建设厅"智慧住建"总体工作部署，建立了全省住房公积金监管及数据共享平台，实现了对全省公积金中心全面监督管理和公积金中心之间数据实时查询共享。监管平台于 2021 年 5 月上线运行，全省 18 个公积金中心全部接入监管平台，初步实现数据共享及数据监管功能。

（五）2021 年所获荣誉情况

全国住房公积金"跨省通办"表现突出窗口：

哈尔滨住房公积金管理中心道外办事处

省级文明窗口：

伊春市住房公积金管理中心

省级文明单位标兵：

牡丹江市住房公积金管理中心

鹤岗市住房公积金管理中心

哈尔滨住房公积金管理中心省直分中心

省级三八红旗集体：

佳木斯市住房公积金管理中心业务受理科窗口

省级巾帼文明岗：

大庆市住房公积金管理中心

伊春市住房公积金管理中心

省级档案工作先进集体：

双鸭山市住房公积金管理中心

省级优秀共产党员：

哈尔滨住房公积金管理中心张丽坤同志

黑龙江省哈尔滨市住房公积金 2021 年年度报告

根据国务院《住房公积金管理条例》和住房和城乡建设部、财政部、人民银行《关于健全住房公积金信息披露制度的通知》（建金〔2015〕26 号）的规定，经住房公积金管理委员会审议通过，现将哈尔滨市住房公积金 2021 年年度报告公布如下：

一、机构概况

（一）住房公积金管理委员会

住房公积金管理委员会有 22 名委员，2021 年召开 2 次会议，审议通过的事项主要包括：1. 通报《关于拟调整哈尔滨市住房公积金管理委员会组成人员的通知》（代拟稿）；2. 审议 2020 年住房公积金归集使用计划执行情况；3. 审议 2021 年住房公积金归集使用计划及财务收支预算草案；4. 审议哈尔滨市住房公积金 2020 年年度（信息披露）报告；5. 审议关于拓展"智慧公积金"合作范围的汇报；6. 审议关于拟调整住房公积金贷款政策有关情况的汇报；7. 审议关于预缴财政部分廉租住房建设补充资金的意见；8. 审议关于拟调整住房公积金归集、提取和贷款政策有关情况的汇报。

（二）住房公积金管理中心

哈尔滨住房公积金管理中心（以下简称"市中心"）为隶属市政府不以营利为目的的独立事业单位，设十一个处（室），十八个办事处，一个分中心（铁路分中心）。此外，本年度报告中含自主管理独立运作的三个分中心（省直分中心、农垦分中心、电力分中心）和黑龙江省森工林区住房公积金管理中心（以下简称"森工公积金中心"）数据。从业人员 487 人，其中，在编 329 人，非在编 158 人。

二、业务运行情况

（一）**缴存**。2021 年，新开户单位 1905 家，净增单位 549 家；新开户职工 9.29 万人，净增职工 5914 人；实缴单位 16，189 家，实缴职工 123.57 万人，缴存额 228.65 亿元，分别同比增长 3.51%、0.48%、5.32%。2021 年末，缴存总额 2149.45 亿元，比上年末增长 11.90%。缴存余额 727.26 亿元，同比增长 9.16%。受委托办理住房公积金缴存业务的银行 3 家。

（二）**提取**。2021 年，62.55 万名缴存职工提取住房公积金；提取额 167.63 亿元，同比增长 7.35%；提取额占当年缴存额的 73.31%，比上年增加 1.39 个百分点。2021 年末，提取总额 1422.19 亿元，比上年末增长 13.36%。

（三）**贷款**

1. 个人住房贷款。个人住房贷款最高额度 70 万元。单缴存职工个人住房贷款最高额度 50 万元，双缴存职工个人住房贷款最高额度 70 万元。

2021 年，发放个人住房贷款 1.46 万笔、64.58 亿元，同比分别下降 5.19%、3.70%。其中，市中心发放个人住房贷款 1.30 万笔、56.85 亿元，省直分中心发放个人住房贷款 0.08 万笔、4.25 亿元，农垦分中心发放个人住房贷款 0.07 万笔、3.12 亿元，电力分中心发放个人住房贷款 19 笔、0.10 亿元，森工公积金中心发放个人住房贷款 76 笔、0.27 亿元。

2021 年，回收个人住房贷款 54.38 亿元。其中，市中心 45.72 亿元，省直分中心 6.04 亿元，农垦分中心 1.76 亿元，电力分中心 0.65 亿元，森工公积金中心 0.21 亿元。

2021 年末，累计发放个人住房贷款 32.91 万笔、993.03 亿元，贷款余额 512.15 亿元，分别比上年末增长 4.68%、6.96%、2.03%。个人住房贷款余额占缴存余额的 70.42%，比上年末减少 4.92 个百分点。受委托办理住房公积金个人住房贷款业务的银行 9 家。

2. 异地贷款。2021 年，发放异地贷款 2272 笔、108152.30 万元。2021 年末，发放异地贷款总额 611211.83 万元，异地贷款余额 416228.40 万元。

3. 住房公积金支持保障性住房建设项目贷款。2021 年末，累计发放项目贷款 40 亿元，项目贷款余额 0 亿元。

（四）资金存储。 2021 年末，住房公积金存款 221.54 亿元。其中，活期 1.69 亿元，1 年（含）以下定期 87.60 亿元，1 年以上定期 122.03 亿元，其他（协定、通知存款等）10.22 亿元。

（五）资金运用率。 2021 年末，住房公积金个人住房贷款余额、项目贷款余额和购买国债余额的总和占缴存余额的 70.42%，比上年末减少 4.92 个百分点。

三、主要财务数据

（一）业务收入。 2021 年，业务收入 227135.60 万元，同比增长 13.46%。其中，市中心 163489.61 万元，省直分中心 21931.07 万元，农垦分中心 21608.77 万元，电力分中心 10856.02 万元，森工公积金中心 9250.13 万元。存款利息 61118.03 万元，委托贷款利息 165966 万元，国债利息 0 万元，其他 51.57 万元。

（二）业务支出。 2021 年，业务支出 119537.96 万元，同比增长 10.37%。其中，市中心 83938.90 万元，省直分中心 12393.13 万元，农垦分中心 12722.54 万元，电力分中心 5746.05 万元，森工公积金中心 4737.33 万元。支付职工住房公积金利息 108333.83 万元，归集手续费 3000.65 万元，委托贷款手续费 8044.39 万元，其他 159.09 万元。

（三）增值收益。 2021 年，增值收益 107597.64 万元，同比增长 17.12%。其中，市中心 79550.71 万元，省直分中心 9537.94 万元，农垦分中心 8886.23 万元，电力分中心 5109.97 万元，森工公积金中心 4512.80 万元；增值收益率 1.55%，比上年增加 0.13 个百分点。

（四）增值收益分配。 2021 年，提取贷款风险准备金 0 万元，提取管理费用 11666.89 万元，提取城市廉租住房（公共租赁住房）建设补充资金 95930.75 万元。

2021 年，上交财政管理费用 10750.42 万元。上缴财政城市廉租住房（公共租赁住房）建设补充资金 81122.53 万元。其中，市中心上缴 63594.43 万元，省直分中心上缴 8110.15 万元，农垦分中心上缴 2523.67 万元，电力分中心上缴 4138.02 万元，森工公积金中心上缴 2756.26 万元。

2021 年末，贷款风险准备金余额 182498.03 万元。累计提取城市廉租住房（公共租赁住房）建设补充资金 526798.19 万元。其中，市中心提取 383832.97 万元，省直分中心提取 66058.46 万元，农垦分中心提取 23651.33 万元，电力分中心提取 42613.64 万元，森工公积金中心提取 10642.07 万元。

（五）管理费用支出。 2021 年，管理费用支出 10901.14 万元，同比增长 10.31%。其中，人员经费 5533.58 万元，公用经费 1075.72 万元，专项经费 4291.84 万元。市中心管理费用支出 7660.72 万元，其中，人员、公用、专项经费分别为 4321.37 万元、557.29 万元、2782.06 万元；省直分中心管理费用支出 1009.30 万元，其中，人员、公用、专项经费分别为 363.01 万元、24.80 万元、621.49 万元；农垦分中心管理费用支出 1407.98 万元，其中，人员、公用、专项经费分别为 644.47 万元、475.40 万元、288.11 万元；电力分中心管理费用支出 87.06 万元，其中，人员、公用、专项经费分别为 0 万元、7.06 万元、80 万元；森工公积金中心管理费用支出 736.08 万元，其中，人员、公用、专项经费分别为 204.73 万元、11.17 万元、520.18 万元。

四、资产风险状况

（一）个人住房贷款。 2021 年末，个人住房贷款逾期额 444.06 万元，逾期率 0.08‰，其中，市中心 0.07‰，省直分中心 0.08‰，农垦分中心 0.48‰，电力分中心 0‰，森工公积金中心 0‰。个人贷款风险准备金余额 172098.03 万元。2021 年，使用个人贷款风险准备金核销呆坏账 0 万元。

（二）支持保障性住房建设试点项目贷款。2021 年末，项目贷款风险准备金余额 10400 万元。

五、社会经济效益

（一）缴存业务

缴存职工中，国家机关和事业单位占 29.97%，国有企业占 37.78%，城镇集体企业占 0.81%，外商投资企业占 2.69%，城镇私营企业及其他城镇企业占 19.86%，民办非企业单位和社会团体占 6.92%，灵活就业人员占 0.28%，其他占 1.69%；中、低收入占 98.64%，高收入占 1.36%。

新开户职工中，国家机关和事业单位占 26.22%，国有企业占 19.50%，城镇集体企业占 0.47%，外商投资企业占 2.85%，城镇私营企业及其他城镇企业占 40.79%，民办非企业单位和社会团体占 6.41%，灵活就业人员占 0.20%，其他占 3.56%；中、低收入占 99.41%，高收入占 0.59%。

（二）提取业务

提取金额中，购买、建造、翻建、大修自住住房占 18.37%，偿还购房贷款本息占 49.31%，租赁住房占 4.57%，离休和退休提取占 20.92%，完全丧失劳动能力并与单位终止劳动关系提取占 3.16%，出境定居占 0.84%，其他占 2.83%。提取职工中，中、低收入占 96.66%，高收入占 3.34%。

（三）贷款业务

1. 个人住房贷款。2021 年，支持职工购建房 147.86 万平方米，年末个人住房贷款市场占有率为 16.24%，比上年末减少 0.4 个百分点。通过申请住房公积金个人住房贷款，预计可节约职工购房利息支出 13.44 亿元。

职工贷款笔数中，购房建筑面积 90（含）平方米以下占 35.02%，90～144（含）平方米占 59.57%，144 平方米以上占 5.41%。购买新房占 50.94%，购买二手房占 49.06%。

职工贷款笔数中，单缴存职工申请贷款占 81.64%，双缴存职工申请贷款占 18.36%，三人及以上缴存职工共同申请贷款占 0%。

贷款职工中，30 岁（含）以下占 35.37%，30 岁～40 岁（含）占 43.57%，40 岁～50 岁（含）占 17.23%，50 岁以上占 3.83%；首次申请贷款占 92.33%，二次及以上申请贷款占 7.67%；中、低收入占 99.28%，高收入占 0.72%。

2. 支持保障性住房建设试点项目贷款。2021 年末，累计试点项目 2 个，贷款额度 40 亿元，建筑面积 348 万平方米，可解决 33900 户中低收入职工家庭的住房问题。2 个试点项目贷款资金已发放并还清贷款本息。

（四）住房贡献率

2021 年，个人住房贷款发放额、公转商贴息贷款发放额、项目贷款发放额、住房消费提取额的总和与当年缴存额的比率为 101.57%，比上年减少 1.24 个百分点。

六、其他重要事项

（一）当年机构及职能调整情况、受委托办理缴存贷款业务金融机构变更情况

为适应公积金管理和服务新形势、新需求，市中心重新确定内设机构职责，撤销 1 个内设机构，新增 1 个内设机构，对 4 个内设机构名称进行了调整。受委托办理缴存贷款业务金融机构无变化。

（二）当年住房公积金政策调整及执行情况，包括当年缴存基数限额及确定方法、缴存比例等缴存政策调整情况；当年提取政策调整情况；当年个人住房贷款最高贷款额度、贷款条件等贷款政策调整情况；当年住房公积金存贷款利率执行标准等；支持老旧小区改造政策落实情况

1. 当年缴存政策调整情况

2021 年住房公积金缴存基数上限为 21199 元，按照 2020 年全市城镇非私营单位在岗人员月平均工

资的 3 倍确定。月缴存额上限调整为 5088 元。缴存比例为 5％～12％。

2021 年住房公积金缴存基数下限标准分为三档：第一档，哈尔滨市区（呼兰区、阿城区、双城区除外）1，860 元；第二档，哈尔滨市呼兰区、阿城区为 1610 元；第三档，哈尔滨市双城区，各县（市）为 1450 元。

2021 年 10 月，出台《关于调整灵活就业人员建立住房公积金账户及二手房住房公积金个人贷款有关政策规定的通知》，放宽灵活就业人员建户缴存住房公积金政策，社保开户即可申请缴存住房公积金。

2. 当年提取政策调整情况

2021 年 3 月，出台《关于进一步优化提取死亡职工公积金账户余额有关事宜的通知》，死亡职工公积金账户余额不超过 3 万元的，提取时可免予公证。

2021 年 11 月，出台《关于规范公积金购房提取业务有关政策规定的通知》。具体调整内容为：（1）同一套住房因变更产权人，产权人及其配偶办理购房提取业务，申请提取时间应间隔 12 个月以上；（2）产权人因变更婚姻关系，其配偶使用同一住房办理购房提取业务，申请提取时间应间隔 12 个月以上。

3. 当年个人住房贷款政策调整情况

2021 年 3 月，出台《关于调整住房公积金贷款政策有关事宜的通知》。具体调整内容为：（1）10 月 8 日起，将公积金贷款连续正常缴存期数调整为 12 个月（含）以上；（2）10 月 8 日起，将公积金个人住房贷款可贷额度的计算倍数调整为借款人（包括主贷人和共同还款人）公积金账户余额的 20 倍。

2021 年 10 月，出台《关于调整灵活就业人员建立住房公积金账户及二手房住房公积金个人贷款有关政策规定的通知》，放宽二手房住房公积金贷款房龄年限至 30 年，贷款年限与房龄之和不超过 50 年。

（三）当年服务改进情况，包括推进住房公积金服务"跨省通办"工作情况，服务网点、服务设施、服务手段、综合服务平台建设和其他网络载体建设服务情况等

充分发挥公积金纽带作用，制定落实多项惠民利企举措。一是按照住房和城乡建设部、省住房城乡建设厅关于"跨省通办"有关工作要求，市中心全面实现"跨省通办"相关服务事项。先后制定出台《"跨省通办"业务办理流程》《关于"两地联办"购房提取流程》等文件，全面开通"跨省通办"8 项服务事项，通过代收代办和两地联办方式共办理"跨省通办"业务 164 笔。二是落实住房和城乡建设部有关小程序工作要求，实现异地转移功能对接，办理异地转移业务共计 3752 笔。三是 17 项公积金业务均可按照政策规定和业务办理流程实现"全市通办"，各级办事机构共受理"全市通办"业务 805 笔。四是全面推进"电子签章"，累计应用电子签章系统办理公积金业务 20.99 万笔；开发上线"支付宝"小程序，累计办理公积金业务 4.88 万笔；12329 服务热线顺利升级，总来电量 6.7 万人次，接通率 99.58％；"百姓谈"回复率 100％，在市政府办公厅下发的《市政府门户网站网帖回复情况通报中》被列为"网帖回复比较好"的单位。五是通过网厅、微信、手机 App 以及银行智慧公积金等线上渠道办理公积金业务，网办率达 83.1％，较上年增加 20.17 个百分点。六是深入开展"我为群众办实事"实践活动，明确十件为民服务实事，其中三件被列入全市"七项惠民工程"，占比 6.7％。6 月末，十件惠民实事已全部落实到位。

（四）当年信息化建设情况，包括信息系统升级改造情况，基础数据标准贯彻落实和结算应用系统接入情况等

以提升科技能力、系统安全及优化为切入点，推动信息化管理工作提质增效。一是新增上线信用域企业基本信息、建设用地规划许可证等 23 项数据接口数据信息交换。二是建立定期巡检制度，全年发现并处理网络隐患 500 余次，拦截疑似攻击 7200 余次。为妥善应对和处置网络突发事件，确保公积金业务管理信息系统实体安全、运行安全和数据安全，开展网络应急预案演练。三是完成贷款信息上报人民银行征信系统工作，成为省内公积金行业中首家自主上报二代征信系统的城市。四是持续优化信息系统以及综合服务平台功能，更加精准收集整理统计数据，全面提升统计质量和效率。

（五）当年住房公积金机构及从业人员所获荣誉情况，包括：文明单位（行业、窗口）、青年文明号、工人先锋号、五一劳动奖章（劳动模范）、三八红旗手（巾帼文明岗）、先进集体和个人等

市中心被评为全省档案工作先进集体。

市中心铁路党支部获市直机关"示范党支部"称号。

市中心党群党支部获得市直机关"先进基层党组织"称号。

市中心业务指导处获市直机关"优秀共产党员先锋岗"称号。

市中心四篇调研报告分别被哈尔滨市人民政府办公厅评选为市政府优秀调研成果二等奖和三等奖。

市中心张丽坤同志获得中共黑龙江省委授予的"黑龙江省优秀共产党员"荣誉称号。

市中心王威、葛萌两位同志获市直机关"优秀共产党员"称号。

市中心杨帆同志获市直机关"优秀党务工作者"称号。

市中心孙廷朋、车德宇、黄一凡三位同志获市直机关"向上向善好青年"称号。

七、指标注释

1. 实缴单位数：指当年实际汇缴、补缴住房公积金的单位数。

2. 实缴职工人数：指当年实际汇缴、补缴住房公积金的职工人数。

3. 个人住房贷款率：指年度末个人住房贷款余额占年度末住房公积金缴存余额的比率。

4. 增值收益率：指增值收益与月均缴存余额的比率。

5. 逾期率：指当年末逾期额与当年末公积金贷款余额的比率。

6. 缴存、提取、贷款职工按收入水平分类：中低收入是指收入低于上年当地社会平均工资 3 倍，高收入是指收入不低于上年当地社会平均工资 3 倍。

7. 个人住房贷款市场占有率：指年度末住房公积金个人住房贷款余额占当地商业性和住房公积金个人住房贷款余额总和的比率。

8. 可节约职工购房利息支出金额：指当年获得住房公积金个人住房贷款的职工合同期内所需支付贷款利息总额与申请商业性住房贷款利息总额的差额。

9. 发放异地贷款金额：指当年对缴存和购房行为不在同一城市的职工所发放的住房公积金个人住房贷款金额。

黑龙江省及省内各城市住房公积金
2021 年年度报告二维码

名称	二维码
黑龙江省住房公积金 2021 年年度报告	
哈尔滨市住房公积金 2021 年年度报告	
齐齐哈尔市住房公积金 2021 年年度报告	
牡丹江市住房公积金 2021 年年度报告	
佳木斯市住房公积金 2021 年年度报告	
大庆市住房公积金 2021 年年度报告	
鸡西市住房公积金 2021 年年度报告	

续表

名称	二维码
双鸭山市住房公积金 2021 年年度报告	
鹤岗市住房公积金 2021 年年度报告	
七台河市住房公积金 2021 年年度报告	
伊春市住房公积金 2021 年年度报告	
黑河市住房公积金 2021 年年度报告	
绥化市住房公积金 2021 年年度报告	
大兴安岭地区住房公积金 2021 年年度报告	
绥芬河市住房公积金 2021 年年度报告	

上海市

上海市住房公积金 2021 年年度报告

根据国务院《住房公积金管理条例》和住房和城乡建设部、财政部、人民银行《关于健全住房公积金信息披露制度的通知》（建金〔2015〕26 号）的规定，经住房公积金管理委员会审议通过，现将上海市住房公积金 2021 年年度报告公布如下：

一、机构概况

（一）住房公积金管理委员会

住房公积金管理委员会有 21 名委员，2021 年召开 3 次会议，审议通过的事项主要包括：《关于2020 年本市住房公积金预算收支执行、重点工作完成情况及 2021 年计划安排的报告》《关于上海市住房公积金 2020 年年度报告编制说明的报告》《关于在长三角生态绿色示范区试点提取住房公积金偿还购房贷款业务的报告》《关于签订新一轮公积金个人贷款业务委托协议的报告》《上海市住房公积金管理委员会 2020 年工作总结及 2021 年工作计划》《关于进一步完善本市既有多层住宅加装电梯提取使用住房公积金的报告》《关于加大住房公积金支持租赁提取方案的报告》《关于在长三角生态绿色一体化发展示范区试点异地租赁提取住房公积金业务的报告》等，会议通报了《关于长三角住房公积金一体化发展三年行动计划的报告》和《关于 2021 年度本市住房公积金缴存调整情况的报告》等。

（二）住房公积金管理中心

上海市公积金管理中心（以下简称"中心"）为直属上海市政府不以营利为目的的独立的事业单位，设 13 个处室，16 个管理部。2021 年末，从业人员 305 人，其中，在编 239 人，非在编 66 人。

二、业务运行情况

（一）缴存。2021 年，新开户单位 7.29 万家，净增单位 4.69 万家；新开户职工 89.08 万人，净增职工 40.72 万人；实缴单位 49.84 万家，实缴职工 925.05 万人，缴存额 1943.10 亿元，同比分别增长10.39％、4.60％和 15.15％（图 1）。2021 年末，缴存总额 14718.10 亿元，比上年增长 15.21％；缴存余额 6068.64 亿元，同比增长 13.18％。受委托办理住房公积金缴存业务的银行 1 家。

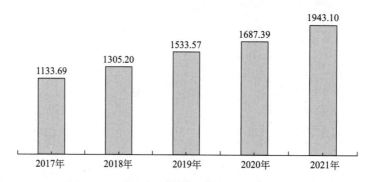

图 1　2017—2021 年缴存额情况（单位：亿元）

（二）提取。2021 年，360.43 万名缴存职工提取住房公积金；提取额 1236.24 亿元，同比增长18.10％（图 2）；提取额占当年缴存额的 63.62％，比上年增加 1.59 个百分点。2021 年末，提取总额

8649.45 亿元，比上年增长 16.68％。

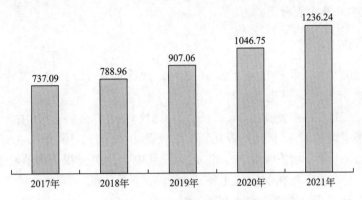

图 2　2017—2021 年提取额情况（单位：亿元）

（三）贷款

1. 个人住房贷款

本市购买首套住房家庭最高贷款额度为 100 万元（个人为 50 万元），缴交补充公积金的最高贷款额度为 120 万元（个人为 60 万元）；本市购买第二套改善型住房家庭最高贷款额度为 80 万元（个人为 40 万元），缴交补充公积金的最高贷款额度为 100 万元（个人为 50 万元）。

2021 年，发放个人住房贷款 16.50 万笔、1151.65 亿元，同比分别增长 9.42％、11.90％（图 3）。

图 3　2017—2021 年住房公积金个人住房贷款发放额情况（单元：亿元）

2021 年，回收个人住房贷款 549.53 亿元。

2021 年末，累计发放个人住房贷款 299.82 万笔、10908.78 亿元，贷款余额 5580.86 亿元，分别比上年增长 5.82％、11.80％、12.09％。个人住房贷款余额占缴存余额的 91.96％，比上年末减少 0.9 个百分点。受委托办理住房公积金个人住房贷款业务的银行 19 家。

2. 异地贷款

2021 年，发放异地贷款 333 笔、2.83 亿元。2021 年末，发放异地贷款总额 5.33 亿元，异地贷款余额 5.03 亿元。

3. 住房公积金贴息贷款

2021 年，未发放住房公积金贴息贷款，当年贴息额为零，至年末贴息贷款余额为零。

（四）购买国债。 2021 年未购买国债，至年末国债余额为零。

（五）资产证券化。 2021 年末，个人住房贷款资产支持证券的未偿付贷款笔数为 6.64 万笔，本金余额为 109.82 亿元。

（六）资金存储。 2021 年末，住房公积金存款 572.94 亿元，存款类型为其他（协定、通知、智能存款等）。

（七）资金运用率。 2021 年末，住房公积金个人住房贷款余额和项目贷款余额的总和占缴存余额的91.96%，比上年末减少 0.9 个百分点。

三、主要财务数据

（一）业务收入。 2021 年，业务收入 205.54 亿元，同比增长 12.48%。其中，存款利息 29.27 亿元，委托贷款利息 173.96 亿元，其他 2.31 亿元。

（二）业务支出。 2021 年，业务支出 94.92 亿元，同比增长 12.45%。其中，支付职工住房公积金利息 86.85 亿元，归集手续费 3.00 亿元，委托贷款手续费 4.22 亿元，其他 0.84 亿元。

（三）增值收益。 2021 年，增值收益 110.63 亿元。其中，住房公积金增值收益 108.71 亿元，同比增长 12.21%。当年增值收益率 1.90%，比上年减少 0.02 个百分点。

城市廉租住房建设补充资金增值收益 1.92 亿元。

（四）增值收益分配。 2021 年，提取贷款风险准备金 86.97 亿元，提取管理费用 1.66 亿元，提取城市廉租住房建设补充资金 22.00 亿元。

2021 年，上交财政管理费用 1.66 亿元。

2021 年末，贷款风险准备金余额 572.24 亿元。累计提取城市廉租住房建设补充资金 268.93 亿元。

（五）管理费用支出。 2021 年，管理费用支出 1.65 亿元，同比增长 18.71%。其中，人员经费 0.89 亿元，公用经费 0.24 亿元，专项经费 0.52 亿元。

四、资产风险状况

个人住房贷款。2021 年末，个人住房贷款逾期额 1.89 亿元，逾期率 0.339‰。个人贷款风险准备金余额 572.24 亿元。2021 年，未使用个人贷款风险准备金核销逾期贷款。

五、社会经济效益

（一）缴存业务。 缴存职工中，国家机关和事业单位占 8.23%，国有企业占 11.65%，城镇集体企业占1.60%，外商投资企业占 16.50%，城镇私营企业及其他城镇企业占 58.75%，民办非企业单位和社会团体占 1.13%，灵活就业人员占 0.05%，其他占 2.09%（图 4）；中、低收入占 92.78%，高收入占 7.22%。

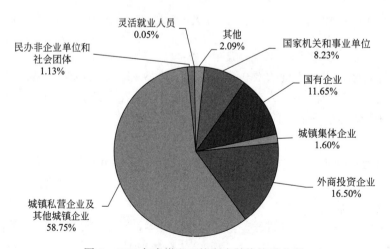

图 4　2021 年实缴职工按所在单位性质分类

新开户职工中，国家机关和事业单位占 3.54%，国有企业占 7.11%，城镇集体企业占 0.78%，外商投资企业占 15.76%，城镇私营企业及其他城镇企业占 70.81%，民办非企业单位和社会团体占0.42%，灵活就业人员占 0.01%，其他占 1.57%；中、低收入占 97.74%，高收入占 2.26%。

（二）提取业务。提取金额中，偿还购房贷款本息占 66.78%，租赁住房占 10.00%，购买、建造、翻建、大修自住住房占 6.84%，支持老旧小区改造占 0.07%，离休和退休提取占 12.17%，完全丧失劳动能力并与单位终止劳动关系提取占 0.03%，出境定居占 0.03%，其他占 4.08%（图 5）。

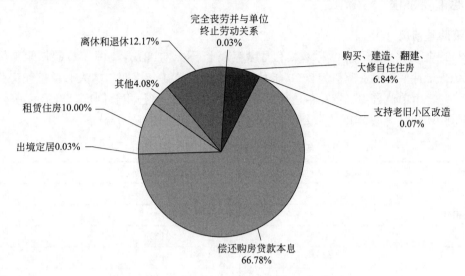

图 5　2021 年住房公积金提取额按提取原因分类

提取职工中，中、低收入占 88.82%，高收入占 11.18%。

（三）贷款业务

个人住房贷款。2021 年，支持职工购建房 1439.89 万平方米，年末个人住房贷款市场占有率为 25.34%，比上年末增加 0.62 个百分点。通过申请住房公积金个人住房贷款，在贷款合同约定的存续期内可节约职工购房利息支出 211.62 亿元。

职工贷款笔数中，购房建筑面积 90（含）平方米以下占 59.14%，90～144（含）平方米占 36.60%，144 平方米以上占 4.26%（图 6）。购买新房占 33.07%（其中购买保障性住房占 5.19%），购买二手房占 66.93%。

职工贷款笔数中，单缴存职工申请贷款占 50.88%，双缴存职工申请贷款占 48.94%，三人及以上缴存职工共同申请贷款占 0.18%。

贷款职工中，30 岁（含）以下占 21.75%，30 岁～40 岁（含）占 55.71%，40 岁～50 岁（含）占 18.97%，50 岁以上占 3.57%；购买首套住房申请贷款占 78.53%，购买二套及以上申请贷款占 21.47%（图 7）；中、低收入占 88.35%，高收入占 11.65%。

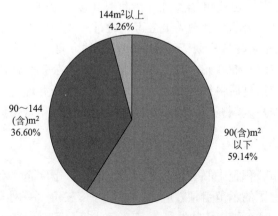

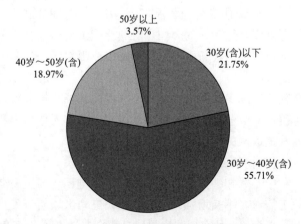

图 6　2021 年个人住房贷款职工贷款笔数按面积分类　　　　图 7　2021 年个人住房贷款职工按年龄分类

（四）住房贡献率。 2021 年，个人住房贷款发放额、住房消费提取额的总和与当年缴存额的比率为 112.52％，比上年增加 0.04 个百分点。

六、其他重要事项

（一）政策调整情况

1. 调整 2021 年度住房公积金缴存基数和月缴存额上下限。2021 年 7 月 1 日起，职工住房公积金的缴存基数由 2019 年月平均工资调整为 2020 年月平均工资。2021 年度职工本人和单位住房公积金缴存比例为各 5％至 7％，由单位自主确定；单位可以自愿参加补充住房公积金制度，补充住房公积金缴存比例为各 1％至 5％。2021 年度本市住房公积金月缴存额上下限见表 1。

2021 年度本市住房公积金月缴存额上下限 表 1

类型	单位和个人缴存比例	月缴存额上限(元)	月缴存额下限(元)
住房公积金	各 7％	4342	348
	各 6％	3722	298
	各 5％	3102	248
补充住房公积金	各 5％	3102	248
	各 4％	2482	198
	各 3％	1860	148
	各 2％	1240	100
	各 1％	620	50

对缴存住房公积金确有困难的单位，符合规定情形的，可以按照《上海市降低住房公积金缴存比例或缓缴住房公积金管理办法》的相关规定，申请降低住房公积金缴存比例或缓缴。

2. 加大住房公积金对本市既有多层住宅加装电梯支持力度。自 2021 年 8 月 13 日起对既有多层住宅加装电梯提取住房公积金政策做出调整：一是放宽提取条件。取消关于提取申请人应当"在本市无住房公积金贷款、无委托提取住房公积金归还住房贷款、无其他生效中的提取业务"的限制条件，调整为"提取申请人为本市住房公积金贷款的借款人、借款人配偶、共同借款人的，应当符合当前贷款无逾期的条件"。二是增加提取频次。将业主家庭自既有多层住宅加装电梯项目正式施工之日起五年内可以提取住房公积金的频次由"一次性"调整为"一次性或者多次"，家庭提取总额不超过业主分摊的电梯建设费用。三是简化提取材料。取消职工申请提取时需提供业主家庭加装电梯分摊费用实际支付凭证的材料要求。

3. 本市住房公积金提高无房租赁月提取限额，积极支持租赁市场发展。为贯彻落实"租购并举"住房制度，加大住房公积金对缴存职工租房支持力度，住房公积金管理委员会审议通过《关于调整本市职工提取住房公积金支付房租月提取限额的通知》，职工租赁住房不属于网签备案范围的，自 2021 年 8 月 6 日起，每户家庭最高月提取限额从原来的 2000 元提高至 2500 元。职工可根据本人住房公积金账户余额和实际房租在最高月提取限额内选择月提取额，审核通过后将按季度提取支付；此前已经办理且无房租赁提取业务仍在生效中的职工，如本人住房公积金账户余额充足，因原月提取限额低于房租希望提高月提取额的，也可以调整月提取额。

（二）长三角一体化推进情况

中心紧扣一体化和高质量两个关键词，与三省各城市公积金中心密切配合、通力协作，围绕企业和职工需求，不断增强住房公积金长三角区域协调发展对全国的示范引领效应。一是用好长三角"一网通办"平台。5 月实现购房提取公积金成功上线长三角"一网通办"平台，10 月长三角住房公积金服务专栏和提前还清公积金贷款、开具公积金个人贷款还清证明、公积金单位登记开户、公积金单位缴存信息变更 4 个跨省通办服务事项也成功于平台上线。二是找准一体化示范区突破口。上海青浦与嘉兴嘉善、苏州吴江共同探索"进一中心、办三地事"，联合发布《长三角示范区住房公积金"跨省通办"综合受理服务机制》。5 月，在一体化示范区内试点提取住房公积金偿还异地购房贷款业务。目前，示范区内住房公积金"通办"业务品种已增加到 28 项。

（三）优化营商环境情况

1. 线上线下深度融合，服务能级持续提升。一是推进住房公积金"好办"服务事项落地。探索"离休、退休提取住房公积金"服务事项从"网上能办"向"网上好办"的转变，坚持问题导向，优化流程引导，增加提示信息，为用户提供以"个性指南＋智能申报"为特征的全过程智能办事辅助服务。二是实施统一预约服务。中心主动调整公积金业务预约办理规则，融合预约渠道，于 9 月 30 日通过"一网通办"平台实现统一预约服务，进一步提升职工办事的便捷性和满意度。

2. 持续优化营商环境，企业服务再提速。一是优化缴存基数调整办理流程。公积金年度缴存基数调整可通过"一网通办"平台"税费综合申报"专栏办理，中心与社保部门数据共享，企业在办理住房公积金缴存基数调整时，无需重复填写职工月平均工资信息，减少单位业务办理时间。二是完善"一窗通"平台公积金业务办理流程。对于企业在注册登记的时候不办理单位住房公积金账户设立、个人住房公积金账户设立的，后续通过上海"一窗通"平台办理单位住房公积金账户设立时，可同步填报个人信息并设立个人住房公积金账户。

3. 围绕群众实际需求，提升为民服务水平。一是持续推进更多住房公积金业务接入"一网通办"平台。2021 年新增个人住房公积金账户转移、购买共有产权保障住房提取住房公积金、开具住房公积金贷款全部还清证明等 14 项住房公积金业务接入本市"一网通办"平台。至年底共计 26 项服务事项已成功接入平台，涵盖缴存、提取、贷款类业务。二是推进以中心为主体的抵押登记"不见面审批"。瞄准"纯线上""无纸化"目标，实现了纯公积金抵押贷款的抵押注销自动办理，打通贷款结清到抵押注销的最后数字一公里，在抵押注销环节实现职工零跑动。

4. 服务优化提质量，"跨省通办"办得通。中心聚焦企业和群众异地缴存和使用住房公积金，多措并举深入推进购房提取住房公积金等 8 项高频服务事项"跨省通办"。一是制定"跨省通办"业务操作规范，实现流程标准化、培训全员化、服务同质化。二是在住房公积金服务网点设置"跨省通办"专窗，使用全国住房公积金服务标识，增强服务人员对提升服务质量的责任感和荣誉感。三是按照"个别试点、逐点推开、全面执行"的原则，对每个服务事项的第一笔业务，指定住房公积金服务网点先行先试，不断优化，总结经验，形成标杆。在工作成熟、条件完备的前提下，在全市服务网点推广，保证服务事项落地显效。

5. 服务平台持续升级，打造良好办事环境。一是优化中心互联网平台，实现单位和个人"一网通办"统一身份认证，免用户二次登录。二是运用电子营业执照，创新单位移动端业务，拓展掌上服务平台。在"上海公积金"App 中开通住房公积金年度缴存基数调整、单位公积金账户设立、职工公积金账户设立等 11 个高频事项，为小微企业公积金提供移动办公新渠道，打造良好办事环境。三是上海 12329 住房公积金热线完成与 12345 市民热线双号并行，延长热线服务时间，为市民和单位提供 7×24 小时服务。

（四）执法推进情况

1. 双管齐下，提高执法规范化水平。一是调整完善执法体制，修订《上海市住房公积金行政执法管理办法》和《上海市住房公积金执法操作规范（缴存类）》，进一步规范中心执法工作，提升执法效能。二是积极落实本市"府院联动"工作要求，推动市高院和市住建委联合发布《关于破产程序中规范处置住房公积金债权的会商纪要》，明确破产企业住房公积金债权（拖欠职工住房公积金）处置的操作流程、协作机制等。

2. 积极督促协调，维护缴存职工合法权益。2021 年，全市共受理登记投诉举报 2718 件，经住房公积金管理中心积极督促协调，2078 件得以在立案前协调化解，立案前的协调化解率近 80％。当年共发出《责令限期缴存通知书》190 件，向人民法院申请强制执行 165 件，通过执法办案共为 196 名职工追回住房公积金 219.59 万元。

（五）风险防控情况

一是以数字赋能智慧监管。完善上海住房公积金风险防控系统，持续优化风险核查指标规则，精准识别疑点数据；出台配套工作制度，畅通流程机制；进一步扩大试点范围，上下联动形成更强监管合力，贯彻落实全国住房公积金监管服务平台风险防控工作，推动风险风控从"人防"向"智防"转变。二是强化审计监督。制定常规类业务内部专项审计方案，有序开展审计项目，规范审计工作流程；聚焦重要项目和关键环节，对公积金业务合规性以及大额资金使用管理情况开展专项审计，保障住房公积金的安全运行和规范管理。

（六）信息化建设情况

一是认真贯彻落实国家部委、市委市政府工作要求，提升公积金信息系统服务能力。依托住房和城乡建设部住房公积金监管服务平台，对接全国住房公积金小程序，落实跨省通办事项平台办理，夯实结算应用系统功能，推动实施字库改造，提升结算效用。二是积极落实"跨省通办"、"一网通办"、长三角一体化发展等工作要求，持续推进系统改造，建立健全跨层级、跨部门系统运维体系。三是主动探索住房公积金数字化转型，着力提升数字化基础支撑能力。全面夯实完善信息共享平台，持续推动数据治理，扎实风险防控技术体系，为中心精细化管理、个性化场景服务奠定数字化基础。

（七）荣誉获得情况

2021 年，中心及职工共获得省部级以上荣誉 5 项，分别为：中心荣获"2019—2020 年度上海市文明单位"称号，上海住房公积金网站荣获"2019—2020 年度上海市文明单位"及"2020 年度中国政务网站领先奖"称号，上海公积金微信荣获"2020 年度中国优秀政务新媒体"称号，1 名职工获评"上海市优秀党务工作者"称号。

上海市住房公积金 2021 年年度报告二维码

名称	二维码
上海市住房公积金 2021 年年度报告	

江苏省

江苏省住房公积金 2021 年年度报告

根据国务院《住房公积金管理条例》，住房和城乡建设部、财政部、人民银行《关于健全住房公积金信息披露制度的通知》（建金〔2015〕26 号）规定，现将江苏省住房公积金 2021 年年度报告公布如下：

一、机构概况

（一）住房公积金管理机构

全省共设 13 个设区市住房公积金管理中心，9 个独立的分中心（其中：江苏省省级机关住房资金管理中心隶属江苏省机关事务管理局，江苏省监狱系统住房公积金管理部隶属江苏省监狱管理局，中国石化集团华东石油局住房公积金管理部隶属中国石化集团华东石油局，徐州矿务集团住房基金管理中心隶属徐州矿务集团有限公司，国家管网集团东部原油储运有限公司住房公积金管理中心隶属国家管网集团东部原油储运有限公司，大屯煤电（集团）有限责任公司住房公积金管理中心隶属大屯煤电（集团）有限责任公司，扬州市住房公积金管理中心仪化分中心隶属中国石化仪征化纤有限责任公司，江苏石油勘探局有限公司住房公积金管理中心隶属中国石化集团江苏石油勘探局有限公司，苏州工业园区社会保险基金和住房公积金管理中心隶属苏州工业园区管委会）。从业人员 2046 人，其中：在编 1171 人、非在编 875 人。

（二）住房公积金监管机构

江苏省住房和城乡建设厅、财政厅和人民银行南京分行负责对本省住房公积金管理运行情况进行监督。江苏省住房和城乡建设厅设立住房公积金监管处，负责本省住房公积金监管工作。

二、业务运行情况

（一）缴存。

2021 年，新开户单位 101725 家，净增单位 93766 家；新开户职工 247.83 万人，净增职工 140.74 万人；实缴单位 465864 家，实缴职工 1542.41 万人，缴存额 2603.33 亿元，分别同比增长 17.22%、9.48%、14.13%。2021 年末，缴存总额 18717.14 亿元，比上年末增加 16.16%；缴存余额 6224.12 亿元，同比增长 13.60%（表 1）。

2021 年分城市住房公积金缴存情况　　　　　　　　　　表 1

地区	实缴单位（万个）	实缴职工（万人）	缴存额（亿元）	累计缴存总额（亿元）	缴存余额（亿元）
江苏省	46.59	1542.41	2603.33	18717.14	6224.12
南京市	7.96	288.90	615.10	4375.63	1566.54
无锡市	8.62	186.45	299.25	2117.46	745.10
徐州市	0.97	67.34	130.73	1176.44	428.45
常州市	4.22	114.02	175.06	1275.30	427.35
苏州市	15.07	435.56	618.29	4372.69	1312.83
南通市	2.47	106.71	201.44	1323.57	418.99

地区	实缴单位 （万个）	实缴职工 （万人）	缴存额 （亿元）	累计缴存总额 （亿元）	缴存余额 （亿元）
连云港市	1.10	43.63	77.18	562.99	196.18
淮安市	0.75	45.95	81.43	573.03	177.44
盐城市	1.56	76.82	97.87	678.13	191.49
扬州市	1.41	61.75	103.96	832.82	267.72
镇江市	1.15	36.68	70.20	577.93	180.26
泰州市	0.80	42.01	80.87	553.91	190.45
宿迁市	0.51	36.59	51.95	297.24	121.32

（二）提取。2021年，709.05万名缴存职工提取住房公积金；提取额1858.19亿元，同比增长9.16%；提取额占当年缴存额的71.38%，比上年减少3.25个百分点。2021年末，提取总额12493.02亿元，比上年末增加17.47%（表2）。

2021年分城市住房公积金提取情况 表2

地区	提取额 （亿元）	提取率 （%）	住房消费类提取额 （亿元）	非住房消费类提取额 （亿元）	累计提取总额 （亿元）
江苏省	**1858.19**	**71.38**	**1572.61**	**285.58**	**12493.02**
南京市	427.42	69.49	359.78	68.42	2809.09
无锡市	204.87	68.46	178.10	26.66	1372.36
徐州市	88.90	68.00	71.47	17.46	747.99
常州市	127.10	72.60	111.90	15.20	847.95
苏州市	445.60	72.07	379.01	66.58	3059.87
南通市	136.39	67.71	109.92	26.47	904.58
连云港市	59.34	76.88	48.49	10.84	366.81
淮安市	59.12	72.61	51.35	7.77	395.59
盐城市	76.55	78.22	66.57	9.99	486.64
扬州市	77.64	74.68	64.09	13.55	565.09
镇江市	50.16	71.45	41.64	8.53	397.67
泰州市	65.32	80.78	56.04	9.29	363.46
宿迁市	39.78	76.56	34.25	4.82	175.92

（三）贷款

1. 个人住房贷款

2021年，发放个人住房贷款26.76万笔、1184.31亿元，同比下降4.23%、1.66%。回收个人住房贷款697.46亿元。

2021年末，累计发放个人住房贷款386.39万笔、11516.91亿元，贷款余额5815.48亿元，分别比上年末增加7.44%、11.46%、9.14%。个人住房贷款余额占缴存余额的93.43%，比上年末减少3.83个百分点（表3）。

2021 年分城市住房公积金个人住房贷款情况　　　　　表 3

地区	放贷笔数（万笔）	贷款发放额（亿元）	累计放贷笔数（万笔）	累计贷款总额（亿元）	贷款余额（亿元）	个人住房贷款率（%）
江苏省	**26.76**	**1184.31**	**386.39**	**11516.91**	**5815.48**	**93.43**
南京市	6.14	344.19	83.37	2827.95	1540.71	98.35
无锡市	2.78	109.68	44.50	1464.85	719.34	96.54
徐州市	2.06	91.31	27.16	741.84	358.08	83.58
常州市	2.09	91.69	30.91	911.00	442.34	103.51
苏州市	4.15	217.46	60.90	2073.55	1112.44	84.74
南通市	1.66	71.00	31.14	873.06	448.39	107.02
连云港市	1.63	59.23	15.01	425.90	182.49	93.02
淮安市	0.89	34.85	14.01	347.60	159.04	89.64
盐城市	0.83	22.30	18.15	390.24	173.67	90.69
扬州市	1.44	48.50	20.84	496.88	225.50	84.23
镇江市	0.91	32.01	17.18	376.32	172.96	95.95
泰州市	1.11	29.60	15.51	370.28	163.14	85.66
宿迁市	1.06	32.49	7.71	217.44	117.38	96.75

2021 年，支持职工购建房 2646.28 万平方米。年末个人住房贷款市场占有率（含公转商贴息贷款）为 12.38%，比上年末减少 0.03 个百分点。通过申请住房公积金个人住房贷款，可节约职工购房利息支出 3178390 万元。

2. 异地贷款

2021 年，发放异地贷款 12986 笔、484246.90 万元。2021 年末，发放异地贷款总额 1353886.24 万元，异地贷款余额 1112623.64 万元。

3. 公转商贴息贷款

2021 年，发放公转商贴息贷款 6990 笔、297126.39 万元，支持职工购建房面积 79.23 万平方米。当年贴息额 22583.20 万元。2021 年末，累计发放公转商贴息贷款 180770 笔、6335013.65 万元，累计贴息 229352.95 万元。

（四）购买国债。 2021 年末，国债余额 0.58 亿元。

（五）融资。 2021 年，融资 86.74 亿元，归还 212.58 亿元。2021 年末，融资总额 788.66 亿元，融资余额 83.38 亿元。

（六）资金存储。 2021 年末，住房公积金存款 759.39 亿元。其中，活期 18.48 亿元，1 年（含）以下定期 245.32 亿元，1 年以上定期 136.12 亿元，其他（协定、通知存款等）359.47 亿元。

（七）资金运用率。 2021 年末，住房公积金个人住房贷款余额、项目贷款余额和购买国债余额的总和占缴存余额的 93.44%，比上年末减少 3.83 个百分点。

三、主要财务数据

（一）业务收入。 2021 年，业务收入 1967458 万元，同比增长 10.65%。其中，存款利息 137610 万元，委托贷款利息 1821856 万元，国债利息 365 万元，其他 7627 万元。

（二）业务支出。 2021 年，业务支出 1102406 万元，同比增长 7.85%。其中，支付职工住房公积金利息 910578 万元，归集手续费 54194 万元，委托贷款手续费 57504 万元，其他 80130 万元。

（三）增值收益。 2021 年，增值收益 865052 万元，同比增长 13.75%；增值收益率 1.48%，比上年增加 0.01 个百分点。

（四）增值收益分配。2021 年，提取贷款风险准备金 346720 万元，提取管理费用 75253 万元，提取城市廉租住房（公共租赁住房）建设补充资金 443808 万元（表 4）。

2021 年，上交财政管理费用 75988 万元，上缴财政城市廉租住房（公共租赁住房）建设补充资金 347710 万元。

2021 年末，贷款风险准备金余额 3110249 万元，累计提取城市廉租住房（公共租赁住房）建设补充资金 3087205 万元。

2021 年分城市住房公积金增值收益及分配情况　　　　表 4

地区	业务收入（亿元）	业务支出（亿元）	增值收益（亿元）	增值收益率（%）	提取贷款风险准备金（亿元）	提取管理费用（亿元）	提取公租房（廉租房）建设补充资金(亿元)
江苏省	**196.75**	**110.24**	**86.51**	**1.48**	**34.67**	**7.53**	**44.38**
南京市	49.50	26.44	23.06	1.20	9.38	0.89	12.80
无锡市	24.87	15.18	9.69	1.39	5.82	0.61	3.27
徐州市	12.80	7.12	5.68	1.40	0.68	0.79	3.83
常州市	14.23	8.68	5.55	1.38	0.29	0.39	4.88
苏州市	37.87	22.30	15.57	1.27	7.60	1.22	6.74
南通市	14.98	7.93	7.05	1.83	4.24	0.44	2.38
连云港市	6.21	3.50	2.71	1.44	1.84	0.37	0.50
淮安市	5.56	2.81	2.75	1.65	0.00	0.25	2.49
盐城市	6.11	3.25	2.86	1.60	0.46	0.87	1.99
扬州市	8.91	4.48	4.43	1.74	2.48	0.63	1.31
镇江市	5.79	3.36	2.43	1.42	0.71	0.43	1.28
泰州市	6.16	3.32	2.84	1.55	0.00	0.46	2.38
宿迁市	3.76	1.87	1.89	1.64	1.17	0.18	0.53

（五）管理费用支出。2021 年，管理费用支出 69173 万元，同比增长 3.14%。其中，人员经费 41765 万元，公用经费 5540 万元，专项经费 21868 万元。

四、资产风险状况

个人住房贷款。2021 年末，个人住房贷款逾期额 3283 万元，逾期率 0.06‰，个人贷款风险准备金余额 3109696 万元。2021 年，使用个人贷款风险准备金核销呆坏账 0 万元。

五、社会经济效益

（一）缴存业务。缴存职工中，国家机关和事业单位占 16.32%，国有企业占 8.94%，城镇集体企业占 1.50%，外商投资企业占 14.36%，城镇私营企业及其他城镇企业占 53.71%，民办非企业单位和社会团体占 1.33%，灵活就业人员占 0.98%，其他占 2.86%；中、低收入占 97.61%，高收入占 2.39%。

新开户职工中，国家机关和事业单位占 6.08%，国有企业占 4.36%，城镇集体企业占 0.91%，外商投资企业占 15.83%，城镇私营企业及其他城镇企业占 64.95%，民办非企业单位和社会团体占 1.37%，灵活就业人员占 1.84%，其他占 4.66%；中、低收入占 98.04%，高收入占 1.96%。

（二）提取业务。提取金额中，购买、建造、翻建、大修自住住房占 22.66%，偿还购房贷款本息占 58.01%，租赁住房占 3.92%，支持老旧小区改造提取占 0.004%；离休和退休提取占 8.86%，完全丧失劳动能力并与单位终止劳动关系提取占 1.36%，出境定居占 1.12%，其他占 4.066%。提取职工中、中、低收入占 96.64%，高收入占 3.36%。

（三）个人贷款业务。职工贷款笔数中，购房建筑面积 90（含）平方米以下占 25.88%，90～144（含）平方米占 66.75%，144 平方米以上占 7.37%。

职工贷款笔数中，购买新房占 62.06%（其中购买保障性住房占 0.29%），购买二手房占 37.18%，建造、翻建、大修自住住房占 0.01%，其他占 0.75%。

职工贷款笔数中，单缴存职工申请贷款占 45.17%，双缴存职工申请贷款占 54.32%，三人及以上缴存职工共同申请贷款占 0.51%。

贷款职工中，30 岁（含）以下占 34.70%，30 岁～40 岁（含）占 43.45%，40 岁～50 岁（含）占 17.84%，50 岁以上占 4.01%；购买首套住房申请贷款占 85.21%，购买二套申请贷款占 14.79%；中、低收入占 97.16%，高收入占 2.84%。

（四）住房贡献率。2021 年，个人住房贷款发放额、公转商贴息贷款发放额、住房消费提取额的总和，与年缴存额的比率为 106.92%，比上年减少 9.8 个百分点。

六、其他重要事项

（一）推进住房公积金制度建设情况

1. 开展灵活就业人员参加住房公积金制度试点工作。常州、苏州市作为全国首批开展灵活就业人员参加住房公积金制度试点城市，为灵活就业人员解决住房问题积累了试点经验，拓展了住房公积金制度惠及面，促进了住房公积金制度健康发展。盐城市作为灵活就业人员参加住房公积金制度观察员城市，采取财政补贴模式，激发灵活就业人员建制积极性。

2. 开展住房公积金管理中心体检评估试评价工作。常州市住房公积金管理中心作为全国首批开展体检评估试评价的单位，通过量化的业务指标、定性的比较分析等方式进行综合评判"体检"，进一步提升了单位整体管理水平，也完善了住房公积金管理中心评估评价体系。

（二）开展监督检查情况

1. 开展住房公积金服务工作检查。按照"三不两直"方式采取实地检查、调研座谈、电话暗访等形式对全省住房公积金"跨省通办"和长三角"一网通办"等落实执行情况进行检查，进一步提升住房公积金服务效能。

2. 全面开展住房公积金电子稽查和评估。通过电子稽查工作和内审稽核机制，有效提升全省住房公积金规范管理、合规管治和风险管控水平，"三管齐下"保障政策落实和资金安全。

3. 开展住房公积金个人住房贷款逾期清收专项行动。在为期三个月的专项行动中，全省通过学习借鉴、对照检查、整改提升、司法催还、信用记录等手段，个人住房贷款逾期率明显下降，住房公积金风险管理水平和风险防控能力进一步提升。

（三）服务改进情况

1. 高质量完成住房公积金"跨省通办"工作。2021 年住房公积金"跨省通办"5 个事项，分别是："住房公积金单位登记开户""住房公积金单位及个人缴存信息变更""提前还清住房公积金贷款""购房提取住房公积金""开具住房公积金个人住房贷款全部还清证明"。全省住房公积金聚焦解决人民群众"急难愁盼"问题，坚持便民高效原则，优化服务方式，丰富服务渠道，完善服务流程，创新服务手段，高质量完成住房公积金"跨省通办"任务。全省共出台 47 个相关规定，设置"跨省通办"线下业务专窗 122 个，线上业务专区 21 个，举办培训 167 次，对 2437 人次进行培训，住房公积金管理中心领导干部"走基层真体验"123 次。

2. 长三角住房公积金一体化建设再上新台阶。2021 年住房公积金"跨省通办"5 个事项，全部在长三角"一网通办"平台上线，为长三角一体化发展拓宽了服务渠道。我省牵头组织上海、浙江、安徽住房公积金监管机构及多家住房公积金管理中心联合编写的《长三角地区〈住房公积金资金管理业务标准＞实施指南（试行）》，已印发长三角地区施行，切实推进了长三角住房公积金标准化建设。苏州市住房公积金管理中心协同上海、嘉兴中心制定长三角示范区跨省通办综合受理服务机制，从 8 个事项扩展到 28 个事项，长三角示范区住房公积金一体化建设得到积极推进。南京住房公积金管理中心与马鞍山市住房公积金管理中心签订合作协议，成功实现马鞍山市住房公积金管理中心为南京梅山钢铁公司职工在马鞍山购房发放住房公积金贷款，助力南京都市圈发展。

3. 推进淮海经济区住房公积金一体化建设。徐州市住房公积金管理中心牵头建设淮海经济区十市住房公积金一体化信息共享平台，召开第三届淮海经济区主任联席会，共同签署《淮海经济区核心城市住房公积金异地贷款资金回补框架协议》，区域内住房公积金互认互贷、信息共享、品牌共建、协查联控、党群互动等取得明显成效。

4. 进一步优化营商环境。推进含住房公积金业务在内的就业登记"一件事"、退休"一件事"、企业开办"一件事"，实现申请材料"一次提交，多次复用"，数据信息和业务管理共谋共治、共建共享。

5. 推进 12329 热线与 12345 热线"双号并行"。积极贯彻落实《国务院办公厅关于进一步优化地方政务服务便民热线的指导意见》（国办发〔2020〕53 号），推进 12329 热线与 12345 热线"双号并行"，优化工作流程和资源配置，统一热线服务标准，加强热线知识库建设和应用，使热线接得更快、分得更准、办得更实。

6. 持续提升住房公积金服务水平。南京住房公积金管理中心畅通住房公积金使用渠道，支持非住房公积金业务承办银行开通逐月提取住房公积金还商业贷款业务，减轻职工还款压力。徐州市住房公积金管理中心开通智能语音客服和大厅机器人客服，梳理汇总职工日常咨询热点问题，形成"住房公积金业务答疑解惑三百问"，确保 12345（12329）热线顺畅运行。常州市住房公积金管理中心推进在线渠道建设与线上业务推广，在江苏政务 App、江南银行 App 渠道部署"常州住房公积金"，在支付宝渠道部署智能客服，在服务大厅部署智能客服机器人。苏州市住房公积金管理中心制定住房公积金服务"异地通办"事项运行管理暂行办法，梯次推进区域通办、跨省通办事项，统一实施清单化动态管理，建立运行管理长效机制。南通市住房公积金管理中心认真开展大走访活动，邀请合作银行、房地产开发企业召开座谈会，深入重点企业、重大项目、重要园区，对已上市和拟上市企业开展全面实地大走访，发挥住房公积金作用，解决发展中的难点、堵点。连云港市住房公积金管理中心以打造住房公积金行业"6S 规范化管理＋"为目标，全力推进线上平台、线下窗口和服务标准三大体系 34 项服务标准，打造环境优美、人文醇美、服务精美"三美与共"城市美丽新标杆，形成在全省可复制、可推广的试点经验。淮安市住房公积金管理中心试行"自动审批为主、分布式审批为辅、柜面审批为补充"的住房公积金审批新模式，促进审批服务规范统一、人力资源合理调配、筑牢廉政和安全防线。扬州市住房公积金管理中心推行更高水平的文明优质服务，实施"早晚弹性办""午间不间断"等服务举措，12329 服务热线在城市静默管理期间采取热线号码转移工作模式，坚持人工座席服务"不打烊"。镇江市住房公积金管理中心高度关注群众办事环境，不断完善服务大厅功能布局，形成了涵盖"综合业务区、网络服务区、业务审批区、职工等候区、大堂经理区、自助服务区"的"六区合一"服务格局，为住房公积金业务办理提供了硬件保障。宿迁市住房公积金管理中心推行"五心"服务承诺，持续优化住房公积金缴存、贷款政策，提高服务效能，保障投资顺心、服务贴心；强力推进住房公积金惠民举措，保障创业安心、发展放心、生活舒心。

7. 助力美丽宜居城市建设。贯彻落实江苏省美丽宜居城市建设工作要求，进一步发挥住房公积金服务民生、助力民生的积极作用，13 个城市住房公积金管理中心全部出台相关推进措施，积极支持老旧小区改造工作，开通既有住宅增设电梯提取住房公积金办理渠道。

（四）信息化建设情况

1. 实现多部门信息共享。以推进上线长三角"一网通办"和企业开办、就业登记、退休"一件事"为抓手，积极与相关部门协调，实现住房公积金实时共享房产交易、不动产登记、户籍、婚姻、社保、企业开办等信息。

2. 上线全国住房公积金小程序。组织全省住房公积金管理机构上线全国住房公积金小程序，住房公积金异地转移接续业务可以在小程序上办理。

3. 深化"智慧住房公积金"建设。南京住房公积金管理中心建设集视频、音频、监控、集中控制等功能的监控中心，支持多维度数据监控、分析和展示。无锡市住房公积金管理中心作为全市行政事业单位中唯一开展密码测评的单位，对住房公积金核心系统首次开展密码测评工作。连云港市住房公积金管理中心建立主动授权管理查询住房公积金个人信息新模式，职工在银行 App 申请"住房公积金快贷"时，银行 App 在通过职工本人在其住房公积金业务系统中注册的手机短信认证授权后，即可获取个人住房公积金业务办理信息，有效保护职工个人信息。淮安市住房公积金管理中心高效完成新一代住房公积金信息系统建设，住房公积金管理规范化、智能化水平明显增强，通过线上线下一体化的多渠道服务平台，实现网厅"随时办"、手机"随处办"、乡镇"就近办"、柜面"一窗办"，政务服务"跨省通办""全程网办""一网通办"的 7×24 小时服务。盐城市住房公积金管理中心完成"一张网"信息化建设项目，207 项功能点全部上线。扬州市住房公积金管理中心"智慧住房公积金服务平台"荣获"2021 扬州公共数据开发应用创新大赛"案例赛道一等奖；"智慧住房公积金'四零'服务打造高效便捷新体验"案例荣获首届扬州市"放管服"改革典型创新案例评选一等奖。泰州市住房公积金管理中心大力推动"智能住房公积金"建设，积极探索住房公积金信息化向智能化转型升级，应用智能客服机器人与手机银行、银行 STM 等多种新型智能服务措施联动。

（五）住房公积金机构及从业人员所获荣誉情况

1. 2021 年，江苏省住房公积金系统再次被评为省文明行业，连续三届获得省文明行业称号。

2. 2021 年，全省住房公积金系统获得：13 个省部级、17 个地市级文明单位（行业、窗口）；5 个国家级、20 个省部级、1 个地市级青年文明号；29 个省部级、59 个地市级先进集体和个人；7 个省部级、5 个地市级工人先锋号；9 个地市级五一劳动奖章（劳动模范）；1 个国家级、2 个地市级三八红旗手；11 个省部级、44 个地市级其他荣誉。

江苏省苏州市住房公积金 2021 年年度报告

根据国务院《住房公积金管理条例》和住房和城乡建设部、财政部、人民银行《关于健全住房公积金信息披露制度的通知》（建金〔2015〕26 号）的规定，现将苏州市住房公积金 2021 年年度报告公布如下：

一、机构概况

（一）住房公积金管理委员会

住房公积金管理委员会有 17 名委员，2021 年召开 2 次会议，审议通过的事项主要包括：

1. 第四届五次全体会议审议了市公积金中心《关于苏州市 2020 年住房公积金归集使用计划执行情况和 2021 年住房公积金归集使用计划草案的报告》《关于苏州市 2020 年住房公积金财务收支计划执行情况和 2021 年住房公积金财务收支计划草案的报告》《苏州市住房公积金 2020 年年度报告》《苏州市灵活就业人员参加住房公积金制度试点实施方案》《通报表扬公积金扩面成绩突出单位并召开全市公积金扩面工作总结暨部署灵活就业人员参加公积金制度试点工作会议相关情况》《支持城镇老旧小区改造既有多层住宅加装电梯提取使用住房公积金》《苏州市住房公积金支持租赁住房发展实施办法》《调整我市住房公积金租房提取额度》《其他住房基金形成的长期挂账转入住房公积金增值收益》以及《苏州市住房公积金异地个人住房贷款实施细则》，书面审阅了《关于 2020 年度住房公积金业务的审计报告》和《关于 2020 年度住房公积金管理费用使用的审计报告》。

2. 第四届六次全体会议替补了管委会委员，书面审阅了《全市住房公积金"十三五"工作情况专题报告》《关于上半年住房公积金有关情况的汇报》，听取并审议了市公积金中心《苏州市住房公积金"十四五"规划要点》《关于进一步加大镇（区）街道住房公积金工作支持力度相关措施的报告》，追补审议了《关于苏州市 2021 年度住房公积金缴存基数的调整方案》。

（二）住房公积金管理中心

苏州市住房公积金管理中心（下称市中心）为直属苏州市政府不以营利为目的的公益一类事业单位。中心内设 9 个职能处室，另设机关党委和机关纪委。在所辖四个县级市、五个区设置 9 个分中心和 1 个管理部。其中，吴江分中心同时挂牌"苏州市住房公积金管理中心长三角生态绿色一体化发展示范区分中心"。从业人员 276 人，其中，参公管理人员 117 人，公益性岗位人员 71 人，服务外包人员 88 人。

（三）苏州工业园区相关概况

1. 苏州工业园区管理委员会负责在工业园区行政区域内组织和推行社会保险（公积金）制度，研究决定园区社会保险（公积金）制度的重大事项和发展规划。

2. 苏州工业园区劳动和社会保障局负责实施工业园区行政区域内的社会保险制度和住房公积金制度。

3. 苏州工业园区社会保险基金和公积金管理中心（下称园区中心）负责工业园区行政区域内社会保险基金和公积金的管理，负责区内住房公积金的缴存、提取、贷款和基金管理，具体承办园区社会保险运行业务，负责社会保险登记、基金征缴、个人权益记录、社会保险待遇支付等工作。

二、业务运行情况

（一）缴存。2021 年，新开户单位 45019 家（其中园区中心 9714 家），净增单位 28768 家（其中园区中心 2530 家）；新开户职工 84.10 万人（其中园区中心 14.92 万人），净增职工 24.01 万人（其中园区 5.18 万人）；实缴单位 150715 家（其中园区中心 28634 家），实缴职工 435.56 万人（其中园区中心 65.50 万人），缴存额 618.29 亿元（其中园区中心 127.62 亿元），分别同比增长 21.60%、9.08%、11.12%。2021 年末，缴存总额 4372.69 亿元（其中园区中心 749.59 亿元），比上年末增加 16.47%；缴存余额 1312.83 亿元（其中园区中心 233.02 亿元），同比增长 15.15%。受委托办理住房公积金缴存业务的银行 6 家。

（二）提取。 2021 年，168.08 万名（其中园区中心 35.48 万名）缴存职工提取住房公积金；提取额 445.60 亿元（其中园区中心 87.74 亿元），同比增长 8.75%；提取额占当年缴存额的 72.07%，比上年减少 1.57 个百分点。2021 年末，提取总额 3059.87 亿元（其中园区中心 516.56 亿元），比上年末增加 17.04%。

（三）贷款。

1. 个人住房贷款。职工家庭住房贷款最高额度 70 万元。此外，购买套型建筑面积 90 平方米（含 90 平方米）以内的住房，且住房总价不超过 110 万元的职工，首次使用住房公积金贷款，贷款最高限额可计算至住房总价的 80%。

首次使用住房公积金贷款的，借款申请人及共同借款申请人中有两人（含）以上共同参与计算可贷额度的，最高贷款额度为 70 万元；仅借款申请人参与计算可贷额度的，最高贷款额度为 45 万元。第二次使用住房公积金贷款的，借款申请人及共同借款申请人中有两人（含）以上共同参与计算可贷额度的，最高贷款额度为 50 万元；仅借款申请人参与计算可贷额度的，最高贷款额度为 30 万元。

2021 年，发放个人住房贷款 4.15 万笔、217.46 亿元，同比分别增长 7.24%、13.13%。其中，张家港分中心发放个人住房贷款 0.53 万笔、26.68 亿元，常熟分中心发放个人住房贷款 0.41 万笔、21.43 亿元，昆山分中心发放个人住房贷款 0.88 万笔、42.37 亿元，太仓分中心发放个人住房贷款 0.34 万笔、16.85 亿元，吴江分中心发放个人住房贷款 0.27 万笔、12.74 亿元，吴中分中心发放个人住房贷款 0.25 万笔、12.25 亿元，相城分中心发放个人住房贷款 0.11 万笔、5.63 亿元，姑苏分中心发放个人住房贷款 0.42 万笔、21.91 亿元，虎丘分中心发放个人住房贷款 0.29 万笔、15.28 亿元，园区中心发放个人住房贷款 0.65 万笔、42.32 亿元。

2021 年，回收个人住房贷款 110.02 亿元。其中，张家港分中心 10.83 亿元，常熟分中心 9.70 亿元，昆山分中心 22.88 亿元，太仓分中心 7.37 亿元，吴江分中心 6.44 亿元，吴中分中心 6.04 亿元，相城分中心 2.36 亿元，姑苏分中心 17.56 亿元，虎丘分中心 10.88 亿元，园区中心 15.96 亿元。

2021 年末，累计发放个人住房贷款 60.90 万笔（其中园区中心 5.62 万笔）、2073.55 亿元（其中园区中心 295.62 亿元），贷款余额 1112.45 亿元（其中园区中心 202.80 亿元），分别比上年末增加 7.31%、11.72%、10.69%。个人住房贷款余额占缴存余额的 84.74%，比上年末减少 3.41 个百分点。受委托办理住房公积金个人住房贷款业务的银行 16 家。

2. 异地贷款。2021 年，发放异地贷款 2123 笔、10.66 亿元。2021 年末，发放异地贷款总额 10.66 亿元，异地贷款余额 10.49 亿元。

3. 公转商贴息贷款。2021 年，未发放公转商贴息贷款，当年贴息额 3366.43 万元（其中园区中心 3366.43 万元）。2021 年末，累计发放公转商贴息贷款 44279 笔、1613559.76 万元（其中园区中心 8153 笔、421571.31 万元），累计贴息 63342.71 万元（其中园区中心 22174.14 万元）。

4. 住房公积金支持保障性住房建设项目贷款。2021 年，未发放支持保障性住房建设项目贷款。截至 2021 年末，累计发放项目贷款 3.2 亿元，无项目贷款余额。

（四）购买国债。 2021 年，未购买国债，未兑付、转让、收回国债。年末，国债余额 0 亿元。

（五）资金存储。 2021 年末，住房公积金存款 228.53 亿元（其中园区中心 37.27 亿元）。其中，活期 0 亿元，1 年（含）以下定期 79.30 亿元，1 年以上定期 1.00 亿元，其他（协定、通知存款等）148.23 亿元。

（六）资金运用率。2021 年末，住房公积金个人住房贷款余额、项目贷款余额和购买国债余额的总和占缴存余额的 84.74%，比上年末减少 3.41 个百分点。

三、主要财务数据

（一）业务收入。2021 年，业务收入 378651.59 万元，同比增长 13.05%。其中，市中心（含姑苏分中心、虎丘分中心）83762.35 万元，张家港分中心 36618.97 万元，常熟分中心 36558.34 万元，昆山分中心 69866.41 万元，太仓分中心 23307.99 万元，吴江分中心 24083.09 万元，吴中分中心 22264.14 万元，相城分中心 11061.92 万元，园区中心 71128.38 万元；存款利息 36137.20 万元（其中园区中心 10193.54 万元），委托贷款利息 342514.39 万元（其中园区中心 60934.84 万元），国债利息 0 万元，其他 0 万元。

（二）业务支出。2021 年，业务支出 223031.62 万元，同比增长 9.79%。其中，市中心（含姑苏分中心、虎丘分中心）48596.99 万元，张家港分中心 20815.28 万元，常熟分中心 23027.07 万元，昆山分中心 41302.44 万元，太仓分中心 13080.25 万元，吴江分中心 16268.46 万元，吴中分中心 14457.23 万元，相城分中心 8308.13 万元，园区中心 37175.77 万元；支付职工住房公积金利息 180818.80 万元（其中园区中心 29421.86 万元），银行归集手续费 15615.66 万元，银行委托贷款手续费 13822.65 万元（其中园区中心 3046.74 万元），其他 12774.52 万元（其中园区中心 4707.18 万元）。

（三）增值收益。2021 年，增值收益 155619.97 万元，同比增长 16.52%。其中，市中心（含姑苏分中心、虎丘分中心）35165.36 万元，张家港分中心 15803.69 万元，常熟分中心 13531.27 万元，昆山分中心 28563.97 万元，太仓分中心 10227.74 万元，吴江分中心 7814.63 万元，吴中分中心 7806.91 万元，相城分中心 2753.79 万元，园区中心 33952.61 万元；增值收益率 1.27%，比上年增加 0.03 个百分点。

（四）增值收益分配。2021 年，提取贷款风险准备金 76037.91 万元（其中园区中心 20371.56 万元）；提取管理费用 12162.03 万元，提取城市廉租住房（公共租赁住房）建设补充资金 67420.03 万元（其中园区中心 13581.04 万元）。

2021 年，上交财政管理费用 12162.03 万元。上缴财政 2020 年度实现的城市廉租住房（公共租赁住房）建设补充资金 44208.19 万元，其中，市中心 15834.25 万元，张家港分中心 2213.58 万元，常熟分中心 2372.60 万元，昆山分中心 8447.11 万元，太仓分中心 834.16 万元，吴江分中心 2106.98 万元，吴中分中心 2341.81 万元，相城分中心 216.30 万元，园区中心 9841.40 万元。

2021 年末，贷款风险准备金余额 441580.01 万元（其中园区中心 95914.01 万元）。累计提取城市廉租住房（公共租赁住房）建设补充资金 486843.35 万元。其中，市中心（含姑苏分中心、虎丘分中心）提取 156895.88 万元，张家港分中心提取 57160.95 万元，常熟分中心提取 56357.01 万元，昆山分中心提取 76578.44 万元，太仓分中心提取 22005.48 万元，吴江分中心提取 25706.93 万元，吴中分中心提取 22977.91 万元，相城分中心提取 5218.08 万元，园区中心提取 63942.67 万元。

（五）管理费用支出。管理费用支出：2021 年，管理费用支出 13078.94 万元，同比减少 0.41%。其中，人员经费 6424.27 万元，公用经费 374.26 万元，专项经费 6280.41 万元。

市中心（含姑苏分中心、虎丘分中心）管理费用支出 7639.08 万元，其中，人员、公用、专项经费分别为 2849.04 万元、160.21 万元、4629.83 万元；张家港分中心管理费用支出 744.07 万元，其中，人员、公用、专项经费分别为 543.00 万元、34.74 万元、166.33 万元；常熟分中心管理费用支出 872.51 万元，其中，人员、公用、专项经费分别为 550.76 万元、33.09 万元、288.66 万元；昆山分中心管理费用支出 1175.29 万元，其中，人员、公用、专项经费分别为 681.85 万元、35.46 万元、457.98 万元；太仓分中心管理费用支出 582.35 万元，其中，人员、公用、专项经费分别为 435.18 万元、27.99 万元、119.18 万元；吴江分中心（含盛泽管理部）管理费用支出 912.16 万元，其中，人员、公用、专项经费分别为 554.31 万元、32.78 万元、325.07 万元；吴中分中心管理费用支出 695.11 万元，其中，人员、公用、专项经费分别为 439.29 万元、25.57 万元、230.25 万元；相城分中心管理费用支出 458.37 万元，其中，人员、公用、专项经费分别为 370.84 万元、24.42 万元、63.11 万元。

四、资产风险状况

（一）个人住房贷款。 2021 年末，个人住房贷款逾期额 9.31 万元，逾期率 0.001‰，其中，张家港分中心 0‰，常熟分中心 0‰，昆山分中心 0.0004‰，太仓分中心 0.0009‰，吴江分中心 0.0085‰，吴中分中心 0‰，相城分中心 0.0085‰，姑苏分中心 0‰，虎丘分中心 0.0002‰，园区中心 0‰。个人贷款风险准备金余额 441580.01 万元（其中园区中心 95914.01 万元）。2021 年，使用个人贷款风险准备金核销呆坏账 0 万元。

（二）支持保障性住房建设试点项目贷款。 2021 年末，无逾期项目贷款。未计提项目贷款风险准备金。无项目贷款风险准备金余额。

五、社会经济效益

（一）缴存业务

缴存职工中，国家机关和事业单位占 7.92%，国有企业占 3.25%，城镇集体企业占 0.88%，外商投资企业占 27.37%，城镇私营企业及其他城镇企业占 58.07%，民办非企业单位和社会团体占 1.17%，灵活就业人员占 0.11%，其他占 1.23%；中、低收入占 98.55%，高收入占 1.45%。

新开户职工中，国家机关和事业单位占 2.01%，国有企业占 1.28%，城镇集体企业占 0.35%，外商投资企业占 28.62%，城镇私营企业及其他城镇企业占 65.82%，民办非企业单位和社会团体占 0.74%，灵活就业人员占 0.37%，其他占 0.81%；中、低收入占 95.39%，高收入占 4.61%。

（二）提取业务

提取金额中，购买、建造、翻建、大修自住住房占 22.15%，偿还购房贷款本息占 61.89%，租赁住房占 0.09%，支持老旧小区改造占 0.002%，离休和退休提取占 6.28%，完全丧失劳动能力并与单位终止劳动关系提取占 0.006%，出境定居占 0.01%，其他占 9.572%。提取职工中，中、低收入占 94.01%，高收入占 5.99%。

（三）贷款业务

1. 个人住房贷款。2021 年，支持职工购建房 428.19 万平方米（含公转商贴息贷款）（其中园区中心 57.91 万平方米），2021 年末个人住房贷款市场占有率（含公转商贴息贷款）为 9.72%，比上年末增加 0.09 个百分点。通过申请住房公积金个人住房贷款，可节约职工购房利息支出 447641.65 万元（其中园区中心 134878.47 万元）。

职工贷款笔数中，购房建筑面积 90（含）平方米以下占 30.86%，90～144（含）平方米占 61.89%，144 平方米以上占 7.25%。购买新房占 60.05%（其中购买保障性住房占 0.09%），购买二手房占 39.90%，建造、翻建、大修自住住房占 0.05%（其中支持老旧小区改造占 0%），其他占 0%。

职工贷款笔数中，单缴存职工申请贷款占 48.72%，双缴存职工申请贷款占 50.75%，三人及以上缴存职工共同申请贷款占 0.53%。

贷款职工中，30 岁（含）以下占 27.53%，30 岁～40 岁（含）占 54.49%，40 岁～50 岁（含）占 16.19%，50 岁以上占 1.79%；购买首套住房申请贷款占 91.40%，购买二套及以上申请贷款占 8.60%；中、低收入占 96.72%，高收入占 3.28%。

2. 支持保障性住房建设试点项目贷款。2021 年末，无试点项目，未涉及贷款额度、建筑面积、中低收入职工家庭的住房问题。未发放试点项目贷款资金且无贷款本息还清。

（四）住房贡献率

2021 年，个人住房贷款发放额、公转商贴息贷款发放额、项目贷款发放额、住房消费提取额的总和与当年缴存额的比率为 95.80%，比上年减少 0.94 个百分点。

六、其他重要事项

（一）开展灵活就业人员参加住房公积金制度试点工作进展情况

2021 年，全市（不含园区中心）共有 3315 家个体工商户办理了住房公积金缴存登记手续，7087 名灵活就业人员参加了住房公积金制度，其中个体工商户及其雇工 6693 人，自由职业者 394 人；归集住房公积金 1434.58 万元。发放个体工商户贷款 13 笔、630.20 万元，户均贷款额 48.48 万元。个体工商户及其雇工办理提取 1838 笔、306.48 万元，自由职业者办理提取 168 笔、38.09 万元。

（二）当年机构及职能调整情况、受委托办理缴存贷款业务金融机构变更情况

2021 年在吴江分中心增挂"苏州市住房公积金管理中心长三角生态绿色一体化发展示范区分中心"牌子。未涉及受委托办理缴存贷款业务金融机构变更。

（三）当年住房公积金政策调整及执行情况，包括当年缴存基数限额及确定方法、缴存比例等缴存政策调整情况；当年提取政策调整情况；当年个人住房贷款最高贷款额度、贷款条件等贷款政策调整情况；当年住房公积金存贷款利率执行标准等；支持老旧小区改造政策落实情况

1. 当年缴存基数限额及确定方法、缴存比例等缴存政策调整情况

（1）缴存基数限额

2021 年度，苏州住房公积金最高缴存基数为 28400 元，最低不得低于苏州各地人社部门公布的当地最低社保缴费基数，如职工工资基数确实低于当地最低社保缴费基数的，经住房公积金管理机构核准，按实缴存，但最低不得低于苏州市人力资源和社会保障局公布的当年度最低工资，即 2280 元。

（2）确定方法

最高限额：苏州市统计局公布的上一年度职工月平均工资的 3 倍。

最低限额：苏州市人力资源和社会保障局公布的当年度最低工资。

（3）缴存比例调整

各类企业、民办非企业单位、社会团体及其他单位：单位与职工各 5%～12%。

各级国家机关、各类事业单位：单位与职工各 12%。

（4）灵活就业人员

个体工商户：参加住房公积金制度的个体工商户及其雇工工资基数应与本人社保缴费基数一致。工资基数和缴存比例上下限按照缴存企业相关规定执行。

自由职业者：参加住房公积金制度的自由职业者，本住房公积金结算年度月缴存额最低为 500 元/月，每增加 500 元为一档，最高不超过 5000 元/月。

2. 当年提取政策调整情况

2021 年，为支持职工租赁住房消费，促进我市住房租赁市场发展，我中心出台《关于调整我市住房公积金租房提取额度的通知》，通过提升最高限额和调整提取额度，切实加大对缴存职工租赁住房的支持力度。2021 年累计办理租房委托提取 8042 笔、3034.46 万元，同比分别增长 137.58%、276.08%。

（1）提高最高限额。职工租赁自住住房（含公租房）的，提取最高限额由每月 1100 元提高到每月 1500 元；职工及配偶租赁同一自住住房的，提取最高限额由每月 2200 元提高到每月 3000 元。

（2）调整提取额度。职工租赁自住住房（不含公租房）的，在职工本人公积金账户留存一个月缴存额后的可用余额内，按月租金额、月公积金缴存额 65% 及最高限额三者取最小值计算。

3. 当年个人住房贷款最高贷款额度、贷款条件等贷款政策调整情况

2021 年，为推进住房公积金异地个人住房贷款业务，支持缴存职工异地购买自住住房，出台《苏州市住房公积金异地个人住房贷款实施细则》，明确在苏州市行政区域以外省市缴存住房公积金且符合苏州市购房条件的职工，在苏州市（不含园区）购买自住住房时，持缴存地住房公积金管理中心证明，可向苏州市住房公积金管理中心（不含园区中心）申请办理住房公积金贷款。

4. 当年住房公积金存贷款利率执行标准等

2021年未涉及住房公积金存贷款利率执行标准的调整。

5. 支持老旧小区改造政策落实情况

2021年，为贯彻落实《国务院办公厅关于全面推进城镇老旧小区改造工作的指导意见》（国办发〔2020〕23号），我中心出台《关于提取住房公积金支付本市城镇老旧小区改造既有多层住宅加装电梯费用的通知》，明确凡按照本市对既有多层住宅加装电梯的相关规定实施加装电梯的，出资加装电梯的房屋产权人、配偶及产权人同一本户口簿的直系亲属均可以申请提取住房公积金，用于支付加装电梯个人分摊费用。2021年共办理加装电梯提取27笔、82.85万元。

（四）当年服务改进情况，包括推进住房公积金服务"跨省通办"工作情况，服务网点、服务设施、服务手段、综合服务平台建设和其他网络载体建设服务情况等

1. 推进住房公积金服务"跨省通办"工作情况

（1）全市共设立11个"跨省通办"专窗，提供全程一站式服务，办结时限从规定的5个工作日缩短至2日内办结。中心官网开通"跨省通办"网上办理专区，异地办事群众可以"一网"获知服务指南、"一点"直达办事链接，有效延伸政务服务触角、提升异地办事体验。全年共办理"跨省通办"业务1.58万笔，其中网办量1.56万笔，占比98.32%。

（2）在行业内率先制定住房公积金服务"异地通办"事项运行管理暂行办法，梯次推进区域通办、跨省通办事项，统一实施清单化动态管理，建立运行管理长效机制。针对不同业务类型，对专窗操作订立规程、指导实践，确保柜面人员准确掌握"跨省通办"工作要求。依托全国住房公积金监管服务平台，由专人统筹多地协同办理工作，采取"两地联办""代收代办"等方式，与省内外城市中心做好办件流转，强化跟踪督促、确保业务规范运行。

（3）全面开展异地贷款业务，制定符合苏州实际的异地贷款政策，全年发放异地贷款2123笔、10.66亿元。会同上海中心签署《两地住房公积金贷款还款信息共享合作协议》，稳步推进上海铁路局职工异地还贷委托提取业务试点工作。

（4）在省内率先制定并印发《长三角住房公积金一体化发展苏州实施意见》，率先接入长三角"一网通办"平台，"单位登记开户""开具公积金个人贷款还清证明""提前还清公积金贷款"等多项跨省通办服务事项实现线上办理。会同三省一市公积金中心、住建等部门制定"长三角购房提取住房公积金"工作方案、技术标准和实施计划，在长三角"一网通办"平台办成全省首笔异地购房提取公积金线上业务，全年在线办理长三角购房提取83笔，635.73万元。研究拓展长三角示范区公积金通办服务范围，将8个事项扩展到28个，提升企业和群众异地办事便利度。

2. 服务网点、服务设施、服务手段等工作情况

（1）纵向融入基层"三整合"改革，印发《关于进驻乡镇（街道）开展住房公积金工作的指导意见》，引导各分中心进驻便（为）民服务中心，将公积金职能下沉基层一线，明确权责职能，理顺管理体系，强化民生保障，探索乡镇公积金工作新模式。横向纳入政务一体化建设，姑苏分中心服务大厅作为市政务服务中心公积金专厅，纳入政务服务统一管理，助力推动全市政务服务"一盘棋"布局。对照《苏州市政务服务分中心一体化管理实施办法》与中心各项制度要求，针对同类服务就高选择标准、从严执行要求，促进提升服务规范化、标准化水平。

（2）贯彻落实省委市委打造"最美窗口"的最新要求，印发《打造最优营商环境住房公积金"最美窗口"实施方案》，全面推进服务能力"七提升"。巩固提升文明创建工作成果，制定《苏州市住房公积金管理中心2021—2023年文明单位（行业）创建工作方案》，通过2018—2020年度市级文明行业复评，通过2019—2021年省级文明单位复评。

3. 综合服务平台建设和其他网络载体建设服务情况

（1）全面推进"一件事"改革，对接"政银合作企业开办一站式服务专窗"，将公积金缴存登记融入企业开办"一件事"；与市人社局、医保局积极配合，持续推进就业登记"一件事"苏州方案落地；

将退休提取公积金纳入退休"一件事"，重塑政务服务新模式。按照"通办是原则，不通办是例外"的工作要求，增加租住公共租赁住房提取等 5 项"全市通办"业务，业务通办率达到 81.82％。

（2）在苏州自然人总入口"苏周到"App 接入"退休提取""外地户籍职工调离本市提取"等多项业务，集成办理关注度高、面广量大的高频事项，公积金服务被市委市政府评为 2021 年度"苏周到"最受欢迎服务之一。"苏州公积金"微信公众号粉丝达 192 万余人，影响力领先同行。12329 热线全年人工接听 81.88 万个电话，满意率近 100％。依托市行政审批局，采取"短信""二维码"等方式开展"好差评"评价，全年累计发送邀请评价短信 5.8 万条。

（五）当年信息化建设情况，包括信息系统升级改造情况，基础数据标准贯彻落实和结算应用系统接入情况等

1. 信息系统升级改造情况

（1）持续优化信息系统功能，完成 238 项功能优化上线，主要包括：上线购房和还贷免密提取业务，优化对外支付业务，改造异贷证明打印功能，优化绩效考核模块，改造行政执法系统，完善网厅个别补缴功能审核等，为系统的稳定运行提供强有力的保障。

（2）全面完成灵活就业人员参加住房公积金制度试点中个体工商户、自由职业者的系统开发建设。成功使用数字人民币完成三笔自由职业者公积金缴纳业务，落地全国首个灵活就业人员数字人民币缴存应用场景。

（3）根据住房和城乡建设部的工作要求，为方便职工办理公积金转移接续事项，将异地转移接续功能接入住房和城乡建设部小程序。

2. 基础数据标准贯彻落实情况

制定《苏州市数字住房公积金建设实施方案》，加快推进"互联网＋公积金"。作为住房和城乡建设部公积金数据共享接口的试点，将住房和城乡建设部数据共享平台对接融入到公积金贷款申请和自由职业者缴存开户过程中，率先开通公积金贷款次数和还贷情况全国校验，对"一人多贷"等违规行为实现系统自动管控，规避职工在全国多地重复开户的风险。

3. 结算应用系统情况

在全国业内创新应用电子签章技术，形成国内技术领先、管理先进、风险可控的银行电子单据管理系统，工作效率较过去提高 50％。首创应用 OCR 识别技术，建立完整的数据校对机制，实现资金往来流水的正反双向校验。

（六）当年住房公积金管理中心及职工所获荣誉情况，包括：文明单位（行业、窗口）、青年文明号、工人先锋号、五一劳动奖章（劳动模范）、三八红旗手（巾帼文明岗）、先进集体和个人等

1. 集体

（1）中心获评"2019—2021 年度江苏省文明单位"荣誉称号；

（2）姑苏分中心、吴江分中心获评"2019—2021 年度江苏省文明单位"荣誉称号；

（3）常熟分中心党支部被中共江苏省住房和城乡建设行业委员会评为全省住房和城乡建设行业先进基层党组织；

（4）姑苏分中心被江苏省建设工会委员会授予 2021 年度江苏省住房城乡建设系统"职工模范之家"称号；

（5）常熟分中心使用科被江苏省住房城乡建设系统职工劳动竞赛活动领导小组办公室评为 2021 年度江苏省住房城乡建设系统城乡运行保障劳动竞赛先进班组；

（6）吴江分中心被江苏省住房城乡建设系统职工劳动竞赛活动领导小组办公室评为 2021 年度江苏省住房城乡建设系统城乡运行保障劳动竞赛先进集体；

（7）张家港分中心、常熟分中心、太仓分中心、吴江分中心、吴中分中心、姑苏分中心、虎丘分中心继续获评江苏省青年文明号；

（8）常熟分中心、昆山分中心、吴江分中心、吴中分中心、姑苏分中心被苏州市精神文明建设指导

委员会评为 2018—2020 年度苏州市文明单位;

（9）吴江分中心在"巾帼建功"活动 30 周年中获评苏州市"最美巾帼文明岗";

（10）机关第四党支部（虎丘分中心）被中共苏州市委市级机关工委评为苏州市市级机关先进基层党组织;

（11）机关第四党支部（虎丘分中心）"心声"党建品牌被中共苏州市委市级机关工委命名为"'海棠花红'优秀党建品牌";

（12）我中心在 2020 年度苏州市"便民杯"优质服务竞赛中荣获服务高效优秀单位。

2. 个人

（1）吴江分中心董进同志被中共江苏省住房和城乡建设行业委员会评为省住房和城乡建设行业优秀共产党员;

（2）市中心服务管理处金黎婷同志被江苏省住房和城乡建设厅、共青团江苏省委评为省住房城乡建设系统 2019—2020 年度江苏省青年岗位能手;

（3）昆山分中心苏海华同志被江苏省住房城乡建设系统职工劳动竞赛活动领导小组办公室评为2021 年度江苏省住房城乡建设系统城乡运行保障劳动竞赛先进个人;

（4）市中心内部审计处杨芸同志被中共苏州市委市级机关工委评为 2019—2020 年度苏州市市级机关优秀党务工作者;

（5）姑苏分中心贾璇同志被中共苏州市委市级机关工委表彰为 2019—2020 年度苏州市市级机关优秀共产党员;

（6）虎丘分中心彭仙莉同志被共青团苏州市委员会、苏州市人力资源和社会保障局评为 2020 年度苏州市青年岗位能手;

（7）市中心组织人事处吴英同志、张家港分中心姚胜楠同志、常熟分中心吴燕同志、昆山分中心徐桃红同志、吴江分中心陆亚琴同志、吴中分中心许群同志被苏州市总工会、共青团苏州市委员会、苏州市妇女联合会评为 2021 年度苏州市"最美劳动者";

（8）姑苏分中心范婷同志被苏州市妇女联合会授予苏州市"最美巾帼奋斗者"荣誉称号。

（七）当年对违反《住房公积金管理条例》和相关法规行为进行行政处罚和申请人民法院强制执行情况

2021 年，全市无相关行政处罚案件，无申请法院强制执行情况。

（八）当年对住房公积金管理人员违规行为的纠正和处理情况等

2021 年，全市住房公积金管理人员不存在违规行为。

（九）其他需要披露的情况

1. 延续企业公积金降比、缓缴政策，保持纾困减负的连续性、稳定性和可持续性，全年共为 718家企业降低缴存比例，月均减少支出 675.71 万元。

2. 以公积金缴存信息为基础，精准施策优化营商环境，联合中、农、工、建四家银行，由银行向稳定缴存公积金的小微企业提供"全线上、纯信用、无抵押"贷款，全年累计向 2855 家企业授信贷款20.51 亿元。

3. 继续对长期未使用住房公积金的缴存职工实施奖励补贴机制，全年累计向 10.63 万名（其中园区中心 0.32 万名）符合条件的职工实施奖励 6302.83 万元（其中园区中心 545.74 万元），人均享受补贴 592.93 元。

江苏省及省内各城市住房公积金
2021 年年度报告二维码

名称	二维码
江苏省住房公积金 2021 年年度报告	
南京住房公积金 2021 年年度报告	
无锡市住房公积金 2021 年年度报告	
徐州市住房公积金 2021 年年度报告	
常州市住房公积金 2021 年年度报告	
苏州市住房公积金 2021 年年度报告	
南通市住房公积金 2021 年年度报告	

续表

名称	二维码
连云港市住房公积金 2021 年年度报告	
淮安市住房公积金 2021 年年度报告	
盐城市住房公积金 2021 年年度报告	
扬州市住房公积金 2021 年年度报告	
镇江市住房公积金 2021 年年度报告	
泰州市住房公积金 2021 年年度报告	
宿迁市住房公积金 2021 年年度报告	

浙江省

浙江省住房公积金 2021 年年度报告

根据国务院《住房公积金管理条例》和住房和城乡建设部、财政部、人民银行《关于健全住房公积金信息披露制度的通知》(建金〔2015〕26 号)规定，现将浙江省住房公积金 2021 年年度报告汇总公布如下：

一、机构概况

(一)住房公积金管理机构

全省共设 11 个设区城市住房公积金管理中心，12 个独立设置的分中心(其中，北仑、镇海、象山、宁海、余姚、慈溪、奉化分中心隶属宁波市中心，嘉善、海盐、海宁、平湖、桐乡隶属嘉兴市中心)。从业人员 1904 人，其中，在编 996 人，非在编 908 人。

(二)住房公积金监管机构

浙江省住房和城乡建设厅、财政厅和人民银行杭州中心支行负责对本省住房公积金管理运行情况进行监督。省住房城乡建设厅设立住房公积金监管处，负责辖区住房公积金日常监管工作。

二、业务运行情况

(一)缴存。2021 年，新开户单位 141936 家，净增单位 52184 家；新开户职工 211.49 万人，净增职工 99.33 万人；实缴单位 361100 家，实缴职工 1023.35 万人，缴存额 2067.02 亿元，分别同比增长 16.89%、10.75%、13.89%。2021 年末，缴存总额 14861.11 亿元，比上年末增加 16.16%；缴存余额 4424.95 亿元，同比增长(减少)12.66%(表1)。

2021 年分城市住房公积金缴存情况　　　　表 1

地区	实缴单位(万个)	实缴职工(万人)	缴存额(亿元)	累计缴存总额(亿元)	缴存余额(亿元)
浙江省	36.11	1023.35	2067.02	14861.11	4424.95
杭州	14.15	354.95	803.08	5420.37	1559.71
宁波	6.14	186.65	348.34	2546.35	688.57
温州	3.19	88.99	167.63	1305.25	450.29
湖州	2.29	59.51	89.16	637.31	224.77
嘉兴	2.77	85.07	147.61	1057.41	309.75
绍兴	1.70	61.34	123.17	934.83	272.99
金华	1.84	60.14	113.28	849.46	275.59
衢州	0.68	25.76	61.66	467.80	123.77
舟山	0.46	17.62	41.81	332.83	98.92
台州	2.16	59.98	115.43	876.84	289.95
丽水	0.72	23.34	55.85	432.65	130.64

（二）提取。 2021 年，435.51 万名缴存职工提取住房公积金；提取额 1569.76 亿元，同比增长 7.44％；提取额占当年缴存额的 75.94％，比上年减少 4.56 个百分点。2021 年末，提取总额 10436.15 亿元，比上年末增加 17.71％（表 2）。

2021 年分城市住房公积金提取情况　　　　　　　　　　　　　表 2

地区	提取额 （亿元）	提取率 （％）	住房消费类提取额 （亿元）	非住房消费类提取额 （亿元）	累计提取总额 （亿元）
浙江省	1569.76	75.94	1358.90	210.86	10436.15
杭州	582.05	72.50	520.28	61.77	3860.65
宁波	267.87	76.90	228.81	39.06	1857.78
温州	133.88	79.87	112.54	21.35	854.96
湖州	63.06	70.73	52.48	10.59	412.54
嘉兴	112.23	76.03	96.32	15.91	747.66
绍兴	97.97	79.54	83.79	14.18	661.84
金华	90.44	79.84	75.62	14.82	573.87
衢州	51.44	83.43	44.79	6.65	344.04
舟山	31.26	74.77	25.99	5.27	233.91
台州	93.19	80.73	78.39	14.80	586.89
丽水	46.37	83.00	39.91	6.46	302.01

（三）贷款

1. 个人住房贷款

2021 年，发放个人住房贷款 19.03 万笔、887.83 亿元，同比增长 1.66％、1.99％。回收个人住房贷款 441.71 亿元。

2021 年末，累计发放个人住房贷款 230.63 万笔、8075.23 亿元，贷款余额 4185.73 亿元，分别比上年末增加 8.98％、12.37％、11.96％。个人住房贷款余额占缴存余额的 94.59％，比上年末减少 0.6 个百分点（表 3）。

2021 年分城市住房公积金个人住房贷款情况　　　　　　　　表 3

地区	放贷笔数 （万笔）	贷款 发放额（亿元）	累计放贷 笔数（万笔）	累计贷款总额 （亿元）	贷款余额 （亿元）	个人住房 贷款率（％）
浙江省	19.03	887.83	230.63	8075.23	4185.73	94.59
杭州	5.70	333.50	60.90	2656.26	1474.59	94.50
宁波	2.99	135.37	34.39	1239.50	637.98	92.65
温州	1.81	81.72	23.57	826.33	437.95	97.26
湖州	1.41	52.88	14.86	438.88	223.26	99.33
嘉兴	1.75	78.82	22.05	588.06	295.89	95.53
绍兴	1.29	50.58	15.10	495.54	248.32	90.96
金华	1.09	50.74	16.06	525.78	248.11	90.03
衢州	0.58	18.72	10.91	275.91	110.96	89.65
舟山	0.34	12.09	6.74	195.91	90.90	91.89
台州	1.56	55.65	17.33	555.18	287.18	99.05
丽水	0.52	18.79	8.70	277.88	130.59	99.96

2021 年，支持职工购建房 1998.38 万平方米。年末个人住房贷款市场占有率（含公转商贴息贷款）为 11.76％，比上年末减少 1.82 个百分点。通过申请住房公积金个人住房贷款，可节约职工购房利息支出 165.33 万元。

2. 异地贷款

2021 年，发放异地贷款 9600 笔、438592.79 万元。2021 年末，发放异地贷款总额 2124083.61 万元，异地贷款余额 1528428.42 万元。

3. 公转商贴息贷款

2021 年，发放公转商贴息贷款 15632 笔、667113.54 万元，支持职工购建房面积 150.07 万平方米。当年贴息额 66724.72 万元。2021 年末，累计发放公转商贴息贷款 172566 笔、8431514.37 万元，累计贴息 335565.64 万元。

（四）购买国债。2021 年，购买（记账式、凭证式）国债 0 亿元，（兑付、转让、收回）国债 0 亿元。2021 年末，国债余额 0 亿元。

（五）融资。2021 年，融资 10.97 亿元，归还 20.34 亿元。年末，融资总额 473.39 亿元，融资余额 29.39 亿元。

（六）资金存储。2021 年末，住房公积金存款 317.97 亿元。其中，活期 2.44 亿元，1 年（含）以下定期 88.37 亿元，1 年以上定期 2.63 亿元，其他（协定、通知存款等）224.53 亿元。

（七）资金运用率。2021 年末，住房公积金个人住房贷款余额、项目贷款余额和购买国债余额的总和占缴存余额的 94.59％，比上年末增加（减少）0.6 个百分点。

三、主要财务数据

（一）业务收入。2021 年，业务收入 1413290.40 万元，同比增长 10.14％。其中，存款利息 110013.32 万元，委托贷款利息 1292644.2 万元，国债利息 0 万元，其他 10632.88 万元。

（二）业务支出。2021 年，业务支出 759585.4 万元，同比增长 7.40％。其中，支付职工住房公积金利息 627035.53 万元，归集手续费 2047.42 万元，委托贷款手续费 46757.95 万元，其他 83744.5 万元。

（三）增值收益。2021 年，增值收益 653705.00 万元，同比增长 13.51％；增值收益率 1.57％，比上年增加 0.07 个百分点。

（四）增值收益分配。2021 年，提取贷款风险准备金 371502.02 万元，提取管理费用 45962.77 万元，提取城市廉租住房（公共租赁住房）建设补充资金 236316.98 万元（表 4）。

2021 年分城市住房公积金增值收益及分配情况　　　　　　　　　　　　表 4

地区	业务收入（亿元）	业务支出（亿元）	增值收益（亿元）	增值收益率（％）	提取贷款风险准备金（亿元）	提取管理费用（亿元）	提取公租房（廉租房）建设补充资金（亿元）
浙江省	**141.33**	**75.96**	**65.37**	**1.57**	**37.15**	**4.60**	**23.63**
杭州	48.57	26.79	21.78	1.50	11.67	0.53	9.58
宁波	21.57	12.28	9.28	1.33	5.57	0.30	3.42
温州	14.70	7.89	6.81	1.57	3.13	0.59	3.09
湖州	7.29	3.66	3.63	1.76	2.18	0.35	1.10
嘉兴	9.80	4.94	4.86	1.69	2.92	0.43	1.52
绍兴	8.81	4.84	3.97	1.55	2.38	0.67	0.91
金华	8.94	4.43	4.51	1.72	2.80	0.38	1.32

续表

地区	业务收入（亿元）	业务支出（亿元）	增值收益（亿元）	增值收益率（%）	提取贷款风险准备金（亿元）	提取管理费用（亿元）	提取公租房（廉租房）建设补充资金（亿元）
衢州	4.06	1.91	2.15	1.83	1.29	0.31	0.55
舟山	3.36	2.07	1.29	1.39	0.78	0.25	0.25
台州	9.57	4.67	4.90	1.77	3.11	0.39	1.39
丽水	4.66	2.47	2.19	1.75	1.31	0.39	0.49

2021 年，上交财政管理费用 45431.92 万元，上缴财政城市廉租住房（公共租赁住房）建设补充资金 197805.06 万元。

2021 年末，贷款风险准备金余额 3221175.03 万元，累计提取城市廉租住房（公共租赁住房）建设补充资金 1957930.81 万元。

（五）管理费用支出。 2021 年，管理费用支出 60558.23 万元，同比增长 10.56%。其中，人员经费 32828.78 万元，公用经费 5690.27 万元，专项经费 22039.18 万元。

四、资产风险状况

（一）个人住房贷款。 2021 年末，个人住房贷款逾期额 2186.9 万元，逾期率 0.05‰，个人贷款风险准备金余额 3218597.25 万元。2021 年，使用个人贷款风险准备金核销呆坏账 479.41 万元。

（二）住房公积金支持保障性住房建设项目贷款。 2021 年末，我省无逾期项目贷款，项目贷款风险准备金余额 2577.78 万元。2021 年，使用项目贷款风险准备金核销呆坏账 0 万元。

五、社会经济效益

（一）缴存业务。 缴存职工中，国家机关和事业单位占 18.66%，国有企业占 8.88%，城镇集体企业占 1.16%，外商投资企业占 4.86%，城镇私营企业及其他城镇企业占 58.72%，民办非企业单位和社会团体占 1.67%，灵活就业人员占 0.93%，其他占 5.12%；中、低收入占 97.62%，高收入占 2.38%。

新开户职工中，国家机关和事业单位占 5.98%，国有企业占 4.55%，城镇集体企业占 1.20%，外商投资企业占 4.84%，城镇私营企业及其他城镇企业占 75.16%，民办非企业单位和社会团体占 1.63%，灵活就业人员占 1.30%，其他占 5.34%；中、低收入占 99.22%，高收入占 0.78%。

（二）提取业务。 提取金额中，购买、建造、翻建、大修自住住房占 22.21%，偿还购房贷款本息占 57.75%，租赁住房占 6.57%；离休和退休提取占 7.37%，完全丧失劳动能力并与单位终止劳动关系提取占 0.82%，出境定居占 1.50%，其他占 3.78%。提取职工中，中、低收入占 90.39%，高收入占 9.61%。

（三）贷款业务

个人住房贷款。职工贷款笔数中，购房建筑面积 90（含）平方米以下占 23.62%，90～144（含）平方米占 68.67%，144 平方米以上占 7.71%。购买新房占 72.10%（其中购买保障性住房占 0.26%），购买二手房占 27.85%，建造、翻建、大修自住住房占 0.03%（其中支持老旧小区改造占 0%），其他占 0.02%。

职工贷款笔数中，单缴存职工申请贷款占 46.53%，双缴存职工申请贷款占 53.30%，三人及以上缴存职工共同申请贷款占 0.17%。

贷款职工中，30 岁（含）以下占 34.61%，30 岁～40 岁（含）占 43.63%，40 岁～50 岁（含）占 17.62%，50 岁以上占 4.14%；购买首套住房申请贷款占 81.14%，购买二套及以上申请贷款占 18.86%；中、低收入占 96.52%，高收入占 3.48%。

（四）**住房贡献率。**2021 年，个人住房贷款发放额、公转商贴息贷款发放额、项目贷款发放额、住房消费提取额的总和与当年缴存额的比率为 122.12％，比上年减少 3.13 个百分点。

六、其他重要事项

（一）**当年住房公积金政策调整情况。**研究全省统一的公积金归集、提取、贷款、服务等 5 大核心业务规范；研究改革完善缴存、提取、贷款、管理等政策机制，助力打造"浙里安居"品牌，助力保障性租赁住房建设；研究推动杭州中心做好资产证券化试点准备；开展"十四五"公积金发展深化研究。

（二）**当年开展监督检查情况。**持续开展公积金监督检查工作，发挥监督作用。一是全力配合做好国家专项审计，统筹推进审计问题整改落实。按照边审边改要求，研究审计发现问题，指导和督促各地加快落实整改措施。二是抓好专项督查。对杭州等 6 个中心重点开展现场检查，同时组织行政督查问题整改落实回头看。三是推行政务公开。参加全省"政务公开在行动——民生实事进万家"系列活动。

（三）**当年服务改进情况。**2021 年，持续深化服务转型，公积金服务效能不断提升。一是深化"一件事"协同。出台机关事业单位公积金基数调整"一件事"改革方案，落实提前还贷"一件事"、建造翻建自住住房提取"一件事"，积极参与企业开办等"一件事"。二是推出"小切口"场景。以衢州、义乌等地为试点，推行贷款"不见面"改革。这一场景在部省市得到推广，中央媒体作了报道。三是落实民生"关键小事"。公积金提取、账户转移、提前还贷等 3 项高频事项被数字社会系统列为首批"关键小事"，率先推行"智能速办"。四是接入全国公积金账户转移接续平台。推进"浙里办"与全国公积金小程序融合对接，完成转移接续平台接口开发工作。

（四）**当年信息化建设情况。**一是优化"全省通办"。在政务服务中推行公积金"全省通办"，完成证明材料清理调整 30 项，新增功能配置 30 项。二是推进长三角"一网通办"。率先实现全省一次性接入长三角"一网通办"平台，通过专窗系统，发起购房信息协查，开具异地贷款证明，发布异常动态信息。三是深化"跨省通办"。通过全程网办、两地联办、代收代办等模式，实现 8 个事项"跨省通办"，并在政务服务 2.0 及"浙里办""跨省通办"专区中落地。四是积极开展全国监管平台试点。接入全国共享接口，制定风险整改方案、防控思路、工作指引，推进核查整改。今年以来 5 个风险项共核查警示超过 10 万条，完成整改 6 万条。

（五）**当年住房公积金机构及从业人员所获荣誉情况。**宁波市宁海分中心获评省级文明单位，宁波市象山分中心，嘉兴市中心、海宁分中心通过省级文明单位复评。温州市乐清分中心获评全国"青年文明号"。泰顺分中心获评全国"巾帼文明岗"。温州市中心荣获浙江省"规范化数字档案室"称号。湖州市德清分中心荣获"浙江省模范职工小家"荣誉称号。全省各地住房公积金管理机构共获得地市级以上先进单位、个人称号以及其他荣誉 54 个。

浙江省杭州市住房公积金 2021 年年度报告

根据国务院《住房公积金管理条例》和住房和城乡建设部、财政部、人民银行《关于健全住房公积金信息披露制度的通知》（建金〔2015〕26 号）的规定，经杭州住房公积金管理委员会审议通过，现将杭州市住房公积金 2021 年年度报告公布如下：

一、机构概况

（一）**住房公积金管理委员会。**杭州住房公积金管理委员会有 30 名委员，2021 年召开 1 次会议，审议通过的事项主要包括：《2020 年住房公积金计划执行情况和 2021 年住房公积金计划草案》《杭州市住房公积金 2020 年年度报告》《关于重启实施杭州市住房公积金贷款资产证券化工作的建议》和《关于 2020 年度单位降低住房公积金缴存比例和缓缴住房公积金情况的报告》。

（二）**住房公积金管理中心。**杭州住房公积金管理中心为杭州市人民政府直属的不以营利为目的的事业单位，设 9 个内设机构、8 个分中心、1 个省直中心。从业人员 354 人，其中，在编 169 人，非在编 185 人。

二、业务运行情况

（一）**缴存。**2021 年，新开户单位 27259 家，净增实缴单位 24723 家；新开户职工 84.5 万人，净增实缴职工 38.6 万人；实缴单位 141417 家，实缴职工 354.9 万人，缴存额 803.1 亿元，分别同比增长 21.2％、12.2％、17.7％。2021 年末，缴存总额 5420.4 亿元，比上年末增加 17.4％；缴存余额 1559.7 亿元，同比增长 16.5％。受委托办理住房公积金缴存业务的银行 4 家，比上年减少 1 家。

（二）**提取。**2021 年，167.4 万名缴存职工提取住房公积金；提取额 582.1 亿元，同比增长 11.0％；提取额占当年缴存额的 72.5％，比上年减少 4.4 个百分点。2021 年末，提取总额 3860.7 亿元，比上年末增加 17.8％。

（三）**贷款**

1. 个人住房贷款。个人住房贷款最高额度 100 万元，其中，单缴存职工最高额度 50 万元，双缴存职工最高额度 100 万元。高层次人才在我市首次购买自住普通商品住房申请公积金贷款额度可按家庭当期最高贷款限额上浮 50％确定。

2021 年，发放个人住房贷款 5.7 万笔、333.5 亿元，同比分别下降 6.6％、4.6％；回收个人住房贷款 119.8 亿元（表 1）。

2021 年个人住房贷款发放回收情况　　　　　　　　　　　　　　　表 1

单位	发放笔数（万笔）	发放金额（亿元）	回收金额（亿元）
市中心	2.4	148.9	54.1
省直中心	0.9	57.8	27.8
萧山分中心	0.7	38.0	9.9
余杭分中心	0.1	8.2	3.2
临平分中心	0.6	30.5	6.4

续表

单位	发放笔数(万笔)	发放金额(亿元)	回收金额(亿元)
富阳分中心	0.5	26.2	6.4
临安分中心	0.2	13.1	7.8
桐庐分中心	0.1	3.0	1.7
淳安分中心	0.1	3.9	0.6
建德分中心	0.1	3.9	1.9
合计	5.7	333.5	119.8

2021 年末，累计发放个人住房贷款 60.9 万笔、2656.3 亿元，贷款余额 1474.6 亿元，分别比上年末增加 10.3%、14.4%、16.9%。个人住房贷款余额占缴存余额 94.5%，比上年末增加 0.3 个百分点。受委托办理住房公积金个人住房贷款业务的银行 27 家，比上年无增减。

2. 异地贷款。2021 年，发放异地贷款 2734 笔、185037.5 万元。2021 年末，发放异地贷款总额 881275.9 万元，异地贷款余额 626766.6 万元。

3. 公转商贴息贷款。2021 年，发放（实施）公转商贴息贷款 5640 笔、274922.8 万元，年末贴息贷款余额 1867339.9 万元，当年贴息额 28106.7 万元。2021 年末，累计发放（实施）公转商贴息贷款 58629 笔、2903393.0 万元，累计贴息 129955.4 万元。

（四）购买国债。2021 年，国债购买、兑付、转让、收回均为 0。2021 年末，国债余额为 0，比上年无增减。

（五）资金存储。2021 年末，住房公积金存款 98.6 亿元。其中，活期 0.2 亿元，1 年（含）以下定期 26.5 亿元，1 年以上定期 0 亿元，其他（协定、通知存款等）71.9 亿元。

（六）资金运用率。2021 年末，住房公积金个人住房贷款余额、项目贷款余额和购买国债余额的总和占缴存余额的 94.5%，比上年末增加 0.3 个百分点。

三、主要财务数据

（一）业务收入。2021 年，业务收入 485674.4 万元，同比增长 16.3%。其中，存款利息 32431.6 万元，委托贷款利息 448402.8 万元，国债利息 0 万元，其他 4840.0 万元。

（二）业务支出。2021 年，业务支出 267880.8 万元，同比增长 11.9%。其中，支付职工住房公积金利息 216628.0 万元，归集手续费 103.9 万元，委托贷款手续费 21964.0 万元，其他 29184.9 万元。

（三）增值收益。2021 年，增值收益 217793.6 万元，同比增长 22.1%。其中，增值收益率 1.5%，比上年增加 0.1 个百分点。

（四）增值收益分配。2021 年，提取贷款风险准备金 116715.3 万元，提取管理费用 5241.3 万元，提取城市廉租住房（公共租赁住房）建设补充资金 95837.0 万元。

2021 年，上交财政管理费用 4879.7 万元。上缴财政城市廉租住房（公共租赁住房）建设补充资金 69864.2 万元。

2021 年末，贷款风险准备金余额 886069.6 万元。累计提取城市廉租住房（公共租赁住房）建设补充资金 823496.8 万元（表 2）。

2021 年增值收益及分配情况（单位：万元）　　　　　　　　　　　　　　　　表 2

单位	业务收入	业务支出	增值收益	提取贷款风险准备	提取管理费用	城市廉租住房(公共租赁住房)建设补充资金		
						当年提取	当年上缴	累计提取
市中心	246811.0	133199.1	113611.9	46863.6	1287.6	65460.7	40901.9	457774.6
省直中心	115374.4	57753.9	57620.5	32866.3	3559.7	21194.5	17222.2	216793.5

续表

单位	业务收入	业务支出	增值收益	提取贷款风险准备	提取管理费用	城市廉租住房(公共租赁住房)建设补充资金		
						当年提取	当年上缴	累计提取
萧山分中心	45204.4	29956.3	15248.1	13533.8	0.0	1714.3	4492.4	54554.6
余杭分中心	10373.3	5980.1	4393.2	2513.2	0.0	1880.0	1862.66	12082.25
临平分中心	32572.9	18662.3	13910.6	12030.6	0.0	1880.0	1862.66	12082.25
富阳分中心	24046.4	20116.7	3929.7	3929.7	0.0	0.0	0.0	17701.6
临安分中心	17031.3	14324.7	2706.6	2706.6	0.0	0.0	0.0	9043.4
桐庐分中心	6294.7	3906.9	2387.8	426.5	0.0	1961.3	1697.4	11570.9
淳安分中心	6125.1	4794.2	1330.9	1210.5	0.0	120.4	0.0	10895.1
建德分中心	8755.2	6100.9	2654.3	634.5	394	1625.8	1825.0	20998.6
合计	485674.4	267880.8	217793.6	116715.3	5241.3	95837.0	69864.2	823496.8

注：全市范围内调剂资金的利息收支及内部收支分摊金额在全市业务收入、业务支出汇总时合并计算。

（五）管理费用支出。2021 年，管理费用支出 11790.5 万元，同比增长 0.9%。其中，人员经费 5368.4 万元，公用经费 1133.6 万元，专项经费 5288.5 万元（表3）。

2021 年管理费用实际使用情况（单位：万元）　　　　　表 3

单位	人员经费	公用经费	专项经费	管理费用合计
市中心	1862.9	422.6	1571.1	3856.6
省直中心	829.5	381.9	2302.1	3513.5
萧山分中心	569.3	97.3	328.6	995.2
余杭分中心	344.3	10.2	55.5	410.0
临平分中心	326.3	8.3	403.9	738.5
富阳分中心	278.2	56.6	286.6	621.4
临安分中心	371.3	101.9	33.0	506.2
桐庐分中心	261.0	26.2	75.3	362.5
淳安分中心	258.3	10.8	144.8	413.9
建德分中心	267.3	17.8	87.6	372.7
合计	5368.4	1133.6	5288.5	11790.5

注：市中心的人员经费、公用经费、部分专项经费以及萧山、余杭、临平、富阳、临安、桐庐、淳安分中心的所有管理费用均由当地财政在财政预算内列支，不纳入公积金增值收益分配。

四、资产风险状况

2021 年末，个人住房贷款逾期额 911.2 万元，逾期率 0.062‰。其中，市中心 0.105‰，省直中心 0.012‰，萧山分中心 0.031‰，临平分中心 0.026‰，富阳分中心 0.083‰，临安分中心 0.047‰，建德分中心 0.004‰，余杭、桐庐和淳安分中心均为 0。个人贷款风险准备金余额 886069.6 万元。2021 年，未使用个人贷款风险准备金核销呆坏账。

五、社会经济效益

（一）缴存业务

缴存职工中，国家机关和事业单位占 11.8%，国有企业占 4.3%，城镇集体企业占 0.0%，外商投资企业占 3.7%，城镇私营企业及其他城镇企业占 78.2%，民办非企业单位和社会团体占 0.2%，灵活

就业人员占 0.3%；其他占 1.5%；中、低收入占 97.0%，高收入占 3.0%。^❶

新开户职工中，国家机关和事业单位占 3.9%，国有企业占 2.4%，城镇集体企业占 0.0%，外商投资企业占 3.3%，城镇私营企业及其他城镇企业占 88.5%，民办非企业单位和社会团体占 0.2%，灵活就业人员占 0.5%，其他占 1.2%；中、低收入占 99.0%，高收入占 1.0%。

（二）提取业务

提取金额中，购买、建造、翻建、大修自住住房占 9.4%，偿还购房贷款本息占 71.2%，租赁住房占 8.7%，支持老旧小区改造占 0.1%，离休和退休提取占 6.2%，完全丧失劳动能力并与单位终止劳动关系提取占 0.1%，出境定居占 3.4%，其他占 0.9%。提取职工中，中、低收入占 95.6%，高收入占 4.4%。

（三）贷款业务

个人住房贷款。2021 年，支持职工购建房 652.3 万平方米（含公转商贴息贷款），年末个人住房贷款市场占有率为 14.5%^❷，比上年增加 0.2 个百分点。通过申请住房公积金个人住房贷款，可节约职工购房利息支出 763903.2 万元。

职工贷款笔数中，购房建筑面积 90（含）平方米以下占 29.8%，90～140（含）平方米占 64.9%，140 平方米以上占 5.3%。购买新房占 73.7%（其中购买保障性住房 125 笔），购买二手房占 26.3%，建造、翻建、大修自住住房占 0%，其他占 0%。

职工贷款笔数中，单缴存职工申请贷款占 57.9%，双缴存职工申请贷款占 42.1%，三人及以上缴存职工共同申请贷款占 0%。

贷款职工中，30 岁（含）以下占 40.3%，30 岁～40 岁（含）占 43.9%，40 岁～50 岁（含）占 12.3%，50 岁以上占 3.5%；购买首套住房申请贷款占 73.7%，购买二套及以上申请贷款占 26.3%；中、低收入占 94.7%，高收入占 5.3%。

（四）住房贡献率

2021 年，个人住房贷款发放额、公转商贴息贷款发放额、项目贷款发放额、住房消费提取额的总和与当年缴存额的比率为 109.7%，比上年减少 22.1 个百分点。

六、其他重要事项

（一）当年机构及职能调整情况、受委托办理缴存贷款业务金融机构变更情况

2021 年，因行政区划调整，杭州住房公积金管理中心原下设余杭分中心撤销，设立新的余杭分中心和临平分中心，负责各自行政管辖范围内的住房公积金管理服务工作。

（二）当年住房公积金政策调整及执行情况

1. 当年缴存基数限额及确定方法、缴存比例等缴存政策调整情况

住房公积金缴存基数为职工本人 2020 年度月平均工资，职工工资口径、缴存比例及缴存额计算规则未作调整。缴存基数实行"控高保低"，设上限和下限，上限为 32077 元（按 2020 年杭州市非私营单位就业人员月平均工资的 3 倍确定），下限为各地政府公布执行的最低工资标准。

2. 当年提取政策调整情况

2021 年，出台《关于加强住房公积金提取审核有关事项的通知》《关于加强住房公积金提取审核有关事项的补充通知》等规定，进一步加强对购房行为合理性、真实性的审核。

3. 当年个人住房贷款最高贷款额度、贷款条件等贷款政策调整情况

2021 年，贷款额度、贷款条件等政策未作调整。

---

❶　中、低收入为收入低于 2020 年杭州市非私营单位就业人员平均工资的 3 倍，高收入为收入高于 2020 年杭州市非私营单位就业人员平均工资的 3 倍（含）。

❷　年末个人住房贷款市场占有率＝年末住房公积金个人贷款余额÷年末商业性和住房公积金个人贷款余额总和，含公转商贴息贷款。

4. 当年住房公积金存贷款利率执行标准

2021年，职工住房公积金存款利率按一年期整存整取定期存款基准利率 1.50% 执行。年度结息日为每年的 6 月 30 日。

个人住房公积金贷款利率，贷款 5 年（含）之内的基准年利率为 2.75%，5 年以上的基准年利率为 3.25%；第二套房贷款利率按基准利率的 1.1 倍执行。贷款期限在 1 年（含）以内的，执行合同利率，遇法定利率调整时不作调整；贷款期限在 1 年以上的，遇法定利率调整时，自调整的次年 1 月 1 日起，按调整后的利率执行。

（三）当年服务改进情况

1. 优化业务流程。一是高频业务"随时办"。创新"7×24 小时"在线智慧化政务服务新模式，个人住房公积金账户设立、停缴、补缴、租赁提取、离退休提取、提前还贷等全部 29 个业务事项已实现"7×24 小时"线上办理，工作时间外办理业务 26 万笔。二是跨省业务"当地办"。利用全国公积金微信小程序、省政务服务 2.0 平台、长三角"一网通办"平台，率先推出 8 个公积金办事事项的全程网办、代收代办、两地联办，实现缴存职工跨区域办理公积金"只跑一地"。三是关联业务"一次办"。推出公积金还贷抵押注销登记一件事、企业退休提取公积金一件事应用服务。协同推进职工退休、高校毕业生就业、身份信息连锁变更、社会救助、社会保障卡等"一件事"改革，推进公积金与其他业务事项跨部门、跨层级"一件事一次办"。

2. 创新"易贷"模式。一是"线上签"，创新全程线上签约新模式，运用电子签章、人脸识别、线上视频交互、区块链等技术，为客户提供申请、审批、签约、放款全流程线上贷款服务，实现全时空、全天候、零距离。二是"移动办"，创新前置现场一站式服务，授权公积金委贷银行使用 PAD 移动端作业平台，在购房现场受理贷款业务，将受理窗口从银行网点前置至购房现场。三是"无界限"，创新全方位管家式服务，推出公积金"E贷大厅"，整合商品房楼盘信息，构建全市公积金楼盘地图，直观展示楼盘区域位置及公积金委贷银行信息，提供从购房申请贷款到贷后管理的全周期管家式服务。

3. 打造多元服务。一是窗口服务树形象。提升窗口服务标准，建立"跨省通办"专窗、"网办"服务专窗，做好政策解答和政务服务，2021 年全市窗口办理各类缴存、提取业务 102.16 万笔。二是客户服务解民忧。畅通"12345""12329""亲清在线 D 小二"服务渠道，拓展公积金在线客服服务途径，及时解答群众疑惑。三是主动服务纾民困。开展"一把手"接访、"民情热线"等系列活动，直面公积金管理服务的难点、堵点，及时回应职工关切。

（四）当年信息化建设情况

一是推进省政务服务 2.0 平台建设。完善系统建设，提高系统运行的安全性、适用性，自主开发年度基数调整、退缴、还贷提取等功能。二是完善决策分析管理系统。建设多维指标体系，建立公积金缴存、提取、贷款、财务等 47 个主题库，全面实时监测公积金各项业务指标变化。三是筑牢网络数据安全屏障。建设完成公积金系统国产密码应用体系和异地灾备平台，开展综合服务平台等保评级备案工作。

（五）当年住房公积金管理中心及职工所获荣誉情况

1. 单位荣誉：杭州住房公积金管理中心获 2020 年度法治杭州建设成绩突出单位、2020 年政府数字化转型工作综合先进单位、2018—2020 年市级文明机关、2021 年度省房地产协会先进会员单位、2020 年度"线上行政服务中心"建设优胜单位；萧山分中心获"杭州市青年文明号"；临安分中心获 2020 年度省房地产协会抗疫突出贡献单位。

2. 职工荣誉：2021 年，市中心吴静波被评为 2020 年度杭州市"最美公务员"、2020 年度全面深化改革工作突出贡献个人；王烁被评为 2020 年度浙江省房地产协会工作积极分子；谈琳被评为 2020 年杭州市政府数字化转型工作推动落实先进个人；陈建良、夏震、胡文杰分别被评为杭州市直机关优秀党务工作者、"最强领头雁"、"最优排头兵"。

（六）当年对违反《住房公积金管理条例》和相关法规行为进行行政处罚和申请人民法院强制执行情况

2021年，中心共受理职工投诉单位未缴、少缴住房公积金要求补缴的维权案件1554件，制发责令限期纠正违法行为决定书177件，未作出行政处罚决定，申请法院强制执行33件，结案1339件。

（七）当年对住房公积金管理人员违规行为的纠正和处理情况

2021年，未发生住房公积金管理人员违规行为。

（八）其他需要披露的情况

中心组织机构、政策资讯、委托银行、业务流程、办事网点、服务渠道及其他信息公开内容详见机构网站（市中心网址 http：//gjj. hangzhou. gov. cn，省直中心网址：http：//gjj. jgswj. zj. gov. cn/）。

浙江省及省内各城市住房公积金
2021 年年度报告二维码

名称	二维码
浙江省住房公积金 2021 年年度报告	
杭州市住房公积金 2021 年年度报告	
宁波市住房公积金 2021 年年度报告	
温州市住房公积金 2021 年年度报告	
湖州市住房公积金 2021 年年度报告	
嘉兴市住房公积金 2021 年年度报告	
绍兴市住房公积金 2021 年年度报告	

续表

名称	二维码
金华市住房公积金 2021 年年度报告	
衢州市住房公积金 2021 年年度报告	
舟山市住房公积金 2021 年年度报告	
台州市住房公积金 2021 年年度报告	
丽水市住房公积金 2021 年年度报告	

安徽省

安徽省住房公积金 2021 年年度报告

根据国务院《住房公积金管理条例》和住房和城乡建设部、财政部、人民银行《关于健全住房公积金信息披露制度的通知》（建金〔2015〕26 号）规定，现将安徽省住房公积金 2021 年年度报告汇总公布如下：

一、机构概况

（一）住房公积金管理机构

全省共设 16 个设区城市住房公积金管理中心，5 个独立设置的分中心〔其中，安徽省省直住房公积金管理分中心隶属安徽省机关事务管理局，皖北煤电集团住房公积金管理分中心隶属皖北煤电集团公司，淮北矿业集团住房公积金管理分中心隶属淮北矿业（集团）有限责任公司，淮南矿业集团住房公积金管理分中心隶属淮南矿业（集团）有限公司，马钢（集团）住房公积金管理分中心隶属马钢（集团）控股有限公司〕。从业人员 1317 人，其中，在编 781 人，非在编 536 人。

（二）住房公积金监管机构

省（区）住房城乡建设厅、财政厅和人民银行合肥中心支行负责对本省（区）住房公积金管理运行情况进行监督。省（区）住房城乡建设厅设立住房公积金监管处（办），负责辖区住房公积金日常监管工作。

二、业务运行情况

（一）缴存。2021 年，新开户单位 14662 家，净增单位 8549 家；新开户职工 89.81 万人，净增职工 33.59 万人；实缴单位 81194 家，实缴职工 488.05 万人，缴存额 850.50 亿元，分别同比增长 11.77%、7.39%、11.52%。2021 年末，缴存总额 7091.03 亿元，比上年末增加 13.63%；缴存余额 2211.68 亿元，同比增长 11.03%（表 1）。

2021 年分城市住房公积金缴存情况 表 1

地区	实缴单位（万个）	实缴职工（万人）	缴存额（亿元）	累计缴存总额（亿元）	缴存余额（亿元）
安徽省	8.12	488.05	850.50	7091.03	2211.68
合肥	2.39	162.65	271.62	2031.65	627.62
芜湖	0.69	41.73	63.84	529.37	162.21
蚌埠	0.37	22.51	37.52	303.84	103.06
淮南	0.40	26.01	51.70	596.38	168.45
马鞍山	0.35	23.01	48.54	458.05	117.61
淮北	0.17	20.17	39.73	426.68	125.60
铜陵	0.31	12.60	26.67	243.68	69.42
安庆	0.43	23.53	51.63	424.36	136.18
黄山	0.30	10.35	19.92	178.39	53.38

续表

地区	实缴单位 （万个）	实缴职工 （万人）	缴存额 （亿元）	累计缴存总额 （亿元）	缴存余额 （亿元）
滁州	0.57	30.76	43.67	342.29	101.80
阜阳	0.43	28.23	48.65	358.89	146.02
宿州	0.32	19.23	31.70	244.52	93.48
六安	0.35	20.48	40.13	311.72	112.35
亳州	0.36	17.78	29.04	239.71	86.39
池州	0.22	9.03	16.50	139.39	41.42
宣城	0.47	19.98	29.64	262.09	66.69

（二）提取。 2021 年，179.95 万名缴存职工提取住房公积金；提取额 630.85 亿元，同比增长 10.4％；提取额占当年缴存额的 74.17％，比上年减少 0.76 个百分点。2021 年末，提取总额 4879.36 亿元，比上年末增加 14.85％（表 2）。

2021 年分城市住房公积金提取情况 表 2

地区	提取额 （亿元）	提取率 （％）	住房消费类 提取额（亿元）	非住房消费 类提取额（亿元）	累计提取 总额（亿元）
安徽省	**630.85**	**74.17**	**529.62**	**101.23**	**4879.36**
合肥	200.69	73.89	176.91	23.78	1404.03
芜湖	50.03	78.37	42.44	7.59	367.17
蚌埠	26.29	70.07	21.83	4.46	200.78
淮南	41.84	80.93	30.07	11.77	427.93
马鞍山	41.88	86.28	34.39	7.49	340.44
淮北	31.99	80.52	25.00	6.99	301.08
铜陵	20.24	75.89	16.72	3.52	174.27
安庆	37.90	73.41	32.01	5.89	288.19
黄山	14.39	72.24	12.37	2.02	125.02
滁州	31.51	72.15	27.15	4.35	240.49
阜阳	31.36	64.46	24.74	6.62	212.87
宿州	21.01	66.28	16.97	4.04	151.04
六安	27.99	69.75	23.74	4.25	199.38
亳州	20.26	69.77	16.95	3.31	153.32
池州	11.76	71.27	10.11	1.65	97.96
宣城	21.71	73.25	18.22	3.49	195.40

（三）贷款

1. 个人住房贷款

2021 年，发放个人住房贷款 12.43 万笔、436.86 亿元，同比增长 4.02％、3.75％。回收个人住房贷款 316.70 亿元。

2021 年末，累计发放个人住房贷款 160.86 万笔、4002.66 亿元，贷款余额 2067.20 亿元，分别比上年末增加 8.36％、12.25％、6.17％。个人住房贷款余额占缴存余额的 93.47％，比上年末减少 4.27 个百分点（表 3）。

2021 年分城市住房公积金个人住房贷款情况　　　　　　　　　　表 3

地区	放贷笔数 （万笔）	贷款发放额 （亿元）	累计放贷笔数 （万笔）	累计贷款总额 （亿元）	贷款余额 （亿元）	个人住房 贷款率（%）
安徽省	**12.43**	**436.86**	**160.86**	**4002.66**	**2067.20**	**93.47**
合肥	3.38	150.35	36.72	1157.44	603.24	96.12
芜湖	1.22	36.03	14.62	323.16	161.01	99.26
蚌埠	0.48	12.34	7.86	165.76	85.78	83.23
淮南	0.66	21.89	12.06	288.04	132.31	78.55
马鞍山	0.79	27.10	11.68	247.08	109.35	92.98
淮北	0.64	22.75	8.67	204.16	110.14	87.69
铜陵	0.40	12.22	5.26	120.37	63.19	91.03
安庆	0.67	22.80	12.18	259.67	122.61	90.04
黄山	0.28	8.06	4.45	92.30	42.85	80.27
滁州	0.44	11.69	7.91	175.29	81.42	79.98
阜阳	0.99	31.99	9.61	268.71	169.69	116.21
宿州	0.58	20.26	6.22	155.49	94.39	100.97
六安	0.60	22.17	6.85	177.49	102.67	91.38
亳州	0.60	19.52	5.58	141.62	86.39	100.00
池州	0.22	6.55	3.59	74.26	36.30	87.64
宣城	0.48	11.14	7.60	151.80	65.89	98.80

2021 年，支持职工购建房 1425.55 万平方米。年末个人住房贷款市场占有率（含公转商贴息贷款）为 11.88%，比上年末减少 0.35 个百分点。通过申请住房公积金个人住房贷款，可节约职工购房利息支出 742279.05 万元。

2. 异地贷款

2021 年，发放异地贷款 5696 笔、173554.20 万元。2021 年末，发放异地贷款总额 1766932.95 万元，异地贷款余额 830730.89 万元。

3. 公转商贴息贷款

2021 年，发放公转商贴息贷款 19641 笔、620661.11 万元，支持职工购建房面积 188.87 万平方米。当年贴息额 8250.05 万元。2021 年末，累计发放公转商贴息贷款 32275 笔、936004.08 万元，累计贴息 20585.04 万元。

（四）融资。2021 年，融资 25.82 亿元，归还 94.87 亿元。2021 年末，融资总额 494.47 亿元，融资余额 48.71 亿。

（五）资金存储。2021 年末，住房公积金存款 216.09 亿元。其中，活期 1.16 亿元，1 年（含）以下定期 51.75 亿元，1 年以上定期 47.21 亿元，其他（协定、通知存款等）115.97 亿元。

（六）资金运用率。2021 年末，住房公积金个人住房贷款余额、项目贷款余额和购买国债余额的总和占缴存余额的 93.47%，比上年末减少 4.27 个百分点。

三、主要财务数据

（一）业务收入。2021 年，业务收入 694483.57 万元，同比增长 7.26%。其中，存款利息 47955.98 万元，委托贷款利息 641976.28 万元，国债利息 0 万元，其他 4551.31 万元。

（二）业务支出。2021 年，业务支出 364567.05 万元，同比增长 5.42%。其中，支付职工住房公积金利息 313377.14 万元，归集手续费 1754.98 万元，委托贷款手续费 23176.20 万元，其他 26258.73 万元。

（三）**增值收益**。2021 年，增值收益 329916.51 万元，同比增长 9.36%；增值收益率 1.57%，比上年减少 0.01 个百分点。

（四）**增值收益分配**。2021 年，提取贷款风险准备金 37285.69 万元，提取管理费用 35703.19 万元，提取城市廉租住房（公共租赁住房）建设补充资金 252271.30 万元（表 4）。

2021 年分城市住房公积金增值收益及分配情况 表 4

地区	业务收入（亿元）	业务支出（亿元）	增值收益（亿元）	增值收益率（%）	提取贷款风险准备金（亿元）	提取管理费用（亿元）	提取公租房（廉租房）建设补充资金（亿元）
安徽省	**69.45**	**36.46**	**32.99**	**1.57**	**3.73**	**3.57**	**25.23**
合肥	19.52	10.61	8.91	1.51	0.00	0.72	8.19
芜湖	5.29	2.77	2.52	1.62	0.00	0.36	2.16
蚌埠	3.13	1.82	1.31	1.34	0.00	0.22	1.10
淮南	4.99	2.92	2.07	1.27	0.00	0.16	1.91
马鞍山	3.80	1.88	1.91	1.68	0.30	0.15	1.47
淮北	4.03	1.99	2.04	1.68	0.00	0.31	1.73
铜陵	2.25	1.14	1.11	1.68	0.00	0.07	0.57
安庆	4.27	2.05	2.23	1.73	0.00	0.25	1.98
黄山	1.57	0.74	0.82	1.64	0.00	0.18	0.64
滁州	3.09	1.65	1.43	1.51	0.86	0.26	0.31
阜阳	4.71	2.54	2.17	1.57	1.30	0.14	0.73
宿州	3.07	1.49	1.57	1.78	0.94	0.24	0.39
六安	3.55	1.81	1.74	1.64	0.22	0.20	1.32
亳州	2.81	1.23	1.58	1.90	0.00	0.11	1.46
池州	1.21	0.59	0.61	1.58	0.10	0.08	0.43
宣城	2.18	1.22	0.96	1.53	0.00	0.12	0.84

2021 年，上交财政管理费用 33047.62 万元，上缴财政城市廉租住房（公共租赁住房）建设补充资金 210646.99 万元。

2021 年末，贷款风险准备金余额 684437.75 万元，累计提取城市廉租住房（公共租赁住房）建设补充资金 1638103.29 万元。

（五）**管理费用支出**。2021 年，管理费用支出 36445.78 万元，同比下降 9.92%。其中，人员经费 17917.69 万元，公用经费 3271.69 万元，专项经费 15256.40 万元。

四、资产风险状况

（一）**个人住房贷款**。2021 年末，个人住房贷款逾期额 1905.09 万元，逾期率 0.092‰，个人贷款风险准备金余额 670865.77 万元。2021 年，使用个人贷款风险准备金核销呆坏账 0 万元。

（二）**住房公积金支持保障性住房建设项目贷款**。我省已完成支持保障性住房建设项目贷款的发放和回收工作，项目贷款风险准备金余额 13571.98 万元。

五、社会经济效益

（一）缴存业务。 缴存职工中，国家机关和事业单位占 34.15％，国有企业占 23.89％，城镇集体企业占 1.10％，外商投资企业占 3.68％，城镇私营企业及其他城镇企业占 31.71％，民办非企业单位和社会团体占 2.27％，灵活就业人员占 0.4％，其他占 2.8％；中、低收入占 98.27％，高收入占 1.73％。

新开户职工中，国家机关和事业单位占 17.18％，国有企业占 11.95％，城镇集体企业占 1.15％，外商投资企业占 4.46％，城镇私营企业及其他城镇企业占 57.29％，民办非企业单位和社会团体占 3.79％，灵活就业人员占 0.41％，其他占 3.77％；中、低收入占 99.37％，高收入占 0.63％。

（二）提取业务。 提取金额中，购买、建造、翻建、大修自住住房占 28.69％，偿还购房贷款本息占 52％，租赁住房占 3.03％，支持老旧小区改造提取占 0.01％；离休和退休提取占 11.09％，完全丧失劳动能力并与单位终止劳动关系提取占 2.02％，出境定居占 0.78％，其他占 2.38％。提取职工中，中、低收入占 97.77％，高收入占 2.23％。

（三）贷款业务。 职工贷款笔数中，购房建筑面积 90（含）平方米以下占 16.04％，90～144（含）平方米占 78.15％，144 平方米以上占 5.81％。购买新房占 73.62％，购买二手房占 26.36％，其他占 0.02％。

职工贷款笔数中，单缴存职工申请贷款占 45.25％，双缴存职工申请贷款占 54.75％。

贷款职工中，30 岁（含）以下占 32.59％，30 岁～40 岁（含）占 38.73％，40 岁～50 岁（含）占 21.03％，50 岁以上占 7.65％；购买首套住房申请贷款占 82.58％，购买二套及以上申请贷款占 17.42％；中、低收入占 98.03％，高收入占 1.97％。

（四）住房贡献率。 2021 年，个人住房贷款发放额、公转商贴息贷款发放额、项目贷款发放额、住房消费提取额的总和与当年缴存额的比率为 120.93％，比上年增加 6.8 个百分点。

六、其他重要事项

（一）当年开展监督检查情况。 一是开展电子稽查＋委托审计，分别对芜湖、黄山、宣城、马钢开展了季度电子稽查。委托审计事务所对淮南、马钢开展住房公积金专项业务审计。二是围绕防范住房公积金信息系统网络安全所涉及的制度建设、内部控制、数据共享管理，住房公积金缴存使用政策执行情况等方面，全面开展风险隐患排查整治工作。三是重点对个人住房贷款逾期率超过国家平均值的城市，开展督促检查，年末全省逾期率控制在 0.09‰。

（二）当年信息化建设及服务改进情况。 一是全面完成 5 个"跨省通办"高频服务事项，全省共设置"跨省通办"业务线下窗口 130 个，线上专区 53 个，实现业务办理不受地域限制，可异地受理或直接网上办理。二是深化长三角一体化发展，实现长三角异地购房提取零跑动、零材料、零等候。三是完成对亳州、蚌埠、铜陵、芜湖、六安、省直、淮北矿业、皖北煤电、马钢 9 家中心、分中心的综合服务平台验收。至此，全省住房公积金管理中心、分中心均建成综合服务平台，拓展了服务渠道，为职工提供了更多更便捷服务。

（三）当年住房公积金机构及从业人员所获荣誉情况。 2021 年，全省住房公积金行业积极开展精神文明创建，分别荣获省部级文明单位（窗口）12 个、地市级 8 个；国家级青年文明号 1 个、省部级 2 个；省部级工人先锋号 1 个；地市级五一劳动奖章 1 个；地市级三八红旗手 1 个；省部级先进集体和个人 20 个、地市级 78 个；国家级其他荣誉 2 个、省部级 18 个、地市级 50 个。

安徽省合肥市住房公积金 2021 年年度报告

根据国务院《住房公积金管理条例》和住房和城乡建设部、财政部、人民银行《关于健全住房公积金信息披露制度的通知》(建金〔2015〕26 号) 的规定，经住房公积金管理委员会审议通过，现将合肥市住房公积金 2021 年年度报告公布如下：

一、机构概况

(一) 住房公积金管理委员会

住房公积金管理委员会有 23 名委员，2021 年召开一次会议，审议通过 2020 年度住房公积金归集、使用计划执行情况和 2021 年计划草案的报告。审议通过 2020 年住房公积金增值收益分配情况和 2021 年增值收益计划分配方案的报告。

(二) 住房公积金管理中心

1. 合肥市住房公积金管理中心为直属合肥市人民政府不以营利为目的的公益二类事业单位，主要负责全市住房公积金的归集、管理、使用和会计核算。设 10 个处室，4 个管理部，2 个分中心 (铁路分中心、巢湖分中心)。从业人员 139 人，其中，在编 81 人，非在编 58 人。

2. 省直住房公积金管理分中心为独立法人，隶属安徽省机关事务管理局，是不以营利为目的的公益二类事业单位，设 3 个部。从业人员 70 人，其中，在编 23 人，非在编 47 人。

二、业务运行情况

(一) 缴存。2021 年，新开户单位 6477 家，净增单位 4200 家；新开户职工 42.70 万人，净增职工 18.53 万人；实缴单位 23869 家，实缴职工 162.65 万人，缴存额 271.62 亿元 (其中市中心 204.60 亿元，省直分中心 67.02 亿元)，分别同比增长 21.35%、12.86%、13.91%。2021 年末，缴存总额 2031.65 亿元，比上年末增加 15.43%；缴存余额 627.62 亿元，同比增长 12.74%。受委托办理住房公积金缴存业务的银行 4 家。

(二) 提取。2021 年，62.41 万名缴存职工提取住房公积金；提取额 200.69 亿元 (其中市中心 148.37 亿元，省直分中心 52.32 亿元)，同比增长 18.27%；提取额占当年缴存额的 73.89%，比上年增加 2.73 个百分点。2021 年末，提取总额 1404.03 亿元，比上年末增加 16.68%。

(三) 贷款

1. 个人住房贷款。单缴存职工个人住房贷款最高额度 45 万元，双缴存职工个人住房贷款最高额度 55 万元。

2021 年，发放个人住房贷款 3.38 万笔、150.35 亿元，同比分别增长 1.20%、下降 0.86%。其中，市中心发放个人住房贷款 2.60 万笔、113.46 亿元，省直分中心发放个人住房贷款 0.78 万笔、36.89 亿元。

2021 年，回收个人住房贷款 127.92 亿元。其中，市中心 111.86 亿元，省直分中心 16.06 亿元。

2021 年末，累计发放个人住房贷款 36.72 万笔、1157.44 亿元，贷款余额 603.24 亿元，分别比上年末增加 10.14%、14.93%、3.86%。个人住房贷款余额占缴存余额的 96.12%，比上年末减少 8.21 个百分点。受委托办理住房公积金个人住房贷款业务的银行 16 家。

2. 异地贷款。2021 年，发放异地贷款 88 笔、3859.70 万元 (铁路行业)。2021 年末，发放异地贷款总额 349659.54 万元，异地贷款余额 33842.40 万元。

3. 公转商贴息贷款。2021 年，发放公转商贴息贷款 19641 笔、620661.11 万元，当年贴息额 7002.22 万元。2021 年末，累计发放公转商贴息贷款 19641 笔、620661.11 万元，累计贴息 7002.22 万元。

（四）资金存储。2021 年末，住房公积金存款 28.40 亿元。其中，活期 0.46 亿元，1 年（含）以下定期 4.75 亿元，其他（协定存款等）23.19 亿元。

（五）资金运用率。2021 年末，住房公积金个人住房贷款余额、项目贷款余额和购买国债余额的总和占缴存余额的 96.12%，比上年末减少 8.21 个百分点。

三、主要财务数据

（一）业务收入。2021 年，业务收入 195198.84 万元，同比增长 15.40%。其中，市中心 149069.19 万元，省直分中心 46129.65 万元；存款利息 10584.27 万元，委托贷款利息 184280.08 万元，其他 334.49 万元。

（二）业务支出。2021 年，业务支出 106100.90 万元，同比增长 13.81%。其中，市中心 83247.95 万元，省直分中心 22852.95 万元；支付职工住房公积金利息 88252.49 万元，归集手续费 914.17 万元，委托贷款手续费 4303.06 万元，其他 12631.17 万元（其中市中心贴息支出 7002.22 万元，担保及资产管理费 4268.55 万元，省直分中心担保费 1359.06 万元等）。

（三）增值收益。2021 年，增值收益 89097.94 万元，同比增长 17.35%。其中，市中心 65821.24 万元，省直分中心 23276.70 万元；增值收益率 1.51%，比上年增加 0.07 个百分点。

（四）增值收益分配。2021 年，提取管理费用 7232.68 万元，提取城市廉租住房（公共租赁住房）建设补充资金 81865.26 万元。

2021 年，上交财政管理费用 7867.04 万元。上缴财政城市廉租住房（公共租赁住房）建设补充资金 68951.64 万元，其中，市中心上缴 50879.04 万元，省直分中心上缴 18072.60 万元。

2021 年末，贷款风险准备金余额 131460.46 万元。累计提取城市廉租住房（公共租赁住房）建设补充资金 482563.28 万元。其中，市中心提取 351213.42 万元，省直分中心提取 131349.86 万元。

（五）管理费用支出。2021 年，管理费用支出 7375.89 万元，同比增长 46.32%。其中，人员经费 3027.83 万元，公用经费 409.21 万元，专项经费 3938.85 万元。

市中心管理费用支出 5745.51 万元，其中，人员、公用、专项经费分别为 2505.88 万元、266.69 万元、2972.94 万元；省直分中心管理费用支出 1630.38 万元，其中，人员、公用、专项经费分别为 521.95 万元、142.52 万元、965.91 万元。

四、资产风险状况

个人住房贷款：2021 年末，个人贷款风险准备金余额 131460.46 万元。

五、社会经济效益

（一）缴存业务

缴存职工中，国家机关和事业单位占 19.23%，国有企业占 22.26%，城镇集体企业占 0.25%，外商投资企业占 4.42%，城镇私营企业及其他城镇企业占 51.33%，民办非企业单位和社会团体占 2.45%，其他占 0.06%；中、低收入占 97.83%，高收入占 2.17%。

新开户职工中，国家机关和事业单位占 7.06%，国有企业占 11.55%，城镇集体企业占 0.31%，外商投资企业占 4.04%，城镇私营企业及其他城镇企业占 73.08%，民办非企业单位和社会团体占 3.91%，灵活就业人员占 0.01%，其他占 0.04%；中、低收入占 99.20%，高收入占 0.80%。

（二）提取业务

提取金额中，购买、建造、翻建、大修自住住房占 27.39％，偿还购房贷款本息占 54.20％，租赁住房占 6.54％，支持老旧小区改造占 0.02％，离休和退休提取占 8.15％，完全丧失劳动能力并与单位终止劳动关系提取占 0.34％，出境定居占 1.46％，其他占 1.90％。提取职工中，中、低收入占 96.94％，高收入占 3.06％。

（三）贷款业务

个人住房贷款。2021 年，支持职工购建房 373.41 万平方米（含公转商贴息贷款），年末个人住房贷款市场占有率（含公转商贴息贷款）为 11.14％，比上年末增加 0.34 个百分点。通过申请住房公积金个人住房贷款，可节约职工购房利息支出 251713.12 万元。

职工贷款笔数中，购房建筑面积 90（含）平方米以下占 21.47％，90～144（含）平方米占 73.02％，144 平方米以上占 5.51％。购买新房占 65.99％，购买二手房占 34.01％。

职工贷款笔数中，单缴存职工申请贷款占 39.07％，双缴存职工申请贷款占 60.93％。

贷款职工中，30 岁（含）以下占 39.78％，30 岁～40 岁（含）占 40.56％，40 岁～50 岁（含）占 14.71％，50 岁以上占 4.95％；购买首套住房申请贷款占 81.98％，购买二套及以上申请贷款占 18.02％；中、低收入占 96.96％，高收入占 3.04％。

（四）住房贡献率

2021 年，个人住房贷款发放额、公转商贴息贷款发放额、项目贷款发放额、住房消费提取额的总和与当年缴存额的比率为 143.34％，比上年增加 18.33 个百分点。

六、其他重要事项

（一）当年机构及职能调整情况、受委托办理缴存贷款业务金融机构变更情况

2021 年 9 月 29 日，省直分中心停办华夏银行、民生银行两家银行住房公积金贷款业务。2021 年 12 月，合肥市中心增加邮储银行合肥分行为贷款委托银行。

（二）当年住房公积金政策调整及执行情况

1.2021 年住房公积金缴存比例保持 5％～12％。出台《关于调整 2021 年度合肥市住房公积金缴存基数的通知》，2021 年 1 月 1 日至 2021 年 12 月 31 日，职工住房公积金月缴存基数上限为 24207 元，下限按合肥市最低工资标准 1550 元/月执行，市辖四县一市最低工资标准按省市相关文件规定执行。

2.贯彻落实支持老旧小区改造政策。2021 年共为 54 户家庭办理了加装电梯提取业务，金额为 317.05 万元。

（三）当年服务改进情况

1.拓展网上业务平台，建设综合服务体系。大力推进信息化建设，线上业务不断优化升级。自 2019 年底大力推进信息化系统建设以来，已建成住房公积金个人网厅、手机 App "皖事通"、"合肥通" 等多种渠道为一体的综合服务体系。积极融入长三角公积金 "一体化"，推动公积金 "跨省通办"。

2.打造便民高效服务平台，获取合作商业银行商贷数据。商贷还贷提取占比重较大，通过与签署协议的部分银行联网，公积金系统获取商贷实时的数据并且留痕，方便、快捷。目前，中心已与建设银行、工商银行等 13 家商业银行进行了数据共享。下一步，中心还将继续拓展本地商贷职工较多的其他商业银行，优化相关流程，更好地为职工服务。

3.规范住房公积金贷款担保等业务。4 月 8 日完成 12329 热线公开招标投标。5 月 18 日完成担保公开招标投标，将全程担保变为阶段性担保和贷后资产管理。

4.强化对归集、贷款银行的过程管理。2021 年将委托银行代办改为协议目标任务、序时进度考核管理，通过周调度、月推进、季考核和年总评等形式，强化序时进度管理，加大对归集、贷款业务的目标任务和服务质量的考核力度。

5.加强资金统筹和风险防控。实行全中心资金管理使用一盘棋，强化内部资金调度，坚持每周集

体研究资金调拨，提高资金使用率。通过招标投标方式确定风险准备金大额资金存储和存量"公转商"贷款业务办理。及时在外网公布住房公积金年度报告、住房公积金个贷率，增强资金运行透明度。

6. 增设便民服务网点。2021年，中心原有服务网点基础上，又增设了城北营业部，进一步方便群众办事。对庐江管理部服务设施进行改善，重新购置并已搬迁至新的服务场所。

（四）当年信息化建设情况

2021年合肥市住房公积金管理中心信息化建设以大数据为支撑，在安徽政务网31项业务全程网办的基础上，实现22项业务无要件办理，同时中心网厅进一步扩大服务范围，实现了42项业务网上办理功能。

完成了住房和城乡建设部微信小程序上线，实现了8项住房公积金高频服务事项的"跨省通办"。2021年6月合肥作为首批八个试点城市接入长三角"一网通办"平台实现异地购房提取零材料、多地联办实时审。10月20日又完成了住房公积金提前归还并结清住房公积金贷款等4项业务接入长三角"一网通办"平台。实现了与公安、民政、房产、商业银行等部门数据共享。12月合肥市自由职业者缴存服务系统正式启用。通过与市人社局合作，居民服务一卡通上线。

（五）当年住房公积金管理中心及职工所获荣誉情况

市中心荣获2020—2022年度安徽省第十二届文明单位；2021年荣获合肥市政务公开政务网站暨政务新媒体工作先进单位、数据资源工作绩效考核优秀单位；市中心机关党委获市级"好"党组织、机关第一党支部被评为先进党组织；省直分中心被安徽省机关事务管理局授予2021年度考核先进集体、党支部被安徽省机关事务管理局授予先进党支部；滨湖营业部获政务服务先进窗口、庐江管理部获第六批全省住建系统岗位学雷锋活动示范点；丁一鸣同志获2019—2020年度省直机关"青年岗位能手"荣誉称号、郭峰同志获第六批全省住建系统岗位学雷锋标兵、陈琦获优秀政务窗口工作人员、钱靖同志获市直机关优秀党务工作者、林彬同志获12345政府热线优秀工作人员、朱玲同志获安徽省机关事务管理局2021年度局属单位优秀管理人员。

安徽省及省内各城市住房公积金 2021 年年度报告二维码

名称	二维码
安徽省住房公积金 2021 年年度报告	
合肥市住房公积金 2021 年年度报告	
芜湖市住房公积金 2021 年年度报告	
蚌埠市住房公积金 2021 年年度报告	
淮南市住房公积金 2021 年年度报告	
马鞍山市住房公积金 2021 年年度报告	
淮北市住房公积金 2021 年年度报告	

续表

名称	二维码
铜陵市住房公积金 2021 年年度报告	
安庆市住房公积金 2021 年年度报告	
黄山市住房公积金 2021 年年度报告	
滁州市住房公积金 2021 年年度报告	
阜阳市住房公积金 2021 年年度报告	
宿州市住房公积金 2021 年年度报告	
六安市住房公积金 2021 年年度报告	
亳州市住房公积金 2021 年年度报告	

续表

名称	二维码
池州市住房公积金 2021 年年度报告	
宣城市住房公积金 2021 年年度报告	

福建省

福建省住房公积金 2021 年年度报告

根据国务院《住房公积金管理条例》和住房和城乡建设部、财政部、人民银行《关于健全住房公积金信息披露制度的通知》（建金〔2015〕26 号）规定，现将福建省住房公积金 2021 年年度报告汇总公布如下：

一、机构概况

（一）住房公积金管理机构

全省共设 9 个设区城市住房公积金中心和平潭综合实验区行政服务中心，平潭综合实验区行政服务中心承担住房公积金管理中心的职能。福州另设有三个住房公积金管理机构（其中福建省直单位住房公积金中心隶属福建省机关事务管理局、福州住房公积金中心铁路分中心隶属中国铁路南昌局集团有限公司、福州住房公积金中心福建省能源集团分中心隶属福建省能源集团有限责任公司）。全省从业人员 930 人，其中，在编 601 人，非在编 329 人。

（二）住房公积金监管机构

福建省住房和城乡建设厅、财政厅和人民银行福州中心支行负责对本省住房公积金管理运行情况进行监督。福建省住房和城乡建设厅设立住房公积金监管处，负责辖区住房公积金日常监管工作。

二、业务运行情况

（一）缴存。 2021 年，新开户单位 30332 家，净增单位 17238 家；新开户职工 67.82 万人，净增职工 29.29 万人；实缴单位 157438 家，实缴职工 467.85 万人，缴存额 826.92 亿元，分别同比增长 12.30％、6.68％、11.69％。2021 年末，缴存总额 6357.28 亿元，比上年末增加 14.95％；缴存余额 2126.42 亿元，同比增长 11.12％（表 1）。

2021 年分城市住房公积金缴存情况　　　　　　　　　　　　　　　　表 1

地区	实缴单位（万个）	实缴职工（万人）	缴存额（亿元）	累计缴存总额（亿元）	缴存余额（亿元）
福建省	**15.74**	**467.85**	**826.92**	**6357.28**	**2126.42**
福州	3.22	115.02	242.54	1847.69	628.26
厦门	5.72	128.79	214.22	1554.21	511.64
莆田	0.64	22.40	34.75	270.93	109.51
三明	0.83	25.68	45.31	394.34	114.75
泉州	2.46	61.86	105.19	860.41	276.71
漳州	0.98	36.39	60.62	439.84	157.92
南平	0.52	20.23	33.75	296.97	102.77
龙岩	0.71	24.08	42.24	352.57	100.42
宁德	0.60	31.13	42.17	303.51	111.61
平潭综合实验区	0.07	2.28	6.12	36.80	12.82

（二）提取。 2021 年，191.85 万名缴存职工提取住房公积金；提取额 614.16 亿元，同比增长 8.51%；提取额占当年缴存额的 74.27%，比上年减少 2.18 个百分点。2021 年末，提取总额 4230.86 亿元，比上年末增加 16.98%（表 2）。

地区	提取额 （亿元）	提取率 （%）	住房消费类提取额 （亿元）	非住房消费类提取额 （亿元）	累计提取总额 （亿元）
福建省	**614.16**	**74.27**	**508.03**	**106.13**	**4230.86**
福州	175.90	72.52	142.18	33.72	1219.43
厦门	156.07	72.86	133.77	22.31	1042.57
莆田	25.36	72.98	20.42	4.94	161.42
三明	38.38	84.71	31.27	7.12	279.60
泉州	81.99	77.94	69.31	12.68	583.69
漳州	41.03	67.68	33.34	7.69	281.92
南平	25.71	76.18	19.59	6.12	194.20
龙岩	34.67	82.08	29.91	4.76	252.15
宁德	31.06	73.66	24.91	6.15	191.90
平潭综合实验区	3.97	64.91	3.33	0.65	23.98

2021 年分城市住房公积金提取情况　　　　　　　　　　　　　　　　　　表 2

（三）贷款

1. 个人住房贷款。2021 年，发放个人住房贷款 6.89 万笔、347.69 亿元，同比下降 7.16%、7.13%。回收个人住房贷款 214.09 亿元。

2021 年末，累计发放个人住房贷款 117.28 万笔、3626.56 亿元，贷款余额 1923.85 亿元，分别比上年末增加 6.24%、10.60%、7.46%。个人住房贷款余额占缴存余额的 90.47%，比上年末减少 3.08 个百分点（表 3）。

2021 年分城市住房公积金个人住房贷款情况　　　　　　　　　　　　　　表 3

地区	放贷笔数 （万笔）	贷款发放额 （亿元）	累计放贷笔数 （万笔）	累计贷款总额 （亿元）	贷款余额 （亿元）	个人住房 贷款率（%）
福建省	**6.89**	**347.69**	**117.28**	**3626.56**	**1923.85**	**90.47**
福州	1.71	94.77	23.54	911.26	539.90	85.93
厦门	1.29	99.24	19.88	861.71	483.85	94.57
莆田	0.45	18.19	5.29	161.38	96.45	88.08
三明	0.75	27.26	11.85	246.58	110.38	96.20
泉州	1.03	45.41	15.92	530.03	257.31	92.99
漳州	0.12	5.43	9.62	242.34	127.34	80.64
南平	0.45	16.26	8.17	183.08	95.17	92.60
龙岩	0.43	15.04	12.44	239.43	96.35	95.94
宁德	0.64	24.65	10.29	237.48	107.70	96.50
平潭综合实验区	0.03	1.43	0.27	13.26	9.40	73.30

2021 年，支持职工购建房（含公转商贴息贷款）961.29 万平方米。年末个人住房贷款市场占有率（含公转商贴息贷款）为 13.78%，比上年末减少 0.17 个百分点。通过申请住房公积金个人住房贷款，可节约职工购房利息支出 1011730.05 万元。

2. 异地贷款。2021 年，发放异地贷款 600 笔、23116.40 万元。2021 年末，发放异地贷款总额 421394.64 万元，异地贷款余额 325731.54 万元。

3. 公转商贴息贷款。2021 年，发放公转商贴息贷款 20023 笔、1173211.39 万元，支持职工购建房面积 213.01 万平方米。当年贴息额 60372.22 万元。2021 年末，累计发放公转商贴息贷款 107596 笔、5761242.56 万元，累计贴息 169062.90 万元。

4. 住房公积金支持保障性住房建设项目贷款。2021 年末，我省开展住房公积金支持保障性住房建设项目贷款。

（四）购买国债。2021 年，未购买国债。当年兑付、转让、收回国债 0.2 亿元，国债余额 0.28 亿元，比上年同期减少 0.2 亿元。

（五）融资。2021 年，融资 0 亿元，归还 16.29 亿元。年末，融资总额 277.88 亿元，融资余额 0 亿元。

（六）资金存储。2021 年末，住房公积金存款 233.22 亿元。其中，活期 0.70 亿元，1 年（含）以下定期 61.68 亿元，1 年以上定期 54.21 亿元，其他（协定、通知存款等）116.63 亿元。

（七）资金运用率。2021 年末，住房公积金个人住房贷款余额、项目贷款余额和购买国债余额的总和占缴存余额的 90.49%，比上年末减少 3.09 个百分点。

三、主要财务数据

（一）业务收入。2021 年，业务收入 662136.78 万元，同比增长 8.53%。其中，存款利息 56659.10 万元，委托贷款利息 605254.23 万元，国债利息 152.40 万元，其他 71.05 万元。

（二）业务支出。2021 年，业务支出 400957.11 万元，同比增长 11.05%。其中，支付职工住房公积金利息 300122.79 万元，归集手续费 17242.43 万元，委托贷款手续费 17525.66 万元，其他 66066.23 万元。

（三）增值收益。2021 年，增值收益 261179.67 万元，同比增长 4.87%；增值收益率 1.30%，比上年减少 0.05 个百分点。

（四）增值收益分配。2021 年，提取贷款风险准备金 53304.75 万元，提取管理费用 15310.14 万元，提取城市廉租住房（公共租赁住房）建设补充资金 192577.25 万元（表 4）。2021 年，上交管理费用 14361.77 万元，上缴城市廉租住房（公共租赁住房）建设补充资金 172727.10 万元。

2021 年末，贷款风险准备金余额 780892.13 万元，累计提取城市廉租住房（公共租赁住房）建设补充资金 1503909.23 万元。

2021 年分城市住房公积金增值收益及分配情况 表 4

地区	业务收入（亿元）	业务支出（亿元）	增值收益（亿元）	增值收益率（%）	提取贷款风险准备金（亿元）	提取管理费用（亿元）	提取公租房（廉租房）建设补充资金（亿元）
福建省	**66.21**	**40.10**	**26.12**	**1.30**	**5.33**	**1.53**	**19.26**
福州	19.84	10.43	9.42	1.58	1.79	0.19	7.44
厦门	15.34	10.58	4.76	0.99	2.18	0.27	2.32
莆田	3.35	1.77	1.57	1.51	0.35	0.10	1.12
三明	3.91	2.83	1.08	0.98	0.12	0.14	0.82
泉州	8.63	5.41	3.23	1.23	0.31	0.22	2.69
漳州	4.65	3.26	1.39	0.94	0.00	0.19	1.20
南平	3.24	2.01	1.23	1.26	0.21	0.12	0.90
龙岩	3.41	1.85	1.56	1.62	0.00	0.14	1.42

续表

地区	业务收入（亿元）	业务支出（亿元）	增值收益（亿元）	增值收益率（%）	提取贷款风险准备金（亿元）	提取管理费用（亿元）	提取公租房（廉租房）建设补充资金（亿元）
宁德	3.50	1.76	1.74	1.64	0.35	0.15	1.24
平潭综合实验区	0.34	0.20	0.14	1.19	0.03	0.01	0.10

（五）**管理费用支出**。2021年，管理费用支出19037.81万元，同比下降11.5%。其中，人员经费11798.64万元，公用经费1448.74万元，专项经费5790.42万元。

四、资产风险状况

（一）**个人住房贷款**。2021年末，个人住房贷款逾期额3350.47万元，逾期率0.174‰，个人贷款风险准备金余额777832.13万元。2021年，使用个人贷款风险准备金核销呆坏账0万元。

（二）**住房公积金支持保障性住房建设项目贷款**。我省项目贷款于2015年已全部结清，无项目贷款逾期情况，全省项目贷款风险准备金余额为3060万元，其中厦门贷款风险准备金余额1840万元，福州贷款风险准备金余额1220万元。

五、社会经济效益

（一）**缴存业务**。缴存职工中，国家机关和事业单位占25.74%，国有企业占22.27%，城镇集体企业占1.53%，外商投资企业占7.96%，城镇私营企业及其他城镇企业占30.60%，民办非企业单位和社会团体占2.62%，灵活就业人员占0.63%，其他占8.65%；中、低收入占97.82%，高收入占2.18%。

新开户职工中，国家机关和事业单位占8.90%，国有企业占14.84%，城镇集体企业占1.55%，外商投资企业占8.42%，城镇私营企业及其他城镇企业占51.36%，民办非企业单位和社会团体占2.95%，灵活就业人员占0.52%，其他占11.46%；中、低收入占99.57%，高收入占0.43%。

（二）**提取业务**。提取金额中，购买、建造、翻建、大修自住住房占26.18%，偿还购房贷款本息占52.26%，租赁住房占4.21%，支持老旧小区改造提取占0.08%；离休和退休提取占9.14%，完全丧失劳动能力并与单位终止劳动关系提取占4.09%，出境定居占0.03%，其他占4.01%。提取职工中，中、低收入占92.10%，高收入占7.90%。

（三）**贷款业务**

1. 个人住房贷款。职工贷款笔数中，购房建筑面积90（含）平方米以下占32.74%，90～144（含）平方米占62.73%，144平方米以上占4.53%。购买新房占76.05%（其中购买保障性住房3.4%），购买二手房占23.90%，建造、翻建、大修自住住房占0.02%，其他占0.03%。

职工贷款笔数中，单缴存职工申请贷款占59.43%，双缴存职工申请贷款占40.46%，三人及以上缴存职工共同申请贷款占0.11%。

贷款职工中，30岁（含）以下占27.97%，30岁～40岁（含）占45.88%，40岁～50岁（含）占19.32%，50岁以上占6.83%；首次申请贷款占88.55%，二次及以上申请贷款占11.45%；中、低收入占96.25%，高收入占3.75%。

2. 住房公积金支持保障性住房建设项目贷款。2021年末，我省开展住房公积金支持保障性住房建设项目贷款。

（四）**住房贡献率**。2021年，个人住房贷款发放额、公转商贴息贷款发放额、项目贷款发放额、住房消费提取额的总和与当年缴存额的比率为117.67%，比上年减少8.63个百分点。

六、其他重要事项

(一) 开展"再学习、再调研、再落实"活动

2021 年 4～5 月份在全省开展"提升公积金服务水平，优化营商环境"调研，走访公积金系统项目组、承办银行、11 个公积金中心，与基层管理部一线工作人员、部分企业代表等进行座谈。针对调研中发现的问题，2021 年 7 月 30 日印发《关于进一步提升公积金服务水平优化营商环境的指导意见》(闽建金函〔2021〕3 号)，对缴存扩面、使用政策、安全管控、信息共享、纠纷治理和调处机制等方面问题提出指导性意见。

(二) 全面梳理公积金公共服务事项

按照"能统则统"的原则，开展全省公积金服务事项"五级十五同"的细化梳理工作，全省公积金服务事项由最初的 390 多项精简到 120 多项，顺利完成福建省网上办事大厅公积金公共服务事项录入，并组织各公积金中心完成服务事项绑定和服务渠道相关材料的修改、调整。

(三) 全力做好审计配合和审计整改工作

2021 年 9～10 月审计署 (广州特派办) 对我省住房公积金政策落实情况及公积金归集、使用、管理情况开展专项审计。全省高度重视此次专项审计，省住房城乡建设厅牵头组织三场审计整改专题会，制定并落实审计整改方案，强化责任担当，严格对照任务清单，全面整改问题，确保整改到位。同时通过审计整改，举一反三，进一步强化内部管理、完善制度建设，加强标本兼治，从源头和机制上防控风险，确保审计实效。

(四) 做好政务服务系统整合优化和业务协同等工作

根据省数办、审改办工作部署，完成网厅个人用户和法人用户的统一身份认证平台对接 (与福建省网上办事大厅实现一点登录、多点漫游)、界面风格的全版改造 (与省级政务平台实现界面风格统一、交互体验统一、办事事项元素展现方式统一)、服务事项精准跳转 (从福建省网上办事大厅免二次登录直接跳转到具体事项的申报页面) 等。根据审改办首批和第二批"一件事"集成套餐服务事项清单，住房公积金涉及的"一件事"集成套餐服务有企业开办一件事、个人住房公积金贷款一件事、二手房转移登记一件事、企业职工退休一件事、社会救助一件事等，截至 2021 年底基本按要求完成与相关部门的系统对接工作。

(五) 积极推动"跨中心通办""跨省通办"

一是组织全省十三家公积金中心 (分中心) 签订《福建省内住房公积金信息共享战略合作协议》，打破各公积金中心数据不互联不共享的信息壁垒，通过信息共享进一步实现办事材料简化、业务流程优化，从而驱动住房公积金管理和服务水平提升，莆田市全省首家与厦门中心实现数据共享，大大减少两地职工办理贷款、提取等业务的办事材料。二是为进一步提升服务、方便群众办事，深化共享数据应用，福州、省直、莆田 3 个试点中心牵头研发跨中心冲还贷业务，解决异地贷款以及借款申请人跨中心等情况的贷款职工无法办理冲还贷问题，减轻职工还贷压力。三是积极贯彻落实国家、部省级关于"跨省通办"工作的要求，各地设置"跨省通办"窗口，通过代收代办、两地联办等方式受理"跨省通办"业务申请。同时，充分发挥综合服务平台作用，按照"应上尽上""能上尽上"的原则，加快丰富线上服务种类，截至 2021 年底需完成的 5 个"跨省通办"事项均已完成。

(六) 深入推进精神文明建设

2021 年全省全系统创建地市级以上文明单位 8 个，其中省部级 4 个；省部级青年文明号 1 个；工人先锋号 4 个，其中省部级 2 个；三八红旗手 (巾帼文明岗) 1 个；先进集体和个人 17 个；其他类荣誉称号 16 个，其中国家级 3 个，省部级 4 个。

福建省福州住房公积金 2021 年年度报告

根据国务院《住房公积金管理条例》和住房和城乡建设部、财政部、人民银行《关于健全住房公积金信息披露制度的通知》（建金〔2015〕26 号）的规定，经住房公积金管理委员会审议通过，现将福州住房公积金 2021 年年度报告（由福州中心、省直中心、铁路分中心、能源分中心的数据汇总生成）公布如下：

一、机构概况

（一）住房公积金管理委员会。第二届福州住房公积金管理委员会有 25 名委员，2021 年共召开 1 次全体成员会议，2 次主任委员办公会议，审议通过 5 项事项，主要包括：1.《福州住房公积金 2020 年度报告》；2.《关于调整部分管委会委员的报告》；3. 各中心《2020 年住房公积金计划执行情况和 2021 年住房公积金计划（草案）的报告》；4.《关于调整 2021 年度福州住房公积金缴存基数的通知》；5.《关于调整两项住房公积金政策的通知》。

（二）住房公积金管理中心。福州住房公积金中心为直属于市政府不以营利为目的的参照公务员法管理的正处级事业单位，主要负责全市住房公积金的归集、管理、使用和会计核算。中心内设 8 个处，下设 9 个管理部。从业人员 150 人，其中：在编 84 人，非在编 66 人。

福建省直单位住房公积金中心为隶属于福建省机关事务管理局不以营利为目的的参照公务员法管理的正处级事业单位，主要负责在榕省属单位和中央驻榕单位住房公积金归集、管理、使用和会计核算。中心内设 6 个部（室），从业人员 50 人，其中：在编 18 人，非在编 32 人。

福州住房公积金中心福州铁路分中心为隶属于中国铁路南昌局集团有限公司不以营利为目的的正处级国有企业单位，主要负责中国铁路南昌局集团有限公司福建省境内所属各单位、合资铁路公司、铁路集体经济企业以及其他委托单位住房公积金归集、管理、使用和会计核算。分中心内设 4 个科室，从业人员 14 人，其中：在编 14 人，非在编 0 人。

福州住房公积金中心福建省能源集团分中心为隶属于福建省能源集团有限责任公司不以营利为目的的机构属性单位，主要负责福建省能源集团有限责任公司福建省境内所属单位住房公积金归集、管理、使用和会计核算。分中心内设 4 个处（科），从业人员 10 人，其中：在编 10 人，非在编 0 人。

二、业务运行情况

（一）缴存。2021 年，新开户单位 6374 家，净增单位 4075 家；新开户职工 19.10 万人，净增职工 6.53 万人；实缴单位 32156 家，实缴职工 115.02 万人，缴存额 242.54 亿元，分别同比增长 14.51%、6.02%、11.35%。2021 年末，缴存总额 1847.69 亿元，比上年末增加 15.11%；缴存余额 628.26 亿元，同比增长 11.87%。受委托办理住房公积金缴存业务的银行 7 家，分别是建设银行、工商银行、农业银行、中国银行、兴业银行、农村商业银行、中信银行。

（二）提取。2021 年，46.28 万名缴存职工提取住房公积金；提取额 175.90 亿元，同比增长 12.60%；提取额占当年缴存额的 72.52%，比上年增加 0.80 个百分点。2021 年末，提取总额 1219.43 亿元，比上年末增加 16.86%。

（三）贷款

1. 个人住房贷款。个人住房贷款最高额度 80 万元。单缴存职工个人住房贷款最高额度 50 万元，双缴存职工个人住房贷款最高额度 80 万元。

2021 年，发放个人住房贷款 1.71 万笔、94.77 亿元，同比分别增长 3.65%、4.32%。其中，福州中心发放个人住房贷款 0.98 万笔、52.74 亿元，省直中心发放个人住房贷款 0.60 万笔、36.26 亿元，铁路分中心发放个人住房贷款 0.10 万笔、4.64 亿元，能源分中心发放个人住房公积金贷款 0.02 万笔、1.13 亿元。

2021 年，回收个人住房贷款 48.49 亿元。其中，福州中心 24.73 亿元，省直中心 19.74 亿元，铁路分中心 3.12 亿元，能源分中心 0.90 亿元。

2021 年末，累计发放个人住房贷款 23.54 万笔、911.26 亿元，贷款余额 539.90 亿元，分别比上年末增加 7.82%、11.61%、9.38%。个人住房贷款余额占缴存余额的 85.93%，比上年末减少 1.96 个百分点。受委托办理住房公积金个人住房贷款业务的银行 8 家，分别是建设银行、工商银行、农业银行、中国银行、交通银行、兴业银行、农村商业银行、中信银行。

2. 异地贷款。2021 年，发放异地贷款 168 笔、8433.10 万元。2021 年末，累计发放异地贷款总额 34398.22 万元，异地贷款余额 28353.07 万元。

3. 公转商贴息贷款。2021 年，发放公转商贴息贷款 147 笔、6508 万元，当年贴息额 353.06 万元。2021 年末，累计发放公转商贴息贷款 10413 笔、511371.80 万元，累计贴息 10698.03 万元。

（四）购买国债。2021 年，国债余额 0 元。

（五）资金存储。2021 年末，住房公积金存款 98.38 亿元。其中，活期 0.49 亿元，1 年（含）以下定期 19.90 亿元，1 年以上定期 53.21 亿元，其他（协定、通知存款等）24.78 亿元。

（六）资金运用率。2021 年末，住房公积金个人住房贷款余额、项目贷款余额和购买国债余额的总和占缴存余额的 85.93%，比上年末减少 1.96 个百分点。

三、主要财务数据

（一）业务收入。2021 年，业务收入 198427.64 万元，同比增长 13.86%。其中：福州中心 103172.23 万元，省直中心 80011.01 万元，铁路分中心 11932.53 万元，能源分中心 3311.87 万元。存款利息 30591.78 万元，委托贷款利息 167825.16 万元，国债利息 0 万元，其他 10.70 万元。

（二）业务支出。2021 年，业务支出 104259.75 万元，同比增长 13.05%。其中，福州中心 54400.72 万元，省直中心 42166.47 万元，铁路分中心 6011.71 万元，能源分中心 1680.85 万元。支付职工住房公积金利息 89948.38 万元，归集手续费 7059.18 万元，委托贷款手续费 5812.06 万元，其他 1440.13 万元。

（三）增值收益。2021 年，增值收益 94167.89 万元，同比增长 14.77%。其中，福州中心 48771.51 万元，省直中心 37844.54 万元，铁路分中心 5920.82 万元，能源分中心 1631.02 万元。增值收益率 1.58%，比上年增加 0.05 个百分点。

（四）增值收益分配。2021 年，提取贷款风险准备金 17904.19 万元，提取管理费用 1882 万元，提取公共租赁住房建设补充资金 74381.70 万元。

2021 年，上交财政管理费用 900 万元。上缴公共租赁住房建设补充资金 56127.18 万元，其中：福州中心上缴 31633.14 万元，省直中心上缴 24494.04 万元，铁路分中心上缴 0 万元，能源分中心上缴 0 万元。

2021 年末，贷款风险准备金余额 220881.41 万元。累计提取公共租赁住房建设补充资金 479524.25 万元。其中：福州中心提取 229819.90 万元，省直中心提取 206436.43 万元，铁路分中心提取 35362.39 万元，能源分中心提取 7905.53 万元。

（五）管理费用支出。2021 年，管理费用支出 4578.02 万元，同比下降 26.89%。其中：人员经费 2451.26 万元，公用经费 179.45 万元，专项经费 1947.31 万元。

四、资产风险状况

个人住房贷款。2021 年末，个人住房贷款逾期额 760.34 万元，逾期率 0.141‰，其中：福州中心

0.152‰，省直中心 0.120‰，铁路分中心 0.192‰，能源分中心 0.05‰。个人贷款风险准备金余额 219661.41 万元。2021 年，使用个人贷款风险准备金核销呆坏账 0 万元。

五、社会经济效益

（一）缴存业务

缴存职工中，国家机关和事业单位占 22.45％，国有企业占 29.05％，城镇集体企业占 1.93％，外商投资企业占 5.84％，城镇私营企业及其他城镇企业占 36.44％，民办非企业单位和社会团体占 1.86％，其他占 2.43％；中、低收入占 97.34％，高收入占 2.66％。

新开户职工中，国家机关和事业单位占 7.10％，国有企业占 20.29％，城镇集体企业占 2.23％，外商投资企业占 6.43％，城镇私营企业及其他城镇企业占 57.21％，民办非企业单位和社会团体占 2.19％，其他占 4.55％；中、低收入占 99.35％，高收入占 0.65％。

（二）提取业务

提取金额中，购买、建造、翻建、大修自住住房占 24.91％，偿还购房贷款本息占 53.41％，租赁住房占 2.47％，支持老旧小区改造占 0.05％，离休和退休提取占 8.93％，完全丧失劳动能力并与单位终止劳动关系提取占 6.63％，其他占 3.60％。提取职工中，中、低收入占 96.42％，高收入占 3.58％。

（三）贷款业务

个人住房贷款。2021 年，支持职工购建房 168.90 万平方米（含公转商贴息贷款），年末个人住房贷款市场占有率（含公转商贴息贷款）为 11.43％，比上年末减少 0.01 个百分点。通过申请住房公积金个人住房贷款，可节约职工购房利息支出 213967.58 万元。

职工贷款笔数中，购房建筑面积 90（含）平方米以下占 45.56％，90～144（含）平方米占 50.73％，144 平方米以上占 3.71％。购买新房占 68.58％（其中购买保障性住房占 0.02％），购买二手房占 31.42％，建造、翻建、大修自住住房占 0％（其中支持老旧小区改造占 0％），其他占 0％。

职工贷款笔数中，单缴存职工申请贷款占 59.61％，双缴存职工申请贷款占 40.39％，三人及以上缴存职工共同申请贷款占 0％。

贷款职工中，30 岁（含）以下占 34.00％，30 岁～40 岁（含）占 45.09％，40 岁～50 岁（含）占 16.13％，50 岁以上占 4.78％；购买首套住房申请贷款占 92.83％，购买二套及以上申请贷款占 7.17％；中、低收入占 96.51％，高收入占 3.49％。

（四）住房贡献率

2021 年，个人住房贷款发放额、公转商贴息贷款发放额、项目贷款发放额、住房消费提取额的总和与当年缴存额的比率为 97.96％，比上年减少 0.28 个百分点。

六、其他重要事项

（一）当年住房公积金政策调整及执行情况

6 月 16 日福州住房公积金管理委员会印发《关于调整 2021 年度福州住房公积金缴存基数的通知》（榕公积管委〔2021〕2 号），7 月起在福州地区缴存住房公积金的单位及其职工住房公积金最高月缴存基数为 24120 元，最低月缴存基数为 1720 元。

8 月 17 日福州住房公积金管理委员会印发《关于调整两项住房公积金政策的通知》（榕公积管委〔2021〕3 号），8 月 17 日起福州地区取消"城市低收入家庭提取住房公积金支付物业服务费"事项，9 月 17 日起职工第二次申请住房公积金贷款的，住房公积金贷款利率按住房公积金贷款基准利率的 1.1 倍执行。

2021 年福州地区 5 年期以下（含）个人住房公积金贷款利率为 2.75％，5 年期以上个人住房公积金贷款利率为 3.25％；个人住房公积金存款利率为 1.5％。

（二）当年服务改进情况

2021 年福州中心、省直中心及各分中心持续深化"放管服"改革，营造一流营商和服务环境，用实际行动和服务成效回应群众关切。一是深入推进"跨省通办"。通过"两地联办""代收代办"等形式，开展住房公积金单位登记开户等 8 项公积金事项"跨省通办"；福州中心所有"跨省通办"事项 100%"全程网办""智能秒批"，2021 年累计已开设 12 个公积金"跨省通办"服务窗口，累计为 4293 家企业开立住房公积金单位账户，为 21060 家企业办理了单位信息变更，为 16590 名职工办理了个人信息变更，为 794 名贷款职工出具住房公积金缴存使用证明，为 3745 名职工开具住房公积金个人住房贷款全部还清证明，为 1768 名职工办理了购房提取，提取金额达 15817.37 万元，为 1156 名职工办理了正常退休提取，提取金额达 15606.25 万元，着力解决群众异地办事"多地跑""往返跑"难题。二是加快公积金服务"马上办"。通过"网上办、快递办、自助办、掌上办、智慧办"等方式，福州中心新增 15 个"一趟不用跑"事项，提前实现 100%服务事项"一趟不用跑"，优于全省、全市全类型事项平均水平，新增 12 项全流程网办事项，全程网办率达 81%，"智能秒批"事项达 20 项，福州中心参与了 2020 年度中国营商环境全国指标评价，"市场监管"指标成为全国标杆指标，受到市政府通报表扬，全省率先推出公积金缴存基数调整网上办理零材料"智能秒批"、公积金（组合）贷款主贷人配偶零材料线上申请冲还贷签约业务；省直中心在全省创新推出公积金购房提取、跨中心还贷提取、还贷提取一步办结等网上提取业务，实现高频提取业务网上办理的全覆盖，累计 46 项全程网办业务。三是拓展互联网＋公积金"高效办"。福州中心成立网批中心，实行网上业务集中办理，线上办理公积金业务占比从 2020 年的 74.28%提升到 80.5%；拓展网上办事大厅、E 福州、闽政通、微信公众号、自助终端等线上服务渠道可办服务事项。四是推进线下服务"就近办"。福州中心新增滨海新城、东南汽车城 2 个公积金业务受理银行网点，全市范围内实体网点增至 37 个，全省首创将公积金提取业务下沉到承办银行网点受理，实现重点区域承办银行网点跨管理部办理提取业务；福州中心"创新'多网点、就近办'服务模式 织密住房公积金便民网络"案例入围 100 家福州市全面深化改革优秀案例之列。五是着力提升服务品质。全面开通政务服务"好差评"工作机制，群众满意率达 100%；福州中心完善窗口带班巡查制度，把岗位风险防控和服务质量提升的关口前移到窗口一线，推动 12329 公积金服务热线归并整合至 12345 政务服务便民热线，为广大缴存单位和职工提供更加全面的政务咨询服务；省直中心在全省率先推行二手房公积金组合贷款全面免评估、免开收入证明，全面升级 12329 智能语音客服热线，全年实现智能机器人语音独立服务 65720 通，推动人工座席接通率从 70%提升到 97%。

（三）当年信息化建设情况

一是建设区块链样板项目，福州中心顺利通过福州链上住房公积金智能平台终验，实现电子公积金卡、账户查询、信用评价、信用贷款、押品管理、智能稽核、流动性智能预警与风控等十几项功能。二是升级优化业务系统，2021 年福建省住房公积金综合管理信息系统进行了 24 次版本更新，完善了档案影像系统，档案扫描流程缩减了三分之一，大大提高了服务窗口柜台的工作效率。三是构建数据共享互联机制。接入 46 个市属职能部门的数据接口，实现与公安、民政、不动产等 9 家单位的数据调用，与省内各地市公积金中心签订《福建省内住房公积金信息共享战略合作协议》，通过各中心间的各类数据、信息、服务共享，打造福建省公积金数据互联生态圈。四是拓展公积金小程序功能。福州中心微信小程序新增"业务办理小贴士""公积金宣传""单位专管员培训"等功能，方便广大缴存单位和职工通过微信小程序能"一扫而知"掌握业务指南和线上办理规则；省直中心在全省率先开通闽政通 App 公积金小程序，同步升级门户网站；福州中心、省直中心全年实现 E 福州公积金访问量 1569.55 万人次，闽政通 App 公积金服务访问量 3009.92 万人次，公积金门户网站访问量 698.57 万人次。

（四）当年获得荣誉情况

2021 年福州公积金中心获得省委、省政府授予的"第十四届（2018—2020 年度）文明单位"荣誉称号，国管局、中直管理局、国家发展改革委、财政部授予的"节约型机关"荣誉称号，贷款全流程风险管控体系经验做法在全国交流，闽清党支部荣获市直机关"先进基层党组织"荣誉称号，陈晓妍同志获得省"优秀党务工作者"称号,王满秀同志获得市直机关"优秀共产党员"称号。

2021年省直公积金中心获得省委、省政府授予的"第十四届(2018—2020年度)文明单位"荣誉称号,国管局、中直管理局、国家发展改革委、财政部授予的"节约型机关"荣誉称号,省委省直机关工委授予的"省直机关先进基层党组织"荣誉称号。

(五)当年行政执法情况

2021年福州中心对违反《住房公积金管理条例》的违规企业作出20份决定书,结案20起、督促单位补缴住房公积金201.41万元,对6名骗取骗贷人员作出冻结使用住房公积金资格处理的决定。

福建省及省内各城市住房公积金
2021 年年度报告二维码

名称	二维码
福建省住房公积金 2021 年年度报告	
福州住房公积金 2021 年年度报告	
厦门市住房公积金 2021 年年度报告	
漳州市住房公积金 2021 年年度报告	
莆田市住房公积金 2021 年年度报告	
宁德市住房公积金 2021 年年度报告	
三明市住房公积金 2021 年年度报告	

续表

名称	二维码
龙岩市住房公积金 2021 年年度报告	
南平市住房公积金 2021 年年度报告	
泉州市住房公积金 2021 年年度报告	
平潭综合实验区住房公积金 2021 年年度报告	

江西省

江西省住房公积金 2021 年年度报告

根据国务院《住房公积金管理条例》和住房和城乡建设部、财政部、人民银行《关于健全住房公积金信息披露制度的通知》（建金〔2015〕26 号）规定，现将江西省住房公积金 2021 年年度报告汇总公布如下：

一、机构概况

（一）住房公积金管理机构

全省共设 11 个设区城市住房公积金管理中心，2 个独立设置的分中心（其中，省直分中心隶属江西省住房和城乡建设厅，铁路分中心隶属中国铁路南昌局集团有限公司）。从业人员 1319 人，其中，在编 783 人，非在编 536 人。

（二）住房公积金监管机构

江西省住房和城乡建设厅、财政厅和人民银行南昌中心支行负责对本省住房公积金管理运行情况进行监督。江西省住房和城乡建设厅设立住房公积金监管处，负责辖区住房公积金日常监管工作。

二、业务运行情况

（一）缴存。

2021 年，新开户单位 8550 家，净增单位 5695 家；新开户职工 42.36 万人，净增职工 25.14 万人；实缴单位 55833 家，实缴职工 310.80 万人，缴存额 556.84 亿元，分别同比增长 11.36%、8.80%、11.80%。2021 年末，缴存总额 3862.75 亿元，比上年末增加 16.84%；缴存余额 1722.94 亿元，同比增长 13.72%（表 1）。

2021 年分城市住房公积金缴存情况　　　　　　　　　　　　　　　　表 1

地区	实缴单位 （万个）	实缴职工 （万人）	缴存额 （亿元）	累计缴存总额 （亿元）	缴存余额 （亿元）
江西省	**5.58**	**310.80**	**556.84**	**3862.75**	**1722.94**
南昌	1.50	93.51	192.71	1381.02	517.87
景德镇	0.18	11.79	20.91	142.75	68.29
萍乡	0.21	11.47	23.55	148.58	71.36
九江	0.59	36.69	52.38	357.48	141.97
新余	0.13	9.94	20.45	134.83	57.76
鹰潭	0.15	6.82	13.53	102.65	43.47
赣州	0.99	46.36	70.87	480.09	249.94
吉安	0.52	25.47	43.58	292.30	147.71
宜春	0.40	25.88	44.26	308.01	127.93
抚州	0.40	16.50	27.29	194.10	110.24
上饶	0.51	26.37	47.31	320.94	186.40

（二）**提取。**2021 年，104.68 万名缴存职工提取住房公积金；提取额 348.98 亿元，同比增长 8.28％；提取额占当年缴存额的 62.67％，比上年减少 2.04 个百分点。2021 年末，提取总额 2139.81 亿元，比上年末增加 19.49％（表 2）。

2021 年分城市住房公积金提取情况

表 2

地区	提取额（亿元）	提取率（％）	住房消费类提取额（亿元）	非住房消费类提取额（亿元）	累计提取总额（亿元）
江西省	348.98	62.67	274.38	74.60	2139.81
南昌	126.02	65.39	103.77	22.25	863.15
景德镇	13.29	63.57	10.22	3.08	74.46
萍乡	11.93	50.64	9.22	2.71	77.22
九江	36.18	69.07	28.61	7.57	215.52
新余	11.23	54.89	8.58	2.65	77.07
鹰潭	8.87	65.51	6.79	2.07	59.19
赣州	43.08	60.79	33.49	9.59	230.15
吉安	26.26	60.26	19.95	6.31	144.58
宜春	31.48	71.14	24.88	6.60	180.08
抚州	15.60	57.15	11.09	4.51	83.86
上饶	25.04	52.93	17.78	7.26	134.53

（三）**贷款**

1. 个人住房贷款。2021 年，发放个人住房贷款 7.19 万笔、292.07 亿元，同比增长 6.99％、10.88％。回收个人住房贷款 156.60 亿元。

2021 年末，累计发放个人住房贷款 93.02 万笔、2493.59 亿元，贷款余额 1414.59 亿元，分别比上年末增加 8.38％、13.27％、10.59％。个人住房贷款余额占缴存余额的 82.10％，比上年末减少 2.33 个百分点（表 3）。

2021 年，支持职工购建房 864.72 万平方米。年末个人住房贷款市场占有率（含公转商贴息贷款）为 13.22％，比上年末减少 0.29 个百分点。通过申请住房公积金个人住房贷款，可节约职工购房利息支出 844886.56 万元。

2021 年分城市住房公积金个人住房贷款情况

表 3

地区	放贷笔数（万笔）	贷款发放额（亿元）	累计放贷笔数（万笔）	累计贷款总额（亿元）	贷款余额（亿元）	个人住房贷款率（％）
江西省	7.19	292.07	93.02	2493.59	1414.59	82.10
南昌	1.54	69.32	22.84	708.19	348.78	67.35
景德镇	0.45	17.12	4.13	101.97	60.28	88.26
萍乡	0.31	10.09	4.05	103.22	70.76	99.17
九江	0.95	27.01	11.17	246.9	122.26	86.12
新余	0.22	7.99	2.99	70.57	38.03	65.85
鹰潭	0.22	7.07	2.64	69.81	40.30	92.71
赣州	1.04	43.32	15.49	378.2	231.51	92.63

续表

地区	放贷笔数 （万笔）	贷款发放额 （亿元）	累计放贷笔数 （万笔）	累计贷款总额 （亿元）	贷款余额 （亿元）	个人住房贷款率 （%）
吉安	0.64	28.17	8.76	221.06	135.79	91.93
宜春	0.63	29.65	7.93	197.88	114.04	89.15
抚州	0.46	19.47	5.73	158	98.79	89.61
上饶	0.73	32.86	7.29	237.79	154.05	82.64

2. 异地贷款。2021 年，发放异地贷款 2436 笔、85650.90 万元。2021 年末，发放异地贷款总额 538311.53 万元，异地贷款余额 370448.17 万元。

3. 公转商贴息贷款。2021 年，发放公转商贴息贷款 0 笔、0 万元，支持职工购建房面积 0 万平方米。当年贴息额 0 万元。2021 年末，累计发放公转商贴息贷款 5931 笔、219844.40 万元，累计贴息 6888.06 万元。

（四）购买国债。2021 年，购买（记账式、凭证式）国债 0 亿元，（兑付、转让、收回）国债 0 亿元。2021 年末，国债余额 0 亿元，比上年末减少（增加）0 亿元。

（五）融资。2021 年，融资 4.9 亿元，归还 10.5 亿元。2021 年末，融资总额 131.38 亿元，融资余额 4.7 亿元。

（六）资金存储。2021 年末，住房公积金存款 339.25 亿元。其中，活期 5.03 亿元，1 年（含）以下定期 101.39 亿元，1 年以上定期 169.62 亿元，其他（协定、通知存款等）63.21 亿元。

（七）资金运用率。2021 年末，住房公积金个人住房贷款余额、项目贷款余额和购买国债余额的总和占缴存余额的 82.10%，比上年末减少 2.33 个百分点。

三、主要财务数据

（一）业务收入。2021 年，业务收入 546960.37 万元，同比增长 12.51%。其中，存款利息 93899.14 万元，委托贷款利息 438052.71 万元，国债利息 0 万元，其他 15008.52 万元。

（二）业务支出。2021 年，业务支出 265954.24 万元，同比增长 15.16%。其中，支付职工住房公积金利息 243706.13 万元，归集手续费 0 万元，委托贷款手续费 15213.81 万元，其他 7034.30 万元。

（三）增值收益。2021 年，增值收益 281006.13 万元，同比增长 10.11%；增值收益率 1.74%，比上年减少 0.04 个百分点。

（四）增值收益分配。2021 年，提取贷款风险准备金 28663.51 万元，提取管理费用 27602.40 万元，提取城市廉租住房（公共租赁住房）建设补充资金 224740.22 万元（表 4）。

2021 年，上交财政管理费用 26834.98 万元，上缴财政城市廉租住房（公共租赁住房）建设补充资金 191189.76 万元。

2021 年末，贷款风险准备金余额 326608.81 万元，累计提取城市廉租住房（公共租赁住房）建设补充资金 1372125.09 万元。

2021 年分城市住房公积金增值收益及分配情况 表 4

地区	业务收入 （亿元）	业务支出 （亿元）	增值收益 （亿元）	增值 收益率 （%）	提取贷款 风险准备金 （亿元）	提取管理 费用（亿元）	提取公租房（廉租房） 建设补充资金（亿元）
江西省	54.70	26.60	28.10	1.74	2.87	2.76	22.47
南昌	15.73	7.91	7.82	1.61	0.54	0.50	6.78
景德镇	1.95	0.94	1.00	1.55	0.11	0.20	0.69

续表

地区	业务收入 （亿元）	业务支出 （亿元）	增值收益 （亿元）	增值 收益率 （%）	提取贷款 风险准备金 （亿元）	提取管理 费用（亿元）	提取公租房（廉租房） 建设补充资金（亿元）
萍乡	2.40	1.40	1.00	1.53	0.12	0.20	0.68
九江	4.63	2.34	2.28	1.71	0.11	0.30	1.87
新余	2.02	0.79	1.23	2.31	0.05	0.04	1.13
鹰潭	1.44	0.67	0.77	1.89	0.03	0.14	0.60
赣州	7.78	3.78	4.01	1.69	0.22	0.48	3.31
吉安	5.18	2.40	2.78	2.00	1.36	0.23	1.19
宜春	4.12	1.86	2.26	1.87	0.14	0.20	1.93
抚州	3.51	1.74	1.78	1.70	0.00	0.21	1.57
上饶	5.94	2.77	3.17	1.81	0.19	0.26	2.72

（五）管理费用支出。2021 年，管理费用支出 29753.64 万元，同比增长 3.48%。其中，人员经费 18449.28 万元，公用经费 4076.38 万元，专项经费 7227.98 万元。

四、资产风险状况

个人住房贷款。2021 年末，个人住房贷款逾期额 3304.61 万元，逾期率 0.23‰，个人贷款风险准备金余额 326048.81 万元。2021 年，使用个人贷款风险准备金核销呆坏账 0 万元。

五、社会经济效益

（一）缴存业务。缴存职工中，国家机关和事业单位占 45.74%，国有企业占 21.71%，城镇集体企业占 1.56%，外商投资企业占 4.43%，城镇私营企业及其他城镇企业占 21.60%，民办非企业单位和社会团体占 2.36%，灵活就业人员占 0.07%，其他占 2.53%；中、低收入占 99.23%，高收入占 0.77%。

新开户职工中，国家机关和事业单位占 23.78%，国有企业占 10.63%，城镇集体企业占 2.01%，外商投资企业占 5.34%，城镇私营企业及其他城镇企业占 47.95%，民办非企业单位和社会团体占 4.76%，灵活就业人员占 0.12%，其他占 5.41%；中、低收入占 98.98%，高收入占 1.02%。

（二）提取业务。提取金额中，购买、建造、翻建、大修自住住房占 20.47%，偿还购房贷款本息占 56%，租赁住房占 2.08%，支持老旧小区改造提取占 0.01%；离休和退休提取占 15.60%，完全丧失劳动能力并与单位终止劳动关系提取占 2.32%，出境定居占 0.02%，其他占 3.5%。提取职工中，中、低收入占 89.84%，高收入占 10.16%。

（三）贷款业务

个人住房贷款。职工贷款笔数中，购房建筑面积 90（含）平方米以下占 8.57%，90～144（含）平方米占 83.05%，144 平方米以上占 8.38%。购买新房占 77.08%（其中购买保障性住房占 0.01%），购买二手房占 20.93%，建造、翻建、大修自住住房占 0.03%（其中支持老旧小区改造占 0%），其他占 1.96%。

职工贷款笔数中，单缴存职工申请贷款占 43.31%，双缴存职工申请贷款占 56.55%，三人及以上缴存职工共同申请贷款占 0.14%。

贷款职工中，30 岁（含）以下占 35.99%，30 岁～40 岁（含）占 37.81%，40 岁～50 岁（含）占 19.90%，50 岁以上占 6.30%；购买首套住房申请贷款占 84.63%，购买二套及以上申请贷款占 15.37%；中、低收入占 93.33%，高收入占 6.67%。

（四）住房贡献率。2021 年，个人住房贷款发放额、公转商贴息贷款发放额、项目贷款发放额、住房消费提取额的总和与当年缴存额的比率为 101.73％，比上年减少 0.9 个百分点。

六、其他重要事项

（一）当年住房公积金政策调整情况

一是联合省财政厅、人民银行南昌中心支行出台《关于进一步提升住房公积金服务有关事项的通知》（赣建金〔2021〕2 号），优化贷款担保保证金管理，保证金交存比例由 10％降至 5％，下降幅度50％以上，切实减轻了开发企业的负担。二是与省高级人民法院出台《关于执行被执行人住房公积金账户余额的若干意见》（赣高法〔2021〕57 号），完善了执行联动协调机制，为全省各地公积金中心配合法院跨地域执法提供了政策依据。三是修订完成《江西省住房公积金管理办法》，以《住房公积金管理条例》新修改部分为主要内容，修订相关条款，进一步完善了我省住房公积金相关政策法规。四是出台住房公积金政策备案窗口指导意见，明确了备案的内容和程序，督促各地公积金管委会在出台重大政策措施前必须报省住房城乡建设厅按程序备案。

（二）当年开展监督检查情况

一是推进住房公积金高频服务事项"跨省通办"，12 月底全省全面完成"跨省通办"五项高频服务事项，省住房城乡建设厅重点对赣州中心、新余中心进行实地抽查。二是在全省开展住房公积金个人住房贷款清逾工作，省住房城乡建设厅重点对上饶中心、景德镇中心进行实地调研，全省贷款逾期整改工作取得阶段性成效。

（三）当年服务改进情况

一是在全省住房公积金行业开展"我为群众办实事"实践活动，推进住房公积金高频服务事项"跨省通办"，聚焦解决人民群众在异地办事过程中的"急难愁盼"问题，实现单位登记开户、单位及个人缴存信息变更、购房提取、开具个人住房贷款全部还清证明和提前还清住房公积金贷款等 5 个住房公积金服务事项"跨省通办"，满足缴存单位和职工异地办事需求。二是全省住房公积金行业启用全国统一的住房公积金服务标识，方便广大群众识别住房公积金线上线下服务渠道，进一步增强住房公积金服务的社会公信力和影响力。

（四）当年信息化建设情况

一是全省住房公积金行业正式接入全国住房公积金小程序，实现线上服务渠道互联互通，推进了住房公积金业务管理规范化、标准化。二是推进信息化安全工作，7 月赣州中心完成信息系统三级安全等保，至此全省住房公积金行业全面实现了信息系统安全等级保护任务。

（五）当年住房公积金机构及从业人员所获荣誉情况，包括：文明单位（行业、窗口）、青年文明号、工人先锋号、五一劳动奖章（劳动模范）、三八红旗手（巾帼文明岗）、先进集体和个人等

全省各住房公积金管理中心共获得 12 项文明单位（行业、窗口），其中省部级 5 项、地市级 7 项；7 项省部级、11 项地市级先进集体和个人。其中：江西省直、新余、鹰潭、赣州和吉安获省部级文明单位；南昌、景德镇、宜春、抚州和上饶等获地市级文明单位；赣州、宜春和抚州获省部级先进集体和个人；南昌、九江、新余、赣州、宜春、抚州和上饶等获地市级先进集体和个人。

（六）当年对住房公积金管理人员违规行为的纠正和处理情况等

无。

（七）其他需要披露的情况

无。

江西省吉安市住房公积金 2021 年年度报告

根据国务院《住房公积金管理条例》和住房和城乡建设部、财政部、人民银行《关于健全住房公积金信息披露制度的通知》（建金〔2015〕26 号）的规定，经住房公积金管理委员会审议通过，现将吉安市住房公积金 2021 年年度报告公布如下：

一、机构概况

（一）住房公积金管理委员会。 住房公积金管理委员会有 27 名委员，2021 年召开 1 次会议，审议通过的事项主要包括：我市 2020 年度住房公积金归集和使用计划执行情况的报告；我市 2020 年住房公积金增值收益分配方案；研究和讨论 2021 年我市住房公积金管理有关事项和计划方案。

（二）住房公积金管理中心。 市住房公积金中心是市政府直属的参照公务员法管理正处级事业单位，归口市住房和城乡建设局管理，共有 6 个内设科室，11 个县（市）办事处。从业人员 117 人，其中，在编 71 人，非在编 46 人。

二、业务运行情况

（一）缴存。 2021 年，新开户单位 576 家，净增单位 449 家；新开户职工 3.9 万人，净增职工 2.39 万人；实缴单位 5201 家，实缴职工 25.47 万人，缴存额 43.58 亿元（表 1），分别同比增长 3.21％、9.93％、12.5％。2021 年末，缴存总额 292.3 亿元，比上年末增长 17.52％；缴存余额 147.72 亿元，同比增长 13.28％。受委托办理住房公积金缴存业务的银行 13 家。

2021 年市本级及各办事处住房公积金缴存情况　　　　　　　　　　　表 1

办事处名称	全年缴存额（万元）
市本级	132817.50
井冈山市	19955.85
吉安县	37276.46
新干县	25058.16
永丰县	28314.15
峡江县	16196.54
吉水县	29449.35
泰和县	35164.00
万安县	22297.67
遂川县	33438.80
安福县	29493.06
永新县	26367.16
合计	435828.70

（二）提取。 2021 年，7.45 万名缴存职工提取住房公积金；提取额 26.26 亿元（表 2），同比增长 14.39％；提取额占当年缴存额的 60.26％，比上年增加 0.99 个百分点。2021 年末，提取总额 144.58

亿元，比上年末增加 22.19%。

2021 年市本级及各办事处住房公积金提取情况　　　　　　　表 2

办事处名称	全年提取额(万元)
市本级	82182.95
井冈山市	11060.43
吉安县	22916.43
新干县	14009.38
永丰县	16260.35
峡江县	8801.58
吉水县	18665.53
泰和县	21620.77
万安县	13292.03
遂川县	21523.35
安福县	16834.51
永新县	15480.00
合计	262647.31

(三) 贷款

1. 个人住房贷款。个人住房贷款最高额度 50 万元（单、双缴存职工最高额度均为 50 万元）。

2021 年，发放个人住房贷款 6420 笔、28.17 亿元（表 3），同比分别增长 20%、21.24%。

2021 年，回收个人住房贷款 15.63 亿元。

2021 年末，累计发放个人住房贷款 8.76 万笔、221.06 亿元，贷款余额 135.79 亿元，分别比上年末增长 7.91%、14.61%、10.17%。个人住房贷款余额占缴存余额的 91.93%，比上年末减少 2.59 个百分点。受委托办理住房公积金个人住房贷款业务的银行 11 家。

2021 年市本级及各办事处住房公积金个人住房贷款情况　　　　　表 3

办事处名称	全年贷款发放笔数(笔)	全年贷款发放金额(万元)	全年贷款回收额(万元)
市本级	3085	137453.90	71619.99
井冈山市	149	6433.90	4572.69
吉安县	347	15060.50	8820.37
新干县	228	9968.00	6827.74
永丰县	271	11435.40	6165.21
峡江县	98	3872.20	4627.85
吉水县	419	18471.40	7499.35
泰和县	384	16383.00	12040.58
万安县	278	12873.20	6876.98
遂川县	475	21765.40	12559.59
安福县	485	19374.40	8519.28
永新县	201	8588.90	6193.63
合计	6420	281680.20	156323.26

2. **异地贷款。**2021 年，发放异地贷款 597 笔、16669.8 万元。2021 年末，累计发放异地贷款总额

107884.9 万元，异地贷款余额 69384.92 万元。

3. 公转商贴息贷款。2021 年，未发放公转商贴息贷款。2021 年年末，公转商贴息贷款无余额。

（四）购买国债。 2021 年，未购买国债。2021 年末，国债无余额。

（五）资金存储。 2021 年末，住房公积金存款 21.85 亿元。其中，活期 0.05 亿元，1 年（含）以下定期 0 亿元，1 年以上定期 17.78 亿元，其他（协定、通知存款等）4.02 亿元。

（六）资金运用率。 2021 年末，住房公积金个人住房贷款余额、项目贷款余额和购买国债余额的总和占缴存余额的 91.93%，比上年末减少 2.59 个百分点。

三、主要财务数据

（一）业务收入。 2021 年，业务收入 51807.48 万元，同比增长 13.91%。存款利息 6043.84 万元，委托贷款利息 42734.43 万元，其他 3029.21 万元。

（二）业务支出。 2021 年，业务支出 24016.91 万元，同比增长 21.14%。支付职工住房公积金利息 20922.92 万元，归集手续费 0 万元，委托贷款手续费 1817.69 万元，其他 1276.3 万元。

（三）增值收益。 2021 年，增值收益 27790.57 万元，同比增长 8.32%。增值收益率 2%，比上年减少 0.1 个百分点。

（四）增值收益分配。 2021 年，提取贷款风险准备金 13579.14 万元；提取管理费用 2300 万元；提取城市廉租住房（公共租赁住房）建设补充资金 11911.43 万元。

2021 年，上交财政管理费用 2000 万元。上缴财政城市廉租住房（公共租赁住房）建设补充资金 11329.35 万元。

2021 年末，贷款风险准备金余额 81995.77 万元。累计提取城市廉租住房（公共租赁住房）建设补充资金 67862.73 万元。

（五）管理费用支出。 2021 年，管理费用支出 2299.8 万元，同比增长 24.42%。其中，人员经费 1152.57 万元，公用经费 134.6 万元，专项经费 1012.63 万元。

四、资产风险状况

个人住房贷款。2021 年末，个人住房贷款逾期额 2.04 万元，逾期率 0.002‰。个人贷款风险准备金余额 81995.77 万元。2021 年，未使用个人贷款风险准备金核销呆坏账。

五、社会经济效益

（一）缴存业务

缴存职工中，国家机关和事业单位占 55.12%，国有企业占 12.76%，城镇集体企业占 1.49%，外商投资企业占 3.05%，城镇私营企业及其他城镇企业占 23.69%，民办非企业单位和社会团体占 3.73%，灵活就业人员占 0%，其他占 0.16%；中、低收入占 93.92%，高收入占 6.08%。

新开户职工中，国家机关和事业单位占 22.33%，国有企业占 4.33%，城镇集体企业占 0.58%，外商投资企业占 4.08%，城镇私营企业及其他城镇企业占 55.46%，民办非企业单位和社会团体占 12.66%，灵活就业人员占 0%，其他占 0.56%；中、低收入占 98.66%，高收入占 1.34%。

（二）提取业务

提取金额中，购买、建造、翻建、大修自住住房占 16.32%，偿还购房贷款本息占 58.78%，租赁住房占 0.39%，支持老旧小区改造占 0.001%，离休和退休提取占 18.89%，完全丧失劳动能力并与单位终止劳动关系提取占 3.14%，出境定居占 0%，其他占 2.479%。提取职工中，中、低收入占 81.33%，高收入占 18.67%。

（三）贷款业务

个人住房贷款。2021 年，支持职工购建房 77.65 万平方米，年末个人住房贷款市场占有率为

14.28％，比上年末增加 5.7 个百分点。2021 年发放的住房公积金个人住房贷款，可节约职工购房利息支出 13.32 亿元。

职工贷款笔数中，购房建筑面积 90（含）平方米以下占 4.84％，90～144（含）平方米占 88.04％，144 平方米以上占 7.12％。购买新房占 77.82％（其中购买保障性住房占 0％），购买二手房占 22.12％，建造、翻建、大修自住住房占 0.06％（其中支持老旧小区改造占 0％）。

职工贷款笔数中，单缴存职工申请贷款占 28.24％，双缴存职工申请贷款占 71.76％，三人及以上缴存职工共同申请贷款占 0％。

贷款职工中，30 岁（含）以下占 40.76％，30 岁～40 岁（含）占 36.26％，40 岁～50 岁（含）占 19.02％，50 岁以上占 3.96％；购买首套住房申请贷款占 86.79％，购买二套及以上申请贷款占 13.21％；中、低收入占 98.96％，高收入占 1.04％。

（四）住房贡献率

2021 年，个人住房贷款发放额、公转商贴息贷款发放额、项目贷款发放额、住房消费提取额的总和与当年缴存额的比率为 110.41％，比上年增加 6.12 个百分点。

六、其他重要事项

（一）当年机构及职能调整情况、受委托办理缴存贷款业务金融机构变更情况

当年机构由原来为市政府直属全额拨款参照公务员法管理公益一类副处级事业单位调整为市政府直属、归口住建局管理的参照公务员法管理公益一类正处级事业单位，职能无调整。

当年新增 1 家（华夏银行吉安分行营业部）受委托办理存贷款业务金融机构。

（二）当年住房公积金政策调整及执行情况

1. 当年缴存基数限额及确定方法、缴存比例等政策调整情况：根据吉安市统计局公布的我市 2020 年城镇非私营单位在岗职工（含劳务派遣）年平均工资为 70104 元，我市 2020 年度职工住房公积金月缴存额确定上限为 4208 元、下限为 352 元（含单位、个人部分）。

2. 当年提取政策调整情况：中心从 8 月 1 日起开通了住房公积金贷款按月对冲委托还贷提取业务。共为 19765 名贷款职工冲还贷资金 1.1327 亿元，取得较好的社会效益。

3. 当年个人住房贷款最高贷款额度、贷款条件等贷款政策调整情况：未调整。

4. 当年住房公积金存贷款利率执行标准等：住房公积金存款利率执行 1.5％。住房公积金首套房贷款利率执行五年（含）以下 2.75％，五年以上 3.25％，二套房贷款利率执行同期首套房利率的 1.1 倍。

5. 支持老旧小区改造政策落实情况：2021 年 4 月 29 日，经吉安市住房公积金管理委员会全体成员会议审议通过适度扩大既有住宅加装电梯提取范围。在原有提取政策基础上，既有住宅加装电梯由第三方出资建造的，住房公积金缴存职工及其配偶可每年提取一次不超过其实际支付额度的电梯使用费。

（三）当年服务改进情况

一是积极落实住房公积金服务"跨省通办"。个人住房公积金缴存贷款等信息查询、出具贷款职工住房公积金缴存使用证明、正常退休提取住房公积金、住房公积金单位登记开户、住房公积金单位及个人缴存信息变更、购房提取住房公积金、开具住房公积金个人住房贷款全部还清证明、提前还清住房公积金贷款共 8 项服务事项全部实现"跨省通办"。

二是优化综合服务平台及渠道服务。手机 App、"赣服通"、支付宝、网上大厅线上服务渠道全年共办理住房公积金缴存 9288 笔，缴存金额 7.73 亿元；住房公积金提取 5676 笔，提取金额 4372.43 万元；住房公积金还款 723 笔，还款金额 4152.49 万元。

三是提升窗口服务质量效率。优化服务机制，调整优化内设机构，实现管办分离；实行错时、延时、预约服务，推动各县市区窗口业务服务整体进驻属地行政服务中心大厅，努力打造政务服务满意度一等窗口。转变服务理念，推行服务六步法，通过党员先锋岗示范引领，扎实推进"五星级"窗口建设，着力打造星级服务团队。提升服务技能，注重业务技能强化，先后组织了窗口礼仪规范培训和业务专业技能培训，开展窗口"服务标兵"评选，引导干部职工提高服务水平。

（四）当年信息化建设情况

开展了智慧公积金项目建设，推进更多高频服务事项"跨省通办""全程网办"，对接全国住房公积金小程序，建立公积金数据智能服务系统，对接市政府大数据平台，打通与住建、不动产、民政等部门数据通道，完成住房公积金组合贷款"一证通办"改革任务。

（五）当年住房公积金管理中心及职工所获荣誉情况

1. 第 20 届全国青年文明号。

2. 2019—2020 年度江西省青年文明号。

3. 第十六届江西省文明单位。

4. 全省住建系统 2018—2020 年扫黑除恶专项斗争表现突出单位和个人。

5. 2021 年度吉安市直单位绩效管理考评优秀。

6. 吉安县办事处窗口被评为全国住房公积金"跨省通办"表现突出服务窗口。

7. 2021 年度吉安市公共机构节能工作考核优秀。

8. 2021 年度吉安市农村人居环境整治（新农村建设）帮扶工作考核优秀。

9. 2021 年度吉安市政务服务工作考核优秀。

（六）当年对违反《住房公积金管理条例》和相关法规行为进行行政处罚和申请人民法院强制执行情况

无。

（七）当年对住房公积金管理人员违规行为的纠正和处理情况等

无。

（八）其他需要披露的情况

无。

江西省及省内各城市住房公积金
2021 年年度报告二维码

名称	二维码
江西省住房公积金 2021 年年度报告	
南昌市住房公积金 2021 年年度报告	
九江市住房公积金 2021 年年度报告	
景德镇市住房公积金 2021 年年度报告	
萍乡市住房公积金 2021 年年度报告	
新余市住房公积金 2021 年年度报告	
鹰潭市住房公积金 2021 年年度报告	

续表

名称	二维码
赣州市住房公积金 2021 年年度报告	
宜春市住房公积金 2021 年年度报告	
上饶市住房公积金 2021 年年度报告	
吉安市住房公积金 2021 年年度报告	
抚州市住房公积金 2021 年年度报告	

山东省

山东省住房公积金 2021 年年度报告

根据国务院《住房公积金管理条例》和住房和城乡建设部、财政部、人民银行《关于健全住房公积金信息披露制度的通知》（建金〔2015〕26 号）规定，现将山东省住房公积金 2021 年年度报告汇总公布如下：

一、机构概况

（一）住房公积金管理机构

全省共设 16 个设区城市住房公积金管理中心，4 个独立设置的分中心（其中，山东电力集团分中心隶属国网山东省电力公司，济南铁路分中心隶属中国铁路济南局集团有限公司，莱钢分中心隶属莱芜钢铁集团有限公司，胜利油田分中心隶属中国石化集团胜利石油管理局有限公司）。从业人员 3130 人，其中，在编 1681 人，非在编 1449 人。

（二）住房公积金监管机构

山东省住房和城乡建设厅、财政厅和人民银行济南分行负责对本省住房公积金管理运行情况进行监督。山东省住房和城乡建设厅设立住房公积金监管处，负责辖区住房公积金日常监管工作。

二、业务运行情况

（一）缴存。 2021 年，新开户单位 48430 家，净增单位 37344 家；新开户职工 135.65 万人，净增职工 71.62 万人；实缴单位 231427 家，实缴职工 1083.22 万人，缴存额 1590.82 亿元，分别同比增长 19.24%、7.08%、10.71%。2021 年末，缴存总额 12930.70 亿元，比上年末增加 14.73%；缴存余额 4724.59 亿元，同比增长 11.15%（表 1）。

2021 年分城市住房公积金缴存情况　　　　表 1

地区	实缴单位 （万个）	实缴职工 （万人）	缴存额 （亿元）	累计缴存总额 （亿元）	缴存余额 （亿元）
山东省	**23.14**	**1083.22**	**1590.82**	**12390.70**	**4724.59**
济南	4.36	186.27	344.17	2651.01	1002.13
青岛	7.05	197.79	282.81	2397.44	762.06
淄博	1.04	57.06	80.34	665.27	301.69
枣庄	0.58	31.01	48.72	390.14	147.47
东营	0.49	40.49	71.76	778.06	137.76
烟台	1.25	84.88	118.04	937.74	360.16
潍坊	1.11	75.95	91.73	709.66	284.35
济宁	1.10	65.94	99.86	794.57	298.87
泰安	0.80	50.80	58.86	435.62	169.28
威海	0.77	43.18	48.90	401.45	176.71

续表

地区	实缴单位 （万个）	实缴职工 （万人）	缴存额 （亿元）	累计缴存总额 （亿元）	缴存余额 （亿元）
日照	0.52	27.23	46.37	310.94	122.08
临沂	1.07	66.27	96.01	674.03	303.38
德州	1.00	47.88	51.16	309.98	154.46
聊城	0.79	41.13	50.26	331.09	172.29
滨州	0.62	28.76	42.60	264.63	129.53
菏泽	0.58	38.58	59.24	339.08	202.35

（二）提取。2021 年，418.01 万名缴存职工提取住房公积金；提取额 1116.87 亿元，同比增长 8.11％；提取额占当年缴存额的 70.21％，比上年减少 1.68 个百分点。2021 年末，提取总额 7666.11 亿元，比上年末增加 17.05％（表 2）。

2021 年分城市住房公积金提取情况　　　　　　　　　　　　　　　　表 2

地区	提取额 （亿元）	提取率 （％）	住房消费类 提取额 （亿元）	非住房消费类 提取额 （亿元）	累计提取总额 （亿元）
山东省	**1116.87**	**70.21**	**913.34**	**203.54**	**7666.11**
济南	232.15	67.45	194.65	37.50	1648.88
青岛	208.14	73.60	177.31	30.83	1635.38
淄博	56.32	70.11	39.47	16.85	363.58
枣庄	36.74	75.42	29.16	7.58	242.66
东营	78.71	109.69	70.62	8.09	640.29
烟台	80.98	68.60	63.74	17.24	577.58
潍坊	64.87	70.72	51.48	13.39	425.32
济宁	77.68	77.79	63.64	14.04	495.70
泰安	36.15	61.42	27.36	8.79	266.34
威海	32.70	66.87	24.94	7.76	224.74
日照	34.06	73.45	29.67	4.39	188.86
临沂	64.11	66.78	52.31	11.80	370.65
德州	31.39	61.35	24.35	7.03	155.52
聊城	27.08	53.89	19.76	7.33	158.79
滨州	26.85	63.02	22.54	4.31	135.09
菏泽	28.96	48.89	22.33	6.62	136.73

（三）贷款

1. 个人住房贷款。2021 年，发放个人住房贷款 25.02 万笔、920.15 亿元，同比增长 14.72％、15.15％。回收个人住房贷款 447.30 亿元。

2021 年末，累计发放个人住房贷款 267.78 万笔、7283.67 亿元，贷款余额 4094.58 亿元，分别比上年末增加 10.31％、14.46％、13.06％。个人住房贷款余额占缴存余额的 86.67％，比上年末增加 1.47 个百分点（表 3）。

2021 年分城市住房公积金个人住房贷款情况　　　　　　　　　　　　表 3

地区	放贷笔数 （万笔）	贷款发放额 （亿元）	累计放贷笔数 （万笔）	累计贷款总额 （亿元）	贷款余额 （亿元）	个人住房贷款率 （％）
山东省	25.02	920.15	267.78	7283.67	4094.58	86.67
济南	4.26	164.52	39.61	1291.50	716.66	71.51
青岛	3.97	150.98	41.00	1153.36	632.96	83.06
淄博	1.25	56.30	16.91	477.37	292.18	96.85
枣庄	0.91	33.18	10.04	257.99	143.62	97.39
东营	0.74	26.20	12.30	248.77	115.43	83.78
烟台	1.44	57.87	18.87	527.39	336.84	93.52
潍坊	1.69	50.61	17.33	422.02	245.49	86.34
济宁	1.92	65.66	21.70	567.14	311.50	104.22
泰安	0.86	32.89	10.45	262.71	154.74	91.41
威海	0.59	21.09	10.08	262.76	126.90	71.81
日照	0.88	28.10	8.07	192.57	115.75	94.81
临沂	1.93	86.98	21.79	597.80	267.18	88.07
德州	1.39	42.74	9.10	246.45	141.29	91.47
聊城	1.21	41.23	14.23	308.04	172.56	100.16
滨州	0.67	23.48	7.34	205.72	120.13	92.74
菏泽	1.31	38.31	8.96	262.08	201.34	99.50

2021 年，支持职工购建房 3105.39 万平方米。年末个人住房贷款市场占有率（含公转商贴息贷款）为 14.44％，比上年末增加 0.16 个百分点。通过申请住房公积金个人住房贷款，可节约职工购房利息支出 1696176.85 万元。

2. 异地贷款。2021 年，发放异地贷款 21278 笔、751715.92 万元。2021 年末，发放异地贷款总额 2559156.98 万元，异地贷款余额 2011831.15 万元。

3. 公转商贴息贷款。2021 年，未发放公转商贴息贷款。当年贴息额 3798.73 万元。2021 年末，累计发放公转商贴息贷款 15577 笔、502191.8 万元，累计贴息 27152.04 万元。

（四）购买国债。2021 年，未购买（记账式、凭证式）国债。年末，国债余额为 0 元。

（五）融资。2021 年，融资 18 亿元，归还 30.85 亿元。2021 年末，融资总额 61.61 亿元，融资余额 18.59 亿元。

（六）资金存储。2021 年末，住房公积金存款 693.65 亿元。其中，活期 11.71 亿元，1 年（含）以下定期 99.75 亿元，1 年以上定期 242.67 亿元，其他（协定、通知存款等）339.52 亿元。

（七）资金运用率。2021 年末，住房公积金个人住房贷款余额、项目贷款余额和购买国债余额的总和占缴存余额的 86.67％，比上年末增加 1.47 个百分点。

三、主要财务数据

（一）业务收入。2021 年，业务收入 1495677.95 万元，同比增长 10.38％。其中，存款利息 219678.22 万元，委托贷款利息 1272799.46 万元，其他 3200.27 万元。

（二）业务支出。2021 年，业务支出 761986.48 万元，同比增长 6.32％。其中，支付职工住房公积金利息 679585.02 万元，归集手续费 26503.26 万元，委托贷款手续费 39984.86 万元，其他 15913.34 万元。

（三）**增值收益。**2021 年，增值收益 733691.47 万元，同比增长 14.95％；增值收益率 1.63％，比上年增加 0.07 个百分点。

（四）**增值收益分配。**2021 年，提取贷款风险准备金 12 万元，提取管理费用 59309.52 万元，提取城市廉租住房（公共租赁住房）建设补充资金 674369.95 万元（表 4）。

2021 年，上交财政管理费用 50259.82 万元，上缴财政城市廉租住房（公共租赁住房）建设补充资金 578465.76 万元。调减管理费用 655.14 万元，调增城市廉租住房（公共租赁住房）建设补充资金 655.14 万元。

2021 年末，贷款风险准备金余额 585150.02 万元，累计提取城市廉租住房（公共租赁住房）建设补充资金 4312172.54 万元。

2021 年分城市住房公积金增值收益及分配情况　　　　表 4

地区	业务收入（亿元）	业务支出（亿元）	增值收益（亿元）	增值收益率（％）	提取贷款风险准备金（亿元）	提取管理费用（亿元）	提取公租房（廉租房）建设补充资金（亿元）
山东省	**149.57**	**76.20**	**73.37**	**1.63**	**0.00**	**5.93**	**67.44**
济南	31.20	15.82	15.38	1.62	0.00	0.35	15.03
青岛	24.22	10.95	13.27	1.83	0.00	1.05	12.23
淄博	9.72	4.28	5.44	1.87	0.00	0.55	4.89
枣庄	4.71	2.70	2.01	1.58	0.00	0.35	1.66
东营	4.43	2.21	2.22	1.43	0.00	0.62	1.60
烟台	12.15	6.72	5.43	1.58	0.00	0.18	5.24
潍坊	8.80	4.56	4.24	1.56	0.00	0.57	3.67
济宁	10.44	5.97	4.47	1.54	0.00	0.38	4.09
泰安	4.99	2.54	2.44	1.55	0.00	0.15	2.29
威海	5.16	2.60	2.55	1.53	0.00	0.24	2.31
日照	3.72	2.08	1.63	1.41	0.00	0.06	1.57
临沂	9.45	5.15	4.29	1.49	0.00	0.35	3.94
德州	4.78	2.36	2.42	1.69	0.00	0.19	2.23
聊城	5.36	2.93	2.44	1.51	0.00	0.27	2.16
滨州	4.04	2.14	1.90	1.56	0.00	0.20	1.70
菏泽	6.40	3.19	3.21	1.72	0.00	0.40	2.81

（五）**管理费用支出。**2021 年，管理费用支出 61683.35 万元，同比增长 4.81％。其中，人员经费 28510.45 万元，公用经费 12066.38 万元，专项经费 21106.52 万元。

四、资产风险状况

2021 年末，个人住房贷款逾期额 6790.73 万元，逾期率 0.17‰，个人贷款风险准备金余额 585150.02 万元。2021 年，未使用个人贷款风险准备金核销呆坏账。

五、社会经济效益

（一）**缴存业务。**缴存职工中，国家机关和事业单位占 29.30％，国有企业占 21.70％，城镇集体企业占 4.32％，外商投资企业占 5.07％，城镇私营企业及其他城镇企业占 32.27％，民办非企业单位和社会团体占 2.02%，灵活就业人员占 0.41%，其他占 4.91%；中、低收入占 96.97%，高收入占 3.03%。

新开户职工中，国家机关和事业单位占 15.2%，国有企业占 12.31%，城镇集体企业占 4.30%，外商投资企业占 5.10%，城镇私营企业及其他城镇企业占 49.01%，民办非企业单位和社会团体占 3.68%，灵活就业人员占 1.10%，其他占 9.30%；中、低收入占 99.51%，高收入占 0.49%。

（二）提取业务。提取金额中，购买、建造、翻建、大修自住住房占 24.69%，偿还购房贷款本息占 53.32%，租赁住房占 3.42%；离休和退休提取占 13.41%，完全丧失劳动能力并与单位终止劳动关系提取占 2.20%，出境定居占 0.15%，其他占 2.81%。提取职工中，中、低收入占 96.83%，高收入占 3.17%。

（三）个人住房贷款业务。职工贷款笔数中，购房建筑面积 90（含）平方米以下占 10.28%，90～144（含）平方米占 72.39%，144 平方米以上占 17.33%。购买新房占 79.808%（其中购买保障性住房占 0.14%），购买二手房占 20.19%，建造、翻建、大修自住住房占 0.002%。

职工贷款笔数中，单缴存职工申请贷款占 41.29%，双缴存职工申请贷款占 58.64%，三人及以上缴存职工共同申请贷款占 0.07%。

贷款职工中，30 岁（含）以下占 29.27%，30 岁～40 岁（含）占 45.43%，40 岁～50 岁（含）占 19.71%，50 岁以上占 5.59%；首次申请贷款占 84.6%，二次及以上申请贷款占 15.4%；中、低收入占 96.76%，高收入占 3.24%。

（四）住房贡献率。2021 年，个人住房贷款发放额、公转商贴息贷款发放额、项目贷款发放额、住房消费提取额的总和与当年缴存额的比率为 115.25%，比上年增加 1.89 个百分点。

六、其他重要事项

（一）当年开展监督检查情况

深入开展逾期贷款管理专项督导，组织各市梳理分析逾期贷款情况，分类施策，多措并举，加大催收工作力度，降低贷款逾期率。以电子稽查结果为依据，对各市进行风险防控工作抽检，全年完成 12 个城市公积金中心和 3 个企业分中心风险防控实地评估和现场指导。

（二）当年服务改进情况

积极推进"双全双百"工程，梳理优化 25 个公积金事项的办事流程和要件材料。住房公积金缴存登记信息变更、注销纳入"一窗通"系统，推进公积金业务一站式办理。实现 8 项服务事项"跨省通办"和 24 项服务事项"全省通办"。畅通线上服务渠道，8 项"跨省通办"业务全部接入山东省政务服务网、"爱山东"App 等渠道。全省共设置 205 个"跨省通办"窗口，实现各市公积金中心主要办事服务大厅全覆盖。

（三）当年信息化建设情况

全省已完成全国住房公积金小程序接入工作，实现住房公积金信息查询、异地转移接续申请受理等首批服务事项在小程序上的办理。督导各市完成监管服务平台业务培训、功能使用，保障平台业务顺利开展。积极推进公积金主题库建设，通过共享主题库数据办理公积金异地贷款提取、异地转移接续、缴存贷款信息核验等业务，在业务办理环节取消贷款合同、购房合同、还款明细、异地缴存使用证明等多项要件材料，提高办理便捷度。

（四）当年住房公积金机构及从业人员所获荣誉情况

持续开展文明行业创建活动，行业作风建设取得新成效，优化营商环境和"一次办好"取得新突破。积极选树先进典型，推广各市公积金中心品牌创建的先进做法。制定《全省住房公积金行业文明创建三年行动实施方案》，以创建促发展，提升行业文明程度，推动全省住房公积金事业高质量发展。2021 年，各级住房公积金管理机构获得地市级以上文明单位（行业、窗口）15 个、青年文明号 30 个、工人先锋号 10 个、五一劳动奖章 4 个、三八红旗手 11 个、先进集体和个人 106 个，其他荣誉 93 个。

山东省济南住房公积金 2021 年年度报告

根据国务院《住房公积金管理条例》和住房和城乡建设部、财政部、人民银行《关于健全住房公积金信息披露制度的通知》（建金〔2015〕26 号）的规定，经住房公积金管理委员会审议通过，现将济南住房公积金中心 2021 年年度报告公布如下：

一、机构概况

（一）住房公积金管理委员会。 住房公积金管理委员会有 30 名委员，2021 年召开三次会议，审议通过的事项主要包括：听取和审议住房公积金 2020 年计划执行情况和 2021 年计划安排的报告；听取和审议济南市住房公积金 2020 年年度报告；听取和审议《济南市住房公积金提取管理办法》修订意见；听取和审议中国铁路济南局集团有限公司利用其公积金廉租住房建设补充资金建设和回购公租房的报告；听取和审议关于提高租房提取公积金额度的报告；听取和审议关于取消异地住房公积金贷款户籍限制的报告；听取和审议关于扩大公积金业务受委托银行的报告等议题。

（二）住房公积金中心。 住房公积金中心为直属济南市政府的不以营利为目的的参公事业单位，主要负责全市住房公积金的管理和运作。中心设 9 个处，3 个分中心。从业人员 201 人，其中，在编 107 人，非在编 94 人。

二、业务运行情况

（一）缴存。 2021 年，新开户单位 11164 家，净增单位 9043 家；新开户职工 25.44 万人，净增职工 14.13 万人；实缴单位 43555 家，实缴职工 186.27 万人，缴存额 344.17 亿元，同比增长 26.2%、8.21% 和 13.64%。2021 年末，缴存总额 2651.01 亿元，比上年末增加 14.92%；缴存余额 1002.13 亿元，比上年末增长 12.59%。受委托办理住房公积金缴存业务的银行 6 家。

（二）提取。 2021 年，59.85 万名缴存职工提取住房公积金；提取额 232.15 亿元，同比增长 12.74%；提取额占当年缴存额的 67.45%，比上年降低 0.54 个百分点。2021 年末，提取总额 1648.88 亿元，比上年末增加 16.39%。

（三）贷款

1. 个人住房贷款。单缴存职工个人住房贷款最高额度 30 万元，双缴存职工个人住房贷款最高额度 60 万元。

2021 年，发放个人住房贷款 4.26 万笔、164.52 亿元，同比分别增长 25.29%、26.49%。其中，市中心发放个人住房贷款 4.12 万笔、159.22 亿元，电力分中心发放个人住房贷款 0.02 万笔、1.01 亿元，铁路分中心发放个人住房贷款 0.07 万笔、2.43 亿元，莱钢分中心发放个人住房贷款 0.05 万笔、1.86 亿元。

2021 年，回收个人住房贷款 72.92 亿元。其中，市中心 64 亿元，电力分中心 1.83 亿元，铁路分中心 5.97 亿元，莱钢分中心 1.12 亿元。

2021 年末，累计发放个人住房贷款 39.61 万笔、1291.5 亿元，贷款余额 716.66 亿元，分别比上年末增加 12.05%、14.6%、14.66%。个人住房贷款余额占缴存余额的 71.51%，比上年末增加 1.29 个百分点。受委托办理住房公积金个人住房贷款业务的银行 16 家。

2. 异地贷款。2021 年，发放异地贷款 4903 笔、21.39 亿元。发放异地贷款总额 69.81 亿元，异地贷款余额 56.34 亿元。

3. 公转商贴息贷款。没有开展公转商贴息贷款业务。

（四）购买国债。 2021 年，收回国债 1145.15 万元。

（五）资金存储。 2021 年末，住房公积金存款 285.55 亿元。其中，活期 0.03 亿元，1 年（含）以下定期 18.87 亿元，1 年以上定期 85.16 亿元，其他（协定、通知存款、大额存单等）181.49 亿元。

（六）资金运用率。 2021 年末，住房公积金个人住房贷款余额、项目贷款余额和购买国债余额的总和占缴存余额的 71.51％，比上年末增加 1.29 个百分点。

三、主要财务数据

（一）业务收入。 2021 年，业务收入 311997.62 万元，同比增长 12.49％。其中，市中心 240618.79 万元，电力分中心 22112.93 万元，铁路分中心 42431.70 万元，莱钢分中心 6834.20 万元；存款利息 90946.80 万元，委托贷款利息 221032.80 万元，其他 18.02 万元。

（二）业务支出。 2021 年，业务支出 158164.36 万元，同比增长 8.11％。其中，市中心 124538.74 万元，电力分中心 10774.23 万元，铁路分中心 18573.86 万元，莱钢分中心 4277.53 万元；支付职工住房公积金利息 143355.08 万元，归集手续费 8929.80 万元，委托贷款手续费 5736.47 万元，其他 143.01 万元。

（三）增值收益。 2021 年，增值收益 153833.26 万元，同比增长 17.37％。其中，市中心 116080.05 万元，电力分中心 11338.70 万元，铁路分中心 23857.84 万元，莱钢分中心 2556.67 万元；增值收益率 1.62％，比上年增加 0.08 个百分点。

（四）增值收益分配。 2021 年未提取贷款风险准备金，提取管理费用 3496 万元，提取城市廉租住房（公共租赁住房）建设补充资金 150337.26 万元。

2021 年，上交财政管理费用 1700 万元。上缴财政城市廉租住房（公共租赁住房）建设补充资金 105155.98 万元，其中，市中心 95155.98 万元，铁路分中心 10000 万元。

2021 年末，贷款风险准备金余额 101157.57 万元。累计提取城市廉租住房（公共租赁住房）建设补充资金 960586.75 万元。其中，市中心提取 687194.38 万元，电力分中心提取 105354.28 万元，铁路分中心提取 152697.36 万元，莱钢分中心提取 15340.73 万元。

（五）管理费用支出。 2021 年，管理费用支出 5396.78 万元，同比增长 19.55％。其中，人员经费 3094.80 万元，公用经费 283.88 万元，专项经费 2018.10 万元。

市中心管理费用支出 3764.59 万元，其中，人员、公用、专项经费分别为 2145.6 万元、147.85 万元、1471.14 万元；电力分中心管理费用支出 421.06 万元，均为专项经费；铁路分中心管理费用支出 866.20 万元，其中，人员、公用、专项经费分别为 700.41 万元、93.15 万元、72.64 万元；莱钢分中心管理费用支出 344.93 万元，其中，人员、公用、专项经费分别为 248.79 万元、42.88 万元、53.26 万元。

四、资产风险状况

个人住房贷款。2021 年末，个人住房贷款逾期额 1198.73 万元，逾期率 0.17‰。其中，市中心 0.17‰，铁路分中心 0.2‰，莱钢分中心 0.15‰。

2021 年未提取个人贷款风险准备金，未使用个人贷款风险准备金核销呆坏账。2021 年末，个人贷款风险准备金余额 101157.57 万元，占个人住房贷款余额的 1.41％，个人住房贷款逾期额与个人贷款风险准备金余额的比率为 1.19％。

五、社会经济效益

（一）缴存业务

缴存职工中，国家机关和事业单位占 19.07％，国有企业占 26.46％，城镇集体企业占 8.32％，外商投资企业占 3.15％，城镇私营企业及其他城镇企业占 38.94％，民办非企业单位和社会团体占 2.29％，灵活就业人员占 0.04％，其他占 1.73％；中、低收入占 95.73％，高收入占 4.27％。

新开户职工中，国家机关和事业单位占 10.12％，国有企业占 13.6％，城镇集体企业占 8.01％，外商投资企业占 3.44％，城镇私营企业及其他城镇企业占 57.54％，民办非企业单位和社会团体占 3.55％，灵活就业人员占 0.06％，其他占 3.68％；中、低收入占 99％，高收入占 1％。

（二）提取业务

提取金额中，购买、建造、翻建、大修自住住房占 23.06％，偿还购房贷款本息占 56.27％，租赁住房占 3.83％，离休和退休提取占 13.07％，完全丧失劳动能力并与单位终止劳动关系提取占 0.1％，出境定居占 0.01％，其他占 3.66％。提取职工中，中、低收入占 93.09％，高收入占 6.91％。

（三）贷款业务

1. 个人住房贷款。2021 年，支持职工购建房 490.73 万平方米，年末个人住房贷款市场占有率（含公转商贴息贷款）为 15.49％，比上年末减少 1.75 个百分点。通过申请住房公积金个人住房贷款，可节约职工购房利息支出 345992.26 万元。

职工贷款笔数中，购房建筑面积 90（含）平方米以下占 11.36％，90～144（含）平方米占 77.61％，144 平方米以上占 11.03％。购买新房占 74.38％，购买二手房占 25.62％。

职工贷款笔数中，单缴存职工申请贷款占 62.06％，双缴存职工申请贷款占 37.84％，三人及以上缴存职工共同申请贷款占 0.1％。

贷款职工中，30 岁（含）以下占 41.4％，30 岁～40 岁（含）占 42.52％，40 岁～50 岁（含）占 12.88％，50 岁以上占 3.2％；首次申请贷款占 91.72％，二次及以上申请贷款占 8.28％；中、低收入占 96.87％，高收入占 3.13％。

2. 支持保障性住房建设试点项目贷款。2021 年未发放保障性住房项目贷款。累计试点项目 2 个，贷款发放额度 10 亿元，截至 2014 年已收回贷款本息。

（四）住房贡献率

2021 年，个人住房贷款发放额、公转商贴息贷款发放额、项目贷款发放额、住房消费提取额的总和与当年缴存额的比率为 104.36％，比上年增加 6.1 个百分点。

六、其他重要事项

（一）机构调整情况

2021 年度受委托办理住房公积金业务金融机构无变更。

（二）住房公积金政策调整

缴存基数

（1）住房公积金最高月缴存基数为 27098 元。

（2）2021 年度住房公积金最低月缴存基数与去年保持一致，分为两档，单位住所地为历下区、市中区、槐荫区、天桥区、历城区的最低住房公积金月缴存基数为 1910 元；单位住所地为长清区、章丘区、济阳区、莱芜区、钢城区、平阴县、商河县的最低住房公积金月缴存基数为 1730 元。

（3）租赁商品房定额提取额度由每人每月提取 1000 元提高到每人每月可提取 1200 元。放宽既有住宅增设电梯提取住房公积金的提取范围，同一户口共同居住的父母、配偶、子女均列入提取范围。

（三）服务改进情况

1. 积极融入和服务黄河流域高质量发展国家战略，主动作为，协调联系沿黄七个省会城市公积金中心，签署公积金高质量发展合作协议，推动公积金业务"跨域通办"。

2. 深化跨省通办，全省通办。跨省通办服务窗口开通购房提取等 8 项"跨省通办"、24 项"全省通办"业务，并全部实现全程网办。2021 年累计办理 460 笔"通办"业务。

3. 优化营商环境，提升服务效能。企业开办"一窗通办"系统向变更、注销等"全链条"业务拓展，实现了住房公积金涉企登记事项实现"全链办"；开通省内异地公积金贷款按月委托提取业务，商贷按月委托提取公积金业务扩展至 28 家银行可办理，累计办理 10.2 万笔，提取金额 56.6 亿元；租赁商品房定额提取业务实现一步办结，职工可不再提供申请材料；贷款申请材料由 11 项减为 5 项。

4. 实现电子营业执照多方位应用。2021 年实现了电子营业执照、电子身份证在归集业务中的使用，基于电子营业执照的身份认证功能，使用电子营业执照登录网厅代替数字证书应用登录认证的方式，增加了企业网上办理业务的新渠道。

5. 打造"金企通"服务品牌。中心与济南新旧动能转换先行区管委会、农业银行济南分行共同打造"金企通"公积金服务品牌，建立政银合作新模式，形成一企一人的"伞状"服务体系，为企业提供公积金业务的全链条一站式服务。

6. 打造多元化立体式服务网。联合浪潮集团打造智慧社区公积金服务板块，推动公积金服务重心下沉，推动服务体系向社区延伸。"公积金智慧客服"上线，为群众提供 7×24 小时全天候的政策及业务查询。

7. 开展"公积金惠企贷"。公积金中心充分发挥与商业银行业务合作优势，切实发挥住房公积金缴存信用激励作用，将公积金缴存情况纳入企业信用评价指标，促进受委托银行为中小微企业提供普惠金融服务，较好地实现了将企业的"缴存信用"转化为"融资资金"，解决中小微企业融资难、融资贵、融资慢等难题。

（四）信息化建设情况

1. 圆满完成全省公积金主题库应用试点任务。依托主题库标准化开放共享、智能化核验等方式，推进数据赋能业务经办全流程，打造"无证明""零材料""即时办"服务模式，在全省住房公积金行业予以推广。

2. 着力推进"掌上政府"建设进程。打造高效、便捷、安全的"爱山东·泉城办"公积金专区，形成集办事服务、便民查询于一体的移动端政务服务平台。

3. 省内率先完成全国住房公积金小程序"异地转移接续"业务上线运行，持续推进与全国公积金监管平台对接进程，助力将公积金中心打造为覆盖全国的"跨省通办"业务前端。

（五）住房公积金中心及职工所获荣誉情况

1. 公积金中心保持省文明单位称号。

2. 公积金服务大厅保持省级青年文明号、省级工人先锋号、市工人先锋号称号。

3. 3 人分别获得省级数字山东建设工作先进个人、市直机关优秀共产党员、市直机关优秀党务工作者称号。

4. 3 个支部分别获得市级示范党支部、过硬党支部和市直机关先进基层党组织称号。

（六）行政处罚及申请法院强制执行情况

2021 年对 3 个单位作出行政处罚决定，申请人民法院强制执行 22 件。

山东省及省内各城市住房公积金
2021 年年度报告二维码

名称	二维码
山东省住房公积金 2021 年年度报告	
济南住房公积金 2021 年年度报告	
青岛市住房公积金 2021 年年度报告	
淄博市住房公积金 2021 年年度报告	
枣庄市住房公积金 2021 年年度报告	
东营市住房公积金 2021 年年度报告	
烟台市住房公积金 2021 年年度报告	

续表

名称	二维码
潍坊市住房公积金 2021 年年度报告	
济宁市住房公积金 2021 年年度报告	
泰安市住房公积金 2021 年年度报告	
威海市住房公积金 2021 年年度报告	
日照市住房公积金 2021 年年度报告	
临沂市住房公积金 2021 年年度报告	
德州市住房公积金 2021 年年度报告	
聊城市住房公积金 2021 年年度报告	

名称	二维码
滨州市住房公积金 2021 年年度报告	
菏泽市住房公积金 2021 年年度报告	

河南省

河南省住房公积金 2021 年年度报告

根据国务院《住房公积金管理条例》和住房和城乡建设部、财政部、人民银行《关于健全住房公积金信息披露制度的通知》（建金〔2015〕26 号）规定，现将河南省住房公积金 2021 年年度报告汇总公布如下：

一、机构概况

（一）住房公积金管理机构

全省共设 17 个省辖市、济源示范区和 9 个省直管县（市）住房公积金管理中心，11 个独立设置的行业分中心（其中，河南省省直机关住房资金管理中心隶属河南省机关事务管理局，郑州住房公积金管理中心省电力分中心隶属国网河南省电力公司，郑州住房公积金管理中心铁路分中心隶属中国铁路郑州局集团有限公司，河南省煤炭行业住房资金管理中心隶属河南省工业和信息化厅，郑州住房公积金管理中心黄委会管理部隶属黄河水利委员会机关服务局，洛阳市住房公积金管理中心铁路分中心隶属中国铁路郑州局集团有限公司，焦作市住房公积金中心焦煤集团分中心隶属焦作煤业（集团）有限责任公司，中原石油勘探局有限公司住房公积金管理中心隶属中原石油勘探局有限公司，三门峡市住房公积金管理中心义煤集团分中心隶属义马煤业集团股份有限公司，南阳市住房公积金管理中心河南油田分中心隶属河南石油勘探局有限公司，永城市住房公积金管理中心永煤分中心隶属永城煤电控股集团有限公司）。从业人员 2320 人，其中，在编 1375 人，非在编 945 人。

（二）住房公积金监管机构

河南省住房和城乡建设厅、河南省财政厅和中国人民银行郑州中心支行负责对本省住房公积金管理运行情况进行监督。河南省住房和城乡建设厅设立住房公积金监管处，负责辖区住房公积金日常监管工作。

二、业务运行情况

（一）缴存。2021 年，新开户单位 14391 家，净增单位 15369 家；新开户职工 83.17 万人，净增职工 36.67 万人；实缴单位 103433 家，实缴职工 695.79 万人，缴存额 982.89 亿元，分别同比增长 17.45%、5.56%、11.51%。2021 年末，缴存总额 7225.50 亿元，比上年末增加 15.74%；缴存余额 3237.92 亿元（表 1），同比增长 13.92%。

2021 年分城市住房公积金缴存情况				表 1
地区	实缴单位 （万个）	实缴职工 （万人）	缴存额 （亿元）	累计缴存总额 （亿元）	缴存余额 （亿元）
河南省	10.34	695.79	982.89	7225.50	3237.92
郑州	3.35	185.37	350.88	2512.28	994.16
开封	0.26	22.20	23.15	160.77	86.80
洛阳	0.82	57.29	88.92	724.75	268.45
平顶山	0.42	40.63	47.08	426.61	199.18

续表

地区	实缴单位 （万个）	实缴职工 （万人）	缴存额 （亿元）	累计缴存总额 （亿元）	缴存余额 （亿元）
安阳	0.42	27.13	41.26	311.73	129.18
鹤壁	0.23	13.53	14.10	122.75	50.17
新乡	0.44	32.13	41.02	278.96	132.71
焦作	0.44	32.98	32.05	263.73	128.87
濮阳	0.26	25.41	41.51	365.84	127.44
许昌	0.33	22.94	32.08	236.55	99.23
漯河	0.28	18.43	21.83	143.10	77.26
三门峡	0.27	19.16	23.37	201.59	83.74
南阳	0.67	51.26	65.66	402.50	244.02
商丘	0.44	37.97	42.21	273.39	165.00
信阳	0.64	31.00	39.87	275.58	149.31
周口	0.43	36.14	33.01	196.83	128.94
驻马店	0.44	31.55	36.33	262.12	136.94
济源	0.20	10.67	8.58	66.43	36.52

（二）提取。2021年，187.39万名缴存职工提取住房公积金；提取额587.34亿元，同比增长3.35%；提取额占当年缴存额的59.76%，比上年减少4.72个百分点。2021年末，提取总额3987.58亿元，比上年末增加17.27%（表2）。

2021年分城市住房公积金提取情况 表2

地区	提取额 （亿元）	提取率 （%）	住房消费类 提取额 （亿元）	非住房消费类 提取额 （亿元）	累计 提取总额 （亿元）
河南省	**587.34**	**59.76**	**424.53**	**162.81**	**3987.58**
郑州	226.67	64.60	157.44	69.24	1518.12
开封	12.88	55.63	8.68	4.20	73.97
洛阳	60.50	68.04	46.10	14.39	456.30
平顶山	29.80	63.29	19.34	10.45	227.43
安阳	25.77	62.47	21.28	4.49	182.55
鹤壁	7.58	53.79	5.26	2.32	72.59
新乡	24.08	58.70	18.19	5.89	146.24
焦作	18.33	57.19	12.84	5.49	134.85
濮阳	27.13	65.36	22.41	4.72	238.40
许昌	22.65	70.60	18.09	4.56	137.32
漯河	12.89	59.04	9.36	3.53	65.84
三门峡	15.36	65.73	11.92	3.44	117.85
南阳	26.13	39.79	17.72	8.40	158.47
商丘	18.60	44.06	13.23	5.37	108.40

续表

地区	提取额 （亿元）	提取率 （%）	住房消费类 提取额 （亿元）	非住房消费类 提取额 （亿元）	累计 提取总额 （亿元）
信阳	22.97	57.60	16.93	6.04	126.27
周口	10.51	31.84	6.48	4.03	67.88
驻马店	20.47	56.36	15.83	4.65	125.18
济源	5.04	58.73	3.44	1.60	29.91

（三）贷款

1. 个人住房贷款。2021 年，发放个人住房贷款 14.19 万笔、589.29 亿元，同比增长 0.71%、4.16%。回收个人住房贷款 258.27 亿元。

2021 年末，累计发放个人住房贷款 159.09 万笔、4235.99 亿元，贷款余额 2590.40 亿元，分别比上年末增加 9.79%、16.16%、14.65%。个人住房贷款余额占缴存余额的 80.00%，比上年末增加 0.51 个百分点（表3）。

2021 年，支持职工购建房 1734.94 万平方米。年末个人住房贷款市场占有率（含公转商贴息贷款）为 33.88%，比上年末增加 20.27 个百分点。通过申请住房公积金个人住房贷款，可节约职工购房利息支出 79.20 亿元。

2021 年分城市住房公积金个人住房贷款情况　　　　表3

地区	放贷笔数 （万笔）	贷款发放额 （亿元）	累计放贷笔数 （万笔）	累计贷款总额 （亿元）	贷款余额 （亿元）	个人住房贷款率 （%）
河南省	**14.19**	**589.29**	**159.09**	**4235.99**	**2590.40**	**80.00**
郑州	3.92	216.14	39.81	1324.41	861.68	86.67
开封	0.32	12.45	3.71	85.29	53.73	61.90
洛阳	1.40	56.24	17.90	468.40	257.92	96.08
平顶山	0.98	37.83	11.07	271.50	176.21	88.47
安阳	0.80	30.12	7.39	175.52	84.28	65.24
鹤壁	0.25	9.21	4.68	92.26	47.13	93.95
新乡	0.53	19.34	6.33	172.54	113.61	85.60
焦作	0.46	15.64	8.53	184.34	103.66	80.43
濮阳	0.56	21.03	8.63	199.39	109.29	85.76
许昌	0.50	16.62	5.68	159.09	89.57	90.27
漯河	0.41	12.19	5.26	113.13	60.94	78.88
三门峡	0.35	11.56	3.50	92.10	62.67	74.84
南阳	0.92	31.45	9.63	216.96	128.78	52.77
商丘	0.82	31.51	6.43	163.53	109.05	66.09
信阳	0.58	22.05	5.84	157.21	106.30	71.19
周口	0.48	16.70	4.36	123.38	90.05	69.83
驻马店	0.70	22.96	7.75	183.97	106.10	77.48
济源	0.21	6.25	2.59	52.98	29.45	80.65

2. 异地贷款。2021 年，发放异地贷款 1.66 万笔、68.60 亿元。2021 年末，发放异地贷款总额

311.78 亿元，异地贷款余额 227.39 亿元。

3. 公转商贴息贷款。2021 年，发放公转商贴息贷款 0.16 万笔、6.10 亿元，支持职工购建房面积 18.49 万平方米。当年贴息额 431.23 万元。2021 年末，累计发放公转商贴息贷款 2.41 万笔、66.25 亿元，累计贴息 1.78 亿元。

（四）资金存储。2021 年末，住房公积金存款 686.35 亿元。其中，活期 17.14 亿元，1 年（含）以下定期 360.10 亿元，1 年以上定期 201.73 亿元，其他（协定、通知存款等）107.38 亿元。

（五）资金运用率。2021 年末，住房公积金个人住房贷款余额、项目贷款余额和购买国债余额的总和占缴存余额的 80.00%，比上年末增加 0.51 个百分点。

三、主要财务数据

（一）业务收入。2021 年，业务收入 99.35 亿元，同比增长 15.54%。其中，存款利息 19.67 亿元，委托贷款利息 79.61 亿元，其他 0.07 亿元。

（二）业务支出。2021 年，业务支出 50.58 亿元，同比增长 14.07%。其中，支付职工住房公积金利息 46.28 亿元，归集手续费 1.14 亿元，委托贷款手续费 2.44 亿元，其他 0.72 亿元。

（三）增值收益。2021 年，增值收益 48.77 亿元，同比增长 17.09%；增值收益率 1.61%，比上年增加 0.06 个百分点。

（四）增值收益分配。2021 年，加上年初待分配增值收益 0.02 亿元，可供分配增值收益 48.79 亿元。其中提取贷款风险准备金－0.81 亿元（转出上缴财政），提取管理费用 4.84 亿元，提取城市廉租住房（公共租赁住房）建设补充资金 44.40 亿元，年末待分配增值收益 0.36 亿元（表 4）。

2021 年，上交财政管理费用 4.49 亿元，上缴财政城市廉租住房（公共租赁住房）建设补充资金 43.53 亿元。

2021 年末，贷款风险准备金余额 45.52 亿元，累计提取城市廉租住房（公共租赁住房）建设补充资金 233.52 亿元。

2021 年分城市住房公积金增值收益及分配情况   表 4

地区	业务收入（亿元）	业务支出（亿元）	增值收益（亿元）	增值收益率（%）	提取贷款风险准备金（亿元）	提取管理费用（亿元）	提取公租房（廉租房）建设补充资金（亿元）
河南省	**99.35**	**50.58**	**48.77**	**1.61**	**－0.81**	**4.84**	**44.40**
郑州	30.92	16.11	14.81	1.59	0.72	0.85	13.24
开封	2.53	1.27	1.26	1.54	－1.01	0.32	1.95
洛阳	8.37	4.28	4.08	1.61	0.27	0.24	3.58
平顶山	6.21	3.10	3.11	1.63	0.20	0.29	2.33
安阳	3.99	1.98	2.01	1.64	0.04	0.18	1.78
鹤壁	1.58	0.75	0.83	1.78	0.04	0.17	0.62
新乡	4.12	2.06	2.06	1.65	－0.53	0.14	2.45
焦作	3.96	2.03	1.93	1.58	－0.90	0.28	2.50
濮阳	3.86	1.96	1.90	1.58	0.07	0.45	1.37
许昌	3.09	1.51	1.58	1.67	－0.54	0.10	2.02
漯河	2.28	1.24	1.04	1.44	0.05	0.18	0.81
三门峡	2.62	1.33	1.29	1.62	0.06	0.15	1.08
南阳	7.27	3.55	3.73	1.71	0.14	0.47	3.12
商丘	4.62	2.33	2.29	1.50	0.21	0.17	1.91

续表

地区	业务收入 （亿元）	业务支出 （亿元）	增值收益 （亿元）	增值收益率 （%）	提取贷款风险 准备金(亿元)	提取管理费用 （亿元）	提取公租房(廉租房) 建设补充资金(亿元)
信阳	4.94	2.66	2.28	1.61	0.13	0.28	1.87
周口	3.49	1.81	1.68	1.43	0.10	0.34	1.24
驻马店	4.41	2.04	2.38	1.85	0.12	0.17	2.09
济源	1.08	0.56	0.52	1.49	0.03	0.05	0.44

（五）**管理费用支出**。2021 年，管理费用支出 4.51 亿元，同比增长 10.27%。其中，人员经费 1.97 亿元，公用经费 0.57 亿元，专项经费 1.97 亿元。

四、资产风险状况

个人住房贷款。2021 年末，个人住房贷款逾期额 0.81 亿元，逾期率 0.31‰，个人贷款风险准备金余额 45.47 亿元。2021 年，使用个人贷款风险准备金核销呆坏账 0 万元。

五、社会经济效益

（一）**缴存业务**。缴存职工中，国家机关和事业单位占 43.75%，国有企业占 24.64%，城镇集体企业占 1.51%，外商投资企业占 1.66%，城镇私营企业及其他城镇企业占 18.89%，民办非企业单位和社会团体占 1.65%，灵活就业人员占 2.21%，其他占 5.69%；中、低收入占 96.87%，高收入占 3.13%。

新开户职工中，国家机关和事业单位占 24.01%，国有企业占 12.71%，城镇集体企业占 1.73%，外商投资企业占 5.39%，城镇私营企业及其他城镇企业占 37.82%，民办非企业单位和社会团体占 2.94%，灵活就业人员占 10.97%，其他占 4.43%；中、低收入占 99.04%，高收入占 0.96%。

（二）**提取业务**。提取金额中，购买、建造、翻建、大修自住住房占 30.69%，偿还购房贷款本息占 38.88%，租赁住房占 2.06%，支持老旧小区改造提取占 0.07%；离休和退休提取占 14.62%，完全丧失劳动能力并与单位终止劳动关系提取占 2.65%，出境定居占 0.10%，其他占 10.93%。提取职工中，中、低收入占 96.19%，高收入占 3.81%。

（三）**贷款业务**

个人住房贷款。职工贷款笔数中，购房建筑面积 90（含）平方米以下占 13.59%，90～144（含）平方米占 77.39%，144 平方米以上占 9.02%。购买新房占 76.18%（其中购买保障性住房占 0.59%），购买二手房占 16.31%，建造、翻建、大修自住住房占 0.09%，其他占 7.42%。

职工贷款笔数中，单缴存职工申请贷款占 43.61%，双缴存职工申请贷款占 56.35%，三人及以上缴存职工共同申请贷款占 0.04%。

贷款职工中，30 岁（含）以下占 23.35%，30 岁～40 岁（含）占 45.72%，40 岁～50 岁（含）占 24.36%，50 岁以上占 6.57%；购买首套住房申请贷款占 89.91%，购买二套及以上申请贷款占 10.09%；中、低收入占 97.20%，高收入占 2.80%。

（四）**住房贡献率**。2021 年，个人住房贷款发放额、公转商贴息贷款发放额、项目贷款发放额、住房消费提取额的总和与当年缴存额的比率为 103.68%，比上年减少 5.82 个百分点。

六、其他重要事项

（一）**当年住房公积金政策调整情况**

印发《河南省住房和城乡建设厅关于全省住房公积金行业加强新冠疫情防控和应对暴雨洪涝灾害有关问题的通知》，积极落实省政府《河南省加快灾后重建支持企业复工复产十条措施》（豫政办明电〔2021〕26 号）和《河南省支持企业加快灾后重建恢复生产经营十条措施》（豫政办明电〔2021〕27

号）文件精神，对受新冠疫情和暴雨洪涝灾害影响、缴存住房公积金确有困难的企业或单位，协助其开展申请降低缴存比例、缓缴住房公积金等工作。优化个人住房公积金贷款办理流程，提高贷款服务效率，扩大贷款资金投放规模，充分发挥住房公积金个人住房贷款在解决中低收入家庭住房困难问题方面的作用。

（二）当年开展监督检查情况

一是严格落实住房公积金电子化巡检长效机制。指导各住房公积金管理机构每月通过电子化稽查工具进行巡检，并及时报送月度电子稽查报告。针对巡检中发现的问题，认真排查原因，确定整改措施和整改期限，从源头加以改进，严密防控各类风险。二是印发《河南省住房和城乡建设厅关于加强对逾期住房公积金个人住房贷款监管的通知》（豫建金〔2021〕133号），指导各地以逾期三期（含三期）以上贷款为重点，对逾期贷款现状、逾期贷款产生及个贷逾期率上升的原因开展调查，着重对逾期贷款是否存在政策执行不到位、贷款审核不严格、贷后管理薄弱、催收机制不健全等问题进行审查，进一步加强住房公积金个人住房贷款管理，确保资金安全，维护缴存职工合法权益。

（三）当年服务改进情况

一是深入开展"我为群众办实事"实践活动，从缴存职工最关心的事项入手，积极推进住房公积金高频服务事项"跨省通办"工作，我省17个省辖市和济源示范区、9个直管县（市）住房公积金管理中心以及11个行业分中心均已实现住房公积金单位登记开户、住房公积金单位及个人缴存信息变更、购房提取住房公积金、开具住房公积金个人住房贷款全部还清证明、提前还清住房公积金贷款5项服务事项"跨省通办"，满足了缴存单位和职工异地办事需求，避免了"多地跑""折返跑"等现象。《恪守为民情怀推动"跨省通办"》入选河南省住房和城乡建设厅党史学习教育典型案例。二是坚持网上办理和窗口服务并重，整合官方网站、网上业务大厅、自助终端、手机客户端、12329热线、12329短信、官方微信、官方微博8大服务渠道，打造住房公积金综合服务平台，推动线上服务从"可办"到"好办"转变，2021年全省住房公积金业务网上办结6800多万件，同比增长65.77%；网上办结率88.77%，同比增加6.89个百分点；持续优化服务大厅窗口服务，改善办事环境，完善软硬件建设，运用银行网点、24小时自助终端等设备，开通高频简单服务事项就近办理；运用窗口、PC、移动端等"好差评"评价渠道，推动实现评价工作服务事项、评价对象、服务渠道全覆盖。

（四）当年信息化建设情况

推进全国住房公积金小程序应用，提高转移接续业务办理效率。按照住房和城乡建设部《关于做好全国住房公积金小程序上线运行的通知》（建办金函〔2021〕144号）要求，指导各住房公积金管理机构抓好业务办理、业务衔接、服务应答响应等项工作，确保小程序运行顺畅、稳定，进一步改进服务方式、提高办事效率。

（五）当年住房公积金机构及从业人员所获荣誉情况

10个中心获得文明单位（行业、窗口）、1个中心获得青年文明号、2个中心获得五一劳动奖章（劳动模范）、3个中心获得三八红旗手（巾帼文明岗）等。

（六）当年对住房公积金管理人员违规行为的纠正和处理情况等

无。

（七）其他需要披露的情况

无。

河南省焦作市住房公积金 2021 年年度报告

根据国务院《住房公积金管理条例》和住房和城乡建设部、财政部、人民银行《关于健全住房公积金信息披露制度的通知》（建金〔2015〕26 号）的规定，经住房公积金管理委员会审议通过，现将焦作市住房公积金 2021 年年度报告公布如下：

一、机构概况

（一）住房公积金管理委员会。 住房公积金管理委员会有 24 名委员，2021 年召开 2 次会议，审议通过的事项主要包括：1. 审议《关于加强与受托银行合作推进归集扩面和资金保值增值工作的通知》（2021 年 2 月焦公积金委〔2021〕1 号）；2. 审议《关于提高住房公积金贷款额度的通知》（2021 年 2 月焦公积金委〔2021〕2 号）；3. 审议《关于进一步规范住房公积金归集工作的通知》（2021 年 2 月焦公积金委〔2021〕3 号）；4. 审议《关于进一步加强住房公积金提取工作的通知》（2021 年 2 月焦公积金委〔2021〕4 号）；5. 审议《关于印发〈焦作市住房公积金 2020 年年度报告〉的通知》（2021 年 2 月焦公积金委〔2021〕5 号）；6. 审议《关于印发〈焦作市住房公积金中心 2020 年度增值收益分配方案〉的通知》（2021 年 2 月焦公积金委〔2021〕6 号）；7. 审议《关于印发〈焦作市住房公积金中心 2020 年度收支预算草案〉的通知》（2021 年 2 月焦公积金委〔2021〕7 号）；8. 审议《关于调整住房公积金有关政策的通知》（2021 年 8 月焦公积金委〔2021〕10 号）。

（二）住房公积金中心。 市住房公积金中心为直属市政府领导的不以营利为目的财政全供事业单位，内设 10 个科室，8 个县区管理部，1 个分中心。从业人员 112 人，其中，在编 79 人，非在编 33 人。

二、业务运行情况

（一）缴存。 2021 年，新开户单位 404 家，净增单位 253 家；新开户职工 2.85 万人，净增职工 1.70 万人；实缴单位 4425 家，实缴职工 32.98 万人，缴存额 32.05 亿元，分别同比增长 6.06%、增长 5.43%、增长 14.96%。2021 年末，缴存总额 263.73 亿元，比上年末增加 13.83%；缴存余额 128.87 亿元，同比增长 11.91%。受委托办理住房公积金缴存业务的银行 10 家。

（二）提取。 2021 年，6.87 万名缴存职工提取住房公积金；提取额 18.33 亿元，同比增长 9.30%；提取额占当年缴存额的 57.19%，比上年减少 2.98 个百分点。2021 年末，提取总额 134.85 亿元，比上年末增加 15.73%。

（三）贷款

1. 个人住房贷款。单缴存职工个人住房贷款最高额度 40 万元，双缴存职工个人住房贷款最高额度 50 万元。

2021 年，发放个人住房贷款 0.46 万笔、15.64 亿元，同比分别增加 4.55%、5.96%。其中，市中心发放个人住房贷款 0.43 万笔、14.51 亿元，焦煤分中心发放个人住房贷款 0.03 万笔、1.13 亿元。

2021 年，回收个人住房贷款 11.61 亿元。其中，市中心 10.97 亿元，焦煤分中心 0.64 亿元。

2021 年末，累计发放个人住房贷款 8.52 万笔、184.34 亿元，贷款余额 103.66 亿元，分别比上年末增加 5.71%、9.27%、4.04%。个人住房贷款余额占缴存余额的 80.44%，比上年末减少 6.08 个百分点。受委托办理住房公积金个人住房贷款业务的银行 10 家。

2. 异地贷款。2021 年，发放异地贷款 269 笔、2660.30 万元。2021 年末，发放异地贷款总额 51867.10 万元，异地贷款余额 37757.02 万元。

3. 公转商贴息贷款。2021 年，发放公转商贴息贷款 0 笔、0 万元。

（四）购买国债。2021 年，购买（记账式、凭证式）国债 0 亿元。

（五）资金存储。2021 年末，住房公积金存款 29.39 亿元。其中，活期 2.43 亿元，1 年（含）以下定期 10.65 亿元，1 年以上定期 13.95 亿元，其他（协定、通知存款等）2.36 亿元。

（六）资金运用率。2021 年末，住房公积金个人住房贷款余额、项目贷款余额和购买国债余额的总和占缴存余额的 80.44%，比上年末减少 6.08 个百分点。

三、主要财务数据

（一）业务收入。2021 年，业务收入 39628.59 万元，同比增长 7.83%。其中，市中心 36804.08 万元，焦煤分中心 2824.51 万元；存款利息 6792.22 万元，委托贷款利息 32833.09 万元，其他 3.28 万元。

（二）业务支出。2021 年，业务支出 20317.41 万元，同比增长 10.49%。其中，市中心 18562.34 万元，焦煤分中心 1755.07 万元；支付职工住房公积金利息 18225.09 万元，归集手续费 1257.54 万元，委托贷款手续费 833.26 万元，其他 1.52 万元。

（三）增值收益。2021 年，增值收益 19311.18 万元，同比增长 5.18%。其中，市中心 18241.74 万元，焦煤分中心 1069.44 万元；增值收益率 1.58%，比上年减少 0.07 个百分点。

（四）增值收益分配。2021 年，提取贷款风险准备金 402.80 万元；提取管理费用 2882.43 万元，提取城市廉租住房（公共租赁住房）建设补充资金 15537.88 万元。

2021 年，上交财政管理费用 3589.15 万元。上缴财政城市廉租住房（公共租赁住房）建设补充资金 22787.43 万元。

2021 年末，贷款风险准备金余额 13775.74 万元。累计提取城市廉租住房（公共租赁住房）建设补充资金 91974.59 万元。其中，市中心提取 89372.19 万元，焦煤分中心提取 2602.40 万元。

（五）管理费用支出。2021 年，管理费用支出 3086.32 万元，同比增长 43.72%。其中，人员经费 1368.44 万元，公用经费 137.67 万元，专项经费 1580.21 万元。

市中心管理费用支出 2562.38 万元，其中，人员、公用、专项经费分别为 921.45 万元、109.58 万元、1531.35 万元；焦煤分中心管理费用支出 523.94 万元，其中，人员、公用、专项经费分别为 446.99 万元、28.09 万元、48.86 万元。

四、资产风险状况

个人住房贷款。2021 年末，个人住房贷款逾期额 226.68 万元，逾期率 0.22‰，其中，市中心 0.21‰，焦煤分中心 0.36‰。个人贷款风险准备金余额 13775.74 万元。

五、社会经济效益

（一）缴存业务

缴存职工中，国家机关和事业单位占 45.1%，国有企业占 21.72%，城镇集体企业占 6.87%，外商投资企业占 0.77%，城镇私营企业及其他城镇企业占 17.48%，民办非企业单位和社会团体占 1.40%，灵活就业人员占 2.42%，其他占 4.24%；中、低收入占 98.95%，高收入占 1.05%。

新开户职工中，国家机关和事业单位占 32.01%，国有企业占 7.30%，城镇集体企业占 3.58%，外商投资企业占 0.47%，城镇私营企业及其他城镇企业占 38.03%，民办非企业单位和社会团体占 4.48%，灵活就业人员占 4.14%，其他占 9.99%；中、低收入占 99.75%，高收入占 0.25%。

（二）提取业务

提取金额中，购买、建造、翻建、大修自住住房占 22.13%，偿还购房贷款本息占 47.55%，租赁住房占 0.08%，支持老旧小区改造占 0%，离休和退休提取占 21.48%，完全丧失劳动能力并与单位终止劳动关系提取占 6.93%，出境定居占 0%，其他占 1.83%。提取职工中，中、低收入占 98.01%，高收入占 1.99%。

（三）贷款业务

个人住房贷款。2021 年，支持职工购建房 57.96 万平方米（含公转商贴息贷款），年末个人住房贷款市场占有率（含公转商贴息贷款）为 27.31%，比上年末增加 2.79 个百分点。通过申请住房公积金个人住房贷款，可节约职工购房利息支出 31073.38 万元。

职工贷款笔数中，购房建筑面积 90（含）平方米以下占 5.89%，90～144（含）平方米占 82.69%，144 平方米以上占 11.42%。购买新房占 81.17%（其中购买保障性住房占 0%），购买二手房占 13.26%，建造、翻建、大修自住住房占 0%（其中支持老旧小区改造占 0%），其他占 5.57%。

职工贷款笔数中，单缴存职工申请贷款占 48.88%，双缴存职工申请贷款占 51.12%，三人及以上缴存职工共同申请贷款占 0%。

贷款职工中，30 岁（含）以下占 20.22%，30 岁～40 岁（含）占 47.50%，40 岁～50 岁（含）占 25.94%，50 岁以上占 6.34%；购买首套住房申请贷款占 87.48%，购买二套及以上申请贷款占 12.52%；中、低收入占 98.29%，高收入占 1.71%。

（四）住房贡献率

2021 年，个人住房贷款发放额、公转商贴息贷款发放额、项目贷款发放额、住房消费提取额的总和与当年缴存额的比率为 88.7%，比上年减少 4.16 个百分点。

六、其他重要事项

（一）当年住房公积金中心及职工所获荣誉情况

焦作市住房公积金中心不断创新、探索和实践，充分发挥公积金制度效用，不断提高服务水平，各项业务指标稳步增长，社会影响力、群众满意度及上级部门的认可度得到日益增强。2021 年，中心及职工个人先后荣获"河南省先进基层党组织""河南省'我为群众办实事'先进服务单位""焦作市劳模助力脱贫攻坚'红旗单位'""焦作市'学习强国'学习使用先进单位""河南省建设五一巾帼标兵岗""河南省建设劳动奖章"等多项荣誉。

（二）当年服务改进情况

为进一步加快新冠疫情防控和应对暴雨洪涝灾后恢复重建，出台了受新冠疫情和暴雨洪涝灾害影响、缴存住房公积金确有困难的企业或单位，可申请降低住房公积金缴存比例或缓缴；保证房屋产权登记机构完成抵押登记后，5 个工作日内完成贷款发放，实现应贷尽贷等政策，缓解企业流动资金不足问题，加快了企业灾后重建工作。

（三）当年住房公积金政策调整及执行情况

1. 缴存基数、缴存比例调整工作

（1）缴存基数不得超过焦作市统计局公布的 2020 年度全市城镇非私营单位从业人员月平均工资（5299 元/月）的 3 倍，即 15897 元，比去年增加 627 元；月缴存额上限为 3816 元，比去年增加 152 元。月缴存基数下限不低于《河南省人民政府关于调整河南省最低工资标准的通知》（豫政〔2018〕26 号）文件规定的焦作市市区 2018 年度最低工资标准，市区、沁阳、孟州为 1900 元，月缴存额下限为 190 元；修武、武陟、博爱、温县为 1700 元，月缴存额下限为 170 元。

（2）自主缴存者月缴存基数最高为 15897 元，月缴存额上限为 3816 元；月缴存基数最低为 5299 元，比去年增加 209 元；月缴存额下限为 530 元，比去年增加 20 元。

（3）务工农民月缴存基数最高为 15897 元，月缴存额上限为 3816 元；月缴存基数最低为 4504 元，比去年增加 177 元；月缴存额下限为 450 元，比去年增加 18 元。

2. 住房公积金提取政策调整

(1) 异地购房提取时限进行调整。变一年内为五年（含五年）以内，可办理购买本行政区域以外的购房提取。

(2) 对提取人范畴进行调整。职工在购买新建自住住房、再交易自住住房时，满足一定条件的，可以同时提取职工父母的公积金。

3. 个人住房贷款政策调整情况

(1) 对月冲还贷、贷款还款期限和贷款还款方式进行调整。办理住房公积金提前结清业务时，取消借款人及配偶正常还款 12 期的限制；办理住房公积金月缴存额逐月冲还本息业务时，取消借款人及配偶正常还款 12 期的限制；借款人在贷款还款期间可以申请还款期限缩期和还款方式变更。

(2) 中心对公积金贷款额度进行调整。购买自住住房的职工家庭申请住房公积金贷款，夫妻双方缴存住房公积金的职工家庭最高可贷总房价的 70%，由现行的单笔不超过 45 万元调整为单笔不超过 50 万元。

(3) 贷款结清及抵押注销"一站式"办理。为了方便群众办理公积金贷款结清后的抵押注销登记业务，优化办事流程，缓解群众办理过程中排队等候的压力。中心与焦作市不动产登记中心积极沟通，对抵押注销登记业务进行流程再造。由原来的群众结清贷款后需要亲自前往不动产中心柜台排号办理，改为由我中心工作人员单方发起受理、审核、网上办理抵押权注销，使办事群众贷款结清后抵押注销登记在中心"一站式"办理。

（四）住房公积金贷款利率执行情况

住房公积金存贷款利率按照中国人民银行公布的住房公积金存贷款利率执行。

（五）综合服务平台及信息化建设情况

1. 信息化工作取得新成效。中心与河南省政务服务网、"豫事办"、"焦我办"大数据局统一身份认证、数据查询及部分业务互联办理。与房产、不动产、民政、社保、电子政务等部门数据接口互联互通，做到了企业可通过 UK 等线上渠道，群众可通过微信公众号、手机 App 等渠道办理归集、提取、信贷多项业务。截至目前，32 项住房公积金行政审批事项中 29 项已实现"最多跑一次"，占所有审批事项的 91%。办理过程从"脚尖"到"指尖"的转变，让住房公积金真正有益于民、有利于民。

2. 完成"一表通办"在线对接。新开办企业在工商局登记注册成功即可直接办理公积金缴存开户；完成"全国住房公积金"微信小程序对接，缴存职工只需打开微信小程序即可办理公积金查询和转移接续业务；完成包括正常退休提取住房公积金等 8 项业务的住房公积金服务"跨省通办"；"洛阳都市圈"区域住房公积金一体化建设初见成效，住房公积金个人账户转移等 12 项业务可异地办理，实现了"全豫通办"；中心与市中级人民法院共同开发了网上公积金业务办理平台，已实现法院"足不出户""随时"网上查询当事人公积金信息；完成了中心机房向市政务云平台搬迁工作，为公积金信息系统及数据安全增加了保障。

河南省及省内各城市住房公积金
2021 年年度报告二维码

名称	二维码
河南省住房公积金 2021 年年度报告	
郑州住房公积金 2021 年年度报告	
开封市住房公积金 2021 年年度报告	
洛阳市住房公积金 2021 年年度报告	
平顶山市住房公积金 2021 年年度报告	
安阳市住房公积金 2021 年年度报告	
鹤壁市住房公积金 2021 年年度报告	

续表

名称	二维码
新乡市住房公积金 2021 年年度报告	
焦作市住房公积金 2021 年年度报告	
濮阳市住房公积金 2021 年年度报告	
许昌市住房公积金 2021 年年度报告	
漯河市住房公积金 2021 年年度报告	
三门峡市住房公积金 2021 年年度报告	
南阳市住房公积金 2021 年年度报告	
商丘市住房公积金 2021 年年度报告	

名称	二维码
信阳市住房公积金 2021 年年度报告	
周口市住房公积金 2021 年年度报告	
驻马店市住房公积金 2021 年年度报告	
济源市住房公积金 2021 年年度报告	

湖北省

湖北省住房公积金 2021 年年度报告

根据国务院《住房公积金管理条例》和住房和城乡建设部、财政部、人民银行《关于健全住房公积金信息披露制度的通知》（建金〔2015〕26号）规定，现将湖北省住房公积金 2021 年年度报告汇总公布如下：

一、机构概况

（一）**住房公积金管理机构**。全省共设 17 个市、州、直管市、神农架林区住房公积金管理中心。从业人员 2222 人，其中，在编 1422 人，非在编 800 人。

（二）**住房公积金监管机构**。湖北省住房和城乡建设厅、湖北省财政厅和中国人民银行武汉分行负责对本省住房公积金管理运行情况进行监督。湖北省住房和城乡建设厅设立住房公积金监管处，负责辖区住房公积金日常监管工作。

二、业务运行情况

（一）**缴存**。2021 年，新开户单位 17097 家，净增单位 13211 家；新开户职工 71.02 万人，净增职工 42.46 万人；实缴单位 95503 家，实缴职工 538.42 万人，缴存额 1040.17 亿元，分别同比增长 16.05%、8.6%、12.16%。2021 年末，缴存总额 7617.56 亿元，比上年末增加 15.81%；缴存余额 3405.65 亿元，同比增长 12.69%（表 1）。

2021 年分城市住房公积金缴存情况　　　　　　　　　　　表 1

地区	实缴单位（万个）	实缴职工（万人）	缴存额（亿元）	累计缴存总额（亿元）	缴存余额（亿元）
湖北省	**9.55**	**538.42**	**1040.17**	**7617.56**	**3405.65**
武汉	4.50	263.51	535.61	3910.08	1655.94
黄石	0.37	21.10	33.12	270.57	131.09
襄阳	0.55	34.00	59.38	423.64	198.59
宜昌	0.75	41.54	77.31	569.28	234.52
十堰	0.43	25.20	50.88	415.91	205.00
荆州	0.44	25.31	43.87	322.36	144.07
荆门	0.38	18.30	31.21	242.80	123.86
鄂州	0.14	7.32	13.52	107.21	44.28
孝感	0.38	20.50	34.83	257.08	128.04
黄冈	0.50	24.08	51.10	337.04	175.48
咸宁	0.27	16.29	25.48	174.84	88.39
随州	0.22	9.00	15.49	95.19	49.50
恩施	0.33	15.45	36.53	253.01	119.21

续表

地区	实缴单位 （万个）	实缴职工 （万人）	缴存额 （亿元）	累计缴存总额 （亿元）	缴存余额 （亿元）
仙桃	0.09	5.22	8.53	53.84	24.69
天门	0.07	3.52	6.36	44.73	23.08
潜江	0.10	7.28	14.84	126.51	52.99
神农架	0.03	0.81	2.09	13.46	6.91

（二）**提取。**2021 年，195.77 万名缴存职工提取住房公积金；提取额 656.69 亿元，同比增长 18.89%；提取额占当年缴存额的 63.13%，比上年增加 3.57 个百分点。2021 年末，提取总额 4211.91 亿元，比上年末增加 18.47%（表 2）。

2021 年分城市住房公积金提取情况　　表 2

地区	提取额 （亿元）	提取率 （%）	住房消费类提取额 （亿元）	非住房消费类提取额 （亿元）	累计提取总额 （亿元）
湖北省	**656.69**	**63.13**	**504.99**	**151.70**	**4211.91**
武汉	349.07	65.17	281.90	67.17	2254.14
黄石	22.85	68.99	15.72	7.13	139.49
襄阳	36.33	61.18	26.57	9.76	225.05
宜昌	46.12	59.66	34.30	11.82	334.76
十堰	28.68	56.37	19.22	9.45	210.91
荆州	27.40	62.45	20.61	6.79	178.29
荆门	15.78	50.57	9.98	5.80	118.94
鄂州	8.32	61.55	6.19	2.13	62.92
孝感	22.02	63.22	16.00	6.02	129.04
黄冈	29.65	58.03	22.16	7.49	161.56
咸宁	15.57	61.11	10.68	4.89	86.45
随州	8.81	56.88	6.57	2.24	45.69
恩施	24.87	68.07	19.46	5.41	133.80
仙桃	5.52	64.67	4.39	1.13	29.15
天门	3.83	60.22	2.85	0.98	21.64
潜江	10.46	70.49	7.38	3.08	73.52
神农架	1.39	66.51	1.01	0.38	6.54

（三）**贷款。**

1. 个人住房贷款。2021 年，发放个人住房贷款 12.87 万笔、604.23 亿元，同比下降 7.61%、9.68%。回收个人住房贷款 297 亿元。

2021 年末，累计发放个人住房贷款 164.22 万笔、4814.19 亿元，贷款余额 2798.33 亿元，分别比上年末增加 8.50%、14.35%、12.33%。个人住房贷款余额占缴存余额的 82.17%，比上年末减少 0.26 个百分点（表 3）。

2021 年，支持职工购建房 1489.45 万平方米。年末个人住房贷款市场占有率（含公转商贴息贷款）为 15.63%，比上年末减少 1.84 个百分点。通过申请住房公积金个人住房贷款，可节约职工购房利息支出 151.06 亿元。

2021 年分城市住房公积金个人住房贷款情况　　　　　　　　　　　表 3

地区	放贷笔数（万笔）	贷款发放额（亿元）	累计放贷笔数（万笔）	累计贷款总额（亿元）	贷款余额(亿元)	个人住房贷款率（%）
湖北省	**12.87**	**604.23**	**164.22**	**4814.19**	**2798.33**	**82.17**
武汉	6.04	342.42	75.42	2704.01	1563.90	94.44
黄石	0.53	23.00	7.63	209.02	123.58	94.27
襄阳	0.78	34.47	8.07	240.82	156.90	79.01
宜昌	0.76	31.05	11.14	278.11	153.79	65.58
十堰	0.60	23.37	7.12	189.24	120.15	58.61
荆州	0.61	21.61	7.72	179.53	105.24	73.05
荆门	0.45	16.20	7.60	151.37	86.30	69.68
鄂州	0.20	7.36	3.45	78.82	37.83	85.43
孝感	0.43	15.39	5.63	129.88	74.84	58.45
黄冈	0.77	28.47	8.29	190.90	110.01	62.69
咸宁	0.45	14.04	6.14	112.92	60.08	67.97
随州	0.22	7.11	2.41	64.24	38.39	77.56
恩施	0.59	22.10	8.95	182.23	104.20	87.41
仙桃	0.13	5.04	1.21	25.8	17.13	69.39
天门	0.10	3.44	1.08	25.72	16.23	70.32
潜江	0.17	8.12	2.01	44.64	26.67	50.33
神农架	0.03	1.03	0.32	6.95	3.09	44.62

2. 异地贷款。2021 年，发放异地贷款 6252 笔、25.73 亿元。2021 年末，发放异地贷款总额 168.96 亿元，异地贷款余额 123.78 亿元。

3. 公转商贴息贷款。2021 年，发放公转商贴息贷款 0 笔、0 万元，支持职工购建房面积 0 万平方米。当年贴息额 284.78 万元。2021 年末，累计发放公转商贴息贷款 1048 笔、30074.41 万元，累计贴息 1053.79 万元。

4. 住房公积金支持保障性住房建设项目贷款。2021 年，发放支持保障性住房建设项目贷款 0 亿元，回收项目贷款 0 亿元。2021 年末，累计发放项目贷款 7.30 亿元，项目贷款余额 0 亿元。

（四）购买国债。 2021 年，购买（记账式、凭证式）国债 0 万元，（兑付、转让、收回）国债 2514.70 万元。2021 年末，国债余额 0 万元，比上年末减少 2514.70 万元。

（五）融资。 2021 年，融资 0 亿元，归还 0 亿元。2021 年末，融资总额 171.24 亿元，融资余额 0 亿元。

（六）资金存储。 2021 年末，住房公积金存款 704.08 亿元。其中，活期 21.06 亿元，1 年（含）以下定期 95.36 亿元，1 年以上定期 500.59 亿元，其他（协定、通知存款等）87.07 亿元。

（七）资金运用率。 2021 年末，住房公积金个人住房贷款余额、项目贷款余额和购买国债余额的总和占缴存余额的 82.17%，比上年末减少 0.27 个百分点。

三、主要财务数据

（一）业务收入。 2021 年，业务收入 111.17 亿元，同比增长 16.71%。其中，存款利息 23.55 亿元，委托贷款利息 87.41 亿元，国债利息 0 万元，其他 2169.80 万元。

（二）业务支出。 2021 年，业务支出 55.62 亿元，同比增长 13.44%。其中，支付职工住房公积金利息 51.71 亿元，归集手续费 9668.31 万元，委托贷款手续费 2.78 亿元，其他 1551.47 万元。

（三）**增值收益。** 2021 年，增值收益 55.55 亿元，同比增长 20.19％；增值收益率 1.72％，比上年增加 0.10 个百分点。

（四）**增值收益分配。** 2021 年，提取贷款风险准备金 8.30 亿元，提取管理费用 7.35 亿元，提取城市廉租住房（公共租赁住房）建设补充资金 42.74 亿元（表 4）。

2021 年，上交财政管理费用 7.42 亿元，上缴财政城市廉租住房（公共租赁住房）建设补充资金 33.65 亿元。

2021 年末，贷款风险准备金余额 67.86 亿元，累计提取城市廉租住房（公共租赁住房）建设补充资金 237.01 亿元。

2021 年分城市住房公积金增值收益及分配情况　　　　　　　　　　　　　　　表 4

地区	业务收入（亿元）	业务支出（亿元）	增值收益（亿元）	增值收益率（％）	提取贷款风险准备金（亿元）	提取管理费用（亿元）	提取公租房（廉租房）建设补充资金（亿元）
湖北省	**111.17**	**55.62**	**55.55**	**1.72**	**8.30**	**7.35**	**42.74**
武汉	53.54	28.07	25.47	1.63	5.14	0.95	19.38
黄石	4.28	2.16	2.12	1.67	0.10	0.21	1.81
襄阳	6.53	3.01	3.52	1.87	0.66	0.44	2.42
宜昌	7.55	3.56	3.99	1.81	0.13	0.85	3.16
十堰	7.48	3.54	3.94	2.02	0.08	0.62	3.23
荆州	4.54	2.19	2.35	1.72	0.10	0.30	1.95
荆门	4.25	2.09	2.16	1.85	0.33	0.44	3.78
鄂州	1.77	0.99	0.78	1.89	0.47	0.09	0.22
孝感	4.34	1.82	2.52	2.07	0.053	0.44	2.025
黄冈	5.43	2.78	2.65	1.61	0.85	1.70	0.10
咸宁	2.83	1.38	1.45	1.70	0	0.37	1.36
随州	1.50	0.72	0.78	1.71	0.02	0.13	0.63
恩施	3.64	1.72	1.92	1.69	0.11	0.35	1.46
仙桃	0.82	0.35	0.47	1.90	0.17	0.09	0.20
天门	0.62	0.33	0.29	1.27	0.014	0.17	0.10
潜江	1.88	0.77	1.11	2.09	0.07	0.14	0.90
神农架	0.16	0.13	0.03	0.42	0.0031	0.03	0.0019

（五）**管理费用支出。** 2021 年，管理费用支出 59915.42 万元，同比增长 12.46％。其中，人员经费 29058.48 万元，公用经费 6343.52 万元，专项经费 24513.42 万元。

四、资产风险状况

（一）**个人住房贷款。** 2021 年末，个人住房贷款逾期额 1.25 亿元，逾期率 0.4‰，个人贷款风险准备金余额 67.78 亿元。2021 年，使用个人贷款风险准备金核销呆坏账 0 亿元。

（二）**住房公积金支持保障性住房建设项目贷款。** 2021 年末，逾期项目贷款 0 万元，逾期率为 0％，项目贷款风险准备金余额 820 万元。2021 年，使用项目贷款风险准备金核销呆坏账 0 万元。

五、社会经济效益

(一) 缴存业务

缴存职工中，国家机关和事业单位占 34.10％，国有企业占 23.94％，城镇集体企业占 1.41％，外商投资企业占 7.22％，城镇私营企业及其他城镇企业占 23.81％，民办非企业单位和社会团体占 3.02％，灵活就业人员占 0.29％，其他占 6.21％；中、低收入占 96.91％，高收入占 3.09％。

新开户职工中，国家机关和事业单位占 16.88％，国有企业占 13.18％，城镇集体企业占 1.39％，外商投资企业占 8.77％，城镇私营企业及其他城镇企业占 49.34％，民办非企业单位和社会团体占 4.66％，灵活就业人员占 0.60％，其他占 5.18％；中、低收入占 99.15％，高收入占 0.85％。

(二) 提取业务

提取金额中，购买、建造、翻建、大修自住住房占 30.62％，偿还购房贷款本息占 41.95％，租赁住房占 4.00％，支持老旧小区改造提取占 0.03％；离休和退休提取占 16.88％，完全丧失劳动能力并与单位终止劳动关系提取占 3.03％，出境定居占 0.15％，其他占 3.34％。提取职工中，中、低收入占 92.36％，高收入占 7.64％。

(三) 贷款业务

1. 个人住房贷款。

职工贷款笔数中，购房建筑面积 90（含）平方米以下占 13.94％，90～144（含）平方米占 79.66％，144 平方米以上占 6.40％。购买新房占 76.79％（其中购买保障性住房占 0.07％），购买二手房占 22.42％，建造、翻建、大修自住住房 0.14％，其他占 0.65％。

职工贷款笔数中，单缴存职工申请贷款占 54.67％，双缴存职工申请贷款占 44.61％，三人及以上缴存职工共同申请贷款占 0.72％。

贷款职工中，30 岁（含）以下占 32.42％，30 岁～40 岁（含）占 42.74％，40 岁～50 岁（含）占 18.61％，50 岁以上占 6.23％；购买首套住房申请贷款占 81.16％，购买二套及以上申请贷款占 18.84％；中、低收入占 97.23％，高收入占 2.77％。

2. 住房公积金支持保障性住房建设项目贷款。2021 年末，全省有住房公积金试点城市 4 个，试点项目 4 个，贷款额度 7.30 亿元，建筑面积 97.43 万平方米，可解决 12406 户中低收入职工家庭的住房问题。4 个试点项目贷款资金已发放并还清贷款本息。

(四) 住房贡献率

2021 年，个人住房贷款发放额、公转商贴息贷款发放额、项目贷款发放额、住房消费提取额的总和与当年缴存额的比率为 106.66％，比上年减少 11.78 个百分点。

六、其他重要事项

(一) 当年住房公积金政策调整情况

1. 印发《关于落实"楚才卡"A 卡高层次人才住房公积金支持政策的通知》，"楚才卡"A 卡高层次人贷款额度可提高到个人最高限额的 3 倍，支持人才强省战略实施。

2. 印发《关于进一步加大住房公积金支持城镇老旧小区改造力度的通知》，督促各地落实加装电梯提取政策，逐步放开代际互助政策，稳妥拓展支持居家适老化改造。

3. 联合省政务办印发《积极推进住房公积金"一网通办"高效办成一件事实施方案》，督促各地积极与省政务服务网对接，实现 12 个服务事项"一网通办"。

(二) 当年开展监督检查情况

充分发挥全国住房公积金监管服务平台作用，督促各中心及时处理风险预警，确保资金安全稳健运行。及时对贷款逾期率偏高的城市进行约谈，要求进一步加强贷后管理，严控贷款逾期风险。督促各地严格按照"能退尽退、应退快退"原则，加快退付公积金贷款保证金，进一步减轻企业负担，切实优化营商环境。

（三）当年服务改进情况

积极推进公积金高频服务事项"跨省通办"，8月中旬，全省17个市州公积金中心全部实现规定的8个服务事项"跨省通办"。截至12月底，全省累计办理"跨省通办"业务近25万笔。积极推动住房公积金区域合作，长江中游城市群住房公积金异地互认互贷和转移接续工作全面开展。武汉城市圈9个城市住房公积金中心共同签署《武汉城市圈住房公积金中心关于推进住房公积金同城化发展的合作协议》，城市圈同城化发展合作机制初步建成，"襄十随神""宜荆荆恩"区域合作协议签订实施，全省住房公积金区域合作机制初步形成。

（四）当年信息化建设情况

积极指导各地不断推进"数字公积金"建设，提高信息化服务能力。根据住房和城乡建设部要求，完成全省17个市州综合服务平台验收，住房公积金信息化服务水平明显提高。全省17个市州全部接入全国住房公积金小程序，方便职工办理信息查询和转移接续业务。

（五）当年住房公积金机构及从业人员所获荣誉情况

1. 获得集体荣誉。2021年全省共计获得3个地市级文明单位（行业、窗口）；10个青年文明号，其中国家级1个，省部级3个，地市级6个。

2. 获得个人荣誉。获得3个地市级五一劳动奖章（劳动模范）；先进集体和个人共计10个，其中省部级1个，地市级9个；获得其他荣誉13个，其中省部级1个，地市级12个。

湖北省武汉住房公积金 2021 年年度报告

根据国务院《住房公积金管理条例》和住房和城乡建设部、财政部、人民银行《关于健全住房公积金信息披露制度的通知》（建金〔2015〕26 号）的规定，经住房公积金管理委员会审议通过，现将武汉住房公积金 2021 年年度报告公布如下：

一、机构概况

（一）住房公积金管理委员会。住房公积金管理委员会有 27 名委员，2021 年召开 2 次会议，审议通过的事项主要包括：

1. 关于调整武汉住房公积金管理委员会部分委员、副主任和主任委员人选的意见；

2.《武汉住房公积金管理工作报告》和《武汉住房公积金事业"十四五"时期发展规划》；

3.《武汉住房公积金 2020 年年度报告》；

4.《武汉住房公积金管理中心 2020 年度归集使用计划执行情况及 2021 年度归集使用计划（草案）》《武汉住房公积金 2020 年度财务收支预算执行情况及 2021 年度预算建议》《市财政局关于 2021 年武汉住房公积金管理机构住房公积金财务收支及管理费预算的审核意见》；

5.《武汉市灵活就业人员缴存使用住房公积金工作方案》；

6.《武汉住房公积金提取管理办法》。

（二）住房公积金管理中心。住房公积金管理中心为武汉市政府直属不以营利为目的的正局级事业单位，设 8 个处室，9 个分中心，按规定设置机关党委，从业人员 274 人。

二、业务运行情况

（一）缴存。2021 年，新开户单位 10698 家，净增缴存单位 19247 家；新开户职工 37.71 万人，净增缴存职工 224.82 万人。实缴单位 45019 家，实缴职工 263.51 万人，同比分别增长 25.85%、10.40%。2021 年新增缴存额 535.61 亿元，同比增长 13.88%。

截至 2021 年 12 月 31 日，累计缴存总额 3910.08 亿元，比上年末增加 15.87%；年末缴存余额 1655.94 亿元，同比增长 12.70%。受委托办理住房公积金缴存业务的银行 17 家。

（二）提取。2021 年，91.54 万名缴存职工提取住房公积金；提取额 349.07 亿元，同比增长 20.13%；提取额占当年缴存额的 65.17%，比上年增加 3.39 个百分点。

截至 2021 年 12 月 31 日，累计提取总额 2254.14 亿元，比上年末增加 18.32%。

（三）贷款。个人住房贷款最高额度 70 万元。

2021 年，发放个人住房贷款 6.04 万笔、342.42 亿元，同比分别下降 18.49%、19.19%。其中：发放异地个人住房贷款 1479 笔、81490.30 万元，年末异地个人住房贷款余额 465918.70 万元；截至 2021 年 12 月 31 日，累计发放异地个人住房贷款总额 490175.20 万元。

2021 年，回收个人住房贷款本金 153.91 亿元。

截至 2021 年 12 月 31 日，累计发放个人住房贷款 75.42 万笔、2704.01 亿元，分别比上年末增加 8.71%、14.50%；年末贷款余额 1563.90 亿元，同比增长 13.71%。个人住房贷款余额占缴存余额的 94.44%，比上年末增加 0.84 个百分点。受委托办理住房公积金个人住房贷款业务的银行 21 家。

（四）购买国债。2021 年，兑付国债 0.25 亿元，购买的国债已全部兑付完毕，年末国债余额 0 元。

（五）资金存储。2021 年末，住房公积金存款 157.78 亿元。其中：活期 0.06 亿元，1 年（含）以下定期 44.66 亿元，1 年以上定期 80.71 亿元，其他（协定存款）32.35 亿元。

（六）资金运用率。2021 年末，资金运用率为 94.44%，比上年末增加 0.82 个百分点。

三、主要财务数据

（一）业务收入。2021 年，业务收入 535448.08 万元，同比增长 16.91%。存款利息 50384.91 万元，委托贷款利息 485031.73 万元，其他 31.44 万元。

（二）业务支出。2021 年，业务支出 280772.45 万元，同比增长 13.59%。支付职工住房公积金利息 255270.74 万元，归集手续费 8163.08 万元，委托贷款手续费 17131.60 万元，其他 207.03 万元。

（三）增值收益。2021 年，增值收益 254675.63 万元，同比增长 20.80%。增值收益率为 1.63%，比上年增加 0.12 个百分点。

（四）增值收益分配。2021 年，提取贷款风险准备金 51362.48 万元，提取管理费用 9500 万元，提取城市廉租住房（公共租赁住房）建设补充资金 193813.15 万元。

2021 年，上交财政当年管理费用 9500 万元，上缴财政上年已提取的城市廉租住房（公共租赁住房）建设补充资金 136683.06 万元。截至 2021 年 12 月 31 日，累计提取城市廉租住房（公共租赁住房）建设补充资金 1210049.85 万元。

2021 年末，贷款风险准备金余额 408734.54 万元。

（五）管理费用支出。2021 年，管理费用支出 10855.42 万元，同比增长 10.49%。其中：基本支出 5988.15 万元，项目支出 4867.27 万元。

四、资产风险状况

2021 年末，个人住房贷款逾期额为 6160.98 万元，逾期率为 0.39‰，2021 年未使用个人贷款风险准备金核销呆坏账。

五、社会经济效益

（一）缴存业务

缴存职工中，国家机关和事业单位占 20.37%，国有企业占 25.14%，城镇集体企业占 1.90%，外商投资企业占 11.69%，城镇私营企业及其他城镇企业占 29.81%，民办非企业单位和社会团体占 2.76%，其他占 8.33%。中、低收入缴存职工占 98.68%，高收入缴存职工占 1.32%。

新开户职工中，国家机关和事业单位占 6.54%，国有企业占 14.88%，城镇集体企业占 1.50%，外商投资企业占 12.22%，城镇私营企业及其他城镇企业占 57.09%，民办非企业单位和社会团体占 3.64%，其他占 4.13%。中、低收入新开户职工占 99.67%，高收入新开户职工占 0.33%。

（二）提取业务

提取金额中，购买、建造、翻建、大修自住住房占 17.24%，偿还购房贷款本息占 57.56%，租赁住房占 5.95%，离休和退休提取占 13.77%，完全丧失劳动能力和（或）与单位终止劳动关系提取占 4.89%，出境定居占 0.02%，其他占 0.57%。提取职工中，中、低收入占 95.95%，高收入占 4.05%。

（三）贷款业务

2021 年，支持职工购建房 654.55 万平方米，年末个人住房贷款市场占有率为 19.03%，比上年末增加 0.48 个百分点。通过申请住房公积金个人住房贷款，可节约职工购房利息支出为 784202.80 万元。

职工贷款笔数中，购房建筑面积 90（含）平方米以下占 21.65%，90～144（含）平方米占 73.58%，144 平方米以上占 4.77%。购买新房占 69.62%，购买二手房占 30.38%。

职工贷款笔数中，单缴存职工申请贷款占 69.84%，双缴存职工申请贷款占 30.16%。

贷款职工中，30岁（含）以下占36.50%，30岁~40岁（含）占48.29%，40岁~50岁（含）占12.22%，50岁以上占2.99%；购买首套住房申请贷款占74.76%，购买二套住房申请贷款占25.24%。中、低收入贷款职工占99.74%，高收入贷款职工占0.26%。

（四）住房贡献率

2021年，住房贡献率为116.56%，比上年减少23.07个百分点。

六、其他重要事项

（一）当年住房公积金政策调整及执行情况

1. 修订《武汉住房公积金提取管理办法》及实施细则。本次修订将办理事项由25项合并为17项，将专项材料由48项减为25项，进一步减事项、减环节、减流程、减资料，最大程度方便缴存职工办事。

2. 调整2021年度住房公积金缴存基数。根据武汉市统计局2020年度职工平均工资标准，确定2021年武汉缴存职工住房公积金月缴存基数上限为26891.76元，从2021年的7月1日开始执行，各缴存单位一律不得突破上限缴存。2021年武汉缴存职工最低月缴存基数为：中心城区2010元，新城区1800元。

（二）当年服务改进情况

1. 全面完成8项"跨省通办"事项。"购房提取住房公积金"首次办理需通过"两地联办"方式办理，再次办理可通过网上办；"开具住房公积金个人住房贷款全部还清证明"可通过网上办和代收代办的方式办理；"个人住房公积金缴存贷款等信息查询、出具贷款职工住房公积金缴存使用证明、正常退休提取住房公积金、住房公积金单位登记开户、住房公积金单位及个人缴存信息变更、提前还清住房公积金贷款"6个事项均可通过网上办理。全年通过全国公积金监管服务平台接收来自50多个异地公积金中心跨省通办业务472笔，向30多个异地公积金中心发出137笔，满足职工异地办事需求，避免职工"多地跑""折返跑"。

2. 精心打造群众舒心的好环境。完成分中心服务大厅标准化改造，统一标识、统一硬件配备，为缴存职工提供温馨舒适的办事环境。挑选最优越的环境、最优秀的人才，创新打造首批20家受托银行网点"旗舰店"，提升公积金服务质效。

3. 积极推进"高效办成一件事"。线上，已将公积金缴存登记纳入企业开办"一网通办"；线下，协调受托银行入驻全市主要行政区域的15个政务服务中心，实现更多公积金高频事项集中办理，企业和群众办事"只进一扇门、最多跑一次"。"马上办"事项实现即来即办，所有事项实现"全市通办"。

4. 优化委托扣划还贷服务。修订《委托扣划住房公积金偿还住房公积金贷款实施细则》及办理指南，优化业务规则和办理流程，将原有委托扣划还贷逐年委扣和逐月委扣"2选1"的方式变更为按次委扣和按月委扣"1加1"的方式，取消签约限制条件，增加按月扣划执行时间，灵活资金使用，减轻职工还款压力。

5. 高标准通过综合服务平台验收。建成"8+5+1"（导则中明确的八大渠道+"省政务服务网、鄂汇办、支付宝、住房和城乡建设部小程序、手机银行"+非接触办）多位一体的线上服务渠道，满足缴存职工多样化的服务需求，以优秀等次通过省住房城乡建设厅专家组验收。

（三）当年信息化建设情况

1. 建成新一代核心业务系统。利用最新理念、最新技术，采用"前台+大中台+后台"的先进架构，精心打造的新一代核心业务系统成功上线，整合了线上服务渠道，搭建起统一的身份认证中心，实现了业务无纸化办理，达到了"客户使用方便、管理逻辑清晰、智能业务升级、系统风险可控"的目标。

2. 持续优化网上服务功能。推进智慧公积金建设，完成网上业务系统的架构升级、事项精简及流程再造，实现网上渠道"应上尽上"、网上业务品种"应上尽上"，不断提高网办率和办理体验，通过信息联网核验、业务流程再造、认证技术升级，努力为广大缴存单位和职工提供更加智能、便捷、高效的服务体验，让职工轻松"网上办""掌上办"。单位业务的离柜率达到89％以上，个人业务的离柜率达到62％以上。

3. 建成公积金智慧服务大厅。智慧服务大厅利用先进技术、先进设备和先进理念，采用"专业＋综合""线上＋线下""实体＋自助"的分组服务模式，实行"网上办为主、自助办为辅、柜员办兜底"的分类服务布局，配备有智能机器人、网点导览机、智能自助服务机、双屏柜台、投屏设备、触摸展示屏等先进设备，成功将其打造成为"智能服务水平的展示厅、网上业务培训的新课堂、智能业务拓展的试验田"。

（四）当年住房公积金管理中心及职工所获荣誉情况

2021年，武汉公积金中心被评为全市绩效管理先进单位、文明单位；下属分中心和部门获评3个省级青年文明号、5个市级青年文明号、1个"先进基层党组织"、1个"武汉市劳动生产优秀班组"；1名同志被授予"武汉市优秀党务工作者"，1名同志被授予"武汉市百佳公务员"，2名同志被市直机关工委授予"优秀党务工作者""优秀党员"。

（五）当年对违反《住房公积金管理条例》和相关法规行为进行行政处罚和申请人民法院强制执行情况

2021年武汉公积金中心无行政处罚，申请人民法院强制执行两起，一起因被执行单位注销致不能执行，已通知职工提起民事诉讼；另一起已进入强制执行阶段。

与市法院、检察院等部门建立"两法衔接"机制，严厉打击公积金骗提骗贷行为，切实维护公积金管理秩序。

（六）其他需要披露的情况

1. 深化武汉城市圈住房公积金同城化发展。武汉、黄石、鄂州、黄冈、孝感、咸宁、仙桃、天门、潜江9个城市的住房公积金管理中心，将自2022年4月1日起，开展如下服务合作：一是全面深化住房公积金异地互认互贷。职工在武汉城市圈任一城市缴存住房公积金，在城市圈其他城市购买首套住房的，向购房地公积金中心申请公积金贷款，由购房地公积金中心受理申请并办理贷款手续；二是进一步优化住房公积金异地转移接续业务，缴存职工在城市圈内工作调动，办理异地转移时视同同城转移；三是九城公积金中心互为业务办理窗口。

2. 积极开展灵活就业人员参加住房公积金制度试点工作。经充分调查研究，制定了《武汉市灵活就业人员参加住房公积金制度试点实施方案》，已经市人民政府常务会审议通过，并报上级公积金监管部门。

湖北省及省内各城市住房公积金
2021 年年度报告二维码

名称	二维码
湖北省住房公积金 2021 年年度报告	
武汉住房公积金 2021 年年度报告	
黄石市住房公积金 2021 年年度报告	
十堰市住房公积金 2021 年年度报告	
宜昌市住房公积金 2021 年年度报告	
襄阳市住房公积金 2021 年年度报告	
荆门市住房公积金 2021 年年度报告	

续表

名称	二维码
鄂州市住房公积金 2021 年年度报告	
孝感市住房公积金 2021 年年度报告	
荆州市住房公积金 2021 年年度报告	
黄冈市住房公积金 2021 年年度报告	
咸宁市住房公积金 2021 年年度报告	
随州市住房公积金 2021 年年度报告	
恩施土家族苗族自治州住房公积金 2021 年年度报告	
潜江市住房公积金 2021 年年度报告	
仙桃市住房公积金 2021 年年度报告	

续表

名称	二维码
天门市住房公积金 2021 年年度报告	
神农架林区住房公积金 2021 年年度报告	

湖南省

湖南省住房公积金 2021 年年度报告

根据国务院《住房公积金管理条例》和住房和城乡建设部、财政部、人民银行《关于健全住房公积金信息披露制度的通知》（建金〔2015〕26 号）规定，现将湖南省住房公积金 2021 年年度报告汇总公布如下：

一、机构概况

（一）住房公积金管理机构

全省共设 14 个设区城市住房公积金管理中心，2 个独立设置的分中心（其中，湖南省直住房公积金管理中心隶属湖南省机关事务管理局，长沙住房公积金管理中心铁路分中心隶属长沙住房公积金管理中心）。从业人员 2011 人，其中，在编 1215 人，非在编 796 人。

（二）住房公积金监管机构

湖南省住房和城乡建设厅、湖南省财政厅和人民银行长沙中心支行负责对本省住房公积金管理运行情况进行监督。省住房城乡建设厅设立住房公积金监管处，负责辖区住房公积金日常监管工作。

二、业务运行情况

（一）缴存。

2021 年，新开户单位 11561 家，净增单位 5494 家；新开户职工 68.97 万人，净增职工 43.26 万人；实缴单位 81976 家，实缴职工 518.48 万人，缴存额 821.71 亿元，分别同比增长 7.18％、9.10％、9.69％。2021 年末，缴存总额 6052.24 亿元，比上年末增加 15.71％；缴存余额 2786.50 亿元，同比增长 13.93％（表 1）。

2021 分城市住房公积金缴存情况　　　　　　　　　　　　　　表 1

地区	实缴单位（万个）	实缴职工（万人）	缴存额（亿元）	累计缴存总额（亿元）	缴存余额（亿元）
湖南省	**8.20**	**518.48**	**821.71**	**6052.24**	**2786.50**
长沙	3.16	210.66	315.89	2106.43	995.16
株洲	0.41	30.16	55.44	455.07	204.76
湘潭	0.26	18.90	34.36	300.23	100.25
衡阳	0.42	33.62	53.14	397.02	185.32
邵阳	0.33	25.77	43.24	311.93	160.80
岳阳	0.49	28.44	48.19	382.65	198.13
常德	0.53	33.37	50.55	401.15	163.80
张家界	0.35	7.37	16.45	117.73	49.25
益阳	0.32	23.59	34.73	271.77	108.14
郴州	0.43	23.03	42.35	330.64	153.18

续表

地区	实缴单位 （万个）	实缴职工 （万人）	缴存额 （亿元）	累计缴存总额 （亿元）	缴存余额 （亿元）
永州	0.51	27.77	33.62	281.80	136.31
怀化	0.45	22.25	35.77	270.67	127.62
娄底	0.30	19.72	33.29	244.12	114.50
湘西	0.34	13.83	24.69	181.03	89.28

（二）提取。2021 年，160.23 万名缴存职工提取住房公积金；提取额 480.95 亿元，同比增长 6.84%；提取额占当年缴存额的 58.53%，比上年减少 1.47 个百分点。2021 年末，提取总额 3265.74 亿元，比上年末增加 17.27%（表 2）。

2021 年分城市住房公积金提取情况　　　　表 2

地区	提取额 （亿元）	提取率 （%）	住房消费类提取额 （亿元）	非住房消费类提取额 （亿元）	累计提取总额 （亿元）
湖南省	**480.95**	**58.53**	**361.15**	**119.80**	**3265.74**
长沙	176.19	55.78	129.89	46.30	1111.28
株洲	31.28	56.43	21.46	9.82	250.31
湘潭	22.83	66.44	18.23	4.60	199.98
衡阳	27.03	50.86	19.89	7.14	211.70
邵阳	27.93	65.00	23.11	4.82	151.12
岳阳	24.44	50.72	16.24	8.20	184.52
常德	31.59	62.49	24.06	7.53	237.39
张家界	9.21	66.82	7.01	2.20	68.48
益阳	24.70	71.13	19.74	4.96	163.63
郴州	26.39	62.07	18.72	7.67	177.45
永州	22.94	68.23	18.02	4.92	145.49
怀化	22.12	61.84	17.78	4.34	143.05
娄底	19.67	59.08	15.23	4.44	129.63
湘西	14.63	59.25	11.77	2.86	91.75

（三）贷款

1. 个人住房贷款。2021 年，发放个人住房贷款 10.69 万笔、420.84 亿元，同比增长 3.59%、5.41%。回收个人住房贷款 226.58 亿元。

2021 年末，累计发放个人住房贷款 158.53 万笔、3880.36 亿元，贷款余额 2302.09 亿元，分别比上年末增加 7.23%、12.17%、9.22%。个人住房贷款余额占缴存余额的 82.62%，比上年末减少 3.56 个百分点（表 3）。

2021 年，支持职工购建房 1322.58 万平方米。年末个人住房贷款市场占有率（含公转商贴息贷款）为 12.27%，比上年末下降 4.92 个百分点。通过申请住房公积金个人住房贷款，节约职工购房利息支出 1109213.99 万元。

2021 年分城市住房公积金个人住房贷款情况 表 3

地区	放贷笔数 （万笔）	贷款发放额 （亿元）	累计放贷笔数 （万笔）	累计贷款总额 （亿元）	贷款余额 （亿元）	个人住房 贷款率（%）
湖南省	**10.69**	**420.84**	**158.53**	**3880.36**	**2302.09**	**82.62**
长沙	3.30	161.45	38.39	1248.14	804.99	80.89
株洲	0.71	27.71	11.24	291.10	162.88	79.55
湘潭	0.17	5.27	8.39	159.66	79.03	78.84
衡阳	0.65	24.75	9.90	228.21	126.10	68.04
邵阳	0.86	33.47	10.29	243.69	144.54	89.89
岳阳	0.46	17.61	9.35	231.01	136.83	69.06
常德	0.68	23.79	10.22	251.63	146.95	89.71
张家界	0.19	6.85	2.52	58.23	352.40	71.55
益阳	0.82	21.53	11.48	212.52	108.62	100.44
郴州	0.49	14.77	10.22	227.05	138.15	90.19
永州	0.61	20.60	10.51	218.25	129.61	95.08
怀化	0.61	24.24	9.55	204.41	119.58	93.70
娄底	0.52	19.73	9.30	170.21	90.78	79.28
湘西	0.62	19.07	7.07	136.24	78.79	88.25

2. 异地贷款。2021 年，发放异地贷款 6690 笔、227444.87 万元。2021 年末，发放异地贷款总额 1775263.37 万元，异地贷款余额 1208632.79 万元。

3. 公转商贴息贷款。2021 年，发放公转商贴息贷款 3906 笔、100387.68 万元，支持职工购建房面积 31.09 万平方米。当年贴息额 4365.37 万元。2021 年末，累计发放公转商贴息贷款 15922 笔、425322.07 万元，累计贴息 11712.55 万元。

（四）购买国债。 2021 年，购买（记账式、凭证式）国债 0 亿元，（兑付、转让、收回）国债 0 亿元。2021 年末，国债余额 0 亿元，比上年末减少 0 亿元。

（五）融资。 2021 年，融资 11.7 亿元，归还 22.46 亿元。2021 年末，融资总额 164.78 亿元，融资余额 10.93 亿元。

（六）资金存储。 2021 年末，住房公积金存款 552.66 亿元。其中，活期 11.38 亿元，1 年（含）以下定期 48.19 亿元，1 年以上定期 368.04 亿元，其他（协定、通知存款等）125.05 亿元。

（七）资金运用率。 2021 年末，住房公积金个人住房贷款余额、项目贷款余额和购买国债余额的总和占缴存余额的 82.62%，比上年末减少 3.56 个百分点。

三、主要财务数据

（一）业务收入。 2021 年，业务收入 874034.52 万元，同比增长 12.39%。其中，存款利息 148111.14 万元，委托贷款利息 725511.52 万元，国债利息 0 万元，其他 411.86 万元。

（二）业务支出。 2021 年，业务支出 409589.93 万元，同比增长 8.10%。其中，支付职工住房公积金利息 392682.90 万元，归集手续费 −1753.25 万元，委托贷款手续费 6489.75 万元，其他 12170.53 万元（说明：因常德市住房公积金管理中心在 2021 年度冲回了 2019 和 2020 年度多计提的归集手续费 4527.95 万元和委托贷款手续费 4168.76 万元，全省汇总计算后归集手续费未冲平，呈现负数）。

（三）增值收益。 2021 年，增值收益 464444.59 万元，同比增长 16.46%；增值收益率 1.77%，比上年增加 0.04 个百分点。

（四）增值收益分配。 2021 年，提取贷款风险准备金 39711.07 万元，提取管理费用 64924.78 万元，提取城市廉租住房（公共租赁住房）建设补充资金 363309.98 万元（表4）。

2021 年，上交财政管理费用 78962.84 万元，上缴财政城市廉租住房（公共租赁住房）建设补充资金 332427.52 万元。

2021 年末，贷款风险准备金余额 469512.13 万元，累计提取城市廉租住房（公共租赁住房）建设补充资金 2077967.08 万元。

2021 年分城市住房公积金增值收益及分配情况 表4

地区	业务收入（亿元）	业务支出（亿元）	增值收益（亿元）	增值收益率（%）	提取贷款风险准备金（亿元）	提取管理费用（亿元）	提取公租房（廉租房）建设补充资金（亿元）
湖南省	**87.40**	**40.96**	**46.44**	**1.77**	**3.97**	**6.50**	**36.33**
长沙	30.66	14.95	15.71	1.69	1.83	1.42	12.45
株洲	6.66	2.92	3.73	1.93	0.25	0.48	3.01
湘潭	3.04	1.64	1.40	1.48	−0.10	0.21	1.29
衡阳	5.70	2.63	3.07	1.79	0.22	0.30	2.90
邵阳	5.22	2.35	2.87	1.89	0.37	0.63	1.88
岳阳	6.42	2.80	3.62	1.94	0.07	0.64	2.91
常德	5.27	1.98	3.29	2.11	0.18	0.36	2.75
张家界	1.39	0.69	0.72	1.58	0.04	0.18	0.50
益阳	3.52	1.86	1.66	1.61	0.14	0.45	1.07
郴州	4.74	2.29	2.45	1.70	0.05	0.56	1.84
永州	4.24	2.04	2.20	1.67	0.15	0.34	1.71
怀化	4.03	1.87	2.15	1.79	0.25	0.33	1.57
娄底	3.70	1.69	2.01	1.85	0.30	0.43	1.29
湘西	2.81	1.25	1.56	1.85	0.22	0.17	1.16

（五）管理费用支出。2021 年，管理费用支出 62438.68 万元，同比增长 5.89%。其中，人员经费 31921.27 万元，公用经费 8926.26 万元，专项经费 21591.15 万元。

四、资产风险状况

个人住房贷款。2021 年末，个人住房贷款逾期额 2333.66 万元，逾期率 0.10‰，个人贷款风险准备金余额 469512.13 万元。2021 年，使用个人贷款风险准备金核销呆坏账 21.23 万元。

五、社会经济效益

（一）缴存业务。缴存职工中，国家机关和事业单位占 40.17%，国有企业占 19.47%，城镇集体企业占 0.57%，外商投资企业占 2.74%，城镇私营企业及其他城镇企业占 30.86%，民办非企业单位和社会团体占 2.51%，灵活就业人员占 1.27%，其他占 2.41%；中、低收入占 98.60%，高收入占 1.40%。

新开户职工中，国家机关和事业单位占 15.68%，国有企业占 10.12%，城镇集体企业占 0.65%，外商投资企业占 3.78%，城镇私营企业及其他城镇企业占 60.50%，民办非企业单位和社会团体占 4.05%，灵活就业人员占 1.51%，其他占 3.71%；中、低收入占 97.30%，高收入占 2.70%。

（二）提取业务。提取金额中，购买、建造、翻建、大修自住住房占 18.99%，偿还购房贷款本息占 54.97%，租赁住房占 1.13%，支持老旧小区改造提取占 0.09%；离休和退休提取占 15.56%，完全丧失劳动能力并与单位终止劳动关系提取占 6.05%，出境定居占 0.13%，其他占 3.08%。提取职工中，中、低收入占 98.36%，高收入占 1.64%。

（三）贷款业务

个人住房贷款。职工贷款笔数中，购房建筑面积 90（含）平方米以下占 8.48%，90～144（含）平方米占 77.16%，144 平方米以上占 14.36%。购买新房占 83.16%（其中购买保障性住房占 0%），购买二手房占 14.62%，建造、翻建、大修自住住房占 0.12%（其中支持老旧小区改造占 0%），其他占 2.10%。

职工贷款笔数中，单缴存职工申请贷款占 44.86%，双缴存职工申请贷款占 55.10%，三人及以上缴存职工共同申请贷款占 0.04%。

贷款职工中，30 岁（含）以下占 35.80%，30 岁～40 岁（含）占 41.26%，40 岁～50 岁（含）占 18.92%，50 岁以上占 4.02%；首次申请贷款占 84.67%，二次及以上申请贷款占 15.33%；中、低收入占 98.37%，高收入占 1.63%。

（四）住房贡献率。2021 年，个人住房贷款发放额、公转商贴息贷款发放额、项目贷款发放额、住房消费提取额的总和与当年缴存额的比率为 96.51%，比上年减少 3.09 个百分点。

六、其他重要事项

（一）当年住房公积金政策调整情况

2021 年，湖南省住房和城乡建设厅出台了《湖南省住房公积金业务规程》（湘建金〔2021〕93 号）；与湖南省高级人民法院联合下发《关于建立住房公积金执行联动机制的若干意见》（湘高法发〔2021〕16 号）的规定。

（二）当年开展监督检查情况

2021 年，利用电子稽查工具对全省 14 个住房公积金管理中心、省直分中心政策执行情况和风险隐患情况开展了 4 次电子稽查，并根据稽查结果，指导各城市住房公积金管理中心进一步完善了相关制度和下步工作措施。

（三）当年服务改进情况

一是搭建线上服务平台，推动各市州住房公积金管理中心网厅、App、微信端的开发推广，推进"跨省通办"服务事项进程，促进全省住房公积金业务从"线下办"到"线上办"的转变；二是加强从业人员能力素质建设，遵照《住房公积金管理人员职业标准》，指导各城市住房公积金管理中心开展相关培训，不断提高服务质量与服务效率，做到业务"一次办"；三是积极增设营业网点，通过推动营业网点建设，铺开住房公积金服务网络，实现住房公积金业务"就近办"。

（四）当年信息化建设情况

一是建成全省住房公积金监管平台。实现了全面、实时、有效监督，加大监管力度，使监管功能最大化。二是拓展信息共享平台功能。委托省直中心对接 13 个厅局，签订数据信息共享协议，全省公积金业务网办率明显提高。三是开展数据治理。围绕"智慧住建"目标，印发《住房公积金数据治理标准》。通过技术测试和比对，数据得到根本治理，全省数据质量明显提高。四是落实 12329 服务热线归并转接。按要求与 12345 政务服务便民热线无缝对接，保证了省级平台统一管理模式，同时实现了"7×24"全天候人工服务。

（五）当年住房公积金机构及从业人员所获荣誉情况

文明单位 14 个，其中国家级 3 个，省部级 5 个，地市级 6 个；文明标兵单位 1 个，其中省部级 1 个；青年文明号 4 个，国家级 2 个，省部级 1 个，地市级 1 个；三八红旗手（巾帼文明岗）4 个，国家级 1 个，地市级 3 个；先进集体和个人 40 个，其中国家级 3 个，省部级 4 个，地市级 33 个；其他荣誉称号 65 个，其中省部级 1 个，地市级 64 个。

（六）当年对住房公积金管理人员违规行为的纠正和处理情况

2021 年，全省住房公积金行业接受处理共 2 人，其中 1 人违反《党政机关公务用车管理办法》给予其党内警告处分；1 人违反作风建设规定给予内部通报批评和问责处罚。

（七）其他需要披露的情况

无。

湖南省长沙市住房公积金 2021 年年度报告

根据国务院《住房公积金管理条例》和住房和城乡建设部、财政部、人民银行《关于健全住房公积金信息披露制度的通知》（建金〔2015〕26 号）的规定，经住房公积金管理委员会审议通过，现将长沙市住房公积金 2021 年年度报告公布如下：

一、机构概况

（一）住房公积金管理委员会。住房公积金管理委员会有 29 名委员，2021 年召开 1 次会议，审议通过的事项主要包括：《长沙市住房公积金 2020 年年度报告》《2020 年度长沙住房公积金财务执行情况报告》《2021 年长沙住房公积金归集、使用计划报告》《中国（湖南）自由贸易实验区长沙片区人才申请住房公积金贷款实施细则》等。

（二）住房公积金管理中心。住房公积金管理中心为直属长沙市人民政府不以营利为目的的正县级事业单位，设 11 个处（科），9 个管理部，1 个省直分中心，1 个铁路分中心。从业人员 283 人，其中，在编 161 人，非在编 122 人。

二、业务运行情况

（一）缴存。2021 年，新开户单位 7159 家，净增单位 5302 家；新开户职工 41.08 万人，净增职工 33.23 万人；实缴单位 31664 家，实缴职工 210.66 万人，缴存额 315.89 亿元，分别同比增长 20.11%、18.73%、14.82%。2021 年末，缴存总额 2106.43 亿元，比上年末增加 17.64%；缴存余额 995.15 亿元，同比增长 16.33%。受委托办理住房公积金缴存业务的银行 7 家。

（二）提取。2021 年，61.64 万名缴存职工提取住房公积金；提取额 176.19 亿元，同比增长 12.26%；提取额占当年缴存额的 55.78%，比上年减少 1.27 个百分点。2021 年末，提取总额 1111.27 亿元，比上年末增加 18.84%。

（三）贷款。

1. 个人住房贷款。个人住房贷款最高额度 60 万元。

2021 年，发放个人住房贷款 3.3 万笔、161.45 亿元，同比分别增长 20.44%、26.50%。其中，市中心发放个人住房贷款 2.23 万笔、105.06 亿元，省直分中心发放个人住房贷款 1.07 万笔、56.39 亿元。

2021 年，回收个人住房贷款 69.85 亿元。其中，市中心 45.83 亿元，省直分中心 24.02 亿元。

2021 年末，累计发放个人住房贷款 38.39 万笔、1248.14 亿元，贷款余额 804.99 亿元，分别比上年末增加 9.44%、14.86%、12.84%。个人住房贷款余额占缴存余额的 80.89%，比上年末减少 2.5 个百分点。受委托办理住房公积金个人住房贷款业务的银行 15 家。

2. 异地贷款。2021 年，发放异地贷款 593 笔、31459.87 万元。2021 年末，发放异地贷款总额 499091.37 万元，异地贷款余额 247340.19 万元。

（四）资金存储。2021 年末，住房公积金存款 204.23 亿元。其中，活期 1.5 亿元，1 年（含）以下定期 16.84 亿元，1 年以上定期 126.61 亿元，其他（协定、通知存款等）59.28 亿元。

（五）资金运用率。2021 年末，住房公积金个人住房贷款余额、项目贷款余额和购买国债余额的总和占缴存余额的 80.89%，比上年末减少 2.5 个百分点。

三、主要财务数据

（一）**业务收入**。2021 年，业务收入 306567.62 万元，同比增长 16.29%。其中，市中心 188465.28 万元，省直分中心 118102.34 万元；存款利息 58939.50 万元，委托贷款利息 247626.62 万元，其他 1.50 万元。

（二）**业务支出**。2021 年，业务支出 149491.13 万元，同比增长 16.37%。其中，市中心 92075.07 万元，省直分中心 57416.06 万元；支付职工住房公积金利息 138239.31 万元，归集手续费 2653.38 万元，委托贷款手续费 8596.75 万元，其他 1.69 万元。

（三）**增值收益**。2021 年，增值收益 157076.49 万元，同比增长 16.21%。其中，市中心 96390.21 万元，省直分中心 60686.28 万元；增值收益率 1.70%，比上年增加 0.01 个百分点。

（四）**增值收益分配**。2021 年，提取贷款风险准备金 18321.21 万元，提取管理费用 14238.08 万元，提取城市廉租住房（公共租赁住房）建设补充资金 124517.2 万元。

2021 年，上缴财政管理费用 27965.74 万元。上缴财政城市廉租住房（公共租赁住房）建设补充资金 108842.26 万元。其中，市中心上缴 66386.38 万元，省直分中心上缴 42455.88 万元。

2021 年末，贷款风险准备金余额 160998.85 万元。累计提取城市廉租住房（公共租赁住房）建设补充资金 756692.44 万元。其中，市中心提取 461573.03 万元，省直分中心提取 295119.41 万元。

（五）**管理费用支出**。2021 年，管理费用支出 14462 万元，同比增加 16.84%。其中，人员经费 5618.86 万元，公用经费 796.53 万元，专项经费 8046.61 万元。

市中心管理费用支出 10932.28 万元。其中，人员、公用、专项经费分别为 4329.51 万元、395.05 万元、6207.72 万元；省直分中心管理费用支出 3529.72 万元。其中，人员、公用、专项经费分别为 1289.35 万元、401.48 万元、1838.89 万元。

四、资产风险状况

2021 年末，个人住房贷款无逾期额，逾期率 0‰，个人贷款风险准备金余额 160998.85 万元。2021 年，未使用个人贷款风险准备金核销呆坏账。

五、社会经济效益

（一）**缴存业务**

缴存职工中，国家机关和事业单位占 17.71%，国有企业占 21.69%，城镇集体企业占 0.07%，外商投资企业占 4.18%，城镇私营企业及其他城镇企业占 50.34%，民办非企业单位和社会团体占 2.98%，灵活就业人员占 0.77%，其他占 2.26%；中、低收入占 97.99%，高收入占 2.01%。

新开户职工中，国家机关和事业单位占 6.89%，国有企业占 10.88%，城镇集体企业占 0.07%，外商投资企业占 4.08%，城镇私营企业及其他城镇企业占 71.85%，民办非企业单位和社会团体占 3.22%，灵活就业人员占 0.75%，其他占 2.26%；中、低收入占 95.6%，高收入占 4.40%。

（二）**提取业务**

提取金额中，购买、建造、翻建、大修自住住房占 13.17%，偿还购房贷款本息占 59.23%，租赁住房占 1.27%，支持老旧小区改造占 0.05%，离休和退休提取占 12.97%，完全丧失劳动能力并与单位终止劳动关系提取占 10.45%，出境定居占 0%，其他占 2.86%。提取职工中，中、低收入占 97.98%，高收入占 2.02%。

（三）**贷款业务**

2021 年，支持职工购建房 387.28 万平方米，2021 年末个人住房贷款市场占有率为 14.29%，比上年末增加 0.09 个百分点。通过申请住房公积金个人住房贷款，可节约职工购房利息支出 560632.78

万元。

职工贷款笔数中，购房建筑面积 90（含）平方米以下占 12.44％，90～144（含）平方米占 76.13％，144 平方米以上占 11.43％。购买新房占 73.17％，购买二手房占 20.24％，其他占 6.59％。

职工贷款笔数中，单缴存职工申请贷款占 49.2％，双缴存职工申请贷款占 50.7％，三人及以上缴存职工共同申请贷款占 0.1％。

贷款职工中，30 岁（含）以下占 46.59％，30 岁～40 岁（含）占 42.43％，40 岁～50 岁（含）占 9.13％，50 岁以上占 1.85％；首次申请贷款占 89.37％，二次及以上申请贷款占 10.63％；中、低收入占 98.78％，高收入占 1.22％。

（四）住房贡献率

2021 年，个人住房贷款发放额、住房消费提取额的总和与当年缴存额的比率为 92.29％，比上年增加 4.51 个百分点。

六、其他重要事项

（一）当年机构及职能调整情况、受委托办理缴存贷款业务金融机构变更情况

受委托办理贷款业务金融机构增加 1 家。

（二）当年住房公积金政策调整及执行情况

1. 缴存基数与缴存比例调整情况

2021 年，长沙市单位和职工住房公积金月缴存基数为职工本人上一年度月平均工资，即上年度全年税前总收入（包括工资、奖金、年终绩效奖励和各种津补贴）除以 12 之金额。职工住房公积金缴存基数最高不得超过长沙市统计局公布的上一年度职工月平均工资的 3 倍。月缴存基数不得低于我市人力资源和社会保障部门发布的 2019 年度最低月工资标准（最低月工资标准 1700 元/月）。根据长沙市统计局公布的"2020 年长沙市城镇非私营单位在岗职工年平均工资为 105603 元"计算，2020 年度长沙市城镇职工月平均工资为 8800 元。因此，2021 年职工住房公积金月最高缴存基数为 26400 元，最低为 1700 元。湖南省内铁路职工的住房公积金缴存基数上限参照广州市铁路职工缴存基数上限进行缴存（广州市铁路职工缴存基数上限以每年广州住房公积金管理中心公布的公积金缴存调整文件为准）。

2021 年度长沙市单位和职工住房公积金最低缴存比例为 5％，最高缴存比例为 12％。凡住房公积金缴存比例高于 12％的，一律予以规范调整。

2. 政策调整情况

2 月 1 日起，统一长沙住房公积金管理中心和湖南省直单位住房公积金管理中心在贷款、提取、归集方面 43 项具体政策问题，有效解决"同城不同策"问题。

2 月 1 日起，调整开放武汉、合肥、南昌、九江、黄冈等 19 个城市异地贷款和湖南省内异地贷款。

7 月 5 日，出台长沙住房公积金缴存、提取、个人住房贷款三个管理办法。

8 月 23 日，出台《中国（湖南）自由贸易试验区长沙片区高层次人才申请住房公积金贷款实施细则（试行）》，高层次人才家庭公积金贷款额度最高可放宽至我市最高贷款额度的 4 倍。

3. 利率调整情况

存款利率：职工住房公积金账户存款利率，按一年期定期存款基准利率执行。

贷款利率：1～5 年（含）以下 2.75％，5 年以上 3.25％。

4. 支持老旧小区改造政策落实情况

2021 年，支持 290 户职工家庭提取住房公积金 1557.1 万元用于既有住宅增设电梯建设，支持老旧小区改造。

（三）当年服务改进情况

1. 推进"跨省通办"。个人住房公积金缴存贷款等信息查询、出具贷款职工住房公积金缴存使用证明、正常退休提取住房公积金、购房提取住房公积金、住房公积金单位登记开户、提前还清住房公积金贷款、住房公积金单位及个人缴存信息变更、开具住房公积金住房贷款全部还清证明等政务服务事项实现"跨省通办"。通过监管平台受理各类跨省通办业务 242 笔，其中出具贷款职工缴存使用证明业务 97 笔；协查房产信息 51 笔；受理异地购房提取业务 94 笔，提取金额 2249.81 万元。

2. 增设服务网点。中心在自贸区会展区块、长沙县政务中心设立住房公积金服务网点，截至目前共为缴存单位及职工提供 17 个服务网点。

3. 深化"互联网＋政务服务"改革。联合公安、社保、人社等单位推进"身后一件事一次办"，新增"一件事一次办"政务服务事项 3 项。

4. 拓宽线上渠道。推广使用"我的长沙"App、政务服务旗舰店、全国住房公积金微信小程序等媒介，升级政务服务自助终端，可在线受理离职、退休提取，进行个人信息查询及签章打印。为缴存单位及职工提供 12329 热线、网上业务大厅、微信公众号、全国住房公积金微信小程序、支付宝等线上服务渠道。全年，通过网上业务大厅、公众号受理在线提取业务 10.6 万笔，审批通过 10 万笔，金额 10.9 亿元。

（四）当年信息化建设情况

1. 更新核心业务系统，对网上业务大厅、中心微信公众号进行升级，基本实现了内嵌电子化征信报告、在线购房提取、在线还贷提取线上申请功能，新增刷脸登录、开具缴存证明等功能。

2. 与市民政局、市住建局及 13 家商业银行对接，初步实现了缴存职工婚姻信息、房产信息和商业贷款还贷数据共享。

3. 完成与不动产登记平台信息对接，通过智能终端实现不动产抵押线上办理。

（五）当年住房公积金管理中心及职工所获荣誉情况

省直分中心被湖南省精神文明建设指导委员会评为"2020 届'湖南省文明单位'"。

（六）当年对违反《住房公积金管理条例》和相关法规行为进行行政处罚和申请人民法院强制执行情况

全年下发行政处理决定书 17 份，申请人民法院强制执行 6 起。

（七）当年对住房公积金管理人员违规行为的纠正和处理情况等

无。

（八）其他需要披露的情况

无。

湖南省及省内各城市住房公积金
2021 年年度报告二维码

名称	二维码
湖南省住房公积金 2021 年年度报告	
长沙市住房公积金 2021 年年度报告	
湘潭市住房公积金 2021 年年度报告	
株洲市住房公积金 2021 年年度报告	
岳阳市住房公积金 2021 年年度报告	
常德市住房公积金 2021 年年度报告	
衡阳市住房公积金 2021 年年度报告	

续表

名称	二维码
益阳市住房公积金 2021 年年度报告	
娄底市住房公积金 2021 年年度报告	
邵阳市住房公积金 2021 年年度报告	
张家界市住房公积金 2021 年年度报告	
郴州市住房公积金 2021 年年度报告	
永州市住房公积金 2021 年年度报告	
怀化市住房公积金 2021 年年度报告	
湘西土家族苗族自治州住房公积金 2021 年年度报告	

广东省

广东省住房公积金 2021 年年度报告

根据国务院《住房公积金管理条例》和住房和城乡建设部、财政部、人民银行《关于健全住房公积金信息披露制度的通知》（建金〔2015〕26 号）规定，现将广东省住房公积金 2021 年年度报告公布如下：

一、机构概况

（一）住房公积金管理机构

全省共设 21 个设区城市住房公积金管理中心，1 个独立设置的分中心（广州铁路分中心，隶属广州住房公积金管理中心）。从业人员 2338 人，其中，在编 1173 人，非在编 1165 人。

（二）住房公积金监管机构

广东省住房和城乡建设厅、财政厅和人民银行广州分行负责对本省住房公积金管理运行情况进行监督。省住房城乡建设厅设立住房公积金监管处，负责辖区住房公积金日常监管工作。

二、业务运行情况

（一）缴存。2021 年，新开户单位 101863 家，净增单位 66811 家，新开户职工 357.53 万人，净增职工 167.55 万人；实缴单位 531905 家，实缴职工 2144.15 万人，缴存额 3276.16 亿元，同比分别增长 14.37％、8.48％和 12.80％。2021 年末，缴存总额 24033.25 亿元，比上年末增长 15.78％；缴存余额 7674.83 亿元，比上年末增长 13.87％（表 1）。

2021 年分城市住房公积金缴存情况　　　　　　　　　　表 1

地区	实缴单位（万个）	实缴职工（万人）	缴存额（亿元）	累计缴存总额（亿元）	缴存余额（亿元）
广东省	53.19	2144.15	3276.16	24033.25	7674.83
广州	13.70	519.03	1058.63	8788.67	2338.17
韶关	0.58	25.42	45.93	410.62	111.40
深圳	22.17	706.95	949.04	5591.43	2382.31
珠海	1.22	75.33	104.67	855.26	146.49
汕头	0.52	28.75	53.99	454.42	154.34
佛山	2.30	135.50	183.88	1442.26	409.46
江门	0.69	45.59	63.21	591.79	142.90
湛江	0.88	41.56	77.78	621.35	198.32
茂名	0.56	28.67	56.17	424.40	147.66
肇庆	0.47	29.87	46.38	346.89	90.42
惠州	1.14	91.76	118.07	780.52	238.18
梅州	0.44	27.96	44.83	314.14	108.33
汕尾	0.17	11.74	20.39	126.26	47.90

续表

地区	实缴单位 （万个）	实缴职工 （万人）	缴存额 （亿元）	累计缴存总额 （亿元）	缴存余额 （亿元）
河源	0.36	19.88	28.14	217.38	67.38
阳江	0.26	15.92	31.71	198.68	71.04
清远	0.40	31.48	53.14	406.90	115.93
东莞	5.56	206.57	186.78	1356.67	497.70
中山	1.01	57.61	76.62	525.02	178.51
潮州	0.19	11.38	19.63	154.56	56.05
揭阳	0.21	17.14	28.89	226.44	104.13
云浮	0.33	16.04	28.29	199.57	68.22

（二）**提取**。2021年，980.93万名缴存职工提取住房公积金；提取额2341.37亿元，同比增长6.99%；当年提取额占当年缴存额的71.47%，比上年同期减少3.88个百分点。2021年末，提取总额16358.42亿元，比上年末增长16.70%（表2）。

2021年分城市住房公积金提取情况　　　　　　　　　　表2

地区	提取额 （亿元）	提取率 （%）	住房消费类提取额 （亿元）	非住房消费类提取额 （亿元）	累计提取总额 （亿元）
广东省	**2341.37**	**71.47**	**2059.44**	**281.93**	**16358.42**
广州	798.81	75.46	711.24	87.57	6450.50
韶关	35.46	77.19	29.13	6.33	299.23
深圳	613.39	64.63	542.73	70.67	3209.11
珠海	90.58	86.54	82.99	7.59	708.77
汕头	41.57	77.01	33.85	7.73	300.09
佛山	138.29	75.21	126.22	12.07	1032.81
江门	50.52	79.94	43.03	7.50	448.89
湛江	60.86	78.25	50.66	10.20	423.04
茂名	41.23	73.41	34.98	6.25	276.74
肇庆	39.64	85.47	35.61	4.02	256.47
惠州	89.98	76.21	74.57	15.42	542.33
梅州	34.52	77.00	27.54	6.98	205.81
汕尾	12.23	59.98	10.15	2.08	78.36
河源	19.80	70.37	16.62	3.18	150.01
阳江	21.87	68.97	18.38	3.48	127.64
清远	40.10	75.46	33.98	6.12	290.98
东莞	113.35	60.69	102.76	10.59	858.97
中山	53.00	69.17	47.30	5.70	346.51
潮州	12.14	61.83	9.76	2.38	98.51
揭阳	15.12	52.34	11.67	3.45	122.31
云浮	18.90	66.81	16.26	2.64	131.35

（三）贷款

1. 个人住房贷款。2021 年，发放个人住房贷款 25.40 万笔、1331.06 亿元，同比增长 2.96%、4.57%。回收个人住房贷款 503.08 亿元。

2021 年末，累计发放个人住房贷款 250.37 万笔、9820.16 亿元，贷款余额 6155.81 亿元，分别比上年末增长 11.29%、15.68% 和 15.54%。个人住房贷款余额占缴存余额的 80.21%，比上年末增加 1.16 个百分点（表 3）。

2021 年分城市住房公积金个人住房贷款情况　　　　表 3

地区	放贷笔数（万笔）	贷款发放额（亿元）	累计放贷笔数（万笔）	累计贷款总额（亿元）	贷款余额（亿元）	个人住房贷款率（%）
广东省	**25.40**	**1331.06**	**250.37**	**9820.16**	**6155.81**	**80.21**
广州	7.11	474.85	68.55	3292.72	1826.06	78.10
韶关	0.47	12.81	7.99	159.59	94.41	84.75
深圳	5.69	394.70	35.99	2280.26	1736.06	72.87
珠海	0.84	20.81	11.01	240.93	133.21	90.94
汕头	0.51	23.14	5.12	200.29	124.48	80.65
佛山	1.85	78.17	19.14	643.57	407.46	99.51
江门	0.86	30.41	10.42	255.05	139.59	97.68
湛江	0.90	30.66	10.84	286.82	152.63	76.96
茂名	0.71	17.78	8.06	211.18	117.85	79.81
肇庆	0.40	8.56	6.98	152.15	93.15	103.02
惠州	1.25	50.54	12.62	340.07	210.97	88.57
梅州	0.88	19.33	8.03	165.59	92.22	85.13
汕尾	0.30	10.45	1.77	52.59	44.92	93.78
河源	0.46	14.05	4.67	100.39	55.92	83.00
阳江	0.33	8.88	3.75	92.41	57.49	80.93
清远	0.44	16.98	6.46	176.49	103.79	89.53
东莞	0.87	61.18	12.60	646.95	424.62	85.32
中山	0.73	33.00	7.15	256.93	163.26	91.46
潮州	0.20	8.91	1.68	68.05	48.94	87.31
揭阳	0.33	11.06	3.40	104.27	73.30	70.40
云浮	0.25	4.79	4.15	93.87	55.48	81.31

2021 年，支持职工购建房 2468.05 万平方米。2021 年末个人住房贷款市场占有率（含公转商贴息贷款）为 11.25%，比上年末增加 0.55 个百分点。通过申请住房公积金个人住房贷款，可节约职工购房利息支出 2967647.72 万元。

2. 异地贷款。2021 年，发放异地贷款 14773 笔、560287.83 万元。2021 年末，发放异地贷款总额 3384548.05 万元，异地贷款余额 2417679.42 万元。

3. 公转商贴息贷款。2021 年，发放公转商贴息贷款 98 笔、3283.40 万元，支持职工购建房面积 1.18 万平方米，当年贴息额 10898.77 万元。2021 年末，累计发放公转商贴息贷款 37549 笔、1585973.30 万元，累计贴息 67782.22 万元。

（四）购买国债。 2021 年，购买（记账式、凭证式）国债 0 万元，（兑付、转让、收回）国债 40000.00 万元。2021 年末，国债余额 3000.00 万元。

（五）**融资**。2021 年，融资 5000.00 万元，归还 13400.00 万元。2021 年末，融资总额 426598.15 万元，融资余额 69200.00 万元。

（六）**资金存储**。2021 年末，住房公积金存款 16131293.96 万元。其中，活期 12109.27 万元，1 年（含）以下定期 787300.00 万元，1 年以上定期 13099627.30 万元，其他（协定、通知存款等）2232257.39 万元。

（七）**资金运用率**。2021 年末，住房公积金个人住房贷款余额和购买国债余额的总和占缴存余额的 80.21％，比上年末增加 1.10 个百分点。

三、主要财务数据

（一）**业务收入**。2021 年，业务收入 2463408.28 万元，同比增长 12.98％。存款利息 572240.68 万元，委托贷款利息 1889930.24 万元，国债利息 1035.83 万元，其他 201.53 万元。

（二）**业务支出**。2021 年，业务支出 1256151.07 万元，同比增长 9.91％。支付职工住房公积金利息 1106944.17 万元，归集手续费 53873.60 万元，委托贷款手续费 80272.25 万元，其他 15061.05 万元。

（三）**增值收益**。2021 年，增值收益 1207257.22 万元，同比增长 16.35％。增值收益率 1.67％，同比增长 0.06％。

（四）**增值收益分配**。2021 年，提取贷款风险准备金 406083.66 万元，提取管理费用 74080.56 万元，提取城市廉租住房（公共租赁住房）建设补充资金 727092.99 万元（表 4）。

2021 年分城市住房公积金增值收益及分配情况 表 4

地区	业务收入（亿元）	业务支出（亿元）	增值收益（亿元）	增值收益率（％）	提取贷款风险准备金（亿元）	提取管理费用（亿元）	提取公租房（廉租房）建设补充资金(亿元)
广东省	**246.34**	**125.62**	**120.73**	**1.67**	**40.61**	**7.41**	**72.71**
广州	75.38	36.57	38.81	1.75	12.39	1.65	24.77
韶关	3.57	1.74	1.83	1.72	0.03	0.19	1.61
深圳	79.05	37.25	41.80	1.88	25.08	1.42	15.31
珠海	4.78	2.47	2.31	1.67	1.39	0.38	0.55
汕头	4.68	2.78	1.90	1.28	0.08	0.03	1.79
佛山	12.88	8.40	4.48	1.15	0.47	0.53	3.48
江门	4.47	2.43	2.04	1.49	0.16	0.24	1.63
湛江	6.28	3.40	2.89	1.53	0.12	0.25	2.52
茂名	4.58	2.39	2.19	1.56	0.10	0.16	1.93
肇庆	3.16	1.98	1.19	1.38	0.01	0.25	0.93
惠州	7.58	4.08	3.50	1.55	0.00	0.34	3.16
梅州	3.30	1.83	1.47	1.41	0.09	0.19	1.20
汕尾	1.45	0.78	0.68	1.53	0.00	0.26	0.42
河源	2.13	1.12	1.00	1.58	0.00	0.18	0.82
阳江	2.07	1.14	0.94	1.42	0.04	0.12	0.78
清远	3.74	2.13	1.60	1.47	0.00	0.22	1.39
东莞	15.31	8.53	6.78	1.46	0.32	0.44	6.02

续表

地区	业务收入（亿元）	业务支出（亿元）	增值收益（亿元）	增值收益率（%）	提取贷款风险准备金（亿元）	提取管理费用（亿元）	提取公租房(廉租房)建设补充资金(亿元)
中山	5.53	3.00	2.52	1.51	0.19	0.24	2.10
潮州	1.65	0.93	0.72	1.37	0.09	0.08	0.55
揭阳	2.74	1.53	1.21	1.23	0.05	0.08	1.08
云浮	2.00	1.14	0.86	1.36	0.00	0.17	0.69

2021 年，上交财政管理费用 71057.28 万元，上缴财政城市廉租住房（公共租赁住房）建设补充资金 573238.40 万元（根据各地公积金管理中心上报数汇总）。

2021 年末，贷款风险准备金余额 2521865.19 万元，累计提取城市廉租住房（公共租赁住房）建设补充资金 5075552.30 万元。

（五）管理费用支出。 2021 年，管理费用支出 78058.76 万元，同比增长 2.05%。其中，人员经费 35684.44 万元，公用经费 3296.81 万元，专项经费 39077.51 万元。

四、资产风险状况

2021 年末，个人住房贷款逾期额 16836.66 万元，逾期率 0.27‰，个人贷款风险准备金余额 2521865.19 万元，2021 年，使用个人贷款风险准备金核销呆坏账 0 万元。

五、社会经济效益

（一）缴存业务。 缴存职工中，国家机关和事业单位占 16.86%，国有企业占 9.66%，城镇集体企业占 1.07%，外商投资企业占 15.89%，城镇私营企业及其他城镇企业占 48.93%，民办非企业单位和社会团体占 2.50%，灵活就业人员占 0.30%，其他占 4.78%；中、低收入占 96.68%，高收入占 3.32%。

新开户职工中，国家机关和事业单位占 6.25%，国有企业占 5.36%，城镇集体企业占 0.82%，外商投资企业占 13.79%，城镇私营企业及其他城镇企业占 65.18%，民办非企业单位和社会团体占 3.36%，灵活就业人员占 0.70%，其他占 4.54%；中、低收入占 99.43%，高收入占 0.57%。

（二）提取业务。 提取金额中，购买、建造、翻建、大修自住住房占 12.70%，偿还购房贷款本息占 55.46%，租赁住房占 16.33%，支持老旧小区改造占 0.03%，离休和退休提取占 7.28%，完全丧失劳动能力并与单位终止劳动关系提取占 0.40%，出境定居占 0.48%，其他占 7.32%。提取职工中，中、低收入占 95.16%，高收入占 4.84%。

（三）贷款业务。 职工贷款笔数中，购房建筑面积 90（含）平方米以下占 35.10%，90～144（含）平方米占 58.99%，144 平方米以上占 5.91%。购买新房占 68.04%（其中购买保障性住房占 2.05%），购买二手房占 30.17%，建造、翻建、大修自住住房占 0.01%（其中支持老旧小区改造占 0%），其他占 1.78%。

职工贷款笔数中，单缴存职工申请贷款占 54.30%，双缴存职工申请贷款占 45.53%，三人及以上缴存职工共同申请贷款占 0.17%。

贷款职工中，30 岁（含）以下占 29.58%，30～40 岁（含）占 47.59%，40～50 岁（含）占 18.81%，50 岁以上占 4.02%；购买首套住房申请贷款占 84.51%，购买二套及以上申请贷款占 15.49%；中、低收入占 94.79%，高收入占 5.21%。

（四）住房贡献率。 2021 年，个人住房贷款发放额、公转商贴息贷款发放额、项目贷款发放额、住房消费提取额的总和与当年缴存额的比率为103.50％，比上年减少6.62个百分点。

六、其他重要事项

（一）组织开展住房公积金"十四五"规划研究编制

2021年，省住房城乡建设厅根据国家和省"十四五"期间相关规划，组织开展广东省住房公积金"十四五"规划研究和编制等工作。扩大住房公积金制度覆盖范围，将灵活就业人员纳入住房公积金制度，支持租购并举，推动住房公积金制度惠及更广大的中低收入群体等，是"十四五"期间的工作重点。

（二）实现高频事项"跨省通办""全程网办"

2021年，省住房城乡建设厅贯彻落实国家和省政府关于加快推进政务服务"跨省通办"要求，组织各地住房公积金管理中心对群众关注度较高、需求量较大、线上办理业务难度较大的住房公积金8个高频服务事项，加快推进相关线上服务信息化建设，于10月20日实现了"省内通办""跨省通办""全程网办"。

（三）开展灵活就业人员参加住房公积金制度试点

2021年，住房和城乡建设部批复同意我省深圳、广州成为开展灵活就业人员参加住房公积金制度试点，是全国首批试点城市。该项工作试点是在现行住房公积金运行制度外，探索适应当前发展的更加灵活的住房公积金缴存使用机制。该两市由市人民政府组织，市住房公积金管理中心负责落实并开展试点工作。至12月末，两市合计灵活就业缴存个人1.2万人，累计缴存额2285万元。

（四）推行电子稽查强化日常监管

2021年，省住房城乡建设厅按照住房和城乡建设部住房公积金监管司开展住房公积金电子稽查工作的有关要求，应用国家住房公积金电子稽查工具、监管服务平台以及省级动态监管平台等信息化手段，开展全省住房公积金政策执行情况检查和风险隐患排查，强化住房公积金日常监管。

（五）深化信息化建设

1. 拓展全省住房公积金信息共享平台功能。2021年，省住房城乡建设厅贯彻落实《信息安全技术个人信息安全规范》等要求，在广东省住房公积金信息共享平台以及"广东公积金"微信小程序上，组织开发个人信息授权功能，各城市在办理住房公积金业务使用个人信息时须经过用户本人授权，将授权过程加入区块链，有效防控个人信息泄露隐患。

2. 优化全省住房公积金动态监管平台建设。2021年，省住房城乡建设厅组织各地住房公积金管理中心加强省级动态监管平台基础数据核准，提高平台数据质量；利用省级动态监管平台新增数据校对功能，核验各中心报送住房和城乡建设部统计数据，提高报送数据的准确性，进一步提升信息化监管效能。

3. "广东公积金"对接"全国住房公积金"小程序。2021年，省住房城乡建设厅根据做好全国住房公积金小程序上线运行的有关要求，制定对接技术方案，采取"广东公积金"与"全国住房公积金"小程序"总对总"链接方式，实现异地转移接续业务快速链接"全国住房公积金"手机小程序全面应用。

（六）推进信用体系建设

2021年，省住房城乡建设厅贯彻落实国务院和省政府关于推进社会信用体系建设的要求，组织实施各地住房公积金业务系统进行无违法违规证明监管信息数据归集及编目挂接，助力广东实现企业在"信用广东"网自助打印公共信用报告，代替赴部门办理相关证明。

广东省东莞市住房公积金 2021 年年度报告

根据国务院《住房公积金管理条例》和住房和城乡建设部、财政部、人民银行《关于健全住房公积金信息披露制度的通知》（建金〔2015〕26 号）规定，经住房公积金管理委员会审议通过，现将东莞市住房公积金管理中心住房公积金 2021 年年度报告公布如下：

一、机构概况

（一）**住房公积金管理委员会。**住房公积金管理委员会有 23 名委员，2021 年召开 1 次会议，审议通过的事项主要包括：《东莞市住房公积金 2020 年年度报告》；《2021 年度住房公积金归集使用计划》（送审稿）；《东莞市住房公积金 2020 年度执行情况和 2021 年度预算草案的报告》（送审稿）等。

（二）**住房公积金管理中心。**东莞市住房公积金管理中心为直属东莞市人民政府不以营利为目的的公益一类事业单位，设 6 个科，5 个办事处。从业人员 126 人，其中，在编 63 人，非在编 63 人。

二、业务运行情况

（一）**缴存。**2021 年，新开户单位 8572 家，净增单位 7036 家，新开户职工 43.17 万人，净增职工 18.79 万人；实缴单位 55611 家，实缴职工 206.57 万人，缴存额 186.78 亿元，同比分别增加 14.48％、10.01％和 11.36％。2021 年末，缴存总额 1356.67 亿元，比上年末增加 15.97％；缴存余额 497.70 亿元，同比增加 17.31％。受委托办理缴存业务的银行 11 家。

（二）**提取。**2021 年，85.11 万名缴存职工提取住房公积金；提取额 113.35 亿元，同比增加 9.58％；提取额占当年缴存额的 60.69％，比上年减少 0.98 个百分点。2021 年末，提取总额 858.97 亿元，比上年末增加 15.20％。

（三）**贷款。**

1. 个人住房贷款。2021 年，首套住房贷款最高额度 90 万元，二套住房贷款最高额度 50 万元。

2021 年，发放个人住房贷款 0.87 万笔、61.18 亿元，同比减少 46.39％、减少 54.39％。

2021 年，回收个人住房贷款 29.07 亿元。

2021 年末，累计发放个人住房贷款 12.60 万笔、646.95 亿元，贷款余额 424.62 亿元，分别比上年末增加 7.46％、10.44％和 8.18％。个人住房贷款余额占缴存余额的 85.32％，比上年末减少 7.19 个百分点。受委托办理住房公积金个人住房贷款业务的银行 18 家。

2. 异地贷款。2021 年，发放异地贷款 401 笔、27843.60 万元。2021 年末，发放异地贷款总额 551880.51 万元，异地贷款余额 444254.14 万元。

3. 公转商贴息贷款。无。

（四）**购买国债。**无。

（五）**资金存储。**2021 年末，住房公积金存款 829154.17 万元。其中，活期 531.00 万元，1 年（含）以下定期 85000.00 万元，1 年以上定期 556800.00 万元，其他（协定、通知存款等）186823.17 万元。

（六）**资金运用率。**2021 年末，住房公积金个人住房贷款余额、项目贷款余额和购买国债余额的总和占缴存余额的 85.32％，比上年末减少 7.19 个百分点。

三、主要财务数据

（一）业务收入。2021 年，业务收入 153125.39 万元，同比增长 18.05％。存款利息 18613.04 万元，委托贷款利息 134487.55 万元，国债利息 0 万元，其他 24.80 万元。

（二）业务支出。2021 年，业务支出 85309.19 万元，同比增长 16.04％。支付职工住房公积金利息 71054.90 万元，归集手续费 8856.85 万元，委托贷款手续费 5379.77 万元，其他 17.67 万元。

（三）增值收益。2021 年，增值收益 67816.20 万元，同比增长 20.68％。增值收益率 1.46％，比上年增加 0.05 个百分点。

（四）增值收益分配。2021 年，提取贷款风险准备金 3211.05 万元，提取管理费用 4395.99 万元，提取城市廉租住房（公共租赁住房）建设补充资金 60209.16 万元。

2021 年，上交财政管理费用 4454.48 万元，上缴财政城市廉租住房（公共租赁住房）建设补充资金 41522.30 万元。

2021 年末，贷款风险准备金余额 42462.35 万元，累计提取城市廉租住房（公共租赁住房）建设补充资金 340820.68 万元。

（五）管理费用支出。2021 年，管理费用支出 4603.75 万元，同比增长 6.48％。其中，人员经费 2571.95 万元，公用经费 228.13 万元，专项经费 1803.67 万元。

四、资产风险状况

个人住房贷款。2021 年末，个人住房贷款逾期额 458.51 万元，逾期率 0.11‰，个人贷款风险准备金余额 42462.35 万元，2021 年，使用个人贷款风险准备金核销呆坏账 0 万元。

五、社会经济效益

（一）缴存业务

缴存职工中，国家机关和事业单位占 10.87％，国有企业占 3.74％，城镇集体企业占 1.07％，外商投资企业占 22.38％，城镇私营企业及其他城镇企业占 54.94％，民办非企业单位和社会团体占 4.00％，灵活就业人员占 0％，其他占 3.00％；中、低收入占 96.46％，高收入占 3.54％。

新开户职工中，国家机关和事业单位占 3.83％，国有企业占 2.51％，城镇集体企业占 0.65％，外商投资企业占 19.83％，城镇私营企业及其他城镇企业占 65.99％，民办非企业单位和社会团体占 5.55％，灵活就业人员占 0％，其他占 1.64％；中、低收入占 98.95％，高收入占 1.05％。

（二）提取业务

提取金额中，购买、建造、翻建、大修自住住房占 1.84％，偿还购房贷款本息占 65.64％，租赁住房占 23.17％，支持老旧小区改造占 0％，离休和退休提取占 6.66％，完全丧失劳动能力并与单位终止劳动关系提取占 0％，出境定居占 0.04％，其他占 2.65％。提取职工中，中、低收入占 96.03％，高收入占 3.97％。

（三）贷款业务

2021 年，支持职工购建房 87.61 万平方米。年末个人住房贷款市场占有率为 8.34％，比上年末减少 0.95 个百分点。通过申请住房公积金个人住房贷款，可节约职工购房利息支出 165562.67 万元。

职工贷款笔数中，购房建筑面积 90（含）平方米以下占 28.76％，90～144（含）平方米占 68.19％，144 平方米以上占 3.05％。购买新房占 39.93％（其中购买保障性住房占 0％），购买二手房占 18.07％，建造、翻建、大修自住住房占 0％（其中支持老旧小区改造占 0％），其他占 42.00％。

职工贷款笔数中，单缴存职工申请贷款占 44.24％，双缴存职工申请贷款占 55.76％，三人及以上缴存职工共同申请贷款占 0％。

贷款职工中，30 岁（含）以下占 18.33％，30 岁～40 岁（含）占 56.11％，40 岁～50 岁（含）占

22.40％，50 岁以上占 3.16％；购买首套住房申请贷款占 92.98％，购买二套及以上申请贷款占 7.02％；中、低收入占 57.24％，高收入占 42.76％。

（四）住房贡献率

2021 年，个人住房贷款发放额、公转商贴息贷款发放额、项目贷款发放额、住房消费提取额的总和与当年缴存额的比率为 87.78％，比上年减少 49.18 个百分点。

六、其他重要事项

（一）当年机构及职能调整情况、受委托办理缴存贷款业务金融机构变更情况

2021 年，无发生机构及职能调整。

2021 年，归集业务受委托银行增至 11 家，新增的 3 家分别为：中国工商银行股份有限公司东莞分行、广发银行股份有限公司东莞分行和交通银行股份有限公司东莞分行。贷款业务受委托银行 18 家，无发生变化。

2021 年，商贷信息互通银行增至 16 家，新增 1 家为浙商银行股份有限公司东莞分行。

（二）当年住房公积金政策调整及执行情况

1. 2021 年，缴存基数确定方法、缴存比例等未发生调整，缴存比例仍为 5％～12％。缴存基数上限为 27391 元，缴存基数下限由 1720 元调整至 1900 元。2021 年 12 月 24 日印发《市住房公积金管理中心关于支持大朗镇纾困解难住房公积金服务保障政策的办事指引》，经营地址在东莞市大朗镇辖区范围内的单位，可在 2022 年 11 月 30 日前，申请阶段性缓缴或阶段性降低缴存比例至 5％以下（最低 1％）。

2. 2021 年，个人住房公积金贷款最高贷款额度未发生调整，首套仍为 90 万、二套 50 万。提取政策、贷款政策未发生调整。

3. 2021 年，住房公积金存贷款利率未发生调整。

（三）当年服务改进情况

1. 住房公积金服务"跨省通办"情况。2021 年 6 月 7 日，印发《关于实行东莞市住房公积金"跨省通办"事项的通告》，以全部实现全程网办的目标落实国家"跨省通办"要求。个人公积金缴存贷款情况等信息查询、出具贷款职工住房公积金缴存使用证明、正常退休提取住房公积金、住房公积金单位登记开户、住房公积金单位及个人缴存信息变更、出具结清证明、提前还款、购房提取等 8 项服务事项实现全程网办，同时作为受理中心可以代办出具异地贷款职工住房公积金缴存使用证明。截至 2021 年年底，共办理"跨省通办"业务 5348.89 万笔（含查询业务），其中全程网办 5346.40 万笔，线上办理率达 99％以上。通过代收代办、两地联办方式办理"跨省通办"业务的职工 125 人次，节约职工往返费用约 20 万元，节省职工往返时间 336 天。

2. 服务改进升级情况。为助力营商环境优化，2021 年 6 月 4 日，单位缴存登记和单位缴存登记信息变更业务，实现电子证照获取功能，单位设立证明材料在业务系统成功获取后无需提供营业执照等原件；11 月 30 日，缴存单位可通过中心网厅申请出具单位住房公积金守法情况证明、查询守法情况证明的审核进度、打印审批通过的证明，并可通过中心网站查验证明，无需进行书面申请。

3. 自助服务渠道建设情况。逐步建设完善网上办事大厅、微信公众号、短信及自助一体机等自助服务渠道，并对接市政务一体化平台，延伸连接广东政务服务网、粤省事、"一网通办"、智慧机等服务渠道，整合为一个规范、安全的公积金综合服务平台。2021 年 4 月，实现住房公积金业务系统与省好差评系统对接；2021 年 6 月，完成全国住房公积金小程序转移接续申请接入对接。截至 2021 年底，单位网厅"证书版"开通 2.1 万家，微信公众号关注量 175 万人。2021 年，各平台业务量如下：协议办理（单位＋个人自动划扣）227.4 万笔，微信公众号 193.9 万笔，粤省事 149.4 万笔，网厅 38.4 万笔，短信 3.2 万笔，莞家政务自助终端 1.8 万笔，广东公积金小程序 1.2 万笔，全国公积金小程序 0.3 万笔，柜台（含智慧机）44.3 万笔。

（四）当年信息化建设情况

1. 优化升级网上办事大厅。2021年3月25日，启动升级后的住房公积金网上办事大厅（个人业务），共上线38项业务功能，涵盖所有高频事项业务的办理及查询。首次在个人网厅增加"刷脸"和"短信"认证功能，严控安全风险。结合"跨省通办"以及异地购房提取全程网办、商转公在线申请等升级改造，市公积金59项业务实现100％可网办，80％可全程网办，提前完成了省数字政府"十四五"规划政务服务事项全程网办率的目标。

2. 省内首创"住房公积金贷款电子借款合同＋线上抵押登记"，在东莞市政务服务数据管理局，东莞市不动产登记中心，贷款业务受托银行、担保公司、代理机构和房地产开发企业等政府部门和合作单位的大力支持下，2021年12月20日，电子《东莞市住房公积金个人住房借款及担保合同》启用，借款人及相关的合同签署个人无需临柜，可在线签订借款合同、抵押申请表等文件，实现公积金贷款申请、合同签订到抵押登记全程网办，在省内率先实现了住房公积金贷款"一网通办、全流程电子化、全链条打通、全程零跑动"。

3. 省内首创公积金"智能语音客服"。2021年8月26日，上线"东莞12345热线公积金智能语音客服"，市民只需要拨打12345热线或者12329公积金热线，选择"公积金智能语音助手"，即可接通智能语音客服，获取公积金缴存、贷款、提取等方面的权威解答。基本实现了来电100％接通，需求100％识别，回访100％覆盖，上线后日均接通量提升2.5倍，热线接通率提高至85％以上，全年累计接听11.87万通。

4. 优化商转公流程和办理方式。2021年8月26日，商转公贷款先还后贷申请流程优化后，免去申请出具《东莞市商转公贷款确认书》环节，临柜次数由2次减为1次，5个工作日内即可出具审核结果。12月20日，网上办事大厅（个人业务）新增商转公贷款（先还后贷）在线申请办理功能。

5. 完成系统及网络安全升级改造。完成信息系统安全等级测评验收，对微信公众号、网上办事大厅等账户密码设置进行规范，提高密码复杂度，有效防范暴力破解，进一步提升网络安全水平。2021年12月1日，全面接入并上线广东省住房公积金动态监管平台信息统计数据核对功能。

（五）当年住房公积金管理中心及职工所获荣誉情况

1. 2021年度全市党内法规制度建设先进单位；

2. 2021年度全市保密工作先进单位；

3. 2021年度全市档案工作优秀单位；

4. 2021年度政府网站与政务新媒体考评（承担对外服务职能的市直单位类）优秀单位；

5. 中心工会委员会获得"2021年东莞市先进职工之家"称号；

6. 中心第二党支部委员会获得"东莞市直机关先进基层党组织"称号；

7. 东莞市住房公积金综合平台升级改造项目—住房贷款"一网通办"项目被评为2021年度东莞市数字政府十佳优秀案例；

8. "东莞市直机关优秀党务工作者"称号（1名）；

9. "东莞市直机关优秀共产党员"称号（1名）；

10. 2021年全市党内法规制度建设工作先进工作者（1名）；

11. 2021年全市保密工作先进工作者（1名）；

12. 2021年全市档案工作先进工作者（1名）；

13. 2021年被财政局评为规范和创新单位财务管理方面表现突出人员（1名）。

（六）当年对违反《住房公积金管理条例》和相关法规行为进行行政处罚和申请人民法院强制执行情况

2021年，中心坚持权责法定，依法履行政府职能，规范行政执法行为，为推进市公积金事业高质量发展夯实法治根基。修订了《东莞市住房公积金管理中心行政执法工作指引》，增加了调解程序，缩减了部分流程反馈时间，规范了部分执法程序；制定了《东莞市住房公积金贷款贷后管理办法》，明确了催收管理、呆账核销等事项；印发了《关于信访事项办理的意见》，健全信访工作机制；完成《东莞市住房公积金行政执法实施办法》《东莞市住房公积金纠纷维权调解暂行办法》的起草、专家评估、意见征集、法律审查等；重新发布《东莞市住房公积金管理中心行政处罚自由裁量标准》。

2021 年，立案查处行政违法行为（含追缴案和处罚案）5991 宗，对 1 家企业做出行政处罚，向人民法院申请强制执行 924 宗。

（七）当年对住房公积金管理人员违规行为的纠正和处理情况等

无。

（八）其他需要披露的情况

无。

广东省及省内各城市住房公积金
2021 年年度报告二维码

名称	二维码
广东省住房公积金 2021 年年度报告	
广州住房公积金 2021 年年度报告	
深圳市住房公积金 2021 年年度报告	
珠海市住房公积金 2021 年年度报告	
汕头市住房公积金 2021 年年度报告	
佛山市住房公积金 2021 年年度报告	
韶关市住房公积金 2021 年年度报告	

续表

名称	二维码
河源市住房公积金 2021 年年度报告	
梅州市住房公积金 2021 年年度报告	
惠州市住房公积金 2021 年年度报告	
汕尾市住房公积金 2021 年年度报告	
东莞市住房公积金 2021 年年度报告	
中山市住房公积金 2021 年年度报告	
江门市住房公积金 2021 年年度报告	
阳江市住房公积金 2021 年年度报告	
湛江市住房公积金 2021 年年度报告	

名称	二维码
茂名市住房公积金 2021 年年度报告	
肇庆市住房公积金 2021 年年度报告	
清远市住房公积金 2021 年年度报告	
潮州市住房公积金 2021 年年度报告	
揭阳市住房公积金 2021 年年度报告	
云浮市住房公积金 2021 年年度报告	

广西壮族自治区

广西壮族自治区住房公积金 2021 年年度报告

根据国务院《住房公积金管理条例》和住房和城乡建设部、财政部、人民银行《关于健全住房公积金信息披露制度的通知》（建金〔2015〕26号）规定，现将广西壮族自治区住房公积金2021年年度报告汇总公布如下：

一、机构概况

（一）**住房公积金管理机构。** 全区共设14个设区城市住房公积金管理中心，1个独立设置的分中心（即南宁住房公积金管理中心区直分中心，隶属广西壮族自治区机关事务管理局）。从业人员1446人，其中，在编人员759人，非在编人员687人。

（二）**住房公积金监管机构。** 广西壮族自治区住房和城乡建设厅、财政厅和人民银行南宁中心支行负责对本自治区住房公积金管理运行情况进行监督。广西壮族自治区住房和城乡建设厅设立住房公积金监管处负责全区住房公积金日常监管具体工作。

二、业务运行情况

（一）**缴存。** 2021年，全区新开户单位8088家，净增单位5603家；新开户职工42.85万人，净增职工29.93万人。全区实缴单位6.59万家，实缴职工340.48万人，缴存额597.71亿元，分别同比增长9.29%、9.64%和13.04%。截至2021年末，累计缴存总额4529.46亿元，比上年末增加15.20%；缴存余额1545.75亿元，同比增长13.87%（表1）。

地区	实缴单位（万个）	实缴职工（万人）	缴存额（亿元）	累计缴存总额（亿元）	缴存余额（亿元）
广西壮族自治区	**6.59**	**340.48**	**597.71**	**4529.46**	**1545.75**
南宁	1.56	76.17	121.38	902.53	305.06
区直分中心	0.32	26.69	77.32	581.28	188.66
柳州	0.55	36.37	65.90	578.00	173.63
桂林	0.62	34.03	57.19	478.38	163.57
梧州	0.37	15.55	22.81	184.80	63.70
北海	0.29	13.86	20.95	146.65	56.64
防城港	0.24	9.13	15.63	100.79	35.47
钦州	0.31	16.36	23.65	169.27	63.92
贵港	0.34	17.18	24.66	176.63	60.70
玉林	0.37	23.92	40.50	283.63	113.99
百色	0.41	20.31	41.39	287.81	100.41
贺州	0.35	11.10	17.31	124.51	48.40

2021年分城市住房公积金缴存情况　　　　　　　　　　　　　表1

续表

地区	实缴单位 （万个）	实缴职工 （万人）	缴存额 （亿元）	累计缴存总额 （亿元）	缴存余额 （亿元）
河池	0.33	17.61	32.07	230.94	80.06
来宾	0.25	10.80	19.65	152.28	46.65
崇左	0.29	11.41	17.31	131.97	44.90

（二）提取。 2021 年，有 145.96 万名缴存职工提取住房公积金；提取额 409.38 亿元，同比增长 2.27%；提取额占当年缴存额的 68.49%，比上年减少 7.21 个百分点。截至 2021 年末，累计提取总额 2983.70 亿元，比上年末增加 15.90%（表 2）。

2021 年分城市住房公积金提取情况 表 2

地区	提取额 （亿元）	提取率 （%）	住房消费类 提取额（亿元）	非住房消费类 提取额（亿元）	累计提取总额 （亿元）
广西壮族自治区	409.38	68.49	333.38	76.00	2983.70
南宁	84.13	69.31	67.76	16.37	597.47
区直分中心	54.75	70.81	46.31	8.45	392.62
柳州	46.67	70.82	37.63	9.04	404.37
桂林	41.77	73.04	33.28	8.50	314.81
梧州	16.80	73.66	13.75	3.05	121.10
北海	12.26	58.51	9.03	3.23	90.00
防城港	8.97	57.40	7.41	1.56	65.32
钦州	15.55	65.77	12.82	2.74	105.35
贵港	17.00	68.96	13.99	3.01	115.94
玉林	26.23	64.76	21.33	4.89	169.64
百色	26.20	63.30	21.70	4.49	187.40
贺州	11.63	67.16	9.44	2.19	76.10
河池	22.12	68.97	18.60	3.51	150.88
来宾	13.53	68.85	10.98	2.55	105.64
崇左	11.77	68.01	9.36	2.41	87.07

（三）贷款。

1. 个人住房贷款。2021 年，发放个人住房贷款 6.79 万笔共 252.79 亿元，同比下降 7.61%、8.19%。回收个人住房贷款 113.36 亿元。

截至 2021 年末，累计发放个人住房贷款 86.91 万笔共 2182.74 亿元，贷款余额 1379.73 亿元，分别比上年末增加 8.48%、13.10% 和 1.24%。个人住房贷款余额占缴存余额的 89.26%，比上年末减少 2.11 个百分点（表 3）。

2021 年分城市住房公积金个人住房贷款情况 表 3

地区	放贷笔数 （万笔）	贷款发放额 （亿元）	累计放贷笔数 （万笔）	累计贷款总额 （亿元）	贷款余额 （亿元）	个人住房贷款率 （%）
广西壮族自治区	6.79	252.79	86.91	2182.74	1379.73	89.26
南宁	1.54	44.25	13.84	368.21	223.51	89.26

续表

地区	放贷笔数 （万笔）	贷款发放额 （亿元）	累计放贷笔数 （万笔）	累计贷款总额 （亿元）	贷款余额 （亿元）	个人住房贷款率 （%）
区直分中心	0.93	31.30	7.46	253.68	163.06	73.27
柳州	0.61	26.48	10.36	260.32	164.74	86.43
桂林	0.73	25.90	12.70	281.39	154.42	94.88
梧州	0.79	8.63	5.43	107.37	62.17	94.41
北海	0.28	10.32	3.15	81.63	53.65	97.60
防城港	0.28	6.70	1.82	45.49	31.23	94.72
钦州	0.21	11.93	3.90	88.34	61.53	88.07
贵港	0.44	10.88	3.39	80.43	52.48	96.25
玉林	0.31	17.63	5.52	151.88	105.69	86.47
百色	0.48	20.78	4.95	136.15	96.20	92.72
贺州	0.58	10.65	3.54	79.87	50.96	95.82
河池	0.33	14.02	4.58	114.73	74.04	105.28
来宾	0.39	6.89	3.28	63.97	38.86	92.48
崇左	0.23	6.43	2.98	69.27	47.17	83.31

2021 年，支持职工贷款购建房 799.55 万平方米。年末个人住房贷款市场占有率（含公转商贴息贷款）为 15.82%，比上年末增加 3.35 个百分点。通过发放住房公积金个人住房贷款，可节约职工购房利息支出 78.72 万元。

2. 异地贷款。2021 年，发放异地贷款 696 笔共 2.62 亿元。截至 2021 年末，累计发放异地贷款总额 53.46 亿元，异地贷款余额 41.82 万元。

3. 公转商贴息贷款。2021 年，发放公转商贴息贷款 964 笔共 3.52 亿元，支持职工购建房面积 11.66 万平方米。当年贴息额 1864.78 万元。截至 2021 年末，累计发放公转商贴息贷款 11352 笔共 22.42 亿元，累计贴息 9697.11 万元。

（四）购买国债。 无。

（五）融资。 2021 年，融资 14.50 亿元，归还 23.56 亿元。截至 2021 年末，累计融资总额 56.83 亿元，融资余额 11.5 亿元。

（六）资金存储。 2021 年末，住房公积金存款 213.73 亿元。其中，活期 10.58 亿元，1 年（含）以下定期 20.89 亿元，1 年以上定期 97.85 亿元，其他（协定、通知存款等）88.41 亿元。

（七）资金运用率。 2021 年末，住房公积金个人住房贷款余额、项目贷款余额和购买国债余额的总和占缴存余额的 89.26%，比上年末减少 2.11 个百分点。

三、主要财务数据

（一）业务收入。 2021 年，业务收入 48.45 亿元，同比增长 13.04%。其中，存款利息收入 4.66 亿元，委托贷款利息收入 42.69 亿元，国债利息收入为 0，其他收入 0.02 亿元。

（二）业务支出。 2021 年，业务支出 24.90 亿元，同比增长 7.79%。其中，支付职工住房公积金利息支出 21.97 亿元，归集手续费支出 0.21 亿元，委托贷款手续费支出 1.61 亿元，其他支出 1.11 亿元。

（三）增值收益。 2021 年，增值收益 23.55 亿元，同比增长 19.12%；增值收益率 1.62%，比上年增加 0.09 个百分点。

（四）增值收益分配。 2021 年，提取贷款风险准备金 3.94 亿元，提取管理费用 3.00 亿元，提取城市廉租住房（公共租赁住房）建设补充资金 16.61 亿元（表4）。

2021 年分城市住房公积金增值收益及分配情况 表 4

地区	业务收入 （亿元）	业务支出 （亿元）	增值收益 （亿元）	增值收益率 （％）	提取贷款风险 准备金（亿元）	提取管理费用 （亿元）	提取公租房（廉租房） 建设补充资金（亿元）
广西壮族自治区	**48.45**	**24.90**	**23.55**	**1.62**	**3.94**	**3.00**	**16.61**
南宁	9.49	4.74	4.74	1.66	0.00	0.44	4.31
区直分中心	5.52	3.01	2.51	1.42	0.00	0.27	2.24
柳州	5.34	2.63	2.71	1.67	0.00	0.30	2.41
桂林	5.06	2.59	2.47	1.59	0.09	0.27	2.11
梧州	2.18	1.42	0.76	1.27	0.00	0.20	0.56
北海	1.85	0.90	0.95	1.80	0.76	0.12	0.07
防城港	1.04	0.52	0.52	1.62	0.31	0.08	0.12
钦州	2.01	1.08	0.94	1.56	0.56	0.11	0.27
贵港	1.93	1.18	0.75	1.30	0.11	—0.06	0.70
玉林	3.67	1.83	1.84	1.69	1.10	0.19	0.55
百色	3.06	1.52	1.54	1.64	0.13	0.14	1.27
贺州	1.64	0.79	0.85	1.85	0.06	0.10	0.69
河池	2.67	1.19	1.48	1.95	0.74	0.59	0.15
来宾	1.42	0.69	0.73	1.67	0.07	0.14	0.52
崇左	1.57	0.81	0.76	1.81	0.00	0.12	0.64

2021 年，上交财政管理费用 2.79 亿元，上缴财政城市廉租住房（公共租赁住房）建设补充资金 11.68 亿元。

2021 年末，贷款风险准备金余额 42.49 亿元，累计提取城市廉租住房（公共租赁住房）建设补充资金 110.59 亿元。

（五）管理费用支出。2021 年，管理费用支出 2.91 亿元，同比下降 40.25％。其中，人员经费支出 1.33 亿元，公用经费支出 0.27 万元，专项经费支出 1.31 万元。

四、资产风险状况

个人住房贷款。截至 2021 年末，个人住房贷款逾期额 0.61 亿元，逾期率 0.4‰，个人贷款风险准备金余额 42.45 亿元。2021 年，使用个人贷款风险准备金核销呆坏账 0.02 万元。

五、社会经济效益

（一）缴存业务。缴存职工中，国家机关和事业单位占 35.27％，国有企业占 22.01％，城镇集体企业占 0.94％，外商投资企业占 3.27％，城镇私营企业及其他城镇企业占 20.35％，民办非企业单位和社会团体占 0.79％，灵活就业人员占 1.21％，其他占 1.74％。其中，中、低收入群体占 98.42％，高收入群体占 1.58％。

新开户职工中，国家机关和事业单位占 31.24％，国有企业占 14.11％，城镇集体企业占 0.62％，外商投资企业占 4.49％，城镇私营企业及其他城镇企业占 40.72％，民办非企业单位和社会团体占 2.09％，灵活就业人员占 3.64％，其他占 3.10％。其中，中、低收入群体占 99.72％，高收入群体占 0.28％。

（二）提取业务。提取金额中，购买、建造、翻建、大修自住住房占 28.52％，偿还购房贷款本息占 45.92％，租赁住房占 6.83％，支持老旧小区改造提取占 0.13％；离休和退休提取占 12.37％，完全丧失劳动能力并与单位终止劳动关系提取占 4.19%，其他占 1.38%。提取职工中，中、低收入群体占 93.89%，高收入群体占 6.11%。

（三）个人住房贷款业务

职工贷款笔数中，购房建筑面积 90 平方米以下（含）占 15.18%，90～144 平方米（含）占 76%，144 平方米以上占 8.82%。购买新房占 88.15%（其中购买保障性住房占 1.67%），购买二手房占 16.46%。

职工贷款笔数中，单缴存职工申请贷款占 49.91%，双缴存职工申请贷款占 49.52%，三人及以上缴存职工共同申请贷款占 0.57%。

贷款职工中，30 岁（含）以下占 33.13%，30 岁～40 岁（含）占 41.69%，40 岁～50 岁（含）占 19.99%，50 岁以上占 5.19%；购买首套住房申请贷款占 88.53%，购买二套及以上申请贷款占 11.47%。其中，中、低收入群体占 97.44%，高收入群体占 2.56%。

（四）住房贡献率。2021 年，个人住房贷款发放额、公转商贴息贷款发放额、项目贷款发放额、住房消费提取额的总和与当年缴存额的比率为 99.04%，比上年减少 15.56 个百分点。

六、其他重要事项

（一）当年住房公积金政策调整情况

1. 积极完善使用政策，支持既有住宅（老旧小区）改造加装电梯。8 月 25 日，自治区住房城乡建设厅印发《关于进一步提升住房公积金服务效能的通知》（桂建金管〔2021〕4 号），通过优化住宅小区加装电梯提取住房公积金手续等方式，更好地为广大住房公积金缴存单位和缴存人员提供服务。截至 2021 年底，全区累计支持 271 人提取住房公积金 963.97 万元用于自住住房加装电梯，有效提高住房公积金使用效率，促进住房消费。

2. 大力推进灵活就业人员参加住房公积金制度。截至 2021 年底，全区灵活就业人员自愿缴存住房公积金人数累计突破 4.9 万人，累计归集金额突破 7.7 亿元，共为 4932 户灵活就业人员（家庭）发放贷款 17.08 亿元。2021 年 1 月，广西灵活就业人员参加住房公积金制度工作获住房和城乡建设部表扬。2021 年 2 月，住房和城乡建设部办公厅《建设工作简报》刊登《广西六项改革创新举措助推灵活就业人员参加住房公积金制度》信息，对广西的经验和做法进行专刊报道。

（二）当年开展监督检查情况

1. 开展年度监督和考核。2021 年 7～10 月，自治区住房城乡建设厅结合住房和城乡建设部住房公积金电子稽查工作，重新梳理、调整审计工作内容，通过政府采购，以委托会计师事务所进行审计检查的方式，对全区 14 个住房公积金中心和南宁住房公积金管理中心区直分中心 2020 年度住房公积金内部控制情况开展审计监督。针对审计发现的制度建设、政策执行、业务管理、资金运作等方面存在的问题，由自治区住房城乡建设厅印发监督检查意见书，提出整改意见，督促及时整改。此外，自治区住房城乡建设厅会同自治区财政厅完成对各住房公积金中心 2020 年度业务和管理情况的考核，并联合印发考核通报，全面、客观地评价各住房公积金中心业务发展和管理情况；印发了 2021 年度考核指标，引导和督促各地进一步加强和规范住房公积金管理。

2. 强化电子稽查工作。2021 年，自治区住房城乡建设厅严格按照住房和城乡建设部关于开展住房公积金电子稽查工作要求，按月督促各住房公积金中心利用电子稽查工具对业务系统进行巡检，按季度抽选部分住房公积金管理中心进行实地指导。通过开展住房公积金电子化稽查，全面梳理核查风险点，结合全国住房公积金监管服务平台应用，加快清理历史问题数据。截至 2021 年 12 月 31 日，全区电子稽查疑点总数共 147.80 万个，同比减少 5.47%，其中缴存类 124.14 万个，提取类 7.92 万个，贷款类 15.13 万个，财务类 0.61 万个。通过全国住房公积金监管服务平台风险防控发现风险总数共 1.27 万个，整改完成 0.97 万个，整改完成率为 76.38%。全区核心业务数据质量进一步提升，监管效率明显提高，切实降低风险隐患，保障资金安全。

（三）当年服务改进情况

1. 持续优化营商环境，提前完成"跨省通办"目标任务。全区住房公积金行业结合党史学习教育，认真开展"我为群众办实事"实践活动，聚焦企业和群众办理住房公积金异地缴存和使用时需"折返跑""多次跑"等问题，全力推进住房公积金服务"跨省通办"落地见效。截至2021年底，全区通过全程网办受理"跨省通办"业务588415笔，两地联办受理"跨省通办"业务165笔。2022年2月，住房和城乡建设部公布2021年全国住房公积金"跨省通办"表现突出服务窗口名单，其中南宁住房公积金管理中心区直分中心以及桂林、玉林、崇左市等市住房公积金管理中心获得表扬。

2. 打通住房公积金贷款结清解押业务办理"最后一公里"。全区充分发挥政策性住房金融优势，通过优化借款人办理住房公积金贷款结清解押业务流程，完成贷款自主核算方式等，积极做好住房公积金贷款服务工作，提升贷款业务办理效率和服务水平，助力全区房地产市场平稳健康发展。

3. 全面启用住房公积金服务标识。2021年，住房和城乡建设部启用全国住房公积金服务标识，广西按照有关标识的使用要求，在各中心服务网点、门户网站等陆续替换原有的服务标识，使全区住房公积金服务形象更加标准化、规范化。

4. 全国住房公积金小程序正式上线。2021年全国住房公积金小程序正式上线运行，提供了全国统一的住房公积金服务入口，目前缴存人员可以通过小程序进行查询和办理异地转移接续业务，缴存人员可以更方便、多渠道接入并享受统一的住房公积金服务。截至2021年底，全区办理跨城市住房公积金转移接续1.45万笔，划转资金累计2.40亿元。

（四）当年住房公积金风险防控情况

1. 全区住房公积金个人住房贷款逾期风险防控工作取得明显成效。通过建立台账跟踪、下发督办函、对重点城市进行现场督办等方式，2021年全区住房公积金个人住房贷款逾期率得到有效控制。截至2021年末，逾期率、逾期额分别从2021年3月的0.86‰、10932万元下降至0.44‰、6063万元，逾期率降幅48.73%，追回逾期贷款4869万元。南宁、柳州、防城港、钦州、百色、来宾、崇左7个重点城市的贷款逾期率明显下降。目前，全区贷款逾期率已降至全国平均水平（0.3‰）以下的住房公积金管理中心有7个，分别为：桂林、梧州、北海、贵港、玉林、河池以及崇左市。

2. 加大对骗提骗贷住房公积金行为的打击力度。通过下发通知，开展全区范围专项行动，深化治理住房公积金"骗提骗贷"行为，全区住房公积金行业骗提骗贷现象得到有效治理，如百色市住房公积金中心共追回违规提取资金538.78万元；来宾市住房公积金中心出台骗提骗贷违规行为处理办法，南宁住房公积金中心联合南宁市公安局下发《关于联合打击住房公积金骗提骗贷违法犯罪行为的通告》，切实保障广大职工的合法利益。

（五）当年信息化建设情况

2021年，自治区住房城乡建设厅加快推进全区住房公积金信息化建设工作。一是持续跟进住房公积金监管服务和数据共享一体化平台建设；二是通过全国住房公积金监管平台及电子稽查工具，深入开展数据治理工作；三是积极升级住房公积金二代征信报数系统；四是根据住房和城乡建设部安排，全区开展接入全国住房公积金小程序工作，实现了全国各城市住房公积金管理中心服务渠道的互联互通，逐步提升转移接续办理效率；有序开展全国住房公积金小程序宣传推广工作，缴存人员可通过小程序查询办理住房公积金相关业务，初步实现全国住房公积金"无感漫游"。

（六）当年住房公积金机构及从业人员所获荣誉情况

2021年，南宁住房公积金管理中心区直分中心、贵港市住房公积金管理中心保留国家级"全国文明单位"荣誉称号；北海市住房公积金管理中心获得省部级"青年文明号"；全区共有3个集体和个人获得省部级先进集体和个人称号，25个集体和个人获得市级先进集体和个人称号。

广西壮族自治区桂林市住房公积金 2021 年年度报告

根据国务院《住房公积金管理条例》和住房和城乡建设部、财政部、人民银行《关于健全住房公积金信息披露制度的通知》（建金〔2015〕26 号）的规定，经住房公积金管理委员会审议通过，现将桂林市住房公积金 2021 年年度报告公布如下：

一、机构概况

（一）住房公积金管理委员会。住房公积金管理委员会有 25 名委员，2021 年召开 1 次会议，审议通过的事项主要包括：《桂林市住房公积金管理中心 2020 年工作总结及 2021 年工作计划》《桂林市住房公积金管理中心关于申请调整桂林市第四届住房公积金管理委员会主任委员和委员的请示》《关于调整第二次使用住房公积金个人住房贷款利率的通知（代拟稿）》《桂林市住房公积金 2020 年年度报告》《桂林市住房公积金管理中心 2020 年住房公积金归集使用计划执行情况报告》《2020 年度住房公积金增值收益分配方案》《2021 年住房公积金年度预算表》。

（二）住房公积金管理中心。住房公积金管理中心为直属于市人民政府的正处级公益一类参公事业单位，设 11 个部（科）室，11 个管理部。从业人员 116 人，其中，在编 78 人，非在编 38 人。

二、业务运行情况

（一）缴存。2021 年，新开户单位 730 家，净增单位 36 家；新开户职工 4.02 万人，净增职工 0.76 万人；实缴单位 6232 家，实缴职工 34.03 万人，缴存额 57.19 亿元，分别同比增长 6.15%、5.98%、9.28%。2021 年末，缴存总额 478.38 亿元，比上年末增加 13.58%；缴存余额 163.57 亿元，同比增长 10.41%。受委托办理住房公积金缴存业务的银行 9 家。

（二）提取。2021 年，13.23 万名缴存职工提取住房公积金；提取额 41.77 亿元，同比增长 1.46%；提取额占当年缴存额的 73.04%，比上年减少 5.62 个百分点。2021 年末，提取总额 314.81 亿元，比上年末增长 15.30%。

（三）贷款

1. 个人住房贷款。个人住房贷款最高额度 40 万元。

2021 年，发放个人住房贷款 7927 笔、25.9 亿元，同比分别下降 26.14%、26.79%。

2021 年，回收个人住房贷款 16.84 亿元。

2021 年末，累计发放个人住房贷款 12.70 万笔、281.39 亿元，贷款余额 154.42 亿元，分别比上年末增加 6.63%、10.14%、6.23%。个人住房贷款余额占缴存余额的 94.41%，比上年末减少 3.71 个百分点。受委托办理住房公积金个人住房贷款业务的银行 9 家。

2. 异地贷款。2021 年，当年没有发放异地贷款。2021 年末，异地贷款余额 4593.53 万元。

3. 公转商贴息贷款。无。

4. 住房公积金支持保障性住房建设项目贷款：无。

（四）购买国债。无。

（五）资金存储。2021 年末，住房公积金存款 12.74 亿元。其中，活期 0.06 亿元，1 年（含）以下定期 2.45 亿元，1 年以上定期 0.9 亿元，其他（协定存款）9.33 亿元。

（六）资金运用率。 2021 年末，住房公积金个人住房贷款余额、项目贷款余额和购买国债余额的总和占缴存余额的 94.41%，比上年末减少 3.71 个百分点。

三、主要财务数据

（一）业务收入。 2021 年，业务收入 50598.14 万元，同比增长 10.32%。其中，存款利息 2078.26 万元，委托贷款利息 48514.31 万元，其他 5.57 万元。

（二）业务支出。 2021 年，业务支出 25906.84 万元，同比增长 8.88%。其中，支付职工住房公积金利息 23450.56 万元，委托贷款手续费 1792.02 万元，其他 664.26 万元。

（三）增值收益。 2021 年，增值收益 24691.30 万元，同比增长 11.86%。其中，增值收益率 1.59%，比上年增加 0.04 个百分点。

（四）增值收益分配。 2021 年，提取贷款风险准备金 905.78 万元，提取管理费用 2728.62 万元，提取城市廉租住房（公共租赁住房）建设补充资金 21056.90 万元。

2021 年，上交财政管理费用 2185.58 万元。上缴财政城市廉租住房（公共租赁住房）建设补充资金 18320.55 万元。

2021 年末，贷款风险准备金余额 15442.33 万元。累计提取城市廉租住房（公共租赁住房）建设补充资金 179134 万元。

（五）管理费用支出。 2021 年，管理费用支出 2728.62 万元，同比增长 24.85%。其中，人员经费 1415.39 万元，公用经费 183.05 万元，专项经费 1130.18 万元。

四、资产风险状况

（一）个人住房贷款。 2021 年末，个人住房贷款逾期额 244.71 万元，逾期率 0.158‰，个人贷款风险准备金余额 15442.32 万元。2021 年，使用个人贷款风险准备金核销呆坏账 0 万元。

（二）支持保障性住房建设试点项目贷款。 无。

五、社会经济效益

（一）缴存业务

缴存职工中，国家机关和事业单位占 51.67%，国有企业占 17.17%，城镇集体企业占 1.25%，外商投资企业占 2.04%，城镇私营企业及其他城镇企业占 25.28%，民办非企业单位和社会团体占 1.56%，灵活就业人员占 0.66%，其他占 0.37%；中、低收入占 98.46%，高收入占 1.54%。

新开户职工中，国家机关和事业单位占 31.36%，国有企业占 8.80%，城镇集体企业占 0.76%，外商投资企业占 2.55%，城镇私营企业及其他城镇企业占 50.07%，民办非企业单位和社会团体占 3.87%，灵活就业人员占 2.19%，其他占 0.40%；中、低收入占 99.76%，高收入占 0.24%。

（二）提取业务

提取金额中，购买、建造、翻建、大修自住住房占 27.67%，偿还购房贷款本息占 49.75%，租赁住房占 2.23%，离休和退休提取占 13.95%，完全丧失劳动能力并与单位终止劳动关系提取占 5.03%，出境定居占 0%，其他占 1.36%。提取职工中，中、低收入占 97.89%，高收入占 2.11%。

（三）贷款业务

1. 个人住房贷款。2021 年，支持职工购建房 94.76 万平方米，年末个人住房贷款市场占有率为 15.45%，比上年末增加 0.04 个百分点。通过申请住房公积金个人住房贷款，可节约职工购房利息支出 66317.60 万元。

职工贷款笔数中，购房建筑面积 90（含）平方米以下占 16.69%，90～144（含）平方米占

75.31%，144平方米以上占8%。购买新房占78.64%（其中购买保障性住房占2.12%），购买二手房占21.16%，建造、翻建、大修自住住房占0.18%，其他占0.03%。

职工贷款笔数中，单缴存职工申请贷款占33.32%，双缴存职工申请贷款占65.75%，三人及以上缴存职工共同申请贷款占0.93%。

贷款职工中，30岁（含）以下占22.71%，30岁～40岁（含）占41.42%，40岁～50岁（含）占27.01%，50岁以上占8.86%；购买首套住房申请贷款占78.47%，购买二套及以上申请贷款占21.53%；中、低收入占98.70%，高收入占1.30%。

2. 支持保障性住房建设试点项目贷款。无。

（四）住房贡献率

2021年，个人住房贷款发放额、住房消费提取额的总和与当年缴存额的比率为103.46%，比上年减少26.57个百分点。

六、其他重要事项

（一）当年机构及职能调整情况、受委托办理缴存贷款业务金融机构变更情况

1. 当年机构及职能调整无变更。

2. 当年受委托办理缴存贷款业务金融机构无变更。

（二）当年住房公积金政策调整及执行情况

1. 当年缴存基数限额及确定方法、缴存比例等缴存政策调整情况

2021年6月23日，中心发布《关于调整2021年度桂林市住房公积金缴存基数及月缴存额上下限的通知》（市公积金〔2021〕3号），住房公积金缴存基数不得高于本市上一年度职工月平均工资的3倍，根据桂林市2020年城镇非私营单位就业人员年平均工资78269元，确定2021年度本市住房公积金月缴存基数上限为19567元。住房公积金缴存基数下限按桂林市现行最低工资标准执行，2021年度本市城区住房公积金缴存基数下限为1810元，市辖各县、县级市、自治县住房公积金缴存基数下限为1430元。住房公积金缴存比例上限为12%，住房公积金缴存比例下限为5%。

2. 当年政策调整情况

（1）提取政策当年无调整。

（2）个人住房贷款最高贷款额度、贷款条件当年无调整。

（3）自2021年5月1日起，职工家庭第二次使用住房公积金贷款的利率调整为同期首次使用住房公积金贷款利率的1.1倍。

（4）我中心与桂林市退役军人事务局于2021年3月12日联合发文《关于退役军人住房公积金接续有关工作的通知》，已退役军人可在通知下发之日起六个月内办理公积金接续，在通知下发之日后退役的军人可在退役后六个月内办理公积金接续。

3. 当年住房公积金存贷款利率执行标准

申请贷款年限在5年（含）内，贷款利率2.75%；申请贷款年限在5年以上，贷款利率3.25%。自2021年5月1日起，职工家庭第二次使用住房公积金贷款的利率调整为同期首次使用住房公积金贷款利率的1.1倍。

4. 支持老旧小区改造政策落实情况

根据《自治区住房城乡建设厅关于进一步提升住房公积金服务效能的通知》（桂建金管〔2021〕4号），我单位积极精简材料，优化住宅小区加装电梯提取住房公积金手续。缴存人可凭加装电梯建设工程规划许可证，个人加装电梯支付费用凭证和房屋权属证明，向我市住房公积金管理中心申请提取住房公积金。缴存人所属楼栋单元已有住户在中心办理加装电梯提取住房公积金记录的，缴存人申请提取住房公积金时，不需再提供加装电梯建设工程规划许可证。

2021年中心共接到两户既有住宅加装电梯提取公积金的申请。

（三）当年服务改进情况，包括推进住房公积金服务"跨省通办"工作情况，服务网点、服务设施、服务手段、综合服务平台建设和其他网络载体建设服务情况等

1. 中心共已实现 8 项"跨省通办"服务事项。国务院要求 2021 年底前新增实现的 5 项"跨省通办"服务事项（住房公积金单位登记开户、住房公积金单位及个人缴存信息变更、购房提取住房公积金、开具住房公积金个人住房贷款全部还清证明、提前还清住房公积金贷款），中心均已提前实现。

目前中心共已实现 8 项"跨省通办"服务事项（另外 3 项为：个人住房公积金缴存贷款等信息查询、出具贷款职工住房公积金缴存使用证明、正常退休提取住房公积金）。中心积极依托线上服务，提升便民水平。通过使用电子印章，在"跨省通办""出具贷款职工住房公积金缴存使用证明"和"开具住房公积金个人住房贷款全部还清证明"事项中，桂林缴存职工可以在个人网厅直接打印出带有印章的证明。

2021 年，除线上办理的"跨省通办"业务外，作为受理地中心，我市"跨省通办"专窗线下共受理了 10 户跨省通办申请；作为缴存地中心，我市线下共办理了 10 户"跨省通办"业务。

2. 做好 12345 政府服务热线工作。2021 年累计按时办结工单 1979 件，办结率为 100%，满意工单 1978 件，满意率达 99.95%。根据《桂林市 12345 政府服务热线工作考核办法》，在 1～12 月桂林市行政审批局对 51 个市直单位月度考核中，我中心均排名第一。

3. 努力提升群众办事满意度。我中心以"为职工提供高效、满意的服务"为目标，通过不定期监督检查服务窗口的上岗情况、工作情况、办公环境、服务规范等方面，全面推进作风建设，努力打造住房公积金的文明服务品牌，中心驻政务服务中心窗口荣获 2021 年度第三季度"流动红旗窗口"称号。

（四）当年信息化建设情况，包括信息系统升级改造情况，基础数据标准贯彻落实和结算应用系统接入情况等

1. 优化、升级约定提取业务。进一步利用中心与银行数据共享平台，实现了交通银行、农业银行、建设银行、桂林银行等商业贷款的自动查询、核对数据，不再需要手工交换数据，减少人工干预系统可能出现的错误。

2. 完成中心与房产部门数据共享的对接工作。借助房产部门房产交易备案数据实现了中心线上购房提取的"零跑路、零材料"申请及自动审批办结，截至目前线上各渠道累计受理、自动办结 1269 笔次。

3. 完成财务凭证电子档案项目的招标投标及进场实施有关工作。截至 12 月底完成工商银行、农业银行、建设银行、交通银行、桂林银行、中信银行 6 家银行的财务凭证电子档案上线工作。从 2022 年 1 月 1 日起，将纸质凭证与电子凭证数据整体并行三个月，以验证财务凭证电子档案系统的可靠性和完整性。通过推进财务凭证电子档案项目，让财务人员从大量的财务凭证整理工作中抽离出来，将工作重点转移到凭证复核上面。

4. 在广西"护网 2021"网络安全攻防实战演练中取得优秀成绩。2021 年 4 月 23 日至 29 日由广西公安厅网安总队举办广西"护网 2021"网络安全攻防实战演练在南宁国际会展中心举行，桂林市住房公积金管理中心作为防守单位受邀参与此次活动。受邀参与后，我中心积极部署，以信息科牵头，联合桂林市政务云中心、四川久远银海科技股份有限公司组成专项小组，经过 6 天激烈的攻防角逐，我中心成功抵御住了来自国内知名安全企业（奇安信、亚信、深信服）、区公安厅网警支队以及高校组成的团队的攻击。此次活动全区共有 580 家单位参与演练，其中 240 多家单位网络失守，60 多家单位网络和系统被完全攻破，我中心作为防御成功的单位，排名全区 100 名以内，以优异的成绩结束此次网安全攻防实战演练任务。

5. 上线公积金异地转移接续申请小程序。根据住房和城乡建设部今年下达的关于各地市住房公积金中心接入全国住房公积金小程序相关要求，中心于 4 月紧急组织技术力量，及时完成全国住房公积金小程序中心端系统的开发、对接、调试相关工作，并按时在 5 月 21 日上线了全国住房公积金小程序异地转移接续申请有关功能。

6. 为加快住房公积金线上业务的发展，进一步加强与银行的合作，推动公积金事业全面健康发展。7 月中心组织 9 家业务承办银行共同研究与银行开展公积金部分业务的项目合作。包括线上 B2B、B2C

的缴费业务，开发公积金查询、提取、提前还款等业务的标准接口，截至12月底已完成工商银行、农业银行、交通银行的B2B、B2C功能的互联测试有关工作。

7. 桂林市住房公积金管理中心荣获2020年度"全区数字广西建设突出贡奖"。中心近年来一直以"服务人民，奉献社会"为宗旨，积极响应全区"深入大数据战略，加快数字广西建设"的倡导，取得了"一项提前，多项第一"的佳绩。一项提前具体包括：提前完成非涉密信息系统迁移上云、非涉密业务专网迁移打通、政务服务专业业务办理系统对接；多项第一具体包含：成为桂林市第一家实现全系统整体迁移上云的单位；线上业务网办率和业务办件量均为桂林市第一；成为桂林市第一家与数字广西完成电子签章的市直单位。在桂林市数字广西建设中始终处于领先地位，起到了示范引领的作用。

（五）当年住房公积金管理中心及职工所获荣誉情况，包括：文明单位（行业、窗口）、青年文明号、工人先锋号、五一劳动奖章（劳动模范）、三八红旗手（巾帼文明岗）、先进集体和个人等

1. 2020年度自治区业务管理考核结果为优秀。

2. 中心获2020年度公共机构节能工作先进集体。

3. 中心机关工会获全区住房城乡建设系统先进职工之家。

4. 中心2020年脱贫攻坚（乡村振兴）工作队员与选派单位捆绑考评结果为一等。卫承刚同志被评为第一书记一等、"十三五"脱贫攻坚先进个人。

5. 贺光才同志获"市直机关优秀党务工作者"荣誉称号，卫承刚同志获得"市直机关优秀共产党员"荣誉称号。

6. 中心拍摄的《新风貌　新征程　新作为——我们都是追梦人》作品在全区住房城乡建设系统庆祝建党100周年活动评比中获微视频类优秀奖，在参加"感党恩　跟党走"桂林市庆祝中国共产党成立100周年系列微视频征集活动中荣获："'移'路有你，奋进新时代"百家视频彩铃征集展示活动二等奖。

7. 2020年度全市综合绩效考评结果为二等，平安桂林建设专项和精神文明建设专项考评结果为一等，党的建设专项和民族团结进步专项考评结果为二等。

8. 中心获2020年度全区数字广西建设和政务服务工作突出贡献奖集体，唐志升同志获政务服务工作突出个人贡献奖。

9. 中心党总支部以"服务公积金　党员在行动"为品牌名称获"市直机关优秀党建品牌"，获"市直机关五星级党组织"。

10. 中心在2021年上半年全区住房公积金运行分析视频会上就信息化建设工作亮点作《强力推进信息化建设全力打造"智慧公积金"》先进典型发言。

11. 中心被命名为"第二批桂林市民族团结进步示范区示范单位"。

12. 中心驻政务服务中心窗口获得2021年度第三季度"流动红旗窗口"。

13. 中心获得2021年度桂林市档案工作优秀单位。

14. 中心荣获2021年度"桂林市第十一批文明单位"荣誉称号。

15. 2021年被自治区党委组织部确定为全区公务员平时考核联系点，并在桂林市公务员平时考核工作现场推进会上做先进典型发言。

（六）当年对违反《住房公积金管理条例》和相关法规行为进行行政处罚和申请人民法院强制执行情况

无。

（七）当年对住房公积金管理人员违规行为的纠正和处理情况等

无。

（八）其他需要披露的情况

无。

广西壮族自治区及自治区内各城市住房公积金
2021 年年度报告二维码

名称	二维码
广西壮族自治区住房公积金 2021 年年度报告	
南宁住房公积金 2021 年年度报告（含区直分中心）	
桂林市住房公积金 2021 年年度报告	
柳州市住房公积金 2021 年年度报告	
梧州市住房公积金 2021 年年度报告	
北海市住房公积金 2021 年年度报告	
防城港市住房公积金 2021 年年度报告	

续表

名称	二维码
钦州市住房公积金 2021 年年度报告	
贵港市住房公积金 2021 年年度报告	
玉林市住房公积金 2021 年年度报告	
百色市住房公积金 2021 年年度报告	
贺州市住房公积金 2021 年年度报告	
河池市住房公积金 2021 年年度报告	
崇左市住房公积金 2021 年年度报告	
来宾市住房公积金 2021 年年度报告	

海南省

海南省住房公积金 2021 年年度报告

根据国务院《住房公积金管理条例》和住房和城乡建设部、财政部、人民银行《关于健全住房公积金信息披露制度的通知》（建金〔2015〕26 号）规定，现将海南省住房公积金 2021 年年度报告汇总公布如下：

一、机构概况

（一）住房公积金管理机构

全省共设 1 个住房公积金管理局，无独立设置的分支机构。从业人员 280 人，其中，在编 238 人，非在编 42 人。

（二）住房公积金监管机构

海南省住房和城乡建设厅、财政厅、人民银行海口中心支行和中国银保监会海南监管局负责对本省住房公积金管理运行情况进行监督。海南省住房和城乡建设厅设立住房公积金监管处，负责辖区住房公积金日常监管工作。

二、业务运行情况

（一）缴存。

2021 年，新开户单位 8953 家，净增单位 1863 家；新开户职工 17.62 万人，净增职工 5.26 万人；实缴单位 41594 家，实缴职工 121.36 万人，缴存额 162.11 亿元，分别同比增长 20.51%、9.91%、14.06%。2021 年末，累计缴存总额 1264.26 亿元，比上年末增加 14.71%；缴存余额 546.28 亿元，同比增长 12.91%（表 1）。

2021 年分城市住房公积金缴存情况　　　　　　　　　　　　　　　　表 1

地区	实缴单位 （万个）	实缴职工 （万人）	缴存额 （亿元）	累计缴存总额 （亿元）	缴存余额 （亿元）
海南省	**4.16**	**121.36**	**162.11**	**1264.26**	**546.28**
海口	2.39	64.74	83.31	656.22	259.31
三亚	0.60	18.89	20.33	142.97	75.82
儋州	0.12	5.57	7.13	55.22	21.60
文昌	0.10	3.36	4.39	37.32	15.29
澄迈	0.17	3.80	5.01	35.48	15.68
东方	0.06	2.88	4.26	35.42	16.19
昌江	0.04	2.33	3.88	34.45	13.58
琼海	0.12	3.90	5.07	38.54	18.20
屯昌	0.03	1.45	1.98	17.63	7.19
乐东	0.05	2.20	3.54	29.11	15.91
琼中	0.05	1.55	2.30	19.13	8.87
白沙	0.03	1.19	1.80	14.51	7.30

续表

地区	实缴单位 （万个）	实缴职工 （万人）	缴存额 （亿元）	累计缴存总额 （亿元）	缴存余额 （亿元）
五指山	0.04	1.12	1.75	15.79	6.89
万宁	0.07	2.80	3.94	33.19	15.86
定安	0.05	1.61	2.19	18.13	8.30
临高	0.04	1.99	2.77	22.47	10.82
保亭	0.04	1.35	1.93	15.34	8.63
陵水	0.07	2.87	3.52	26.31	14.44
洋浦	0.08	2.01	2.99	17.02	6.38

（二）提取。2021 年，35 万名缴存职工提取住房公积金；提取额 99.64 亿元，同比增长 8.86％；提取额占当年缴存额的 61.47％，比上年减少 2.94 个百分点。2021 年末，累计提取总额 717.97 亿元，比上年末增加 16.11％（表 2）。

2021 年分城市住房公积金提取情况 表 2

地区	提取额 （亿元）	提取率 （％）	住房消费类提取额 （亿元）	非住房消费类提取额 （亿元）	累计提取总额 （亿元）
海南省	**99.64**	**61.47**	**77.76**	**21.88**	**717.97**
海口	54.02	64.83	44.45	9.56	398.25
三亚	9.59	47.15	6.88	2.70	67.02
儋州	4.43	62.17	3.34	1.09	33.69
文昌	2.68	61.05	2.15	0.53	21.77
澄迈	3.04	60.75	2.45	0.59	19.73
东方	2.36	55.45	1.61	0.76	19.19
昌江	2.72	69.92	2.06	0.66	20.68
琼海	3.06	60.32	2.42	0.64	20.42
屯昌	1.32	66.47	0.93	0.39	10.41
乐东	1.86	52.69	1.12	0.74	13.07
琼中	1.45	62.84	0.95	0.50	10.00
白沙	1.03	57.31	0.67	0.36	7.09
五指山	1.08	61.58	0.72	0.36	8.71
万宁	2.83	71.81	1.90	0.93	17.25
定安	1.41	64.28	1.02	0.38	9.80
临高	1.81	65.30	1.28	0.53	11.65
保亭	0.98	50.47	0.55	0.43	6.63
陵水	1.71	48.53	1.17	0.53	11.71
洋浦	2.27	76.15	2.09	0.18	10.90

（三）贷款

1. 个人住房贷款。2021 年，发放个人住房贷款 1.93 万笔、122.98 亿元，同比增长 1.95％、18.95％。回收个人住房贷款 44.04 亿元。

2021 年末，累计发放个人住房贷款 21.53 万笔、742.98 亿元，贷款余额 497.91 亿元，分别比上年末增加9.86％、19.84％、18.84％。个人住房贷款余额占缴存余额的91.14％，比上年末增加4.54个百分点（表3）。

2021年分城市住房公积金个人住房贷款情况　　　　　　　　　　　　　表3

地区	放贷笔数（万笔）	贷款发放额（亿元）	累计贷款总额（亿元）	贷款余额（亿元）	个人住房贷款率（％）
海南省	**1.9320**	**122.98**	**742.98**	**497.91**	**91.14**
海口	1.1744	80.54	495.31	346.72	133.71
三亚	0.1088	6.38	60.72	40.74	53.74
儋州	0.1306	8.01	42.14	27.89	129.07
文昌	0.0588	3.84	19.84	12.09	79.05
澄迈	0.0930	5.30	18.67	12.25	78.11
东方	0.0249	1.17	9.65	4.53	28.00
昌江	0.0412	1.98	13.14	7.19	52.97
琼海	0.0986	6.02	25.49	18.83	103.47
屯昌	0.0191	0.87	8.24	3.36	46.75
乐东	0.0060	0.23	3.04	0.66	4.13
琼中	0.0052	0.23	6.46	3.09	34.90
白沙	0.0047	0.17	2.74	1.00	13.69
五指山	0.0079	0.35	3.72	1.64	23.78
万宁	0.0225	1.07	7.14	3.47	21.89
定安	0.0274	1.53	7.34	3.68	44.35
临高	0.0292	1.18	6.43	3.41	31.52
保亭	0.0003	0.01	2.72	1.06	12.28
陵水	0.0235	1.18	3.90	1.99	13.77
洋浦	0.0559	2.93	6.29	4.30	67.41

2021年，支持职工购建房207.42万平方米。年末个人住房贷款市场占有率为24.22％，比上年末增加6.26个百分点。通过申请住房公积金个人住房贷款，可节约职工购房利息支出308337.09万元。

2. 异地贷款。2021年，发放异地贷款860笔、37941.00万元。2021年末，发放异地贷款总额96975.10万元，异地贷款余额90693.96万元。

3. 公转商贴息贷款。2021年，未发放公转商贴息贷款。2021年末，无累计发放公转商贴息贷款。

（四）购买国债。2021年，未购买国债。2021年末，无国债余额。

（五）融资。2021年，未融资，无当年归还。2021年末，无融资总额，无融资余额。

（六）资金存储。2021年末，住房公积金存款50.13亿元。其中，活期0.15亿元，1年（含）以下定期2.63亿元，1年以上定期40.42亿元，其他（协定、通知存款等）6.93亿元。

（七）资金运用率。2021年末，住房公积金个人住房贷款余额、项目贷款余额和购买国债余额的总和占缴存余额的91.14％，比上年末增加4.54个百分点。

三、主要财务数据

（一）业务收入。2021年，业务收入186761.59万元，同比增长24.74％。其中，存款利息36053.35万元，委托贷款利息150708.24万元，无国债利息，无其他收入。

（二）业务支出。2021年，业务支出84468.34万元，同比增长4.20％。其中，支付职工住房公积金利息 77428.25 万元，归集手续费 686.11 万元，委托贷款手续费 6353.63 万元，其他 0.35 万元。

（三）**增值收益。**2021 年，增值收益 102293.25 万元，同比增长 48.99%；增值收益率 1.98%，比上年增加 0.50 个百分点。

（四）**增值收益分配。**2021 年，提取贷款风险准备金 61600.36 万元，提取管理费用 7490.38 万元，提取城市廉租住房（公共租赁住房）建设补充资金 33576.53 万元（表 4）。

2021 年分城市住房公积金增值收益及分配情况　　　　表 4

地区	业务收入（亿元）	业务支出（亿元）	增值收益（亿元）	增值收益率（%）	提取贷款风险准备金（亿元）	提取管理费用（亿元）	提取公租房（廉租房）建设补充资金（亿元）
海南省	**18.68**	**8.45**	**10.23**	**1.98**	**6.16**	**0.75**	**3.36**
海口	9.29	4.16	5.13	2.10	3.10	0.26	1.80
三亚	2.52	1.12	1.41	1.99	0.84	0.09	0.47
儋州	0.74	0.34	0.40	1.99	0.24	0.04	0.12
文昌	0.47	0.23	0.23	1.59	0.14	0.03	0.07
澄迈	0.46	0.23	0.23	1.56	0.14	0.03	0.06
东方	0.53	0.24	0.30	1.93	0.18	0.03	0.09
昌江	0.44	0.21	0.23	1.77	0.14	0.02	0.07
琼海	0.56	0.28	0.28	1.63	0.17	0.03	0.09
屯昌	0.24	0.11	0.13	1.85	0.08	0.02	0.03
乐东	0.53	0.23	0.30	1.99	0.18	0.03	0.10
琼中	0.31	0.13	0.17	1.98	0.10	0.02	0.05
白沙	0.25	0.11	0.14	1.95	0.08	0.02	0.04
五指山	0.23	0.10	0.13	1.89	0.08	0.02	0.03
万宁	0.52	0.24	0.28	1.82	0.17	0.03	0.09
定安	0.26	0.12	0.14	1.74	0.08	0.02	0.03
临高	0.35	0.16	0.19	1.85	0.11	0.02	0.06
保亭	0.29	0.13	0.17	2.03	0.10	0.02	0.05
陵水	0.48	0.21	0.28	2.03	0.17	0.02	0.09
洋浦	0.19	0.09	0.10	1.85	0.06	0.01	0.03

备注：因海南省住房公积金实行全省统一会计核算，各城市相关数据均为人工推算。

2021 年，上交财政管理费用 7076.20 万元，上缴财政城市廉租住房（公共租赁住房）建设补充资金 21731.71 万元。

2021 年末，贷款风险准备金余额 291385.21 万元，自 2011 年起累计提取城市廉租住房（公共租赁住房）建设补充资金 189816.13 万元。

（五）**管理费用支出。**2021 年，管理费用支出 6786.49 万元，同比增长 6.67%。其中，人员经费 4081.98 万元，公用经费 573.17 万元，专项经费 2131.34 万元。

四、资产风险状况

（一）**个人住房贷款。**2021 年末，个人住房贷款逾期额 573.48 万元，逾期率 0.115‰，个人贷款风险准备金余额 290589.21 万元。2021 年，未使用个人贷款风险准备金核销呆坏账。

（二）**住房公积金支持保障性住房建设项目贷款。**2021 年末，无逾期项目贷款。项目贷款风险准备金余额 796.00 万元。2021 年，未使用项目贷款风险准备金核销呆坏账。

五、社会经济效益

（一）缴存业务。缴存职工中，国家机关和事业单位 33.28 万人占 27.42%，国有企业 17.59 万人占 14.50%，城镇集体企业 1.52 万人占 1.26%，外商投资企业 2.64 万人占 2.18%，城镇私营企业及其他城镇企业 53.62 万人占 44.18%，民办非企业单位和社会团体 5.28 万人占 4.35%，灵活就业人员 0.62 万人占 0.51%，其他 6.81 万人占 5.60%；中、低收入占 98.24%，高收入占 1.76%。

新开户职工中，国家机关和事业单位 2.56 万人占 14.55%，国有企业 1.59 万人占 9.00%，城镇集体企业 0.17 万人占 0.95%，外商投资企业 0.36 万人占 2.05%，城镇私营企业及其他城镇企业 10.46 万人占 59.38%，民办非企业单位和社会团体 1.11 万人占 6.31%，灵活就业人员 0.26 万人占 1.44%，其他 1.11 万人占 6.32%；中、低收入占 96.93%，高收入占 3.07%。

（二）提取业务。提取金额中，购买、建造、翻建、大修自住住房占 25.17%，偿还购房贷款本息占 48.63%，租赁住房占 4.24%，无支持老旧小区改造提取；离休和退休提取占 18.12%，完全丧失劳动能力并与单位终止劳动关系提取占 0.02%，出境定居占 0.01%，其他占 3.81%。提取职工中，中、低收入占 93.13%，高收入占 6.87%。

（三）贷款业务。职工贷款笔数中，购房建筑面积 90（含）平方米以下占 27.83%，90～144（含）平方米占 65.17%，144 平方米以上占 7.00%。购买新房占 88.84%（其中购买保障性住房占 4.93%），购买二手房占 10.96%，建造、翻建、大修自住住房占 0.20%（无支持老旧小区改造）。

职工贷款笔数中，单缴存职工申请贷款占 35.77%，双缴存职工申请贷款占 63.93%，三人及以上缴存职工共同申请贷款占 0.30%。

贷款职工中，30 岁（含）以下占 29.29%，30 岁～40 岁（含）占 43.67%，40 岁～50 岁（含）占 20.16%，50 岁以上占 6.88%；购买首套住房申请贷款占 83.62%，购买二套及以上申请贷款占 16.38%；中、低收入占 98.62%，高收入占 1.38%。

（四）住房贡献率。2021 年，个人住房贷款发放额、公转商贴息贷款发放额、项目贷款发放额、住房消费提取额的总和与当年缴存额的比率为 123.83%，比上年减少 0.44 个百分点。

六、其他重要事项

（一）当年住房公积金政策调整情况

归集业务方面：一是印发《关于简化死亡、退休小额提取住房公积金手续的通知》（琼公积金归〔2021〕21 号），完善便民服务措施，主动为 4334 名退休人员提取 122.94 万元；二是印发《关于纳入本省城镇老旧小区改造范围既有住宅加装电梯提取住房公积金的通知》（琼公积金归〔2021〕25 号），响应改善城镇老旧小区居住条件的民生需求，减轻职工家庭经济压力；三是印发《海南省住房公积金管理局关于增加告知承诺制证明事项的规定》（琼公积金归〔2021〕78 号），进一步简化办事流程。当年共 60 个职工家庭通过承诺办理制办理业务，为办事职工节省了时间成本和费用。

贷款业务方面：一是印发《关于落实住房公积金个人住房贷款"存贷挂钩"管理有关事项的通知》（琼公积金贷〔2021〕28 号），进一步发挥住房公积金个人住房贷款的普惠性；二是印发《关于"存贷挂钩"政策有关事项的通知》（琼公积金贷〔2021〕31 号），调整"存贷挂钩"政策向刚需购房群体倾斜。进一步确保了房住不炒，助力民生改善，支持海南全面推进自贸港建设。

（二）当年开展监督检查情况

2021 年，我局组织开展 2020 年直属局考核工作。围绕业务指标完成情况、业务开展情况、服务质量、风险防控等方面进行全面检查、评价，综合评选出 6 个直属局取得优秀等次，激励引导干部职工干事创业、争先创优、加强和改进公积金管理、服务水平，防范和化解业务风险；组织开展内部审计工作，充分发挥审计监督保障、清障护航作用，对 10 个直属局开展离任经济责任履行情况审计，堵塞漏洞、补齐短板，切实保障住房公积金运行稳定、资金安全。

（三）当年服务改进情况

2021 年，我局紧跟改革大局，服务住房民生，不断提升服务质量和水平。一是持续推进"网上办""掌上办""就近办"业务服务事项。实现 8 项住房公积金事项"跨省通办"，26 项"极简审批"秒批，11 项业务"快办"；二是进一步优化办事流程，简化办事手续。简化死亡、退休销户提取手续，新增线上贷款结清证明的查询、打印功能，拓宽业务办理渠道；三是充分发挥制度保障作用，拓宽制度受益群体范围。落实差异化贷款政策，解决年轻人、引进人才购房贷款堵点难题；开展本省城镇老旧小区改造范围既有住宅加装电梯提取住房公积金业务，减轻职工家庭经济压力；四是深化"一门办事"服务改革，安排直属局全面进驻所在地的政务服务中心，集中受理缴存和提取业务，方便群众进一扇门"一件事一次办"。

（四）当年信息化建设情况

2021 年我局多措并举不断完善信息化建设。一是完成业务系统全面升级改造。以推动政务服务"零跑腿"便民改革为目标，实现集成电子印章线上防伪证明、缴存托收签约自助办，自动约提、对冲还款、缴存托收智能办，企业注册联动开户缴存、人行征信接入服务大厅、"三险一金"转入一件事联动办，有效推进了政务协同、数据集成、智能联办。二是推动跨部门政务协同，实现政务服务升级优化。线上业务通过全面集成进入海南政务服务网等省级在线政务办事统一入口，主动延伸服务触角，实现"一网通办"。建立和优化部门之间"手牵手"工作机制，对业务办理模式进行优化升级，使群众跨部门办事"折返跑"变为部门数据的"合力办"。三是落实网络安全防护责任，建立健全风险防控机制。落实网络安全发展观，自上而下构建网络安全防护体系。不断提高网络预防、基础设施设备等方面的技术水平，切实做好做细风险评估等排查风险隐患工作，进一步提升业务系统的风险防护保障水平。

（五）当年住房公积金机构及从业人员所获荣誉情况

2021 年，我局紧紧围绕优化营商环境建设，以提升服务质量为中心，持续推进"青年文明号"、文明单位的创建，琼中管理局荣获全省文明单位称号，洋浦管理局荣获"优秀政务窗口"称号，陵水、乐东、五指山、定安、澄迈、琼中、海口、洋浦、儋州 9 个直属局被当地团委评为"青年文明号"创建单位；在积极推动党史学习教育方面，我局荣获"学党史颂党恩唱支赞歌给党听"优秀组织奖、三等奖；在强化基层党组织建设方面，省直局党支部、儋州局党支部、万宁局党支部 3 个党支部被评为全省党建工作标准化党支部示范点，儋州局党支部、万宁局党支部荣获 2020—2021 年度海南省直机关先进基层党组织。

（六）当年对住房公积金管理人员违规行为的纠正和处理情况等

当年无对住房公积金管理人员违规行为的纠正和处理情况。

（七）其他需要披露的情况

无其他需要披露的情况。

海南省住房公积金 2021 年年度报告二维码

名称	二维码
海南省住房公积金 2021 年年度报告	

重庆市

重庆市住房公积金 2021 年年度报告

根据国务院《住房公积金管理条例》和住房和城乡建设部、财政部、人民银行《关于健全住房公积金信息披露制度的通知》（建金〔2015〕26 号）的规定，经住房公积金管理委员会审议通过，现将重庆市住房公积金 2021 年年度报告公布如下：

一、机构概况

（一）住房公积金管理委员会

重庆市住房公积金管理委员会有 30 名委员，2021 年召开 1 次会议。审议通过的事项主要包括：《重庆市住房公积金管理委员会关于住房公积金个人住房贷款有关事宜的通知》《关于购买住房公积金贷款综合服务的请示》《重庆市灵活就业人员参加住房公积金制度试点管理办法》《重庆市住房公积金管理中心关于开展灵活就业人员参加住房公积金制度试点金融业务受托银行选择工作的请示》《重庆市住房公积金管理委员会办公室关于调整住房公积金管理委员会委员的请示》《2020 年重庆市住房公积金管理工作情况报告》《2020 年度住房公积金缴存使用计划执行情况及 2021 年度缴存使用计划》《重庆市住房公积金 2020 年年度报告》。

（二）住房公积金管理中心

重庆市住房公积金管理中心为隶属于重庆市住房和城乡建设委员会的不以营利为目的的副厅局级公益性事业单位，设 10 个处室，7 个主城办事处（其中，渝北办事处、北碚办事处分别于 2021 年 6 月、12 月开始对外服务），31 个分中心。从业人员 591 人，其中，在编 338 人，非在编 253 人。

二、业务运行情况

（一）缴存。2021 年，新开户单位 10212 家，净增单位 9325 家；新开户职工 42.72 万人，净增职工 32.58 万人；实缴单位 48329 家，实缴职工 298.57 万人，缴存额 526.67 亿元，分别同比增长 14.47%、9.02%、10.74%。2021 年末，缴存总额 3914.99 亿元，比上年末增加 15.54%；缴存余额 1396.86 亿元，同比增长 15.32%。

受委托办理在职职工住房公积金缴存业务的银行 5 家。

受委托办理灵活就业人员参加住房公积金制度试点的银行 10 家。

（二）提取。2021 年，96.58 万名缴存职工提取住房公积金；提取额 341.09 亿元，同比下降 1.50%；提取额占当年缴存额的 64.76%，比上年减少 8.05 个百分点。2021 年末，提取总额 2518.14 亿元，比上年末增加 15.67%。

（三）贷款

1. 个人住房贷款。单缴存职工个人住房贷款最高额度不超过 40 万元，双缴存职工个人住房贷款最高额度不超过 80 万元。

2021 年，发放个人住房贷款 7.42 万笔、292.01 亿元，同比分别增长 6.84%、8.11%，其中，自有资金发放个人住房贷款 7.30 万笔、287.02 亿元，利用银行资金发放住房公积金贴息贷款 0.12 万笔、4.99 亿元。回收个人住房贷款 129.28 亿元。

2021 年末，累计发放个人住房贷款 80.33 万笔、2425.59 亿元，分别比上年末增加 10.18%、

13.69%，其中，自有资金累计发放个人住房贷款 73.02 万笔、2163.70 亿元，利用银行资金累计发放住房公积金贴息贷款 7.31 万笔、261.89 亿元；贷款余额 1535.22 亿元，比上年末增加 10.40%，其中，自有资金贷款余额 1353.01 亿元，住房公积金贴息贷款余额 182.21 亿元；自有资金贷款余额占缴存余额的 96.86%，比上年末减少 1.82 个百分点。受委托办理住房公积金个人住房贷款业务的银行 16 家。

2. 异地贷款。2021 年，发放异地贷款 5858 笔、222660.00 万元。2021 年末，发放异地贷款总额 764072.80 万元，异地贷款余额 638458.33 万元。

3. 公转商贴息贷款。2021 年，发放公转商贴息贷款 1220 笔、49854.80 万元，当年贴息额 28120.79 万元。2021 年末，累计发放公转商贴息贷款 73154 笔、2618975.33 万元，累计贴息 139108.81 万元。

（四）购买国债。2021 年，未购买国债。2021 年末，无国债余额。

（五）资金存储。2021 年末，住房公积金存款 43.85 亿元。其中，活期存款 0.01 亿元，协定存款 43.84 亿元。

（六）资金运用率。2021 年末，住房公积金自有资金个人住房贷款余额、项目贷款余额和购买国债余额的总和占缴存余额的 96.86%，比上年末减少 1.82 个百分点。

三、主要财务数据

（一）业务收入。2021 年，业务收入 425828.74 万元，同比增长 11.57%。其中，存款利息 16106.72 万元，委托贷款利息 409703.30 万元，其他 18.72 万元。

（二）业务支出。2021 年，业务支出 242999.53 万元，同比增长 13.53%。其中，支付职工住房公积金利息 226137.53 万元，归集手续费 2946.24 万元，委托贷款手续费 13895.24 万元，其他 20.52 万元。

（三）增值收益。2021 年，增值收益 182829.21 万元，同比增长 9.07%；增值收益率 1.39%，比上年减少 0.06 个百分点。

（四）增值收益分配。2021 年，提取贷款风险准备金 15843.42 万元，提取管理费用 30577.47 万元，提取城市廉租住房建设补充资金 136408.32 万元。

2021 年，上交财政管理费用 30684.86 万元（其中，清缴 2020 年度增值收益分配的管理费用 1884.86 万元，预缴 2021 年增值收益分配的管理费用 28800.00 万元）。上缴财政城市廉租住房建设补充资金 101816.93 万元（其中，清缴 2020 年度增值收益分配的城市廉租住房建设补充资金 37616.93 万元，预缴 2021 年增值收益分配的城市廉租住房建设补充资金 64200.00 万元）。

2021 年末，贷款风险准备金余额 345544.71 万元。累计提取城市廉租住房建设补充资金 870556.14 万元。

（五）管理费用支出。2021 年，管理费用支出 25421.57 万元，同比增长 16.27%。其中，人员经费 8950.41 万元，公用经费 1972.45 万元，专项经费 14498.71 万元。

四、资产风险状况

2021 年末，个人住房贷款逾期额 1571.67 万元，逾期率 0.12‰。个人贷款风险准备金余额 345544.71 万元。当年未使用个人贷款风险准备金核销呆坏账。

五、社会经济效益

（一）缴存业务。缴存职工中，国家机关和事业单位占 27.58%，国有企业占 12.51%，城镇集体企业占 0.32%，外商投资企业占 6.94%，城镇私营企业及其他城镇企业占 47.34%，民办非企业单位和社会团体占 1.09%，灵活就业人员占 0.93%，其他占 3.29%；中、低收入占 98.35%，高收入占 1.65%。

新开户职工中，国家机关和事业单位占 7.99%，国有企业占 5.48%，城镇集体企业占 0.37%，外

商投资企业占 8.65%，城镇私营企业及其他城镇企业占 63.56%，民办非企业单位和社会团体占
1.77%，灵活就业人员占 10.17%，其他占 2.01%；中、低收入占 99.48%，高收入占 0.52%。

（二）提取业务。提取金额中，购买、建造、翻建、大修自住住房占 6.20%，偿还购房贷款本息占
78.04%，租赁住房占 2.29%，支持老旧小区改造占 0.02%，离休和退休提取占 9.84%，完全丧失劳动
能力并与单位终止劳动关系提取占 2.08%，出境定居占 0.002%，其他占 1.53%。提取职工中，中、低
收入占 97.35%，高收入占 2.65%。

（三）贷款业务。2021 年，支持职工购建房 750.55 万平方米（其中，住房公积金自有资金贷款支
持职工购建房 738.52 万平方米，贴息贷款支持职工购建房 12.03 万平方米），年末个人住房贷款市场占
有率（含公转商贴息贷款）为 11.18%，比上年末减少 0.13 个百分点。2021 年发放的住房公积金个人
住房贷款，偿还期内可为贷款职工节约利息支出 89.74 亿元（其中，住房公积金自有资金个贷节约利息
支出 88.09 亿元，贴息贷款节约利息支出 1.65 亿元）。

职工贷款笔数中，购房建筑面积 90（含）平方米以下占 29.84%，90～144（含）平方米占
67.33%，144 平方米以上占 2.83%。购买新房占 73.68%（其中购买保障性住房占 0.03%），购买二手
房占 26.32%。

职工贷款笔数中，单缴存职工申请贷款占 86.81%，双缴存职工申请贷款占 13.19%。

贷款职工中，30 岁（含）以下占 55.69%，30 岁～40 岁（含）占 30.67%，40 岁～50 岁（含）占
10.87%，50 岁以上占 2.77%；购买首套住房申请贷款占 64.60%，购买二套住房申请贷款占 35.40%；
中、低收入占 99.80%，高收入占 0.20%。

（四）住房贡献率。2021 年，自有资金个人住房贷款发放额、公转商贴息贷款发放额、项目贷款发
放额、住房消费提取额的总和与当年缴存额的比率为 111.49%，比上年减少 5.14 个百分点。

六、其他重要事项

（一）开展灵活就业人员参加住房公积金制度试点情况

2021 年 8 月 11 日，灵活就业人员参加住房公积金制度试点在我市全面启动，取得初步成效。一是
支持缴存人"先租后购"解决家庭基本居住问题，享受低息住房贷款、免征个人所得税、缴存补贴等优
惠政策。二是搭建灵活就业人员参加住房公积金制度试点配套信息系统，实现日常业务全流程掌上办、
指尖办；满足缴存人多样化需求，推出按月缴存、一次性缴存、自由缴存三种缴存方式；实行协议管
理，加强权益保障，推行缴存贡献评价，合理匹配权利义务。三是联合工商银行、农业银行、中国银
行、建设银行、交通银行、招商银行、民生银行、兴业银行、重庆农商行、重庆三峡银行 10 家银行合
力推进试点工作，2021 年 8 月以来，全市灵活就业人员开户人数 4.59 万人，缴存金额 1.60 亿元。

（二）政策调整情况

1. 调整当年缴存基数上下限。出台《关于确定 2021 年度住房公积金缴存基数上、下限的通知》
（渝公积金发〔2021〕37 号），规定了 2021 年度月缴存基数上限不超过市统计局公布的 2020 年度重庆市
职工月平均工资 3 倍，月缴存基数下限不得低于重庆市人力资源和社会保障局公布的我市现行最低工资
标准。

2. 规范改进住房公积金提取政策。一是出台《关于进一步规范改进住房公积金提取办理有关事宜
的通知》（渝公积金发〔2020〕120 号），从 2021 年 1 月起施行，进一步方便职工办理住房公积金提取业
务，保障职工家庭基本住房消费。二是出台《关于进一步优化住房公积金提取业务办理方式的通知》
（渝公积金发〔2021〕30 号），全面推行住房公积金贷款冲还贷和商业贷款约定提取，方便职工提取使
用，减轻职工家庭还贷压力。

3. 统一全市住房公积金贷款政策。一是缴存职工家庭购买首套住房的，最低首付款比例不低于
20%；缴存职工家庭购买第二套住房的，最低首付款比例不低于 40%，贷款利率不低于同期首套住房
公积金个人住房贷款利率的 1.1 倍；不受理购买第三套及以上住房的缴存职工家庭申请住房公积金个人

住房贷款；受理购买首套住房的商业性个人住房贷款转住房公积金个人住房贷款（置换贷款）申请。二是住房公积金个人住房贷款个人最高限额 40 万元，个人可贷额度为住房公积金账户余额的 25 倍；夫妻参贷的，缴存职工及其配偶的可贷额度为个人可贷额度相加计算，且单笔住房公积金个人住房贷款总额不超过个人最高限额的 2 倍。

（三）服务提升情况

一是完善线上服务渠道。新增"重庆公积金"微信小程序，共推出 50 余项线上服务；在"渝快办"新增 4 项线上服务，目前共 20 项住房公积金高频服务上线"渝快办"，全部服务均可在线自助办结。二是完成"跨省通办"专窗设置、网办业务升级，全年通过全程网办、两地联办、代收代办等方式办理"跨省通办"业务 180 万笔。三是首批接入全国住房公积金小程序，实现无感查询缴存地住房公积金信息，以及线上住房公积金账户、资金跨城市转移"一键办"。四是规范有序推进服务网点（分中心、办事处）智能化建设，已有 7 个网点提供智能导服、自助一体机、便民终端、互动茶几、互动大屏等智能化服务；加快平安网点建设，16 个网点实现"一键报警"。五是加强服务智能化建设，开展客户画像，上线"猜你想问""猜你想办"等六个服务功能，提升服务精准性、主动性。六是聘请第三方专业机构对窗口服务开展暗访和满意度问卷调查，从服务环境、设备设施、服务态度、业务水平等方面提升服务质量。

（四）信息化建设情况

一是切实发挥科技支撑引领作用。以项目建设为抓手，助力公积金制度改革、川渝公积金一体化发展、跨省通办等重点改革创新事项落地实施，稳步推进中心智能化网点建设。二是强化创新应用。开展灵活就业人员画像、资产证券化、容器云技术、智能安居服务等课题研究；推动科研成果落地应用于服务精准推荐、资金风险防控、系统开发运维能力提升等方面。三是加强信息安全建设。开展安全专项检查、安全应急演练、数据恢复演练、安全等保测评等工作；建设"公积金信息共享联盟链"，实现信息共享数据留痕，项目入选"2021 年重庆市区块链十大典型应用案例"。

（五）成渝地区双城经济圈住房公积金一体化发展情况

一是开展川渝两地住房公积金便捷服务专项行动，持续提升信息共享质量，实现住房公积金信息实时互查，共享范围和效率进一步提升。二是简化异地转移接续手续为"零要件"，办理时限由 30 日缩减至最快当日办结；实现重庆与四川全域异地贷款缴存证明和贷款还清证明"双无纸化"，两地职工申请和结清住房公积金异地贷款均从"两地跑"变为"一地办"。三是新增住房公积金单位登记开户、单位及个人缴存信息变更、购房提取等 5 项"川渝通办"事项，目前住房公积金"川渝通办"事项已达 10 项。四是重庆、绵阳两地率先开展资金跨区域融通使用，初步积累资金跨区域全流程运作经验。

（六）助力优化营商环境情况

一是深入推进"一网通办"。大力推广开办企业同步设立单位住房公积金账户，近 1400 家企业实现从开办环节到住房公积金缴存全流程在线办理。二是持续推动缴存业务线上办理。支持缴存企业通过电子营业执照便捷登录办理缴存业务，全市 90％ 以上的缴存单位实现缴存业务线上办理。

（七）住房公积金管理中心及职工所获荣誉情况

重庆市住房公积金管理中心及下属办事处、分中心获"全国青年文明号"1 个，"全国巾帼文明岗"1 个；获"重庆市脱贫攻坚先进集体"1 个、"重庆市文明单位"1 个、"重庆市工人先锋号"2 个、"重庆最美巾帼建设者"1 人；获区县级"青年文明号"1 个、"文明单位"1 个、"工人先锋号"1 个、"先进职工之家"2 个、"三八红旗集体"1 个；其他市级、区县级先进集体 11 个、先进个人 8 个。

（八）对违反《住房公积金管理条例》和相关法规行为进行行政处罚和申请人民法院强制执行情况

受理违反《住房公积金管理条例》和相关法规行为的案件 894 件，其中，立案前处理整改 781 件，立案查处 113 件。依法申请人民法院强制执行 62 件。

重庆市住房公积金 2021 年年度报告二维码

名称	二维码
重庆市住房公积金 2021 年年度报告	

四川省

四川省住房公积金 2021 年年度报告

根据国务院《住房公积金管理条例》和住房和城乡建设部、财政部、人民银行《关于健全住房公积金信息披露制度的通知》（建金〔2015〕26 号）规定，现将四川省住房公积金 2021 年年度报告汇总公布如下：

一、机构概况

（一）住房公积金管理机构

全省共设 21 个设区城市住房公积金管理中心，3 个独立设置的分中心（其中，四川省省级住房公积金管理中心隶属四川省机关事务管理局，四川石油管理局住房公积金管理中心隶属四川石油管理局有限公司，中国工程物理研究院住房公积金管理中心隶属中国工程物理研究院），从业人员 2434 人，其中，在编 1323 人，非在编 1111 人。

（二）住房公积金监管机构

四川省住房和城乡建设厅、财政厅和人民银行成都分行负责对本省住房公积金管理运行情况进行监督。四川省住房和城乡建设厅设立住房公积金监管处，负责辖区住房公积金日常监管工作。

二、业务运行情况

（一）缴存。

2021 年，新开户单位 27498 家，净增单位 19425 家；新开户职工 115.48 万人，净增职工 65.67 万人；实缴单位 156189 家，实缴职工 790.14 万人，缴存额 1337.39 亿元，分别同比增长 14.20%、9.06%、11.65%。2021 年末，缴存总额 10043.60 亿元，比上年末增加 15.36%；缴存余额 4020.75 亿元，同比增长 11.88%（表1）。

2021 年分城市住房公积金缴存情况　　　　　　　　　　　　　表 1

地区	实缴单位（万个）	实缴职工（万人）	缴存额（亿元）	累计缴存总额（亿元）	缴存余额（亿元）
四川省	**15.62**	**790.14**	**1337.39**	**10043.60**	**4020.75**
成都	8.85	426.41	657.89	4699.28	1788.73
自贡	0.27	13.76	24.82	214.29	90.71
攀枝花	0.20	14.51	27.71	278.49	103.37
泸州	0.41	27.15	45.08	335.63	127.63
德阳	0.40	25.07	44.33	411.69	151.53
绵阳	0.60	34.94	65.25	511.94	213.30
广元	0.29	15.37	28.62	197.89	108.45
遂宁	0.29	15.66	23.63	160.37	79.03
内江	0.23	15.00	25.86	201.83	93.08
乐山	0.43	21.83	38.15	347.88	126.94
南充	0.51	24.42	46.25	341.85	130.17

地区	实缴单位 （万个）	实缴职工 （万人）	缴存额 （亿元）	累计缴存总额 （亿元）	缴存余额 （亿元）
眉山	0.30	17.18	33.07	225.79	82.96
宜宾	0.51	29.76	58.13	444.97	165.74
广安	0.30	14.25	26.93	175.96	77.48
达州	0.37	21.49	38.48	289.57	140.34
雅安	0.25	9.68	20.36	162.35	57.31
巴中	0.28	12.77	20.51	147.27	90.45
资阳	0.21	11.04	18.89	141.98	63.84
阿坝	0.21	8.46	22.83	169.34	67.85
甘孜	0.22	8.46	24.82	194.85	90.66
凉山	0.49	22.93	45.78	390.38	171.19

（二）提取。2021 年，286.89 万名缴存职工提取住房公积金；提取额 910.60 亿元，同比增长 17.87%；提取额占当年缴存额的 68.09%，比上年增加 3.59 个百分点。2021 年末，提取总额 6022.85 亿元，比上年末增加 17.81%（表 2）。

2021 年分城市住房公积金提取情况 表 2

地区	提取额 （亿元）	提取率 （%）	住房消费类提取额 （亿元）	非住房消费类提取额 （亿元）	累计提取总额 （亿元）
四川省	**910.60**	**68.09**	**751.43**	**159.17**	**6022.85**
成都	458.39	69.68	393.37	65.02	2910.55
自贡	16.84	67.83	12.84	4.00	123.58
攀枝花	20.44	73.75	15.38	5.05	175.11
泸州	30.56	67.79	24.47	6.09	208.00
德阳	31.97	72.13	25.06	6.92	260.16
绵阳	45.40	69.58	35.75	9.64	298.65
广元	16.52	57.71	11.76	4.76	89.44
遂宁	13.95	59.02	10.97	2.98	81.34
内江	16.60	64.21	13.03	3.57	108.74
乐山	27.32	71.63	21.95	5.37	220.94
南充	30.41	65.76	24.98	5.43	211.68
眉山	22.37	67.64	19.04	3.33	142.83
宜宾	42.46	73.04	35.02	7.44	279.23
广安	15.78	58.61	13.35	2.43	98.48
达州	19.40	50.42	14.30	5.10	149.23
雅安	14.54	71.39	11.92	2.62	105.04
巴中	8.87	43.25	6.15	2.72	56.82
资阳	11.31	59.84	8.80	2.51	78.15
阿坝	17.75	77.74	14.97	2.78	101.49
甘孜	18.11	72.96	14.26	3.85	104.19
凉山	31.61	69.06	24.06	7.56	219.20

（三）贷款

1. 个人住房贷款。2021 年，发放个人住房贷款 18.20 万笔、747.06 亿元，同比增长 7.95%、11.20%。回收个人住房贷款 355.88 亿元。

2021 年末，累计发放个人住房贷款 197.90 万笔、5529.72 亿元，贷款余额 3302.00 亿元，分别比上年末增加 10.13%、15.62%、13.44%。个人住房贷款余额占缴存余额的 82.12%，比上年末增加 1.13 个百分点（表3）。

2021 年分城市住房公积金个人住房贷款情况 表3

地区	放贷笔数（万笔）	贷款发放额（亿元）	累计放贷笔数（万笔）	累计贷款总额（亿元）	贷款余额（亿元）	个人住房贷款率（%）
四川省	**18.20**	**747.06**	**197.90**	**5529.72**	**3302.00**	**82.12**
成都	8.19	385.30	70.72	2390.12	1493.09	83.47
自贡	0.36	12.37	6.52	151.37	82.93	91.43
攀枝花	0.42	15.43	6.72	149.46	77.03	74.51
泸州	0.61	19.88	5.95	162.17	107.50	84.23
德阳	0.83	31.01	8.73	219.24	126.40	83.42
绵阳	1.01	39.93	11.39	289.57	155.99	73.13
广元	0.43	17.01	4.33	121.25	76.31	70.37
遂宁	0.39	12.54	4.36	107.41	56.74	71.79
内江	0.50	17.74	4.52	133.21	88.10	94.65
乐山	0.56	19.72	8.91	215.93	113.48	89.39
南充	0.71	22.68	7.94	185.77	112.96	86.78
眉山	0.60	20.50	6.01	145.48	84.86	102.29
宜宾	1.01	34.90	13.28	286.36	140.75	84.92
广安	0.38	12.42	3.17	93.58	67.23	86.78
达州	0.49	17.33	5.29	148.69	101.86	72.59
雅安	0.23	8.21	2.63	79.47	52.48	91.57
巴中	0.28	9.00	4.57	112.04	72.86	80.55
资阳	0.32	10.86	5.20	94.68	55.17	86.42
阿坝	0.10	4.78	1.93	60.54	33.53	49.41
甘孜	0.21	10.02	5.94	151.15	63.57	70.12
凉山	0.57	25.43	9.79	232.23	139.16	81.29

2021 年，支持职工购建房 1887.66 万平方米。年末个人住房贷款市场占有率（含公转商贴息贷款）为 16.82%，比上年末增加 0.14 个百分点。通过申请住房公积金个人住房贷款，可节约职工购房利息支出 1640560.39 万元。

2. 异地贷款。2021 年，发放异地贷款 29186 笔、1169378.16 万元。2021 年末，发放异地贷款总额 4949090.67 万元，异地贷款余额 3742298.21 万元。

3. 公转商贴息贷款。2021 年，未发放公转商贴息贷款。当年贴息额 949.00 万元。2021 年末，累计发放公转商贴息贷款 5965 笔、185649.49 万元，累计贴息 11918.66 万元。

（四）购买国债。2021 年，未购买（记账式、凭证式）国债。

（五）融资。2021 年，融资 6.25 亿元，归还 6 亿元。2021 年末，融资总额 165.36 亿元，融资余额

4.25 亿元。

（六）**资金存储。**2021 年末，住房公积金存款 779.75 亿元。其中，活期 7.30 亿元，1 年（含）以下定期 93.35 亿元，1 年以上定期 536.99 亿元，其他（协定、通知存款等）142.11 亿元。

（七）**资金运用率。**2021 年末，住房公积金个人住房贷款余额、项目贷款余额和购买国债余额的总和占缴存余额的 82.12%，比上年末增加 1.13 个百分点。

三、主要财务数据

（一）**业务收入。**2021 年，业务收入 1290279.45 万元，同比增长 12.68%。其中，存款利息 275787.69 万元，委托贷款利息 1013089.32 万元，其他 1402.44 万元。

（二）**业务支出。**2021 年，业务支出 626046.99 万元，同比增长 11.19%。其中，支付职工住房公积金利息 579718.91 万元，归集手续费 518.95 万元，委托贷款手续费 37662.58 万元，其他 8146.55 万元。

（三）**增值收益。**2021 年，增值收益 664232.46 万元，同比增长 14.13%；增值收益率 1.74%，比上年增加 0.02 个百分点。

（四）**增值收益分配。**2021 年，提取贷款风险准备金 128194.76 万元，提取管理费用 66109.73 万元，提取城市廉租住房（公共租赁住房）建设补充资金 469847.73 万元（表 4）。

2021 年分城市住房公积金增值收益及分配情况　　　　　　　　　　　　　表 4

地区	业务收入（亿元）	业务支出（亿元）	增值收益（亿元）	增值收益率（%）	提取贷款风险准备金（亿元）	提取管理费用（亿元）	提取公租房（廉租房）建设补充资金（亿元）
四川省	**129.03**	**62.60**	**66.42**	**1.74**	**12.82**	**6.61**	**46.98**
成都	57.09	26.93	30.15	1.77	2.51	1.95	25.69
自贡	2.99	1.33	1.65	1.92	0.03	0.18	1.44
攀枝花	3.69	1.62	2.06	2.07	1.24	0.13	0.70
泸州	3.97	1.96	2.01	1.66	1.21	0.31	0.50
德阳	5.14	2.45	2.69	1.85	0.66	0.25	1.78
绵阳	6.98	3.45	3.54	1.75	0.13	0.30	3.10
广元	3.17	1.56	1.62	1.58	0.76	0.14	0.72
遂宁	2.56	1.12	1.44	1.94	0.39	0.05	1.00
内江	2.96	1.46	1.50	1.69	0.09	0.94	0.47
乐山	4.03	1.96	2.07	1.70	0.16	0.20	1.71
南充	3.82	2.12	1.70	1.40	1.02	0.26	0.42
眉山	2.70	1.41	1.29	1.67	0.20	0.25	0.84
宜宾	5.45	2.60	2.85	1.81	1.41	0.23	1.20
广安	2.30	1.19	1.11	1.54	0.12	0.07	0.91
达州	4.29	2.24	2.05	1.58	0.08	0.16	1.82
雅安	1.89	0.87	1.02	1.88	0.61	0.13	0.28
巴中	2.74	1.79	0.95	1.12	0.73	0.06	0.15
资阳	2.03	1.14	0.90	1.53	0.55	0.07	0.27
阿坝	2.37	1.47	0.90	1.38	0.34	0.09	0.48
甘孜	3.17	1.42	1.75	1.98	0.10	0.36	1.29
凉山	5.69	2.51	3.17	1.95	0.48	0.48	2.21

2021 年，上交财政管理费用 54135.88 万元，上缴财政城市廉租住房（公共租赁住房）建设补充资金 394556.84 万元。

2021 年末，贷款风险准备金余额 1186150.49 万元，累计提取城市廉租住房（公共租赁住房）建设补充资金 2706353.58 万元。

（五）管理费用支出。 2021 年末，个人住房贷款逾期额 3541.91 万元，逾期率 0.11‰，个人贷款风险准备金余额 1181256.09 万元。2021 年，使用个人贷款风险准备金核销呆坏账 0 万元。

四、资产风险状况

2021 年末，个人住房贷款逾期额 3541.91 万元，逾期率 0.11‰，个人贷款风险准备金余额 1181256.09 万元。2021 年，使用个人贷款风险准备金核销呆坏账 0 万元。

五、社会经济效益

（一）缴存业务。 缴存职工中，国家机关和事业单位占 33.38％，国有企业占 15.78％，城镇集体企业占 1.22％，外商投资企业占 4.18％，城镇私营企业及其他城镇企业占 42.38％，民办非企业单位和社会团体占 1.78％，其他占 1.28％；中、低收入占 95.44％，高收入占 4.56％。

新开户职工中，国家机关和事业单位占 19.36％，国有企业占 10.93％，城镇集体企业占 1.08％，外商投资企业占 4.97％，城镇私营企业及其他城镇企业占 58.54％，民办非企业单位和社会团体占 3.14％，其他占 1.98％；中、低收入占 99.07％，高收入占 0.93％。

（二）提取业务。 提取金额中，购买、建造、翻建、大修自住住房占 20.84％，偿还购房贷款本息占 58.28％，租赁住房占 3.38％，支持老旧小区改造提取占 0.02％；离休和退休提取占 12.02％，完全丧失劳动能力并与单位终止劳动关系提取占 1.81％，出境定居占 0.32％，其他占 3.33％。提取职工中，中、低收入占 93.49％，高收入占 6.51％。

（三）贷款业务。 职工贷款笔数中，购房建筑面积 90（含）平方米以下占 29.47％，90～144（含）平方米占 65.75％，144 平方米以上占 4.78％。购买新房占 73.85％，购买二手房占 25.10％，其他占 1.05％。

职工贷款笔数中，单缴存职工申请贷款占 58.52％，双缴存职工申请贷款占 41.44％，三人及以上缴存职工共同申请贷款占 0.04％。

贷款职工中，30 岁（含）以下占 39.34％，30 岁～40 岁（含）占 40.46％，40 岁～50 岁（含）占 16.17％，50 岁以上占 4.03％；首次申请贷款占 87.77％，二次及以上申请贷款占 12.23％；中、低收入占 94.90％，高收入占 5.10％。

（四）住房贡献率。 2021 年，个人住房贷款发放额、公转商贴息贷款发放额、项目贷款发放额、住房消费提取额的总和与当年缴存额的比率为 112.05％，比上年增加 3.25 个百分点。

六、其他重要事项

（一）开展灵活就业人员参加住房公积金制度试点

2021 年初，住房和城乡建设部批复同意成都市为全国首批试点城市之一。7 月 16 日，成都市灵活就业人员参加住房公积金制度试点政策发布，8 月 16 日正式落地。截至 2021 年底，试点共开户 54754 人，实缴 25461 人，缴存 9523.37 万元。

（二）持续推进川渝住房公积金一体化和成德眉资住房公积金同城化

扎实推进信息直连共享，全面实现了川渝异地贷款缴存证明和贷款全部还清证明"两个无纸化"和 9 个高频服务事项"川渝通办"。紧扣省委成德眉资同城化发展决策部署，深化四市政策协同成果，共同探索异地贷款政策创新，出台了同城化贷款政策，增加了异地购房职工可在缴存地申请住房公积金贷款的新通道。

（三）以信息化建设为手段，有效提升政务服务水平

充分发挥四川省住房公积金管理服务平台效用，扎实推进政务服务"百日攻坚""一网通办"能力巩固提升工作。全省各公积金中心按时接入四川省政务服务一体化平台，实现业务办理和好差评；接入全国住房公积金小程序，实现了在线办理跨区域的转移接续业务；与四川省市场监督管理局"一窗通"平台完成对接，实现了有关数据交换；与四川省税务局系统完成对接，为缴存职工个税抵扣提供了数据支撑；与人民银行成都分行营管部联合印发了对接工作方案，实现了同城化地区数据共享；全面推进"非接触式"缴存业务，60％以上建制企业缴存业务实现了网上办，"非接触式"缴存比例达到90％以上；全面实现了国家和省委省政府明确的8个高频服务事项"跨省通办"。

（四）行业文化建设情况

组织策划了四川省庆祝住房公积金制度建立30周年系列宣传活动和成果展。确立了"情系公积金，互助安居梦"文化核心词，征集创作了《四川公积金人之歌》，选树了"最美公积金人"和"最美公积金服务窗口"。全面落实住房和城乡建设部关于启用全国住房公积金服务标识的要求，使用统一的服务标识。以培育和践行社会主义核心价值观为主线，积极开展文明单位和文明窗口创建，营造创先进争优秀的氛围。2021年住房公积金机构及从业人员所获荣誉情况包括：文明单位、行业、窗口（省部级8个、地市级6个），青年文明号（国家级1个、地市级1个），工人先锋号（地市级2个），三八红旗手（国家级1个、地市级2个），先进集体和个人（国家级1个、省部级85个、地市级149个）。

四川省成都住房公积金 2021 年年度报告

根据国务院《住房公积金管理条例》和住房和城乡建设部、财政部、人民银行《关于健全住房公积金信息披露制度的通知》（建金〔2015〕26 号）的规定，经成都住房公积金管理委员会审议通过，现将成都住房公积金 2021 年年度报告公布如下：

一、机构概况

（一）**住房公积金管理委员会**。成都住房公积金管理委员会有 31 名委员，2021 年召开 2 次会议，审议通过的事项主要包括：《成都住房公积金 2020 年年度报告》《成都住房公积金管理中心关于 2020 年住房公积金计划执行及增值收益分配情况和 2021 年计划及增值收益分配预案》《成都住房公积金管理中心省级分中心 2020 年计划执行情况和 2021 年计划》《成都住房公积金缴存管理办法》《成都住房公积金提取管理办法》《成都住房公积金个人住房贷款管理办法》，书面审议通过《成都市灵活就业人员参加住房公积金制度试点管理办法》和《关于成德眉资缴存职工在四市区域内非缴存地购房有关公积金贷款政策措施的通知》。

（二）**住房公积金管理中心**。成都住房公积金管理中心（以下简称市中心）为成都市政府直属正局级公益二类事业单位，核定正处级内设机构 16 个，正处级业务经办管理机构 7 个，正科级业务经办机构 22 个。从业人员 523 人，其中在编 156 人，非在编 367 人。四川省省级住房公积金管理中心（以下简称省级分中心）、四川石油管理局住房公积金管理中心（以下简称石油分中心）加挂成都住房公积金管理中心分中心牌子，在授权管理下独立运作。省级分中心设 7 个科，从业人员 51 人，其中在编 30 人，非在编 21 人。石油分中心设 3 个科，从业人员 16 人，均为在编人员。

二、业务运行情况

（一）**缴存**。2021 年，新开户单位 20679 家，净增单位 15443 家；新开户职工 67.59 万人，净增职工 44.22 万人。实缴单位 88501 家，实缴职工 426.41 万人，缴存额 657.89 亿元，分别同比增长 21.14％、11.57％、15.42％。2021 年末，缴存总额 4699.28 亿元，比上年末增加 16.28％；缴存余额 1788.73 亿元，同比增长 12.55％。受委托办理住房公积金缴存业务的银行 11 家。

（二）**提取**。2021 年，153.92 万名缴存职工提取住房公积金；提取额 458.39 亿元，同比增长 28.53％。提取额占当年缴存额的 69.68％，比上年增加 7.11 个百分点。2021 年末，提取总额 2910.55 亿元，比上年末增加 18.69％。

（三）**贷款**

1. 个人住房贷款。单缴存职工个人住房贷款最高额度 40 万元，双缴存职工个人住房贷款最高额度 70 万元。

2021 年，发放个人住房贷款 8.19 万笔、385.30 亿元，同比分别增长 21.33％、24.48％。其中，市中心发放个人住房贷款 7.49 万笔、351.26 亿元，省级分中心发放个人住房贷款 0.66 万笔、32.12 亿元，石油分中心发放个人住房贷款 453 笔、1.92 亿元。

2021 年，回收个人住房贷款 135.33 亿元。其中，市中心 118.46 亿元，省级分中心 16.63 亿元，石油分中心 0.24 亿元。

2021 年末，累计发放个人住房贷款 70.72 万笔、2390.12 亿元，贷款余额 1493.09 亿元，分别比上年末增加 13.10%、19.22%、20.11%。个人住房贷款余额占缴存余额的 83.47%，比上年末增加 5.25 个百分点。受委托办理住房公积金个人住房贷款业务的银行 14 家。

2. 异地贷款。2021 年，发放异地贷款 9340 笔、476495.10 万元。2021 年末，发放异地贷款总额 1603762.81 万元，异地贷款余额 1309535.73 万元。

3. 公转商贴息贷款。2021 年，未发放公转商贴息贷款，当年贴息额 79.67 万元。2021 年末，累计发放公转商贴息贷款 419 笔、13352.20 万元，累计贴息 483.71 万元。

（四）购买国债。2021 年，未购买国债，无国债余额。

（五）资金存储。2021 年末，住房公积金存款 324.98 亿元。其中，活期 0.04 亿元，1 年（含）以下定期 18.00 亿元，1 年以上定期 227.95 亿元，其他（协定、通知存款等）78.99 亿元。

（六）资金运用率。2021 年末，住房公积金个人住房贷款余额、项目贷款余额和购买国债余额的总和占缴存余额的 83.47%，比上年末增加 5.25 个百分点。

三、主要财务数据

（一）业务收入。2021 年，业务收入 570859.26 万元，同比增长 14.68%。其中，市中心 485318.64 万元，省级分中心 70456.54 万元，石油分中心 15084.08 万元；存款利息 126174.98 万元，委托贷款利息 444640.73 万元，其他 43.55 万元。

（二）业务支出。2021 年，业务支出 269332.12 万元，同比增长 13.19%。其中，市中心 227549.90 万元，省级分中心 35068.61 万元，石油分中心 6713.61 万元；支付职工住房公积金利息 257166.08 万元，归集手续费 308.70 万元，委托贷款手续费 11774.69 万元，公转商贷款贴息 79.67 万元，其他 2.98 万元。

（三）增值收益。2021 年，增值收益 301527.14 万元，同比增长 16.04%。其中，市中心 257768.74 万元，省级分中心 35387.93 万元，石油分中心 8370.47 万元；增值收益率 1.77%，比上年增加 0.02 个百分点。

（四）增值收益分配。2021 年，实际分配增值收益 301446.91 万元。其中，提取贷款风险准备金 25115.72 万元，提取管理费用 19454.43 万元，提取城市廉租住房（公共租赁住房）建设补充资金 256876.76 万元。待分配增值收益 80.23 万元（市中心根据灵活就业人员试点管理办法的相关规定，暂未分配的增值收益）。

2021 年，上交财政管理费用 10157.83 万元。上缴财政城市廉租住房（公共租赁住房）建设补充资金 218040.58 万元。其中，市中心上缴市财政 188097.19 万元，省级分中心上缴省财政 29943.39 万元。

2021 年末，贷款风险准备金余额 262201.32 万元。累计提取城市廉租住房（公共租赁住房）建设补充资金 1496738.69 万元。其中，市中心提取 1325649.50 万元，省级分中心提取 142093.96 万元，石油分中心提取 28995.23 万元。

（五）管理费用支出。2021 年，管理费用支出 19352.49 万元，同比增长 9.75%。其中，人员经费 12737.45 万元，公用经费 763.17 万元，专项经费 5851.87 万元。

市中心管理费用支出 17254.43 万元，其中，人员、公用、专项经费分别为 11899.81 万元、590.03 万元、4764.59 万元；省级分中心管理费用支出 2098.06 万元，其中，人员、公用、专项经费分别为 837.64 万元、173.14 万元、1087.28 万元；石油分中心管理费用由中国石油西南油气田分公司负担。

四、资产风险状况

个人住房贷款。2021 年末，个人住房贷款逾期额 841.13 万元，逾期率 0.06‰，其中，市中心 0.06‰，省级分中心 0.06‰。个人贷款风险准备金余额 258713.32 万元。2021 年，未使用个人贷款风险准备金核销呆坏账。

五、社会经济效益

（一）缴存业务

缴存职工中，国家机关和事业单位占 15.58％，国有企业占 9.76％，城镇集体企业占 0.37％，外商投资企业占 6.29％，城镇私营企业及其他城镇企业占 64.06％，民办非企业单位和社会团体占 1.85％，自由职业者占 0.26％，其他占 1.83％；中、低收入占 95.11％，高收入占 4.89％。

新开户职工中，国家机关和事业单位占 7.72％，国有企业占 4.46％，城镇集体企业占 0.12％，外商投资企业占 7.25％，城镇私营企业及其他城镇企业占 75.23％，民办非企业单位和社会团体占 2.92％，自由职业者占 0.31％，其他占 1.99％；中、低收入占 98.92％，高收入占 1.08％。

（二）提取业务

提取金额中，购买、建造、翻建、大修自住住房占 22.20％，偿还购房贷款本息占 59.41％，租赁住房占 4.19％，支持老旧小区改造占 0.01％，离休和退休提取占 8.99％，完全丧失劳动能力并与单位终止劳动关系提取占 1.82％，出境定居占 0，其他占 3.38％。提取职工中，中、低收入占 92.23％，高收入占 7.77％。

（三）贷款业务

个人住房贷款。2021 年，支持职工购建房 881.15 万平方米，年末个人住房贷款市场占有率（含公转商贴息贷款）为 15.14％，比上年末增加 0.88 个百分点。通过申请住房公积金个人住房贷款，可节约职工购房利息支出 964213.07 万元。

职工贷款笔数中，购房建筑面积 90（含）平方米以下占 30.25％，90～144（含）平方米占 61.70％，144 平方米以上占 8.05％。购买新房占 58.34％，购买二手房占 41.12％，其他占 0.54％。

职工贷款笔数中，单缴存职工申请贷款占 59.62％，双缴存职工申请贷款占 40.37％，三人及以上缴存职工共同申请贷款占 0.01％。

贷款职工中，30 岁（含）以下占 39.82％，30 岁～40 岁（含）占 45.37％，40 岁～50 岁（含）占 12.21％，50 岁以上占 2.60％；购买首套住房申请贷款占 70.61％，购买二套住房申请贷款占 29.39％；中、低收入占 93.45％，高收入占 6.55％。

（四）住房贡献率

2021 年，个人住房贷款发放额、公转商贴息贷款发放额、项目贷款发放额、住房消费提取额的总和与当年缴存额的比率为 118.36％，比上年增加 10.96 个百分点。

六、其他重要事项

（一）开展灵活就业人员参加住房公积金制度试点工作进展情况

2021 年 1 月，成都市获批成为首批灵活就业人员参加住房公积金制度试点城市。成都住房公积金管理委员会印发《成都市灵活就业人员参加住房公积金制度试点管理办法》，于 8 月正式实施。截至 2021 年末，累计开户 5.48 万人、实缴 2.55 万人、缴存金额 9523.37 万元。试点参与人员中青年群体超 90％、新经济新业态新模式从业人员超 70％、外地户籍人员超 50％。

（二）公积金川渝一体化和成德眉资同城化发展情况

推进川渝公积金一体化发展，协同研究破解成渝区域内缴存资金转移接续、贷款权益衔接互认等试点难题，实现成渝两地公积金数据互联互通、"8＋2"项业务"川渝通办"，助力成渝地区双城经济圈建设。成德眉资住房公积金管委会联合印发《成都住房公积金管理委员会等 4 部门关于成德眉资缴存职工在四市区域内非缴存地购房有关公积金贷款政策措施的通知》（成公积金委〔2021〕6 号），成德眉资缴存职工在四市区域内非缴存地购房，可向缴存地公积金中心申请公积金贷款。截至 2021 年末，市中心实现 42 个住房项目跨区域合作，发放跨区域贷款 5 笔；省级分中心实现 2 个住房项目跨区域合作。

（三）当年机构及职能调整情况、受委托办理缴存贷款业务金融机构变更情况

市中心：根据成都市委编办的批复，核定正处级内设机构 16 个，正处级业务经办管理机构 7 个，正科级业务经办机构 22 个。

省级分中心：通过公开招标，新增中国农业银行四川省分行和中国工商银行四川省分行开展住房公积金贷款业务。

（四）当年住房公积金政策调整及执行情况

1. 缴存、提取、贷款政策方面

（1）缴存、提取方面。2021 年 10 月 8 日，修订并实施《成都住房公积金缴存管理办法》《成都住房公积金提取管理办法》，实行"双向差异化"比例缴存；降低困难单位降比缓缴申请门槛；提成、承包制单位可协商确定缴存基数；实行公积金按月提取和冲还贷业务；允许职工公积金贷款后提取未纳入贷款额度计算的缴存余额用于支付首付款；限制多套房提取；既有住宅增设电梯提取业务不再受 1 年内提取 1 套住房的限制。2021 年，市中心衔接做好住房公积金支持企业抗疫减负措施，创新实施双向差异化比例缴存，调优困难单位降比缓缴政策，支持 1937 家企业减负约 2908 万元；办理按月提取 86 万人次，提取金额超 122 亿元。

（2）贷款方面。2021 年 10 月 8 日，修订并实施《成都住房公积金个人住房贷款管理办法》，实行"精细化"双挂钩贷款。缴存职工的公积金贷款额度以月度为单位分段综合计算，每月的贷款额度与缴存职工每月缴存的公积金和对应的存储月份数"双挂钩"；缴存职工所有缴存月度的贷款额度加总后，综合核定可贷款额度。

2. 缴存基数、比例、利率方面

印发《关于 2021 年成都住房公积金缴存比例及缴存基数执行标准的通知》，将缴存基数上限调整为 25499 元，缴存基数下限及缴存比例不作调整。2021 年执行的职工住房公积金账户存款利率为 1.5%；执行的住房公积金贷款基准利率 5 年（含）以下为 2.75%，5 年以上为 3.25%。

（五）当年服务改进情况

市中心：一是上线 7×24 小时服务的智能化新系统，实现手机 App、网上办事大厅、省政务一体化平台、天府市民云、天府蓉易办等 13 个渠道在线办理 50 余项公积金业务，线上业务办理率超 90%；二是推进"一网通办"、接入"全国住房公积金"小程序、新增 5 项服务事项"跨省通办"，全年办理"跨省通办"业务 117.95 万笔；三是在"天府市民云"平台新增 4 项服务项目，连续四年获评"十佳"口碑民生服务；四是对接省市场监管"一窗通"渠道，实现新开办企业办理住房公积金开户业务"零材料""零跑腿"；五是完成新津、邛崃服务大厅智能化改造，在东部新区新设立简州新城、空港新城 2 个服务窗口；六是上线"智能客服"功能，12329 热线全年来话量达 182.36 万通。

省级分中心：一是实现智能机器人应答、电子签章等便民举措，率先上线"全国住房公积金（微信）"小程序和数字人民币对公钱包业务，网上业务办理和全程网办比率分别达 100% 和 91%，业务办理好评率达 99% 以上；二是实现"一网通办""川渝通办"服务事项，全年办理相关业务 4.1 万余笔、20.5 亿元；三是设置"跨省通办"绿色通道窗口，解决缴存单位和职工异地办事"往返跑"等难题，全年办理异地购房提取 6256 笔、2.34 亿元；四是实现与全省政务服务热线 12345 联通对接。

石油分中心：落实"放管服"改革，简化职工提取办理要件和流程，针对油气田一线职工，组织银行到现场开展贷款"一站式"服务。

（六）当年信息化建设情况

市中心：推动信息系统升级改造，打造新一代"智慧公积金"综合管理平台。一是系统架构全面升级，采用微服务架构的"服务管理、配置管理、链路监控、API 管理、用户权限管理"融合新技术理念，实现容器化部署和数据上云；二是支撑能力全面加强，接入全国住房公积金数据共享平台，与民政、住建、人社等部门以及 30 余家商业银行实现数据互联互通；三是智能水平全面提升，立足不同业务场景，引入机器学习、生物识别、OCR 智能识别等技术；四是数据基础全面夯实，合理构建数据架构体系，集中力量开展数据治理，巩固"贯标"成果，"一人多户"等关键问题得到解决；五是网络安全全面巩固，对标国家网络安全行业标准，精准落地新一代"智慧公积金"综合管理平台安全防护规划，全年"零"网络安全事件发生。

省级分中心：坚持科技惠民，全面提高信息化建设创新创造能力。一是提升"智慧"属性赋能中心服务，开发"智能客服"，以人机交互的方式提供 7×24 小时服务；二是利用"共享"属性强化数据管理，对共享数据进行脱敏处理及权限设置，建立数据模型进行运行预测和质效评价，进一步保障数据安全的同时，深化大数据应用；三是强化"绿色"属性提升用户体验，采用 CA 认证进行电子证明注册签章，全面推行无纸化"绿色"证明。

（七）当年住房公积金管理中心及职工所获荣誉情况

市中心：荣获"四川省庆祝住房公积金制度建立三十周年成果展一等奖"，全国率先试点灵活就业人员参加住房公积金制度被评为"2021·四川数字化转型标杆案例"，都江堰服务部荣获"全国巾帼文明岗"，城中服务部、城南服务部、都江堰服务部获评四川"最美公积金服务窗口"；25 人荣获省住房城乡建设厅"最美公积金人"称号，2 人分获"2021 年度成都市建设幸福美好生活十大工程突出贡献先进个人""2021 年度成都建设全面体现新发展理念的城市改革创新先进个人"。

省级分中心：荣获"四川省庆祝住房公积金制度建立三十周年成果展二等奖"，综合服务平台被评为数字四川创新大赛（2021）数字政府赛道"十佳案例"，获评四川"最美公积金服务窗口"；1 人评为全省"脱贫攻坚优秀个人"，1 人评为"四川省网络安全和信息化工作先进个人"，5 人荣获省住房城乡建设厅"最美公积金人"称号。

石油分中心：1 个科室获评四川"最美公积金服务窗口"，3 人荣获省住房城乡建设厅"最美公积金人"称号。

（八）当年对违反《住房公积金管理条例》和相关法规行为进行行政处罚和申请人民法院强制执行情况

市中心：2021 年行政处罚 1 笔，处罚金额 1 万元。申请人民法院强制执行 91 件，执行金额 53.05 万元。

（九）当年对住房公积金管理人员违规行为的纠正和处理情况等

无。

四川省及省内各城市住房公积金
2021 年年度报告二维码

名称	二维码
四川省住房公积金 2021 年年度报告	
成都住房公积金 2021 年年度报告	
自贡市住房公积金 2021 年年度报告	
攀枝花市住房公积金 2021 年年度报告	
泸州市住房公积金 2021 年年度报告	
德阳市住房公积金 2021 年年度报告	
绵阳市住房公积金 2021 年年度报告	

名称	二维码
广元市住房公积金 2021 年年度报告	
遂宁市住房公积金 2021 年年度报告	
内江市住房公积金 2021 年年度报告	
乐山市住房公积金 2021 年年度报告	
南充市住房公积金 2021 年年度报告	
眉山市住房公积金 2021 年年度报告	
宜宾市住房公积金 2021 年年度报告	
广安市住房公积金 2021 年年度报告	

续表

名称	二维码
达州市住房公积金 2021 年年度报告	
雅安市住房公积金 2021 年年度报告	
巴中市住房公积金 2021 年年度报告	
资阳市住房公积金 2021 年年度报告	
阿坝藏族羌族自治州住房公积金 2021 年年度报告	
甘孜藏族自治州住房公积金 2021 年年度报告	
凉山彝族自治州住房公积金 2021 年年度报告	

贵州省

贵州省住房公积金 2021 年年度报告

根据国务院《住房公积金管理条例》和住房和城乡建设部、财政部、人民银行《关于健全住房公积金信息披露制度的通知》（建金〔2015〕26 号）规定，现将贵州省住房公积金 2021 年年度报告汇总公布如下：

一、机构概况

（一）**住房公积金管理机构。**全省共设 9 个设区城市住房公积金管理中心，1 个独立设置的分中心（其中，省直中心隶属省住房城乡建设厅）。从业人员 874 人，其中，在编 635 人，非在编 239 人。

（二）**住房公积金监管机构。**贵州省住房和城乡建设厅、财政厅和人民银行贵阳中心支行负责对本省住房公积金管理运行情况进行监督。省住房城乡建设厅设立住房公积金监管处，负责辖区住房公积金日常监管工作。

二、业务运行情况

（一）**缴存。**2021 年，新开户单位 11917 家，净增单位 7642 家；新开户职工 34.57 万人，净增职工 20.65 万人；实缴单位 59308 家，实缴职工 289.95 万人，缴存额 503.73 亿元，分别同比增长 14.79％、7.67％、10.67％。2021 年末，缴存总额 3428.21 亿元，比上年末增加 17.22％；缴存余额 1440.42 亿元，同比增长 12.16％（表 1）。

2021 年分城市住房公积金缴存情况				表 1
地区	实缴单位（万个）	实缴职工（万人）	缴存额（亿元）	累计缴存总额（亿元）	缴存余额（亿元）
贵州省	**5.93**	**289.95**	**503.73**	**3428.21**	**1440.42**
贵阳	2.72	112.15	163.03	1116.69	414.61
遵义	0.65	42.90	89.99	572.63	245.40
六盘水	0.207	19.62	32.52	236.49	91.36
安顺	0.28	12.86	26.18	184.69	73.60
毕节	0.42	25.64	42.74	283.03	123.81
铜仁	0.30	17.85	33.70	233.63	107.72
黔东南	0.45	20.48	44.18	309.40	158.55
黔南	0.56	22.59	38.73	278.77	121.31
黔西南	0.35	15.88	32.67	212.89	104.06

（二）**提取。**2021 年，168.49 万名缴存职工提取住房公积金；提取额 347.60 亿元，同比增长 11.24％；提取额占当年缴存额的 69.01％，比上年增加 0.36 个百分点。2021 年末，提取总额 1987.78 亿元，比上年末增加 21.19％（表 2）。

2021 年分城市住房公积金提取情况　　　　　　　　　　　　表 2

地区	提取额 （亿元）	提取率 （%）	住房消费类提取额 （亿元）	非住房消费类提取额 （亿元）	累计提取总额 （亿元）
贵州省	**347.60**	**69.01**	**281.71**	**65.88**	**1987.78**
贵阳	119.34	73.20	97.21	22.13	702.08
遵义	63.56	70.63	54.18	9.38	327.22
六盘水	21.08	64.82	17.50	3.58	21.08
安顺	18.53	70.76	15.16	3.36	111.09
毕节	29.92	70.00	24.60	5.32	159.22
铜仁	20.57	61.04	16.62	3.95	125.91
黔东南	27.55	14.80	18.28	9.27	150.85
黔南	25.86	66.77	20.57	5.29	157.46
黔西南	21.19	64.86	17.59	3.60	108.83

（三）贷款

1. 个人住房贷款。2021 年，发放个人住房贷款 7.05 万笔、278.46 亿元，同比下降 14.65%、14.23%。回收个人住房贷款 157.92 亿元。

2021 年末，累计发放个人住房贷款 89.29 万笔、2336.30 亿元，贷款余额 1414.57 亿元，分别比上年末增加 8.57%、13.53%、9.32%。个人住房贷款余额占缴存余额的 98.21%，比上年末减少 2.55 个百分点（表 3）。

2021 年分城市住房公积金个人住房贷款情况　　　　　　　表 3

地区	放贷笔数 （万笔）	贷款发放额 （亿元）	累计放贷笔数 （万笔）	累计贷款总额 （亿元）	贷款余额 （亿元）	个人住房贷款率 （%）
贵州省	**7.05**	**278.46**	**89.29**	**2336.30**	**1414.57**	**98.21**
贵阳	1.65	79.42	21.18	657.61	409.03	98.65
遵义	1.35	51.82	16.09	384.05	222.62	90.72
六盘水	0.52	20.00	5.59	136.52	86.06	94.20
安顺	0.36	12.22	5.58	116.07	66.85	90.84
毕节	0.90	32.35	9.45	252.99	134.86	108.92
铜仁	0.64	21.42	7.60	175.30	108.41	100.64
黔东南	0.69	29.50	8.90	238.87	156.53	98.72
黔南	0.46	14.66	8.74	205.20	127.13	104.80
黔西南	0.46	17.08	6.16	169.70	103.08	99.06

2021 年，支持职工购建房 779.96 万平方米。年末个人住房贷款市场占有率（含公转商贴息贷款）为 21.18%，比上年末减少 1.24 个百分点。通过申请住房公积金个人住房贷款，可节约职工购房利息支出 509414.42 万元。

2. 异地贷款。2021 年末，发放异地贷款总额 512879.60 万元，异地贷款余额 440813.00 万元。

3. 公转商贴息贷款。2021 年，发放公转商贴息贷款 1416 笔、43564.23 万元，支持职工购建房面积 9.01 万平方米。当年贴息额 5154.64 万元。2021 年末，累计发放公转商贴息贷款 16389 笔、475289.64 万元，累计贴息 31566.97 万元。

4. 住房公积金支持保障性住房建设项目贷款。2021 年，未发放保障性住房建设项目贷款，回收项目贷款 1058 万元。2021 年末，累计发放项目贷款 143200 万元，项目贷款余额 3122 万元。

（四）**购买国债。** 2021 年，未购买国债。

（五）**融资。** 2021 年，融资 11.17 亿元，归还 14.22 亿元。2021 年末，融资总额 46.36 亿元，融资余额 20.08 亿元。

（六）**资金存储。** 2021 年末，住房公积金存款 82.45 亿元。其中，活期 2.32 亿元，1 年（含）以下定期 25.2 亿元，1 年以上定期 3.18 亿元，其他（协定、通知存款等）51.75 亿元。

（七）**资金运用率。** 2021 年末，住房公积金个人住房贷款余额、项目贷款余额和购买国债余额的总和占缴存余额的 98.23%，比上年末减少 2.56 个百分点。

三、主要财务数据

（一）**业务收入。** 2021 年，业务收入 442765.14 万元，同比增长 12.49%。其中，存款利息 12851.13 万元，委托贷款利息 428678.84 万元，其他 1235.17 万元。

（二）**业务支出。** 2021 年，业务支出 244524.48 万元，同比减少 1.29%。其中，支付职工住房公积金利息 207290.99 万元，归集手续费 12657.76 万元，委托贷款手续费 17067.77 万元，其他 7507.96 万元。

（三）**增值收益。** 2021 年，增值收益 198240.66 万元，同比增长 35.89%；增值收益率 1.45%，比上年增加 0.26 个百分点。

（四）**增值收益分配。** 2021 年，提取贷款风险准备金 12011.20 万元，提取管理费用 23876.33 万元，提取城市廉租住房（公共租赁住房）建设补充资金 162353.13 万元（表 4）。

2021 年分城市住房公积金增值收益及分配情况 表 4

地区	业务收入（亿元）	业务支出（亿元）	增值收益（亿元）	增值收益率（%）	提取贷款风险准备金（亿元）	提取管理费用（亿元）	提取公租房（廉租房）建设补充资金（亿元）
贵州省	**44.28**	**24.45**	**19.82**	**1.45**	**1.20**	**2.39**	**16.24**
贵阳	12.75	7.54	5.21	1.32	0.43	0.32	4.46
遵义	7.35	3.98	3.37	1.44	0.17	0.35	2.84
六盘水	2.89	1.58	1.31	1.53	0.12	0.12	1.07
安顺	2.22	1.16	1.07	1.52	0.03	0.14	0.89
毕节	3.88	2.06	1.82	1.47	0.12	0.17	1.53
铜仁	3.29	1.66	1.63	1.61	0.12	0.35	1.16
黔东南	4.97	2.47	2.50	1.50	0.16	0.65	1.69
黔南	3.70	2.16	1.54	1.34	0.01	0.16	1.37
黔西南	3.22	1.85	1.37	1.33	0.04	0.12	1.21

2021 年，上交财政管理费用 22657.25 万元，上缴财政城市廉租住房（公共租赁住房）建设补充资金 108718.12 万元。

2021 年末，贷款风险准备金余额 152796.45 万元，累计提取城市廉租住房（公共租赁住房）建设补充资金 887931.84 万元。

（五）**管理费用支出。** 2021 年，管理费用支出 19671.40 万元，同比增长 9.43%。其中，人员经费 10938.64 万元，公用经费 1243.06 万元，专项经费 7489.70 万元。

四、资产风险状况

（一）**个人住房贷款。** 2021 年末，个人住房贷款逾期额 3476.59 万元，逾期率 0.246‰，个人贷款风险准备金余额 152671.57 万元。2021 年，未使用个人贷款风险准备金核销呆坏账。

（二）住房公积金支持保障性住房建设项目贷款。 2021 年末，未发生逾期项目贷款，逾期率为 0‰，项目贷款风险准备金余额 124.88 万元。2021 年，未使用项目贷款风险准备金核销呆坏账。

五、社会经济效益

（一）缴存业务。 缴存职工中，国家机关和事业单位占 45.84%，国有企业占 24.49%，城镇集体企业占 1.22%，外商投资企业占 1.21%，城镇私营企业及其他城镇企业占 22.87%，民办非企业单位和社会团体占 1.54%，灵活就业人员占 0.20%，其他占 2.63%；中、低收入占 94.46%，高收入占 5.54%。

新开户职工中，国家机关和事业单位 23.72%，国有企业占 16.49%，城镇集体企业占 1.68%，外商投资企业占 1.8%，城镇私营企业及其他城镇企业占 44.69%，民办非企业单位和社会团体占 5.09%，灵活就业人员占 0.70%，其他占 5.83%；中、低收入占 97.38%，高收入占 2.62%。

（二）提取业务。 提取金额中，购买、建造、翻建、大修自住住房占 9.99%，偿还购房贷款本息占 68.04%，租赁住房占 3.88%，支持老旧小区改造提取占 0.02%；离休和退休提取占 12.01%，完全丧失劳动能力并与单位终止劳动关系提取占 3.32%，出境定居占 0.33%，其他占 2.41%。提取职工中，中、低收入占 73.65%，高收入占 26.35%。

（三）贷款业务

1. 个人住房贷款。职工贷款笔数中，购房建筑面积 90（含）平方米以下占 6.55%，90～144（含）平方米占 82.74%，144 平方米以上占 10.71%。购买新房占 89.24%（其中购买保障性住房占 0.001%），购买二手房占 9.79%，建造、翻建、大修自住住房占 0.67%（其中支持老旧小区改造占 0%），其他占 0.3%。

职工贷款笔数中，单缴存职工申请贷款占 62.37%，双缴存职工申请贷款占 37.59%，三人及以上缴存职工共同申请贷款占 0.04%。

贷款职工中，30 岁（含）以下占 45.00%，30 岁～40 岁（含）占 34.38%，40 岁～50 岁（含）占 15.77%，50 岁以上占 4.85%；购买首套住房申请贷款占 89.93%，购买二套及以上申请贷款占 10.07%；中、低收入占 87.48%，高收入占 12.52%。

2. 住房公积金支持保障性住房建设项目贷款。2021 年末，全省有住房公积金试点城市 2 个，试点项目 14 个，贷款额度 14.32 亿元，建筑面积 107.12 万平方米，可解决 11936 户中低收入职工家庭的住房问题。12 个试点项目贷款资金已发放并还清贷款本息。

（四）住房贡献率。 2021 年，个人住房贷款发放额、公转商贴息贷款发放额、项目贷款发放额、住房消费提取额的总和与当年缴存额的比率为 112.79%，比上年减少 12.96 个百分点。

六、其他重要事项

（一）当年住房公积金政策调整情况
印发了《关于进一步加强住房公积金流动性风险管控工作的通知》（黔建房资监字〔2021〕20 号），指导各市州住房公积金管委会研究制定具体的政策措施，加强住房公积金流动性风险管控，保障资金安全。

（二）当年服务改进情况
2021 年，根据住房和城乡建设部办公厅《关于做好住房公积金服务"跨省通办"工作的通知》（建办金〔2020〕53 号）和工作部署，我们积极指导督促各地开展工作，按照工作成效"可量化、可感知、可评价"的要求，全面推进"三个一百"实践活动，提前实现 8 个住房公积金"跨省通办"服务事项可办理，全省办理相关业务 25 万余笔。职工异地办理业务，不再需要两地跑，节约了时间和路费，大大提升群众的获得感和幸福感。

（三）当年信息化建设情况

一是按照住房和城乡建设部的工作安排，持续优化住房公积金数据平台，提升数据质量，开展了职工缴存信息、贷款信息、个人信息清理和全国住房公积金小程序上线使用工作。二是督促指导各地建设住房公积金综合服务平台，全面提升住房公积金服务效率和服务水平。目前，全省各中心已基本建成住房公积金综合服务平台，为职工提供门户网站、网上办事大厅、手机客户端、微信、支付宝等多种服务渠道。三是开展住房公积金综合服务平台验收工作，组织专家对各市州住房公积金综合服务平台建设情况进行了验收。

（四）当年住房公积金机构及从业人员所获荣誉情况

1. 遵义新蒲管理部宋丹同志被贵州省总工会评为"最美劳动者"。

2. 黔东南州中心被省委网信办评为"贵州省 2021 年走好网上群众路线工作先进集体"，被贵州省总工会评为"贵州省工人先锋号"荣誉称号。

3. 安顺紫云管理部主任丁碧荣获贵州省"最美劳动者"。

贵州省遵义市住房公积金 2021 年年度报告

根据国务院《住房公积金管理条例》和住房和城乡建设部、财政部、人民银行《关于健全住房公积金信息披露制度的通知》（建金〔2015〕26 号）的规定，现将遵义市住房公积金 2021 年年度报告公布如下：

一、机构概况

遵义市住房公积金管理中心为遵义市人民政府不以营利为目的的参照公务员法管理的事业单位，设6 个科（室），14 个管理部。从业人员 133 人，其中，在编 67 人，非在编 66 人。

二、业务运行情况

（一）缴存。 2021 年，新开户单位 1093 家，净增单位 823 家；新开户职工 5.13 万人，净增职工3.26 万人；实缴单位 6455 家，实缴职工 42.90 万人，缴存额 89.99 亿元，分别同比增长 12.10%、7.46%、9.44%。2021 年末，缴存总额 572.63 亿元，比上年末增长 18.65%；缴存余额 245.40 亿元，同比增长 12.07%。受委托办理住房公积金缴存业务的银行 3 家。

（二）提取。 2021 年，18.26 万名缴存职工提取住房公积金；提取额 63.56 亿元，同比增长20.68%；提取额占当年缴存额的 70.63%，比上年增加 6.58 个百分点。2021 年末，提取总额 327.22亿元，比上年末增长 24.10%。

（三）贷款

1. 个人住房贷款。2021 年，发放个人住房贷款 1.35 万笔、51.82 亿元，同比分别增长 6.71%、15.75%。回收个人住房贷款 34.48 亿元。

2021 年末，累计发放个人住房贷款 16.09 万笔、384.05 亿元，贷款余额 222.62 亿元，分别比上年末增长 9.19%、15.60%、8.45%。个人住房贷款余额占缴存余额的 90.72%，比上年末减少 3.03 个百分点。

2021 年，支持职工购建房 166.32 万平方米，年末个人住房贷款市场占有率（含公转商贴息贷款）为 20.48%，比上年末减少 0.55 个百分点。通过申请住房公积金个人住房贷款，可节约职工购房利息支出 80146 万元。

2. 异地贷款。2021 年，发放异地贷款 747 笔、2.71 亿元。2021 年末，发放异地贷款总额 96363.40万元，异地贷款余额 83851.75 万元。

3. 公转商贴息贷款。2021 年，发放公转商贴息贷款 126 笔、4089.50 万元，支持职工购建房面积1.51 万平方米。当年贴息额 45.45 万元。2021 年末，累计发放公转商贴息贷款 152 笔、4821.30 万元，累计贴息 48.70 万元。

（四）资金存储。 2021 年末，住房公积金存款 25.05 亿元。其中，活期 0.01 亿元，1 年（含）以下定期 19 亿元，协定存款 6.04 亿元。

（五）资金运用率。 2021 年末，住房公积金个人住房贷款余额、项目贷款余额和购买国债余额的总和占缴存余额的 90.72%，比上年末减少 3.03 个百分点。

三、主要财务数据

（一）**业务收入。**2021 年，业务收入 73475.63 万元，同比增长 12.31%。存款利息 3340.21 万元，委托贷款利息 69834.77 万元，其他 300.65 万元。

（二）**业务支出。**2021 年，业务支出 39805.67 万元，同比增长 11.80%。其中，支付职工住房公积金利息 35237.83 万元，归集手续费 1728.90 万元，委托贷款手续费 2793.39 万元，其他 45.55 万元。

（三）**增值收益。**2021 年，增值收益 33669.96 万元，同比增长 12.91%。增值收益率 1.44%，比上年减少 0.01 个百分点。

（四）**增值收益分配。**2021 年，提取贷款风险准备金 1734.23 万元；提取管理费用 3507.72 万元，提取城市廉租住房（公共租赁住房）建设补充资金 28428.01 万元。

2021 年，上交财政管理费用 3062.57 万元。上缴财政城市廉租住房（公共租赁住房）建设补充资金 25007.31 万元。

2021 年末，贷款风险准备金余额 22262.02 万元，累计提取城市廉租住房（公共租赁住房）建设补充资金 153518.68 万元。

（五）**管理费用支出。**2021 年，管理费用支出 3941.41 万元，同比增长 41.57%。其中，人员经费 1433.69 万元，公用经费 158.76 万元，专项经费 2348.96 万元。

四、资产风险状况

2021 年末，个人住房贷款逾期额 755.23 万元，逾期率 0.339‰。个人贷款风险准备金余额 22262.02 万元。

五、社会经济效益

（一）**缴存业务**

缴存职工中，国家机关和事业单位占 49.07%，国有企业占 30.29%，城镇集体企业占 0.63%，外商投资企业占 0.97%，城镇私营企业及其他城镇企业占 16.57%，民办非企业单位和社会团体占 1.34%，灵活就业人员占 0.66%，其他占 0.47%；中、低收入占 99.99%，高收入占 0.01%。

新开户职工中，国家机关和事业单位占 25.63%，国有企业占 19.60%，城镇集体企业占 0.97%，外商投资企业占 1.62%，城镇私营企业及其他城镇企业占 44.17%，民办非企业单位和社会团体占 5.29%，灵活就业人员占 1.36%，其他占 1.36%；中、低收入占 99.89%，高收入占 0.11%。

（二）**提取业务**

提取金额中，购买、建造、翻建、大修自住住房占 7.92%，偿还购房贷款本息占 76.64%，租赁住房占 0.62%，支持老旧小区改造占 0.05%，离休和退休提取占 9.28%，完全丧失劳动能力并与单位终止劳动关系提取占 2.59%，出境定居占 0.03%，其他占 2.87%。提取职工中，中、低收入占 99.88%，高收入占 0.12%。

（三）**贷款业务**

职工贷款笔数中，购房建筑面积 90（含）平方米以下占 6.15%，90～144（含）平方米占 85.71%，144 平方米以上占 8.14%。购买新房占 87.93%（其中购买保障性住房占 0%），购买二手房占 12.07%。建造、翻建、大修自住住房占 0%（其中支持老旧小区改造占 0%），其他占 0%。

职工贷款笔数中，单缴存职工申请贷款占 48.31%，双缴存职工申请贷款占 51.69%，三人及以上缴存职工共同申请贷款占 0%。

贷款职工中，30 岁（含）以下占 48.33%，30 岁～40 岁（含）占 32%，40 岁～50 岁（含）占 15.45%，50 岁以上占 4.22%；购买首套住房申请贷款占 72.99%，购买二套及以上申请贷款占 27.01%；中、低收入占 98.91%，高收入占 1.09%。

（四）住房贡献率

2021 年，个人住房贷款发放额、公转商贴息贷款发放额、项目贷款发放额、住房消费提取额的总和与当年缴存额的比率为 118.19％，比上年增加 9.79 个百分点。

六、其他重要事项

（一）当年住房公积金政策调整及执行情况

1. 当年缴存政策调整情况：缴存基数上下限分别为 19580 元、1790 元，上限按照贵州省人社厅和省统计局发布的我市 2020 年度全口径城镇单位就业人员平均工资 78332 元计算，即缴存基数上限为我市 2020 年度职工月平均工资的 3 倍为 19580 元，下限按照省人力资源和社会保障厅公布的关于我市最低工资标准 1790 元确定缴存基数下限为 1790 元，当年单位与个人缴存比例按国家有关规定执行最高均为 12％、最低均为 5％〔《遵义市住房公积金管理中心关于发布 2021—2022 年度遵义市住房公积金缴存基数和月缴存额上下限的通知》（遵公积金〔2021〕42 号）〕。

2. 当年个人住房贷款政策调整情况：共调整了 3 项贷款政策，一是二套房住房公积金贷款首付比例调整至 30％；二是扩大住房公积金异地个人住房贷款支持范围至川渝及泛珠三角地区；三是出台针对高层次引进人才的贷款政策〔《遵义市住房公积金管理委员会关于调整我市二套房住房公积金贷款最低首付款比例的通知》（住委字〔2021〕3 号）、《遵义市住房公积金管理委员会关于在成渝地区试点住房公积金异地个人住房贷款的通知》（住委字〔2021〕2 号）、《遵义市住房公积金管理委员会关于调整我市住房公积金有关政策的通知》（遵住委字〔2021〕5 号）〕。

（二）当年开展监督检查情况

我中心严格落实内部稽核制度，对 14 个管理部内部稽核常规检查 2 次，下发整改通知书，明确整改责任人，整改时限，责令限期整改完成，并将检查及整改情况纳入对各管理部的年终考核。

（三）当年服务改进情况

一是 2021 年我中心根据住房和城乡建设部相关要求，结合工作实际，制定出台了"跨省通办"办理流程，印制"跨省通办"业务指南 3300 册，年内组织开展 4 次"跨省通办"业务培训会，在 2021 年 8 月全部实现了 8 项"跨省通办"服务事项的办理，其中除购房提取住房公积金以外的 7 项"跨省通办"业务均实现全程网办，同时按照住房和城乡建设部关于开展"我为群众办实事"实践活动的工作要求，扎实开展了创建"跨省通办"示范窗口、讲好"跨省通办"小故事、中心主要领导零距离真体验活动等系列工作，得到办事群众一致好评；二是依托全省一体化在线政务服务平台，通过与市场监管局、公安等部门间的数据共享，主动获取企业开办相关信息，主动实现单位建缴公积金的零材料在线开户；三是对网上业务大厅、手机 App、微信公众号、自助终端等各种服务渠道，及时进行用户弱口令整改，对公积金查询密码、交易密码、账户锁定等按规则进行升级，并采取相关措施防范密码暴力破解，有效保护了缴存单位和个人的隐私信息；四是通过专业化外包综合服务平台，打造了各电子渠道统一的智能客服系统。2021 年电子渠道服务中心综合受理 12345 工单 2157 次，获 12345 表扬工单一次，接听 12329 服务热线 50103 通，回复微信 14986 次，回复微博 6 条。

（四）当年信息化建设情况

一是升级盐城市高可用容灾备份中心服务器、存储、交换机等设备，确保容灾系统安全稳定运行；二是上线"好差评"系统，实现住房公积金业务服务事项、评价对象和服务渠道全覆盖；三是升级改造了综合服务管理系统、网上业务大厅、手机 App、微信公众号，持续深化了国密技术应用，建设了与业务深度融合的电子档案系统、蜜罐系统、应用性能监控系统、电子稽查整改系统，规范业务与财务档案管理，为"智慧住房公积金"一体化发展开好了头起好了步。

（五）当年住房公积金管理中心及职工所获荣誉情况

一是仁怀市管理部被评为"全市扫黑除恶专项斗争先进集体"；二是城区管理部卢勇兵同志被评为"全市优秀共产党员"、播州管理部罗飞同志被评为"全市扫黑除恶专项斗争先进个人"、新蒲管理部宋丹同志被贵州省总工会评为"最美劳动者"。

(六)当年对住房公积金管理人员违规行为的纠正和处理情况

2021 年全年，我中心住房公积金管理人员未发生因违规行为被纠正和处理的情况。

(七)其他需要披露的情况

无。

贵州省及省内各城市住房公积金
2021 年年度报告二维码

名称	二维码
贵州省住房公积金 2021 年年度报告	
贵阳住房公积金 2021 年年度报告	
遵义市住房公积金 2021 年年度报告	
六盘水市住房公积金 2021 年年度报告	
安顺市住房公积金 2021 年年度报告	
毕节市住房公积金 2021 年年度报告	
铜仁市住房公积金 2021 年年度报告	

续表

名称	二维码
黔东南苗族侗族自治州住房公积金 2021 年年度报告	
黔南布依族苗族自治州住房公积金 2021 年年度报告	
黔西南布依族苗族自治州住房公积金 2021 年年度报告	

云南省

云南省住房公积金 2021 年年度报告

根据国务院《住房公积金管理条例》和住房和城乡建设部、财政部、人民银行《关于健全住房公积金信息披露制度的通知》（建金〔2015〕26 号）规定，现将云南省住房公积金 2021 年年度报告汇总公布如下：

一、机构概况

（一）住房公积金管理机构

全省共设 16 个设区城市住房公积金管理中心，1 个独立设置的分中心。从业人员 1485 人，其中，在编 1026 人，非在编 459 人。

（二）住房公积金监管机构

云南省住房和城乡建设厅、财政厅和人民银行昆明中心支行负责对本省住房公积金管理运行情况进行监督。省住房城乡建设厅设立住房公积金监管处，负责辖区住房公积金日常监管工作。

二、业务运行情况

（一）缴存。2021 年，新开户单位 6497 家，净增单位 3920 家；新开户职工 30.36 万人，净增职工 14.69 万人；实缴单位 60684 家，实缴职工 301.09 万人，缴存额 627.39 亿元，分别同比增长 6.91%、5.13%、6.05%。2021 年末，缴存总额 5211.31 亿元，比上年末增加 13.69%；缴存余额 1793.60 亿元，同比增长 8.23%（表 1）。

2021 年分城市住房公积金缴存情况 表 1

地区	实缴单位 （万个）	实缴职工 （万人）	缴存额 （亿元）	累计缴存总额 （亿元）	缴存余额 （亿元）
云南省	**6.07**	**301.09**	**627.39**	**5211.31**	**1793.60**
昆明	2.00	113.93	244.34	1988.06	517.80
曲靖	0.34	25.55	53.62	466.15	165.33
玉溪	0.37	14.02	36.25	318.39	96.21
保山	0.26	12.80	22.76	177.44	82.49
昭通	0.30	17.50	36.94	295.26	128.50
丽江	0.17	7.53	14.45	120.84	40.36
普洱	0.33	12.49	24.65	199.04	94.36
临沧	0.40	12.21	21.46	158.80	91.05
楚雄	0.27	12.35	24.72	227.23	63.48
红河	0.49	22.01	41.95	397.54	148.10
文山	0.30	15.64	28.67	222.68	85.46
西双版纳	0.19	6.69	12.91	114.68	58.03
大理	0.34	15.19	32.85	277.93	104.36

续表

地区	实缴单位 （万个）	实缴职工 （万人）	缴存额 （亿元）	累计缴存总额 （亿元）	缴存余额 （亿元）
德宏	0.15	6.35	13.27	107.78	53.83
怒江	0.07	3.53	8.84	68.63	23.44
迪庆	0.08	3.30	9.70	70.86	40.78

（二）提取。2021年，全省127.53万名缴存职工提取住房公积金；提取额491.04亿元，同比增长3.66%；提取额占当年缴存额的78.27%，比上年减少1.8个百分点。2021年末，提取总额3417.70亿元，比上年末增加16.78%（表2）。

2021年分城市住房公积金提取情况 表2

地区	提取额 （亿元）	提取率 （%）	住房消费类提取额 （亿元）	非住房消费类提取额 （亿元）	累计提取总额 （亿元）
云南省	**491.04**	**78.27**	**402.95**	**88.09**	**3417.70**
昆明	208.75	85.43	176.99	31.75	1470.26
曲靖	46.81	87.30	39.73	7.08	300.83
玉溪	26.07	71.91	20.84	5.23	222.18
保山	15.14	66.50	11.50	3.64	94.95
昭通	29.11	78.81	24.70	4.41	166.76
丽江	11.43	79.13	9.83	1.61	80.48
普洱	16.80	68.14	12.59	4.21	104.68
临沧	10.36	48.27	7.39	2.98	67.75
楚雄	17.02	68.85	14.34	2.68	163.75
红河	27.56	65.70	20.24	7.33	249.44
文山	26.41	92.11	21.69	4.72	137.22
西双版纳	6.38	49.44	3.56	2.82	56.65
大理	23.53	71.63	19.24	4.29	173.57
德宏	8.51	64.11	5.99	2.51	53.95
怒江	8.66	97.91	7.41	1.25	45.18
迪庆	8.51	87.69	6.91	1.60	30.07

（三）贷款

1. 个人住房贷款。2021年，发放个人住房贷款6.01万笔，230.92亿元，同比下降12.26%、12.80%。回收个人住房贷款195.36亿元。

2021年末，累计发放个人住房贷款138.07万笔，3057.92亿元，贷款余额1378.88亿元，分别比上年末增加4.59%、8.17%、2.65%。个人住房贷款余额占缴存余额的76.88%，比上年末减少4.18个百分点（表3）。

2021年，支持职工购建房855.95万平方米。年末个人住房贷款市场占有率（含公转商贴息贷款）为16.69%，比上年末减少1.52个百分点。通过申请住房公积金个人住房贷款，可节约职工购房利息支出47.23亿元。

2021 年分城市住房公积金个人住房贷款情况 表 3

地区	放贷笔数 （万笔）	贷款发放额 （亿元）	累计放贷笔数 （万笔）	累计贷款总额 （亿元）	贷款余额 （亿元）	个人住房贷款率 （%）
云南省	**6.01**	**230.92**	**138.07**	**3057.92**	**1378.88**	**76.88**
昆明	1.11	38.37	27.29	731.22	348.73	67.35
曲靖	0.51	21.09	18.50	287.78	118.27	71.53
玉溪	0.35	12.64	8.27	185.10	87.15	90.58
保山	0.20	5.79	5.14	120.55	61.39	74.42
昭通	0.59	21.51	9.87	222.12	111.85	87.04
丽江	0.17	7.35	5.90	88.58	27.38	67.84
普洱	0.40	17.07	8.83	172.47	81.68	86.57
临沧	0.29	14.09	4.60	130.60	76.96	84.53
楚雄	0.29	6.20	5.52	101.68	45.26	71.29
红河	0.86	33.38	15.61	359.06	138.45	93.48
文山	0.54	21.62	8.91	210.67	77.17	90.29
西双版纳	0.07	1.62	4.32	95.13	43.23	74.49
大理	0.21	11.03	6.42	160.31	83.88	80.38
德宏	0.19	9.01	4.16	90.54	48.29	89.70
怒江	0.15	6.46	2.71	51.61	13.96	59.56
迪庆	0.09	3.66	2.01	50.50	15.22	37.33

2. 异地贷款。2021 年，发放异地贷款 1312 笔、4.92 亿元。2021 年末，发放异地贷款总额 30.13 亿元，异地贷款余额 19.86 亿元。

3. 公转商贴息贷款。2021 年，发放公转商贴息贷款 423 笔、17981.60 万元，支持职工购建房面积 6.74 万平方米。当年贴息额 4072.49 万元。2021 年末，累计发放公转商贴息贷款 7312 笔、344460.30 万元，累计贴息 10932.29 万元。

（四）资金存储。2021 年末，住房公积金存款 436.27 亿元。其中，活期 15.32 亿元，1 年（含）以下定期 88.21 亿元，1 年以上定期 262.95 亿元，其他（协定、通知存款等）69.79 亿元。

（五）资金运用率。2021 年末，住房公积金个人住房贷款余额、项目贷款余额和购买国债余额的总和占缴存余额的 76.88%，比上年末减少 4.19 个百分点。

三、主要财务数据

（一）业务收入。2021 年，业务收入 550305.57 万元，同比增长 7.28%。其中，存款利息 105343.96 万元，委托贷款利息 444769.17 万元，其他 192.44 万元。

（二）业务支出。2021 年，业务支出 283892.69 万元，同比增长 6.39%。其中，支付职工住房公积金利息 265694.95 万元，归集手续费 5230.58 万元，委托贷款手续费 12947.29 万元，其他 19.87 万元。

（三）增值收益。2021 年，增值收益 266412.87 万元，同比增长 8.25%；增值收益率 1.54%，比上年增加 0.07 个百分点。

（四）增值收益分配。2021 年，提取贷款风险准备金 3080.67 万元，提取管理费用 53428.87 万元，提取城市廉租住房（公共租赁住房）建设补充资金 209903.33 万元（表 4）。

2021 年，按分级管理原则，上交财政管理费用 50479.94 万元，上缴财政城市廉租住房（公共租赁住房）建设补充资金 188208.97 万元。

2021 年末，贷款风险准备金余额 182537.47 万元，累计提取城市廉租住房（公共租赁住房）建设补充资金 1490633.72 万元。

2021 年分城市住房公积金增值收益及分配情况　　　　　　　　表 4

地区	业务收入（亿元）	业务支出（亿元）	增值收益（亿元）	增值收益率（%）	提取贷款风险准备金（亿元）	提取管理费用（亿元）	提取公租房（廉租房）建设补充资金（亿元）
云南省	**55.03**	**28.39**	**26.64**	**1.54**	**0.31**	**5.34**	**20.99**
昆明	15.95	8.36	7.59	1.52	0.00	0.82	6.77
曲靖	5.28	2.65	2.63	1.60	0.00	0.12	2.51
玉溪	2.89	1.89	1.00	1.10	−0.10	0.10	1.00
保山	2.63	1.24	1.39	1.78	0.00	0.42	0.97
昭通	4.17	1.99	2.18	1.74	0.06	0.31	1.81
丽江	1.08	0.59	0.48	1.23	0.01	0.42	0.05
普洱	2.84	1.38	1.45	1.61	0.07	0.40	0.98
临沧	2.75	1.39	1.35	1.57	0.06	0.19	1.10
楚雄	1.73	0.90	0.83	1.39	0.00	0.16	0.67
红河	4.68	2.37	2.32	1.64	0.08	0.32	1.91
文山	2.58	1.31	1.27	1.51	0.07	0.38	0.82
西双版纳	1.63	0.88	0.75	1.36	0.00	0.22	0.52
大理	3.15	1.60	1.55	1.55	0.01	0.47	1.08
德宏	1.64	0.83	0.81	1.58	0.04	0.69	0.08
怒江	0.64	0.38	0.26	1.09	0.00	0.08	0.18
迪庆	1.39	0.62	0.77	1.87	0.00	0.23	0.54

（五）管理费用支出。2021 年，管理费用支出 34348.34 万元，同比增长 6.26%。其中，人员经费 19577.44 万元，公用经费 3589.14 万元，专项经费 11181.76 万元。

四、资产风险状况

2021 年末，个人住房贷款逾期额 3645.64 万元，逾期率 0.26‰，个人贷款风险准备金余额 182537.47 万元。2021 年，使用个人贷款风险准备金核销呆坏账 5.25 万元。

五、社会经济效益

（一）缴存业务。缴存职工中，国家机关和事业单位占 48.75%，国有企业占 22.69%，城镇集体企业占 1.63%，外商投资企业占 1.35%，城镇私营企业及其他城镇企业占 20.29%，民办非企业单位和社会团体占 1.80%，灵活就业人员占 0.15%，其他占 3.34%；中、低收入占 98.40%，高收入占 1.60%。

新开户职工中，国家机关和事业单位占 23.50%，国有企业占 15.41%，城镇集体企业占 2.06%，外商投资企业占 2.01%，城镇私营企业及其他城镇企业占 47.06%，民办非企业单位和社会团体占 3.97%，灵活就业人员占 0.64%，其他占 5.35%；中、低收入占 99.66%，高收入占 0.34%。

（二）提取业务。提取金额中，购买、建造、翻建、大修自住住房占 43.79%，偿还购房贷款本息占 35.56%，租赁住房占 2.29%，支持老旧小区改造及其他提取占 0.42%；离休和退休提取占 12.72%，完全丧失劳动能力并与单位终止劳动关系提取占 3.71%，出境定居占 0.18%，其他占 1.33%。提取职工中，中、低收入占 94.69%，高收入占 5.31%。

（三）**贷款业务。**职工贷款笔数中，购房建筑面积 90（含）平方米以下占 9.70％，90～144（含）平方米占 62.89％，144 平方米以上占 27.41％。购买新房占 71.22％（其中购买保障性住房占 0.09％），购买二手房占 26.85％，建造、翻建、大修自住住房占 1.01％，其他占 0.92％。

职工贷款笔数中，单缴存职工申请贷款占 33.96％，双缴存职工申请贷款占 64.74％，三人及以上缴存职工共同申请贷款占 1.30％。

贷款职工中，30 岁（含）以下占 35.85％，30 岁～40 岁（含）占 37.45％，40 岁～50 岁（含）占 21.06％，50 岁以上占 5.64％；购买首套住房申请贷款占 84.71％，购买二套及以上申请贷款占 15.29％；中、低收入占 99.60％，高收入占 0.40％。

（四）**住房贡献率。**2021 年，个人住房贷款发放额、公转商贴息贷款发放额、项目贷款发放额、住房消费提取额的总和与当年缴存额的比率为 101.32％，比上年减少 11.25 个百分点。

六、其他重要事项

1. 根据《住房和城乡建设部关于加快建设住房公积金综合服务平台的通知》（建金〔2016〕14 号）《住房公积金监管司关于印发住房公积金综合服务平台验收工作流程和评分标准的通知》（建金服函〔2018〕70 号）要求，完成剩余 8 家住房公积金管理中心住房公积金综合服务平台的实地验收工作。

2. 按照《住房和城乡建设部住房公积金监管司关于加强对逾期住房公积金个人住房贷款监管的函》（建司局函金〔2021〕36 号）的要求，督促逾期率高于全国平均水平的 7 家住房公积金管理中心认真开展逾期贷款自查工作，并于 2021 年二、三季度组织开展了实地调研及检查，加强贷款逾期管理，要求各地做到逾期贷款底数明，逾期分类准、降逾措施实、降逾整改到位。全省个贷逾期率由 0.46‰降至 0.26‰，逾期贷款监管工作效果显著。

3. 按照《住房和城乡建设部办公厅关于住房公积金专项审计发现典型案例的通报》要求，全省开展住房公积金典型案例警示教育，警示住房公积金系统领导干部和从业人员严格遵纪守法，同时认真开展专项排查整治工作，及时发现本地住房公积金管理存在的问题，制定整改措施，堵塞管理漏洞、补齐制度短板。经过今年 1～3 月的专项排查，整治工作取得了阶段性成效。

4. 积极推进住房公积金业务"跨省通办"，扎实推进"我为群众办实事"实践活动，聚焦群众异地办事的痛点难点，积极推进住房公积金业务全程网办、两地联办、代收代办工作。截至目前，云南省实现了 8 项高频服务事项全国"跨省通办"。全省设 151 个"跨省通办"线下办理窗口，已完成线上办理单位登记开户 78 户，线上办理单位及个人缴存信息变更 43910 次，线上办理提前还清住房公积金贷款 15989 笔，通过两地联办方式办理异地购房提取住房公积金 39 笔，提取金额 232.53 万元，大幅度提高了为群众服务办事的效率。

5. 云南省各住房公积金管理中心积极推进小程序上线工作，为缴存职工提供住房公积金缴存和使用情况查询，以及异地转移接续服务。切实做到让数据多跑路，群众少跑腿。截至 2021 年 12 月底，已办结异地转移业务 7122 笔，其中：转入 4431 笔，转入金额 11655.56 万元，转出 2691 笔，转出金额 9371.89 万元。

6. 主动服务全省城镇化战略，扩大住房公积金使用范围。鼓励各地积极探索住房公积金支持城市更新、老旧小区改造的措施和办法。楚雄州、昭通市、曲靖市、大理州、丽江市、怒江州、昆明市、文山州制定了提取住房公积金用于老旧小区改造加装电梯的实施办法，其余州市正在积极调研中。昆明市按住房和城乡建设部要求积极开展灵活就业人员自愿缴存住房公积金试点工作。

7. 全省住房公积金管理中心获得荣誉情况。2021 年，省级职工住房资金管理中心获全国文明单位，曲靖市、保山市、昭通市、临沧市、楚雄州、大理州住房公积金管理中心获云南省文明单位，昭通市住房公积金管理中心昭阳区分中心荣获全国总工会"最美职工驿站"表彰，临沧市住房公积金管理中心党支部被省委表彰为"云南省先进基层党组织"。

云南省临沧市住房公积金 2021 年年度报告

根据国务院《住房公积金管理条例》和住房和城乡建设部、财政部、人民银行《关于健全住房公积金信息披露制度的通知》（建金〔2015〕26 号）的规定，经临沧市住房公积金管理委员会审议通过，现将临沧市住房公积金 2021 年年度报告公布如下：

一、机构概况

（一）住房公积金管理委员会。临沧市住房公积金管理委员会有 23 名委员，2021 年召开 3 次全体会议，审议通过的事项主要包括：1. 审议通过《临沧市住房公积金 2020 年收支预算执行情况和 2021 年收支预算（草案）》；2. 审议通过《临沧市住房公积金 2020 年年度报告》；3. 审议通过《临沧市住房公积金"十四五"发展规划》；4. 审议通过修订完善《临沧市住房公积金流动性风险防控暂行办法》。

（二）住房公积金管理中心。临沧市住房公积金管理中心为直属于临沧市人民政府的不以营利为目的事业单位，主要负责全市住房公积金的归集、管理、使用和会计核算。中心设 8 个科（室），9 个管理部。从业人员 93 人，其中，在编 74 人，非在编（劳务派遣人员）19 人。

二、业务运行情况

（一）缴存。2021 年，新开户单位 768 家，净增单位 626 家；新开户职工 1.25 万人，净增职工 0.52 万人；实缴单位 4039 户，实缴职工 12.21 万人，缴存额 21.46 亿元（含结转利息和外部转入），分别同比增长 18.34%、4.45%、6.13%。2021 年末，缴存总额 158.8 亿元，比上年末增加 15.63%；缴存余额 91.05 亿元，同比增长 13.89%。

（二）提取。2021 年，3.88 万名缴存职工提取住房公积金，占实缴职工数的 31.78%，提取额 10.36 亿元（含外部转出），同比增长 12.93%；提取额占当年缴存额的 48.27%，比上年增加 2.91 个百分点。2021 年末，提取总额 67.75 亿元，比上年末增加 18.05%。

（三）贷款

1. 个人住房贷款。单缴存职工首套住房贷款最高额度 50 万元，第二套住房贷款最高额度为 40 万元。双缴存职工首套住房贷款最高额度 70 万元，第二套住房贷款最高额度 60 万元。

2021 年，发放个人住房贷款 14.09 亿元，同比下降 25.88%。

2021 年，回收个人住房贷款 7.77 亿元，同比增长 6.95%。

2021 年末，累计发放个人住房贷款 4.6 万笔、130.6 亿元，贷款余额 76.96 亿元，分别比上年末增加 6.78%、12.09%、8.94%。个人住房贷款余额占缴存余额的 84.53%，比上年末下降 3.84 个百分点。受委托办理住房公积金个人住房贷款业务的银行 7 家，较上年相比无增减。

2. 异地贷款。2021 年未发放异地贷款。年末，发放异地贷款总额 0.17 亿元，异地贷款余额 0.11 亿元。

（四）资金存储。2021 年末，住房公积金存款额 15.59 亿元。其中，活期 0.02 亿元，1 年以下定期 0.30 亿元，1 年以上定期 9.56 亿元，协定存款 5.71 亿元。

（五）资金运用率。2021 年末，住房公积金个人住房贷款余额占缴存余额的 84.53%（无项目贷款和国债），比上年末下降 3.84 个百分点。

三、主要财务数据

（一）业务收入。 2021 年，业务收入 2.74 亿元，同比增长 14.78%。其中，存款利息收入 0.33 亿元，委托贷款利息收入 2.41 亿元。

（二）业务支出。 2021 年，业务支出 1.39 亿元，同比增长 13.70%。其中，支付职工住房公积金利息 1.29 亿元，委托贷款手续费 0.10 亿元。

（三）增值收益。 2021 年，实现增值收益 1.35 亿元，同比增长 15.92%。增值收益率 1.57%，较上年增加 0.02 个百分点。

（四）增值收益分配。 2021 年，提取贷款风险准备金 0.06 亿元，提取管理费用 0.19 亿元，提取城市廉租住房（公共租赁住房）建设补充资金 1.10 亿元。

2021 年末，贷款风险准备金余额 0.77 亿元。累计提取城市廉租住房（公共租赁住房）建设补充资金 5.86 亿元。

（五）管理费用支出。 2021 年，管理费用支出 1530.48 万元，同比下降 31.74%。其中，人员经费 1023.21 万元，公用经费 53.77 万元，专项经费 453.50 万元。

四、资产风险状况

2021 年末，无逾期个人住房贷款，年末个人贷款风险准备金余额 0.77 亿元。当年未使用个人贷款风险准备金核销呆坏账。

五、社会经济效益

（一）缴存业务

缴存单位中，国家机关和事业单位占 41.65%，国有企业占 5.94%，城镇集体企业占 1.02%，外商投资企业占 0.4%，城镇私营企业及其他城镇企业占 46.74%，民办非企业单位和社会团体占 2.92%，其他占 1.33%。

缴存职工中，国家机关和事业单位在编人员占 53.01%，编制外人员占 18.3%，国有企业占 9.92%，城镇集体企业占 1.15%，外商投资企业占 0.2%，城镇私营企业及其他城镇企业占 15.73%，民办非企业单位和社会团体占 1.38%，其他占 0.31%；中、低收入占 99.24%，高收入占 0.76%。

新开户职工中，国家机关和事业单位占 56.56%，国有企业占 4.23%，城镇集体企业占 0.61%，外商投资企业占 0.24%，城镇私营企业及其他城镇企业占 34.47%，民办非企业单位和社会团体占 3.18%，其他占 0.71%；中、低收入占 99.61%，高收入占 0.39%。

（二）提取业务

提取金额中，购买、建造、翻建、大修自住住房占 12.49%，偿还购房贷款本息占 58.16%，租赁住房占 0.63%，离休和退休提取占 20.38%，完全丧失劳动能力并与单位终止劳动关系提取占 5.54%，其他占 2.8%。提取职工中，中、低收入占 98.85%，高收入占 1.15%。

（三）贷款业务

个人住房贷款。2021 年，支持职工购建房 43.90 万平方米，年末个人住房贷款市场占有率为 59.30%，比上年末减少 1.79 个百分点。通过申请住房公积金个人住房贷款，可节约职工购房利息支出 3.80 亿元。

职工贷款笔数中，购房建筑面积 90（含）平方米以下占 5.27%，90~144（含）平方米占 58.8%，144 平方米以上占 35.93%。购买新房占 77.61%，购买二手房占 19.75%，建造、翻建、大修自住住房占 2.64%。

职工贷款笔数中，单缴存职工申请贷款占 29.81%，双缴存职工申请贷款占 70.19%。

贷款职工中，30 岁（含）以下占 38.06%，30 岁~40 岁（含）占 36.69%，40 岁~50 岁（含）占

19.3％，50 岁以上占 5.95％；首次申请贷款占 79.36％，二次申请贷款占 20.64％；中、低收入群体占 99.14％，高收入群体占 0.86％。

（四）住房贡献率

2021 年，个人住房贷款发放额、住房消费提取额的总和与当年缴存额的比率为 100.03％，比上年下降 26.72 个百分点。

六、其他重要事项

（一）高质量编制完成临沧市住房公积金"十四五"发展规划。以习近平总书记考察云南重要讲话精神为指导，对标中央、省、市"十四五"发展目标和 2035 年远景规划，以经济指标增速不低于 10％，抓好八项重点工作，实现五大综合发展目标，精心编制《临沧市住房公积金"十四五"发展规划》，报经市住房公积金管理委员会 2021 年第二次全体会议审议通过、印发执行，为未来五年乃至更长时期的发展确立了目标、指明了方向。

（二）落实减轻企业负担工作部署和支持企业发展情况。认真贯彻落实"六稳六保"工作要求和 2021 年全国减轻企业负担工作的安排部署，聚焦企业困难和需求，服务企业排忧解难，对 76 个房地产项目给予资金支持 10.42 亿元，对 3 户缴存住房公积金有困难的企业给予阶段性缓缴 6.72 万元，为 1 户企业办理降低缴存比例。

（三）当年住房公积金政策调整及执行情况

1. 2021 年，依据统计部门统计年报数据，我市住房公积金缴存工资基数上限为上年在岗职工月平均工资的 3 倍 24567 元，下限为临沧市各县区最低工资标准，临翔区为 1500 元，其他各县为 1350 元；缴存比例上限为 12％，下限为 5％。

2. 根据《临沧市住房公积金流动性风险防控暂行办法》的规定，2021 年继续实施流动性风险防控一级响应阶段性使用政策规定。

3. 存款利率执行《中国人民银行 住房和城乡建设部 财政部关于完善职工住房公积金账户存款利率形成机制的通知》（银发〔2016〕43 号）规定，当年归集及上年结转的个人住房公积金存款利率均为一年期定期存款利率 1.5％；贷款利率：首套房五年期以下（含五年）为 2.75％，五年期以上为 3.25％。二套房贷款利率按同期首套住房公积金贷款利率上浮 10％执行。

（四）优化和改进服务情况。深入推进"放管服"改革，不断优化营商环境。扩充渠道"就近办"，先后在市建行、市农行部分营业网点及市政务服务中心设立住房公积金业务办理专柜，着力打造主城区"一刻钟"便民服务圈；建优扩能"线上办"，26 个公积金业务事项 24 个可线上办理，8 个事项实现"跨省通办"。

（五）信息化建设情况。"互联网＋公积金"服务迭代升级，多平台建设加快推进。成功接入云南省开办企业"一窗通"平台，企业线上注册登记时可同步办理住房公积金缴存登记；成功接入云南政务服务平台，实现身份一次认证即可办理公积金业务，同步建设"好差评"系统，自觉接受办事群众的评价和监督；完成住房和城乡建设部住房公积金微信小程序接入工作，实现与全国各城市公积金中心线上服务渠道的互联互通。

（六）获得荣誉表彰情况。2021 年度，在庆祝中国共产党成立 100 周年之际，中心党支部被省委表彰为"云南省先进基层党组织"。持之以恒抓实文明创建，经复查验收，继续保留省级文明单位荣誉称号。

（七）其他情况。本市无住房公积金支持保障性住房建设项目贷款，无公转商贴息贷款，无国债资产，无融资业务。

云南省及省内各城市住房公积金
2021 年年度报告二维码

名称	二维码
云南省住房公积金 2021 年年度报告	
昆明市住房公积金 2021 年年度报告	
西双版纳傣族自治州住房公积金 2021 年年度报告	
文山壮族苗族自治州住房公积金 2021 年年度报告	
保山市住房公积金 2021 年年度报告	
迪庆藏族自治州住房公积金 2021 年年度报告	
曲靖市住房公积金 2021 年年度报告	

名称	二维码
德宏傣族景颇族自治州住房公积金 2021 年年度报告	
红河哈尼族彝族自治州住房公积金 2021 年年度报告	
临沧市住房公积金 2021 年年度报告	
玉溪市住房公积金 2021 年年度报告	
普洱市住房公积金 2021 年年度报告	
楚雄彝族自治州住房公积金 2021 年年度报告	
大理白族自治州住房公积金 2021 年年度报告	
怒江傈僳族自治州住房公积金 2021 年年度报告	

续表

名称	二维码
昭通市住房公积金 2021 年年度报告	
丽江市住房公积金 2021 年年度报告	

西藏自治区

西藏自治区住房公积金 2021 年年度报告

根据国务院《住房公积金管理条例》和住房和城乡建设部、财政部、人民银行《关于健全住房公积金信息披露制度的通知》（建金〔2015〕26 号）规定，现将西藏自治区住房公积金 2021 年年度报告公布如下：

一、机构概况

（一）住房公积金管理机构

全区共设 8 个设区城市住房公积金管理中心，从业人员 70 人（其中：在编 41 人，非在编 29 人）。

（二）住房公积金监管机构

西藏自治区住房和城乡建设厅、西藏自治区财政厅和人民银行拉萨中心支行负责对全区住房公积金管理运行情况进行监督。西藏自治区住房和城乡建设厅设立规划财务处（住房公积金监管处），负责全区住房公积金日常监管工作。

二、业务运行情况

（一）**缴存**。2021 年，全区住房公积金新开户单位 754 家，净增单位 525 家；新开户职工 5.23 万人，净增职工 4.24 万人；实缴单位 5960 家，实缴职工 40.16 万人，缴存额 126.44 亿元，分别同比增长 9.66%、11.80%、13.61%。截至 2021 年末，缴存总额 835.79 亿元，比上年末增加 17.82%；缴存余额 393.79 亿元，同比增长 14.75%（表 1）。

2021 年分城市住房公积金缴存情况 表 1

地区	实缴单位（万个）	实缴职工（万人）	缴存额（亿元）	累计缴存总额（亿元）	缴存余额（亿元）
西藏自治区	**0.60**	**40.16**	**126.44**	**835.79**	**393.79**
区直	0.08	7.88	28.24	206.05	90.13
拉萨	0.16	7.88	20.08	118.75	59.32
日喀则	0.06	5.54	19.64	127.97	69.68
山南	0.11	4.28	11.99	82.38	35.83
林芝	0.07	3.43	9.36	65.00	27.73
昌都	0.08	5.13	15.63	99.85	48.08
那曲	0.02	4.23	14.67	92.54	44.21

（二）**提取**。2021 年，8.19 万名缴存职工提取住房公积金；提取额 75.83 亿元，同比增长 10.01%；提取额占当年缴存额的 59.97%，比上年增加 1.97 个百分点。截至 2021 年末，全区累计提取总额 441.99 亿元，比上年末增加 20.71%（表 2）。

2021 年分城市住房公积金提取情况　　　　　　　　　　　　表 2

地区	提取额 （亿元）	提取率 （％）	住房消费类提取额 （亿元）	非消费类提取额 （亿元）	累计提取总额 （亿元）
西藏自治区	**75.83**	**59.97**	**62.77**	**13.07**	**441.99**
区直	17.02	60.29	12.77	4.25	115.91
拉萨市	9.96	49.6	8.07	1.89	59.43
日喀则市	13.40	68.23	11.66	1.74	58.28
山南市	7.10	59.22	6.07	1.03	46.56
林芝市	5.94	63.46	5.05	0.89	37.27
昌都市	8.80	56.30	7.39	1.41	51.77
那曲市	9.21	62.79	8.01	1.20	48.33

（三）贷款

1. 个人住房贷款。2021 年，发放个人住房贷款 1.00 万笔、67.37 亿元，同比增长 14％、7.51％。回收个人住房贷款 36.53 亿元。

2021 年末，全区累计发放个人住房贷款 11.30 万笔、489.11 亿元，贷款余额 280.34 亿元，分别比上年末增加 9.71％、15.97％、12.36％。个人住房贷款余额占缴存余额的 71.19％，比上年末增加 1.51 个百分点（表 3）。

2021 年，支持职工购建房 268.82 万平方米。年末个人住房贷款市场占有率（含公转商贴息贷款）为 62％，比上年末增加 1 个百分点。通过申请住房公积金个人住房贷款，可节约职工购房利息支出 1145.3 万元。

2021 年分城市住房公积金个人住房贷款情况　　　　　　　　表 3

地区	放贷笔数 （万笔）	贷款发放额 （亿元）	累计放贷笔数 （万笔）	累计贷款总额 （亿元）	贷款余额 （亿元）	个人住房贷款率 （％）
西藏自治区	**1.00**	**67.37**	**11.30**	**489.11**	**280.34**	**71.19**
区直	0.22	15.26	2.53	112.05	67.06	74.40
拉萨	0.09	5.94	1.88	78.71	41.49	69.94
日喀则	0.17	12.36	2.46	101.85	56.47	81.04
山南	0.13	8.35	1.20	54.32	32.12	89.65
林芝	0.10	6.75	0.75	32.97	19.68	70.97
昌都	0.13	8.23	0.97	42.57	25.32	52.66
那曲	0.08	5.11	0.90	40.39	20.90	47.27
阿里地	0.08	5.37	0.61	26.25	17.29	91.92

2. 异地贷款。2021 年，发放异地公积金个人住房贷款 54 笔，共计 3893 万元。截至 2021 年末，全区累计发放异地公积金个人住房贷款总额 27731 万元，异地公积金个人住房贷款余额 16805.82 万元。

（四）资金存储。 截至 2021 年末，全区住房公积金存款 115.67 亿元。其中，活期 33.09 亿元，1 年（含）以下定期 49.21 亿元，1 年以上定期 33.37 亿元。

（五）资金运用率。 2021 年末，住房公积金个人住房贷款余额、项目贷款余额和购买国债余额的总和占缴存余额的 71.19％，比上年末增加 1.51 个百分点。

三、主要财务数据

（一）业务收入。 2021 年，业务收入 78890.26 万元，同比增长 17.52％。其中，存款利息 24709.97

万元，委托贷款利息 54110.64 万元，其他 69.65 万元。

（二）**业务支出。**2021 年，业务支出 58349.33 万元，同比增长 14.62％。其中，支付职工住房公积金利息 55532.54 万元，委托贷款手续费 2815.29 万元，其他 1.51 万元。

（三）**增值收益。**2021 年，增值收益 20540.93 万元，同比增长 26.41％；增值收益率 0.56％，比上年增加 0.05 个百分点。

（四）**增值收益分配。**2021 年，提取贷款风险准备金 12324.57 万元，提取管理费用 791.53 万元，提取城市廉租住房建设补充资金 7424.84 万元（表 4）。

2021 年，上交财政管理费用 791.53 万元，上缴财政城市廉租住房建设补充资金 7424.84 万元。

截至 2021 年末，贷款风险准备金余额 70405.08 万元，累计提取城市廉租住房建设补充资金 33817.17 万元。

2021 年分城市住房公积金增值收益及分配情况 表 4

地区	业务收入（亿元）	业务支出（亿元）	增值收益（亿元）	增值收益率（％）	提取贷款风险准备金（亿元）	提取管理费用（亿元）	提取公租房（廉租房）建设补充资金（亿元）
西藏自治区	**7.89**	**5.83**	**2.05**	**0.56**	**1.23**	**0.08**	**0.74**
区直	1.95	1.34	0.61	0.72	0.37	0.01	0.23
拉萨	1.12	0.80	0.32	0.58	0.19	0.00	0.12
日喀则	1.13	1.14	0.09	0.13	0.05	0.00	0.03
山南	0.70	0.53	0.17	0.51	0.10	0.01	0.05
林芝	0.70	0.41	0.29	1.11	0.17	0.00	0.11
昌都	0.89	0.68	0.21	0.47	0.12	0.00	0.08
那曲	0.95	0.63	0.31	0.77	0.19	0.01	0.12
阿里地	0.35	0.29	0.06	0.35	0.04	0.03	0.00

（五）**管理费用支出。**2021 年，管理费用支出 1057.36 万元，同比增长 35.56％。其中，人员经费 668.94 万元，公用经费 160.1 万元，专项经费 228.32 万元。

四、资产风险状况

截至 2021 年末，全区个人住房贷款逾期额 2450.43 万元，逾期率 0.87‰，个人贷款风险准备金余额 70405.08 万元。2021 年未使用个人贷款风险准备金核销呆坏账。

五、社会经济效益

（一）**缴存业务。**缴存职工中，国家机关和事业单位占 72.73％，国有企业占 19.71％，外商投资企业占 0.13％，城镇私营企业及其他城镇企业占 7.06％，其他占 0.37％；中、低收入占 99.53％，高收入占 0.47％。

新开户职工中，国家机关和事业单位占 56.10％，国有企业占 24.95％，外商投资企业占 0.29％，城镇私营企业及其他城镇企业占 18.03％，其他占 0.64％；中、低收入占 99.23％，高收入占 0.77％。

（二）**提取业务。**提取金额中，购买、建造、翻建、大修自住住房占 50.67％，偿还购房贷款本息占 30.74％，租赁住房占 1.98％，离休和退休提取占 7.36％，完全丧失劳动能力并与单位终止劳动关系提取占 1.9％，其他占 7.35％。

提取职工中，中、低收入占 99.87％，高收入占 0.13％。

（三）**贷款业务。**职工贷款笔数中，购房建筑面积 90（含）平方米以下占 8.66％，90～144（含）

平方米占 65.45％，144 平方米以上占 25.89％。购买新房占 73.13％，购买二手房占 13.67％，建造、翻建、大修自住住房占 2.02％，其他占 11.18％。

职工贷款笔数中，单缴存职工申请贷款占 35.76％，双缴存职工申请贷款占 64.24％。

贷款职工中，30 岁（含）以下占 35.14％，30 岁～40 岁（含）占 45.76％，40 岁～50 岁（含）占 15.77％，50 岁以上占 3.33％；首次申请贷款占 82.06％，二次及以上申请贷款占 17.94％；中、低收入占 99.61％，高收入占 0.39％。

（四）住房贡献率。2021 年，个人住房贷款发放额、公转商贴息贷款发放额、项目贷款发放额、住房消费提取额的总和与当年缴存额的比率为 117.47％，比上年增加 9.75 个百分点。

六、其他重要事项

（一）当年住房公积金政策执行情况

1. 缴存政策。按照《关于规范住房公积金缴存业务的通知》（藏建金监管〔2018〕190 号）规定，一是以职工本人上一年度月平均工资作为职工住房公积金缴存基数；二是缴存住房公积金的月工资基数，不得高于职工工作地所在市（地）统计部门公布的上一年度职工月平均工资的 3 倍，核定后一年内不再变更；三是我区住房公积金缴存比例（单位缴存比例）按照不低于 5％，不高于 12％的规定执行。

2. 使用政策。缴存职工在购买（或建造、翻修、大修）住房可申请公积金提取、贷款。一是公积金贷款最高额度为 90 万元、最长时限为 20 年，且不区分单双职工，高于区外绝大多数省市的贷款额度；二是我区执行特殊优惠公积金贷款利率，即：5 年及以下 1.76％（与全国现行利率相比低 0.99 个百分点），5 年以上 2.08％（与全国现行利率相比低 1.17 个百分点）；三是不同于区外省市"只发放所购房屋在缴存地的贷款"及"同一套住房已经申请了公积金提取，不能再申请公积金贷款"等政策，结合我区缴存职工来自五湖四海的实际，我区公积金购房贷款不限制购房地点，而且购房提取公积金后次月办理贷款；四是结合我区高寒高海拔职工大多选择回内地省市或原籍地安置居住的购房需求，为让职工切实享受公积金低息贷款的优惠利率政策，我区专门出台了除房屋抵押外；由自然人保证等方式供职工自愿选择；五是随着我区贷款人数逐年增加，出现了"找自然人担保难"的现象，为此我区目前在探索推行第三方机构（担保公司）提供担保贷款的试点工作。

（二）服务改进情况

深化"放管服"改革，通过建立"商业银行营业网点受理、中心后台审核"模式，在全区各商业银行延伸服务共设立营业网点 76 个，方便缴存职工就近办理住房公积金业务，有效解决住房公积金管理部门人员少、业务办理窗口不足、职工排队候时长及审批往返路途远等服务对象反映的突出问题，特别是方便了基层县乡干部职工。2021 年度住房公积金使用率高达 111％。通过深入推进住房公积金"放管服"改革，进一步发挥了住房公积金制度的住房保障作用。

（三）信息化建设情况

一是积极推进"互联网＋公积金"服务。缴存单位和职工可通过西藏住房公积金微信公众号、手机App、网厅等渠道办理公积金缴存、提取、贷款、查询等业务。实现提取住房公积金贷款上一年度还款本息高频事项和离退休、终止劳动关系提取"零材料"不见面办结，切实实现了"让数据多跑路、群众少跑腿"。2021 年住房公积金综合服务平台网上办理业务量达 6.4 万笔，涉及资金约 53.81 亿元，微信公众号关注人数达 28 万余人；二是有序推进数据共享。目前公积金综合服务平台已实现与人社厅退休干部职工信息、房地产网签备案合同信息、民政部门婚姻登记信息共享，无需缴存职工提供相关证明，同时实现企业开办公积金缴存登记业务"一网通办"；三是全区住房公积金提取、贷款、查询、更改个人信息等业务实现区内通办；四是按照住房和城乡建设部统一要求，已将异地出具贷款职工住房公积金缴存使用证明、异地正常退休提取住房公积金、异地购房提取住房公积金、异地提前还清住房公积金贷款等 8 个事项通过全程网办模式实现"跨省通办"。

（四）强化监管机制

为防范资金风险，确保住房公积金安全运行、以不发生系统性风险为底线，紧紧围绕降低住房公积金逾期率，规范住房公积金缴存、提取和贷款业务等重点，加强对各住房公积金中心业务办理的指导和监督，及时发现风险隐患并进行警示。针对逾期率较高的那曲市公积金中心就住房公积金贷款逾期率居高不下问题下发专项督办通知，对日喀则市和拉萨市公积金中心主任进行电话约谈。同时通过公积金综合服务平台短信功能，对贷款逾期 3 次及以上的借款人、共同借款人以及担保人分别每周发送 1 条短信，提醒借款人及时还款，截至 2021 年末已发送短信 13.87 万条。2021 年末住房公积金贷款逾期率从 2.55‰ 逐步降低到 0.874‰。

（五）公积金专项审计情况

2021 年审计署派出审计组 2021 年 9 月 2 日至 10 月 31 日对我区住房公积金和住宅专项维修资金进行了审计，并印发《西藏自治区 2021 年住房公积金和住宅专项维修资金审计报告》（审社报〔2021〕176 号）（以下简称"审计报告"），指出了我区住房公积金在归集和提取、公积金贷款、公积金管理和需要规范等方面的问题。根据审计署印发的《审计报告》和自治区政府主要领导批示精神，我厅高度重视，第一时间作出安排部署，及时将审计提出的问题转发至自治区及各市（地）住房资金管理中心，并制定整改方案，切实把审计整改落实工作作为一项重大政治任务来抓，从讲政治、讲党性的高度，严肃认真对待，举一反三，深刻剖析反思，坚决贯彻"即知即改、应改尽改"的原则严把，审计整改质量。能够立行立改的立即整改，对短期内无法整改完成的问题，制定整改方案确保在 2022 年 5 月底整改到位，切实提高住房公积金管理运行水平。

西藏自治区林芝市住房公积金 2021 年年度报告

根据国务院《住房公积金管理条例》和住房和城乡建设部、财政部、人民银行《关于健全住房公积金信息披露制度的通知》（建金〔2015〕26 号）规定，现将西藏自治区林芝市住房公积金 2021 年年度报告公布如下：

一、机构概况

住房公积金管理机构：林芝市住房资金管理中心隶属于林芝市住房和城乡建设局，是不以营利为目的的参照公务员法管理的事业单位，从业人员 7 人，其中在编 4 人，非在编 3 人。

二、业务运行情况

（一）缴存。2021 年，新开户单位 58 家，净增单位 24 家；新开户职工 0.44 万人，实缴单位 746 家，实缴职工 3.43 万人，缴存额 9.36 亿元，分别同比增长 2.05％、40.57％、9.35％。2021 年末，缴存总额 64.99 亿元，比上年末增加 16.83％；缴存余额 27.72 亿元，同比增长 14.07％。

（二）提取。2021 年，0.65 万名缴存职工提取住房公积金；提取额 5.94 亿元，同比增长 28.02％；提取额占当年缴存额的 63.46％，比上年增加 9.25 个百分点。2021 年末，提取总额 37.27 亿元，比上年末增加 18.96％。

（三）贷款

1. 个人住房贷款。2021 年，发放个人住房贷款 0.1012 万笔、6.75 亿元，同比增长 31.26％、31.32％。回收个人住房贷款 2.24 亿元。

2021 年末，累计发放个人住房贷款 0.7503 万笔、32.97 亿元，贷款余额 19.68 亿元，分别比上年末增加 15.59％、25.74％、29.73％。个人住房贷款余额占缴存余额的 71.00％，比上年末增加 8.57 个百分点。

2021 年，支持职工购建房 12.49 万平方米。

2. 异地贷款。2021 年，发放异地贷 1 笔、90 万元。2021 年末，发放异地贷款总额 208 万元，异地贷款余额 152.48 万元。

（四）资金存储。2021 年末，住房公积金存款 8.20 亿元。其中，活期 0.53 亿元，1 年以上定期 7.22 亿元，其他（协定、通知存款等）0.45 亿元。

（五）资金运用率。2021 年末，住房公积金个人住房贷款余额、项目贷款余额和购买国债余额的总和占缴存余额的 108.08％，比上年末增加 4.63 个百分点。

三、主要财务数据

（一）业务收入。2021 年，业务收入 6971.65 万元，同比增长 15.19％。其中，存款利息 3452.11 万元，委托贷款利息 3518.82 万元，其他 0.72 万元。

（二）业务支出。2021 年，业务支出 4113.21 万元，同比增长 17.80％。其中，支付职工住房公积金利息 3931.15 万元，委托贷款手续费 182.06 万元。

（三）增值收益。2021 年，增值收益 2858.44 万元，同比增长 11.64％；增值收益率 1.11％，比上年减少 0.04 个百分点。

（四）增值收益分配。 2021 年，提取贷款风险准备金 1715.06 万元，提取管理费用 16 万元，提取城市廉租住房（公共租赁住房）建设补充资金 1127.38 万元。

2021 年，上交财政管理费用 16 万元，上缴财政城市廉租住房（公共租赁住房）建设补充资金 1127.38 万元。

2021 年末，贷款风险准备金余额 7143.71 万元，累计提取城市廉租住房（公共租赁住房）建设补充资金 3433 万元。

（五）管理费用支出。 2021 年，管理费用支出 8.26 万元，同比下降 41.99%。全部用于公用经费支出。

四、资产风险状况

个人住房贷款：2021 年末，个人住房贷款逾期额 1.31 万元，逾期率 0.0067‰，个人贷款风险准备金余额 7143.71 万元。2021 年，未使用个人贷款风险准备金核销呆坏账。

五、社会经济效益

（一）缴存业务

缴存职工中，国家机关和事业单位占 79.77%，国有企业占 16.89%，城镇私营企业及其他城镇企业占 2.56%，其他占 0.78%；中、低收入占 99.07%，高收入占 0.93%。

新开户职工中，国家机关和事业单位占 76.53%，国有企业占 16.97%，城镇私营企业及其他城镇企业占 5.92%，其他占 0.58%；中、低收入占 98.83%，高收入占 1.17%。

（二）提取业务

提取金额中，购买、建造、翻建、大修自住住房占 58.46%，偿还购房贷款本息占 25.95%，租赁住房占 0.56%，离休和退休提取 7.21%，完全丧失劳动能力并与单位终止劳动关系提取占 1.47%，其他占 6.35%。提取职工中，中、低收入占 99.19%，高收入占 0.81%。

（三）贷款业务

个人住房贷款。职工贷款笔数中，购房建筑面积 90（含）平方米以下占 11.76%，90～144（含）平方米占 74.21%，144 平方米以上占 14.03%。购买新房占 58.99%（无购买保障性住房），购买二手房占 31.72%，其他占 9.29%。

职工贷款笔数中，单缴存职工申请贷款占 35.77%，双缴存职工申请贷款占 64.23%，。

贷款职工中，30 岁（含）以下占 32.71%，30 岁～40 岁（含）占 52.77%，40 岁～50 岁（含）占 12.75%，50 岁以上占 1.77%；购买首套住房申请贷款占 52.47%，购买二套及以上申请贷款占 47.53%；中、低收入占 99.31%，高收入占 0.69%。

（四）住房贡献率。 2021 年，个人住房贷款发放额、公转商贴息贷款发放额、项目贷款发放额、住房消费提取额的总和与当年缴存额的比率为 126.07%，比上年增加 22.10 个百分点。

六、其他重要事项

（一）当年住房公积金政策调整情况

1. 2021 年，继续执行《关于进一步完善住房公积金使用管理有关事宜的补充通知》（藏建金监管〔2020〕6 号）。其中：西藏住房公积金贷款利率政策为 5 年以下利率 1.76%，5 年以上利率 2.08%，缴存职工住房公积金贷款最高额度 90 万元，最长贷款年限 20 年的政策。

2. 坚持以为人民服务为中心的发展思想，进一步增强服务意识，严格按照《住房和城乡建设部办公厅关于做好住房公积金服务"跨省通办"工作的通知》（建办金〔2020〕53 号）精神，利用全国监管服务平台，开展"跨省通办"业务工作，切实让缴存职工感受到异地办理的便捷，切实提升缴存职工的获得感、幸福感和满意度。

（二）2021年开展监督检查情况

2021年审计署对西藏自治区住房公积金业务进行严格审查，对我市采用了进驻方式进行了全面深入细致的审计，未发现违法、违纪、违规问题，林芝市住房资金管理中心经受住了审计署的检验。审计过程中，局住房资金管理中心将此次审计工作视为进一步规范工作、改进服务、提升能力的大好机会，严格按照要求及时提供相关资料，及时跟进进展。对审计中发现的普遍存在的规范性问题和不足，全盘接收，即行即改；在收到审计报告后，按照自治区主席严金海同志"严肃对待，加紧整改"的批示精神，站在讲政治的角度，立即组织召开专题会议，逐一对照整改清单，明确整改措施，整改时限，认真进行整改，截至2022年2月中旬，已全部整改完毕，有力推进全市住房公积金管理整体水平迈向新台阶。

（三）当年服务改进情况

1. 强化住房资金管理服务创新。面对新冠肺炎疫情防控常态化需求，积极引导干部职工，利用"西藏住房公积金综合服务平台"、"西藏住房公积金"微信公众号、手机App、网厅等渠道办理公积金缴存、提取、贷款、查询等业务，实现了"让数据多跑路、群众少跑腿"。

2. 持续深化"放管服"改革。在墨脱县住房公积金业务受理试点网点取得成功经验和社会良好反响的基础上，2021年在察隅县进行推广，有效解决了地处偏远、交通及其不便地区广大干部职工办理住房公积金业务费时费力的突出问题，得到了广大缴存职工的一致好评。2022年，按照林芝市委转变作风、狠抓落实工作要求，主动回应广大缴存职工呼声，计划在波密县、朗县推广网点延伸。

3. 严厉打击住房公积金骗提骗贷行为。一是2021年9月23日我中心在审核中发现涉嫌伪造及使用购房合同、发票、不动产权证书、结婚证等虚假证明材料问题，及时向公安部门报案，并移交线索，有效震慑了黑中介的嚣张气焰，确保了住房公积金运行安全。二是积极通过微信公众号、便民服务大厅LED显示屏，多渠道发布《关于打击骗提骗贷住房公积金行为的通告》，提醒广大缴存职工依法依规申办住房公积金提取和贷款业务，自觉抵制"代办公积金提取、公积金贷款"等非法小广告，谨防受骗，有力保障广大缴存职工合法权益，切实加强住房公积金使用管理，及时消除住房公积金风险隐患。

4. 严格按照住房和城乡建设部"贷款逾期清理年"要求，继续加大对住房公积金逾期贷款催收力度，降低住房公积金贷款逾期率，全面提升风险防控能力，确保资金安全，防范资金风险。林芝市住房公积金贷款逾期率再次刷新了在全区的最低纪录。

（四）2021年获得荣誉情况

2021年林芝市住房资金管理中心覃丽平同志被评为市级优秀公务员，果果同志被评为单位优秀共产党员。

（五）2021年对违反《住房公积金管理条例》和相关法规行为进行行政处罚情况

1. 查处1起"黑中介"提供虚假资料情况。

2. 无其他违反《住房公积金管理条例》和相关法规行为。

西藏自治区及自治区内各城市住房公积金 2021 年年度报告二维码

名称	二维码
西藏自治区住房公积金 2021 年年度报告	
西藏自治区区直住房公积金 2021 年年度报告	
拉萨市住房公积金 2021 年年度报告	
山南市住房公积金 2021 年年度报告	
日喀则市住房公积金 2021 年年度报告	
林芝市住房公积金 2021 年年度报告	
昌都市住房公积金 2021 年年度报告	

续表

名称	二维码
那曲市住房公积金 2021 年年度报告	
阿里地区住房公积金 2021 年年度报告	

陕西省

陕西省住房公积金 2021 年年度报告

根据国务院《住房公积金管理条例》和住房和城乡建设部、财政部、人民银行《关于健全住房公积金信息披露制度的通知》（建金〔2015〕26 号）规定，现将陕西省住房公积金 2021 年年度报告汇总公布如下：

一、机构概况

（一）住房公积金管理机构

全省共有 10 个设区市、杨凌示范区和韩城市住房公积金管理中心，2 个独立设置的分中心（省直、长庆分中心隶属西安中心）。从业人员 1782 人，其中，在编 997 人，非在编 785 人。

（二）住房公积金监管机构

陕西省住房和城乡建设厅、陕西省财政厅和人民银行西安分行负责对本省住房公积金管理运行情况实施监督。

省住房城乡建设厅住房公积金监管处负责全省住房公积金法规政策、运行管理执行情况的监督。省财政厅综合处负责全省住房公积金财政政策的贯彻落实。人民银行西安分行货币信贷管理处负责全省住房公积金金融政策的贯彻落实。

二、业务运行情况

（一）**缴存**。2021 年，新开户单位 15100 家，净增单位 10608 家；新开户职工 58.70 万人，净增职工 35.02 万人；实缴单位 79868 家，实缴职工 453.56 万人，缴存额 666.28 亿元，分别同比增长 15.32%、8.37%、12.38%。2021 年末，缴存总额 5047.13 亿元，比上年末增加 15.21%；缴存余额 2095.41 亿元，同比增长 14.57%（表 1）。

<table>
<tr><td colspan="6">2021 年分城市住房公积金缴存情况　　　　　　　　　　　　　　表 1</td></tr>
<tr><td>地区</td><td>实缴单位
（万个）</td><td>实缴职工
（万人）</td><td>缴存额
（亿元）</td><td>累计缴存总额
（亿元）</td><td>缴存余额
（亿元）</td></tr>
<tr><td>陕西省</td><td>7.99</td><td>453.56</td><td>666.28</td><td>5047.13</td><td>2095.41</td></tr>
<tr><td>西安</td><td>3.87</td><td>249.07</td><td>388.00</td><td>2794.12</td><td>1176.77</td></tr>
<tr><td>宝鸡</td><td>0.54</td><td>30.04</td><td>35.61</td><td>331.71</td><td>123.85</td></tr>
<tr><td>咸阳</td><td>0.63</td><td>37.67</td><td>37.68</td><td>310.96</td><td>132.65</td></tr>
<tr><td>铜川</td><td>0.27</td><td>8.50</td><td>8.87</td><td>79.63</td><td>28.87</td></tr>
<tr><td>渭南</td><td>0.44</td><td>27.91</td><td>38.59</td><td>289.16</td><td>120.44</td></tr>
<tr><td>延安</td><td>0.56</td><td>21.83</td><td>32.22</td><td>320.11</td><td>108.11</td></tr>
<tr><td>榆林</td><td>0.69</td><td>35.64</td><td>66.92</td><td>423.53</td><td>176.90</td></tr>
<tr><td>汉中</td><td>0.39</td><td>18.35</td><td>25.78</td><td>220.63</td><td>95.92</td></tr>
<tr><td>安康</td><td>0.30</td><td>11.56</td><td>16.41</td><td>138.34</td><td>65.78</td></tr>
</table>

续表

地区	实缴单位 （万个）	实缴职工 （万人）	缴存额 （亿元）	累计缴存总额 （亿元）	缴存余额 （亿元）
商洛	0.24	9.59	12.12	108.70	53.83
杨凌	0.06	3.41	4.10	30.23	12.29

（二）提取。 2021 年，160.10 万名缴存职工提取住房公积金；提取额 399.82 亿元，同比增长 12.85%；提取额占当年缴存额的 60.01%，比上年增加 0.25 个百分点。2021 年末，提取总额 2951.72 亿元，比上年末增加 15.67%（表 2）。

2021 年分城市住房公积金提取情况　　　　　　　　　　　　　　　　表 2

地区	提取额 （亿元）	提取率 （%）	住房消费类提取额 （亿元）	非住房消费类提取额 （亿元）	累计提取总额 （亿元）
陕西省	**399.82**	**60.01**	**321.09**	**78.72**	**2951.72**
西安	224.11	57.76	183.13	40.98	1617.35
宝鸡	23.90	67.13	18.45	5.45	207.86
咸阳	22.64	60.08	16.01	6.62	178.31
铜川	5.60	63.20	4.00	1.60	50.76
渭南	15.96	41.34	10.46	5.50	168.73
延安	24.33	75.53	20.87	3.46	212.00
榆林	44.44	66.42	38.59	5.85	246.63
汉中	15.49	60.09	11.39	4.10	124.71
安康	10.64	64.84	7.97	2.67	72.56
商洛	10.22	84.32	8.16	2.06	54.87
杨凌	2.48	60.55	2.06	0.42	17.94

（三）贷款

1. 个人住房贷款。2021 年，发放个人住房贷款 8.41 万笔、386.19 亿元，同比增长 3.06%、7.66%。回收个人住房贷款 168.24 亿元。

2021 年末，累计发放个人住房贷款 95.84 万笔、2660.03 亿元，贷款余额 1707.75 亿元，分别比上年末增加 9.62%、16.98%、14.63%。个人住房贷款余额占缴存余额的 81.50%，比上年末增加 0.04 个百分点（表 3）。

2021 年，支持职工购建房 1051.70 万平方米。年末个人住房贷款市场占有率为 16.42%，比上年末增加 0.01 个百分点。通过申请住房公积金个人住房贷款，可节约职工购房利息支出 907797.70 万元。

2021 年分城市住房公积金个人住房贷款情况　　　　　　　　　表 3

地区	放贷笔数 （万笔）	贷款发放额 （亿元）	累计放贷笔数 （万笔）	累计贷款总额 （亿元）	贷款余额 （亿元）	个人住房贷款率 （%）
陕西省	**8.41**	**386.19**	**95.84**	**2660.03**	**1707.75**	**81.50**
西安	3.71	187.79	42.47	1432.79	968.52	82.30
宝鸡	0.63	18.87	6.95	164.37	115.38	93.16
咸阳	0.65	28.21	6.31	175.81	121.11	91.30
铜川	0.23	9.11	2.38	43.14	26.04	90.19

续表

地区	放贷笔数 （万笔）	贷款发放额 （亿元）	累计放贷笔数 （万笔）	累计贷款总额 （亿元）	贷款余额 （亿元）	个人住房贷款率 （%）
渭南	0.68	23.49	5.35	141.65	100.46	83.41
延安	0.33	15.40	7.31	137.93	67.95	62.86
榆林	1.00	57.38	6.78	219.01	127.13	71.87
汉中	0.49	17.66	5.93	136.64	77.01	80.29
安康	0.33	14.14	7.08	116.49	58.29	88.62
商洛	0.26	11.19	4.33	73.42	33.92	63.01
杨凌	0.09	2.93	0.96	18.79	11.93	97.04

2. 异地贷款。2021 年，发放异地贷款 14796 笔、651310.30 万元。2021 年末，发放异地贷款总额 4112185.46 万元，异地贷款余额 3222291.10 万元。

3. 住房公积金支持保障性住房建设项目贷款。2021 年，发放支持保障性住房建设项目贷款 0 亿元，回收项目贷款 0.64 亿元。2021 年末，累计发放项目贷款 83.10 亿元，项目贷款余额 1.94 亿元。

（四）购买国债。2021 年，购买国债 0 亿元，2021 年末，国债余额 1.75 亿元，比上年末减少 0 亿元。

（五）资金存储。2021 年末，住房公积金存款 429.79 亿元。其中，活期 43.96 亿元，1 年（含）以下定期 111.70 亿元，1 年以上定期 194.65 亿元，其他（协定、通知存款等）79.48 亿元。

（六）资金运用率。2021 年末，住房公积金个人住房贷款余额、项目贷款余额和购买国债余额的总和占缴存余额的 81.68%，比上年末减少 0.01 个百分点。

三、主要财务数据

（一）业务收入。2021 年，业务收入 636641.78 万元，同比增长 16.00%。其中，存款利息 109393 万元，委托贷款利息 521376.84 万元，国债利息 576.28 万元，其他 5295.67 万元。

（二）业务支出。2021 年，业务支出 340620.08 万元，同比增长 16.29%。其中，支付职工住房公积金利息 301907.18 万元，归集手续费 13613.02 万元，委托贷款手续费 19556.02 万元，其他 5543.86 万元。

（三）增值收益。2021 年，增值收益 296021.70 万元，同比增长 15.66%；增值收益率 1.51%，比上年增加 0.02 个百分点。

（四）增值收益分配。2021 年，提取贷款风险准备金 40863.55 万元，提取管理费用 45086.09 万元，提取城市廉租住房（公共租赁住房）建设补充资金 209717.49 万元（表 4）。

2021 年分城市住房公积金增值收益及分配情况　　　　　表 4

地区	业务收入 （亿元）	业务支出 （亿元）	增值收益 （亿元）	增值 收益率（%）	提取贷款 风险准备金 （亿元）	提取管理费用 （亿元）	提取公租房（廉租房） 建设补充资金（亿元）
陕西省	**63.66**	**34.06**	**29.60**	**1.51**	**4.09**	**4.51**	**20.97**
西安	35.06	19.38	15.68	1.43	1.00	1.09	13.58
宝鸡	3.78	1.82	1.95	1.69	0.29	0.29	1.37
咸阳	4.54	1.99	2.56	2.04	0.19	0.25	2.12
铜川	0.89	0.39	0.50	1.82	0.14	0.30	0.06
渭南	4.07	2.43	1.64	1.51	1.02	0.23	0.38

续表

地区	业务收入 （亿元）	业务支出 （亿元）	增值收益 （亿元）	增值 收益率（%）	提取贷款 风险准备金 （亿元）	提取管理费用 （亿元）	提取公租房（廉租房） 建设补充资金（亿元）
延安	2.89	1.67	1.22	1.16	0.08	0.89	0.22
榆林	5.36	3.10	2.26	1.37	0.80	0.65	0.81
汉中	2.80	1.49	1.31	1.44	0.14	0.30	0.87
安康	1.97	0.85	1.12	1.78	0.07	0.14	0.91
商洛	1.93	0.78	1.16	2.21	0.34	0.21	0.61
杨凌	0.37	0.16	0.21	1.85	0.02	0.16	0.04

2021 年，上交财政管理费用 39518.88 万元，上缴财政城市廉租住房（公共租赁住房）建设补充资金 124083.33 万元。

2021 年末，贷款风险准备金余额 353840.36 万元，累计提取城市廉租住房（公共租赁住房）建设补充资金 1227246.09 万元。

（五）管理费用支出。2021 年，管理费用支出 30406.16 万元，同比增长 6.70%。其中，人员经费 16995.20 万元，公用经费 2680.91 万元，专项经费 10730.05 万元。

四、资产风险状况

（一）个人住房贷款。2021 年末，个人住房贷款逾期额 2119.66 万元，逾期率 0.12‰，个人贷款风险准备金余额 351752.36 万元。2021 年，使用个人贷款风险准备金核销呆坏账 3.68 万元。

（二）住房公积金支持保障性住房建设项目贷款。2021 年末，逾期项目贷款 0 万元，逾期率为 0，项目贷款风险准备金余额 2088 万元。2021 年，使用项目贷款风险准备金核销呆坏账 0 万元。

五、社会经济效益

（一）缴存业务。缴存职工中，国家机关和事业单位占 34.49%，国有企业占 31.07%，城镇集体企业占 0.85%，外商投资企业占 4.34%，城镇私营企业及其他城镇企业占 21.54%，民办非企业单位和社会团体占 1.86%，灵活就业人员占 0.39%，其他占 5.46%；中、低收入占 97.25%，高收入占 2.75%。

新开户职工中，国家机关和事业单位占 16.72%，国有企业占 22.19%，城镇集体企业占 0.96%，外商投资企业占 6.19%，城镇私营企业及其他城镇企业占 43.63%，民办非企业单位和社会团体占 3.24%，灵活就业人员占 1.64%，其他占 5.43%；中、低收入占 97.93%，高收入占 2.07%。

（二）提取业务。提取金额中，购买、建造、翻建、大修自住住房占 35.63%，偿还购房贷款本息占 38.57%，租赁住房占 4.15%，支持老旧小区改造提取占 0.06%；离休和退休提取占 13.71%，完全丧失劳动能力并与单位终止劳动关系提取占 1.28%，出境定居占 0.92%，其他占 5.68%。提取职工中，中、低收入占 92.02%，高收入占 7.98%。

（三）贷款业务

1. 个人住房贷款。职工贷款笔数中，购房建筑面积 90（含）平方米以下占 10.60%，90～144（含）平方米占 74.50%，144 平方米以上占 14.90%。购买新房占 80.71%（其中购买保障性住房占 0.28%），购买二手房占 17.83%，建造、翻建、大修自住住房占 0.08%，其他占 1.38%。

职工贷款笔数中，单缴存职工申请贷款占 37.65%，双缴存职工申请贷款占 62.25%，三人及以上缴存职工共同申请贷款占 0.10%。

贷款职工中，30 岁（含）以下占 27.09%，30 岁～40 岁（含）占 45.12%，40 岁～50 岁（含）占 21.27%，50 岁以上占 6.52%；首次申请贷款占 89.27%，二次及以上申请贷款占 10.73%；中、低收入占 96.82％，高收入占 3.18％。

2. 住房公积金支持保障性住房建设项目贷款。2021 年末，全省有住房公积金试点城市 4 个，试点项目 27 个，贷款额度 83.10 亿元，建筑面积 585.01 万平方米，可解决 66542 户中低收入职工家庭的住房问题。26 个试点项目贷款资金已还清贷款本息。

（四）住房贡献率。 2021 年，个人住房贷款发放额、公转商贴息贷款发放额、项目贷款发放额、住房消费提取额的总和与当年缴存额的比率为 106.15％，比上年减少 1.15 个百分点。

六、其他重要事项

（一）当年住房公积金监管政策调整情况

探索研究推出住房公积金服务管理"12345＋"工作法，实施"月统计、季通报、半年交流、年度考核"机制。会同省高级人民法院制定下发《关于建立住房公积金执行联动机制的实施办法》（陕高法发〔2021〕13 号），有效规范住房公积金案件的执行程序；下发了《关于建立住房公积金逾期贷款"四清一责任"工作机制的通知》（陕建发〔2021〕1055 号），有效破解了住房公积金逾期贷款难题；会同中国人民银行西安分行下发《关于加快推进住房公积金信息接入人民银行征信系统有关事项的通知》（陕建发〔2021〕1058 号），进一步加快推进信用体系建设。

（二）当年开展监督检查情况

督促各管委会、管理中心落实住房公积金廉政风险防控制度，加强内部民主决策机制建设。指导健全审贷分离、分级审核等内部监督制度。严格住房公积金使用审核关，严防骗提骗贷行为。梳理公积金管理工作短板弱项，制定系列整改措施。对个贷率低、逾期率高和信息化建设滞后的中心实施季度通报。聘请第三方审计事务所审计管理中心，堵塞管理漏洞、消除风险隐患、纠正违规行为。

（三）当年服务改进情况

各管理中心按照住房和城乡建设部《关于启用全国住房公积金服务标识的公告》的文件要求，统一线上线下服务标识，全方位提升各管理中心精细化管理水平。全省 14 个住房公积金管理中心（分中心）及所属 116 个管理部全部完成启用全国住房公积金服务标识工作。在全省住房公积金领域开展"我为群众办实事"实践活动。积极推进 8 项高频服务事项"跨省通办"业务办理，全省 14 个管理中心已全部实现"全程网办""代收代办"和"两地联办"，已开设 145 个线下服务专窗，44 个线上服务专区。支持城镇老旧小区居民提取住房公积金用于加装电梯工作，累计为缴存职工办理用于城镇老旧小区加装电梯提取住房公积金 731 笔、2716.06 万元。

（四）当年信息化建设情况

完成全国住房公积金小程序接入工作，缴存职工可在手机小程序完成异地转移接续申请受理。全省推进建立"12329"短信平台，实现贷款催收短信全量发送，有效降低中心贷款逾期率。持续推进住房公积金"互联网＋监管"，完善省级住房公积金监管平台建设，设置重要指标预警、通过分析功能实时监控，保障资金和系统安全。不断推进和完善高频服务事项"跨省通办"、企业开办"一网通办"，为缴存职工提供更加高效便捷的服务。

（五）当年住房公积金机构及从业人员所获荣誉情况

2021 年全省住房公积金系统共获得国家级青年文明号 1 个、入选党建创新成果"百优案例" 1 次；省级雷锋活动示范点 1 个、优秀党员 1 人；地市级先进集体和个人 10 个、文明单位 3 个、青年文明号 1 个、三八红旗手 3 个、其他荣誉称号 18 个。

陕西省西安住房公积金 2021 年年度报告

根据国务院《住房公积金管理条例》和住房和城乡建设部、财政部、人民银行《关于健全住房公积金信息披露制度的通知》（建金〔2015〕26 号）的规定，经住房公积金管理委员会审议通过，现将西安住房公积金 2021 年年度报告公布如下：

一、机构概况

（一）住房公积金管理委员会。 西安住房公积金管理委员会有 30 名委员，2021 年召开 1 次会议，审议通过的事项主要包括：《西安住房公积金管理委员会办公室关于修订〈西安住房公积金管理委员会章程〉的请示》《西安住房公积金 2020 年年度报告》《西安市财政局关于 2020 年度住房公积金监管情况的报告》《西安住房公积金管理中心关于 2020 年度住房公积金计划执行情况及 2021 年度业务计划编制情况的报告》《西安住房公积金管理中心关于住房公积金 2020 年度财务收支预算执行情况及 2021 年度财务收支预算建议和编制说明的报告》《西安住房公积金管理中心 2020 年度增值收益分配方案》《西安住房公积金事业发展"十四五"规划》《西安住房公积金管理中心关于长庆油田分公司申请利用保障性住房建设补充资金新建公共租赁住房的请示》。

原计划于 2021 年 12 月召开的管委会全体会议，受疫情影响，未能如期召开。按照《西安住房公积金管理委员会章程》规定，闭会期间，西安住房公积金管理中心提请管委会主任审批通过了《西安住房公积金管理中心关于城镇老旧小区改造加建电梯提取住房公积金有关事项的通知》《西安住房公积金管理委员会关于调整 2021 年度住房公积金缴存基数的通知》《西安住房公积金管理委员会关于中铁西安局申请调整保障性住房项目建设地点及利用公积金增值收益用于公租房建设补充资金有关问题的批复》。

（二）住房公积金管理中心。 西安住房公积金管理中心为市政府直属不以营利为目的的参公管理事业单位，内设 10 个处室，13 个管理部，2 个分中心（西铁分中心和西咸新区分中心），从业人员 256 人，其中，在编 176 人，非在编 80 人。另有省直分中心为省住房和城乡建设厅直属的事业单位，从业人员 92 人，其中，在编 43 人，非在编 49 人；长庆油田分中心为长庆石油勘探局有限公司管理的企业单位，从业人员 19 人，其中在编 19 人。目前，全部从业人员 367 人，其中，在编 238 人，非在编 129 人。

二、业务运行情况

（一）缴存。 2021 年，新开户单位 10926 家，净增单位 7493 家；新开户职工 39.86 万人，净增职工 24.13 万人；实缴单位 38660 家，实缴职工 249.07 万人，缴存额 388.00 亿元，分别同比增长 24.04％、10.73％、14.87％。2021 年末，缴存总额 2794.12 亿元，比上年末增加 16.13％；缴存余额 1176.77 亿元，同比增长 16.18％。

受委托办理住房公积金缴存业务的银行 18 家。

（二）提取。 2021 年，78.95 万名缴存职工提取住房公积金；提取额 224.11 亿元，同比增长 14.41％；提取额占当年缴存额的 57.76％，比上年减少 0.23 个百分点。2021 年末，提取总额 1617.35 亿元，比上年末增加 16.09％。

（三）贷款

1. 个人住房贷款。单缴存职工个人住房贷款最高额度 50 万元，双缴存职工个人住房贷款最高额度 65 万元。

2021 年，发放个人住房贷款 3.71 万笔、187.79 亿元，同比分别增长 0.27%、0.71%。其中，市中心（含西铁分中心、西咸新区分中心）发放个人住房贷款 2.64 万笔、132.63 亿元，省直分中心发放个人住房贷款 0.97 万笔、50.03 亿元，长庆油田分中心发放个人住房贷款 0.10 万笔、5.13 亿元。

2021 年，回收个人住房贷款 87.31 亿元。其中，市中心（含西铁分中心、西咸新区分中心）68.97 亿元，省直分中心 13.45 亿元，长庆油田分中心 4.89 亿元。

2021 年末，累计发放个人住房贷款 42.47 万笔、1432.79 亿元，贷款余额 968.52 亿元，分别比上年末增加 9.57%、15.08%、11.57%。个人住房贷款余额占缴存余额的 82.30%，比上年末减少 3.40 个百分点。受委托办理住房公积金个人住房贷款业务的银行 18 家。

2. 异地贷款。2021 年，发放异地贷款 5821 笔、298486 万元。2021 年末，发放异地贷款总额 2597959.96 万元，异地贷款余额 1992873.69 万元。

3. 公转商贴息贷款。无。

（四）购买国债。2021 年，未购买和兑付国债。2021 年末，国债余额 1.75 亿元。

（五）资金存储。2021 年末，住房公积金存款 227.31 亿元。其中，活期 10.08 亿元，1 年（含）以下定期 28.40 亿元，1 年以上定期 127.04 亿元，其他（协定、通知存款等）61.79 亿元。

（六）资金运用率。2021 年末，住房公积金个人住房贷款余额、项目贷款余额和购买国债余额的总和占缴存余额的 82.45%，比上年末减少 3.42 个百分点。

三、主要财务数据

（一）业务收入。2021 年，业务收入 350626.13 万元，同比增长 15.49%。其中，市中心（含西铁分中心、西咸新区分中心）258596.57 万元，省直分中心 64855.35 万元，长庆油田分中心 27174.21 万元；存款利息 49828.51 万元，委托贷款利息 300187.42 万元，国债利息 576.28 万元，其他 33.92 万元。

（二）业务支出。2021 年，业务支出 193842.32 万元，同比增长 15.02%。其中，市中心（含西铁分中心、西咸新区分中心）147047.71 万元，省直分中心 34621.95 万元，长庆油田分中心 12172.66 万元；支付职工住房公积金利息 164721.27 万元，归集手续费 13613.02 万元，委托贷款手续费 14178.58 万元，其他 1329.45 万元。

（三）增值收益。2021 年，增值收益 156783.81 万元，同比增长 16.09%。其中，市中心（含西铁分中心、西咸新区分中心）111548.86 万元，省直分中心 30233.40 万元，长庆油田分中心 15001.55 万元；增值收益率 1.43%，比上年增加 0.01 个百分点。

（四）增值收益分配。2021 年，提取贷款风险准备金 10047.48 万元，提取管理费用 10925.80 万元，提取城市廉租住房（公共租赁住房）建设补充资金 135810.53 万元。

2021 年，上交财政管理费用 8987.88 万元。上缴财政城市廉租住房（公共租赁住房）建设补充资金 79335.18 万元。其中，市中心（含西铁分中心、西咸新区分中心）上缴 79335.18 万元。

2021 年末，贷款风险准备金余额 120760.55 万元。累计提取城市廉租住房（公共租赁住房）建设补充资金 861704.21 万元。其中，市中心（含西铁分中心、西咸新区分中心）提取 643069.59 万元，省直分中心提取 135768.03 万元，长庆油田分中心提取 82866.59 万元。

（五）管理费用支出。2021 年，管理费用支出 11159.84 万元，同比增长 15.91%。其中，人员经费 6236.57 万元，公用经费 683.71 万元，专项经费 4239.56 万元。

市中心（含西铁分中心、西咸新区分中心）管理费用支出 7780.23 万元，其中，人员、公用、专项经费分别为 3858.34 万元、394.15 万元、3527.74 万元；省直分中心管理费用支出 2472.65 万元，其中，人员、公用、专项经费分别为 1742.90 万元、226.90 万元、502.85 万元；长庆油田分中心管理费用支出 906.96 万元，其中，人员、公用、专项经费分别为 635.33 万元、62.66 万元、208.97 万元。

四、资产风险状况

个人住房贷款。2021 年末，个人住房贷款逾期额 1166.27 万元，逾期率 0.12‰。其中，市中心（含西铁分中心、西咸新区分中心）0.08‰，省直分中心 0.27‰，长庆油田分中心无逾期贷款。个人贷款风险准备金余额 120760.55 万元。2021 年，未使用个人贷款风险准备金核销呆坏账。

五、社会经济效益

（一）缴存业务

缴存职工中，国家机关和事业单位占 18.17%，国有企业占 36.85%，城镇集体企业占 0.78%，外商投资企业占 6.92%，城镇私营企业及其他城镇企业占 33.59%，民办非企业单位和社会团体占 2.68%，灵活就业人员占 0.06%，其他占 0.95%；中、低收入占 97.32%，高收入占 2.68%。

新开户职工中，国家机关和事业单位占 8.49%，国有企业占 21.71%，城镇集体企业占 0.68%，外商投资企业占 8.42%，城镇私营企业及其他城镇企业占 55.47%，民办非企业单位和社会团体占 3.79%，灵活就业人员占 0.10%，其他占 1.34%；中、低收入占 98.03%，高收入占 1.97%。

（二）提取业务

提取金额中，购买、建造、翻建、大修自住住房占 32.98%，偿还购房贷款本息占 43.12%，租赁住房占 3.37%，支持老旧小区改造占 0%，离休和退休提取占 12.40%，完全丧失劳动能力并与单位终止劳动关系提取占 0.04%，出境定居占 1.51%，其他占 6.58%。提取职工中，中、低收入占 94.81%，高收入占 5.19%。

（三）贷款业务

2021 年，支持职工购建房 428.38 万平方米（含公转商贴息贷款），年末个人住房贷款市场占有率（含公转商贴息贷款）为 13.61%，比上年末减少 0.25 个百分点。通过申请住房公积金个人住房贷款，可节约职工购房利息支出 396631.70 万元。

职工贷款笔数中，购房建筑面积 90（含）平方米以下占 17.46%，90～144（含）平方米占 65.90%，144 平方米以上占 16.64%。购买新房占 73.48%（其中购买保障性住房占 0.63%），购买二手房占 24.02%，建造、翻建、大修自住住房占 0%（其中支持老旧小区改造占 0%），其他占 2.50%。

职工贷款笔数中，单缴存职工申请贷款占 37.41%，双缴存职工申请贷款占 62.59%，三人及以上缴存职工共同申请贷款占 0%。

贷款职工中，30 岁（含）以下占 23.29%，30 岁～40 岁（含）占 46.80%，40 岁～50 岁（含）占 22.05%，50 岁以上占 7.86%；首次申请贷款占 88.97%，二次及以上申请贷款占 11.03%；中、低收入占 97.27%，高收入占 2.73%。

（四）住房贡献率

2021 年，个人住房贷款发放额、公转商贴息贷款发放额、项目贷款发放额、住房消费提取额的总和与当年缴存额的比率为 95.60%，比上年减少 6.09 个百分点。

六、其他重要事项

（一）当年住房公积金政策调整及执行情况

1. 当年缴存基数限额及确定方法、缴存比例等缴存政策调整情况。根据《西安住房公积金管理委员会关于调整 2021 年度住房公积金缴存基数的通知》（西房金管发〔2021〕1 号）要求，2021 年度职工住房公积金缴存基数调整为职工本人 2020 年（自然年度）月平均工资。2021 年度住房公积金缴存基数，上限不得高于 2020 年西安市城镇非私营单位就业人员月平均工资的三倍 24829 元。缴存基数下限不得低于西安市最低工资标准：新城区、碑林区、莲湖区、灞桥区、未央区、雁塔区、阎良区、临潼区、长安区、高陵区最低工资 1950 元/月；鄠邑区、蓝田县、周至县最低工资 1850 元/月。西咸新区、西安铁路局最低工资参照 1950 元/月执行。单位和职工住房公积金缴存比例下限分别为 5%，上限分别为 12%。

2. 当年住房公积金存贷款利率执行标准。

职工住房公积金账户存款利率执行标准为 1.50%（一年期定期存款基准利率）。五年期以下（含五年）个人住房公积金贷款基准利率执行标准为 2.75%；五年期以上个人住房公积金贷款基准利率执行标准为 3.25%。第二次使用住房公积金贷款购买住房的，贷款利率在当年基准利率的基础上上浮 10%。

3. 支持老旧小区改造政策落实情况。2021 年 6 月印发《关于城镇老旧小区改造加建电梯提取住房公积金有关事项的通知》（西房金发〔2021〕36 号），符合我市老旧小区改造相关规定，拥有产权的自住住房实施加建电梯的缴存职工及其配偶可申请提取住房公积金。

（二）服务改进情况

聚力打造"一刻钟公积金便民生活圈"，线下服务网点扩大到 149 个，实现区县、开发区和西咸新区网点全覆盖、业务全城办。广泛开展联系群众"大走访"、业务发展"大调研"、破解难题"大排查"、推进服务"大提升"，推动 41 个为民实事落地落实。在延安和榆林设立公积金专柜，有效减少当地铁路职工办事时间和往返交通成本，惠及延安、榆林地区缴存单位 13 个、职工 8000 余人。优化调整在职去世职工公积金提取政策，为 624 名在职去世职工家属提取公积金 4070 万元，节约公证手续费 204 万元。全面推行帮办代办、邮寄上门、容缺受理、"绿色通道"等服务措施，对残障、孤寡等特殊群体一对一上门服务，积极帮助家庭困难职工缓解资金压力。中心"好差评"满意率在全市 44 个部门中名列前茅，人民网留言回复办理被市委办公厅、市政府办公厅评为"优"，在市级部门 12345 咨询投诉办结满意度中排名第 1。

（三）信息化建设情况

加速推进一体化政务服务平台建设，着力构建以业务系统为基础，辐射"云 3"网厅、手机公积金 App、微信、门户网站等 12 个在线综合服务平台。网厅、微信公众号、支付宝市民中心、手机 App 接入省统一身份认证体系。8 个事项提前实现"跨省通办"，40 个事项全面纳入省、市政务服务平台，全量业务"承诺实现压缩比、最多跑一次事项占比、即办件事项占比"三项指标任务在 30 个市级部门中第 1 个 100% 高标准落实到位。在完成省、市市场监管局平台企业开户登记同时开设公积金账户的基础上，配合西咸市场监管局完成"商事通"公积金开户功能，解决企业开户与公积金开户一网通办。通过共享婚姻、房产信息，实现无房职工租房线上提取。

（四）所获荣誉情况

2021 年，中心被命名为"陕西省学雷锋活动示范点"和"西安市党员先锋岗"，"党建引领有力度，服务群众有温度"党建品牌获评"全国第三届党建创新成果交流活动"百优案例，"跨省通办"项目被西安市评为数字西安建设优秀成果和最佳实践案例，3 名同志分别被评为"陕西省优秀共产党员"、"西安市党员示范岗"、"西安市巾帼建功标兵"。

（五）对违反《住房公积金管理条例》和相关法规行为进行行政处罚和申请人民法院强制执行情况

2021 年，申请人民法院强制执行的案件 3 件。

陕西省及省内各城市住房公积金
2021 年年度报告二维码

名称	二维码
陕西省住房公积金 2021 年年度报告	
西安住房公积金 2021 年年度报告	
宝鸡市住房公积金 2021 年年度报告	
咸阳市住房公积金 2021 年年度报告	
铜川市住房公积金 2021 年年度报告	
渭南市住房公积金 2021 年年度报告	
延安市住房公积金 2021 年年度报告	

续表

名称	二维码
榆林市住房公积金 2021 年年度报告	
汉中市住房公积金 2021 年年度报告	
安康市住房公积金 2021 年年度报告	
商洛市住房公积金 2021 年年度报告	
杨凌示范区住房公积金 2021 年年度报告	

甘肃省

甘肃省住房公积金 2021 年年度报告

根据国务院《住房公积金管理条例》和住房和城乡建设部、财政部、人民银行《关于健全住房公积金信息披露制度的通知》（建金〔2015〕26号）规定，现将甘肃省住房公积金 2021 年年度报告汇总公布如下：

一、机构概况

（一）住房公积金管理机构

全省共设 14 个设区城市住房公积金管理中心，3 个独立设置的分中心（其中，甘肃省住房资金管理中心隶属甘肃省住房和城乡建设厅，甘肃矿区住房公积金管理中心隶属甘肃矿区，甘肃省电力公司房改与住房公积金管理中心隶属甘肃省电力公司）。从业人员 1735 人，其中，在编 1099 人，非在编 636 人。

（二）住房公积金监管机构

甘肃省住房和城乡建设厅、甘肃省财政厅和中国人民银行兰州中心支行负责对全省住房公积金管理运行情况进行监督。省住房城乡建设厅设立住房公积金监管处，负责辖区住房公积金日常监管工作。

二、业务运行情况

（一）缴存。2021 年，新开户单位 3783 家，净增单位 2774 家；新开户职工 15.68 万人，净增职工 9.73 万人；实缴单位 36654 家，实缴职工 204.79 万人，缴存额 352.91 亿元，分别同比增长 8.18%、4.98%、8.88%。2021 年末，缴存总额 2929.33 亿元，比上年末增长 13.69%；缴存余额 1264.38 亿元，同比增长 10.37%（表1）。

2021 年分城市住房公积金缴存情况　　　　　　　　　　　　　　　表 1

地区	实缴单位（万个）	实缴职工（万人）	缴存额（亿元）	累计缴存总额（亿元）	缴存余额（亿元）
甘肃省	**3.67**	**204.79**	**352.91**	**2929.33**	**1264.38**
陇南	0.25	11.48	17.19	123.14	77.99
酒泉	0.28	8.76	17.87	160.52	59.52
嘉峪关	0.06	6.06	11.54	101.58	37.30
天水	0.23	15.53	24.51	180.75	81.65
定西	0.19	11.71	18.74	139.49	75.20
庆阳	0.26	12.40	19.84	139.12	76.15
临夏	0.17	9.38	16.97	102.25	52.26
武威	0.18	8.95	15.60	125.26	56.06
张掖	0.20	7.41	13.25	110.20	54.27
金昌	0.08	6.21	12.42	126.23	53.70
甘南	0.16	6.37	14.10	101.53	38.58

续表

地区	实缴单位 （万个）	实缴职工 （万人）	缴存额 （亿元）	累计缴存总额 （亿元）	缴存余额 （亿元）
兰州	1.25	76.70	132.61	1194.01	439.16
白银	0.15	11.80	16.65	157.90	70.56
平凉	0.21	12.03	21.62	167.36	91.98

（二）提取。 2021 年，81.23 万名缴存职工提取住房公积金；提取额 234 亿元，同比增长 1.76%；提取额占当年缴存额的 66.30%，比上年减少 4.65 个百分点。2021 年末，提取总额 1664.94 亿元（表2），比上年末增长 16.35%。

2021 年分城市住房公积金提取情况　　　　　　　　　　　　　　表 2

地区	提取额 （亿元）	提取率 （%）	住房消费类提取额 （亿元）	非住房消费类提取额 （亿元）	累计提取总额 （亿元）
甘肃省	**234.00**	**66.30**	**184.16**	**49.84**	**1664.94**
陇南	7.38	42.93	4.78	2.60	45.14
酒泉	13.58	75.99	11.06	2.52	101.00
嘉峪关	7.84	67.94	6.07	1.77	64.28
天水	15.92	64.95	13.28	2.64	99.10
定西	12.88	68.72	10.81	2.07	64.29
庆阳	11.42	57.56	9.17	2.25	62.96
临夏	10.01	58.98	8.54	1.47	49.99
武威	10.20	65.00	8.34	1.86	69.21
张掖	8.50	64.14	6.55	1.95	55.93
金昌	7.45	59.99	4.80	2.65	72.52
甘南	10.49	74.40	9.64	0.85	62.94
兰州	92.18	69.51	70.65	21.53	754.84
白银	11.99	72.00	9.00	2.99	87.35
平凉	14.16	65.50	11.47	2.69	75.39

（三）贷款

1. 个人住房贷款。2021 年，发放个人住房贷款 5.03 万笔，同比下降 3.25%，发放 199.23 亿元，同比增长 0.68%。回收个人住房贷款 133.67 亿元。

2021 年末，累计发放个人住房贷款 88.24 万笔、1875.63 亿元，贷款余额 941.5 亿元，分别比上年末增长 6.6%、11.88%、7.48%。个人住房贷款余额占缴存余额的 74.46%，比上年末减少 2 个百分点（表3）。

2021 年分城市住房公积金个人住房贷款情况　　　　　　　　　表 3

地区	放贷笔数 （万笔）	贷款发放额 （亿元）	累计放贷笔数 （万笔）	累计贷款总额 （亿元）	贷款余额 （亿元）	个人住房贷款率 （%）
甘肃省	**5.03**	**199.23**	**88.24**	**1875.63**	**941.50**	**74.46**
陇南	0.30	13.18	3.91	99.11	53.43	68.50
酒泉	0.24	8.08	4.81	88.99	36.06	60.59

续表

地区	放贷笔数 （万笔）	贷款发放额 （亿元）	累计放贷笔数 （万笔）	累计贷款总额 （亿元）	贷款余额 （亿元）	个人住房贷款率 （%）
嘉峪关	0.16	4.34	2.43	41.04	23.84	63.91
天水	0.33	13.11	3.78	115.62	76.21	93.34
定西	0.52	20.91	6.73	129.61	64.46	85.71
庆阳	0.28	10.06	5.86	102.09	53.21	69.87
临夏	0.33	12.96	3.01	76.93	38.96	74.55
武威	0.30	11.59	3.89	93.24	42.97	76.66
张掖	0.22	5.53	9.95	91.85	37.73	69.54
金昌	0.10	3.38	1.89	33.14	13.64	25.40
甘南	0.19	8.37	4.39	92.53	27.76	71.95
兰州	1.41	62.96	23.26	666.22	361.83	82.39
白银	0.27	10.36	5.01	99.41	42.88	60.80
平凉	0.40	14.40	9.79	145.85	68.51	74.48

2021年，支持职工购建房600.4万平方米。年末个人住房贷款市场占有率为25.4%，比上年末减少1.34个百分点。通过申请住房公积金个人住房贷款，可节约职工购房利息支出33.26亿元。

2. 异地贷款。2021年，发放异地贷款6433笔、27.38亿元。2021年末，发放异地贷款总额200.19亿元，异地贷款余额147.5亿元。

3. 公转商贴息贷款。当年贴息额419.07万元。2021年末，累计发放公转商贴息贷款800笔、35236万元，累计贴息2050.05万元。

（四）资金存储。2021年末，住房公积金存款341.48亿元。其中，活期17.65亿元，1年（含）以下定期120.65亿元，1年以上定期105.72亿元，其他（协定、通知存款等）97.46亿元。

（五）资金运用率。2021年末，住房公积金个人住房贷款余额、项目贷款余额和购买国债余额的总和占缴存余额的74.46%，比上年末减少2个百分点。

三、主要财务数据

（一）业务收入。2021年，业务收入383219.91万元，同比增长9.07%。其中，存款利息83560.24万元，委托贷款利息299533.08万元，其他126.59万元。

（二）业务支出。2021年，业务支出210538.01万元，同比增长10.86%。其中，支付职工住房公积金利息189773.05万元，归集手续费6011.28万元，委托贷款手续费12497.91万元，其他2255.77万元。

（三）增值收益。2021年，增值收益172681.9万元，同比增长6.96%；增值收益率1.43%，比上年减少0.03个百分点。

（四）增值收益分配。2021年，提取贷款风险准备金10068.18万元，提取管理费用38251.33万元，提取城市廉租住房（公共租赁住房）建设补充资金124362.39万元（表4）。

2021年，上交财政管理费用28451.93万元，上缴财政城市廉租住房（公共租赁住房）建设补充资金151536.14万元。

2021年末，贷款风险准备金余额119410.35万元，累计提取城市廉租住房（公共租赁住房）建设补充资金838625.31万元。

2021 年分城市住房公积金增值收益及分配情况　　　　　　　　　　　　　　表 4

地区	业务收入（亿元）	业务支出（亿元）	增值收益（亿元）	增值收益率（%）	提取贷款风险准备金（亿元）	提取管理费用（亿元）	提取公租房（廉租房）建设补充资金（亿元）
甘肃省	**38.32**	**21.05**	**17.27**	**1.43**	**1.01**	**3.83**	**12.43**
陇南	2.45	1.14	1.31	1.66	0.07	0.25	0.99
酒泉	1.70	1.01	0.69	1.20	0.09	0.21	0.39
嘉峪关	1.15	0.55	0.60	1.68	0.02	0.09	0.49
天水	2.46	1.34	1.13	1.45	0.06	0.21	0.86
定西	2.25	1.19	1.06	1.44	0.11	0.19	0.76
庆阳	2.11	1.17	0.93	1.29	0.04	0.17	0.72
临夏	1.88	1.45	0.43	0.87	0.26	0.08	0.09
武威	1.79	0.87	0.91	1.71	0.05	0.16	0.71
张掖	1.44	0.83	0.62	1.19	0.01	0.18	0.43
金昌	1.81	0.62	1.18	2.30	0.01	0.10	1.07
甘南	1.07	0.57	0.50	1.36	0.00	0.44	0.06
兰州	13.48	7.49	5.99	1.54	0.18	1.47	4.34
白银	2.18	1.10	1.08	1.93	0.11	0.09	0.88
平凉	2.55	1.71	0.84	0.95	0.00	0.19	0.65

（五）管理费用支出。 2021 年，管理费用支出 44170.91 万元，同比增长 20.22%。其中，人员经费 24140.97 万元，公用经费 6359.04 万元，专项经费 13670.9 万元。

四、资产风险状况

2021 年末，个人住房贷款逾期额 3526.83 万元，逾期率 0.37‰，个人贷款风险准备金余额 118130.34 万元。2021 年，使用个人贷款风险准备金核销呆坏账 5.26 万元。

五、社会经济效益

（一）缴存业务。 缴存职工中，国家机关和事业单位占 53.51%，国有企业占 31.72%，城镇集体企业占 0.75%，外商投资企业占 0.7%，城镇私营企业及其他城镇企业占 10.86%，民办非企业单位和社会团体占 0.42%，灵活就业人员占 0.41%，其他占 1.63%；中、低收入占 98.39%，高收入占 1.61%。

新开户职工中，国家机关和事业单位占 37.08%，国有企业占 23.37%，城镇集体企业占 1.25%，外商投资企业占 1.55%，城镇私营企业及其他城镇企业占 27.15%，民办非企业单位和社会团体占 1.01%，灵活就业人员占 2.97%，其他占 5.62%；中、低收入占 99.44%，高收入占 0.56%。

（二）提取业务。 提取金额中，购买、建造、翻建、大修自住住房占 31.98%，偿还购房贷款本息占 44.41%，租赁住房占 1.96%，离休和退休提取占 16.06%，完全丧失劳动能力并与单位终止劳动关系提取占 1.4%，出境定居占 0.23%，其他占 3.96%。提取职工中，中、低收入占 98.56%，高收入占 1.44%。

（三）个人住房贷款业务。 职工贷款笔数中，购房建筑面积 90（含）平方米以下占 8.24%，90～144（含）平方米占 83.98%，144 平方米以上占 7.78%。购买新房占 86.04%（其中购买保障性住房占 0.89%），购买二手房占 12.95%，建造、翻建、大修自住住房占 0.08%，其他占 0.93%。

职工贷款笔数中，单缴存职工申请贷款占 36%，双缴存职工申请贷款占 63.91%，三人及以上缴存职工共同申请贷款占 0.09％。

贷款职工中，30 岁（含）以下占 27.04％，30 岁～40 岁（含）占 43.97％，40 岁～50 岁（含）占 20.3％，50 岁以上占 8.69％；购买首套住房申请贷款占 78.42％，购买二套及以上申请贷款占 21.58％；中、低收入占 98.95％，高收入占 1.05％。

（四）住房贡献率。 2021 年，个人住房贷款发放额、公转商贴息贷款发放额、项目贷款发放额、住房消费提取额的总和与当年缴存额的比率为 108.55％，比上年减少 7.8 个百分点。

六、其他重要事项

（一）当年住房公积金分支机构调整情况

2021 年，根据省政府十三届第 90 次常务会议审议通过的《甘肃省住房公积金管理分支机构调整实施方案》要求，兰州市、白银市、酒泉市、平凉市、金昌市和省电力公司、窑街煤电集团、靖远煤业集团、华亭煤业集团、金川公司、玉门油田顺利完成住房公积金分支机构调整工作。

（二）当年开展监督检查情况

2021 年，我省制定印发《甘肃省防范和治理住房公积金贷款逾期攻坚行动工作方案》，按照"总体把控、区别定值"的原则，分阶段有针对性下达降低逾期目标任务，建立健全防范和治理贷款逾期包抓工作机制，形成了人人有压力、人人有动力、人人有责任的工作机制。组织召开防范和治理住房公积金贷款逾期工作推进会议，专题研究安排部署攻坚行动，通过线上线下督导、召开视频会议、定期通报检查、重点工作约谈等举措，加强个贷逾期管理。截至 12 月底，全省个人住房贷款逾期率 0.037％，同比下降 0.015 个百分点，防范和治理逾期效果初步显现。

（三）当年服务改进情况

2021 年，根据《国务院办公厅关于加快推进政务服务"跨省通办"的指导意见》、省委省政府《关于全面优化营商环境的若干措施》要求，实现涉企公积金缴存登记等更多政策和业务在线办理，持续优化营商环境。全省提前实现住房公积金单位及个人缴存信息变更、提前还清住房公积金贷款、购房提取住房公积金、开具住房公积金个人住房贷款全部还清证明、单位登记开户 5 项高频服务事项"跨省通办"。

（四）当年信息化建设情况

2021 年，为畅通信息查询渠道，推进信息互联互通，最大程度便民利民惠民，我省积极推进公积金区域一体化战略。组织开发建设甘肃省住房公积金区域一体化共享协同平台，基本实现全省 14 个市（州）、甘肃矿区住房公积金管理中心及省直中心的信息数据共享、风险防范协同、业务跨区联办等功能，并逐步推动全省住房公积金服务标准化、规范化、便利化，实现更多公积金业务"一网通办、异地可办、跨区联办"。

（五）当年住房公积金机构及从业人员所获荣誉情况

兰州住房公积金管理中心兰州新区管理部被团中央评为"第 20 届全国青年文明号"。省住房资金管理中心党总支荣获"甘肃省先进基层党组织"称号，省住房资金管理中心第六党支部荣获"全省标准化先进党支部"。嘉峪关市住房公积金管理中心业务大厅被甘肃省人力资源和社会保障厅、甘肃省妇女联合会评为"甘肃省巾帼建功先进集体"，中心党支部被中共嘉峪关市委评为"全市先进基层党组织"。天水市住房公积金管理中心秦州管理部被共青团甘肃省委评为"第 20 届甘肃省青年文明号"。

甘肃省兰州市住房公积金 2021 年年度报告

根据国务院《住房公积金管理条例》和住房和城乡建设部、财政部、人民银行《关于健全住房公积金信息披露制度的通知》（建金〔2015〕26 号）的规定，经住房公积金管理委员会审议通过，现将兰州市住房公积金 2021 年年度报告公布如下：

一、机构概况

（一）住房公积金管理委员会

住房公积金管理委员会有 32 名委员，2021 年召开 4 次会议，审议通过的事项主要包括：《兰州住房公积金管理中心关于 2020 年度住房公积金归集计划和使用计划执行情况及 2021 年度住房公积金归集计划和使用计划的报告》《兰州住房公积金管理中心关于 2020 年度财务预算执行情况、增值收益分配方案和 2021 年度财务预算的报告》《兰州住房公积金管理中心 2020 年度报告》《兰州市住房公积金归集管理办法（修订）》《兰州市骗提骗贷住房公积金行为处理办法》《兰州住房公积金管理中心关于申请在邮储银行兰州市分行开立住房公积金专户的报告》《兰州住房公积金管理中心关于申请在华夏银行兰州分行开立住房公积金专户的报告》《关于上缴国网甘肃省电力公司原住房公积金管理机构以前年度廉租住房资金的报告》。

（二）住房公积金管理中心

本市 2021 年度共有 3 家住房公积金管理机构。

兰州住房公积金管理中心（以下简称兰州公积金中心）为市属不以营利为目的的参照公务员管理的事业单位。设 9 个科（室），9 个管理部，1 个分中心。从业人员 182 人，其中，在编 94 人，非在编 88 人。

甘肃省住房资金管理中心（以下简称省资金中心）为甘肃省住房和城乡建设厅下属的不以营利为目的的自收自支事业单位。设 10 个处（科），0 个管理部，0 个分中心。从业人员 131 人，其中，在编 20 人，非在编 111 人。

甘肃省电力公司房改与住房公积金管理中心（以下简称省电力中心）为国网甘肃省电力公司不以营利为目的的后勤服务事业单位，设 2 个处（科），61 个管理部。从业人员 176 人，其中，在编 176 人，非在编 0 人。

二、业务运行情况

（一）**缴存**。2021 年，新开户单位 1954 家，净增单位 1820 家；新开户职工 6.24 万人，净增职工 6.64 万人；实缴单位 12467 家，实缴职工 76.70 万人，缴存额 132.61 亿元，分别同比增长 16.75%、7.41%、8.35%。2021 年末，缴存总额 1194.01 亿元，比上年末增加 12.49%；缴存余额 439.16 亿元，同比增长 10.14%。

受委托办理住房公积金缴存业务的银行，兰州公积金中心 3 家，省资金中心 10 家，省电力中心 2 家。

（二）**提取**。2021 年，34.15 万名缴存职工提取住房公积金；提取额 92.18 亿元，同比下降 0.02%；提取额占当年缴存额的 69.51%，比上年减少 5.82 个百分点。2021 年末，提取总额 754.85 亿元，比上年末增加 13.91%。

（三）贷款

1. 个人住房贷款。兰州公积金中心和省资金中心个人住房贷款最高额度 60 万元。省电力中心单缴存职工个人住房贷款最高额度 50 万元，双缴存职工个人住房贷款最高额度 60 万元。

2021 年，发放个人住房贷款 1.41 万笔、62.96 亿元，同比分别下降 7.84%、6.81%。其中，兰州公积金中心发放个人住房贷款 0.88 万笔、38.59 亿元，省资金中心发放个人住房贷款 0.43 万笔、19.84 亿元，省电力中心发放个人住房贷款 0.10 万笔、4.53 亿元。

2021 年，回收个人住房贷款 45.06 亿元。其中，兰州公积金中心 27.56 亿元，省资金中心 15.12 亿元，省电力中心 2.38 亿元。

2021 年末，累计发放个人住房贷款 23.26 万笔、666.22 亿元，贷款余额 361.83 亿元，分别比上年末增加 8.64%、10.44%、5.20%。个人住房贷款余额占缴存余额的 82.39%，比上年末减少 3.86 个百分点。受委托办理住房公积金个人住房贷款业务的银行，兰州公积金中心 15 家，省资金中心 12 家，省电力中心 5 家。

2. 异地贷款。2021 年，发放异地贷款 2766 笔、128466.10 万元。2021 年末，发放异地贷款总额 1407787.66 万元，异地贷款余额 1030490.15 万元。

3. 公转商贴息贷款。2021 年，发放公转商贴息贷款 0 笔、0 万元，当年贴息额 419.07 万元。2021 年末，累计发放公转商贴息贷款 800 笔、35236.00 万元，累计贴息 2050.05 万元。

（四）购买国债。2021 年，购买（记账式、凭证式）国债 0 亿元，（兑付、转让、收回）国债 0 亿元。2021 年末，国债余额 0 亿元。

（五）资金存储。2021 年末，住房公积金存款 83.18 亿元。其中，活期 0.13 亿元，1 年（含）以下定期 11.99 亿元，1 年以上定期 9.30 亿元，其他（协定、通知存款等）61.76 亿元。

（六）资金运用率。2021 年末，住房公积金个人住房贷款余额、项目贷款余额和购买国债余额的总和占缴存余额的 82.39%，比上年末减少 3.86 个百分点。

三、主要财务数据

（一）业务收入。2021 年，业务收入 134825.89 万元，同比增长 1.61%。其中，兰州公积金中心 75358.61 万元，省资金中心 44844.74 万元，省电力中心 14622.54 万元；存款利息 18459.05 万元，委托贷款利息 116314.99 万元，国债利息 0 万元，其他 51.85 万元。

（二）业务支出。2021 年，业务支出 74906.87 万元，同比增长 9.65%。其中，兰州公积金中心 42710.35 万元，省资金中心 25193.32 万元，省电力中心 7003.20 万元；支付职工住房公积金利息 63491.24 万元，归集手续费 5542.32 万元，委托贷款手续费 5425.96 万元，其他 447.35 万元。

（三）增值收益。2021 年，增值收益 59919.02 万元，同比下降 6.92%。其中，兰州公积金中心 32648.26 万元，省资金中心 19651.42 万元，省电力中心 7619.34 万元；增值收益率 1.54%，比上年减少 0.13 个百分点。

（四）增值收益分配。2021 年，提取贷款风险准备金 1790.85 万元，提取管理费用 14704.89 万元，提取城市廉租住房（公共租赁住房）建设补充资金 43423.28 万元。

2021 年，上交财政管理费用 7096.91 万元。上缴财政城市廉租住房（公共租赁住房）建设补充资金 82320.40 万元，其中，兰州公积金中心上缴 28231.34 万元，省资金中心上缴 13089.06 万元，省电力中心上缴 41000.00 万元。

2021 年末，贷款风险准备金余额 36184.03 万元。累计提取城市廉租住房（公共租赁住房）建设补充资金 388566.33 万元。其中，兰州公积金中心提取 219705.88 万元，省资金中心提取 122743.84 万元，省电力中心提取 46116.61 万元。

（五）管理费用支出。2021 年，管理费用支出 21896.57 万元，同比增长 48.95%。其中，人员经费 12507.49 万元，公用经费 4504.60 万元，专项经费 4884.48 万元。

兰州公积金中心管理费用支出 3813.38 万元，其中，人员、公用、专项经费分别为 2185.68 万元、175.00 万元、1452.70 万元；省资金中心管理费用支出 3421.61 万元，其中，人员、公用、专项经费分别为 284.70 万元、20.61 万元、3116.30 万元；省电力中心管理费用支出 14661.58 万元，其中，人员、公用、专项经费分别为 10037.11 万元、4308.99 万元、315.48 万元。

四、资产风险状况

个人住房贷款。2021 年末，个人住房贷款逾期额 1629.30 万元，逾期率 0.45‰，其中，兰州公积金中心 0.60‰，省资金中心 0.21‰，省电力中心 0.51‰。个人贷款风险准备金余额 36184.03 万元。2021 年，使用个人贷款风险准备金核销呆坏账 0 万元。

五、社会经济效益

（一）缴存业务

缴存职工中，国家机关和事业单位占 26.75%，国有企业占 48.21%，城镇集体企业占 0.62%，外商投资企业占 1.21%，城镇私营企业及其他城镇企业占 19.35%，民办非企业单位和社会团体占 0.64%，灵活就业人员占 0.02%，其他占 3.20%；中、低收入占 97.03%，高收入占 2.97%。

新开户职工中，国家机关和事业单位占 19.16%，国有企业占 27.67%，城镇集体企业占 0.36%，外商投资企业占 2.63%，城镇私营企业及其他城镇企业占 37.92%，民办非企业单位和社会团体占 1.41%，灵活就业人员占 0.28%，其他占 10.57%；中、低收入占 99.55%，高收入占 0.45%。

（二）提取业务

提取金额中，购买、建造、翻建、大修自住住房占 31.03%，偿还购房贷款本息占 42.30%，租赁住房占 3.15%，支持老旧小区改造占 0%，离休和退休提取占 17.18%，完全丧失劳动能力并与单位终止劳动关系提取占 0.65%，出境定居占 0.01%，其他占 5.68%。提取职工中，中、低收入占 90.73%，高收入占 9.27%。

（三）贷款业务

个人住房贷款。2021 年，支持职工购建房 158.62 万平方米（含公转商贴息贷款），年末个人住房贷款市场占有率（含公转商贴息贷款）为 19.83%，比上年末减少 1.62 个百分点。通过申请住房公积金个人住房贷款，可节约职工购房利息支出 95912.17 万元。

职工贷款笔数中，购房建筑面积 90（含）平方米以下占 62.92%，90～144（含）平方米占 30.21%，144 平方米以上占 6.87%。购买新房占 86.57%（其中购买保障性住房占 1.87%），购买二手房占 13.30%，建造、翻建、大修自住住房占 0%（其中支持老旧小区改造占 0%），其他占 0.13%。

职工贷款笔数中，单缴存职工申请贷款占 52.51%，双缴存职工申请贷款占 47.49%，三人及以上缴存职工共同申请贷款占 0%。

贷款职工中，30 岁（含）以下占 30.84%，30 岁～40 岁（含）占 38.27%，40 岁～50 岁（含）占 19.85%，50 岁以上占 11.04%；购买首套住房申请贷款占 81.73%，购买二套及以上申请贷款占 18.27%；中、低收入占 98.23%，高收入占 1.77%。

（四）住房贡献率

2021 年，个人住房贷款发放额、公转商贴息贷款发放额、项目贷款发放额、住房消费提取额的总和与当年缴存额的比率为 116.99%，比上年增加 5.03 个百分点。

六、其他重要事项

（一）当年机构及职能调整情况、受委托办理缴存贷款业务金融机构变更情况

兰州公积金中心：

窑街煤电集团公司住房公积金业务于 2021 年 12 月 1 日移交兰州住房公积金中心管理。

新增华夏银行、邮储银行为公积金业务委托贷款办理银行，签约后中心委托银行达到 15 家。

省资金中心：

承办贷款回收业务受托银行共计 15 家，但由于光大银行、兴业银行、中国银行连续考核不及格，经省资金中心会议研究决定"暂时停办光大银行、兴业银行、中国银行委托贷款受理业务"。

省电力中心：无。

（二）当年住房公积金政策调整及执行情况，包括当年缴存基数限额及确定方法、缴存比例等缴存政策调整情况；当年提取政策调整情况；当年个人住房贷款最高贷款额度、贷款条件等贷款政策调整情况；当年住房公积金存贷款利率执行标准等；支持老旧小区改造政策落实情况

兰州公积金中心：

1. 当年缴存基数限额及确定方法、缴存比例、提取及支持老旧小区改造等政策调整情况：自 2021 年 7 月 1 日起，单位缴存住房公积金的职工，缴存基数调整为本人上年度月平均工资，灵活就业人员的缴存基数调整为本人上年度月平均收入，且最高均不得超过我市 2020 年度城镇非私营单位在岗职工月平均工资 7820.58 元的 3 倍，即：23461.74 元，最低均不得低于省政府最新发布的各区县最低工资标准，即：兰州新区等六区为 1620 元，永登县等三县为 1570 元；基本缴存比例仍为单位 12%，个人 9%；新开户单位的住房公积金单位缴存比例和个人缴存比例均最高不得超过 12%，最低不得低于 5%。确有实际困难，需要降低缴存比例的单位，在 5%～12% 的范围内选择适当比例，经本单位职工代表大会或者工会讨论通过，报兰州住房公积金管理中心审批后执行；灵活就业人员无单位缴存部分，缴存比例统一为 10%；当年提取政策无变化；2021 年受理 6 笔因"老旧住宅小区增设电梯"申请的提取业务，提取金额 10.07 万元。

2. 当年个人住房贷款最高贷款额度、贷款条件等贷款政策调整情况：当年最高贷款额度未作调整，仍为已婚家庭最高 60 万元，单身职工最高 50 万元，贷款条件等政策未做调整。

3. 当年住房公积金存贷款利率执行标准等：严格执行人民银行住房公积金贷款利率，贷款期限为 5 年（含）以下年利率为 2.75%，5 年以上年利率为 3.25%。二套房贷款利率上浮 10%，即贷款期限 5 年以下（含 5 年）年利率为 3.025%，5 年以上的年利率为 3.575%。

省资金中心：

1. 当年缴存基数限额及确定方法、缴存比例、提取及支持老旧小区改造等政策调整情况：2021 年度严格执行缴存基数限额，办理缴存比例调整。职工缴存基数为职工本人上一年度月平均工资，缴存基数不高于兰州市统计部门公布的上年度月平均工资的 3 倍，且最低不得低于省政府发布的当年本市各区县最低工资标准（当前最低工资标准为 1620 元/月）。单位及职工缴存比例最低不低于 5%，且最高不高于 12%。在各业务受理大厅设立"陇原人才服务卡"持卡人员绿色通道，安排专人负责引导持卡人员办理住房公积金相关业务，截至目前，共服务 33 位陇原人才办理了住房公积金业务。为规范缴存单位缴存业务，省资金中心进一步调整住房公积金缴存基数调整业务办理时间，办理时间从"每年 7 月或者 1 月"调整为"任意月份"。2021 年，支持 5261 名缴存职工提取住房公积金，用于租赁住房，共支持 9420 万租房金额。

2. 当年个人住房贷款最高贷款额度、贷款条件等贷款政策调整情况：当年最高贷款额度未作调整，个人住房贷款最高贷款额度 60 万元，其中单身职工单笔贷款最高额度 50 万元，已婚职工单笔贷款最高额度 60 万元。

3. 当年住房公积金存贷款利率执行标准等：当年住房公积金贷款利率执行标准，首套房贷款期限 5 年（含 5 年）以下年利率为 2.75%，5 年以上年利率为 3.25%；二套房贷款利率上浮 10%，即贷款期限 5 年以下（含 5 年）年利率为 3.025%，5 年以上的年利率为 3.575%。

4. 本年贷款政策、条件进行了调整情况：新增缴存职工购买一手现房贷款业务；明确经济适用房、专家教师公寓贷款受理时限，以及外中心新市民、私营企业缴存职工暂不受理公积金贷款。

调整了外中心缴存职工部分贷款受理业务；对于"购买榆中县、永登县、红古区二手房的借款人"可根据自身条件选择过户前或过户后形式申请公积金贷款；取消外中心缴存职工提取金额合并计算；调整专家教师公寓贷款政策中住房套数、贷款年限相关要求；取消"2019 年 7 月 1 日前办理了商业性个人住房贷款才能申请办理商转公贷款业务"的限制条件，取消"商转公"业务"其他房产抵押"贷款方式，保留"自筹资金结清"贷款方式；贷后业务，新增"增加共同申请人"业务、"解除共同申请人"业务、"增加共同借款人"业务，取消"缩短贷款期限"业务、"变更借款人"业务，修改"预约提前还款"业务办理条件，由"还款额不得低于 5000 元及以上的整千位数金额"调整为"还款额为 1000 元的整数倍"，贷后业务调整"变更还款方式"业务办理要件为"近 1 个月内收入证明及近 12 个月工资流水或近 3 个月内缴存证明"，取消收取《个人征信报告》。

省电力中心：无。

（三）当年服务改进情况，包括推进住房公积金服务"跨省通办"工作情况，服务网点、服务设施、服务手段、综合服务平台建设和其他网络载体建设服务情况等

兰州公积金中心：

1. 推进住房公积金服务"跨省通办"工作情况：2021 年底，已根据住房和城乡建设部、省住房城乡建设厅的相关要求全部实现个人住房公积金缴存贷款等信息查询等 8 项业务"跨省通办"，初步建立起"制度规范引导、专人牵头实施、内部定期检查、外部评价建议、总结完善制度"的循环式体系化工作机制。截至 2021 年末，中心以"两地联办"模式共办理"跨省通办"业务 59 笔，涉及资金 757.54 万元，办理业务量及涉及资金规模均为全省第一。助力兰西城市群建设，积极推进兰州西宁两地公积金合作提质增效，实现两地公积金互认互贷和贷款业务政策统一。与济南、西安等黄河流域八地公积金中心签署战略合作协议，依托全国公积金数据共享平台，推动实现合作区域内住房公积金业务"一网通办""跨省通办"。

2. 服务网点、服务设施、服务手段改进情况：设置志愿者服务岗，摆放"军人优先"提示牌，张贴禁止吸烟等标识；配备电源插座、针线包、老花镜等服务设施，营造了舒适、便民的服务环境。组织开展政务服务规范及礼仪专题培训，召开服务工作现场交流会，提升职业素养，分享服务经验，促进共同进步。加大对窗口服务工作的日常管理，建立常态化的视频监控督查检查制度，对窗口人员服务态度、工作纪律、行为规范等进行督导，推动窗口服务质量的提升。综合柜员制试点推行收效良好，试点分支机构业务办理效率大幅提高。审议通过并发布《综合柜员制实施方案》，对 9 个分支机构综合业务窗口标识及配套设施进行了改造升级，为 2022 年全面实施综合柜员制做好前期准备。

3. 综合服务平台建设和其他网络载体建设服务情况等：中心持续推进综合服务平台建设，认真贯彻落实省、市"放管服"改革工作要求，努力拓展服务渠道，切实提高业务办理便利性。一是实现提取业务高频事项线上办理，包括本地公积金贷款、本地商业贷款、异地公积金贷款、异地商业贷款线上提取功能，本地购房和异地购房线上提取功能，为缴存职工在疫情期间办理各项公积金业务带来了较大的便利性。二是接入住房和城乡建设部数据共享平台、省住房城乡建设厅一体化平台和"全国住房公积金小程序"，深入推进"兰西"住房公积金合作，实现全国公积金业务联动、数据共享、信息协查。三是对接"小兰帮办"政务服务平台，实现住房公积金查询、异地转移接续等业务。

省资金中心：

为落实"放管服"改革要求，优化营商环境，进一步提升住房公积金服务水平，积极推进住房公积金高频服务事项"跨省通办"工作，创新推出"8＋N""跨省通办"服务模式，截至目前，个人住房公积金缴存贷款信息查询等 8 项高频服务事项已全部实现"全程网办"，此外还推进离退休提取等 17 项业务实现"全程网办"，目前实现"全程网办"业务共 25 项，以"全程网办"方式办理"跨省通办"业务67842 笔。在微信公众平台对全国住房公积金小程序使用事项进行了专项宣传，通过小程序可实现住房公积金账户、资金跨城市转移"一键办"，截至目前，通过小程序共办理各项业务共 170 笔。

省电力中心：无。

（四）当年信息化建设情况，包括信息系统升级改造情况，基础数据标准贯彻落实和结算应用系统接入情况等

兰州公积金中心：

中心以信息化项目建设为基础，切实做好系统升级维护，保障公积金业务稳定运行。一是完成综合业务管理系统升级，实现窑街煤电公积金业务系统及业务数据合并，有效满足广大职工各类公积金业务需求。二是实现低风险归集业务线上办理功能，包括缴存单位经办人在网厅自行变更经办人信息、市属行政单位在网厅自助缴存，完成低风险缴存业务全流程线上办理。三是持续做好"基础数据标准"29张贯标表和"住房和城乡建设部数据平台"16张上报表的数据校验整理工作。四是利用全国住房公积金监管平台持续开展数据治理、风险整改、跨省通办等业务。

省资金中心：

全面推进住房公积金业务系统建设，2021年9月完成项目招标并正式启动项目建设，通过业务系统升级，实现了系统业务功能优化，提升了业务数据管理效率，巩固了系统安全防护屏障。2021年下半年，经人民银行中国人民银行征信中心甘肃省分中心审批通过并报备，省资金中心安宁、城关、东岗业务受理大厅成为人民银行征信报告代理查询点，既满足公积金业务个人征信查询需求，也面向社会公众提供个人征信查询打印服务。

省电力中心：无。

（五）当年住房公积金管理中心及职工所获荣誉情况，包括：文明单位（行业、窗口）、青年文明号、工人先锋号、五一劳动奖章（劳动模范）、三八红旗手（巾帼文明岗）、先进集体和个人等

兰州公积金中心：

兰州新区管理部被团中央评为第20届全国青年文明号。兰州住房公积金管理中心团支部被共青团兰州市委命名为"五星级团支部"。七里河管理部、红古管理部获评区级"文明单位"，七里河管理部同时获评区级"卫生单位"。

省资金中心：

省资金中心党总支荣获甘肃省先进基层党组织；省资金中心党总支副书记、副主任梁晓红同志荣获甘肃省巾帼建功标兵称号；省资金中心第六党支部荣获全省标准化先进党支部。

省电力中心：无。

（六）当年对违反《住房公积金管理条例》和相关法规行为进行行政处罚和申请人民法院强制执行情况

兰州公积金中心：

2021年对违反《住房公积金条例》的34家单位督促建缴住房公积金。2021年重点开展了针对医师、护士、教师三类人群的住房公积金扩面专项工作，永登、皋兰、榆中三县特岗教师公积金建缴及欠缴补缴工作顺利完成，累计为842为特岗教师开立公积金账户并补缴欠缴公积金1138.97万元。截至2021年末，在兰州公积金中心开立住房公积金账户的教育医疗单位内涉及"三类人群"缴存单位400余家，涉及"三类人群"职工3余万人，住房公积金建缴率已达90%。

2021年对人民法院判决生效但未还款的16名逾期借款人申请了强制执行，涉及金额437.2万元。

省资金中心：

截至2021年跟进完成36家缴存单位全员建缴工作，涉及缴存职工5250人。

省电力中心：无。

（七）当年对住房公积金管理人员违规行为的纠正和处理情况等

无。

（八）其他需要披露的情况

无。

甘肃省及省内各城市住房公积金
2021 年年度报告二维码

名称	二维码
甘肃省住房公积金 2021 年年度报告	
兰州市住房公积金 2021 年年度报告	
临夏回族自治州住房公积金 2021 年年度报告	
天水市住房公积金 2021 年年度报告	
甘南藏族自治州住房公积金 2021 年年度报告	
张掖市住房公积金 2021 年年度报告	
金昌市住房公积金 2021 年年度报告	

续表

名称	二维码
平凉市住房公积金 2021 年年度报告	
武威市住房公积金 2021 年年度报告	
嘉峪关市住房公积金 2021 年年度报告	
陇南市住房公积金 2021 年年度报告	
定西市住房公积金 2021 年年度报告	
酒泉市住房公积金 2021 年年度报告	
白银市住房公积金 2021 年年度报告	
庆阳市住房公积金 2021 年年度报告	

青海省

青海省住房公积金 2021 年年度报告

根据国务院《住房公积金管理条例》和住房和城乡建设部、财政部、人民银行《关于健全住房公积金信息披露制度的通知》（建金〔2015〕26 号）规定，现将青海省住房公积金 2021 年年度报告汇总公布如下：

一、机构概况

（一）住房公积金管理机构

全省共设 8 个设区城市住房公积金管理中心，1 个独立设置的分中心（其中，省直分中心隶属青海省住房和城乡建设厅）和 1 个行业中心。从业人员 393 人，其中，在编 225 人，非在编 168 人。

（二）住房公积金监管机构

青海省住房和城乡建设厅、财政厅和中国人民银行西宁中心支行负责对本省住房公积金管理运行情况进行监督。青海省住房和城乡建设厅设立住房公积金监管处，负责辖区住房公积金日常监管工作。

二、业务运行情况

（一）缴存。 2021 年，新开户单位 1628 家，净增单位 968 家；新开户职工 6.47 万人，净增职工 1.97 万人；实缴单位 11618 家，实缴职工 57.70 万人，缴存额 138.21 亿元，分别同比增长 9.09%、3.53%、8.76%。2021 年末，缴存总额 1146.02 亿元，比上年末增加 13.71%；缴存余额 379.16 亿元，同比增长 9.78%（表 1）。

2021 年分城市住房公积金缴存情况　　　　　　　　　　　　　　　　　　　　表 1

地区	实缴单位（万个）	实缴职工（万人）	缴存额（亿元）	累计缴存总额（亿元）	缴存余额（亿元）
青海省	**1.16**	**57.70**	**138.21**	**1146.02**	**379.16**
西宁	0.62	37.81	84.73	721.50	231.02
海东	0.12	5.34	13.47	113.94	37.11
海西	0.12	6.23	14.26	109.34	40.93
海南	0.08	2.19	6.94	53.43	17.29
海北	0.06	1.61	4.46	38.16	11.75
玉树	0.07	1.77	5.99	47.96	18.62
黄南	0.06	1.50	4.37	34.11	13.55
果洛	0.03	1.26	3.99	27.57	8.90

（二）提取。 2021 年，30.72 万名缴存职工提取住房公积金；提取额 104.44 亿元，同比下降 6.26%；提取额占当年缴存额的 75.57%，比上年减少 12.11 个百分点。2021 年末，提取总额 766.86 亿元，比上年末增加 15.77%（表 2）。

2021 年分城市住房公积金提取情况　　　　　　　　表 2

地区	提取额 （亿元）	提取率 （%）	住房消费类提取额 （亿元）	非住房消费类提取额 （亿元）	累计提取总额 （亿元）
青海省	104.44	75.57	77.38	27.05	766.86
西宁	63.20	74.59	46.52	16.68	490.49
海东	10.61	78.77	8.36	2.25	76.82
海西	10.76	75.46	7.58	3.18	68.41
海南	5.00	72.05	3.86	1.14	36.15
海北	3.67	82.29	2.93	0.74	26.42
玉树	5.16	86.14	4.61	0.55	29.34
黄南	3.53	80.78	1.66	1.87	20.56
果洛	2.50	62.66	1.86	0.64	18.67

（三）贷款。

1. 个人住房贷款。2021 年，发放个人住房贷款 1.73 万笔、80.66 亿元，同比下降 9.9%、6.42%。回收个人住房贷款 53.47 亿元。

2021 年末，累计发放个人住房贷款 30.86 万笔、694.77 亿元，贷款余额 311.25 亿元，分别比上年末增加 5.98%、13.13%、9.57%。个人住房贷款余额占缴存余额的 82.09%，比上年末减少 0.16 个百分点（表 3）。

2021 年分城市住房公积金个人住房贷款情况　　　　　表 3

地区	放贷笔数 （万笔）	贷款发放额 （亿元）	累计放贷笔数 （万笔）	累计贷款总额 （亿元）	贷款余额 （亿元）	个人住房贷款率 （%）
青海省	1.73	80.66	30.86	694.77	311.25	82.09
西宁	0.96	46.87	16.42	399.54	189.45	82.01
海东	0.18	7.08	4.61	81.97	29.35	79.09
海西	0.25	10.52	2.83	61.59	31.37	76.64
海南	0.11	4.31	1.82	39.92	16.68	96.47
海北	0.06	2.22	1.39	28.73	11.05	94.04
玉树	0.06	3.44	2.02	44.62	14.47	77.71
黄南	0.07	3.87	1.43	27.79	11.51	84.92
果洛	0.04	2.35	0.34	10.61	7.36	75.84

2021 年，支持职工购建房 181.65 万平方米。年末个人住房贷款市场占有率（含公转商贴息贷款）为 36.34%，比上年末减少 2.84 个百分点。通过申请住房公积金个人住房贷款，可节约职工购房利息支出 126417.24 万元。

2. 异地贷款。2021 年，发放异地贷款 3377 笔、156690.19 万元。2021 年末，发放异地贷款总额 843851.21 万元，异地贷款余额 540809.29 万元。

3. 公转商贴息贷款。2021 年，发放公转商贴息贷款 3554 笔、105720.77 万元，支持职工购建房面积 38.77 万平方米。当年贴息额 1945.04 万元。2021 年末，累计发放公转商贴息贷款 5929 笔、185776.93 万元，累计贴息 1985.49 万元。

（四）购买国债。 无。

（五）融资。 2021 年，融资 0.04 亿元，归还 0 亿元。2021 年末，融资总额 0.47 亿元，融资余额

0.47 亿元。

（六）**资金存储**。2021 年末，住房公积金存款 85.77 亿元。其中，活期 4.72 亿元，1 年（含）以下定期 26.30 亿元，1 年以上定期 50.97 亿元，其他（协定、通知存款等）3.78 亿元。

（七）**资金运用率**。2021 年末，住房公积金个人住房贷款余额、项目贷款余额和购买国债余额的总和占缴存余额的 82.09％，比上年末减少 0.16 个百分点。

三、主要财务数据

（一）**业务收入**。2021 年，业务收入 123872.51 万元，同比下降 0.5％。其中，存款利息 27779.92 万元，委托贷款利息 96073.42 万元，国债利息 0 万元，其他 19.17 万元。

（二）**业务支出**。2021 年，业务支出 49572.13 万元，同比下降 1.99％。其中，支付职工住房公积金利息 38301.18 万元，归集手续费 5287.33 万元，委托贷款手续费 4036.65 万元，其他 1946.97 万元。

（三）**增值收益**。2021 年，增值收益 74300.38 万元，同比增长 0.51％；增值收益率 2.06％，比上年减少 0.11 个百分点。

（四）**增值收益分配**。2021 年，提取贷款风险准备金 34064.02 万元，提取管理费用 6209.31 万元，提取城市廉租住房（公共租赁住房）建设补充资金 34027.05 万元（表 4）。

2021 年分城市住房公积金增值收益及分配情况　　　　表 4

地区	业务收入（亿元）	业务支出（亿元）	增值收益（亿元）	增值收益率（％）	提取贷款风险准备金（亿元）	提取管理费用（亿元）	提取公租房（廉租房）建设补充资金（亿元）
青海省	**12.39**	**4.96**	**7.43**	**2.06**	**3.41**	**0.62**	**3.40**
西宁	7.62	1.97	5.64	2.57	2.24	0.38	3.02
海东	1.08	0.57	0.52	1.44	0.31	0.16	0.05
海西	1.27	0.91	0.36	0.93	0.22	0.00	0.14
海南	0.53	0.36	0.17	1.05	0.17	0.00	0.00
海北	0.38	0.24	0.14	1.22	0.11	0.00	0.03
玉树	0.62	0.30	0.32	1.77	0.19	0.04	0.09
黄南	0.44	0.33	0.11	0.85	0.07	0.04	0.00
果洛	0.44	0.28	0.17	2.06	0.10	0.00	0.07

2021 年，上交财政管理费用 7258.27 万元，上缴财政城市廉租住房（公共租赁住房）建设补充资金 43686.85 万元。

2021 年末，贷款风险准备金余额 229035.64 万元，累计提取城市廉租住房（公共租赁住房）建设补充资金 149339.35 万元。

（五）**管理费用支出**。2021 年，管理费用支出 7509.13 万元，同比增长 3.82％。其中，人员经费 4987.77 万元，公用经费 1010.06 万元，专项经费 1511.30 万元。

四、资产风险状况

2021 年末，个人住房贷款逾期额 849.34 万元，逾期率 0.27‰，个人贷款风险准备金余额 229035.64 万元。2021 年，使用个人贷款风险准备金核销呆坏账 0 万元。

五、社会经济效益

（一）**缴存业务**。缴存职工中，国家机关和事业单位占 46.27％，国有企业占 33.27％，城镇集体企业占 2.37%，外商投资企业占 0.77%，城镇私营企业及其他城镇企业占 9.60%，民办非企业单位和社会团体占 0.77%，灵活就业人员占 0.88%，其他占 6.07%；中、低收入占 99.63%，高收入占 0.37%。

新开户职工中，国家机关和事业单位占 34.21%，国有企业占 19.14%，城镇集体企业占 6.62%，外商投资企业占 0.81%，城镇私营企业及其他城镇企业占 21.48%，民办非企业单位和社会团体占 2.18%，灵活就业人员占 2.55%，其他占 13.01%；中、低收入占 99.94%，高收入占 0.06%。

（二）提取业务。 提取金额中，购买、建造、翻建、大修自住住房占 31.27%，偿还购房贷款本息占 39.39%，租赁住房占 1.89%，支持老旧小区改造提取占 0%；离休和退休提取占 19.59%，完全丧失劳动能力并与单位终止劳动关系提取占 2.38%，出境定居占 0%，其他占 5.48%。提取职工中，中、低收入占 99.79%，高收入占 0.21%。

（三）贷款业务。 职工贷款笔数中，购房建筑面积 90（含）平方米以下占 16.50%，90～144（含）平方米占 73.51%，144 平方米以上占 9.99%。购买新房占 76.32%（其中购买保障性住房占 0.01%），购买二手房占 23.17%，建造、翻建、大修自住住房占 0%（其中支持老旧小区改造占 0%），其他占 0.51%。

职工贷款笔数中，单缴存职工申请贷款占 47.97%，双缴存职工申请贷款占 52.01%，三人及以上缴存职工共同申请贷款占 0.02%。

贷款职工中，30 岁（含）以下占 44.45%，30 岁～40 岁（含）占 36.67%，40 岁～50 岁（含）占 15.65%，50 岁以上占 3.23%；购买首套住房申请贷款占 76.16%，购买二套及以上申请贷款占 23.84%；中、低收入占 98.61%，高收入占 1.39%。

（四）住房贡献率。 2021 年，个人住房贷款发放额、公转商贴息贷款发放额、项目贷款发放额、住房消费提取额的总和与当年缴存额的比率为 115.27%，比上年减少 20.44 个百分点。

六、其他重要事项

（一）当年住房公积金政策调整情况

一是制定《2021 年全省住房公积金工作要点》（青建房〔2021〕19 号），从严格落实政策、强化业务管理，加强风险防控、筑牢安全体系，推进信息化建设、提升服务效能三个方面，明确了 12 项年度住房公积金重点任务和工作要求。二是印发《关于加强住房公积金个人住房贷款管理的通知》（青建房〔2021〕116 号），针对我省部分地区住房公积金个人住房贷款逾期率远高于全国平均水平问题，从高度重视贷款管理、逾期贷款清查催收、健全贷款管理机制、实施失信联合惩戒提出要求。截至 2021 年 12 月底，我省公积金贷款逾期率为 0.27‰，同比下降 0.15 个百分点，低于全国平均水平（0.35‰）。三是印发《关于做好城镇老旧住宅加装电梯提取住房公积金工作的通知》（青建房〔2021〕127 号），明确支持职工及配偶可申请提取名下账户内住房公积金余额用于支付家庭实际承担的家装电梯建设费用，既减轻了缴存职工资金压力，也为全面推进我省城镇老旧小区改造提供了有力支撑。四是印发《关于进一步加强全省住房公积金平稳健康发展有关工作的通知》（青建房〔2021〕140 号），进一步优化调整我省住房公积金使用政策，其中，提取业务方面，停办用于支付住宅专项维修资金、契税、自住住房物业费等公积金提取业务；贷款业务方面，调整购买第二套住房或第二次申请住房公积金贷款政策，即最低首付款比例不得低于 30%，贷款利率不得低于同期首套住房公积金个人住房贷款利率的 1.1 倍，取消贷款额度上浮 20% 政策；资金流动性风险方面，建立风险预警、响应和管理制度，确保住房公积金平稳健康发展。五是印发《关于加强住房公积金缴存管理工作的通知》（青建房〔2021〕192 号），对进一步做好住房公积金缴存工作，切实杜绝欠缴行为，保证缴存单位按时足额汇缴公积金，维护住房公积金缴存职工权益提出了具体工作要求。

（二）当年开展监督检查情况

一是开展全省住房公积金年度专项检查工作。省住房城乡建设厅在各地开展自查工作的基础上，组织各中心就住房公积金政策标准执行、资金财务管理、业务服务优化及外省审计发现问题对照整改落实等情况开展交叉检查工作，对检查中发现的问题责令责任中心全面整改，以确保住房公积金各项惠民政策得到全面落实和准确实施。二是常态化做好电子稽查工作。强化住房和城乡建设部电子化检查工具应用，定期抽查督促各中心进行业务风险排查，增强业务风险防控能力，并根据电子化稽查报告及明细数据，及时下发整改工单，督促相关中心及时排查、整改各类风险预警事项。

（三）当年服务改进情况

按照住房和城乡建设部推动住房公积金服务"跨省通办"要求，以"三个一百"活动和"我为群众办实事"实践活动为抓手，持续推进服务水平提升。一是组织各中心围绕住房公积金政策知识、岗位操作等内容，通过住房公积金业务培训、服务培训、拓展培训等方式互教互学，促进全省公积金管理中心缴存、提取、贷款、财务管理、稽核审计、信息化、档案管理等业务能力持续提升。二是印发《关于加强住房公积金从业人员管理的通知》（青建房〔2021〕251号），对加强住房公积金从业人员管理提出了思想作风、制度完善、队伍建设三个方面9项具体措施，促进干部队伍整体素质提升，有效提高了住房公积金管理和服务水平。

（四）当年信息化建设情况

一是为深入贯彻落实国务院深化"放管服"改革部署，持续推进2021年度5项高频服务事项实现"全程网办""两地联办""跨省通办"。截至2021年12月底，全省"跨省通办"共办理住房公积金单位登记开户业务5281笔，单位及个人缴存信息变更73531笔，提前偿还住房公积金贷款2712笔，通过两地联办方式办理异地购房提取住房公积金160笔，开具住房公积金个人住房贷款全部还清证明755笔。二是2021年11月受住房和城乡建设部委托，由省住房城乡建设厅牵头成立考核组，通过观看系统演示、听取汇报、现场检查、质询答疑和合议等方式，对我省住房公积金12329综合服务平台安全保障体系建设情况、运行绩效分析功能等进行了现场检查验收，最终我省综合服务平台以优秀等级通过了验收。根据验收专家组意见建议，重新梳理业务流程，持续推进智慧公积金，提升综合服务平台建设，加强安全防控，有效利用共享数据，加强数据分析，实现了更多公积金业务线上办理。

（五）当年住房公积金机构及从业人员所获荣誉情况

西宁中心被授予"2016—2020年全省普法工作先进集体""青海省三八红旗集体""西宁市三八红旗集体""全市先进基层党组织"等荣誉称号，在全市目标责任绩效考核和党风廉政建设责任制考核中获得"优秀领导班子"通报表彰。省直分中心荣获第20届"全国青年文明号"荣誉称号，连续13年获此殊荣。海东中心获得"市级文明单位"称号。海南中心被命名为海南州第八批全州民族团结进步示范单位；获评2019—2020年度海南州精神文明单位。海北中心被评为"州级文明单位"，海北州政务服务大厅住房公积金窗口被评为2021年度"文明窗口"，王万芬同志被评为"优秀共产党员"，李莉同志被评为2021年度"文明个人"。果洛中心公积金窗口被果洛州行政服务和公共资源交易中心连续五年评为"优秀窗口"，两名窗口工作人员被评为"先进个人"和"党员先锋岗"。

青海省西宁住房公积金 2021 年年度报告

根据国务院《住房公积金管理条例》和住房和城乡建设部、财政部、人民银行《关于健全住房公积金信息披露制度的通知》（建金〔2015〕26 号）的规定，经住房公积金管理委员会审议通过，现将西宁住房公积金 2021 年年度报告公布如下：

一、机构概况

（一）住房公积金管理委员会。西宁住房公积金管理委员会有 18 名委员，2021 年召开 1 次会议，审议通过的事项主要包括：一是 2020 年住房公积金管理工作报告；二是 2020 年住房公积金归集使用计划完成情况及 2021 年归集使用计划；三是 2020 年住房公积金增值收益分配情况及 2021 增值收益分配计划；四是 2020 年年报公开前向管委会委员征求意见。

青海油田住房公积金管理委员会有 20 名委员，2021 年召开 1 次会议，审议通过的事项主要包括：一是青海油田住房公积金管理中心 2020 年工作汇报；二是 2020 年度住房公积金增值收益分配的意见；三是青海油田住房公积金管理中心 2021 年管理费用预算；四是《关于调整青海油田住房公积金管理委员会成员的通知》；五是《2020 年青海油田住房公积金年度报告》。

（二）住房公积金管理中心。西宁住房公积金管理中心为直属于西宁市人民政府不以营利为目的的公益一类事业单位，设 10 个部室，1 个分中心，5 个管理部。从业人员 86 人，其中，在编 66 人，非在编 20 人。西宁中心市本级与铁路分中心财务进行统一核算。

西宁住房公积金管理中心省直分中心为直属于青海省住房和城乡建设厅不以营利为目的的公益一类事业单位，设 5 个科，从业人员 28 人，其中，在编 19 人，非在编 9 人。

青海油田住房公积金管理中心为青海油田公司不以营利为目的的直属单位，设 4 个科，1 个管理部，0 个分中心。从业人员 18 人，其中，在编 18 人，非在编 0 人。

二、业务运行情况

（一）缴存。2021 年，新开户单位 1178 家（其中，西宁中心 1118 家，省直分中心 59 家，油田中心 1 家），净增单位 970 家（其中，西宁中心 931 家，省直分中心 38 家，油田中心 1 家）；新开户职工 4.63 万人（其中，西宁中心 3.75 万人，省直分中心 0.86 万人，油田中心 0.02 万人），净增职工 2.27 万人（其中，西宁中心 1.97 万人，省直分中心 0.36 万人，油田中心 −0.06 万人）；实缴单位 6161 家（其中，西宁中心 5164 家，省直分中心 948 家，油田中心 49 家），实缴职工 37.81 万人（其中，西宁中心 24.23 万人，省直分中心 11.63 万人，油田中心 1.95 万人），缴存额 84.73 亿元（其中，西宁中心 46.16 亿元，省直分中心 29.45 亿元，油田中心 9.12 亿元），分别同比增长 18.69%、6.39%、8.87%。2021 年末，缴存总额 721.50 亿元（其中，西宁中心 383.49 亿元，省直分中心 239.32 亿元，油田中心 98.69 亿元），比上年末增加 13.30%；缴存余额 231.02 亿元（其中，西宁中心 117.51 亿元，省直分中心 80.42 亿元，油田中心 33.09 亿元），同比增长 10.28%。受委托办理住房公积金缴存业务的银行 5 家。

（二）提取。2021 年，19.54 万名缴存职工提取住房公积金；提取额 63.20 亿元（其中，西宁中心 35.64 亿元，省直分中心 21.69 亿元，油田中心 5.87 亿元），同比下降 7.22%；提取额占当年缴存额的

74.59％，比上年减少 12.93 个百分点。2021 年末，提取总额 490.49 亿元（其中，西宁中心 265.97 亿元，省直分中心 158.91 亿元，油田中心 65.61 亿元），比上年末增加 14.79％。

（三）贷款。

1. 个人住房贷款。个人住房贷款最高额度 50 万元，不区分单双职工家庭。对首次使用公积金贷款购买首套房的信用状况良好的职工其贷款额度可在最高额度的基础上适度上浮，上浮比例控制在 20％以内，最高贷款额度可达 60 万元。

2021 年，发放个人住房贷款 0.96 万笔、46.87 亿元，同比分别下降 13.51％、8.74％。其中，西宁中心发放个人住房贷款 0.60 万笔、28.95 亿元，省直分中心发放个人住房贷款 0.34 万笔、17.04 亿元，油田中心发放个人住房贷款 0.02 万笔、0.88 亿元。

2021 年，回收个人住房贷款 34.35 亿元。其中，西宁中心 23.85 亿元，省直分中心 9.44 亿元，油田中心 1.06 亿元。

2021 年末，累计发放个人住房贷款 16.42 万笔、399.54 亿元，贷款余额 189.45 亿元，分别比上年末增加 6.21％、13.29％、7.07％。个人住房贷款余额占缴存余额的 82.01％，比上年末减少 2.45 个百分点。其中，西宁中心 90.46％，省直分中心 98.89％，油田中心 10.97％。受委托办理住房公积金个人住房贷款业务的银行 15 家。

2. 异地贷款。2021 年，发放异地贷款 263 笔、9167.00 万元。2021 年末，发放异地贷款总额 450550.44 万元，异地贷款余额 224020.89 万元。

3. 公转商贴息贷款。2021 年，西宁中心开办公转商存量贴息贷款 3554 笔、105720.77 万元，当年贴息额 1945.04 万元。2021 年末，累计开办公转商存量贴息贷款 5929 笔、185776.93 万元，累计贴息 1985.49 万元。

（四）购买国债。 无。

（五）资金存储。 2021 年末，住房公积金存款 51.12 亿元（其中，西宁中心 14.66 亿元，省直分中心 7.94 亿元，油田中心 28.52 亿元）。其中，活期 0.42 亿元，1 年（含）以下定期 14.60 亿元，1 年以上定期 34.45 亿元，其他（协定、通知存款等）1.65 亿元。

（六）资金运用率。 2021 年末，住房公积金个人住房贷款余额、项目贷款余额和购买国债余额的总和占缴存余额的 82.01％，比上年末减少 2.45 个百分点。

三、主要财务数据

（一）业务收入。 2021 年，业务收入 76174.26 万元，同比下降 3.26％。其中，西宁中心 37517.67 万元，省直分中心 27507.71 万元，油田中心 11148.88 万元；存款利息 17059.02 万元，委托贷款利息 59110.80 万元，国债利息 0 万元，其他 4.44 万元。

（二）业务支出。 2021 年，业务支出 19728.57 万元，同比下降 9.90％。其中，西宁中心 6513.73 万元，省直分中心 8431.82 万元，油田中心 4783.02 万元；支付职工住房公积金利息 11660.18 万元，归集手续费 3379.76 万元，委托贷款手续费 2742.99 万元，其他 1945.64 万元。

（三）增值收益。 2021 年，增值收益 56445.69 万元，同比下降 0.70％。其中，西宁中心 31003.94 万元，省直分中心 19075.89 万元，油田中心 6365.86 万元；增值收益率 2.57％（其中，西宁中心 2.78％，省直分中心 2.51％，油田中心 2.01％），比上年减少 0.18 个百分点。

（四）增值收益分配。 2021 年，增值收益分配金额为 56445.69 万元。提取贷款风险准备金 22438.51 万元，提取管理费用 3851.25 万元，提取城市廉租住房（公共租赁住房）建设补充资金 30155.93 万元（其中，西宁中心 18309.63 万元，省直分中心 6813.39 万元，油田中心 5032.91 万元）。

2021 年，上交财政管理费用 4161.73 万元（其中，西宁中心 2200.00 万元，省直分中心 1961.73 万元，油田中心 0 万元）。上缴财政城市廉租住房（公共租赁住房）建设补充资金 41314.76 万元，其中，西宁中心上缴 18100.00 万元，省直分中心上缴 23214.76 万元，油田中心上缴 0 万元。

2021 年末，贷款风险准备金余额 152406.22 万元。累计提取城市廉租住房（公共租赁住房）建设补充资金 126657.64 万元，其中，西宁中心提取 56442.39 万元，省直分中心提取 38178.78 万元，油田中心提取 32036.47 万元。

（五）管理费用支出。2021 年，管理费用支出 3581.20 万元，同比下降 0.30%。其中，人员经费 2467.42 万元，公用经费 216.82 万元，专项经费 896.96 万元。

西宁中心管理费用支出 2064.29 万元，其中，人员、公用、专项经费分别为 1494.22 万元、55.80 万元、514.27 万元；省直分中心管理费用支出 789.41 万元，其中，人员、公用、专项经费分别为 387.17 万元、19.55 万元、382.69 万元；油田中心管理费用支出 727.50 万元，其中，人员、公用、专项经费分别为 586.03 万元、141.47 万元、0 万元。

四、资产风险状况

个人住房贷款。2021 年末，个人住房贷款逾期额 430.36 万元，逾期率 0.23‰，其中，西宁中心 0.11‰，省直分中心 0.35‰，油田中心 0.93‰。个人贷款风险准备金余额 152406.22 万元。2021 年，使用个人贷款风险准备金核销呆坏账 0 万元。

五、社会经济效益

（一）缴存业务

缴存职工中，国家机关和事业单位占 34.10%，国有企业占 40.76%，城镇集体企业占 2.44%，外商投资企业占 1.09%，城镇私营企业及其他城镇企业占 13.13%，民办非企业单位和社会团体占 0.93%，灵活就业人员占 1.15%，其他占 6.40%；中、低收入占 99.44%，高收入占 0.56%。

新开户职工中，国家机关和事业单位占 22.89%，国有企业占 22.05%，城镇集体企业占 6.46%，外商投资企业占 0.99%，城镇私营企业及其他城镇企业占 27.83%，民办非企业单位和社会团体占 2.53%，灵活就业人员占 2.98%，其他占 14.27%；中、低收入占 99.94%，高收入占 0.06%。

（二）提取业务

提取金额中，购买、建造、翻建、大修自住住房占 28.75%，偿还购房贷款本息占 40.58%，租赁住房占 1.03%，支持老旧小区改造占 0.01%，离休和退休提取占 21.28%，完全丧失劳动能力并与单位终止劳动关系提取占 2.91%，出境定居占 0%，其他占 5.44%。提取职工中，中、低收入占 99.68%，高收入占 0.32%。

（三）贷款业务

个人住房贷款。2021 年，支持职工购建房 143.33 万平方米（含公转商贴息贷款），年末个人住房贷款市场占有率（含公转商贴息贷款）为 31.79%，比上年末减少 1.63 个百分点。通过申请住房公积金个人住房贷款，可节约职工购房利息支出 87320.63 万元。

职工贷款笔数中，购房建筑面积 90（含）平方米以下占 20.65%，90～144（含）平方米占 70.92%，144 平方米以上占 8.43%。购买新房占 73.27%（其中购买保障性住房占 0.01%），购买二手房占 25.82%，建造、翻建、大修自住住房占 0%（其中支持老旧小区改造占 0%），其他占 0.91%。

职工贷款笔数中，单缴存职工申请贷款占 49.98%，双缴存职工申请贷款占 50.02%，三人及以上缴存职工共同申请贷款占 0%。

贷款职工中，30 岁（含）以下占 44.57%，30 岁～40 岁（含）占 38.01%，40 岁～50 岁（含）占 14.77%，50 岁以上占 2.65%；购买首套住房申请贷款占 68.51%，购买二套及以上申请贷款占 31.49%；中、低收入占 98.23%，高收入占 1.77%。

（四）住房贡献率

2021 年，个人住房贷款发放额、公转商贴息贷款发放额、项目贷款发放额、住房消费提取额的总和与当年缴存额的比率为 122.70%（其中，西宁中心 142.04%，省直分中心 113.72%，油田中心

53.95％），比上年减少 10.01 个百分点。

六、其他重要事项

（一）当年机构及职能调整情况、受委托办理缴存贷款业务金融机构变更情况

当年机构及职能未作调整；受委托办理缴存贷款业务金融机构未作变更。

（二）当年住房公积金政策调整及执行情况，包括当年缴存基数限额及确定方法、缴存比例等缴存政策调整情况；当年提取政策调整情况；当年个人住房贷款最高贷款额度、贷款条件等贷款政策调整情况；当年住房公积金存贷款利率执行标准等；支持老旧小区改造政策落实情况

西宁中心：

缴存基数上限按 2021 年度全省在岗职工月平均工资 3 倍的要求确定为 24591 元；缴存基数下限按人社部门公布的 2021 年度最低月工资标准确定为 1700 元。缴存基数调整实现网上申报审批。全年新增开户单位 1118 家，新增缴存职工 3.75 万人，新增月缴存额 648.20 万元，新增单位数、新增职工数和新增月缴存额均达到历史最高。将住房公积金缴存事项纳入全市《劳动合同书》范本。以全市行政事业单位聘用人员、未建缴企业单位等为重点对象，推动归集扩面工作取得新成效，共为 2818 名聘用人员建立了住房公积金制度。已为 7876 名新市民建立账户，归集公积金 1.27 亿元，共为符合贷款条件的新市民发放住房公积金贷款 430 笔、1.65 亿元，住房公积金已成为新市民解决住房问题的重要渠道。开办了"按月提租"业务，为无房职工提供了最大程度的便利。进一步落实加装电梯提取政策，支持老旧小区改造。防范资金流动性风险，继续开办公转商贴息贷款业务。

省直分中心：

缴存基数上限按 2021 年度全省在岗职工月平均工资 3 倍的要求确定为 24591 元；缴存基数下限按人社部门公布的 2021 年度最低月工资标准确定为 1700 元。缴存基数调整实现全程网办。

油田中心：

2020 年青海省海西州在岗职工社会月平均工资 9336.08 元，月平均工资超过海西州月平均工资 300％的，按海西州月平均工资的 300％核定缴存基数，缴存基数上限为 28008 元，缴存基数下限按不低于青海省最低工资标准 1700 元核定。

（三）当年服务改进情况，包括推进住房公积金服务"跨省通办"工作情况，服务网点、服务设施、服务手段、综合服务平台建设和其他网络载体建设服务情况等

西宁中心：

建立建缴企业金融延伸服务和低息贷款服务机制，开通 5 项电子证明下载打印功能，取消各类纸质档案要件 32 项，精简高频业务事项资料 13 项，免审批事项达 24 项。开展跨省通办"三个一百"创建活动，打造了 2 个跨省通办"示范窗口"，讲述了 4 个"跨省通办"便民小故事，落实了中心主任"零距离真体验"服务案例，推进 8 项"跨省通办"服务提质增效。开通"绿色窗口"服务渠道，新增"业务直通车"进楼盘服务网点，形成 6 个服务大厅、57 个银行网点、5 个"业务直通车"的线下服务格局。12329 客户服务中心以自助语音、智能客服、在线解答等方式服务 11.66 万余人次，落实"好差评"机制，执行满意度测评，开展"服务之星"评选，编发服务月通报 12 期，处理 12345 市长热线等事项 145 件，办结率达到 100％。微信公众号和"手机公积金"App 注册人数分别达到 24 万人和 8.9 万人，全年发布宣传信息 180 余篇，在各类媒体刊登新闻稿件 50 余篇次。

省直分中心：

打造了 1 个"跨省通办"示范窗口，讲述了 1 个"跨省通办"便民惠民小故事，落实了 1 个中心主任体验服务补足短板的实际案例。"青海住房公积金 12329"微信公众号关注量达 43 万余人，较 2020 年末增加约 5 万人，及时回复群众关注热点问题，全年发布信息 309 篇；"7×24 小时机器人"自动答疑网友问题 3.2 万人次；网站论坛在线解答群众咨询 500 余条；实现 12329 服务热线与 12345 政务热线双号并行，全年热线服务群众 5 万人次，一次性解答率 99.99％。实现了与公安、民政、住建、人民银行、市场监督等主要政务部门政务信息互联互通，推动了省内 10 家住房公积金中心 8 项高频服务事项"跨省通办"落地见效，解决了职工办理住房公积金"多地跑""折返跑"的问题。

油田中心：

2021 年根据建司局函金〔2021〕50 号文规定做好住房公积金服务"跨省通办"工作要求，截至 2021 年 10 月 31 提前开通住房公积金单位登记开户、住房公积金单位及个人缴存信息变更、购房提取住房公积金、开具住房公积金个人住房贷款全部还清证明、提前还清住房公积金贷款五项业务"跨省通办"。

（四）当年信息化建设情况，包括信息系统升级改造情况，基础数据标准贯彻落实和结算应用系统接入情况等

西宁中心：

将单位开户纳入"企业开办"一件事套餐服务，实现 38 项业务在省政务平台的"一网通办"，事项网办率超 95％，新增 4 个网上办理渠道。完成中心信息系统等保三级测评和信息系统安全监测评估，参加完成网络安全攻防演练，实现了"全过程强智控"的风险防控体系和数据治理体系。完成与全市 15 家商业银行的商贷信息共享和电子对账业务，中心财务核算实现了由自动化向智能化的迈进。在中心微信公众号和手机 App 上开发了异地转移接续功能，成功接入全国住房公积金微信小程序，全年共办理异地转移业务 3433 笔。推进信息互联互通，与省市场监督管理局、不动产登记中心实现了营业执照、房屋信息等数据的共享，严格按照人行二代征信数据规范完成了征信系统开发和接口测试工作。

省直分中心：

圆满完成省级综合服务平台验收工作。逐条对照《住房公积金综合服务平台建设导则》，积极协调软件开发公司，加大投入开发力量，历时近半年，全面完成我省住房公积金 12329 综合服务平台 8 个服务渠道升级改造工作；同时，协调省电子政务办，完成省政务云资源申请，利用省政务云网络和安全优势制定迁移方案，该平台上线运行后，以 99.1 的高分通过省住房城乡建设厅组织的省内专家组验收。完成全国住房公积金小程序上线工作。按住房和城乡建设部和省住房城乡建设厅工作要求，组织协调各市、州中心，在住房和城乡建设部要求时间节点前，完成手机公积金小程序和异地转移接续接口开发、测试工作，并于 5 月 26 日正式上线，全年办理异地转移业务 1181 笔，至今运行平稳。按照人行二代征信接口规范，积极协调部署，完成我中心二代贷款征信接口测试，出具测试报告，目前已达到正式上线要求。

（五）当年住房公积金管理中心及职工所获荣誉情况，包括：文明单位（行业、窗口）、青年文明号、工人先锋号、五一劳动奖章（劳动模范）、三八红旗手（巾帼文明岗）、先进集体和个人等

西宁中心：

2021 年 12 月中心被评为中共青海省委全面依法治省委员会、中共青海省委宣传部守法普法协调小组、青海省司法厅授予"2016—2020 年全省普法工作先进集体"称号；

在 2021 年度全市目标责任绩效考核和党风廉政建设责任制考核中均获得"优秀领导班子"通报表彰；

2021 年 6 月中心机关支部委员会被中共西宁市委授予"全市先进基层党组织"称号；

2021 年 12 月中心被青海省妇女联合会授予"青海省三八红旗集体"称号；

2021 年 3 月中心被西宁市妇联授予"西宁市三八红旗集体"称号。

省直分中心：

荣获第 20 届"全国青年文明号"荣誉称号，至 2021 年，已连续 13 年获得此荣誉。

（六）当年对违反《住房公积金管理条例》和相关法规行为进行行政处罚和申请人民法院强制执行情况

无。

（七）当年对住房公积金管理人员违规行为的纠正和处理情况等

无。

（八）其他需要披露的情况

无。

青海省及省内各城市住房公积金
2021 年年度报告二维码

名称	二维码
青海省住房公积金 2021 年年度报告	
西宁住房公积金 2021 年年度报告	
海东市住房公积金 2021 年年度报告	
海西蒙古族藏族自治州住房公积金 2021 年年度报告	
海南藏族自治州住房公积金 2021 年年度报告	
海北藏族自治州住房公积金 2021 年年度报告	
玉树藏族自治州住房公积金 2021 年年度报告	

续表

名称	二维码
黄南藏族自治州住房公积金 2021 年年度报告	
果洛藏族自治州住房公积金 2021 年年度报告	

宁夏回族自治区

宁夏回族自治区住房公积金 2021 年年度报告

根据国务院《住房公积金管理条例》和住房和城乡建设部、财政部、中国人民银行《关于健全住房公积金信息披露制度的通知》（建金〔2015〕26 号）规定，现将宁夏回族自治区住房公积金 2021 年年度报告公布如下：

一、机构概况

（一）住房公积金管理机构

全区共设 5 个设区城市住房公积金管理中心，1 个独立设置的分中心〔其中，自治区住房资金管理中心（银川住房公积金管理中心区直分中心）隶属自治区住房和城乡建设厅〕。从业人员 318 人，其中，在编 195 人，非在编 123 人。

（二）住房公积金监管机构

自治区住房城乡建设厅、财政厅和中国人民银行银川中心支行负责对全区住房公积金管理运行情况进行监督。自治区住房城乡建设厅设立住房公积金监管处，负责辖区住房公积金日常监管工作。

二、业务运行情况

（一）缴存。2021 年，新开户单位 1251 家，净增单位 727 家；新开户职工 9.17 万人，净增职工 5.7 万人；实缴单位 11169 家，实缴职工 72.19 万人，缴存额 126.78 亿元，分别同比增长 6.96%、8.57%、9.49%。2021 年末，缴存总额 1135.5 亿元，比上年末增加 12.57%；缴存余额 384.43 亿元，同比增长 8.62%（表 1）。

2021 年分城市住房公积金缴存情况　　　　　　　　　　　　　　　　　　表 1

地区	实缴单位（万个）	实缴职工（万人）	缴存额（亿元）	累计缴存总额（亿元）	缴存余额（亿元）
宁夏回族自治区	1.12	72.19	126.78	1135.50	384.43
银川	0.61	44.49	80.40	736.46	235.50
石嘴山	0.13	7.28	9.51	94.50	34.81
吴忠	0.14	7.14	13.32	118.82	43.31
中卫	0.11	7.03	11.40	80.51	31.60
固原	0.13	6.25	12.15	105.21	39.21

（二）提取。2021 年，23.68 万名缴存职工提取住房公积金；提取额 96.28 亿元，同比增长 9.01%；提取额占当年缴存额的 75.94%，比上年减少 0.34 个百分点。2021 年末，提取总额 751.07 亿元，比上年末增加 14.7%（表 2）。

（三）贷款。

1. 个人住房贷款。2021 年，发放个人住房贷款 1.35 万笔、60.31 亿元，同比下降 18.67%、13.56%。回收个人住房贷款 52.43 亿元。

2021 年分城市住房公积金提取情况　　　表 2

地区	提取额 （亿元）	提取率 （%）	住房消费类提取额 （亿元）	非住房消费类提取额 （亿元）	累计提取总额 （亿元）
宁夏回族自治区	96.28	75.94	77.51	18.77	751.07
银川	61.20	76.13	49.71	11.49	500.96
石嘴山	6.85	72.03	4.92	1.93	59.69
吴忠	10.65	79.96	8.61	2.04	75.51
中卫	8.39	73.60	6.59	1.80	48.91
固原	9.19	75.72	7.68	1.51	66.00

2021 年末，累计发放个人住房贷款 31.32 万笔、715.24 亿元，贷款余额 294.21 亿元，分别比上年末增加 4.51%、9.21%、2.75%。个人住房贷款余额占缴存余额的 76.53%，比上年末减少 4.37 个百分点（表 3）。

2021 年分城市住房公积金个人住房贷款情况　　　表 3

地区	放贷笔数 （万笔）	贷款发放额 （亿元）	累计放贷笔数 （万笔）	累计贷款总额 （亿元）	贷款余额 （亿元）	个人住房贷款率 （%）
宁夏回族自治区	1.35	60.31	31.32	715.24	294.21	76.53
银川	0.76	36.12	17.52	468.72	196.06	83.26
石嘴山	0.10	3.52	3.41	47.51	17.79	51.11
吴忠	0.17	7.27	5.04	81.28	26.54	61.27
中卫	0.14	5.82	2.18	50.05	20.34	64.37
固原	0.17	7.58	3.18	67.67	33.48	85.39

2021 年，支持职工购建房 174.42 万平方米。年末个人住房贷款市场占有率（含公转商贴息贷款）为 19.64%，比上年末减少 2.8 个百分点。通过申请住房公积金个人住房贷款，可节约职工购房利息支出 73145.97 万元。

2. 异地贷款。2021 年，发放异地贷款 1695 笔、70839.5 万元。2021 年末，发放异地贷款总额 601132.1 万元，异地贷款余额 335195.5 万元。

3. 公转商贴息贷款。无。

4. 住房公积金支持保障性住房建设项目贷款。无。

（四）购买国债。无。

（五）融资。无。

（六）资金存储。2021 年末，住房公积金存款 99.07 亿元。其中，活期 1.04 亿元，1 年（含）以下定期 60.45 亿元，1 年以上定期 27.59 亿元，其他（协定、通知存款等）9.99 亿元。

（七）资金运用率。2021 年末，住房公积金个人住房贷款余额、项目贷款余额和购买国债余额的总和占缴存余额的 76.53%，比上年末减少 4.37 个百分点。

三、主要财务数据

（一）业务收入。2021 年，业务收入 115028.87 万元，同比增长 9.25%。其中，存款利息 19997.41 万元，委托贷款利息 95007.13 万元，国债利息 0 万元，其他 24.33 万元。

（二）业务支出。2021 年，业务支出 63401.65 万元，同比增长 9.30%。其中，支付职工住房公积金利息 59267.19 万元，归集手续费 1189.31 万元，委托贷款手续费 2937.47 万元，其他 7.68 万元。

（三）增值收益。2021 年，增值收益 51627.22 万元，同比增长 9.19%；增值收益率 1.39%，比上年增加 0.01 个百分点。

（四）增值收益分配。 2021 年，提取贷款风险准备金 1008.62 万元，提取管理费用 7604.57 万元，提取城市廉租住房（公共租赁住房）建设补充资金 43014.03 万元（表 4）。

2021 年分城市住房公积金增值收益及分配情况   表 4

地区	业务收入（亿元）	业务支出（亿元）	增值收益（亿元）	增值收益率（%）	提取贷款风险准备金（亿元）	提取管理费用（亿元）	提取公租房（廉租房）建设补充资金（亿元）
宁夏回族自治区	**11.50**	**6.34**	**5.16**	**1.39**	**0.10**	**0.76**	**4.30**
银川	7.09	3.91	3.18	1.38	0.03	0.32	2.83
石嘴山	1.03	0.52	0.51	1.51	0.01	0.10	0.40
吴忠	1.28	0.66	0.62	1.47	0.00	0.16	0.46
中卫	0.83	0.47	0.36	1.20	0.01	0.09	0.26
固原	1.27	0.78	0.49	1.30	0.05	0.09	0.35

2021 年，上交财政管理费用 7578 万元，上缴财政城市廉租住房（公共租赁住房）建设补充资金 38133.91 万元。

2021 年末，贷款风险准备金余额 33332.32 万元，累计提取城市廉租住房（公共租赁住房）建设补充资金 313018.43 万元。

（五）管理费用支出。 2021 年，管理费用支出 6722.65 万元，同比增长 8.62%。其中，人员经费 3728.13 万元，公用经费 605.70 万元，专项经费 2388.82 万元。

四、资产风险状况

（一）个人住房贷款。 2021 年末，个人住房贷款逾期额 846.03 万元，逾期率 0.29‰，个人贷款风险准备金余额 33332.32 万元。2021 年，使用个人贷款风险准备金核销呆坏账 0 万元。

（二）住房公积金支持保障性住房建设项目贷款。 无。

五、社会经济效益

（一）缴存业务。 缴存职工中，国家机关和事业单位占 36.23%，国有企业占 27.54%，城镇集体企业占 3.14%，外商投资企业占 1.08%，城镇私营企业及其他城镇企业占 30.10%，民办非企业单位和社会团体占 1.16%，灵活就业人员占 0.24%，其他占 0.51%；中、低收入占 99.32%，高收入占 0.68%。

新开户职工中，国家机关和事业单位占 20.24%，国有企业占 13.22%，城镇集体企业占 1.52%，外商投资企业占 1.90%，城镇私营企业及其他城镇企业占 59.80%，民办非企业单位和社会团体占 2.04%，灵活就业人员占 0.24%，其他占 1.04%；中、低收入占 99.79%，高收入占 0.21%。

（二）提取业务。 提取金额中，购买、建造、翻建、大修自住住房占 20.03%，偿还购房贷款本息占 58.63%，租赁住房占 1.83%，支持老旧小区改造提取占 0.01%；离休和退休提取占 13.07%，完全丧失劳动能力并与单位终止劳动关系提取占 2.77%，出境定居占 0.79%，其他占 2.87%。提取职工中，中、低收入占 99.23%，高收入占 0.77%。

（三）贷款业务。

1. 个人住房贷款。职工贷款笔数中，购房建筑面积 90（含）平方米以下占 4.61%，90～144（含）平方米占 83.77%，144 平方米以上占 11.62%。购买新房占 76.48%（其中购买保障性住房 0.01%），购买二手房占 23.17%，建造、翻建、大修自住住房占 0%（其中支持老旧小区改造占 0%），其他占 0.35%。

职工贷款笔数中，单缴存职工申请贷款占 49.36％，双缴存职工申请贷款占 49.27％，三人及以上缴存职工共同申请贷款占 1.37％。

贷款职工中，30 岁（含）以下占 30.11％，30 岁～40 岁（含）占 41.62％，40 岁～50 岁（含）占 21.31％，50 岁以上占 6.96％；购买首套住房申请贷款占 79.15％，购买二套及以上申请贷款占 20.85％；中、低收入占 99.09％，高收入占 0.91％。

2. 住房公积金支持保障性住房建设项目贷款。无。

（四）住房贡献率。 2021 年，个人住房贷款发放额、公转商贴息贷款发放额、项目贷款发放额、住房消费提取额的总和与当年缴存额的比率为 108.7％，比上年减少 11.44 个百分点。

六、其他重要事项

（一）当年住房公积金政策调整情况

印发《关于加快推进我区灵活就业人员自愿缴存住房公积金工作的通知》（宁建（金管）发〔2021〕6 号），指导各地进一步完善灵活就业人员住房公积金缴存政策，加大自愿缴存住房公积金宣传力度，提高灵活就业人员缴存积极性，进一步提高缴存覆盖面。

（二）当年开展监督检查情况

一是认真开展审计发现典型案例排查整改工作。按照住房和城乡建设部办公厅《关于住房公积金专项审计发现典型案例的通报》的通知，组织全区各中心对照典型案例和专项审计发现的问题，集中开展住房公积金典型案例警示教育活动，通过对典型案例分析，剖析根源危害，警示干部职工严守纪律、法律底线。二是强化信息安全，开展安全隐患排查。根据住房和城乡建设部办公厅《关于住房公积金信息系统网络攻击的紧急通知》和《关于进一步加强住房公积金信息系统网络安全工作的通知》，组织开展全区住房公积金管理中心开展安全隐患排查整治工作，督促各中心加快完成三级等保测评工作，针对弱口令、缺乏强制认证和防爆力破解等隐患的排查整改。

（三）当年服务改进情况

一是全面完成住房公积金"跨省通办"任务目标。印发《关于认真贯彻落实自治区人民政府办公厅政务服务改革办加快推进政务服务"跨省通办""区内通办"事项落地落实的通知》，5 项"跨省通办"和 6 项"区内通办"的任务全面落地落实。二是扎实开展为群众办实事活动。组织各中心贯彻落实住房和城乡建设部"我为群众办实事"实践活动安排部署，认真开展"三个一百"（创建 100 个示范窗口、讲述 100 个小故事、100 个中心主任零距离体验）活动，积极创建"示范窗口"、树立典型，促进住房公积金服务提档升级，有效提升广大群众获得感、幸福感和安全感。三是优化和统一住房公积金综合服务平台网厅业务流程，将原有 6 个网厅集成为 1 个，服务功能更加方便快捷。

（四）当年信息化建设情况

一是完成与自治区政务服务平台、"我的宁夏"App 对接。二是完善住房公积金数据共享平台建设，在共享公安、民政、市场监管等部门数据的基础上，2021 年实现了与不动产登记、社保基础数据、房地产交易等信息数据共享，为住房公积金业务核验和减少办理要件以及为缴存单位、职工提供便捷服务提供有效数据支持。三是推动实现住房公积金 12329 服务热线与 12345 市民热线双号并行。

（五）当年住房公积金机构及从业人员所获荣誉情况

2021 年全区各住房公积金管理中心荣获文明单位、先进集体等多项荣誉称号。其中，银川、吴忠、固原市住房公积金管理中心分别获得市级文明单位称号；银川市中心被评为全市政务服务先进单位、政务服务改革示范单位；石嘴山、固原市中心被评为市级模范机关单位。

宁夏回族自治区银川住房公积金 2021 年年度报告

根据国务院《住房公积金管理条例》和住房和城乡建设部、财政部、人民银行《关于健全住房公积金信息披露制度的通知》（建金〔2015〕26 号）的规定，经住房公积金管理委员会审议通过，现将银川住房公积金 2021 年年度报告公布如下：

一、机构概况

（一）住房公积金管理委员会。 住房公积金管理委员会有 29 名委员，2021 年召开 1 次会议，审议通过的事项主要包括：《银川市住房公积金管理委员会办公室关于调整银川市住房公积金管理委员会部分委员的请示》《2020 年年度报告及 2021 年归集使用计划》《2020 年度增值收益分配报告》《银川住房公积金归集管理办法》《银川住房公积金提取管理办法》《银川住房公积金个人住房贷款管理办法》。

（二）住房公积金管理中心。 银川住房公积金管理中心为直属于银川市政府的不以营利为目的的自收自支事业单位，设 7 个处（科），6 个分中心。从业人员 105 人，其中，在编 42 人，非在编 63 人。宁夏住房资金管理中心（银川住房公积金管理中心区直分中心）为隶属于宁夏住房和城乡建设厅的公益一类事业单位，设 5 个（科）。从业人员 32 人，其中，在编 30 人，非在编 2 人。

二、业务运行情况

（一）缴存。 2021 年，全市新开户单位 771 家，净增单位 470 家，其中银川中心新开户单位 757 家，净增单位 470 家；全市新开户职工 5.54 万人，净增职工 2.58 万人，其中银川中心新开户职工 5.03 万人，净增职工 2.47 万人；全市实缴单位 6139 家，实缴职工 44.49 万人，缴存额 80.40 亿元，分别同比增长 8.29％、6.16％、8.66％，其中银川中心实缴单位 5322 家，实缴职工 34.9 万人，缴存额 55.21 亿元，分别同比增长 9.69％、7.62％、10.16％。2021 年末，全市缴存总额 736.46 亿元，比上年末增加 12.25％，其中银川中心缴存总额 487.69 亿元，同比增长了 12.77％；全市缴存余额 235.50 亿元，同比增长 8.88％，其中银川中心缴存余额 160.10 亿元，同比增长 9.05％。受委托办理住房公积金缴存业务的银行 6 家。

（二）提取。 2021 年，全市 14.84 万名缴存职工提取住房公积金，其中银川中心 10.92 万名缴存职工提取住房公积金；全市提取额 61.20 亿元，同比增长 6.86％，其中银川中心提取额 41.93 亿元，同比增长 6.13％；提取额占当年缴存额的 76.13％，比上年减少 1.28 个百分点，其中银川中心提取额占当年缴存额的 75.95％，比上年减少 2.88 个百分点。2021 年末，全市提取总额 500.97 亿元，比上年末增加 13.92％，其中银川中心提取总额 327.59 亿元，比上年末增加 14.68％。

（三）贷款。

1. 个人住房贷款。个人住房贷款最高额度 70 万元。单缴存职工个人住房贷款最高额度 50 万元，双缴存职工个人住房贷款最高额度 70 万元。

2021 年，全市发放个人住房贷款 7617 笔、36.12 亿元，同比分别下降 22.18％、17.74％。

银川中心发放个人住房贷款 5731 笔、26.28 亿元，同比分别下降 23.39％、18.21％。其中，银川本部发放个人住房贷款 3108 笔、14.45 亿元，灵武分中心发放个人住房贷款 358 笔、1.66 亿元，永宁分中心发放个人住房贷款 328 笔、1.31 亿元，贺兰分中心发放个人住房贷款 545 笔、2.35 亿元，宁煤分中心发放个人住房贷款 556 笔、2.69 亿元，铁路分中心发放个人住房贷款 737 笔、3.36 亿元，宁东分中心发放个人住房贷款 99 笔、0.46 亿元。

2021 年，全市回收个人住房贷款 33.45 亿元。

银川中心回收个人住房贷款 23.54 亿元。其中，银川本部 13.75 亿元，灵武分中心 1.12 亿元，永宁分中心 0.94 亿元，贺兰分中心 1.34 亿元，宁煤分中心 4.35 亿元，铁路分中心 1.82 亿元，宁东分中心 0.22 亿元。

2021 年末，全市累计发放个人住房贷款 17.51 万笔、468.72 亿元，贷款余额 196.06 亿元，分别比上年末增加 4.47%、8.33%、1.39%，其中银川中心累计发放个人住房贷款 12.6 万笔 326.10 亿元，贷款余额 133.72 亿元，分别比上年末增加 4.76%、8.76%、2.09%。全市个人住房贷款余额占缴存余额的 83.26%，比上年下降 6.15 个百分点，其中银川中心个人住房贷款余额占缴存余额的 83.52%，比上年末减少 5.69 个百分点。受委托办理住房公积金个人住房贷款业务的银行 6 家。

2. 异地贷款。2021 年，发放异地贷款 933 笔、40864 万元。2021 年末，发放异地贷款总额 338064.90 万元，异地贷款余额 188902.54 万元。

3. 公转商贴息贷款。2021 年，发放公转商贴息贷款 0 笔、0 万元，当年贴息额 0 万元。2021 年末，累计发放公转商贴息贷款 0 笔、0 万元，累计贴息 0 万元。

（四）购买国债。 2021 年，购买（记账式、凭证式）国债 0 亿元，（兑付、转让、收回）国债 0 亿元。2021 年末，国债余额 0 亿元。

（五）资金存储。 2021 年末，全市住房公积金存款 47.03 亿元。其中，活期 0.001 亿元，1 年（含）以下定期 37.85 亿元，1 年以上定期 0.8 亿元，其他（协定、通知存款等）8.38 亿元。

银川中心住房公积金存款 32.37 亿元。其中，活期 0.0006 亿元，1 年（含）以下定期 24.7 亿元，1 年以上定期 0.8 亿元，其他（协定、通知存款等）6.87 亿元。

（六）资金运用率。 2021 年末，全市住房公积金个人住房贷款余额、项目贷款余额和购买国债余额的总和占缴存余额的 83.26%，比上年末减少 1.79 个百分点。

银川中心住房公积金个人住房贷款余额、项目贷款余额和购买国债余额的总和占缴存余额的 83.52%，比上年末减少 5.69 个百分点。

三、主要财务数据

（一）业务收入。 2021 年，全市业务收入 70893.30 万元，同比增长 5.85%。存款利息 7018.82 万元，委托贷款利息 63857.00 万元，国债利息 0 万元，其他 17.48 万元。

银川中心业务收入 48478.93 万元，同比增长 6.08%。存款利息 5081.44 万元，委托贷款利息 43397.49 万元，国债利息 0 万元，其他 0 万元。

（二）业务支出。 2021 年，全市业务支出 39064.09 万元，同比增长 4.68%。支付职工住房公积金利息 35980.49 万元，归集手续费 1176.75 万元，委托贷款手续费 1906.63 万元，其他 0.22 万元。

银川中心业务支出 27200.98 万元，同比增长 3.37%。支付职工住房公积金利息 25157.12 万元，归集手续费 982.44 万元，委托贷款手续费 1061.20 万元，其他 0.22 万元。

（三）增值收益。 2021 年，全市增值收益 31829.21 万元，同比增长 7.32%。增值收益率 1.41%，与上年相同。

银川中心增值收益 21277.95 万元，同比增长 9.77%。增值收益率 1.38%，比上年增加 0.02 个百分点。

（四）增值收益分配。 2021 年，全市提取贷款风险准备金 274.03 万元，提取管理费用 3212.61 万元，提取城市廉租住房（公共租赁住房）建设补充资金 28342.57 万元。

银川中心提取贷款风险准备金 274.03 万元；提取管理费用 2260.13 万元，提取城市廉租住房（公共租赁住房）建设补充资金 18743.79 万元。

2021年，全市上交财政管理费用3131.02万元。上缴财政城市廉租住房（公共租赁住房）建设补充资金26177.42万元。

银川中心上交财政管理费用2260.13万元。上缴财政城市廉租住房（公共租赁住房）建设补充资金16956.96万元。

2021年末，全市贷款风险准备金余额19611.26万元。累计提取城市廉租住房（公共租赁住房）建设补充资金209780.13万元。

银川中心贷款风险准备金余额13372.41万元。累计提取城市廉租住房（公共租赁住房）建设补充资金128077.61万元。其中，银川本部提取71599.70万元，宁煤分中心提取32086.41万元，铁路分中心提取7963.30万元，永宁分中心提取5131.52万元，贺兰分中心提取3850.14万元，灵武分中心提取6285.44万元，宁东分中心提取1161.07万元。

（五）管理费用支出。 2021年，全市管理费用支出3199.59万元，同比增长21.39%。其中，人员经费1297.20万元，公用经费328.09万元，专项经费1574.30万元。

银川中心管理费用支出2308.87万元，同比增长29.18%。其中人员经费789.45万元，公用经费196.12万元，专项经费1323.3万元。其中银川本部管理费用支出2241.61万元，其中，人员、公用、专项经费分别为789.45万元、165.26万元、1286.9万元；永宁分中心管理费用支出8.18万元，其中，人员、公用、专项经费分别为0万元、6.95万元、1.23万元；贺兰分中心管理费用支出9.23万元，其中，人员、公用、专项经费分别为0万元、6.22万元、3.01万元；灵武分中心管理费用支出11.41万元，其中，人员、公用、专项经费分别为0万元、8.04万元、3.37万元；宁煤分中心管理费用支出0.78万元，其中，人员、公用、专项经费分别为0万元、0.29万元、0.49万元；铁路分中心管理费用支出37.65万元，其中，人员、公用、专项经费分别为0万元、9.35万元、28.3万元；宁东分中心管理费用支出0.01万元，其中，人员、公用、专项经费分别为0万元、0.01万元、0万元。

四、资产风险状况

个人住房贷款。2021年末，全市个人住房贷款逾期额609.7万元，逾期率0.31‰，其中银川中心个人住房贷款逾期额254.17万元，逾期率0.19‰，其中，银川本部0.25‰，灵武分中心0‰，永宁分中心0.03‰，贺兰分中心0‰，宁煤分中心0.17‰，铁路分中心0.07‰，宁东分中心0‰。全市个人贷款风险准备金余额19611.26万元，其中银川中心个人贷款风险准备金余额13372.41万元。2021年，全市使用个人贷款风险准备金核销呆坏账0万元。

五、社会经济效益

（一）缴存业务

全市缴存职工中，国家机关和事业单位占25.30%，国有企业占33.05%，城镇集体企业占4.28%，外商投资企业占1.25%，城镇私营企业及其他城镇企业占34.34%，民办非企业单位和社会团体占1.67%，灵活就业人员占0.11%，其他占0%；中、低收入占98.98%，高收入占1.02%。

银川中心缴存职工中，国家机关和事业单位占17.53%，国有企业占31.09%，城镇集体企业占4.54%，外商投资企业占1.54%，城镇私营企业及其他城镇企业占43.34%，民办非企业单位和社会团体占1.83%，灵活就业人员占0.13%，其他占0%；中、低收入占99.17%，高收入占0.83%。

全市新开户职工中，国家机关和事业单位占13.86%，国有企业占16.30%，城镇集体企业占1.67%，外商投资企业占2.34%，城镇私营企业及其他城镇企业占62.74%，民办非企业单位和社会团体占3.04%，灵活就业人员占0.05%，其他占0%；中、低收入占99.74%，高收入占0.26%。

银川中心新开户职工中，国家机关和事业单位占10.05%，国有企业占14.10%，城镇集体企业占1.47%，外商投资企业占2.53%，城镇私营企业及其他城镇企业占68.83%，民办非企业单位和社会团体占2.97%，灵活就业人员占0.05%，其他占0%；中、低收入占99.81%，高收入占0.19%。

（二）提取业务

全市提取金额中，购买、建造、翻建、大修自住住房占 18.26%，偿还购房贷款本息占 61.03%，租赁住房占 1.89%，支持老旧小区改造占 0.01%，离休和退休提取占 12.63%，完全丧失劳动能力并与单位终止劳动关系提取占 3.23%，出境定居占 0%，其他占 2.95%。提取职工中，中、低收入占 98.84%，高收入占 1.16%。

银川中心提取金额中，购买、建造、翻建、大修自住住房占 17.83%，偿还购房贷款本息占 60.63%，租赁住房占 2.36%，支持老旧小区改造占 0.01%，离休和退休提取占 12.18%，完全丧失劳动能力并与单位终止劳动关系提取占 4.66%，出境定居占 0%，其他占 2.33%。提取职工中，中、低收入占 96.92%，高收入占 3.08%。

（三）贷款业务

个人住房贷款。2021 年，全市支持职工购建房 95.13 万平方米，2021 年末个人住房贷款市场占有率为 17.22%，比上年末减少 0.92 个百分点。通过申请住房公积金个人住房贷款，可节约职工购房利息支出 41468.56 万元。

银川中心支持职工购建房 70.68 万平方米，年末个人住房贷款市场占有率（含公转商贴息贷款）为 12.42%，比上年末减少 1.19 个百分点。通过申请住房公积金个人住房贷款，可节约职工购房利息支出 31004.39 万元。

全市职工贷款笔数中，购房建筑面积 90（含）平方米以下占 5.43%，90～144（含）平方米占 83.75%，144 平方米以上占 10.82%。购买新房占 75.52%（其中购买保障性住房占 0%），购买二手房占 24.46%，建造、翻建、大修自住住房占 0%（其中支持老旧小区改造占 0%），其他占 0.02%。

银川中心职工贷款笔数中，购房建筑面积 90（含）平方米以下占 5.70%，90～144（含）平方米占 85.14%，144 平方米以上占 9.16%。购买新房占 76.86%（其中购买保障性住房占 0%），购买二手房占 23.14%，建造、翻建、大修自住住房占 0%（其中支持老旧小区改造占 0%），其他占 0%。

全市职工贷款笔数中，单缴存职工申请贷款占 59.42%，双缴存职工申请贷款占 38.39%，三人及以上缴存职工共同申请贷款占 2.19%。

银川中心职工贷款笔数中，单缴存职工申请贷款占 70.77%，双缴存职工申请贷款占 26.91%，三人及以上缴存职工共同申请贷款占 2.32%。

全市贷款职工中，30 岁（含）以下占 29.06%，30 岁～40 岁（含）占 41.58%，40 岁～50 岁（含）占 22.40%，50 岁以上占 6.96%；首次申请贷款占 77.56%，二次及以上申请贷款占 22.44%；中、低收入占 98.56%，高收入占 1.44%。

银川中心贷款职工中，30 岁（含）以下占 30.12%，30 岁～40 岁（含）占 39.80%，40 岁～50 岁（含）占 23.07%，50 岁以上占 7.01%；首次申请贷款占 75.07%，二次及以上申请贷款占 24.93%；中、低收入占 98.17%，高收入占 1.83%。

（四）住房贡献率

2021 年，全市个人住房贷款发放额、公转商贴息贷款发放额、项目贷款发放额、住房消费提取额的总和与当年缴存额的比率为 106.75%，比上年减少 13.77 个百分点。

银川中心个人住房贷款发放额、公转商贴息贷款发放额、项目贷款发放额、住房消费提取额的总和与当年缴存额的比率为 109%，比上年减少 16.22 个百分点。

六、其他重要事项

（一）当年住房公积金政策调整及执行情况

1. 2021 年度银川市职工住房公积金最高月缴存工资基数上限调整为 25443 元，职工住房公积金单位和个人合计最高月缴存额调整为 6106 元，住房公积金最低月缴存额工资基数不低于宁夏回族自治区人力资源和社会保障厅公布的最低工资标准 1950 元执行。

2.进一步精简业务要件，优化流程提高办事效率，缴存职工死亡后住房公积金账户余额在两万元（含两万元）以下的，继承人提取时无需提供公证书。重新修订了《银川住房公积金归集管理办法》、《银川住房公积金提取管理办法》和《银川住房公积金提取实施细则（试行）》。

3.取消办理不动产所需相关费用提取、缴纳自住（租住）住房物业费提取和重大疾病提取。

（二）当年服务改进情况

1.全面推行个人业务"全市通办"，职工办理住房公积金业务将不受地域限制，在银川市民大厅、各县（市）分中心均可办理住房公积金个人提取、贷款业务。

2.大力推进"跨省通办"工作，提前完成了单位登记开户、开具住房公积金缴存使用证明、购房提取住房公积金等8项全国"跨省通办"业务。在市民大厅、各分中心均设置"跨省通办"业务办理专窗，建立"跨省通办"综合联系人制度，实现企业和群众异地办事"网上办、就近办、马上办、一地办"。

3.进一步推动住房公积金"放管服"改革，优化营商环境相关事项落地，实行企业缴存住房公积金开户"一网通办"，建立完善企业代扣缴存业务，已完成开户的企业，根据自身实际情况在管理中心合作的银行范围内自由选择归集银行。企业选择自主缴存或代扣方式缴存，可以使用电子营业执照进行住房公积金开户及处理相关业务。

（三）当年信息化建设情况

本年度开展新业务系统的招标采购及建设工作，新建业务系统部署在宁夏政务云平台，硬件部分年内已完成核心硬件、网络设备及线路的部署及调试工作，软件部分已完成软件的测试、上线前的准备及历史业务数据的同步工作。新业务系统于2022年1月7日正式上线运行，运行稳定后将陆续进行新系统的等级保护测评及商用密码安全评测工作。

（四）当年住房公积金管理中心及职工所获荣誉情况

银川住房公积金管理中心被评为"银川市文明单位""全市政务服务先进单位""网上政务服务能力先进单位""政务服务改革示范单位"；机关支部被授予"全市先进基层党组织"荣誉称号；团支部被评为"全区五四红旗团支部"。

宁夏回族自治区及自治区内各城市住房公积金
2021 年年度报告二维码

名称	二维码
宁夏回族自治区住房公积金 2021 年年度报告	
银川住房公积金 2021 年年度报告	
石嘴山市住房公积金 2021 年年度报告	
吴忠市住房公积金 2021 年年度报告	
固原市住房公积金 2021 年年度报告	
中卫市住房公积金 2021 年年度报告	

新疆维吾尔自治区

新疆维吾尔自治区住房公积金 2021 年年度报告

根据国务院《住房公积金管理条例》和住房和城乡建设部、财政部、人民银行《关于健全住房公积金信息披露制度的通知》（建金〔2015〕26 号）规定，现将新疆维吾尔自治区住房公积金 2021 年年度报告汇总公布如下：

一、机构概况

（一）住房公积金管理机构

全区共设 14 个设区城市住房公积金管理中心。从业人员 1185 人，其中，在编 848 人，非在编 337 人。

（二）住房公积金监管机构

自治区住房城乡建设厅、自治区财政厅和中国人民银行乌鲁木齐中心支行负责对全区住房公积金管理运行情况进行监督。自治区住房城乡建设厅设立住房公积金监管处，负责辖区住房公积金日常监管工作。

二、业务运行情况

（一）缴存。

2021 年，新开户单位 5311 家，净增单位 3544 家；新开户职工 24.08 万人，净增职工 10.50 万人；实缴单位 39389 家，实缴职工 231.18 万人，缴存额 493.38 亿元，分别同比增长 9.89％、4.76％、4.72％。2021 年末，缴存总额 4109.58 亿元，比上年末增加 13.64％；缴存余额 1469.45 亿元，同比增长 6.64％（表 1）。

2021 年分城市住房公积金缴存情况 表 1

地区	实缴单位（万个）	实缴职工（万人）	缴存额（亿元）	累计缴存总额（亿元）	缴存余额（亿元）
新疆维吾尔自治区	**3.94**	**231.18**	**493.38**	**4109.58**	**1469.45**
乌鲁木齐	1.20	66.96	152.93	1300.25	460.03
伊犁	0.32	19.27	34.74	280.39	104.13
塔城	0.17	7.98	14.49	127.87	45.39
阿勒泰	0.23	7.68	15.48	117.15	39.07
克拉玛依	0.19	15.62	48.02	487.58	118.37
博尔塔拉	0.10	4.36	8.82	67.19	22.92
昌吉	0.32	17.50	29.96	256.18	101.98
哈密	0.14	9.35	20.41	200.65	77.10
吐鲁番	0.11	6.79	11.23	84.55	33.57
巴音郭楞	0.26	17.42	34.07	294.86	107.62
阿克苏	0.29	16.10	32.33	239.68	82.85
克孜勒苏	0.09	5.97	13.23	90.42	43.76
喀什	0.35	23.71	50.36	367.26	150.03
和田	0.18	12.47	27.30	195.55	82.63

（二）提取。 2021 年，94.83 万名缴存职工提取住房公积金；提取额 401.89 亿元，同比增长 23.99％；提取额占当年缴存额的 81.46％，比上年增加 12.67 个百分点。2021 年末，提取总额 2640.14 亿元，比上年末增加 17.96％（表 2）。

2021 年分城市住房公积金提取情况　　　　　　　　　　　　　　　　表 2

地区	提取额 （亿元）	提取率 （％）	住房消费类提取额 （亿元）	非住房消费类提取额 （亿元）	累计提取总额 （亿元）
新疆维吾尔自治区	**401.89**	**81.46**	**321.24**	**80.65**	**2640.14**
乌鲁木齐	106.48	69.63	81.23	25.25	840.21
伊犁	27.65	79.59	21.35	6.30	176.26
塔城	11.97	82.61	9.67	2.30	82.48
阿勒泰	11.70	75.58	9.72	1.98	78.08
克拉玛依	40.85	85.07	33.83	7.02	369.21
博尔塔拉	6.05	68.59	4.74	1.31	44.27
昌吉	23.50	78.44	16.83	6.66	154.20
哈密	14.60	71.53	10.63	3.98	123.55
吐鲁番	8.38	74.62	6.27	2.11	50.99
巴音郭楞	28.42	83.42	22.59	5.84	187.24
阿克苏	27.67	85.59	23.26	4.41	156.83
克孜勒苏	11.41	86.24	9.80	1.61	46.65
喀什	56.88	112.95	49.03	7.85	217.23
和田	26.32	96.41	22.28	4.04	112.92

（三）贷款。

1. 个人住房贷款。2021 年，发放个人住房贷款 9.33 万笔、348.11 亿元，同比增长 22.44％、33.62％。回收个人住房贷款 149.19 亿元。

2021 年末，累计发放个人住房贷款 110.23 万笔、2317.16 亿元，贷款余额 1219.71 亿元，分别比上年末增加 9.24％、17.68％、19.49％。个人住房贷款余额占缴存余额的 83％，比上年末增加 8.92 个百分点（表 3）。

2021 年分城市住房公积金个人住房贷款情况　　　　　　　　　　　　　表 3

地区	放贷笔数 （万笔）	贷款发放额 （亿元）	累计放贷笔数 （万笔）	累计贷款总额 （亿元）	贷款余额 （亿元）	个人住房贷款率 （％）
新疆维吾尔自治区	**9.33**	**348.11**	**110.23**	**2317.16**	**1219.71**	**83.00**
乌鲁木齐	1.89	95.19	26.76	765.49	433.42	94.22
伊犁	0.51	17.42	11.00	201.30	99.33	95.39
塔城	0.28	9.33	4.68	75.84	36.39	80.17
阿勒泰	0.22	7.67	4.71	81.39	37.42	95.78
克拉玛依	0.46	17.48	9.06	181.46	74.56	62.99
博尔塔拉	0.13	4.12	2.81	47.02	20.66	90.14
昌吉	0.45	15.08	9.96	197.71	95.62	93.76
哈密	0.32	10.29	4.26	84.82	45.67	59.23
吐鲁番	0.26	6.25	2.83	44.88	19.70	58.68

续表

地区	放贷笔数 （万笔）	贷款发放额 （亿元）	累计放贷笔数 （万笔）	累计贷款总额 （亿元）	贷款余额 （亿元）	个人住房贷款率 （％）
巴音郭楞	0.61	20.93	6.09	121.46	63.19	58.72
阿克苏	0.92	29.62	7.44	134.37	78.74	95.04
克孜勒苏	0.26	9.46	3.91	51.26	18.05	41.25
喀什	2.13	74.09	11.96	232.67	142.09	94.71
和田	0.88	31.18	4.77	97.48	54.86	66.39

2021 年，支持职工购建房 1112.21 万平方米。年末个人住房贷款市场占有率（含公转商贴息贷款）为 31.88％，比上年末增加 1.88 个百分点。通过申请住房公积金个人住房贷款，可节约职工购房利息支出 561214.14 万元。

2. 异地贷款。2021 年，发放异地贷款 8467 笔、361490.50 万元。2021 年末，发放异地贷款总额 971998.68 万元，异地贷款余额 636342.73 万元。

3. 公转商贴息贷款。2021 年，发放公转商贴息贷款 4379 笔、175611.72 万元，支持职工购建房面积 56.12 万平方米。当年贴息额 9491.85 万元。2021 年末，累计发放公转商贴息贷款 16746 笔、829129.26 万元，累计贴息 17822.16 万元。

（四）购买国债。2021 年，购买国债 0 亿元，兑付、收回国债 0.16 亿元。2021 年末，国债余额 0 亿元，比上年末减少 0.16 亿元。

（五）资金存储。2021 年末，住房公积金存款 263.14 亿元。其中，活期 13.20 亿元，1 年（含）以下定期 47.25 亿元，1 年以上定期 174.35 亿元，其他（协定、通知存款等）28.34 亿元。

（六）资金运用率。2021 年末，住房公积金个人住房贷款余额、项目贷款余额和购买国债余额的总和占缴存余额的 83％，比上年末增加 8.91 个百分点。

三、主要财务数据

（一）业务收入。2021 年，业务收入 470045.21 万元，同比增长 6.80％。其中，存款利息 105164.34 万元，委托贷款利息 364839.62 万元，国债利息－32.57 万元，其他 73.82 万元。

（二）业务支出。2021 年，业务支出 231696.93 万元，同比增长 5.62％。其中，支付职工住房公积金利息 219305.99 万元，归集手续费 0 万元，委托贷款手续费 8439.16 万元，其他 3951.78 万元。

（三）增值收益。2021 年，增值收益 238348.28 万元，同比增长 7.97％；增值收益率 1.67％，比上年增加 0 个百分点。

（四）增值收益分配。2021 年，提取贷款风险准备金 17108.43 万元，提取管理费用 24157.68 万元，提取城市廉租住房（公共租赁住房）建设补充资金 197082.17 万元（表 4）。

2021 年分城市住房公积金增值收益及分配情况　　　　　　　　　　　　　　表 4

地区	业务收入 （亿元）	业务支出 （亿元）	增值收益 （亿元）	增值收益率 （％）	提取贷款 风险准备金 （亿元）	提取管理费用 （亿元）	提取公租房（廉租房） 建设补充资金（亿元）
新疆维吾尔自治区	**47.00**	**23.17**	**23.83**	**1.67**	**1.71**	**2.42**	**19.71**
乌鲁木齐	14.65	7.75	6.90	1.58	0.44	0.42	6.04
伊犁	3.34	1.50	1.83	1.85	0.00	0.22	1.61
塔城	1.42	0.67	0.76	1.74	0.05	0.13	0.58
阿勒泰	1.22	0.74	0.48	1.29	0.00	0.11	0.37

续表

地区	业务收入 （亿元）	业务支出 （亿元）	增值收益 （亿元）	增值收益率 （%）	提取贷款 风险准备金 （亿元）	提取管理费用 （亿元）	提取公租房（廉租房） 建设补充资金（亿元）
克拉玛依	3.95	1.93	2.02	1.75	0.00	0.13	1.89
博尔塔拉	0.69	0.34	0.35	1.63	0.00	0.08	0.27
昌吉	3.28	1.61	1.67	1.68	0.00	0.34	1.34
哈密	2.50	1.16	1.34	1.80	0.00	0.11	1.23
吐鲁番	0.85	0.39	0.47	1.44	0.00	0.02	0.45
巴音郭楞	3.47	1.63	1.84	1.75	0.00	0.22	1.62
阿克苏	2.56	1.13	1.44	1.79	0.22	0.19	1.03
克孜勒苏	1.42	0.66	0.76	1.76	0.06	0.07	0.63
喀什	5.14	2.42	2.72	1.77	0.69	0.20	1.83
和田	2.51	1.26	1.26	1.51	0.25	0.18	0.82

2021年，上交财政管理费用 29647.45 万元，上缴财政城市廉租住房（公共租赁住房）建设补充资金 190326.06 万元。

2021年末，贷款风险准备金余额 255565.37 万元，累计提取城市廉租住房（公共租赁住房）建设补充资金 1165596.20 万元。

（五）管理费用支出。 2021年，管理费用支出 24800.16 万元，同比下降 0.65%。其中，人员经费 15707.37 万元，公用经费 2231.94 万元，专项经费 6860.85 万元。

四、资产风险状况

2021年末，个人住房贷款逾期额 2607.60 万元，逾期率 0.21‰，个人贷款风险准备金余额 254546.34 万元。2021年，使用个人贷款风险准备金核销呆坏账 0 万元。

五、社会经济效益

（一）缴存业务。 缴存职工中，国家机关和事业单位占 55.40%，国有企业占 24.83%，城镇集体企业占 1.46%，外商投资企业占 0.70%，城镇私营企业及其他城镇企业占 13.23%，民办非企业单位和社会团体占 0.78%，灵活就业人员占 0.03%，其他占 3.57%；中、低收入占 98.49%，高收入占 1.51%。

新开户职工中，国家机关和事业单位占 38.71%，国有企业占 19.50%，城镇集体企业占 1.73%，外商投资企业占 1.15%，城镇私营企业及其他城镇企业占 29.70%，民办非企业单位和社会团体占 1.36%，灵活就业人员占 0.11%，其他占 7.74%；中、低收入占 99.39%，高收入占 0.61%。

（二）提取业务。 提取金额中，购买、建造、翻建、大修自住住房占 39.09%，偿还购房贷款本息占 39.29%，租赁住房占 1.48%，支持老旧小区改造提取占 0%；离休和退休提取占 12.55%，完全丧失劳动能力并与单位终止劳动关系提取占 5.47%，出境定居占 0%，其他占 2.12%。提取职工中，中、低收入占 98.55%，高收入占 1.45%。

（三）贷款业务。 职工贷款笔数中，购房建筑面积 90（含）平方米以下占 9.87%，90～144（含）平方米占 81.66%，144 平方米以上占 8.47%。购买新房占 83.04%（其中购买保障性住房占 0%），购买二手房占 16.96%，建造、翻建、大修自住住房占 0%（其中支持老旧小区改造占 0%），其他占 0%。

职工贷款笔数中，单缴存职工申请贷款占 63.47%，双缴存职工申请贷款占 36.53%，三人及以上缴存职工共同申请贷款占 0%。

贷款职工中，30 岁（含）以下占 37.82%，30 岁～40 岁（含）占 37.79%，40 岁～50 岁（含）占

19.18％，50 岁以上占 5.21％；购买首套住房申请贷款占 78.73％，购买二套及以上申请贷款占 21.27％；中、低收入占 98.43％，高收入占 1.57％。

（四）住房贡献率。 2021 年，个人住房贷款发放额、公转商贴息贷款发放额、项目贷款发放额、住房消费提取额的总和与当年缴存额的比率为 139.23％，比上年增加 19.65 个百分点。

六、其他重要事项

（一）推进管理机构调整，属地化移交工作全面完成

经过多年持续推进，吐哈油田住房公积金完成属地化移交，我区成为全国首个全面完成"四统一"工作任务的省区。

（二）落实审计整改意见，确保住房公积金规范运行

建立"中心自查、交叉互查、专项督察"三位一体、优势互补的风险防控检查体系，组织各中心开展交叉互查工作，指导各中心做好自查自改。积极配合审计署专项审计工作，按要求提供各项数据，督促各中心对审计问题立查立改，补齐工作短板。

（三）深化"放管服"改革，践行"我为群众办实事"

指导各地落实国务院"跨省通办"工作任务，规定在 2021 年年底前完成的个人信息查询、缴存使用证明打印、退休提取、单位开户、缴存信息变更、贷款结清证明打印、异地购房提取、提前结清 8 项工作任务在 3 月底提前完成，通过全程网办、代收代办、两地联办三种方式，为新疆和外省（区、市）缴存职工提供住房公积金"跨省通办"服务。同时，为进一步发挥全区统一信息系统和统一业务规范优势，实现全量业务"全区通办、即来即办"，加强与自治区政务一体化平台整合对接，实现业务"一网通办"和 12329 服务热线、12345 热线双线并行。

（四）扩大制度覆盖，试点灵活就业人员参加住房公积金制度

积极争取住房和城乡建设部支持，将乌鲁木齐市纳入全国第二批灵活就业人员参加住房公积金制度试点城市，鼓励灵活就业人员、在校大学生群体自愿缴存住房公积金。指导博州将灵活就业人员纳入制度覆盖范围，拓宽住房公积金受益群体，让政策红利更多地惠及中、低收入人群，有力支持了灵活就业人员使用住房公积金解决基本居住问题。

（五）保障信息安全，成立信息系统运维管理团队

开展信息安全等级保护测评和国产密码应用安全性评估，不断完善网络安全防护体系，提高应对网络安全事件的能力。组织各地中心技术力量成立信息系统运维管理团队，提高信息系统自主管理能力，在保障系统运行安全的前提下，不断丰富线上服务渠道，完善网办业务功能，让数据跑起来、办事快起来，实现"最多跑一次""一次都不跑"。

（六）强化制度宣传，及时进行信息披露

举办全区住房公积金行业信息宣传培训班，提高行业信息宣传水平。对全年运行情况进行深入分析，2021 年末，"新疆住房公积金"网站站群访问量 3856.25 万次，日均约 2.6 万余次。全年通过"新疆住房公积金"微信公众号发布消息 31 期 158 篇文章，累计阅读量 130.1 万次，朋友圈转发 6.04 万次；在人民网、CCTV-2、学习强国和《中国建设报》等国家级媒体、平台宣传报道 14 篇次，在《新疆日报》、天山网等省级以上媒体宣传报道 29 篇次，让住房公积金在阳光下运行。通过报送专题政务信息、在省部级媒体开展专题宣传、制作 30 年大事记、向住房和城乡建设部报送"服务小故事"等方式，展现了近年来新疆住房公积金事业蓬勃发展的历程，进一步提高了住房公积金的社会影响力和传播力。

新疆维吾尔自治区阿克苏地区
住房公积金 2021 年年度报告

　　根据国务院《住房公积金管理条例》和住房和城乡建设部、财政部、人民银行《关于健全住房公积金信息披露制度的通知》（建金〔2015〕26 号）的规定，经住房公积金管理委员会审议通过，现将阿克苏地区住房公积金 2021 年年度报告公布如下：

一、机构概况

　　（一）住房公积金管理委员会。住房公积金管理委员会有 27 名委员，2021 年召开 3 次会议，第一次会议审议通过的事项主要包括：《阿克苏地区住房公积金 2020 年度归集、使用情况决算报告》及《2021 年归集、使用和收益分配计划（预算）报告》，调整地区住房公积金大额资金调配使用审批限额、地区住房公积金归集、提取、个人住房贷款和资金管理业务政策、向社会公布《地区住房公积金 2020 年年度报告》等事项进行了研究确定。第二次会议审议通过的事项主要包括：规范地区住房公积金提取政策、调整地区住房公积金缴存职工贷款额度测算标准、缴存基数下限和 2021 年度地区住房公积金最高月缴存额的请示，并就制定《阿克苏地区新市民自愿缴存住房公积金管理办法》《阿克苏地区住房公积金资金竞争性存放管理办法》有关事项进行了研究。第三次会议审议的事项主要包括：地区住房公积金管理中心关于调整阿克苏地区住房公积金个人住房贷款政策、开办住房公积金贴息贷款业务的请示，并就发挥住房公积金政策作用，促进地区经济发展工作进行了研究。

　　（二）住房公积金管理中心。住房公积金管理中心为行署直属不以营利为目的的自收自支事业单位，设 6 个科室，10 个管理部。从业人员 98 人，其中，在编 88 人，非在编 10 人。

二、业务运行情况

　　（一）缴存。2021 年，新开户单位 256 家，净增单位 165 家；新开户职工 1.71 万人，净增职工 0.93 万人；实缴单位 2850 家，实缴职工 16.10 万人，缴存额 32.33 亿元，分别同比增长 6.15%、6.13%、11.60%。2021 年末，缴存总额 239.68 亿元，比上年末增加 15.59%；缴存余额 82.85 亿元，同比增长 5.96%。受委托办理住房公积金缴存业务的银行 6 家。

　　（二）提取。2021 年，8.58 万名缴存职工提取住房公积金，提取额 27.67 亿元，同比增长 16.41%；提取额占当年缴存额的 85.59%，比上年增加 3.54 个百分点。2021 年末，提取总额 156.83 亿元，比上年末增加 21.42%。

　　（三）贷款。

　　1. 个人住房贷款。个人住房贷款最高额度 70 万元。

　　2021 年，发放个人住房贷款 0.92 万笔、29.62 亿元，同比分别增长 10.84%、23.31%。

　　2021 年，回收个人住房贷款 7.72 亿元。

　　2021 年末，累计发放个人住房贷款 7.44 万笔、134.37 亿元，贷款余额 78.74 亿元，分别比上年末增加 14.11%、28.28%、38.55%。个人住房贷款余额占缴存余额的 95.04%，比上年末增加 22.36 个百分点。受委托办理住房公积金个人住房贷款业务的银行 6 家。

　　2. 异地贷款。2021 年，发放异地贷款 619 笔、24207.30 万元。2021 年末，发放异地贷款总额 45852.70 万元，异地贷款余额 34149.42 万元。

（四）**资金存储。**2021 年末，住房公积金存款 5.64 亿元。其中，活期 0.01 亿元，1 年（含）以下定期 4.80 亿元，1 年以上定期 0 亿元，其他（协定存款）0.83 亿元。

（五）**资金运用率。**2021 年末，住房公积金个人住房贷款余额、项目贷款余额和购买国债余额的总和占缴存余额的 95.04％，比上年末增加 22.36 个百分点。

三、主要财务数据

（一）**业务收入。**2021 年，业务收入 25637.39 万元，同比增长 5.04％。存款利息 3821.31 万元，委托贷款利息 21814.67 万元，国债利息 0 万元，其他 1.41 万元。

（二）**业务支出。**2021 年，业务支出 11257.60 万元，同比下降 19.79％。支付职工住房公积金利息 10756.78 万元，归集手续费 0 万元，委托贷款手续费 432.59 万元，其他 68.23 万元。

（三）**增值收益。**2021 年，增值收益 14379.79 万元，同比增长 38.64％。增值收益率 1.79％，比上年增加 0.45 个百分点。

（四）**增值收益分配。**2021 年，提取贷款风险准备金 2190.55 万元，提取管理费用 1909.90 万元，提取城市廉租住房（公共租赁住房）建设补充资金 10279.34 万元。

2021 年，上交财政管理费用 1909.90 万元。上缴财政城市廉租住房（公共租赁住房）建设补充资金 7979.03 万元。

2021 年末，贷款风险准备金余额 7873.96 万元。累计提取城市廉租住房（公共租赁住房）建设补充资金 54283.27 万元。

（五）**管理费用支出。**2021 年，管理费用支出 1940.48 万元，同比增长 13.52％。其中，人员经费 1388.93 万元，公用经费 39.68 万元，专项经费 511.87 万元。

四、资产风险状况

个人住房贷款。2021 年末，个人住房贷款逾期额 26.78 万元，逾期率 0.03‰。个人贷款风险准备金余额 7873.96 万元。2021 年，使用个人贷款风险准备金核销呆坏账 0 万元。

五、社会经济效益

（一）**缴存业务**

缴存职工中，国家机关和事业单位占 73.26％，国有企业占 13.84％，城镇集体企业占 1.41％，外商投资企业占 0.48％，城镇私营企业及其他城镇企业占 8.86％，民办非企业单位和社会团体占 1.50％，灵活就业人员占 0.03％，其他占 0.62％；中、低收入占 99.05％，高收入占 0.95％。

新开户职工中，国家机关和事业单位占 47.45％，国有企业占 14.82％，城镇集体企业占 3.22％，外商投资企业占 0.54％，城镇私营企业及其他城镇企业占 27.96％，民办非企业单位和社会团体占 4.38％，灵活就业人员占 0.10％，其他占 1.53％；中、低收入占 99.41％，高收入占 0.59％。

（二）**提取业务**

提取金额中，购买、建造、翻建、大修自住住房占 42.70％，偿还购房贷款本息占 36.45％，租赁住房占 4.02％，支持老旧小区改造占 0％，离休和退休提取占 9.34％，完全丧失劳动能力并与单位终止劳动关系提取占 4.73％，出境定居占 0％，其他占 2.76％。提取职工中，中、低收入占 99.32％，高收入占 0.68％。

（三）**贷款业务**

个人住房贷款。2021 年，支持职工购建房 110.28 万平方米，年末个人住房贷款市场占有率为 35.75％，比上年末增加 2.47 个百分点。通过申请住房公积金个人住房贷款，可节约职工购房利息支出 50643.08 万元。

职工贷款笔数中，购房建筑面积 90（含）平方米以下占 7.36％，90～144（含）平方米占 87.81％，

144 平方米以上占 4.83％。购买新房占 92.24％（其中购买保障性住房占 0％），购买二手房占 7.76％，建造、翻建、大修自住住房占 0％（其中支持老旧小区改造占 0％），其他占 0％。

职工贷款笔数中，单缴存职工申请贷款占 65.39％，双缴存职工申请贷款占 34.61％，三人及以上缴存职工共同申请贷款占 0％。

贷款职工中，30 岁（含）以下占 48.44％，30 岁～40 岁（含）占 33.24％，40 岁～50 岁（含）占 14.88％，50 岁以上占 3.44％；购买首套住房申请贷款占 79.30％，购买二套及以上申请贷款占 20.70％；中、低收入占 99.23％，高收入占 0.77％。

（四）住房贡献率

2021 年，个人住房贷款发放额、公转商贴息贷款发放额、项目贷款发放额、住房消费提取额的总和与当年缴存额的比率为 163.56％，比上年增加 10.68 个百分点。

六、其他重要事项

（一）开展灵活就业人员参加住房公积金制度试点工作进展情况

为进一步提高住房公积金覆盖面，扩大住房公积金制度受益人群，大力支持包括外来人口、进城务工人员等在内的新市民的住房消费，切实回应新市民反映强烈的住房难题，中心制定了《阿克苏地区新市民自愿缴存住房公积金管理办法（试行）》，2021 年 7 月 1 日经阿克苏地区住房公积金管理委员会审议通过后施行。此管理办法明确了灵活就业人员参加住房公积金制度的条件、流程、权益等，为助力"新阿克苏人"扎根阿克苏、建设阿克苏提供良好基础条件。

（二）当年住房公积金政策调整及执行情况

1. 当年缴存基数限额及确定方法、缴存比例等缴存政策调整情况：按照月平均工资 6462 元的 3 倍基数上限 19386 元确定缴存比例为单位和个人各 12％，为此核定 2021 年地区职工住房公积金最高月缴存额上限单位和个人合计不得超过 4652 元。

2. 当年提取政策调整情况：取消部分业务办理需要提供提高（降低）缴存比例公示、职工代表大会决议签字、研究提高（降低）缴存比例会议纪要等证明手续。继承人或受遗赠人提取公积金金额少于 2000 元的，由继承人或受遗赠人等做书面承诺，取消公积金提取委托公证书等要件；完善缴存职工购买异地住房、租房、购房大修、偿还贷款等提取住房公积金要件；个人租房提取金额由 9600 元提高到 1.2 万元。

3. 当年个人住房贷款最高贷款额度、贷款条件等贷款政策调整情况：落实"租购并举的住房制度"改革任务，将个人贷款额度由最高 60 万元提高至 70 万元。

4. 商业银行个人住房贷款置换住房公积金个人住房贷款业务，贷款额度不超过商业银行贷款余额。

5. 按照自治区个人住房贷款业务规范确定执行个人贷款月还款额不得超过家庭月工资收入的 60％。

6. 依据 2019 年地区统计局公布的城镇居民消费支出标准，公积金个人住房贷款测算贷款额度由原先的家庭月人均基本生活费支出标准 731 元调整为 1276 元。

7. 提高第二套住房公积金个人住房贷款首付比例，首付不得低于总房价的 30％。

8. 当年住房公积金存贷款利率执行标准：对已结清首套住房公积金个人住房贷款，申请第二套住房公积金个人住房贷款的，贷款利率按照同期首套住房公积金个人住房贷款利率的 1.1 倍执行。

9. 支持老旧小区改造政策落实情况：落实《地区全面推进城镇老旧小区改造工作的实施方案》，深入开展老旧小区改造既有住宅加装电梯业务，开通并完成全疆首笔业务办理。

（三）当年服务改进情况

1. 对照全区住房公积金归集、提取、个人住房贷款和资金管理业务规范，在确保资金安全的前提下，不断提升社会满意度，积极推进住房公积金高频服务事项"跨省通办" 8 项业务落地，办理"跨省通办"业务 9728 笔、2.99 亿元。

2. 进一步深入推进"减证"便民服务，结合地区住房公积金归集、提取、贷款规定和中心业务办理要求，精简申请材料3项，优化管理服务2项，压缩贷款业务2个环节办理时限。

3. 完善业务运行系统和综合服务平台功能，充分运用"网上政务大厅""公积金手机App"等实现服务对象"零"跑腿办理。满足缴存单位和缴存职工的多元化、个性化服务需求，将贷款审批权限下放至各县（市）管理部，由贷前审核调整为贷后逐笔审查，实行电子签章、电子印章网上签约，对房地产项目备案审核做到减时间、减环节、减审批、减跑动。年内累计为83家企业108个贷款项目595栋楼33527套住房办理了备案准入手续。

（四）当年信息化建设情况

1. 通过网上业务大厅、"手机公积金"App和房地产开发企业网厅，将购房提取、贷款申请、项目准入、项目变更等业务服务升级优化，统一纳入网厅系统集中办理，不断优化升级网上业务大厅、"手机公积金"App等服务，实现住房公积金提取"秒速到账"、房贷资金实时到账、线上线下"24小时不打烊"、"同城通办"。截至目前，地区注册"手机公积金"App14.16万人、注册率77.39%，个人网厅注册1.04万人、注册率5.73%，单位网厅注册3184个、注册率83.2%，业务离柜率达84.17%。

2. 2021年8月，阿克苏中心在信息系统中增加稽核审计模块，对来源于线上线下不同服务渠道的业务进行结果跟踪，按照T+1模式每天自动抽取符合指标定义规则的增量业务数据，并且自动将存疑业务推送至该笔业务对应的前台管理部负责人、核查整改人业务待办中，由管理部负责人督促落实具体整改工作，填写整改情况意见后自动推送到稽查部门业务待办中，由稽查部门进行校验审批确认。

（五）当年住房公积金管理中心及职工所获荣誉情况

1. 持续保持自治区文明单位称号。

2. 地区住房公积金"惠民新政帮群众圆住房梦"信息被《中国建设报》刊登，党史学习教育"我为群众办实事"实践活动经验材料被地区党史学习教育办公室专刊印发地区各单位学习。干部葛东亮荣获自治区住房城乡建设厅"2020年度优秀信息员"称号。

3. 住房公积金风险防控工作被住房和城乡建设部住房公积金监管司、自治区住房城乡建设厅高度肯定，经验做法在全国风险防控和服务提升培训班中推广。

4. 2021年7月，被阿克苏地委评为"先进基层党组织"。

5. 在阿克苏地区2021年度绩效综合考评中被评为优秀单位。

6. 在2021年度"访惠聚"驻村工作考核中，中心驻拜城县亚吐尔乡塔格其村、拜城镇肯迪克墩村2个驻村工作队被地委评为"优秀工作队"，中心被地委评为"优秀后盾单位"。

7. 2021年度，地直、库车、沙雅、新和、拜城、温宿、乌什管理部，先后荣获属地政务服务中心"星级窗口""文明窗口""流动红旗"等称号。库车、拜城、温宿管理部入选地区政务服务中心"最美窗口"评选，马泽、秦育、刘慧入选"服务之星"评选活动，其中马泽荣获2021年度地区政务服务大厅"服务之星"称号。

8. 在2021年度考核中，杨家鹏副主任被地区"访惠聚"驻村工作领导小组评定为"优秀工作队队长"。黄昌谋被地委直属机关工委表彰为"优秀共产党员"，许庆、黄爱萍、黄昌谋、王娟分别被评为"优秀共产党员""优秀党务工作者"。张媛被地区妇联表彰为"地区三八红旗手"、李一凡被团地委表彰为"优秀共青团员"。

新疆维吾尔自治区及自治区内各城市住房公积金
2021 年年度报告二维码

名称	二维码
新疆维吾尔自治区住房公积金 2021 年年度报告	
乌鲁木齐住房公积金 2021 年年度报告	
伊犁哈萨克自治州住房公积金 2021 年年度报告	
塔城地区住房公积金 2021 年年度报告	
阿勒泰地区住房公积金 2021 年年度报告	
克拉玛依市住房公积金 2021 年年度报告	
博尔塔拉蒙古自治州住房公积金 2021 年年度报告	

续表

名称	二维码
昌吉回族自治州住房公积金 2021 年年度报告	
哈密市住房公积金管理中心 2021 年年度报告	
吐鲁番市住房公积金 2021 年年度报告	
巴音郭楞蒙古自治州住房公积金 2021 年年度报告	
阿克苏地区住房公积金 2021 年年度报告	
克孜勒苏柯尔克孜自治州住房公积金 2021 年年度报告	
喀什地区住房公积金 2021 年年度报告	
和田地区住房公积金 2021 年年度报告	

新疆生产建设兵团

新疆生产建设兵团住房公积金 2021 年年度报告

根据国务院《住房公积金管理条例》和住房和城乡建设部、财政部、人民银行《关于健全住房公积金信息披露制度的通知》（建金〔2015〕26 号）规定，现将新疆生产建设兵团住房公积金 2021 年年度报告汇总公布如下：

一、机构概况

（一）住房公积金管理机构

全兵团共设 1 个住房公积金管理中心，从业人员 83 人，其中，在编 65 人，非在编 18 人。

（二）住房公积金监管机构

兵团住房和城乡建设局、兵团财政局和人民银行乌鲁木齐中心支行负责对兵团住房公积金管理运行情况进行监督。兵团住房和城乡建设局设立住房公积金监管处，负责辖区住房公积金日常监管工作。

二、业务运行情况

（一）缴存。

2021 年，新开户单位 909 家，净增单位 202 家；新开户职工 3.97 万人，净增职工 1.98 万人；实缴单位 5718 家，实缴职工 27.88 万人，缴存额 53.93 亿元，分别同比增长 9.52%、8.02%、12.37%。2021 年末，缴存总额 398.47 亿元，比上年末增加 15.65%；缴存余额 164.87 亿元，同比增长 8.28%（表 1）。

2021 年分城市住房公积金缴存情况 表 1

地区	实缴单位（万个）	实缴职工（万人）	缴存额（亿元）	累计缴存总额（亿元）	缴存余额（亿元）
新疆兵团	0.57	27.88	53.93	398.47	164.87

（二）提取。

2021 年，51.31 万名缴存职工提取住房公积金；提取额 41.33 亿元，同比增长 21.65%；提取额占当年缴存额的 76.62%，比上年增加 5.84 个百分点。2021 年末，提取总额 233.61 亿元，比上年末增加 21.49%（表 2）。

2021 年分城市住房公积金提取情况 表 2

地区	提取额（亿元）	提取率（%）	住房消费类提取额（亿元）	非住房消费类提取额（亿元）	累计提取总额（亿元）
新疆兵团	41.33	76.62	29.41	11.92	233.61

（三）贷款。

1. 个人住房贷款。2021 年，发放个人住房贷款 1.37 万笔、56.78 亿元，同比增长 27.14%、36.85%。回收个人住房贷款 12.28 亿元。

2021 年末，累计发放个人住房贷款 8.51 万笔、214.39 亿元，贷款余额 146.02 亿元，分别比上年末增加 19.19%、36.02%、43.84%。个人住房贷款余额占缴存余额的 88.57%，比上年末增加 21.90 个百分点（表 3）。

2021 年分城市住房公积金个人住房贷款情况　　表 3

地区	放贷笔数（万笔）	贷款发放额（亿元）	累计放贷笔数（万笔）	累计贷款总额（亿元）	贷款余额（亿元）	个人住房贷款率（%）
新疆兵团	1.37	56.78	8.51	214.39	146.02	88.57

2021 年，支持职工购建房 164.23 万平方米。通过申请住房公积金个人住房贷款，可节约职工购房利息支出 9422.81 万元。

2. 异地贷款。2021 年，发放异地贷款 371 笔、15293.00 万元。年末，发放异地贷款总额 36090.23 万元，异地贷款余额 31407.20 万元。

（四）资金存储。 2021 年末，住房公积金存款 22.99 亿元。其中，活期 4.79 亿元，1 年（含）以下定期 0 亿元，1 年以上定期 18.20 亿元，其他（协定、通知存款等）0 亿元。

（五）资金运用率。 2021 年末，住房公积金个人住房贷款余额、项目贷款余额和购买国债余额的总和占缴存余额的 88.57%，比上年末增加 21.90 个百分点。

三、主要财务数据

（一）业务收入。 2021 年，业务收入 56530.09 万元，同比增长 13.50%。其中，存款利息 16492.79 万元，委托贷款利息 40036.58 万元，国债利息 0 万元，其他 0.72 万元。

（二）业务支出。 2021 年，业务支出 25347.83 万元，同比增长 7.89%。其中，支付职工住房公积金利息 24889.07 万元，归集手续费 0 万元，委托贷款手续费 401.76 万元，其他 57.00 万元。

（三）增值收益。 2021 年，增值收益 31182.26 万元，同比增长 18.51%；增值收益率 1.97%，比上年增加 0.17 个百分点。

（四）增值收益分配。 2021 年，提取贷款风险准备金 13350.03 万元，提取管理费用 2479.98 万元，提取城市廉租住房（公共租赁住房）建设补充资金 15352.25 万元（表 4）。

2021 年分城市住房公积金增值收益及分配情况　　表 4

地区	业务收入（亿元）	业务支出（亿元）	增值收益（亿元）	增值收益率（%）	提取贷款风险准备金（亿元）	提取管理费用（亿元）	提取公租房（廉租房）建设补充资金(亿元)
新疆兵团	5.65	2.53	3.12	1.97	1.34	0.25	1.54

2021 年，上交财政管理费用 2436.95 万元，上缴财政城市廉租住房（公共租赁住房）建设补充资金 14126.97 万元。

2021 年末，贷款风险准备金余额 44720.35 万元，累计提取城市廉租住房（公共租赁住房）建设补充资金 128641.50 万元。

（五）管理费用支出。 2021 年，管理费用支出 2478.43 万元，同比增长 28.72%。其中，人员经费 1260.08 万元，公用经费 192.46 万元，专项经费 986.06 万元。

四、资产风险状况

（一）个人住房贷款。 2021 年末，个人住房贷款逾期额 252.02 万元，逾期率 0.17‰，个人贷款风险准备金余额 43144.35 万元。2021 年，使用个人贷款风险准备金核销呆坏账 0 万元。

（二）住房公积金支持保障性住房建设项目贷款。 2021 年末，项目贷款风险准备金余额 1576.00 万元。

五、社会经济效益

（一）缴存业务。 缴存职工中，国家机关和事业单位占 54.59%，国有企业占 23.41%，城镇集体企业占 2.33%，外商投资企业占 1.51%，城镇私营企业及其他城镇企业占 5.86%，民办非企业单位和社会团体占 5.08%，灵活就业人员占 0%，其他占 7.22%；中、低收入占 100%，高收入占 0%。

新开户职工中，国家机关和事业单位占 50.59%，国有企业占 19.69%，城镇集体企业占 2.65%，外商投资企业占 1.04%，城镇私营企业及其他城镇企业占 15.48%，民办非企业单位和社会团体占 4.96%，灵活就业人员占 0%，其他占 5.59%；中、低收入占 100%，高收入占 0%。

（二）提取业务。 提取金额中，购买、建造、翻建、大修自住住房占 35.96%，偿还购房贷款本息占 33.39%，租赁住房占 1.81%，支持老旧小区改造提取占 0%；离休和退休提取占 18.16%，完全丧失劳动能力并与单位终止劳动关系提取占 8.22%，出境定居占 0%，其他占 2.46%。提取职工中，中、低收入占 100%，高收入占 0%。

（三）贷款业务。 职工贷款笔数中，购房建筑面积 90（含）平方米以下占 12.52%，90～144（含）平方米占 77.57%，144 平方米以上占 9.91%。购买新房占 76.55%（其中购买保障性住房占 0%），购买二手房占 23.45%，建造、翻建、大修自住住房占 0%（其中支持老旧小区改造占 0%），其他占 0%。

职工贷款笔数中，单缴存职工申请贷款占 39.79%，双缴存职工申请贷款占 60.21%，三人及以上缴存职工共同申请贷款占 0%。

贷款职工中，30 岁（含）以下占 32.95%，30 岁～40 岁（含）占 43.08%，40 岁～50 岁（含）占 16.72%，50 岁以上占 7.25%；购买首套住房申请贷款占 87.89%，购买二套及以上申请贷款占 12.11%；中、低收入占 100%，高收入占 0%。

（四）住房贡献率。 2021 年，个人住房贷款发放额、公转商贴息贷款发放额、项目贷款发放额、住房消费提取额的总和与当年缴存额的比率为 159.81%，比上年增加 25.82 个百分点。

六、其他重要事项

（一）当年住房公积金政策调整及执行情况

1. 2021 年住房公积金政策调整情况。

重新修订《兵团住房公积金提取业务管理实施细则》（新兵房积金字〔2021〕4 号）、《兵团住房公积金个人住房贷款业务管理实施细则》（新兵房积金字〔2021〕5 号），并于 2021 年 10 月 18 日执行。

2. 当年缴存基数限额及确定方法、缴存比例调整情况。

依据乌鲁木齐市统计局公布的上一年月社会平均工资的三倍确定 2021 年度住房公积金缴存基数上限为月 24306 元，下限为月 1700 元。

缴存比例：最高缴存比例 12%，最低缴存比例 5%。

兵团各师执行属地化管理原则，其缴存基数上下限执行驻地标准。

3. 2021 年贷款最高额度调整情况、存贷款利率执行情况。

（1）最高贷款额度调整为：正常缴存职工 70 万元。

（2）当年住房公积金存贷款利率调整及执行情况：2021 年存贷款利率无调整。

贷款利率：5 年以内（含）2.75%，5 年以上 3.25%。

存款利率：一年期存款基准利率执行 1.50%。

（二）当年开展专项监督检查情况

1. 2021 年 4 月接受兵团财政局委托中介机构对 2020 年的住房公积金年度决算和管理费用年度决算进行审计。

2. 2021 年 9 月接受审计署驻兰州特派员办事处对 2020 年度和 2021 年 1 月至 9 月住房公积金归集使用以及相关政策措施落实情况进行审计。

（三）当年服务改进情况

推进住房公积金"跨省通办"，2021年出具缴存证明、缴存明细、贷款余额表10笔。办理离职提取1笔，退休提取8笔，提取公积金还商业贷款2笔，异地核查职工缴存信息及购房真实性3笔。

（四）当年信息化建设情况

1. 2021年9月兵团住房公积金综合服务平台通过住房和城乡建设部验收。

2. 完成2021年度住房公积金信息系统等级保护第三级测评工作。

（五）当年住房公积金机构及从业人员所获荣誉情况

第一师管理部获第一师阿拉尔市总工会、第一师阿拉尔市行政审批服务中心第三届窗口服务竞赛三等奖。

新疆生产建设兵团住房公积金
2021 年年度报告二维码

名称	二维码
新疆生产建设兵团住房公积金 2021 年年度报告	

第三部分

住房公积金管理运行有关经验做法

一、综合篇

⌂ 综合篇

住房和城乡建设部住房公积金办实事解民忧推动"跨省通办"取得实效

党史学习教育开展以来，住房和城乡建设部把学习教育成果转化为工作动力和方向指引，扎实推进住房公积金高频服务事项"跨省通办"，取得了实实在在的成效。截至 2021 年 12 月底，全国累计办理"跨省通办"业务 2019 万余笔，为缴存群众节约异地办事成本折合近 2900 万元；5164 万缴存职工使用全国住房公积金小程序，申请办理异地转移接续业务 56 万笔，划转金额 57 亿元。

一、党组"钉钉子"，访实地察实情，层层抓落实

一是以"钉钉子"精神扎实推进。部党组以高度的政治自觉将党史学习教育作为重要政治任务，部党组书记、部长、部党史学习教育领导小组组长王蒙徽主持召开 47 次部党组会议学习贯彻习近平总书记重要讲话和重要指示批示精神，通过组织召开党组会、专题学习会、视频动员会、现场座谈会等多种方式，从面上到点上、从动员部署到全力推进层层深入，确保各项任务起步扎实、推进有序；坚持台账管理、按月调度、销号推进，派出指导组严督实导，确保中央精神落地生根。全行业广大党员在党史学习教育中感悟初心、践行使命，进一步激发了为群众办实事解民忧的热情和干劲。

二是努力把好事办好、把实事办实。坚持知行合一，把"我为群众办实事"实践活动作为衡量党史学习教育成效的重要标尺，明确以"可感知、可量化、可评价"为基本原则，把察民情访民意作为办实事第一步，部领导带头逢出差必调研，实地走访 70 多个城市，结合重点工作和群众关切，确定了推进住房公积金"跨省通办"服务的 3 项惠民措施和 5 项具体工作举措，8 月系统动员、9 月集中推进、10月重点督导、11月集中攻坚；系统各级党组织迅速行动起来，积极创建百个"跨省通办"示范窗口、讲述百个"跨省通办"小故事、开展"百名城市中心主任零距离真体验"活动，真正把学习教育成果体现在行动上、落实到工作中。

二、聚焦群众关切，用心用情用力打通办事堵点难点

一是建机制、通堵点、顺畅办。住房公积金服务全国 1.5 亿缴存职工，实行属地化管理导致不同城市之间提取政策不尽相同，成为人民群众异地办事的突出堵点。为此，我部指导各地改变原有的单一中心办理业务的规则，规范和优化异地协查联办全国通用的流程表单，同时允许各地中心根据本地实际加以微调，体现了规范性和灵活性相结合，建立了各地中心之间的业务协同、数据联通和服务联办的工作机制和跨省业务办理联系人队伍，缴存职工享受到了跨省业务"异地受理、无差别办理"的服务。新疆昌吉朱女士回老家山西太原购房时便捷地开具了缴存证明，朱女士专门致谢"不用往返跑就能跨省办成业务，真是实实在在为老百姓服务的大好事。"

二是一张网、破难点、快捷办。由于各地线上服务渠道分散、线上服务能力差异较大，异地办事群众实现单点登录、全国漫游的难度不小。为有效破解难点，我部大力推进全国住房公积金服务"一张网"，发布全国统一的住房公积金服务标识，建设运行全国统一的住房公积金手机小程序，提供统一的住房公积金服务入口，还利用区块链、大数据等新技术为数据和资金构建安全可信环境。以往只能线下办理的账户、资金跨城市转移接续，现在缴存职工不仅能够"一键办"，还能以跳转方式登陆缴存地线

上渠道办理相关业务，业务平均办理时长缩短了一半，截至 2022 年 1 月 3 日，通过小程序查询个人住房公积金信息达 8.1 亿次，真正成为了 1.5 亿缴存职工的住房公积金"大管家"。

三、坚持赋能地方，帮助基层不断优化便民服务

一是信息化平台助力出新招。建立和完善全国住房公积金数据平台，将各地住房公积金业务数据汇集起来，实现业务办理和数据使用全过程存证。依托数据平台，以"总对总"方式与相关部门建立信息共享机制，为各地提升线上服务能力提供有力数据支撑。建成面向全国 4 万从业人员的住房公积金监管服务平台，实现与各地业务专网联通，设立"跨省通办"服务专区，创建业务办理全国黄页，运行两地联办应用程序，大大提升了两地协查联办效率。

二是典型引路显成效。结合纪念建党 100 周年活动开展住房公积金为民服务的专题宣传，组织中央广播电视总台、新华社等多家主流媒体，赴衢州、上海、广州等地集中采访报道，记录为民服务真实场景，展现为民服务的实效，营造为群众办实事解民忧的良好氛围。

四、巩固拓展学习教育成果，持续抓好为群众办实事

一是常抓常新管长久。引导系统党员干部切实转变服务理念、增强服务意识，认真开展好"三个一百"活动，建立健全为群众办实事常态化运行机制，结合基层所盼确定每年都要开展为群众办实事的专题活动，带领基层党组织和党员干部不忘初心、牢记使命，让缴存职工始终感受到党组织的温暖就在身边。

二是守正创新开新局。围绕缴存人所需，以"跨省通办"为契机，变以往的属地化管理封闭小循环为全国共享联动的开放大循环，开展数字化应用场景创新，深化数字技术应用和数字资源整合，全面推进住房公积金监督、管理、服务的数字化、智能化转型，推动更多业务网上办、掌上办，助力住房公积金事业高质量发展。

上海市坚持服务大局　服务群众
更好发挥住房公积金制度作用

　　2021年，上海市公积金管理中心以制度建立30周年为新起点，按照习近平总书记考察上海要求，践行"人民城市人民建、人民城市为人民"重要理念，聚焦住房领域重大任务和人民群众急难愁盼，更好地发挥住房公积金制度作用。

一、服务住房大局，促进"租购并举"

　　坚持房子是用来住的、不是用来炒的定位，始终保持住房公积金个人住房贷款政策的连续性和稳定性，重点支持首套刚需、支持中小户型、支持中低收入家庭，促进房地产市场平稳健康发展。

（一）聚焦住房保障体系，发放共有产权住房贷款

　　为配合共有产权住房政策推行，上海试点推出住房公积金共有产权住房个人贷款业务，累计发放贷款7.8万笔、285亿元，贷款户数占全市购买共有产权住房家庭的60%。

　　一是政策倾斜配套。根据"应贷尽贷、增人扩额、风险分担"等原则，让共有产权住房申请家庭按照购买首套住房政策，享受更为优惠的贷款首付款比例和贷款利率。另外，允许借款人贷前提取个人账户住房公积金、扩大共同借款人范围等，体现家庭互助理念，使住房公积金贷款对购房家庭的支持力度更大。

　　二是服务全程跟进。通过与市住房保障部门的数据互联，对各个批次申购家庭"早了解、早介入、早服务"。在申购家庭选房前，精准对焦每个家庭贷款需求，提前告知可贷款额度等信息，极大方便其选房决策。申购家庭选房结束后，优化贷款办理模式，合理配置贷款节点和网点资源，向其提供从选房咨询到办理贷款的全流程服务，成为住房公积金服务的一张名牌。

　　三是风险管理夯实。针对共有产权住房购房家庭还款能力较低、抵押物处置难等特点，明确住房公积金贷后管理和处置措施。对于取得房地产权证未满5年的，出现贷款逾期等违约情况后，借款人应申请由住房保障机构回购共有产权住房，回购款项优先用于偿还住房公积金贷款，有效防范贷款风险。

（二）聚焦住房租赁市场，满足多层次供给需求

　　在市政府的支持下，利用住房公积金增值收益投资收购3881套公共租赁住房，定向出租给符合条件的缴存职工，受到缴存职工的积极评价。放宽提取住房公积金支付房租条件，助力解决好新市民、青年人等群体的住房问题，支持住房租赁发展。2021年1月～12月，租房提取业务办理人近100万人，94%为新市民，提取金额123亿元。

　　一是坚持分类施策。合理区分租赁群体，制定差别化提取政策，因人、因房精准施策。对公共租赁住房实行"应提尽提"，对市场租赁住房根据本市租金水平动态提高提取额度，对高层次急需人才实行"实缴实提"，让各类群体都能享受到政策支持。

　　二是推进全程网办。发挥住房公积金信息化优势，通过全国住房公积金小程序、上海市"一网通办"App、公积金管理中心官网等服务入口，向缴存职工提供多种方便快捷的网上办理渠道，实现租赁提取业务全程网办。积极推进部门信息共享，在线核验职工住房、婚姻、人才认证等信息，实现租赁提取业务零材料办理，让数据多跑路，职工不跑腿。

三是融合社会治理。主动与公安部门对接协作，将租赁住房提取审核与城市治理有机结合，通过部门信息互享建立租赁状况核查机制，既规范了住房公积金业务办理，也为公安部门核查居住人口提供信息，为上海超大城市现代化治理贡献经验。

此外，按照实施城市更新行动、推进老旧小区改造工作部署，支持提取住房公积金用于既有多层住宅加装电梯，解决筹资难的问题。截至 2021 年 12 月，已累计办理加装电梯提取业务 1910 笔，提取金额 9216 万元。

二、服务群众办事，落实"跨省通办"

落实住房和城乡建设部工作部署，聚焦企业和群众以往办理住房公积金异地缴存和使用时，需要"折返跑""多次跑"，存在"效率低""成本高"等问题，深入推进高频服务事项"跨省通办"。截至目前，线上办理住房公积金单位登记开户、住房公积金单位及个人缴存信息变更和提前还清住房公积金贷款 3 项今年要求"全程网办"的业务共 52 万余笔，网上办理率达到 93%。"跨省通办"业务涉及服务事项 13 类，服务职工 1339 人，为缴存职工节省异地办事成本近 600 万元，其中通过"两地联办"办理异地购房提取住房公积金的业务量快速增长，下半年业务办理数量是上半年的 31 倍，提取金额是上半年的 22 倍。

（一）制定操作规范，确保"跨省通办"业务办得通

一是流程标准化。对照住房和城乡建设部公布的业务流程，结合上海实际，制定《上海市公积金管理中心"跨省通办"业务代收代办办理流程》和《上海市公积金管理中心"两地联办"购房提取业务办理流程》，进一步细化优化"跨省通办"业务的具体要求。

二是培训全员化。住房公积金"跨省通办"业务培训做到全员覆盖，共培训 753 人次。采用电话抽查、现场抽查、随机抽查等方式，检验服务人员对"跨省通办"服务事项掌握程度，经得起评价。

三是服务同质化。在住房公积金服务网点设置"跨省通办"专窗，无差别受理各项"跨省通办"业务，提升群众满意度。在住房公积金服务大厅和"跨省通办"专窗，使用全国住房公积金服务标识，增强服务人员对提升服务质量的责任感和荣誉感。

（二）探索服务优化，在更多更好方面提质量

一是通办范围扩大。在试点区域先行先试，在增加业务事项、减少转办环节、提高材料交换效率等方面，将国务院规定的 8 项住房公积金政务服务"跨省通办"拓展到 28 项，将转办时间缩短至原来的一半，全部业务申请材料线上提交，实现更多跨区域业务同城化办理。

二是线上线下融合。按照"应上尽上"的原则，通过上海市公积金管理中心综合服务平台、市政务服务平台、长三角政务服务平台等，实现业务办理"全程网办""指尖跑"。2021 年 5 月，通过整合信息资源，重塑业务流程，在长三角三省一市区域实现异地购房提取零材料、零跑动、零等候。截至 2021 年 12 月，为 8010 名职工办理业务，涉及资金 9.37 亿元。

三是以点带面推广。按照"个别试点、逐点推开、全面执行"的原则，对每个服务事项的第一笔业务，指定住房公积金服务网点先行先试，不断优化，总结经验，形成标杆。在工作成熟、条件完备的前提下，在全市服务网点推广，实现标准化、统一化、同质化办理，保证服务事项落地显效。

广东省广州市坚持租购并举 加强政策集成
助力新市民、青年人解决住房问题

2021 年，广州住房公积金管理中心坚决贯彻落实习近平总书记关于"房子是用来住的、不是用来炒"的定位要求，促进建立多主体供给、多渠道保障、租购并举的住房制度。按照"租房优先于购房、提取优先于贷款、保障性住房优先于商品住房、首套房贷款优先于二套房贷款"的原则，支持构建住房市场体系和住房保障体系。着重在住房保障体系上发力，率先推出住房公积金"按月付房租"新模式、发放共有产权住房公积金贷款、试点灵活就业人员参加住房公积金制度等举措，通过政策集成，为促进解决新市民、青年人住房问题贡献公积金力量。

一、以创设"按月付房租"新模式为突破点，着力解决新市民、青年人住房问题

2021 年 6 月，国务院印发了《关于加快发展保障性租赁住房的意见》，广州住房公积金管理中心按照"租房优先购房、提取优先于贷款"的原则，创设了"按月付房租"新模式，并在保障性租赁住房开展试点。广州住房公积金管理中心与住建、房屋租赁等政府职能部门建立大数据共享平台，通过平台核验企业、项目、住房公积金、住房等关键信息，减少传统的提取环节，由中心直接将承租人的住房公积金划转给租赁企业，全程实现无感操作。承租人还享受免押金、房租打折扣等优惠。这种新模式既帮助租房人减轻压力，又可以省心省事，解决新市民、青年人工作起步阶段的住房问题，让他们在城市里安居稳业。2021 年 9 月、12 月先后在广州首个"工改租"保障性租赁住房"继园东"及城中村改造项目"北山梦享"，进行"按月付房租"模式试点。

二、以发放共有产权住房公积金贷款为切入点，助力解决"夹心层"购房难题

共有产权住房是住房保障体系的组成部分，主要面向符合条件的住房困难群体。根据"保障性住房优先于商品住房"的原则，广州住房公积金管理中心积极推动共有产权住房公积金贷款政策落地。该类住房具有购买人群特定、流动性欠佳等特性，因此需要提前考虑防范化解资金风险。主要做法是：一是住房公积金管理中心可申请司法处置，通过拍卖或变卖方式收回贷款；二是针对进入变卖程序仍无人竞买的抵押品，由代持管理机构按照变卖价格予以回购。为帮助购房人充分享受政策利好，广州住房公积金管理中心深入销售现场解读政策，并利用周末加开集中贷款合同面签专场，既方便群众，又支持了企业资金回笼。

截至 2021 年 12 月底，已受理广州首个共有产权住房项目"榕悦花园"住房公积金贷款申请 1553 套，占项目总数的 83.23%，贷款金额约 7.68 亿元。据统计，平均每户住房公积金贷款约 50 万元。以贷款 30 年计，每户可节省利息 27.85 万元。以相对较低的资金解决购房问题，既圆了住房梦，又避免高房价对消费的挤出效应，稳定了市场预期。通过发放共有产权住房公积金贷款，助力住房困难群体"买得起"，发挥住房公积金制度在共同富裕道路上的"垫脚石"作用。

三、以完善配套措施为结合点，多措并举推进住房公积金保障能力建设

一是扩面增量，不断扩大惠及人群。2021 年，新增缴存额首破千亿达 1058.63 亿元，缴存单位、

缴存职工同比增长 27.07％、22.2％。将在穗就业的港澳台人员纳入制度覆盖范围，助力粤港澳大湾区发展，截至 2021 年末，已有 5217 名港澳台人员缴存了住房公积金，1044 人提取住房公积金用于住房消费，52 人使用住房公积金贷款买房。二是试行灵活就业人员参加住房公积金制度，实现制度全覆盖。作为住房和城乡建设部选定的 6 个首批试点城市，广州 2021 年 11 月启动试点工作，将年满 16 周岁未达法定退休年龄，以个体经营、非全日制、新业态等方式灵活就业的完全民事行为能力人纳入试点范围，台港澳人员和拥有永久居留权的外国人参照灵活就业人员参加住房公积金制度，实现了制度全覆盖。截至 2021 年 12 月 31 日，灵活就业人员累计开户 2965 人，实缴 1240 人，缴存金额 531.4 万元。三是将住房公积金纳入了《来穗人员积分制服务管理规定》，每缴存 1 年住房公积金可积 2 分，上不封顶。既帮助新市民在广州安居落户，又为后续解决租房购房、子女教育、医疗保障等多了一条有效途径。四是打造"智慧住房公积金"，51 项住房公积金服务事项可全程网办。2021 年，共有 13.61 个单位和 490.71 万职工，通过线上办理业务 1218 万笔。2021 年 7 月实现 8 项住房公积金高频服务事项全部"跨省通办"、全程网办，大大方便了群众办事。开创先河引入 OCR 电子图像识别技术。通过对业务信息进行智能识别并自动回填，达到"秒响应""速读取""精准录"的目的，效率提升了 75％。

湖北省武汉市运用"五步工作法"
提高住房公积金年度报告披露质量

为切实做好 2021 年住房公积金年度报告（以下简称年报）披露工作，武汉住房公积金管理中心（以下简称"武汉中心"）深入践行以人民为中心的发展思想，认真总结历年来好的经验做法，形成了紧抓五个关键点的年报披露"五步工作法"，确保年报内容全面、数据精准、宣传有效，以公开透明度提升群众满意度，发挥住房公积金制度的积极作用。主要做法是：

第一步，统一思想认识，这是基础"点"

住房公积金年报披露，是保障缴存单位和缴存职工知情权和监督权，广纳市民意见、收集群众诉求的重要形式，是对表对标找差距、找短板，从中梳理分析住房公积金业务发展变化趋势，为下一阶段工作提供决策参考，助推管理运行高质量发展的有效途径。武汉中心高度重视，年初及时召开专题会议，研究部署年报编制工作，切实将做好年度信息披露工作，作为贯彻落实党中央提出"建立公开规范的住房公积金制度"的重要举措，作为提高管理效率和服务水平的有力抓手，作为积极践行以人民为中心的发展思想的重要内容。在住房和城乡建设部住房公积金监管司印发年度报告披露工作的有关通知后，武汉中心立即组织相关处室及工作人员认真学习，逐项吃透年度报告披露内容和各项指标解释口径，提高年报编制工作质量。

第二步，健全工作机制，这是保障"点"

一是强化组织领导。由于年报披露工作涉及面广，为有序做好此项工作，武汉中心建立了由分管领导为组长、主要业务处室负责人为成员的年报披露工作领导小组，加强统筹协调和组织推动。在责任分工上，构建了分管领导重点抓、计财处牵头、业务处室具体填报、办公室审核重要事项的年度报告披露工作机制。二是狠抓工作落实。在任务落实上，严格按年度报告模版内容，分配各处室工作任务，明确各处室的填报内容、具体责任人。加强跟踪督办，明确各项工作的时间节点，按进度及时调度，形成了"抓大家大家抓"的工作格局，确保年报披露工作有序、有力、有效推进。

第三步，规范数据采集与校验，这是根本"点"

为保证年报数据精准无误，武汉中心通过建立三项工作机制，确保做到三个一致。一是建立系统采集机制，确保年报披露数据与信息系统报送数据一致。以 2021 年武汉住房公积金管理系统 2.0 上线为契机，将披露所需数据采集嵌入系统，各处室通过系统采集年报披露数据，大大降低了数据的差错率，提高了年度报告填报工作效率。二是建立交叉审核机制，保证统计数据与财务数据、业务数据一致。对各处室分项填报的数据，进行跨处室交叉复核后由计财处进行汇总，办公室负责审核重要事项的完整性和准确性。三是建立审计机制，确保当年披露数据与上年度披露数据勾稽关系一致。邀请会计事务所根据审定的决算数据，以及数据的逻辑关系，进行再审核。

第四步，挖掘特色亮点，这是出彩"点"

在做好年报披露"数据文章"的规定动作之外，武汉中心精心做好"内容文章"，聚焦住房公积金制度的突出作用，充分反映中心在落实部省市相关决策部署，在服务经济社会发展和保障住房民生等方面的重要作用。一是聚焦住房民生保障，提高社会认可度。2021 年向 6.04 万户家庭发放的 342.42 亿元住房公积金个人住房贷款中，75％支持首套、85％保障青年人、95％满足刚需，个人住房贷款占有率在武汉市场占比近 20％，在帮助职工解决基本住房需求中发挥了重要的作用。二是聚焦优化服务，提高群众满意度。持续拓展便民服务方式和渠道，从受委托银行的众多网点中遴选 20 家服务能力强的建设成住房公积金旗舰店，延伸住房公积金的物理服务范围；优化网上服务平台，实现 90％业务网上办理，为职工精心打造出舒心的服务环境和便利的服务渠道。三是聚焦区域协调发展，提高社会关注度。在武汉都市圈实现住房公积金数据"系统联"、缴存"相互认"、资金"自由转"、业务"就地办"，特别是异地资金"打通用"，推动实现住房公积金异地偿还贷款。

第五步，精心发布解读，这是影响"点"

为进一步增强年报信息披露实效，破解披露宣传不到位、不易懂、不解渴等问题，武汉中心多管齐下，积极提升住房公积金的公众知晓度和社会美誉度。一是积极争取支持。将年度报告披露相关资料汇编成册，及时向武汉市人民政府、湖北省住房和城乡建设厅、住房公积金管理委员会各委员和相关部门汇报，争取各级领导及相关部门的认可和支持。二是开展有针对性的解读。利用图形和文字相结合的形式，分缴存、提取、贷款、服务四个篇章，利用微信公众号进行"一图读懂"式解读，生动形象、简洁通俗地向广大群众展示年度工作成果，累计阅读量超 10 万次。特别是对诸如"高中低收入""住房贡献率"等不易懂的专业性用语，专门进行解读和说明，进一步提升工作透明度。三是组织面对面的讲解。分管领导带队上线武汉市治庸办、武汉广播电视台联合主办的全媒体监督《行风连线》在线访谈栏目，以年报批露内容为重点，向市民宣讲住房公积金惠民政策及服务情况，为来电来信市民答疑解惑。四是加强舆情监测与引导。在年度报告通过当地主流媒体、官网、公众号等渠道披露后，密切关注网络舆情，建立舆情风险应急处理机制，积极妥善处理市民反映问题，积极争取社会各界对武汉住房公积金工作的关注和支持。

二、政策篇

江苏省盐城市聚焦住房困难群体
多措并举扩大制度受益面

2021 年，盐城市住房公积金管理中心（以下简称"盐城中心"）认真落实住房和城乡建设部有关要求，在住房和城乡建设部住房公积金监管司及江苏省住房和城乡建设厅指导下，聚焦住房困难群体，多措并举扩大制度受益面。全市非公企业职工和灵活就业人员缴存人数快速增长，缴存结构进一步优化，实现了本市单位人事代理和劳务派遣人员、民办学校教职工、财政供给单位编外人员、村干部全员缴存住房公积金。

一、精准摸清底数，明确目标任务

（一）**全面比对明晰底数。**2021 年初，盐城中心将缴纳社会保险人员数据与缴存住房公积金人员数据进行比对，兜底摸排，编制清册，摸清全市住房公积金扩面底数。

（二）**科学规划明确目标。**立足推进住房公积金高质量发展，补齐非公企业覆盖率偏低、缴存结构不合理的短板，制定了住房公积金扩面"五年行动计划"，明确"十四五"时期扩面目标。

（三）**突出重点定向发力。**瞄准重点园区，推进 50 人以上的非公企业在现有缴存人员的基础上全员建制；瞄准重点行业，推进人事代理和劳务派遣单位、民办学校、物业管理、保安服务等行业全面建制；瞄准重点群体，推进灵活就业人员"愿缴能缴"。

二、横向部门联动，形成工作合力

（一）**联动推进民办学校建制。**以《民办教育促进法实施条例》修订为契机，联合市教育局对民办学校住房公积金建制进行规范，全市 341 家民办学校（幼儿园、教育机构）、7653 名教职工全部完成缴存登记和账户设立手续。

（二）**联动推进新办企业建制。**协同市人社局、行政审批局、市场监管局，落实"企业开办一件事""就业一件事"，帮助新办企业和新入职职工同步办理缴存登记和开户手续，联动推进新办企业登记 636 户，职工开户 13851 人。

（三）**联动推进补贴政策落实。**与市财政局联合印发《盐城市新市民住房公积金专项资金管理办法》，明确市财政设立专项补贴资金，对自愿参加住房公积金制度的灵活就业人员，按月缴存额的 5%、最高不超过 100 元的标准给予补贴，盐城中心按月核实发放，鼓励其积极缴存住房公积金。全年 3.28 万名灵活就业人员办理了账户设立手续，共核发补贴 2.89 万人次、108.81 万元。

三、正向宣传发动，营造良好环境

（一）**开展主题宣传。**以"公积金就在您身边"为主题，举办住房公积金"进园区、进企业、进社区、进商圈"活动 110 场次，广泛深入地宣传相关法律法规，让制度扩面更多地得到社会认可、企业接受、职工知晓。

（二）**丰富宣传载体。**召开灵活就业人员参加住房公积金制度政策新闻发布会，在盐城市人民政府"我的盐城"官方 App 上，举办住房公积金知识有奖问答，开通住房公积金云课堂，发布 45 讲微视频，通过微信公众号、公交移动电视、楼宇数字电视等渠道同步宣传，覆盖受众 300 多万人。

（三）延伸宣传触角。联合文化产业协会、餐饮协会、电商联盟等行业协会、组织，面向灵活就业人员召开政策宣讲会 117 场次、座谈推介会 62 场次，发动镇（区、街道）及村（居）等基层组织，利用居民的微信群、朋友圈，将宣传触角延伸至广大进城务工人员，多渠道动员灵活就业人员参加住房公积金制度。

四、纵向考核驱动，发挥导向作用

（一）出台对县（市、区）考核文件。积极争取市委、市政府支持，将"住房公积金覆盖率"指标纳入对各县（市、区）高质量发展综合考核内容，推进各级机关事业单位依法带头为编外人员和劳务派遣人员缴存住房公积金。目前全市机关事业单位的 31021 名编外人员、4448 名乡村医生、4562 名环卫工人、9632 名辅警联防队员、5509 名村干部已全部参加住房公积金制度。

（二）出台合作银行考核激励办法。将扩面完成情况与受委托银行存放资金规模挂钩，激励银行发挥服务优势。2021 年，各受委托银行协助扩面 3.37 万人。

（三）出台内部单项考核细则。加大归集扩面工作年度绩效考核权重，通过评先评优正向激励，强化基层管理部主体责任意识。2021 年，全市管理部扩面 14.8 万人。

五、定向执法推动，促进规范缴存

（一）精准主动普法。以电话告知、发函提醒、上门沟通等方式，引导、帮助企业在规定时间内办理登记开户手续。2021 年，共寄发催建、催缴函 1760 份，上门开展普法宣传 1690 人次。

（二）推行网格化扩面。按照"全面统筹、分级落实、责任到人"的原则，通过老带新、由点到面的方式推进网格化扩面，"催一户建一户，建一户带一片"，分片、分行业开展建制开户工作，形成"关口前移、各负其责、集约高效"的执法推动新格局。

（三）规范高效执法。针对职工投诉多的重点企业，启动行政执法程序，督促企业依法缴存。2021 年，共立案 21 件，发送行政处罚事先告知书和行政强制执行催告书 10 份，缴存后终止执法程序 18 件、实施行政处罚 3 件。

2021 年，盐城中心扩面工作取得了较好的效果。全市新增非公单位缴存人数 13.2 万，占同期新增缴存人数的 70%。12 月末，全市住房公积金正常缴存人数 66.92 万人，比 2020 年末增长 22%，占同期社保缴纳人数比例达 70%。同时，进一步优化住房公积金使用政策，支持缴存人租购并举解决住房问题。全年非公群体租房提取 4085 人次、0.35 亿元；购建房及还贷提取 29.85 万人次、38.55 亿元。支持非公群体贷款 3431 笔、8.8 亿元，购建房面积 43 万平方米，节约利息支出 407 万元。

贵州省黔南州党委政府高位推动
实现住房公积金制度覆盖和管理效能双提升

近年来，贵州省黔南州创新开展住房公积金"聚保增"改革，坚持以宣传促缴、以使用促缴、以服务促缴、以行政执法促缴，全州现有缴存单位7833个，缴存职工25.38万人，缴存人数占缴纳社会保险人数的85.08%，住房公积金惠及群体逐步扩大，政策红利持续释放，实现住房公积金制度覆盖和管理效能双提升。

一、把好改革"方向盘"，高位推动强动力

黔南州委、州政府高度重视住房公积金工作，2021年来，州委、州政府领导对住房公积金工作作出批示13次，将住房公积金"聚保增"改革写入州党代会报告和州政府工作报告。改革经验吸引省内外多家单位到黔南交流学习，获人民日报、中国建设报、贵州新闻联播、贵州改革等中央和省州媒体宣传报道，提振了全州住房公积金系统干事创业信心，为住房公积金事业高质量发展提供了坚强保障。

二、使出宣传"连环招"，借势提升知晓率

针对职工普遍关心的缴存资金分担、利率保障、贷款申办、余额提取等问题，黔南州住房公积金管理中心（以下简称"黔南州中心"）采取灵活多样的宣传方式，讲深讲清讲透政策，打消职工顾虑。一是"双线"宣解。充分利用门户网站、微信公众号、短信等推送住房公积金政策制度，在微信平台开通"12345服务热线回答案例"专栏，以案说法，提升政策解读通俗性。线下组建宣讲队深入企业进镇入村，通过"解答会""院坝会"等形式进行讲解，提高政策知晓率。二是"双向"宣解。建立上下联动的双向宣传机制，选取业务娴熟的干部，下沉企业点对点开展政策宣讲，邀请缴存职工现场分享获得感、幸福感，激发职工缴存积极性主动性。三是"双语"宣解。针对部分少数民族聚居区群众听不懂汉语的现状，优选懂政策、精通民族语言的干部，开展"住房公积金轻骑兵"宣传活动，运用汉语和少数民族语言进行"双语"宣讲，确保群众听得懂，能理解。

三、调研锁定"靶向点"，摸清底数制良策

组织调研组深入基层、企业调研，听取企业、职工和相关部门意见建议。一是摸清职工意愿。聚焦非公企业、个体工商户、民办非企业单位、村（社区）干部等重点群体，联合组织、工信、市场监管、银行等部门走访919家非公企业、93个村（居）委会，访谈干部534人，宣传降比减负、缓缴减压等利企惠民政策，摸清职工"需求点"。二是兼顾财力所能。按照"高低适当、承受可及"原则，立足县级财政状况，引入缴存比例上中下"三线"（比例为12%、8%、5%）核算概念，以中线为基准，重点参考上下线，测算每年单位企业、政府财政需负担费用，为各级财政部门和企业提供多种缴交方案。三是科学划定比例。注重统一区域标准、兼顾行业情况，严格执行"评估论证、公开征求意见、合规性审查、集体审议决定"的决策制度，合理确定企业缴存比例，确保职工能接受、企业财政可承担。

四、精准运用"加法器"，制度扩面显成效

按照"因地制宜、循序渐进、逐步实施"原则，用活政策，分类指导，促进重点群体缴存住房公积金。2021年全州新增缴存单位1133个，增量在全省9个市（州）中位列第二，仅次于省会贵阳市。

（一）聚焦机关编外人员。一是对公安、市政、综合执法等劳务派遣人员较为集中的机关单位，利用行政资源，积极推动公积金缴存工作。目前，公安系统的13个单位1646名聘用人员、市政部门6个单位的508名聘用人员缴存了住房公积金。二是针对教育、医疗系统的民营单位，积极与教育、卫健部门沟通协调，推动33个民办学校419名教职工、15家医院3779员工缴存住房公积金。

（二）聚焦基层干部。采取"一县一策、一县一标"，在全省率先将村（社区）干部纳入住房公积金制度覆盖范围，已实现11个县（市）、1275个村（社区）的7002名村干部建缴，其中常任村干部缴存率达98.46％。推动大学生村干部、特岗教师、"三支一扶"人员2538人缴存住房公积金。

（三）聚焦非公企业。采取"重点行业先建、规模大且效益好的企业先建、企业管理人员和业务骨干先建"的方式，完善督导机制，对不同企业开展全过程跟踪服务指导，提升缴存率。督促重点行业缴存，将缴存住房公积金作为房地产企业楼盘合作准入条件，全州375家房地产企业、2108人缴存了住房公积金。完善银行考核制度，以考核驱动受委托银行参与扩面工作，推动1921家单位缴存住房公积金。打通数据接口，与省市场监督管理局联动实现企业登记与住房公积金缴存开户同步。目前，全州2448家非公企业共有33596人缴存住房公积金。

（四）聚焦灵活就业群体。出台《进城务工人员和城镇灵活就业人员缴存使用住房公积金实施细则（试行）》，探索灵活就业人员参加住房公积金制度，让更多职工家庭享受住房公积金政策红利。目前，个体工商户、外来务工人员及自由职业者等群体有6543人缴存住房公积金2.64亿元。

五、打出服务"组合拳"，管理效能大提质

坚持从细处着眼、小处着手、实处着力，提升服务效能。一是强化区域联动。推进黔南州、贵阳市两地住房公积金一体化发展，开通商品房贷款互认互贷业务，促进两地信息共享、业务融合，拉动两地房地产市场消费。二是强化行政执法。与公安、人社、住建、民政、税务、银行等部门、单位建立部门协同机制，打通信息壁垒，实时监测用人单位缴存动态，及时催建催缴。建立黔南州住房公积金领域行政执法制度机制，实行"一案一策"，确保正当诉求追根溯源解决到位，非法行为依法打击到位，2021年来，涉诉案件胜诉率100％。三是强化双向保障。与住建、大数据管理、银行等部门、单位合作，简化提取住房公积金支付公租房租金程序，与州住建公租房管理平台开发数据接口，开通公租房租金自动划扣业务。四是强化数字赋能。实施"数字赋能·智慧公积金"信息化建设，实现"跨省通办""不见面办""全天候办"，依托"黔南州数字中台"组织连接能力，运用云计算、大数据、区块链等信息技术，让住房公积金政策主动"找"人、业务主动"推荐办"，实现智能化、个性化的沉浸式数字服务。

湖北省孝感市积极发挥住房公积金作用
大力支持老旧小区改造

孝感住房公积金中心坚持以人民为中心，深入贯彻落实《国务院办公厅关于全面推进城镇老旧小区改造工作的指导意见》（国办发〔2020〕23号）、《湖北省人民政府办公厅关于加快推进城镇老旧小区改造工作的实施意见》（鄂政办发〔2021〕19号）、《湖北省住房和城乡建设厅关于进一步加大住房公积金支持城镇老旧小区改造力度的通知》等文件精神，大力推进老旧小区（适老化）改造提取住房公积金工作，取得一定的成效。截至2021年底，全市共办理老旧小区（适老化）改造提取住房公积金87人、合计金额200.06万元，有力提升人民群众的获得感、幸福感。

一、科学部署，提高政策精准度

坚持闻令而动，令出行随，对标对表上级要求，将各项工作抓早抓紧，确保高效推进。2020年6月19日市住房公积金管理委员会五届一次会议通过了住房公积金提取政策调整文件，其中提取的范围增加了自住住房适老化改造项目。经认真研究制定落实措施，第一时间成立老旧小区改造提取住房公积金工作专班，由孝感住房公积金中心党组书记、主任任组长，分管副主任为副组长，安排精干力量重点突破，切实做到路径明晰、抓手有力。一是坚持主动作为，全面掌握孝感城区2020年以来老旧小区改造基本情况，认真摸清已竣工、在建、待启动项目底数，重点针对已竣工小区所属街道、社区和相关水电气等部门开展走访调研，详细了解老旧小区改造项目申报流程、费用缴纳方式、竣工验收办法，细化支持老旧小区改造提取住房公积金的主要措施。二是制定孝感住房公积金中心老旧小区（适老化）改造提取住房公积金工作实施方案，明确将办理流程分为备案和提取两个环节，其中老旧小区改造的有关佐证资料放在备案环节中提前录入系统共享，个人仅需提供身份证（结婚证）、银行卡等基础资料即可申请老旧小区（适老化）改造提取。

二、示范引领，提高政策普惠性

树立典型案例，多途径多平台交流经验。坚持"先易后难、先行先试、分批推进"，以孝感一中园丁小区为试点小区启动我市老旧小区（适老化）改造提取住房公积金工作。园丁小区建于2000年，属老旧小区范畴。小区居民均为教师职工，原产权人保留较完整，为先行先试提供了保障。2020年，该小区开始实施水（电、气）、道路管网、加装电梯等改造项目，至2021年5月时已加装电梯5部、水电气改造项目已全部完成。以其作为典型案例，加大宣传力度，争取这一惠民政策惠及更多的住房公积金缴存群众。在中国建设报、中华建设网、湖北日报、荆楚网、孝感日报、孝感晚报等国家、省、市级媒体平台上稿，在孝感电视台新闻频道分享做法经验，获得了一定的反响。陆续有缴存群众通过电话咨询、到大厅办理住房公积金提取事项。为了向各县市区办事处推广已有经验做法，孝感住房公积金中心召开现场会，邀请各县市区办事处分管领导和业务骨干交流经验。

三、上门宣传，提高政策知晓率

坚持将政策宣传向老旧小区（适老化）改造项目前端延伸，在老旧小区改造项目启动时即主动介入，从"等客上门"到"主动服务"，做到早宣传、广发动，主动送政策到户到家，确保惠民政策不漏一户、不落一人。确定将孝感一中园丁小区作为试点小区后，立即与一中相关负责人联系，走访一中并向园丁小区涉改 50 名教师宣传老旧小区加装电梯、水（电、气）改造和适老化家庭无障碍改造支持提取住房公积金这一项惠民政策，确保人人知晓。提前统计收集有意向办理该事项的教师信息，为后续顺利开展工作奠定了基础。

四、入户采集，提高政策执行力

在具体办理过程中，为提高工作效率，明确老旧小区改造提取"前台办"，推行"上门办"，探索"网上办"，上门采集申请人信息，延伸窗口至申请人身边。为提供优质服务，多次到一中对接，上门收集提取事项办理的教师信息，由现场工作人员把人脸信息拍照传回后台，经后台工作人员将照片格式转换后再上传录入系统，即可审批实现资金即时到账。由于前期政策宣传到位，加上工作人员上门服务，资料收集齐全、信息采集时得到申请人合力配合，准备工作相当充分，业务办理当天，经过现场工作人员与后台人员的共同努力，实现图像采集、传送、录入、审核、审批无缝对接，现场办理了 13 笔首批老旧小区改造提取住房公积金业务，5 笔适老化改造提取住房公积金业务，提取资金当场到账，合计提取住房公积金 67 万元。

五、简化流程，提高政策满意度

自老旧小区改造支持提取住房公积金事项办理以来，孝感住房公积金中心不断以流程办理更简化、申请人办理更方便为突破点，探索"上门办""不见面办""零材料办"等方式为群众提供更加高效便民的服务。简化备案所需材料，减轻申请人负担。为方便更多非单位宿舍楼小区的申请人办理提取事项，再次梳理备案资料，优化流程，形成了最新的老旧小区（适老化）改造提取住房公积金工作实施方案，确定水（电、气）改造项目由我们对接街道办事处和社区，收集整个小区的支付凭证和出资明细表，申请人只需在办理中，提供身份证和结（离）婚原件、银行卡即可，大大简化流程和资料，提高了业务办理针对性和可操作性，深受群众好评，获得广泛点赞。

三、试点篇

重庆市聚焦群众诉求　创新政策举措
建立灵活就业人员缴存使用
住房公积金新机制

重庆市住房公积金管理中心深入贯彻落实中央经济工作会议精神和国务院常务会议要求,聚焦群众诉求,创新政策举措,探索将灵活就业群体纳入住房公积金制度保障范围。2021年8月试点启动以来,取得较好成效。截至2021年末,4.59万名灵活就业人员开户缴存,缴存金额达1.60亿元;其中,45岁以下中青年群体占比达93%,95%以上缴存人为中低收入人群。

一、凝聚各方智慧力量,合力推进改革试点

一是专班统筹推进。在市委市政府领导下成立试点工作专班,将试点工作纳入重庆市改革试点工作管理台账,将灵活就业人员缴存住房公积金内容纳入《重庆市乡村振兴促进条例》《重庆市"十四五"农民工工作规划》,将试点工作情况纳入区县政府考核内容。二是金融赋能助力。公开招投标选择10家银行参与试点,发挥"国有+股份+地方"银行营销推广、金融科技等优势,助力试点高质量开展。三是亲民宣传推广。设计卡通形象、通过动画漫画亲民化方式,让试点贴近大众;综合运用官方平台、新闻媒体、自媒体等渠道,开展线上宣传、入户宣传、节日宣传1000余场次;积极争取宣传等部门支持,形成多部门共同参与、多渠道共同发力、多角度深入解读的宣传推广氛围。四是区域协同开展。发挥成渝双核引领的区域,推动两地试点工作在缴存使用、贡献评价、支持政策等方面统一政策,促进两地试点协同推进。

二、聚焦群众关切需求,推动公共服务均等可及

一是倾听群众诉求。开展专项调查,实地走访灵活就业群众1.6万名,线上线下收集调查问卷4万余份,准确把握群众诉求,推动政策更加务实。二是降低参与门槛。支持16周岁及以上的灵活就业人员自愿参与,不设户籍、收入等限制,让实现灵活就业人员"愿缴能缴"。三是加大政策倾斜。在贷款最高额度、贷款利率和期限、账户存款利率、个税减免等方面,让灵活就业人员享受与单位职工同等政策待遇;设立缴存补贴,引导灵活就业人员长缴长存;允许缴存人履行缴存义务后停止缴存;鼓励符合本市人才条件的灵活就业人员,将财政补贴资金用于缴存住房公积金。四是打造便民服务。聚焦本市便民服务生活圈建设,推动业务掌上办、指尖办,开通支付宝、微信"重庆公积金"小程序,实现业务全流程"零要件、零跑腿、零审批"在线办结,线上办理率达99%。

三、创新缴存使用机制,促进民生保障精准化

一是支持租购并举。购房前,缴存人租房提取,不影响贷款资格;购房后,支持提取用于偿还贷款本息,减轻还贷压力;缴存人贷款额度不足的,支持其申请组合贷款。二是推行精算化存贷挂钩。创新开展缴存贡献评价,根据缴存时长、金额、稳定性综合评价缴存贡献,以资金日均余额和收益现金价值精算确定贷款额度,体现制度公平。三是设计"政策性+市场化"产品。借鉴金融产品设计理念,推出按月缴存、一次性缴存和自由缴存产品,支持灵活提取和自愿退出,满足不同缴存需求;通过参数调

整，可实现产品迭代更新、动态管理，梯次释放贷款需求。四是支持权益转移接续。缴存人就业形态或工作地发生变化的，原灵活就业期间或在原就业地的住房公积金缴存权益随之转移，实现"钱随账走、权随人走"。五是实行"协议化"管理。缴存人与住房公积金管理中心签订缴存使用协议，明确双方权利义务，加强权益保障，稳定缴存预期。六是探索精细化资金管理模式。引入蒙特卡洛分析模型，建立资金流动性测算机制，适时监测试点资金变化，完善多渠道资金供应体系，防范流动性风险；推进智能监控系统建设，实现对资金的自动跟踪、控制和核算；采用权责发生制计提缴存补贴，纳入当期业务支出，确保资金备付充足。

四、发挥科研引领作用，助力试点不断完善

一是联合开展课题研究。采取边试点、边研究、边完善方式，开展灵活就业人员住房公积金制度研究、灵活就业人员缴存住房公积金业务系统建设方案研究、客户画像技术推进试点精准扩面研究，破解试点疑点难点问题，探索制度理论创新、机制创新、服务创新，促进试点标准化、集约化、一体化发展。二是探索资金跨区域融通使用。为提升住房公积金整体使用效率，帮助更多灵活就业人员通过低息贷款解决基本居住问题，重庆、绵阳两地创新开展资金跨区域融通，同步开展资金融通信息平台建设研究，探索资金跨区域线上融通使用。

重庆试点工作坚持"房住不炒"定位，聚焦民生需求，建立了适合灵活就业人员需求的保障新路径，促进了制度保障更加普惠和公共服务更加均等，初步构建了单位缴存与灵活缴存两个体系双轨并行、良性互动发展新格局，助力住房公积金制度改革，助推住房公积金高质量发展。

四、服务篇

福建省厦门市联手多主体　事项集成办

近年来，厦门市住房公积金管理中心（以下简称"厦门中心"）优化业务流程、强化信息化建设、树立服务标杆，在深入推进政务服务"一网、一门、一次"改革的基础上，加大改革创新力度，将多个部门相关联的"单项事"整合为企业和群众视角的"一件事"，推行集成化办理，实现"一件事一次办"，大幅减少办事环节、申请材料、办理时间和跑动次数，得到企业和群众的普遍认可。

一、数字驱动夯实基础，多维合作拓展渠道

按照建设"数字福建""数字政府"要求，厦门中心紧紧依靠"数字"驱动改革创新，坚持多维服务拓渠道、共享数据减材料、机审秒批提效率，建成便捷、高效、安全的住房公积金"6＋N"综合服务平台。充分运用自建网厅、省网上办事大厅（闽政通）、i厦门（市民卡）、e政务、微信、支付宝6个线上服务主渠道场景，并联合市市场监管局开通"企业开办一件事"、联合市人社局、税务局开通"入职、离职一件事"、联合市不动产登记中心开通"存量房买卖转移登记一件事"等多个线上服务微渠道场景，为缴存单位和缴存人提供了线上线下、多渠道、多场景的办事服务。

二、溯源业务链寻突破，惠民服务精准触达

厦门中心始终坚持"以人民为中心"的服务理念，围绕企业、个人全生命周期相关住房公积金服务事项，梳理集成同一阶段内需要办理的多个单一政务服务事项，沿着住房公积金业务链条向上游溯源，找寻前置条件在其他部门的办理环节。开展跨部门协作，科学设计流程，当前置条件生效时，触发住房公积金业务办事流程，系统自动提示、引导缴存单位和职工办理相应住房公积金业务，实现联动审批，初步破解了信息不对称难题，为缴存单位和职工提供更为贴心的精准服务。

三、多个事项集成办，便民利企服务提质增效

（一）推行住房公积金企业缴存登记和企业开办"一网通办"，实现企业开办"一件事一次办"。2021年1月，厦门中心把缴存登记服务延伸到了市市场监管局商事主体开办、注销"一网通"平台。在省内率先实现企业开办商事主体登记、企业住房公积金开户和社会养老保险开户"一网通办"。企业只需登录一个平台、进行一次认证、填报一份表格，即可办结企业开办的就业登记、员工参保登记、住房公积金企业缴存登记等多项关联业务。2021年，本市645家企业通过"一网通办"方式成功开设单位住房公积金账户。

（二）实现企业员工"入职一件事一次办"。2021年1月，实现企业员工就业登记、住房公积金建缴、社会保险投保3件事一次登记、一次提交、当场办结。2021年，全市企业通过"一件事一次办"方式，为250名职工开设住房公积金账户。

（三）实现企业员工"离职一件事一次办"。2021年7月，实现失业登记、社会保险减员、住房公积金账户封存3件事一次办理，企业足不出户就能批量、快速办成员工离职事项。2021年，全市企业通过"离职一件事一次办"方式，为1062名职工封存住房公积金账户。

（四）实现职工"二手房转移登记提取住房公积金一件事一次办"。2021 年 12 月，厦门中心联合市不动产登记中心率先推出"二手房转移登记提取住房公积金一件事"服务。住房公积金缴存职工购买本市二手房，可在办理房屋权属转移登记的同时申请提取本人或配偶的住房公积金，实现一张表填写信息，一次性提交材料，跨部门依申请协同联办，把"等群众上门"变为"送服务上门"，切实降低群众办事成本，有效提升政务服务体验，跑出为民服务"加速度"。

（五）创新"五险一金"基数申报新模式。2021 年 6 月，在全省率先推出年度住房公积金缴存基数和社保缴费基数一键申报服务，单位经办人进行一次认证、填报一份表格，即可同步办结住房公积金年度缴存基数和社会养老保险年度缴费基数的申报。2021 年，全市企业通过"一件事一次办"方式办理住房公积金业务 4.08 万次，成功办理一键申报住房公积金缴存业务的单位 1021 个，涉及 2.73 万名职工。

新疆阿勒泰地区勇于担当　主动作为
推进住房公积金业务融合办理高质量发展

近年来，阿勒泰地区住房公积金管理中心（以下简称"阿勒泰中心"）坚定践行为民服务初心，紧盯各族群众办事难点痛点堵点，立足自治区房产业务一体化平台的优势，挖潜力，破壁垒，攻难题，着力在房产网签和住房公积金业务融合上下功夫，使住房公积金成为当地利民惠民工程一大亮点。

一、围绕痛点抓统筹

多年来，当地群众对住房公积金业务最头痛的就是贷款材料准备多、盖章要求多、办事趟数多，"跑断腿"还不一定能办顺。阿勒泰中心紧紧抓住自治区开展网签融合业务试点机会，在地委、行署高度重视和大力支持下，协调阿勒泰地区住房和城乡建设局、自然资源规划局、房地产开发企业及银行等相关部门、单位召开联席会 4 次、现场办公会 11 次，研究细化《阿勒泰地区住房公积金房产网签融合业务操作实施方案》《阿勒泰地区网签融合业务操作流程》等工作方案，为全面推进网签业务融合工作落实落细打下坚实基础。

二、瞄准难点抓攻关

阿勒泰中心按照试点工作要求，积极参与房产业务一体化管理云平台建设，将住房公积金提取和贷款业务融入房产网签环节，实现房屋交易网签备案、不动产登记、住房公积金提取和贷款业务的跨部门数据共享、信息互认和协同办理，实现线下业务"一窗受理、集成服务"，线上业务"零材料、多渠道"办理。

三、打通堵点抓培训

为顺利开展新工作模式，阿勒泰中心组织本中心业务人员与房地产开发企业操作人员进行首轮培训。在后期实操过程中，阿勒泰中心联合阿勒泰市住房保障服务中心举办房产监督管理服务平台培训班 9 批共计 200 余人次，针对各房地产开发企业在使用过程中遇到的问题，中心授课人员给予全面解读和答疑解惑，打通了服务群众的业务屏障。

四、紧盯焦点抓规范

通过边运行边摸索边完善的方式，及时征求工作人员和办理群众的意见建议，初步形成了完整规范的办事流程。房地产开发企业完成房产网签信息备案后，系统自动将需要办理住房公积金提取和贷款业务的信息推送至公积金中心进行审核，审核完成符合放款条件的将资金打入预售资金监管账户，实现业务的融合办理和资金的闭环管理，在简化群众办事负担的同时，既提高了工作效率，又防范了资金风险。住房公积金与房产部门的融合办理，促进了服务的提质增效。突出表现在六个转变上：一是业务由"面对面"到"键对键"的转变，为住房公积金信息化建设起到示范效应。二是办理由"跑断腿"到"一网办"的转变，实现联办流程"一体化"。三是申请由"多乱散"到"一张表"的转变，促进了精简整合深入发展。四是协作由"信息孤岛"到"共享联动"，推动了跨部门联合工作机制的建立。五是服务由"单一性"到"联合性"转变，拓展和延伸了服务渠道与效能。六是风险由"被动防"到"主动防"的转变，强化了公积金中心的风险防范能力。截至 2021 年底，阿勒泰地区缴存职工通过这种业务融合方式申请住房公积金提取 5163 笔、4.55 亿元，申请贷款业务 1341 笔、5.51 亿元。

陕西省铜川市持续推进"跨省通办"
异地服务便捷高效

铜川市公积金中心(以下简称"铜川中心")结合实际,不断完善机制、创新举措、拓宽渠道,推动"跨省通办"取得新进展、实现新突破,以优质便捷的服务,获得了群众的普遍认可。

一、标准化建设助力"跨省通办"取得新进展

铜川中心聚焦群众关注的住房公积金高频服务事项,突出强化业务办理、窗口服务、机制完善三方面措施,加快标准化建设,推动服务水平、服务能力不断提升。一是规范线上业务办理。先后制定《"跨省通办"业务办理细则》《"跨省通办"岗位职责》等相关制度规定,进一步明确了办理标准和操作权限。二是优化线下服务。坚决执行住房公积金服务标识公告要求,全面更新办公场所、门户网站等显著位置服务标识,完善管理部服务窗口硬件设施,大力推行晨会制度,全面规范服务大厅环境卫生、人员仪容仪态、言谈举止,提高群众办事体验感。三是提升服务质效。以提升工作效能、提升服务质量为主线,落实"好差评"制度,严格落实机关领导干部"一线窗口坐班制"。在五个管理部服务大厅、政务服务窗口以及线上办事渠道推行服务"好差评",增强窗口工作人员的服务意识和宗旨意识,领导干部现场为办事群众答疑解惑,接受服务对象监督。

二、信息化支撑实现"跨省通办"新突破

铜川中心紧盯"跨省通办"各个办理环节,充分运用大数据、人工智能等手段,打破地域阻碍和部门壁垒,促进上下互动和部门联动。一是促进深度融合。多措并举促进"跨省通办"与信息系统深度融合,全面整合线上服务渠道,创新线上服务体系,多个高频事项实现"跨省通办"和"全程网办"。二是破除信息壁垒。打通与不动产登记、房屋交易部门的数据壁垒,接入全国住房公积金监管服务平台和全国住房公积金小程序,以及省级监管平台和信息共享平台,推行不见面审核、全流程自助办理,有效缩短办理时限。三是丰富办理渠道。推进"互联网+政务服务"建设,建成铜城办 App、手机 App、支付宝市民中心、12329 热线等九种办事渠道为一体的综合服务平台,增加"人脸识别"功能,启用"电子签章",全市一张网、一个系统、线上线下一体化服务体系基本成型。综合服务平台各渠道累计访问量达 2454.6 万人次,累计办理公积金业务 27.29 万笔。

三、便捷化服务构建"跨省通办"新模式

铜川中心坚持守正创新,优化服务,大力推进减时间、减环节、减材料,实现企业和群众"马上办、网上办、就近办"。一是线上线下培训开展政策宣传提高知晓率。通过报、网、端、微等新媒体推送业务政策、办理渠道,定期组织一线窗口、12329 客服热线工作人员进行研讨交流、实操培训,不断提高政策理论水平和服务群众能力。二是优化办理流程形成责任闭环提高办件率。根据业务属性分类完善办理流程,作为受理中心,抓好接受业务申请、即时发送;作为属地中心,坚持每日监测、当天办理、第一时间发送回执。优化"代收代办""两地联办",抽调精兵强将,进驻线下"跨省通办"窗口,最大限度贴近职工需求。三是回应群众关切补强服务短板提高满意率。践行服务承诺,通过电话、现场

回访等形式，了解窗口服务态度、工作效率，及时收集意见建议。把群众满意度作为评优评先的重要标准，充分激发干部职工干事创业的积极性和主动性，得到了缴存企业和职工的一致好评。累计办理线上业务154791笔，通过全国住房公积金监管服务平台办理两地联办、代收代办业务440笔，各项业务均能在服务时限内完成。

五、数字化发展篇

浙江省杭州市充分运用数字化手段
推动住房公积金管理服务规范高效

2021 年，杭州住房公积金管理中心积极贯彻落实住房和城乡建设部、浙江省住房公积金数字化发展和杭州市"数智攻坚年"要求，以数字化手段推进住房公积金事业全方位、系统性、重塑性变革，实现住房公积金管理体系和服务能力规范化、高效化。

一、以数据赋能决策，打造"智慧公积金"平台

（一）**建立主题库分析指标提升管理服务水平**。基于"智慧公积金"服务平台，汇聚社会保险、商业个人住房贷款等业务协同大数据，建立缴存、提取、贷款、财务等 47 个主题库，近 1000 个分析指标，实时监测住房公积金各项业务变化。在资金流动监测方面，中心基于财务等相关主题库，对资金运行情况进行针对性指标提取分析，预测资金流动性，提前做好资金调配，有效规避资金流动性风险，提升管理服务水平。

（二）**完善数据应用全面推行数字化监管**。打造横向与纵向、线上与线下、事前与事后、静态与动态相结合的全方位监管体系。对缴存职工提取、贷款等行为进行常态化监测，加大风险隐患疑点排查，有效防范了骗提骗贷等行为，住房公积金风险管理能力得到进一步提升。将个人缴存和使用数据转变为信用数据，探索中心与商业银行数据共享的合作模式，将职工公积金使用行为、信用评级列为重要参数指标，为缴存职工提供金融消费贷款等增值服务，将职工的"公积金信用"转化为"消费资金"，满足缴存人多样化消费需求。

（三）**搭建多维分析模型助力科学决策**。对贷款职工年龄、收入水平、缴存年限等数据进行分析，设计并建立贷款政策效果模型，评估资金流动性风险等影响，为住房公积金贷款政策调整提供数字化支撑。在贷款政策调整后，实时采集住房公积金基础数据，对比分析贷款职工年龄、婚姻、收入、购房、贷款等多维度信息，评估贷款政策执行效果，推进贷款政策"动态调整"。

二、以数据赋能业务，打造"公积金易贷"场景

（一）**探索全程"线上签"新模式**。运用杭州市电子签章平台、人脸识别、云视频面签、区块链等技术，搭建线上贷款签约平台，实现全流程线上签约。客户可通过在线视频的方式进行面签，实现借款人、中心、开发商、中介公司、委托银行等多方参与的协同线上签约，大幅度缩短业务办理时长、减少重复签名。同时，引入区块链实现业务办理全流程链上存证，使后期纠纷处理等有据可依。

（二）**创新前置现场"移动办"服务**。推出公积金 Pad 移动端作业模式，将以往固定的受理窗口"搬到"售房现场。依托前置现场"移动办"，委贷银行可在售楼现场即可完成贷款预受理、预审批等流程，大幅度减少客户线上填报时间及客户经理复印、扫描资料等繁琐程序，切实解决公积金贷款业务受理中的难点、堵点和卡点问题，压缩业务办理时长，提高受理效率，同时实现了住房公积金政策宣传渠道的延伸，为住房公积金归集扩面奠定更好的社会舆论和群众基础。

（三）**创新全方位"无界限"管家式服务**。推出公积金"E 贷大厅"，整合全市住房公积金贷款楼盘信息、二手房合作中介公司信息及中心贷款委托银行信息，构建全市住房公积金楼盘地图，直观展示楼

盘和委贷银行信息，打通了贷款客户、中介机构、贷款银行等主体信息壁垒，促进多方信息交流和购房意向达成，为房地产市场平稳健康发展助力。搭建购贷一体的服务平台，提供从购房申请、贷款申请到贷后管理的全周期公积金贷款管家式服务。

三、以数据赋能服务，践行"让群众少跑腿"诺言

（一）**高频业务"随时办"。** 为解决职工办理公积金业务"上班没空办、下班没处办"的问题，中心创新实施"7×24 小时"在线服务新模式，突破时间和空间的限制。目前，住房公积金个人账户设立、租赁提取、离退休提取、提前还贷等全部 29 个业务事项实现"7×24 小时"线上办理。同步推出"智能＋人工"在线客服系统，提供 7×24 小时公积金政策业务语音视频解答服务，及时、准确、全面回应客户需求。

（二）**跨省业务"当地办"。** 利用全国住房公积金微信小程序、省政务服务 2.0 平台、长三角"一网通办"平台，率先推出 8 个业务事项的全程网办、代收代办、两地联办。其中，个人缴存信息查询、退休提取、单位登记开户、单位及个人缴存信息变更、提前还清贷款 5 项业务事项实现全程网办；出具贷款职工缴存使用证明、开具个人贷款全部还清证明 2 项业务实现代收代办；购房提取住房公积金实现两地联办。

（三）**关联业务"一次办"。** 上线企业"退休一件事"住房公积金提取应用，持续深化"一件事一次办"工作。协同推进职工退休、高校毕业生就业、身份信息连锁变更、社会救助、社会保障卡等"一件事"改革。通过编制业务标准、精简办事材料与环节、系统流程优化再造等措施，按照一次表单、统一受理、同步审批、统一反馈的机制，推进更多事项参与跨部门、跨层级"一件事一次办"。

数字化发展篇·监管服务平台应用

四川省南充市用好监管服务平台
推进风险防控和数据治理工作走在前列

近年来，南充市住房公积金管理中心以建设"智慧公积金、便民公积金、安全公积金"为目标，充分利用全国住房公积金监管服务平台，大力加强风险防控和数据治理工作，建立健全风险筛查、风险整改、数据质量动态监测长效机制，常态化开展数据治理专项行动，为促进全市住房公积金事业高质量发展提供了坚强保障。

一、高规格组织实施，推进风险防控数据治理常态化

（一）**建立常态化风险防控数据治理管理体系**。深入贯彻落实住房和城乡建设部《全国住房公积金监管服务平台工作规则（暂行）》、四川省住房和城乡建设厅《关于全面开展全国住房公积金监管平台试点工作的函》文件要求，制订中心《开展全国住房公积金监管平台试点工作方案》，做好工作统筹规划。成立住房公积金监管服务平台试点工作小组，由中心主任任组长，副主任、总稽核任副组长，各科、各管理部主要负责人为成员，主要负责监管服务平台试点工作的组织实施。切实加强组织领导能力，确保风险防控数据治理工作有序高效推进。

（二）**建立常态化风险防控数据治理联动机制**。由科技信息科牵头，负责监管平台管理和数据报送工作，根据风险预警及时转发风险工单；收集各业务科室风险整改数据，汇总上报整改情况；监管平台试点、人员变更报备及人员保密协议签订等工作。各业务科室根据风险工单，负责所属业务风险细化分解、整改措施制定和落实等工作，定期将风险整改数据汇总、审核后提交科技信息科。各管理部负责业务风险数据核实、风险原因分析和风险整改落实等工作，及时反馈整改情况，上报整改数据。中心定期召开监管平台风险治理专题会议，研究分析风险治理情况，建立健全风险治理科室协同联动机制。

（三）**建立常态化风险防控数据治理工作制度**。全面推进"管办分离"制度，加强稽查审计，坚持"梳理排查、分类施策、削减存量、遏制新增"的总体思路，加强监督检查，认真做好日常整改。建立健全内外防控相结合的风险防控制度，持续持久地打好防范和化解骗提套取风险、骗贷逾贷风险、楼盘项目风险、资金结算风险、操作流程风险、信息安全风险六场风险攻坚战，有效落实二十条常态化风险防控工作措施。

二、高标准规范管理，推进风险防控数据治理精准化

（一）**高标准实现数据贯标**。根据住房公积金基础数据标准、个人住房贷款业务规范、归集业务标准、提取业务标准、资金管理业务标准等制度规范体系，对业务系统进行升级改造，对业务管理、操作流程进行参数控制、预警提示，积极推进风险预警由人控向机控转变，由人防向技防转变，由事后核查向事前预警、事中控制转变，大力推进业务系统规范化、标准化、智能化建设。

（二）**高标准加强业务管理**。对业务系统历史数据全面梳理，逐项排查，严格根据数据标准，规范完善历史数据，确保数据真实准确完整。规范银行账户，每个受托银行只保留一个归集账户。严格加强贷款条件、贷款次数、贷款成数、贷款额度、贷款抵押的参数控制。对所有业务流程细致梳理，完善优化，消除真空盲点。

（三）**高标准建立传数机制。**大力加强系统自检比对、业务抽查比对、统计分析比对，确保系统数据高质量传送。科学设置系统参数，重点优化系统软件，增加系统必输字段控制、校验功能，确保传数智能化。科学设置定时任务，在固定时间系统自动上报数据，确保传数及时性。科学设置监控程序，出现传数故障时系统自动向管理员发送预警短信，确保传数及时性、准确率。

三、高效率整改落实，推进风险防控数据治理优质化

（一）**全面梳理风险清单。**各业务科室、管理部根据监管服务平台风险工单，全面摸排梳理风险原因，建立整改台账，严格做到逐笔核实、逐项分析、逐一整改、限期销号，确保及时排除并整改风险疑点。严格要求管理部指定专人负责风险工单填报，对风险排查整改做到有规可依，符合实际，要求风险整改附件资料完整、真实、合规。各业务科室严格加强业务管理，规范业务操作，制定防控措施，确保风险疑点"只减不增"。

（二）**全面加强分类整改。**坚持分类施策，分析形成原因，明确整改责任，落实整改措施，加强跟踪通报，限时整改到位。全面完善缴存单位基础信息，充分利用统一社会信用代码，规范填报要求，完善纸质档案，新建电子档案。深入筛查错误身份证号，督促缴存单位重新核实申报，加强业务办理实时校验比对，全面完善缴存职工个人信息。全面补充完善贷款历史数据，分类上传佐证资料，充分运用监管平台和数据共享，坚决遏制新增风险。

（三）**全面提高数据质量。**严格规范数据格式，优化平台核验口径。调整优化报数程序，提高数据质量。通过监管平台数据核验功能，全市共核验数据总数为 38810414 条，首次核验发现问题数 3638244 条，占核验数据总数的 9.37％。通过多次数据治理，目前全市住房公积金数据检核问题总数仅为 1455 个，解决问题数 3636789 条，数据治理整改完成率 99.96％。

六、改革创新篇

浙江省衢州市创新线上面签新模式
实现贷款办理"不见面"

2021 年，衢州市住房公积金中心（以下简称"衢州中心"）以浙江省、衢州市数字化改革为契机，以破解住房公积金与合作银行组合贷款必须现场面签问题为切入口，创新推出"4321"线上面签新模式，率先在全国实现住房公积金（组合）贷款办理"不见面"。截至 2021 年 12 月 31 日，全市共受理"不见面"贷款 1157 笔，住房公积金贷款金额 4.12 亿元，商业贷款金额 6.64 亿元，"不见面"办理已成为群众办理贷款的首选渠道。

一、推进数字化改革，夯实基础

（一）**建立推进机制**。领导小组负责联系专班和工作推进小组，下设办公室。专班及推进小组成员全力配合领导小组，推进住房公积金数字化改革工作。制定改革作战图，挂图作战，完成一项销号一项。建立定期会商机制，建立线上工作群，实时交流讨论。每周召开 1~2 次专班例会，记录工作推进情况，协调倒逼工作进度，确保应用场景尽快落地。

（二）**注重协同协作**。与合作银行、人行、法院、不动产登记中心等部门开展业务流程改造。重塑内部机构工作机制，形成工作合力。加强与省住房城乡建设厅汇报，争取工作支持。

（三）**定期报送进展**。每日向市数字化改革领导小组办公室报送中心数字化改革工作动态；每周向数字社会推进办报送向上对接情况；每月向市发展改革委、省住房城乡建设厅报送数字化改革工作进展。

二、精细化开发流程，创建场景

（一）**梳理三张清单**。分析群众、企业、中心等各方的需求，形成以破解贷款必须现场面签难题为主的需求清单；为解决实际需求，梳理形成建设住房公积金贷款全流程线上办理的场景清单；为落地实现应用场景，梳理了包括法律法规突破、体制机制创新、业务流程重塑等几个方面的改革清单。

（二）**拆解细分任务**。聚焦贷款事项，把贷款"不见面"任务分解为借款人自助申请贷款、协同审批、三方视频面签、抵押登记、贷款发放、贷款资料归档 6 个子任务，再细分成 21 个二级子任务。

（三）**明确数源需求**。明确贷款所需征信信息、户籍信息、婚姻信息、收入信息、房产信息等 13 类数据。明确各数据对应的数源部门和数源系统，如"商品房买卖合同信息"数源部门为省住房城乡建设厅，数源系统为"商品房买卖交易系统"。

（四）**强化业务协同**。由衢州中心牵头，确定协同部门，强化协作联动。一是运用部省市数据共享平台的回流数据，协同公安、民政、社保等部门，实现数据共享、数据互认。二是建设面签场景，开展贷款线上实人认证业务，借款人、合作银行与住房公积金在线上三方协同同步面签。三是协同房开企业、合作银行实施电子签章授权及流程改革，实现三方线上盖章、法人签字，形成标准化业务流程。四是协同法院进行合法性评估，存证内容更加规范有序。

（五）**开展综合集成**。以原有住房公积金核心业务系统为基础，充分利用现有云资源及住房和城乡建设部"两平台一系统"，融入"四横四纵两门户"总体框架和省政务服务 2.0 平台，以浙里办为服务端，将"不见面"应用场景组件融入原核心业务总体框架。融合部省数据共享平台回流的 10 类数据、市平台归集 4 类数据和 13 家合作银行还贷数据，将所需数据汇总归集，形成本地化数据仓。

（六）**做好风险防控。**构建衢州住房公积金数据安全体系。通过数据源比对和区块链存证，有效防范骗贷风险，保障资金安全。通过司法区块链技术，全流程记录贷款"不见面"申请、电子合同签署和视频面签签署原始内容，有效弥补因线上办无需留存纸质材料而可能引起的法律漏洞。

三、方便群众办理，凸显实效

（一）**环节减、时间短，群众得实惠。**通过贷款"不见面"应用场景，群众只要通过手机就能轻松自助办理；从填 40 张表单，平均每人各需 15 次签字、按手印，减少为 4 条短信确认、3 次刷脸认证、2 次电子签名、1 张电子表单即可办结；组合贷款从申请到放款原来至少需要 7 天，现在最快只要 4 个小时。

（二）**研究制定地方标准，促进业务规范化。**衢州中心在全市范围积极推广开展贷款"不见面"新模式，合作银行从 7 家扩大为 13 家，实现市域全覆盖，并制定出台了贷款"不见面"业务标准、业务指引、操作手册、安全体系。

（三）**示范效应外溢，引领创新发展。**衢州住房公积金贷款"不见面"应用场景得到了多个部门的高度肯定。浙江省发展改革委将其作为民生"关键小事智能速办"重大应用（1.0 版）模板，获 2021 年衢州市改革突破一等奖，入选浙江省党史学习教育"我为群众办实事"专题实践活动最佳实践案例。

七、风险防控篇

福建省福州市做好贷前防范、贷中预警、贷后管理强化住房公积金个人住房贷款全流程管控

2021年，福州住房公积金中心坚持统筹发展与安全，通过做好贷前防范、贷中预警、贷后监管"三篇文章"，强化贷款全流程管理，取得了良好成效。截至2021年底，个贷逾期率为0.14‰。

一、建立"预防联动"机制，防范贷前潜在风险

（一）狠抓贷款楼盘准入管理。 制定《楼盘备案管理办法》，构建"管理部＋承办银行联审预判机制"，成立9个由管理部和承办银行审贷专家组成的楼盘备案审批小组，按照标准化、制度化的规程，专项负责贷款楼盘备案和风险预判工作，严把贷款楼盘"准入关"。通过对银行监管账户的资金监测，详细了解开发商资金运行状况；通过对楼盘的实地勘察，全面掌握楼盘开发建设情况；通过对开发企业信用情况和社会舆情分析，科学研判楼盘潜在风险。对有风险的楼盘，建立了一套"备案小组初审、业务部门复审、中心领导终审"的管理机制，将楼盘风险情况在全域系统内预警标识，暂停受理贷款，守住楼盘监管"第一道闸门"。

（二）搭建职工信用分级评价体系。 通过自动采集、评价缴存职工的公积金信用信息，搭建职工信用分级评价体系，实现对职工信用情况动态管理。对信用评级高的缴存职工，在不突破最高贷款额度的基础上，适当予以上调可贷额度；对信用评级低的缴存职工，严格贷款审核标准。

（三）加强多部门信息汇聚联动。 推进与不动产、市场监管、自然资源、民政、公安等部门的数据共享。整合中心内部的"左右数据"、跨层级的"上下数据"、跨部门的"内外数据"，构建数据汇聚联动体系。建立了预售许可、购房合同、婚姻状况、户籍状况等贷款信息全链条联动联查联控机制，夯实贷前数据基础。

二、构建"贷款严审"体系，防范贷中操作风险

（一）打造三级审批机制，守好审贷三道防线。 按照"岗位不相容"原则，建立了贷款受理、审核、审批三支专业队伍，严格执行贷款三级审批方式，形成"银行分散受理、管理部随机派件、管理部主任集中审批"的高效协同审贷机制，有效减少人为干扰，确保贷款审批公平、公正。中心通过业务流程标准化管理，做到岗位人员职责分工明确，审核要点明确，审批权限明确，层层把关每笔贷款的完备性、合规性，每一层级均有退件权限，一旦发现问题立即中止贷款程序。

（二）建立贷款测算模型，系统把握可用资金。 为使公积金贷款测算结果更加严谨，中心引入职工账户金额、缴存基数、可贷年限以及流动性调节系数等参数，设计了"住房公积金贷款额度＝贷款申请之日借款申请人夫妻双方住房公积金账户余额×1.2＋借款申请人夫妻双方贷款申请之日至退休之日预计缴存的住房公积金×流动性调节系数α"模型，对可用资金进行有效控制，防范资金使用风险。

（三）通过"信息化＋贷款"方式，有效防范贷款风险。 一方面，中心通过系统参数设置，对不符合放贷条件的第三次（套）申请贷款、家庭名下存在未结清贷款等情形进行拦截，通过数字赋能，确保贷款合规发放；另一方面，中心与不动产登记部门实现抵押系统直连，通过系统校验，若发现产权人信息不相符、房产重复抵押、房产价值虚高等异常情况，中心将立即中止贷款程序，快速阻断假信息、假

材料、假交易等引起的资金风险。

三、压实"包干催收"责任，实现贷后闭环管理

（一）落实逾期贷款包干责任。 中心领导班子牵头成立逾期贷款催收领导小组，对逾期贷款催收实行按分管管理部"包干包抓包清"的责任机制。对逾期率超中心平均水平的管理部主任，中心领导进行约谈，并通过逾期攻坚行动、逾期催收实地观摩学习等形式，层层传导压力，层层压实责任。在中心上下形成了"中心领导督导、组织推动保障、干部一齐上阵"的良好局面。

（二）落实业务内审双向审查责任。 按照"谁承办、谁承担"的原则，对贷后放款情况定期进行抽查，针对不合规的贷款追责承办人，联合执法部门追回已放资金。同时，定期组织开展贷款培训交流会，以抽查到的案例为典型，分析放款中出现的不当操作，深入解析现有贷款政策及操作规程，提升队伍风险防控意识。围绕贷款政策执行、贷款审批流程、贷后催收管理等方面，定期进行专项审计，加强自查自纠，建立快速预警、定位、督促整改的风险防控长效机制。

（三）落实逾期贷款绩效考核责任。 将个贷逾期率纳入中心"四比行动"进行绩效考核，与各管理部排名、人员绩效考核实行"双挂钩、双捆绑"。从"防范贷款风险"和"防范银行管理风险"两个维度出发，以"控新化旧、只减不增"为目标，通过"晾晒比学"的方式，每月公布，每季考核，有效推动管理部开展逾期催收工作。

（四）落实逾期贷款分类催收责任。 根据逾期期次，将逾期贷款划分为三个等级，通过逾期贷款电子台账进行动态管理。按照"抓早抓小、抓实抓细"的原则，做到"一人一账、一账一策、分类催收、分级施策、对症下药、靶向发力"。在逾期贷款催收工作中做到"用心用情用法"相结合。对逾期 1～2 期的"一级"逾期职工，做到"提醒及时"，采用电话、短信等灵活多样的催收提醒方式，及时扑灭逾期苗头；对逾期 3～5 期的"二级"逾期职工，做到"晓之以情，明之于理"，除了寄送《贷款催收通知书》外，通过上门约见职工本人或职工同事亲友等方式，发动社会关系督促职工还款；对逾期 6 期以上的"三级"逾期职工，做到"诉之于法"，中心与法院密切沟通协调，通过简易程序判决等，实现快审快判，极大地提升了后期不良贷款处置的时效性。

八、党建篇

山东省济宁市党建引领推进"1＋4＋N"文化体系建设赋能住房公积金事业高质量发展

济宁市住房公积金管理中心（以下简称"济宁中心"）推动中华优秀传统文化创造性转化、创新性发展，通过构建"1＋4＋N"单位文化体系，着力打造与儒家传统文化相融合的"积金惠民 安居儒乡"单位文化品牌。即以党建引领为"1"个核心，融合"人本文化、服务文化、合规文化、廉洁文化""4"方面中华优秀传统文化，凝聚各支部、各科室、分支机构等"N"个部门战斗力，建设一体推进的单位文化体系治理新模式。该模式提高了党员干部的党性修养和文化素养，激发了单位活力，锻造了一支全面过硬、敢于担当、勇于创新的党员干部队伍，推动形成了各项工作高质量发展的良好局面。

一、精心打造"仁者爱人，敬业乐群"人本文化

在"正己修身、义以为上、人民至上、业以精钻"理念引导下，济宁中心将马克思主义历史唯物观"以人为本"的基本原理，融入干部职工所思所想、所需所盼中，体现党的关怀和人文关怀。以打造文化数字展厅为载体，持续开展理论进机关、下基层活动，不断丰富创新学习贯彻习近平新时代中国特色社会主义思想和习近平总书记重要讲话精神、重要指示要求等学习形式，把党的最新理论送到党员干部身边，在润物无声中实现对新思想常学常新，常思常明。成立心理减压室，为职工健康打造温馨小屋，建设"红帆驿站"，为户外劳动者提供贴心服务。开设主题道德讲堂，举行"弘扬传统文化、诵读国学经典"等各类竞赛活动。深入挖掘"讲仁爱、守诚信、崇正义、尚和合"的时代价值，组建志愿服务队、公益慈善队、心理疏导队、文化展演队4支特色队伍，开展"理论宣传""公益助学"等各类新时代文明实践主题活动50余场次。通过一系列沉浸式主题活动，引导中心干部职工积极践行社会公德、职业道德、家庭美德，不断坚守为民情怀，充分展现住房公积金队伍社会担当。

二、深入推进"捷诚服务，满意儒乡"服务文化

将传统文化中"运""悦""和"思想融入"以缴存人为中心"的服务理念中，促进党员干部服务意识提升与文明行业创建深度融合，为民服务意识不断强化、管理规范水平不断提升，逐步成长为服务意识强、服务效能好、群众满意度高的行业标兵。设立"和为贵"接访中心，主动及时解决群众"急难愁盼"问题。成立"惠民公积金小分队"，常态化开展"陪跑帮办"服务。推行"精细化管理技法"，实现从服务流程到仪表着装、服务手势、服务语言、面部表情，从延时服务、首问负责、一次性告知、限时办结到内部培训、群众诉求处理、检查结果运用等全方面的精细化、标准化、制度化管理。倾力打造服务升级版，凝练形成"服务七步法"，让办事群众心悦而来、满意而归。

三、深厚培育"心有规矩，行有方圆"合规文化

厚植以"诚信正直、依法合规、务实高效、廉洁奉公"为核心理念的合规文化，切实将从严治党的目标落实到实施合规文化建设"一把手工程"中。济宁中心成立由主要负责同志牵头的领导小组，统筹推进合规文化建设各项工作，各部门各司其职、协调共进，构建完整的合规管理组织体系。以《合规文化建设发展纲要（2021年—2023年）》为统领，以《合规手册》《岗位合规指南》为依据，明确合规文

化建设的总体目标，规范工作人员的行为准则，划清岗位职责和合规底线，做到时时合规、事事合规、人人合规。通过建立合规风险预警机制、合规审查机制、合规评估机制等各项机制，充分运用电子稽查工具和监管服务平台，将业务风险点嵌入系统控制中，实现从风险预防、风险识别、风险化解、风险评估等全链条合规风险管控。2021年济宁中心扎实开展"合规文化建设年"活动，对重大或反复出现的风险，深入查找根源、完善制度管控、持续改进提升，有效夯实了制度基础，进一步提升了风险防控水平。

四、浸润涵养"儒韵清风，清廉公积金"廉洁文化

充分提炼优秀传统文化中的廉洁文化元素，确立"廉洁自律、慎独慎微、保障民生、勤政有为"的廉洁文化核心理念，积极培树"儒韵清风·清廉公积金"廉洁文化品牌。济宁中心依托廉洁文化品牌和文化数字展厅，先后开展"党组书记讲党课""纪委书记讲党课""中层干部以案说警鉴"，深入开展警示教育，组织收看《钱途陌路》《失守的青春》等警示教育片，参观廉政教育基地以及大力实施"合规示范标兵""合规示范科室"评选等一系列活动，涵养清正廉洁价值理念，营造风清气正的政治生态，塑造高素质的住房公积金党员干部队伍。济宁中心将"廉洁文化"注入"1＋4＋N"整体文化品牌建设中，从思想上、制度上、行为上，一体推进党员干部"不敢腐、不能腐、不想腐"，达到"以文化人、以文培元"的软约束，实现党建业务互融互促，不断推动住房公积金事业安全发展、高质量发展。

惠民公积金　助圆安居梦

——助力广大人民群众住有所居

健全符合国情的住房保障和供应体系，建立公开规范的住房公积金制度，改进住房公积金提取、使用、监管机制。

《中共中央关于全面深化改革若干重大问题的决定》

（2013 年 11 月 12 日）

民以食为天，居以房为先。古往今来，"房"在某种程度上就是家的代名词，拥有一个温暖的家，是千千万万人的梦想。1991 年率先在上海建立的住房公积金制度，正是为解决广大职工住房问题而创建的一项资金筹集、使用和管理的制度，也是伴随我国城镇住房制度改革应运而生、富有特色的政策安排。

住房公积金制度，根基于"积"，核心在"金"，目的为"房"。党的十八大以来，住房公积金制度稳步发展，惠及群体逐步扩大，制度红利持续释放，保障基本住房需求的功能日益凸显。住房公积金制度已成为解决缴存人基本住房问题的"垫脚石"，房地产市场和住房保障的"压舱石"。

涓涓细流　百川入海　汇集资金为安居

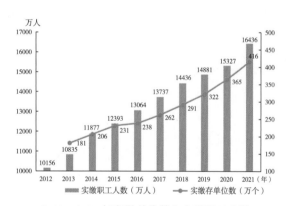

2012—2021 年实缴单位数和实缴职工人数

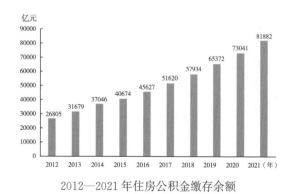

2012—2021 年住房公积金缴存余额

积跬步以至千里，积小流以成江海。作为职工缴存的长期住房储金，"积"是住房公积金制度的基础。住房公积金万亿资金规模，正是源于广大缴存职工"涓涓细流"的汇集。党的十八大以来，从国有企事业单位全面落实制度，到持续推动在民营企业中建制缴存，再到开展灵活就业人员参加住房公积金制度试点，住房公积金覆盖面不断扩大，资金规模稳步增长，缴存单位结构持续优化。

过去十年来，全国住房公积金实缴人数从 1.02 亿人增长至 1.64 亿人，缴存总额从 5.05 万亿元增长至 22.5 万亿元，缴存余额从 2.68 万亿元增长至 8.19 万亿元。与 2012 年相比，缴存职工中，城镇私营企业及其他城镇企业、外商投资企业、民办非企业单位和其他类型单位等非公有制缴存单位职工占比进一步提高，2021 年末达到 52.14%。

一花独放不是春，百花齐放春满园。十年来，住房公积金制度惠及的群体更加多元。特别是进入新时期，随着我国新就业形态的不断发展，以"外卖小哥""网络主播"为代表的灵活就业人员数量越来越多，规模已达到 2 亿人。将灵活就业人员逐步纳入住房公积金制度覆盖范围，使其享受到住房公积金制度的红利，可以更好地帮助他们解决住房问题。

在住房和城乡建设部的指导下，重庆、成都、广州、深圳、苏州、常州被确定为灵活就业人员参加住房公积金制度首批试点城市，全国其他城市也先后开展了相关工作。截至 2021 年末，试点城市共有 7.29 万名灵活就业人员缴存住房公积金 2.92 亿元。"党的政策好，灵活就业公积金政策贴心实用，手机操作便捷，缴多少用多少自己说了算。"一名快递小哥如是说。还有网络主播称赞"广州的公积金政策覆盖面广，很适合年轻人，在广州工作有更强的归属感、安全感和幸福感"。

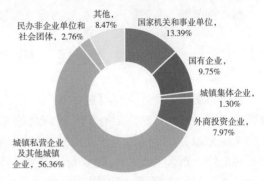

2021 年按单位性质分新开户职工人数占比

常州市稳步推动灵活就业人员参加住房公积金制度试点

江苏省常州市住房公积金管理中心聚焦群众诉求，稳步推动灵活就业人员参加住房公积金制度试点。深挖灵活就业人员基本特征，量身定制缴存使用政策，吸引了大批灵活就业人员的关注和参与。

灵活就业夫妻办理住房公积金贷款

"2021 年，在住房公积金贷款的支持下，我在广州拥有了第一套住房。"在广州一家金融机构工作的中国香港籍职工何女士表示，很多香港朋友都羡慕她通过住房公积金贷款买到房，并十分看好内地发展前景，希望来内地工作生活。何女士住房问题的解决得益于 2017 年住房和城乡建设部联合多部门出台的《关于在内地（大陆）就业的港澳台同胞享有住房公积金待遇有关问题的意见》。越来越多港澳台同胞在内地（大陆）享受到就业、生活的便利，更好地融入内地（大陆）的经济社会发展，已有近 2 万名港澳台同胞在内地缴存住房公积金。有香港青年表示"住房公积金制度对我们港澳人员的覆盖着实给力，让我幸福感满满"。

好雨知时节，纾困渡难关。住房公积金制度不仅能积累资金，也能助企纾困。面对突如其来的新冠肺炎疫情带来的冲击和影响，住房公积金系统认真贯彻落实党中央、国务院关于统筹疫情防控和经济社会发展的决策部署，2020 年和 2022 年先后两次出台实施住房公积金阶段性支持政策，支持受疫情影响的企业缓缴、停缴或降低缴存比例，缓解企业支出压力。

在疫情面前，住房公积金制度显示出强大的韧性，它一头连着缴存企业，一头连着缴存人，不仅是百姓住房资金的"蓄水池"，也是助推经济平稳发展的"稳定

数说

2020 年，全国共支持 13.2 万个受疫情影响的企业缓缴、停缴或者降低缴存比例，占实缴企业数量的 5.4%，减少缴存资金 274.3 亿元。对 77.5 万笔受疫情影响无法正常偿还的住房公积金贷款不作逾期处理，涉及贷款余额 1879.4 亿元。为 56.6 万名受疫情影响职工提高租房提取额度，增加提取资金 10.2 亿元。

器"和"调节器",彰显了这项制度的温度和暖情。

取之于民　用之于民　便利服务暖人心

喜得广厦千万间,九州百姓尽欢颜。住房公积金资金来源于人民,必将服务于人民群众的住房需求。住房公积金系统坚持房子是用来住的、不是用来炒的定位,落实稳地价、稳房价、稳预期要求,着力发挥住房公积金制度作用,通过优化使用政策,助力解决百姓住房问题。

过去十年,全国累计提取住房公积金 12.44 万亿元,发放住房公积金贷款 10.28 万亿元,支持 3700 万缴存人贷款购房,其中首套住房贷款占比超过 80%,40 岁(含)以下职工贷款占比超过 70%,住房公积金制度为解决群众住房问题发挥了重要作用。住房公积金贷款因贷款利率低、服务方便快捷,已成为缴存职工购房贷款首选。

开展住房公积金贷款支持经济适用住房、公共租赁住房和棚户区改造安置房建设试点工作,发挥住房公积金对"夹心层"职工的住房保障作用。

租房与购房"双翼齐飞"。住房公积金系统坚持实行"租购并举"住房政策,2014 年、2015 年住房和城乡建设部会同相关部门先后印发《关于发展住房公积金个人住房贷款业务的通知》《关于放宽提取住房公积金支付房租条件的通知》,加大租房提取支持力度,支持缴存人贷款购买首套普通自住住房特别是共有产权住房。"您于 2021 年 4 月 25 日入账住房公积金 9000 元……"看着刚刚收到的短信,缴存职工张先生满脸笑意,因为房租已经"到位了",按季提取的住房公积金是支付房租的"绝对主力"。31 岁的张先生认为,在北京这座大城市解决住房问题,不是只有买房一条路,租房也是一个合适的选择。

2012—2021 年个人住房公积金贷款金额
及个人住房贷款率

2012—2021 年住房公积金提取额及提取率

数说

截至 2021 年末,累计向 373 个保障性住房试点项目发放贷款 872.15 亿元,累计回收试点项目贷款 868.90 亿元,试点项目贷款余额 3.25 亿元。全国住房公积金增值收益累计为公租房(廉租房)建设提供补充资金 5533.09 亿元。

图说

新疆阿克苏地区住房公积金管理中心地直管理部工作人员为缴存职工艾尔肯·吾甫尔、苏比努尔·喀哈尔夫妇办理租房提取住房公积金业务,获得办事群众好评。

我国城市发展已经进入城市更新的重要时期。各地住房公积金管理部门普遍出台政策，支持城镇老旧小区居民提取住房公积金用于加装电梯等自住住房改造，助力缴存人实现住有宜居。

近年来，区域协调发展版图加快绘就，住房和城乡建设部顺势而为，指导城市积极推进住房公积金一体化发展，积极推进贷款等住房公积金业务异地办理，让发展成果更多更公平更大范围惠及于民。据统计，截至2021年底，全国累计发放异地贷款4477.4亿元，支持约190万缴存人在异地购房安居，有力地促进了劳动力要素流动。

广州市创设"按月还房租"新模式

广东省广州市住房公积金管理中心创设保障性租赁住房"按月还房租"新模式，着力解决新市民、青年人住房问题。住房公积金缴存人可按月提取住房公积金直接支付房租，合作的住房租赁机构积极提供租房免押金、租金打折等优惠。

工作人员向租客介绍按月付房租业务

随着社会经济的发展，人们跨区域工作、全天候办事越来越普遍。换了新的工作、来到新的城市，原来缴存的住房公积金怎么办？周末才有空去办理住房公积金业务，服务大厅不上班怎么办？杭州买的房，在上海工作缴的住房公积金，就在当地申请提取使用住房公积金可以吗？这些都是人民群众所思所急所盼的问题。

住房公积金全系统想群众之所想、急群众之所急，以信息技术为手段，构建数据标准规范体系，打破信息孤岛林立的状况，跨越数字信息鸿沟，建设全国住房公积金监管服务平台，架起全国各城市住房公积金管理中心协同服务桥梁，"让数据多跑路，让群众少跑腿"。

全国341个设区城市住房公积金管理中心已建成包括线上服务渠道的综合服务平台，统一使用"12329"全国住房公积金服务热线，缴存单位和职工业务办理更加多样化，更多住房公积金高频服务事项实现跨省通办、不见面办、全天候办。疫情期间更是保障了住房公积金业务不间断、服务不打烊，群众关心的"关键小事"迎刃而解。

积极推进"跨省通办"

各地住房公积金管理中心扎实推进"跨省通办"工作，均设置了"跨省通办"专窗，为职工提供"跨省通办"服务。

在上海中心青浦管理部柜面的电子设备上，缴存人曹先生按下了对业务"非常满意"的按键

2017 年 7 月，住房公积金异地转移接续平台上线运行，住房公积金在全国范围内实现了"账随人走，钱随账走"。2021 年 5 月，全国住房公积金小程序上线，转移接续业务在手机端轻轻一点即可办理。已累计办理 385.94 万笔住房公积金转移接续业务，金额 958.65 亿元，极大地方便了住房公积金缴存人。

为改变全国各地住房公积金服务没有统一标准、办事要件"五花八门"、服务水平参差不齐的现状，住房公积金系统以标准化为抓手，推动住房公积金服务更加规范，上线运行了全国住房公积金小程序，建成了全国住房公积金监管服务平台，制定出台全国住房公积金提取、贷款等业务标准，促进了住房公积金服务的标准化、规范化、便利化。

图为全国住房公积金小程序二维码，用微信或者支付宝"扫一扫"登录就可以查询本人住房公积金缴存、提取、贷款等信息，办理异地转移接续等业务。

在住房公积金制度建立 30 周年之际，经过专家遴选、网上投票、征求意见、方案优化等环节，以"手与房"为主体确定全国住房公积金服务标识，并于 2021 年 7 月 1 日启用，至此，全国有了统一的住房公积金服务标识。

住房公积金服务标识寓意是什么？

住房公积金全国统一服务标识整体设计上采用红色印章表现方式，以体现权威性，红色也代表热情主动与事业发展。指向上方的"屋顶"，表明住房公积金立足解决缴存人基本住房问题，也象征住房公积金服务不断提升。下方相扣的"手"有两层寓意：一是住房公积金管理机构提供贴心周到的服务；二是缴存人通过全国住房公积金小程序等线上渠道，实现业务"掌上办""指尖办"。

住房公积金

HOUSING PROVIDENT FUND

防范风险　阳光运行　守好职工钱袋子

防隐患强化监管，严自律实心为民。住房公积金，从本质上来讲，是属于广大缴存人的"血汗钱"和"安居钱"，安全性是住房公积金管理必须守牢的底线，一分一厘都要管好。如何守护好全国 1.64 亿缴存人住房公积金"钱袋子"，这是全社会关注的重点。

住房公积金系统坚持底线思维，以"互联网＋监管"模式，充分利用大数据、区块链等技术，建立完善全国住房公积金监管服务平台功能，通过电子稽查工具，实现线上实时动态监管。目前，从住房和城乡建设部、省级住房公积金监管部门到地方住房公积金管理中心，共同构筑起内部风控和外部监管相结合，线上发现问题和线下核查处置相衔接的住房公积金风险防控"铜墙铁壁"，有效保障了资金安全。

阳光是最好的防腐剂，要使住房公积金在阳光下运行。2015 年，《关于健全住房公积金信息披露制度的通知》出台，明确住房和城乡建设部会同财政部、人民银行每年面向社会发布上一年全国住房公积金"账本"，晒一晒住房公积金的家底。上一年收了多少钱，用了多少钱，还剩余多少钱，解决多少人住房需求，让广大住房公积金缴存人清清楚楚、明明白白。同时，全国各地住房公积金管理中心通过官方网站、报刊、电视等多种渠道向社会披露本辖区内住房公积金年度账单。

坚持以人民为中心，在对住房公积金年度报告披露的同时对年度报告进行解读，围绕人民群众关心的热点问题，积极回应社会关切，用通俗的语言、客观的分析、灵活多样的形式，进一步阐释年度相关数据，提高年度报告的可读性，让广大缴存职工和社会各界全面、准确了解住房公积金相关政策、业务运行情况和制度发挥的作用。这既是主动接受全社会的监督，也为住房公积金制度发展营造了良好社会氛围。

心系百姓安居梦，俯首甘为孺子牛。住房公积金系统是管钱的部门，而管好缴存人每一分钱的背后，是全国 4.51 万住房公积金从业人员的默默付出。他们来自全国 341 个住房公积金管理中心、115 个分支机构以及 3416 个住房公积金服务网点。住房公积金系统以党建引领，牢记初心使命，坚持清廉奉公，不断提升住房公积金党员干部务实为民、履职尽责能力。

数说

2021 年，全系统共获得地市级以上文明单位 243 个，青年文明号 110 个，五一劳动奖章、三八红旗手等先进集体和个人荣誉称号 1044 个。一代代住房公积金人"甘把青春献事业，换得百姓居无忧"。

天津市住房公积金管理中心南开管理部连续 6 年获得共青团中央及省级青年文明号称号

源源活水，汇成浩瀚"金海"；互助低息，惠泽万户千家。实践证明，住房公积金制度符合中国实际，助力解决城镇居民住房问题，是中国特色社会主义住房制度的重要组成部分。住房公积金制度走过探索的十年，迈过起步的十年，经历发展的十年，现在正意气风发迎来改革完善的下一个十年。"民之所忧，我必念之；民之所盼，我必行之。"住房公积金制度将持续创新发展，惠企利民，为助圆百姓安居梦贡献新的力量。

2021 年住房公积金大事记

2021 年 1 月、5 月，住房和城乡建设部先后函复重庆、深圳、成都、苏州、广州和常州市人民政府，启动灵活就业人员参加住房公积金制度试点。

2021 年 3 月，《中华人民共和国国民经济和社会发展第十四个五年规划和 2035 年远景目标纲要》明确，改革完善住房公积金制度，健全缴存、使用、管理和运行机制。

2021 年 5 月，全国住房公积金小程序上线运行，初步形成全国住房公积金统一的线上服务渠道。

2021 年 5 月，住房和城乡建设部、财政部、中国人民银行印发《全国住房公积金 2021 年年度报告》，全面披露 2021 年全国住房公积金管理运行情况。

2021 年 7 月，住房和城乡建设部印发《关于启用全国住房公积金服务标识的公告》，启用住房公积金服务标识，方便群众识别住房公积金线上线下服务渠道，塑造住房公积金服务品牌形象。

2021 年 7 月，住房和城乡建设部住房公积金监管司印发《关于开展住房公积金管理中心体检评估试评价工作的函》，组织重庆、绍兴、常州、西安、铜川、益阳市住房公积金管理中心开展体检评估试评价工作。

2021 年 8 月，作为住房和城乡建设部党史学习教育"我为群众办实事"实践活动重点内容，在住房公积金系统开展"三个一百"（创建百个"跨省通办"示范窗口、讲述百个"跨省通办"小故事、开展"百名城市中心主任零距离真体验"）活动。

2021 年 10 月，组织央视、新华网、人民网等媒体，赴上海、浙江衢州、广东广州开展住房公积金专题采访和宣传，展示住房公积金制度在为民办实事、促进全体人民住有所居方面发挥的作用。

2021 年 11 月，全国住房公积金监管服务平台完成升级改版，在全国范围推广应用。

2021 年 12 月，如期实现"住房公积金单位登记开户、住房公积金单位及个人缴存信息变更、购房提取住房公积金、开具住房公积金个人住房贷款全部还清证明、提前还清住房公积金贷款"5 个事项"跨省通办"。

2021 年 12 月，住房和城乡建设部住房公积金监管司与中国人民银行征信中心签署《信息共享合作备忘录》，推动"总对总"信息共享。

2021 年 12 月，《"十四五"数字经济发展规划》明确，推进灵活就业人员参加住房公积金制度试点。

2021 年 12 月，《"十四五"公共服务规划》明确，扩大住房公积金制度覆盖范围，多措并举促进单位依法缴存，鼓励灵活就业人员参加住房公积金制度试点；优化住房公积金使用政策，租购并举保障缴存人基本住房需求；鼓励支持智慧住房公积金等新业态新模式发展。